Hoffmann und Campe *Reader*

Redaktion Hans-Helmut Röhring

Claus Mühlfeld / Michael Schmid

Soziologische Theorie

Hoffmann und Campe

1. bis 5. Tausend 1974

Umschlag Jan Buchholz und Reni Hinsch
Gesetzt aus der Borgis Garamond Antiqua
Satz und Druck Süddeutsche Verlagsanstalt, Ludwigsburg
Bindearbeiten Großbuchbinderei Sigloch, Künzelsau
ISBN 3-455-09118-0 · Printed in Germany

Inhalt

Einleitung

Im Anschluß an die methodologischen Kontroversen zwischen K. R. Popper und Th. W. Adorno und H. Albert/J. Habermas setzte im engeren Bereich der Sozialwissenschaften eine Diskussion über Funktion und Stellenwert der unterschiedlichen theoretischen Ansätze ein, die sich zunehmend auf das Phänomen makrosoziologischer Erklärungsversuche konzentrierte. Diese Auffassung schien nun mit dem auf neomarxistischer Seite erhobenen Postulat nach einer »gesamtgesellschaftlichen Analyse« zu konvergieren. Diese Forderung war schon früh von Georg Lukaćs und Max Horkheimer erhoben worden und hatte sich in der BRD zunächst durch die Frankfurter Schule und in ihrem Anschluß durch die Studentenbewegung in den späten sechziger Jahren Geltung verschafft. Diese Forderung kontrastierte aber in eigenartiger Weise mit den inhaltlich vorgelegten Theorien, die in erster Linie im näheren oder weiteren Umkreis der Faschismusforschung angesiedelt waren. Ohne die Verdienste dieser Untersuchungen schmälern zu wollen, gerieten doch durch die Konfrontation zwischen Marxismus und Makrosoziologie einerseits und der Mikrosoziologie und der sogenannten »bürgerlichen« Soziologie andererseits all jene Bemühungen in ein Zwielicht, die zwar offensichtlich von marxistischen Gedanken nur rudimentär beeinflußt waren, aber dennoch den Versuch unternahmen, Gesellschaftsanalyse nicht allein aus gruppentheoretischen Betrachtungen aufzubauen. Durch diese falsche Gegenüberstellung wurden die vorliegenden Forschungsergebnisse der als »bürgerlich« klassifizierten Ansätze weitgehend überdeckt, eine Tendenz, die durch eine voreilige Subsumierung systemtheoretischer Versuche unter das Rubrum »bürgerlicher Herrschaftswissenschaft« als konservative Ideologie verstärkt wurde.

Aus diesem Umstand resultiert das Bemühen der Herausgeber, durch die Wiedergabe verschiedener theoretischer Ansätze die Diskussion über makrosoziologische Zusammenhänge zu belegen. Dabei ging es uns weniger um eine Verpflichtung auf eine spezifische Sichtweise von Gesellschaft, was zu einer Verdeckung möglicher alternativer Perspektiven hätte führen können, vielmehr sollte der

Versuch unternommen werden, aus einer Vielzahl von Ansätzen mögliche Wege einer gesamtgesellschaftlichen Analyse zu beleuchten. Wir sind uns bewußt, daß sich auf solch rein additive Weise *»eine«* Theorie der Gesellschaft kaum realisieren läßt. Man kann aber jederzeit die berechtigte Frage stellen, ob eine solche gesamtgesellschaftliche Theorie anders als durch die dogmatische Ausblendung ganzer Themenbereiche verwirklicht werden kann. Die alleinige Verpflichtung gesamtgesellschaftlicher Theorien kann nicht das Ergebnis eines beschränkten Engagements auf das Phänomen der Herrschaft, des Konflikts usw. sein. Es soll damit natürlich in keinem Falle die Wichtigkeit dieser Themen für unser Verständnis von Gesellschaft bestritten werden, man darf sogar daran erinnern, daß die Anfänge der akademischen Soziologie mit der Behandlung dieser Themenbereiche eng verknüpft waren. Die Auswahl dieses Bandes schließt teilweise an diese Tradition an, die mit den Namen von W. G. Sumner, J. Cooley, Max Weber, E. Durkheim, G. Simmel u. a. verbunden ist.

Der prima facie unterstellte enge Zusammenhang zwischen Systemtheorie und konservativer Ideologie wird von uns nicht geteilt, da wir der Überzeugung sind, daß damit ein möglicher, ja vielleicht der einzige Einstieg in makrosoziologische Problemstellungen verschüttet wird. Daraus rechtfertigt sich unter anderem die Berücksichtigung Parsonsscher Texte. Wir fassen dabei Systemtheorie nicht als eine auf die Soziologie beschränkte Disziplin auf, sondern vermuten darin das generelle Paradigma wissenschaftlicher Systematisierung überhaupt. Ein solcher Ansatz ist sich voll bewußt, daß eine einseitige Berücksichtigung »stabiler« Systeme, die im Bereich von Gleichgewichts- und Konsensusvorstellungen beschrieben werden können, durch die Systemtheorie logisch nicht abgedeckt wird, sondern unter allen Umständen Phänomene struktureller Spannungen, des Konflikts und des Wandels wird berücksichtigen müssen, wie sie von Autoren wie Smelser und Buckley in vorbildlicher Weise analysiert wurden. Damit ist der Beurteilung des systemtheoretischen Ansatzes – der im Vorwurf der Einseitigkeit gipfelt – jede Berechtigung genommen. Der allgemein paradigmatische Charakter systemtheoretischen Denkens läßt sich generell mit jeder inhaltlich soziologischen Aussage verbinden. Das erlaubt die Berücksichtigung von Themenbereichen, von deren potentieller Wichtigkeit für die Analyse gesamtgesellschaftlicher Phänomene man sich einiges erhoffen kann. Die Herausgeber dieses Bandes sind unter anderem der Meinung, daß sich eine Berücksichtigung von Herrschaftsphänomenen in erster Linie mit dem wichtigsten Versuch, gesellschaftliche Probleme zu lösen, verbinden muß: mit einer Analyse des Problems der Bürokratie. Wir sind dabei durchaus mit Max Weber einer Meinung, daß sich Herrschaft im Alltag in bürokratischen Organi-

sationen verwirklicht. Man wird die »Natur« fortgeschrittener Industriegesellschaften ohne Reflexionen über Bürokratie schlechterdings nicht begreifen können. Ähnliches läßt sich vom Phänomen sozialer Schichtung insoweit sagen, als die Erfahrung sozialer Ungleichheit schon seit alters her Anlaß und Ursache gesellschaftlichen Theoretisierens gewesen ist. Gerade in diesem Bereich hat die Ausarbeitung der sogenannten funktionalistischen Schichtungstheorie Anlaß zu heftigen Kontroversen gegeben, wobei gegen eine solche Theorie vorgebrachte Kritik oftmals die Tendenz aufwies, die inhaltlichen Fehler dieser Theorie mit der generellen Unmöglichkeit systemtheoretischen Denkens zu verwechseln. Wir sind uns in diesem Zusammenhang der Tatsache bewußt, daß offenbar immer noch keine valide Theorie sozialer Schichtung vorliegt. Der Grund dafür mag darin liegen, daß eine solche Theorie möglicherweise eine Vorwegnahme einer gesamtgesellschaftlichen Theorie darstellt, von deren Sinn und Möglichkeit die Herausgeber dieses Bandes in keinem Fall überzeugt sind.
In engem Zusammenhang mit dem Problem der Herrschaft wird man auch die Diskussion über Charakter und Funktion von Eliten sehen müssen. Dieses Thema hat wohl deshalb besonderes Interesse auf sich gezogen, weil eine Lösung des Elitenproblems mit den Vorstellungen über Demokratie, Totalitarismus etc. eng verwoben war und in dieser Form die Sozialphilosophie seit Jahrhunderten beschäftigt hat. Wenn man auch von der Elitenforschung eine Einlösung des Anspruchs auf eine gesamtgesellschaftliche Theorie kaum wird erwarten können, so halten wir dieses Thema für derart zentral, daß uns eine summarische Wiedergabe der Diskussionen um dieses Thema aus den letzten Jahrzehnten gerechtfertigt schien. Die rein analytische Trennung so verschiedenartiger Bereiche wie: Macht und Herrschaft, Bürokratie, soziale Schichtung, sollte kein Anlaß sein zur Ontologisierung dieser Bereiche, man wird gut daran tun, auch dort einen Zusammenhang zu vermuten, wo die theoretische Forschung zu keinen abschließenden Ergebnissen gekommen ist.
Wenn auch innerhalb der Soziologie die Themenbereiche von Rolle und Sozialisation sich zeitweise zu verselbständigen drohten, wodurch der Eindruck entstehen mußte, als bildete sich hier ein Reservat der »reinen« Soziologie heraus, so darf jedoch deren enge Verbindung zu den zentralen Themen der Makrosoziologie nicht übersehen werden. Die enge Verbindung von Soziologie und Psychologie bei der Analyse dieses Teilbereiches hat den Eindruck entstehen lassen, daß von dieser Seite her für eine markosoziologische Theorie keine relevanten Ergebnisse zu beziehen seien. Erst mit dem Heraustreten des postulierten Zusammenhanges zwischen Sprache und sozialer Ungleichheit kristallisierte sich eine mögliche Verbindung

zwischen mikro- und makrosoziologischer Theorie heraus. Als man sich gezwungen sah, Schichtungsvariablen als Erklärungsinstanzen heranzuziehen, konnte die Sozialisationsforschung nicht länger auf mikrosoziologische Themenstellungen beschränkt bleiben und sah sich zur Thematisierung der latent längst vorhandenen Herrschaftsproblematik veranlaßt. Damit wurde zugleich offenbar, daß Psychologie als eigenständige und in sich geschlossene Disziplin unmöglich war. So mag sich die methodologische Diskussion, die eng mit den Auffassungen von K. Holzkamp verknüpft ist, aus der uneingestandenen Neigung erklären, als irrelevant angesehene psychologische Fragestellungen durch Soziologie zu ersetzen. Gerade die Soziologie sah sich zunehmend in ihren theoretischen Bemühungen bestätigt, die Integration von Individuen in die Gesellschaft als basale Probleme der Gesellschaft selbst zu thematisieren. Im Lichte solcher Problematiken verliert die syntaktische Abgrenzung zwischen Psychologie und Soziologie, die Anlaß zu methodologischen Kontroversen war, jede Berechtigung.
Die Herausgeber dieses Bandes sind sich bewußt, daß die Auswahl der Texte dem professionellen Soziologen wenig Neues wird bringen können, allerdings wird hier auch die Zielgruppe für dieses Buch kaum zu vermuten sein. Der Band will in erster Linie jenen einen Zugang zur Soziologie ermöglichen, die am Anfang ihrer Bemühungen stehen und weniger nach gebrauchsfertigen Wahrheiten streben als nach Anstößen für eigenes Nachdenken. Vielleicht mag sich am Ende doch erweisen, daß die akademische Soziologie im Gegensatz zu weitverbreiteten Vermutungen nicht gänzlich nutzlos für das Verständnis unserer gesellschaftlichen Umwelt ist, wenngleich ihr derzeitiger und sicher zukünftiger Zustand kaum die Hoffnung rechtfertigen dürfte, aus ihr verbindliche Rezepte zur Umgestaltung von Gesellschaft abzuleiten.

Augsburg, im Winter 1973

Claus Mühlfeld / Michael Schmid

Literaturhinweise

Adorno, Th. W. – Albert, H., et al., Der Positivismusstreit in der deutschen Soziologie, Neuwied 1969
Horkheimer, M., Kritische Theorie, 2 Bände, Frankfurt 1968
Lukaćs, G., Geschichte und Klassenbewußtsein, Neuwied 1968
Adorno, Th. W., et al., Der autoritäre Charakter, 2 Bde, Amsterdam 1969
Buckley, W., Sociology and Modern Systems Theory, Englewood Cliffs 1967
Parsons, T., The Social System, New York 1951
Merton, R. K., et al., Sociology Today, New York 1959
Sumner, W. G., Folkways, New York 1907
Weber, M., Wirtschaft und Gesellschaft, Tübingen 1973
Durkheim, E., De la division du travail social, 7. Aufl., Paris 1960
Simmel, G., Soziologie. Untersuchungen über die Formen der Vergesellschaftung, 5. Aufl., Berlin 1968
Smelser, N. J., Theorie des kollektiven Verhaltens, Köln 1972
Ossowski, S., Die Klassenstruktur im sozialen Bewußtsein, Neuwied 1962
Holzkamp, K., Kritische Psychologie, Frankfurt 1972

I. Methodologie der Sozialwissenschaften

Kommentar der Herausgeber (I)

Methodische Diskussionen in den Sozialwissenschaften haben ihre Tradition. Die gesamte theoretische Entwicklung wurde von metatheoretischer Reflexion begleitet, bisweilen dadurch ersetzt. Gerade der nachdrückliche Mangel an empirischen Entscheidungsverfahren, anstehende theoretische Probleme endgültig zu lösen, hat die Tendenz verstärkt, theoretische Auseinandersetzungen durch philosophische Diskussionen über den epistemischen Charakter solcher Theorien abzulösen, mit der Folge, daß die Unmöglichkeit, zwischen unterschiedlichen meta-theoretischen Programmen eine Entscheidung herbeizuführen, auch auf die rein theoretische Ebene durchschlug. Dadurch entstand die unbefriedigende Lage, daß sehr heterogene theoretische Entwürfe über ein und denselben Gegenstandsbereich nebeneinander existieren, sich zu Schulen verkrusten und kaum noch in einen Dialog miteinander finden. So stehen sich eine phänomenologische Soziologie und eine behavioristische Theorie gegenüber, die Vorbehalte häufen sich, Diskussionen, wenn sie überhaupt stattfinden, degenerieren zu einseitigen Vorwürfen, ohne daß noch eine sinnvolle Konfrontation stattfinden könnte. Man wird sich sicher nicht der Illusion hingeben können, alle Zweige der Sozialwissenschaften müßten sich zu einer integrierten Wissenschaft vereinen, eine Vorstellung, die bisweilen die theoretischen Bemühungen einer verhaltenstheoretischen Soziologie leiten dürfte. Das Vorhandensein unterschiedlicher theoretischer Ansätze kann vielmehr für eine denkbare Weiterentwicklung theoretischen Denkens nachhaltig fruchtbar gemacht werden. Nur müßten sich die unterschiedlichen Richtungen bereit finden, ihre theoretischen wie metatheoretischen Ansichten einander gegenüberzustellen. Eine solche Auseinandersetzung kreuzt sich in Teilen mit der Unterscheidung zwischen Mikro- und Markosoziologie, ein Gebiet, das in erhöhtem Maße methodischen Reflexionen und Rechtfertigungen ausgesetzt ist, die nicht in allen Fällen zu sinnvollen theoretischen Entscheidungen führen werden.

Daß angesichts einer solchen Lage die Verbindlichkeit meta-theoretischen Denkens kaum mehr garantiert werden kann, darf nicht verwundern. Wir glauben aber, daß die vorsichtigen Formulierungen von Alan Ryan einen Ansatzpunkt werden finden lassen, den sehr unterschiedliche Richtungen möglicherweise akzeptieren können, ohne uns der Hoffnung verschreiben zu wollen, daß sich der unverbundene theoretische Pluralismus durch einen metatheoretischen Monismus ersetzen ließe. Das kann schon deshalb nicht möglich sein, weil das Verhältnis von Theorie und Methodologie enger ist, als man bisweilen annehmen dürfte, und die Verschiedenheit theoretischer Entwürfe notwendig die Verschiedenheit methodologischer Ansätze hervorbringen wird vice versa. Diesen Zusammenhang versucht die Arbeit von Michael Schmid zu thematisieren. Beide hier abgedruckten Aufsätze implizieren mehr oder minder deutlich die Aufforderung zur theoretischen Toleranz. Nicht aus dem Blickwinkel einer anarchistischen Theorie des Geistes, wie sie P. K. Feyerabend vertreten hat, aber in dem Bewußtsein, daß wir keine verbindlichen Rationalitätsstandards besitzen, die ein reibungsloses, mechanisches Entscheidungsverfahren zwischen theoretischen oder meta-theoretischen Ansätzen erlauben können, daß aber unsere Entscheidungen, die wir notwendigerweise, wenn auch im letzten unbegründet fällen müssen, Konsequenzen haben werden für das, was wir als sinnvoll akzeptieren werden. Bevor man also darangehen wird, theoretische Entwürfe zu opfern, sollte man sich in erhöhtem Maße Klarheit verschaffen wenigstens darüber, welche Auswirkungen ein solcher Schritt für unsere weiterführenden theoretischen Vorstellungen und unsere jeweiligen Philosophien haben wird. Die Auseinandersetzungen um die Bewertung dieser Folgen freilich wird man nur durch ein voreiliges dogmatisches Engagement beenden können, wofür wir in keinem Falle plädieren können.

Literaturhinweise

T. W. Adorno, H. Albert u. a., Der Positivismusstreit in der deutschen Soziologie, Neuwied und Berlin 1969
H. Albert (Hrsg.), Theorie und Realität, Tübingen 1964
H. Albert, Plädoyer für kritischen Rationalismus, München 1971
H. Albert (Hrsg.), Theorie und Realität, Tübingen 1972[2]
H. Albert – E. Topitsch (Hrsg.), Werturteilsstreit, Darmstadt 1971
H. Albert – H. Keuth (Hrsg.), Kritik der kritischen Psychologie, Hamburg 1973
P. Bollhagen, Gesetzmäßigkeit und Gesellschaft, Berlin 1967
R. Borger – F. Cioffi (eds), Explanation in the Behavioural Sciences, Cambridge 1970
A. Brecht, Politische Theorie, Tübingen 1961
M. Brodbeck (ed.), Readings in the Philosophy of the Social Sciences, London 1968

Ausdehnung eines bestimmten Gases bei Erhitzung haben und wir eine Probe davon allmählich erhitzen, können wir zuverlässig das Ausmaß der Ausdehnung voraussagen, und damit ist, logisch gesehen, die Angelegenheit erledigt. Da sich nach dieser Auffassung die Erklärung als eine logisch triftige Beweisführung nicht verbessern läßt, muß jegliche Verstärkung ihrer Beweiskraft durch die Heranziehung der kinetischen Gastheorie anders begründet werden als durch die Festigung der logischen Verknüpfungen zwischen *Explanans* und *Explanandum*. Das naheliegende Verfahren, das sich hier anbietet, ist der Hinweis auf die begründete Feststellung, daß wir von Erklärungen vor allem eine verständliche Schilderung von Kausalreihen erwarten oder, falls das zu große Schwierigkeiten bietet, eine zusammenhängende Darstellung empirisch beobachtbarer Prozesse. Somit scheint die Rolle von Theorien mehr in der Verbesserung unserer Darstellung von kausalen Vorgängen als in der Gewährleistung deduktiver Exaktheit zu liegen. Damit soll keineswegs die Wichtigkeit streng deduktiver Beweisführung geleugnet werden, und vor allem soll nicht bestritten werden, daß die mathematische und logische Exaktheit, die so viele Theorien voraussetzen, von allergrößter Wichtigkeit ist. Dennoch gilt, daß all das nur eine dienende Rolle bei der Lösung der Aufgabe spielt, eine in sich schlüssige Schilderung von Kausalreihen zu geben[3].

In ähnlicher Weise läßt sich auch das Beispiel deuten, dem Professor Toulmin in seinem Werk *Philosophy of Science* so große Bedeutung beimißt, nämlich die geometrische Theorie der Optik[4]. Auch hier können wir wieder mit alltäglichen Beobachtungen und Messungen beginnen, z. B. mit einer Reihe von Messungen, die die Länge eines Schattens mit der Höhe des den Schatten erzeugenden Gegenstandes in Verbindung bringen, die Höhe der Sonne feststellen usw. Auf diesem Wege könnten wir zu völlig tragfähigen induktiven Verallgemeinerungen über die Länge des Schattens kommen, den der betreffende Gegenstand zu ganz bestimmten Zeiten an verschiedenen Tagen wirft, und zwar auf der Grundlage der Erklärung, die uns die Verallgemeinerung über die Beziehung zwischen Sonnenhöhe, Größe des Gegenstandes und Schattenlänge liefert. Aber vermutlich werden wir uns damit nicht begnügen und etwas Zusätzliches tun; und dieses Zusätzliche führt uns auf den Pfad der geometrischen Optik. Wir werden wahrscheinlich eine schematische Darstellung zur Veranschaulichung unserer Verallgemeinerung entwerfen und könnten uns damit zufriedengeben. Aber es ist viel wahrscheinlicher, daß wir weitergehen und eine Theorie über das aufstellen, was sich in unserer bildlichen Darstellung zeigt, d. h., wir werden vermutlich einen erklärenden Bericht über das Verhalten des Lichts geben. Dieser enthält dann die Feststellung, daß das Licht auf seinem Wege in Form eines Strahls von seiner Quelle die Spitze des

Gegenstandes und den Rand des Schattens berührt. Und von da führt ein Weg zu der Vermutung, daß diese Strahlen sich von ihrer Lichtquelle fächerförmig ausbreiten und in euklidischen geraden Linien ins Unendliche fortbewegen, falls sich ihnen nicht lichtundurchlässige Gegenstände in den Weg stellen. An dieser Stelle mag unser Interesse an der Wirkung von Spiegeln, Prismen usw. erwachen. Und damit haben wir dann eine Darstellung über das Licht, die alle Arten von möglichen Ergebnissen und damit auch alle Arten von Versuchen nahelegt. Das Licht wird dann in der Form von ›Strahlen‹, die sich ›ausbreiten‹, beschrieben, und somit erhalten wir ein System, das uns die Entstehung von Schatten, Brechung des Lichts und eine Fülle von anderen Phänomenen erklärt[5].
Erneut wird somit deutlich, wie das Vorhandensein einer Theorie unserem Bedürfnis nach kausalen Bindegliedern entgegenkommt. Aber wir können noch weitergehen und eine Folgerung ziehen, die für die Sozialwissenschaften von äußerster Wichtigkeit ist. Wenn wir eine Schilderung davon entwerfen, wie kausale Gesetze in der Natur oder in der sozialen Welt wirken, geben wir der wissenschaftlichen Forschung einen Sinn, den sie sonst nicht haben würde. Eine erfolgreiche Theorie liefert uns, was Kuhn als ein ›Paradigma‹ bezeichnet[6], sie gibt ein Modell des Vorgangs, den wir verstehen möchten, und auf diese Weise zeigt sie uns, worauf wir den Schwerpunkt unserer Forschung und unserer Versuche zu legen haben, was wir ohne Theorie nicht wissen würden. Wenn wir keinerlei Vorstellung davon hätten, wo wir mit unseren Erklärungen über Prozesse in Natur und Gesellschaft ansetzen sollen, würden wir einfach keine Ahnung haben – abgesehen natürlich von unserem gesunden Menschenverstand, jener lebenswichtigen Form alltäglicher Theorienbildung –, welche Tatsachen wir beobachten, welches Wissen wir uns verschaffen müssen. Daß ein solches Verfahren nicht nur im Bereich der Naturwissenschaften anwendbar ist, kann zu unserer Überraschung nachgewiesen werden. Die Bedeutsamkeit dieses Beispiels ergibt sich übrigens aus der Tatsache, daß seit kurzem die politische Wissenschaft, und in einem geringeren Grad auch die Soziologie, durch das scheinbare Fehlen von ›Paradigmen‹ für ihre Forschungen etwas verunsichert ist. Wenn die im folgenden von mir begründete Auffassung zutrifft, daß die Theorie vom ›Gesellschaftsvertrag‹ als Grundlage politischer Verpflichtung ein solches Paradigma darstellt, dann ist das Minderwertigkeitsgefühl bei den Vertretern dieser Wissenschaft zumindest zum Teil unbegründet. Nehmen wir einmal an, Lockes Vorstellung von einem *social contract* wäre ein solches Paradigma, was würde dann ihre Rolle und ihr Zweck gewesen sein?[7] Nach der Auffassung Kuhns ist es die Aufgabe eines Paradigmas, Rätsel aufzugeben und uns gleichzeitig die Maßstäbe für ihre Lösung an die Hand zu geben. Gemäß seiner Definition

von ›normaler‹ Wissenschaft leben wir in einer Zeit, in der allgemeine Übereinstimmung sowohl hinsichtlich der Natur wissenschaftlicher Probleme als auch des Charakters befriedigender Lösungen besteht. Wenn wir also die kinetische Gastheorie aufstellen, beginnen wir damit, daß wir aus der Gesamtheit der wirklichen Eigenschaften von Molekülen solche Momente wie die Energieverluste auf Grund von Reibung und der inneren Anziehungskraft zwischen Partikeln gesondert betrachten. Wir sehen uns dann bald darauf vor ein ›Rätsel‹ gestellt, nämlich vor die Aufgabe, diese den Tatbestand komplizierenden Faktoren in die Theorie einzufügen, d. h. eine vollständigere Theorie zu entwerfen, die eine größere Mannigfaltigkeit von Bedingungen ›deckt‹. Politische Wissenschaftler wie Professor Easton akzeptieren diese Auffassung von der Art, wie uns Paradigmen bei unserem Forschen leiten, und vertreten die Ansicht, daß hierin ihre unersetzliche Leistung für die Politologie und die Sozialwissenschaften begründet liegt[8]. Die ›Tatsachen‹ und ›Verallgemeinerungen minderen Ranges‹, die ein Politologe feststellen könnte, sind in des Wortes wahrster Bedeutung unerschöpflich, und die Politologen würden darum in einem Meer ungegliederter Daten ertrinken, stünde ihnen nicht eine Art von Modell zur Verfügung, das die für die Forschung relevanten Fragen einbezieht und alles andere ausschließt. In die gleiche Richtung weist Talcott Parsons, dessen Name mit dem Versuch verknüpft ist, solche Kategorien für die Sammlung und Ausdeutung soziologischer Daten aufzustellen, in der Überzeugung, daß auf diesem Wege – und zwar nur auf ihm – Fortschritte bei der Begründung einer wirklichen *Sozialwissenschaft* möglich sind[9]. Beide Forscher, vor allem aber Easton, vermitteln uns den Eindruck, daß Theorien bisher auf sozialwissenschaftlichem Feld zu dünn gesät waren, und betrachten die Entwicklung von Paradigmen für die Forschung als eine dringliche Aufgabe.

Aber läßt sich der Anspruch erheben, daß die Vorstellung vom Gesellschaftsvertrag solchen Anforderungen entspricht, sei es auch nur in unvollkommener Weise? Die gewöhnliche Antwort, die darauf bisher von der politischen Wissenschaft gegeben wurde, lautete nein, und zwar deshalb, weil der Gesellschaftsvertrag auf eine Denkweise zurückgeht, der es um die Aufstellung *normativer* und nicht *erklärender* Theorien zu tun war. Darum sei der Gesellschaftsvertrag Bestandteil einer Theorie, die uns sagen wollte, was wir zu tun hätten, statt eine Reihe von Verallgemeinerungen über das tatsächliche Verhalten der Menschen in politischen und sozialen Angelegenheiten aufzustellen[10]. Das sind sicherlich gewichtige Überlegungen, aber sie sind nicht zwingend. Denn betrachten wir einmal die Kehrseite der Sache. Wenn man die Ansicht vertritt, daß die Gesellschaft auf einen Gesellschaftsvertrag gegründet ist, dann erscheinen uns gewisse Arten menschlichen Verhaltens sofort als vernünftig und einleuchtend. Nach der Auffassung von Locke z. B. läßt sich das Vorgehen der amerikanischen Kolonisten in ihrem Kampf um Unabhängigkeit leicht erklären, wenn man sie als Maßnahmen von Menschen begreift, deren mit ihren Herrschern geschlossener Vertrag einseitig aufgehoben wurde. Im Gefolge dieses Vertragsbruches waren sie völlig berechtigt, sich eine neue Regierung zu geben, so als ob sie niemals der englischen Krone Gehorsam geschuldet hätten. Und die Sprache vieler der Mitbegründer der amerikanischen Republik stützt die Annahme, daß die Kolonisten ihr Vorgehen in dieser Weise betrachteten, nämlich als die Begründung eines neuen Gesellschaftsvertrags.

Diese Theorie gab ganz sicherlich genügend Rätsel auf, um selbst die anspruchsvollsten Anhänger Kuhns zu befriedigen. Solche Rätsel ergaben sich aus der Notwendigkeit der weiteren inneren Klärung der Theorie, so z. B. wenn es unklar war, ob nun der Ursprung der Gesellschaft selbst oder nur ihre politische Organisationsform auf den Vertrag zurückgeht. Ferner war es nicht klar, ob die Vorstellung vom Gesellschaftsvertrag nur historisch belangvoll ist, z. B. für das Verständnis der geschichtlichen Wurzeln bestehender politischer Gesellschaften, oder ob er strukturell in dem Sinne zu verstehen ist, daß allen Erscheinungen des täglichen sozialen und politischen Lebens ein beständig neu geschlossener und erfüllter Vertrag zugrunde liegt. Der andere wichtige Aspekt, der dem Forscher ein Rätsel aufgab, bezog sich auf die Beziehungen der Theorie vom Gesellschaftsvertrag, wenn die Menschen nichts von ihm hielten, sondern der Ansicht waren, daß ihre Beziehungen zu ihren Herrschern durch göttliche Verordnung bestimmt seien. Gab das Sozialverhalten der Wilden einen besseren Aufschluß über die eigentliche menschliche Situation und war sie damit ergiebiger für wissenschaftliche Versuche als das Verhalten von Mitgliedern höher entwickelter Gesellschaften? Wir mögen angesichts solcher Fragen vielleicht sagen, daß das ›Paradigma‹ unzulänglich war, weil es nie jene allgemeine Zustimmung fand, die sich die Newtonsche Mechanik erwarb. Wir können auch die Meinung vertreten, daß das Paradigma insofern schlecht gewählt war, als die von ihm aufgegebenen Rätsel niemals so zufriedenstellend gelöst wurden, wie das von den entsprechenden Rätseln in der geometrischen Optik gilt. Nun, selbst ein unvollkommenes Paradigma ist immerhin ein Paradigma, und wir können seine tatsächliche Leistung gegen diese Einwendungen wenigstens so erfolgreich verteidigen, daß es bei dem Vergleich nicht allzu sehr den kürzeren zieht. Die Annahme ist sicherlich berechtigt, daß menschliche Gesellschaften als kompliziertere Systeme schwieriger zu erklären sind als z. B. das Sonnensystem, und zwar schon allein deswegen, weil sich hier die Erklärung auch damit befassen muß, wie sich menschliche Wesen ihr Leben vorstellen. Es liegt in diesem Fall ein Phänomen der Selbstreflexion vor, über das sich keine naturwissenschaftliche Disziplin Gedanken zu machen braucht. Darum ist es berechtigter, den sozialwissenschaftlichen Paradigmen ihre Schwächen nachzusehen, als das bei Theorien auf dem Gebiet der Naturwissenschaften der Fall ist. Und die Tatsache, daß das soziale Paradigma auch eine praktische Rolle spielt, indem es uns bei dem Aufbau einer sozialen und politischen Ordnung leitet[11] – hieraus ergibt sich die Berechtigung, von dem normativen Charakter politischer Theorien zu sprechen –, vermehrt zweifellos die Schwierigkeiten für die Aufstellung eines erfolgreichen Paradigmas. Aber sowohl in logischer wie auch in historischer Sicht spielte die Vorstellung vom Gesellschaftskontrakt eine paradigmatische Rolle im sozialwissenschaftlichen Denken, und insoweit dürfen wir Theorien in den Sozialwissenschaften die gleiche Bedeutung zuschreiben wie in den Naturwissenschaften.

Ist es nun ganz unberechtigt, wenn man darüber klagt, daß es den Sozialwissenschaften an Theorien fehlt? Bisher habe ich mich nur in der Weise über die Theorie vom Gesellschaftsvertrag geäußert, als ob sie in der Tat eine Theorie sei, und als wir auf Downs' Werk *An Economic Theory of Democracy* verwiesen, hatten wir keine Gewissensbisse, es als eine *Theorie* des politischen Verhaltens zu bezeichnen[12]. Gilt das nun ohne Einschränkung? Nicht unbedingt, obgleich sich die zu machenden Einwendungen nur schwer klar ausdrücken lassen. Ein gewisser Zweifel ergibt sich aus der Tatsache, daß es auf sozialwissenschaftlichem Gebiet anscheinend an theoretisch postulierten Größen *(theoretical entities)* fehlt. Es sei nur daran erinnert, daß in vielen allgemein bekannten wissenschaftlichen Theorien solche Dinge auftreten wie Moleküle oder Lichtstrahlen, die aus ›Photonen‹, d. h. Lichtteilchen, bestehen sollen. Ohne unserer Erörterung des logischen Status solcher Entitäten vorgreifen zu wollen, können wir doch folgendes sagen: Was den Sozialwissenschaftlern allgemein Kopfschmerzen bereitet, ist das Fehlen solcher Größen, die diesen nicht wahrnehmbaren Objekten entsprechen, die in unsere naturwissenschaftlichen Theorien zur Begründung wahrnehmbarer Prozesse hineingenommen werden. Aber hier befinden wir uns auf einem Gebiet, auf dem der Sprachgebrauch allzu lässig ist. Das zeigt sich z. B. darin, daß man mit dem gleichen Recht sagen könnte, wenn wir die ›Quantitätstheorie des Geldes‹ die Quantitäts-*Theorie* nennen, wir dann eben eine Theorie haben, oder aber, wenn wir hier von Theorie sprechen, das lediglich von falschem Wortgebrauch zeuge. Zum Glück brauchen wir uns nicht in eine solche Auseinandersetzung einzulassen, indem wir die schlichte Tatsache hervorheben, daß die Sozialwissenschaften tatsächlich von der Wirklichkeit gestützte theoretische Begriffe *(theoretical entities)* verwenden. Wenn z. B. Durkheim den Begriff der *conscience collective* (Kollektivbewußtsein) einführt, dann vertritt er den Standpunkt, daß es wirklich so etwas wie ein Kollektivbewußtsein gibt, daß es tatsächlich existiert und daß es kausal wirksam ist[13]. Nun ist es wahr, daß eine solche Wesenheit keine stoffliche Wesenheit ist, die auf der gleichen Seinsstufe steht wie Moleküle oder Lichtteilchen; aber das gilt schließlich auch vom Begriff eines universalen Schwerefelds, das man ebenfalls wohl kaum als eine atomare Seinsgröße bezeichnen kann. Doch begegnet uns hier vielleicht ein echter Unterschied, wenn auch nicht nach Ansicht der Wissenschaftler, so jedenfalls nach landläufiger Meinung. Wir können mit einigem Recht sagen, daß wir uns in den Naturwissenschaften häufig um solche kausalen Erklärungen bemühen, die die Mikrostruktur der Phänomene aufzeigen, mit denen wir befaßt sind. Aber das läßt sich bei weitem nicht im selben Maße von den Sozialwissenschaften sagen, wo wir uns weniger um die Mikro- als um die Makrostruktur der Erscheinungen bemühen, d. h. um theoretische Gesetze, die uns zeigen sollen, wie die Handlungen und Zielsetzungen einzelner Menschen in ungewollter Weise zu Veränderungen auf der Ebene des gesamten gesellschaftlichen Lebens führen[14]. Gerade in diesem Sinne ist die Nationalökonomie eindeutig eine theoretische Wissenschaft. Sie macht unendlich viele Aussagen theoretischer Natur, und auf ihrer Grundlage erklärt sie solche Phänomene gesellschaftlichen Lebens wie Preisniveau, Sozialprodukt und die hier zu beobachtenden Trends, die wir als Inflation und Deflation, Hochkonjunktur und Wirtschaftskrise bezeichnen. Nützlich erscheint jedoch in diesem Zusammenhang der Hinweis darauf, wie weitgehend das Verfahren auf dem Gebiet der Volkswirtschaftslehre mit den typischen Zielen der Sozialwissenschaften übereinstimmt. Denn die Abgrenzung zwischen den Sozialwissenschaften und aller übrigen wissenschaftlichen Forschung ist lediglich eine Sache der Konvention und des Interesses. Solche Disziplinen wie die kognitive Psychologie oder die theoretische Linguistik verwenden eine Fülle von theoretischen Annahmen *(theoretical constructs)*, um zu erklären, wie wir zu einer Sprache kommen, Gegenstände erkennen und unsere Erkenntnis ordnen. Diese begrifflichen Konstruktionen beziehen sich auf Prozesse, die den daran aktiv Beteiligten oder dem zufälligen Beobachter unsichtbar bleiben, und daß sie nicht aus der *Sozial*wissenschaft stammen, ist, wie allgemein bekannt, rein zufällig. Wenn sich die Ergebnisse der genannten Disziplinen als fruchtbar für das Verständnis gesellschaftlichen Handelns erweisen, werden wir sie einfach Aspekte der Sozialwissenschaft nennen, und ihre Theorien haben dann einfach als ein Bestandteil des theoretischen Arsenals der Sozialwissenschaft zu gelten[15]. Somit erscheint die Annahme, daß sich die Sozialwis- 24

senschaften auf keine Theorien stützen können, als unklares und unbegründetes Denken.

Die oben angeführte Begründung der These, warum Theorien für die Wissenschaft so wichtig sind, bedeutet in keiner Weise eine Stellungnahme zu den zwei rivalisierenden Auffassungen von Theorien, dem sogenannten ›Operationalismus‹ und dem ›Realismus‹. Sie wirft jedoch ein Problem für die deduktive Auffassung der Erklärung auf, für das sowohl der ›Realismus‹ wie auch sein Rivale Lösungen bereit hat. Es handelt sich dabei um folgendes. Der Sinn einer Theorie ist die Erklärung von beobachteten Erscheinungen, z. B. dem Anschwellen eines halb aufgeblasenen Ballons, der auf einen Heizkörper gelegt worden ist, dem anscheinend unmotivierten Selbstmord eines jungen Mannes im heutigen London oder der plötzlich aufwallenden Wut eines Arbeiters, von dem sein Arbeitgeber eine bestimmte Arbeit verlangt. Bei der Erklärung dieser Phänomene verwenden wir theoretische Begriffe der einen oder anderen Art, so z. B. wenn wir das Gas im Ballon als einen Schwarm tanzender Moleküle beschreiben, den Begriff der ›Anomie‹ prägen, der das Fehlen einsichtig strukturierter Normen bezeichnet, worin wir die soziale Ursache des Selbstmords sehen, oder die Vorstellung der unbewußten Projektion heranziehen, um das Verhalten des Arbeiters als infantile Wut zu erklären, eine Wut, die dadurch entsteht, daß dem Arbeitgeber eine Feindschaft zugeschrieben wird, die man selbst empfindet. Nun haben solche Beschreibungen meistens einen anderen logischen Status als die Beschreibungen der beobachteten Phänomene selbst. So könnte angeführt werden, daß es uns eine sorgfältig aufgebaute Theorie der molekularen Erregung tatsächlich ermöglicht, in streng deduktiver Form Gesetze über die Beschleunigung und Geschwindigkeitsabnahme von Partikeln in einem Gas abzuleiten. Und man kann gewiß auch die Ansicht vertreten, daß sorgfältig auf Experimente gestützte Gesetze über die Beziehungen zwischen Hitze und Druck uns in den Stand setzen, sehr exakte Vorhersagen über den Ausgang bestimmter Experimente zu machen. Aber es ist doch sehr viel weniger einleuchtend, daß Durkheims Begriff der *Anomie* oder Freuds Theorie des Unbewußten zu Ergebnissen führt, die sich auch nur entfernt mit denen der Mechanik der Elementarteilchen vergleichen lassen. Dennoch besteht auch in diesen Fällen ein sehr wesentlicher Unterschied zwischen der Darstellung der Vorgänge in der Theorie und einer Darstellung, die sich streng an die Tatsachen hält. Druck ist nicht Bewegung von Partikeln; *Anomie* ist nicht der Grund, den der Selbstmörder für sein freiwilliges Scheiden aus dem Leben angibt, und ›unbewußte Projektion‹ ist nicht dasselbe wie der höchst bewußte Ärger eines Arbeiters über seinen Boß. So besteht eine logische Lücke zwischen den zwei Arten von Darstellung, die sich aus der *Art* der Ereignisse in den beiden verschiedenen Berichten ergibt. Um die eine Darstellung – es handelt sich hier um Deduktionen – mit der zweiten Form von Darstellung – beobachtete Phänomene – zu verknüpfen, brauchen wir eine Art von *Transformationsregeln,* die uns zur vergröbernden Aussage berechtigen, daß sich ausdehnende Gase Schwärme erregter Teilchen sind, daß eine gewisse Gruppe von Selbstmördern als anomische Personen zu gelten haben, daß gewisse zornige Menschen das Phänomen unbewußter Projektion zeigen. Die Bedeutung dieser Regeln besteht natürlich darin, daß sie uns die Möglichkeit geben, mit den theoretischen Gesetzen die zu beobachtende Wirklichkeit zu erfassen. Es ist nicht nur so, daß die Gesetze der Theorie einen weiteren Bereich von Erscheinungen beschreiben, als das die experimentell begründeten Gesetze tun, die von den theoretischen Gesetzen gestützt werden – obgleich es im Wesen der Theorien liegt, den Prozeß zu fördern, durch den immer mehr Phänomene unter immer weniger Regeln zusammengefaßt werden –, der entscheidende Unterschied liegt vielmehr darin, daß beide die Phänomene auf verschiedene Art erfassen. Darum lassen sich experimentelle Ergebnisse nicht einfach von theoretischen Annahmen ableiten; es müssen einige verknüpfende Aussagen bestehen, welche festlegen, daß die beiden Arten von Phänomenen als identisch zu betrachten sind. Diese Regeln oder verknüpfenden Aussagen sind verschieden bezeichnet worden. Hempel z. B. nennt sie ›Überbrückungssätze‹ – *bridge statements* –, während Nagel sie vorsichtig als Aussagen charakterisiert, die experimentelle und theoretische Ergebnisse ›assoziieren‹. Die Frage, die die ganze Erörterung beherrscht, ist natürlich die nach dem logischen Status solcher Aussagen. Ich verweise hier noch einmal mit Nachdruck auf den Unterschied zwischen analytischen Aussagen, die genaue Entsprechungen zwischen der Bedeutung von Begriffen und logischen Beziehungen behaupten, und synthetischen Sätzen, die Feststellungen über empirische Gegebenheiten treffen. Hier erhebt sich nun die Frage, ob Transformationsregeln ihrem Wesen nach analytisch oder synthetisch sind. Davon hängt ab, ob die Auffassung gilt, daß eine Aussage wie: ›viele Formen des Ärgers werden von der unbewußten Projektion infantiler Feindseligkeit verursacht‹ gleichbedeutend ist mit: ›wenn man über Ärger spricht, *bedeutet* das oft *dasselbe,* als ob man über unbewußte Projektion spricht‹, oder müssen wir die Aussage in dem Sinne verstehen: ›jemand, der ärgerlich ist, erlebt *tatsächlich* in vielen Fällen einen Prozeß unbewußter Projektion‹? Aber sind wir tatsächlich nur auf diese beiden Möglichkeiten beschränkt[16]?

Bevor wir diese Frage beantworten können, muß ein Wort über ihre Bedeutung gesagt werden. Wir haben bereits gesehen, welch grundlegende Relevanz der Forderung zukommt, daß die Aussagen der empirischen Wissenschaften überprüfbar sein müssen, daß nur solche Voraussagen zugelassen werden, die mit den Tatsachen verglichen werden können, um sie entweder zu verifizieren oder die Annahmen zurückzuweisen, von denen sie abgeleitet wurden. Die empirischen Wissenschaften versuchen nicht nur, die Erscheinungen der realen Welt in den Bereich erklärender Hypothesen zu ziehen, sondern sie sind auch darauf bedacht, diese Hypothesen an jenen Gegebenheiten der Welt zu messen, die ihre Unrichtigkeit erweisen, falls sie falsch sein sollten. Nur wenn sich dieses Verfahren anwenden läßt, können *empirische* Gesetze überhaupt als solche bezeichnet werden. Auf der Ebene von Experiment und Beobachtung haben wir durch Beobachtung gewonnene Begriffe sowohl in unseren Verallgemeinerungen wie auch in den Schlußfolgerungen; aber bei theoretisch definierten Begriffen glauben wir *ex hypothesi* nicht, daß das der Fall ist. Der eigentliche Sinn, in diesem Zusammenhang auf ›theoretische‹ Größen zu verweisen, liegt in der Abgrenzung von experimentell und theoretisch Definiertem. Das besagt: wenn Theorien überprüft werden sollen, muß das so geschehen, daß sie in einem ständig kontrollierten Verfahren mit den Gesetzen und Aussagen in Verbindung gebracht werden, die für beobachtete Phänomene gelten. Nur wenn das in einer ganz unzweideutigen Weise geschieht, können wir wissen, ob wir einen Testfall vor uns haben oder nicht, was nicht heißen soll, daß die Aufgabe der Auswahl der richtigen Experimente leicht ist. Man muß nur wissen, daß sie wichtig ist. Es gibt physikalische Theorien, wo sich die Aufgabe, diese Verbindungsglieder zu dem real Gegebenen herzustellen, so unendlich schwierig erwies, daß die betreffende Hypothese als im Prinzip nicht überprüfbar aufgegeben wurde. Eine solche Theorie betraf die Existenz von Lichtäther. Gegen Ende des letzten Jahrhunderts kam man zu der Überzeugung, daß sich Hypothesen über seine Natur nicht recht begründen und erproben lassen, und so gab man in der Physik und Astronomie den Begriff des Äthers wieder auf[17]. Viele Psychologen haben gegenüber dem Begriff des Unbewußten eine ähnliche Einstellung vertreten, und sie begründeten sie damit, daß die Verknüpfungen zwischen Aussagen über Vorgänge im Unbewußten und dem durch Beobachtung feststellbaren Verhalten von Menschen prinzipiell so locker und unbestimmt seien, sich auch kaum in zufriedenstellender Weise straffen ließen, daß der Begriff des Unbewußten überhaupt von der Wissenschaft aufgegeben werden sollte[18]. In der Soziologie stand man bei mehreren Begriffen vor dem gleichen Problem; Durkheims *conscience collective*, Marx' *Entfremdung*, Talcott Parsons' *Orientierungsalternativen (pattern variables)* sind nur einige Beispiele theoretischer Terminologie, deren Verwendung abgelehnt wurde, weil sie keine mit der erforderlichen Strenge überprüfbare Hypothesen erzeugen. All diesen Einwänden ist gemeinsam, daß sie die Notwendigkeit betonen, theoretische und experimentell begründete Verallgemeinerungen so zu verknüpfen, daß die letzteren eine Kontrolle der theoretischen Aussagen ermöglichen. Wenn wir die Ansicht vertreten, daß die erforderlichen Bindeglieder ihrer Natur nach entweder analytisch oder synthetisch sein müssen, aber nicht beides zugleich, haben wir die beiden Standardauffassungen hinsichtlich der Beziehung zwischen Theorie und Tatsachen – Operationalismus und Realismus[19].

Der theoretische Realismus bezieht folgende Position: die Termini, die in Theorien auftreten, sind ihrem Inhalt nach ebenso real wie diejenigen, die in experimentell gewonnenen Gesetzen und Berichten über empirische Beobachtungen verwendet werden. Wenn von einem Gas ausgesagt wird, daß es aus winzigen Teilchen besteht, so ist das ganz wörtlich zu verstehen, geradeso wie das von einer empirischen Aussage über einen beobachteten Sachverhalt gilt. Ferner, wenn nach der Annahme der geometrischen Theorie der Optik Licht ein Strom von Photonen, also von winzigen Partikeln in gradliniger Bewegung durch den leeren Raum, ist, dann erfaßt diese Theorie das Licht, wie es wirklich ist, und Photonen sind eben die Gegenstände, mit denen sich die Theorie beschäftigt. Photonen und Schatten sind eines so wirklich wie das andere, von jenen Größen handelt eine hochentwickelte Theorie, von dem letzteren spricht man in den täglichen Erfahrungen. In der soziologischen Theorie vertrat Durkheim eine ganz ähnliche Einstellung. Er scheute keine Mühe, die Faktizität oder, wie er es nannte, die ›Dingheit‹ der gesellschaftlichen Kräfte nachzuweisen[20], und das gleiche tut auch Siegfried Nadel, wenn er betont, daß sein Begriff der Sozialstruktur sich auf empirische Merkmale des Sozialverhaltens stützt und nicht nur eine nützliche theoretische Konstruktion eines Wissenschaftlers darstellt[21]. Und viele Physiker, vielleicht sogar die meisten, haben entschieden die Realität solcher seltsamen Größen wie Elektronen und anderer subatomarer Partikel verteidigt, da diese nach ihrer Ansicht in jeder Hinsicht den gleichen Anspruch auf Realität erheben könnten wie Tische und Stühle. In dieser Hinsicht ist die Beziehung, die in den sogenannten ›Überbrückungsaussagen‹ festgestellt wird, stets empirischer Natur: es ist ein in der realen Welt gültiger Tatbestand, daß jedesmal, wenn ein in dieser Weise theoretisch charakterisiertes Ereignis stattfindet, es so auch beobachtet wird[22].

Diese Ansicht ist mit einer offenkundigen Schwierigkeit verbunden. Wir begannen die Erörterung mit der Annahme, daß es eine leicht zu treffende, auf dem gesunden Menschenverstand beruhende Unterscheidung zwischen wahrnehmbaren Daten und nicht zu beobachtenden theoretischen Konstruktionen gibt. Aber wenn wir die

Stellung des theoretischen Realismus im oben gekennzeichneten Sinne einnehmen, kann diese Unterscheidung nicht aufrechterhalten werden. Der Grund dafür ist einfach. Wenn wir sagen, daß die Verbindung zwischen experimentell gewonnenen und theoretischen Begriffen empirisch ist, dann bedeutet das, daß diese Begriffe im Prinzip logisch voneinander unabhängig sind und daß es auf jeden Fall vorstellbar ist, daß sich das Verhalten der postulierten theoretischen Phänomene untersuchen läßt, ohne die bestimmten experimentellen Daten zu berücksichtigen, welche die Theorie erklärt. Wenn das Verbindungsglied seinem Wesen nach empirisch ist, müssen wir im Prinzip zur Annahme berechtigt sein, daß die Aussage darüber falsch ist, und das wiederum bedeutet, daß wir uns ein Prüfverfahren hinsichtlich des Verhaltens der theoretisch definierten Größen ausdenken können, das die experimentellen Daten ausklammert, welche die Theorie erklären soll. Denn wenn wir uns eine solche Prüfung nicht vorstellen könnten, würde eine analytische und keine synthetische Beziehung vorliegen. Aus diesem Grunde müssen theoretisch postulierte Größen im Prinzip wahrnehmbar sein, und somit ist nach dieser Ansicht die anfängliche Unterscheidung zwischen empirischen Gegebenheiten und theoretischen Konstruktionen nur als eine Art grobe Faustregel haltbar. Viele Wissenschaftler sind nur allzu bereit, eine solche These anzuerkennen, und würden sich sogar für ihre Gültigkeit kämpferisch einsetzen. Wenn sie einem unreflektierten Verfahren folgt, zeigt die Praxis der Wissenschaft tatsächlich keine scharfe Trennungslinie zwischen theoretisch und empirisch gewonnenen Ergebnissen. Ein Physiker wird sagen, daß er Elektronenspuren in einer Nebelkammer *gesehen* hat, obgleich er gleichzeitig auch zugeben wird, daß prinzipiell Elektronen nicht unmittelbar beobachtet werden können. Und jeder, der eine scharfe Trennungslinie zwischen theoretischer und nicht-theoretischer Erklärung bewahrt wissen will, muß sich einige bohrende Fragen über die Abgrenzung zwischen Beobachtung und daraus abgeleiteter Schlußfolgerung gefallen lassen. *Sehen* wir denn die Dinge, wenn wir sie auf einem Bildschirm sehen?[23] Ist das Sehen vermittels eines Mikroskops ein einfacher Fall des Sehens oder nicht, und macht es einen Unterschied aus, ob man durch ein optisches oder ein Elektronenmikroskop sieht? Die Aussage eines Wissenschaftlers, daß er eine theoretisch definierte Größe gesehen hat, beruht offensichtlich keineswegs auf *apriorischen* Vorstellungen über das Wesen der Beobachtung, sondern fast gänzlich auf der Zuverlässigkeit der betreffenden Theorie. In Anlehnung an Professor Ryles Analyse von Verben wie *sehen, hören, fühlen*[24] können wir sagen, daß ihr erstes Anliegen darin besteht, etwas auszusagen über das, was ist; das Wesen der jeweiligen Erfahrung, durch die wir zu unserem Wissen über die reale Welt kommen, bleibt dabei weitgehend aus dem Spiel. Somit beanspruchen wir in all unseren Aussagen über die Welt ein Wissen von dem real Gegebenen, und die Auffassung, daß wir, wenn auch nur prinzipiell, über die Beobachtungen *allein* sprechen könnten, während alle anderen Aussagen nur Schlußfolgerungen daraus wären, ist irrig. Der Wissenschaftler, der darauf verzichtete, über Elektronen zu sprechen, um statt dessen nur Worte wie Zähler und Zeiger zu gebrauchen, würde eine bedeutungslose Wissenschaft betreiben, ohne sich auch nur mit einem Schritt dem prinzipiell unerreichbaren Ziel zu nähern, nur beobachtete Daten zu beschreiben. Ein Soziologe könnte versuchen, die Vorgänge in einem Gerichtssaal zu charakterisieren, indem er sich auf die Schilderung des Mienenspiels und der Bewegungen der im betreffenden Prozeß auftretenden Personen usw. beschränkt; aber auch das würde nur die Soziologie ad absurdum führen, ohne uns einer durch Theorie ungetrübten Beobachtung näherzubringen. Somit erweist sich der Realismus als die einzig einleuchtende Ansicht von der Rolle der Theorie in der Wissenschaft, ob es sich nun um Natur- oder Sozialwissenschaften handelt. Eine der überzeugendsten Rechtfertigungen dieser Auffassung war Eddingtons berühmte Unterscheidung zwischen dem Tisch, wie er sich dem gesunden Menschenverstand zeigt, an dem wir sitzen, von dem wir essen usw., und dem wirklichen Tisch, wie ihn die Wissenschaft erfaßt, der aus einem Schwarm von kleinsten Teilchen besteht, die in einem leeren Raum herumwirbeln. Für Eddington stand nicht nur fest, daß der Realismus die Forderung des Tages war, sondern er war auch davon überzeugt, daß philosophischer Zweifel eher gegenüber unseren alltäglichen Annahmen angebracht sei als gegenüber den Erkenntnissen der Physik. Was das landläufige Wissen an Substanz aufweist, ist nach seiner Ansicht aus den wissenschaftlichen Theorien entlehnt[25]. Wie sehr auch Eddington die realistische These überanstrengt haben mag[26], die realistische Position stellt auf jeden Fall eine klare Antwort auf die Frage nach den Verbindungen zwischen Theorie und Beobachtung dar. Das bedeutet, daß, wenn wir über eine einheitliche Theorie verfügen, wir sie empirisch mit den sichtbaren Regelmäßigkeiten verknüpfen können. Somit vollzieht sich unsere Erörterung in drei Bereichen, wenigstens im Falle voll entwickelter und mathematisch formulierter Theorien. Im Kern der Theorie haben wir den abstrakten logischen Kalkül, über den sinnvoll nur formale Fragen gestellt werden können; dann kommen wir zur theoretischen Spezifizierung dieses Kalküls, und schließlich gelangen wir zu den empirischen Regelmäßigkeiten, die wir beobachten und durch experimentell begründete Verallgemeinerungen ordnen. Die Abgrenzung zwischen diesen Stufen wissenschaftlichen Verfahrens ist fließend und schwankt mit der uns zur Verfügung stehenden Information und unseren Versuchstechniken. So könnten wir z. B. zu den Gleichungen über die Geschwindigkeit, mit der sich Bakterien vermehren, unmittelbar auf mathematischem Wege kommen; dann ließe sich zum erstenmal die Existenz solcher Bakterien vermuten, was die zu beobachtende Ausbreitung einer Ansteckung erklären würde, aber mit Hilfe stärkerer Mikroskope sollten wir schließlich imstande sein, die von uns postulierten Bakterien tatsächlich zu beobachten und damit ihr Verhalten mit einem experimentellen Gesetz zu erfassen[27].

Das ist ein überzeugender Fall. Es verbleiben aber einige Zweifel, was vor allem für das Gebiet der Soziologie gilt, und wenn wir sie bereinigen, werden die Vorzüge des ›Operationalismus‹ deutlich. Das wird übrigens erklären, warum der Operationalismus in den Sozialwissenschaften eine viel größere Zustimmung erfahren hat als in den Naturwissenschaften. Die verbleibenden Zweifel beziehen sich auf zwei Gruppen von Fällen. Die erste betrifft Vorstellungen, die sich ihrem Typ nach mehr auf Prozesse als auf Begriffe beziehen, wobei die Grenzlinie zwischen beiden nicht absolut fest ist. In die zweite Gruppe gehört der Fall der ›Idealtyp‹-Theorien, in denen Begriffe und Prozesse auftreten, denen man unmöglich in der realen Welt begegnen kann und die deshalb nicht einmal im Prinzip sinnlich wahrnehmbar sind. Die Schwierigkeit hinsichtlich der ersten Gruppe von Vorstellungen bezieht sich auf die Ontologie von Prozessen und hat eine interessante Geschichte, die unter anderem zeigt, daß der jeweilige Stand der Wissenschaft einen weitgehenden Einfluß darauf hat, welche Prozesse den Theoretikern die größten Kopfschmerzen bereiten. So fiel es zur Zeit Newtons manchem Forscher nicht leicht, das Gravitationsgesetz anzuerkennen; selbst Newton bezeichnet seine *Principia* als die ›mathematischen‹ Prinzipien der Natur, weil er jene Zweifel teilte[28]. Um sich als ›philosophische‹ oder ›wissenschaftliche‹ Prinzipien der Natur auszuweisen, hätten sie die Vorstellung einer Wirkung aus der Entfernung irgendwie eliminieren müssen, denn eine solche Vorstellung hatte in der zeitgenössischen mechanischen Weltanschauung einfach keinen Platz. Das bei den Wissenschaftlern damals vorherrschende Paradigma zeigte den mechanischen *Stoß* als einen einsichtigen Prozeß, aber schloß die Kraft der *Anziehung* aus. Natürlich zeigte sich schnell, daß eine Vertrautheit mit der Theorie zur Anerkennung des Gedankens einer Wirkung über Entfernungen hinweg führte, und der Kampf gegen diese Vorstellung durch Vertreter des scholastischen Denkens interessierte bald nur noch die Historiker. Und ähnliches war zu beobachten, als die Vorstellung des elektrischen Feldes in der Wissenschaft aufkam, und das gleiche gilt von der Theorie der Ausbreitung elektromagnetischer Wellen. Auch auf dem Gebiet der Sozialwissenschaften ergeben sich immer wieder Zweifel, wenn irgendeine Form von Strukturanalyse für eine bestimmte Form sozialen Verhaltens vorgeschlagen wird. Denn die Kritik liegt stets nahe, daß wir wohl beobachten können, wie sich Menschen auf verschiedene Arten verhalten, daß es aber unmöglich ist, darüber hinaus die Struktur ihrer Handlungen wahrzunehmen. Oder wenn Verwandtschaftsverhältnisse in Analogie zu Feldern in physikalischen Theorien erklärt werden, fühlen wir uns zu dem Einwand veranlaßt, daß es erheblich leichter ist, die einzelnen Beziehungen als das Feld und *seine* Struktur wahrzunehmen. Und dennoch ist es uns natürlich klar, daß Theorien, die sich auf solche Begriffe stützen, für die Wissenschaft sehr wesentlich sind und daß ihr Gebrauch mit keinem Makel behaftet sein kann. Aber das Ansehen solcher Theorien beruht nicht auf realistischen Erwägungen. Und das gleiche gilt für verborgene Prozesse. Wir mögen den Wunsch haben, die Art zu analysieren, in der ein Kind in seinen ersten Lebensjahren eine Sprache lernt, und sie als einen Prozeß erfassen, in dem sich eine Grammatik nach vorherbestimmten Prinzipien aufbaut, d. h., um Chomskys Formulierung zu gebrauchen, wir können das Kleinkind als vorprogrammiertes Wesen betrachten, das die von ihm gehörten Laute in ein Schema einfügt, das in sehr abstrakter Form durch die Regeln des Programms gegliedert ist. Das Kind ist sich natürlich dieser Regeln nicht bewußt, und diese Regeln sind auch nicht von der Art, wie wir sie als Erwachsene bewußt anwenden könnten. Und wir mögen auch nicht die geringste Vorstellung davon haben, wie das ›Programm‹ sich physisch im menschlichen Organismus darstellt. Dennoch ist es durchaus nichts Unerhörtes, wenn wir aufgrund theoretischer Überlegungen die Ansicht vertreten, daß ein Kind beim Erlernen seiner Muttersprache solchen Regeln folgt[29]. Der Begriff der Idealtypen ist jedoch von größerer Wichtigkeit für die Sozialwissenschaften. Max Weber prägte den Ausdruck *Idealtyp*[30], um die Methode der typisierenden Erfassung eines bestimmten Einzelnen (z. B. *die* Stadt, *das* Handwerk usw.) zu bezeichnen, das in dieser Form einfach nicht existiert, um die entscheidenden Züge der uns beschäftigenden sozialen Phänomene zu erklären. Ein solches Beispiel eines ›Idealtyps‹, allerdings nicht aus einem Gebiet, wo Weber den Begriff für soziologische Zwecke gebrauchte, ist der rationale Mensch der ökonomischen Theorie, dessen einziger Zweck im Leben darin bestehen soll, billig zu kaufen und teuer zu verkaufen, dem lückenlose Information gratis zur Verfügung steht usw. Ein solcher Mensch existiert offensichtlich nicht und könnte auch prinzipiell nicht beobachtet werden, obgleich er für die klassische Ökonomie in ihrem Bemühen um ein Verständnis tatsächlicher ökonomischer Phänomene unentbehrlich war. Aber die Soziologie weist eine Fülle solcher Idealtypen auf. Der leistungsorientierte Mensch mit *erworbenem* Gesellschaftsstatus *(attainment-oriented)* ist nicht minder ein Idealtypus wie sein Gegenstück, der Mann mit *zugewiesenem Status (ascription-oriented)*. Und das gilt auch für ganze gesellschaftliche und politische Systeme, wie Aristoteles vor langer Zeit in seiner *Politik* zeigte, wo er seine berühmten und lange anerkannten Staatsformen definierte. Aber die Sozialwissenschaften stehen in der Verwendung solcher Idealtypen nicht allein da. Der Newtonsche Begriff des Massenpunkts ist in seinem Kontext geradeso ein Idealtypus wie der *homo oeconomicus* in einem anderen.

Solche Erwägungen führten zur Entwicklung des ›Operationalismus‹, der gelegentlich auch als die *›black box‹*-Theorie der Theorien bezeichnet wurde[31]. Nach dessen Grundthese ist die Beziehung zwischen Theorien und den Beschreibungen der beobachteten Ergebnisse im folgenden Sinne analytisch: die einzigen Begriffe, die irgend etwas über die realen Gegebenheiten der Welt aussagen, sind diejenigen, welche sich auf experimentell erfaßbare Tatbestände beziehen. Theorien haben ihrem Wesen nach den Charakter von Werkzeugen, weil sie in erster Linie Mittel zur Verbindung von Aussagen über Beobachtungen mit anderen solchen Aussagen darstellen. Sie sind in heuristischer Hinsicht nützlich, weil sie uns neue Experimente nahelegen, die uns sonst unbemerkte Verbindungen zwischen Tatbeständen aufzeigen. So kann sich die Vorstellung der ›unbewußten Projektion‹ fruchtbar erweisen. Sie kann uns nämlich nahelegen, den Zorn eines Mannes mit Ängsten aus seiner Kindheit zu verknüpfen. Das wiederum mag zu bestimmten therapeutischen Maßnahmen anregen, weil uns dadurch klar wird, wie wir bestimmte Arten emotionaler Spannung dadurch heilen können, daß wir für eine Umgebung sorgen, in der ein Prozeß zum Neuerlernen von gesundem Gefühlsverhalten möglich ist[32]. Wir brauchen in diesem Zusammenhang nicht die Behauptung aufstellen, daß *wirklich* ein unbewußter Sinn tätig wird; das Geflecht fruchtbarer Analogien rechtfertigt sich selbst. Demgemäß bedeutet die Unfähigkeit, zusammenhängende und relevante Versuchsreihen zu erzeugen, ein Todesurteil für jede Theorie. In diesem Sinne ist die Theorie ein ›schwarzer Kasten‹: wir speisen ihn mit experimentellen Eingangsgrößen und wir erhalten als einen Ausstoß neue experimentelle Daten als Ausgangsgrößen, d. h. Vorhersagen, die wir prüfen können. Was den Kasten dazu befähigt, das zu tun, brauchen wir nicht zu wissen, braucht uns auch nicht zu kümmern. Es mag sein, daß eine Beschreibung des Inneren des Kastens fruchtbare Anregungen für die Eingabe neuer Daten gibt, aber das wäre ein zusätzlicher Gewinn und gehört nicht zur Logik der Theorien. Ein guter Kasten formt die wahren Aussagen, mit denen er gespeist wurde, in wahre Vorhersagen um und stellt sie uns als Ausgangsgrößen zur Verfügung. Der Gedanke darf uns prinzipiell nicht beunruhigen, daß wir bei einem eventuellen Aufbrechen des Kastens feststellen könnten, daß er leer ist. Es ist offensichtlich der Fall, daß jedem Anhänger des Operationalismus die Prägung von Begriffen wie *homo oeconomicus* oder der *Geist des Kapitalismus* als eine verwickelte Methode erscheint, unsere Informationen miteinander zu verbinden und die Bedeutung der uns verfügbaren Daten zu erörtern.

Obgleich ich nicht der Ansicht bin, daß das eine erschöpfende Darstellung der Rolle der Theorien ist, hat sie doch in einem begrenzten Bereich vieles für sich. Und wiederum trifft das besonders für jene Gebiete zu, die Politologen besonders interessieren. Das liegt daran, daß die moderne Politologie tatsächlich durch die Verwendung von Analogien und durch die häufige Übernahme erklärender Modelle aus anderen Wissenschaften gekennzeichnet ist. So hat z. B. ein so geistreicher Autor wie Karl Deutsch in seinem Buch ›The Nerves of Government‹ den Versuch gemacht, die Analyse von sich selbst regulierenden Maschinen, die sehr viel Information zu verarbeiten haben und darauf mit steter Selbstkontrolle vermittels von Rückkopplungsverfahren reagieren, zur Verdeutlichung des Regierungssystems in den Vereinigten Staaten zu verwenden[33]. Nun wird sicherlich kein Mensch annehmen, daß die Vereinigten Staaten wirklich eine Maschine im eigentlichen Sinne des Wortes *sind*; auch ist es offensichtlich, daß niemand glaubt, daß diese Maschine in derselben Art eine Leistung erbringt, wie ein von einem Regler gesteuerter Motor einem Schwungrad eine bestimmte Anzahl von Umdrehungen gibt oder ein Verstärker einem Lautsprecher gleichmäßig fünf Watt zuführt. Vielmehr besteht die Leistung des oben angeführten Modells in einer Fülle von Anregungen zum Verständnis der kausalen Verknüpfungen, die im politischen Leben eine Rolle spielen, in einer ganzen Reihe von Ideen, die uns angeben, in welcher Richtung sich weiteres Forschen lohnen würde, und die uns befähigen, in systematischerer Form die Meinungen des Volkes und die Reaktion der Regierenden damit zu verknüpfen. Und mit einer solchen ›Theorie‹ sind wir besser imstande, unsere Feststellungen zu ordnen, zu klassifizieren und kritisch zu überprüfen, und das alles gehört schließlich zu den Leistungen, die ein ›Paradigma‹ erbringen soll.

Aber die Mängel des Operationalismus führen uns zum letzten Punkt dieses Kapitels, zu einer kurzen Beschreibung einiger Unterschiede zwischen Modellen, Theorien, Karten und Analogien. Was ich dabei von vornherein betonen möchte, ist, daß es ganz und gar nicht auf die Terminologie ankommt, die ich hier verwende und die ein anderer Forscher durchaus ablehnen mag. Das Wesentliche sind nicht die von uns verwendeten Ausdrücke, sondern die Unterscheidungen, die sie festhalten. Denn es ist wichtig, daß Übereinstimmung hinsichtlich der Frage herrscht, welche Unterschiede wir zu 34 beachten und zu bezeichnen haben. Die Schwäche des Operationalismus besteht nun darin, daß er den Unterschied verwischt zwischen Theorien und Modellen, zwischen Analogien, die das Verhalten der Phänomene beschreiben, *als ob* sie das sichtbare Ergebnis eines ihnen zugrundeliegenden Mechanismus oder Quasimechanismus sind, und solchen Theorien, die von den Phänomenen behaupten, daß sie sich in der beobachteten Weise verhalten, weil sie das sichtbare Ergebnis eines bestimmten Mechanismus *sind*[34]. Und dieser Unterschied gilt ebenso für die soziologische oder ökonomische Theorie, die besagt, daß die Phänomene diese oder jene Struktur besitzen, im Unterschied zu einer rein analogisch gemeinten Aussage, nach der sie sich verhalten, *als ob* das der Fall wäre. Das veranlaßt uns dazu, unsere Anerkennung von Downs' Werk *An Economic Theory of Democracy* als einer *Theorie* der Demokratie zu revidieren, denn es zeigt sich nun, daß hier nach unserer Auffassung vielmehr ein *Modell* vorliegt, denn nach Downs' Darstellung verhalten sich die Menschen in politischen Fragen so, *als ob* das politische System eine bestimmte Art von Markt wäre. Was Professor Downs tut, besteht darin, daß er das Verhalten von Politikern und Wählern nach dem Muster eines Verhaltens darstellt, das angemessener theoretisch gedeutet wird, nämlich als Verhalten von Käufern und Verkäufern auf einem freien Markt. Und wie das für fast alle Modelle zutrifft, ist eines der Ziele von Downs, uns aufzuzeigen, wie sich die wirklichen Verhältnisse in der Welt von den Ergebnissen unterscheiden, die in dem Modell vorausgesagt werden; denn durch ein solches Verfahren können wir nachweisen, daß Politik und Wirtschaftsleben nicht ganz dasselbe sind. Aber wenn der Verfasser imstande gewesen wäre, durchweg genaue Vorhersagen über das Verhalten etwa der amerikanischen Wähler und Politiker aus dem Modell abzuleiten, hätten wir diesem mit gutem Grund einen anderen Status zugewiesen. Wir wären dann mit Recht zur Annahme gekommen, daß die Aussagen des Modells für die Politiker und Wähler, wie sie uns im wirklichen politischen Leben begegnen, zutreffen und daß das Modell folglich eine echte Theorie der demokratischen Politik darstellt. Aber wir ersehen daraus auch, daß eine zu scharfe Unterscheidung zwischen Modell und Theorie irreführend wäre; denn ein Modell kann zu einer Theorie werden, wenn man von ihm annimmt, daß es zu relevanten Aussagen über reale Gegebenheiten führt[35]. So läßt sich durchaus eine Erörterung über die Frage denken, ob das amerikanische politische System wirklich eine Art von Markt ist und wie wir eine solche auf die Wirklichkeit bezogene Aussage überprüfen können. Und das wäre dann schließlich eine Erörterung darüber, ob wir es hier mit einer echten Theorie zu tun haben. Aber natürlich gibt es Modelle, die offensichtlich niemals daran denken können, den Status von Theorien zu beanspruchen. Nehmen wir einmal an, daß wir den Konflikt zwischen zwei Weltmächten nach dem Modell eines Damespiels darstellen, ein nicht gerade origineller Vorschlag im Hinblick auf die Rolle, die die Spieltheorie gegenwärtig bei Konfliktanalysen spielt. In einem solchen Fall könnten wir auch nicht entfernt den Anspruch darauf erheben, eine Damespiel-Theorie internationaler Konflikte aufgestellt zu haben. Wenn es uns überhaupt um eine solche Theorie zu tun wäre, würde sie auf die Struktur von Konflikten ganz allgemein gerichtet sein, und sowohl das Damespiel wie auch internationale Streitigkeiten könnten dann als besondere Beispiele für einen Konflikt gelten.

Wer ein Modell entwirft, erhebt nicht den Anspruch darauf, gültige Aussagen über empirische Gegebenheiten zu machen, aber die Schöpfer von Theorien tun das im allgemeinen. Und darum ist die Theorie des Realismus von größerer Relevanz für die Forschung. Wissenschaftler begnügen sich nicht damit, bloß zu sagen, daß sich Prozesse vollziehen, als ob ein gewisser Mechanismus am Werk sei; sie behaupten, daß ein Mechanismus tätig *ist*, und ihre Aussage ist eine Feststellung über reale Tatbestände der Welt[36]. Es besteht also die Möglichkeit, daß wir eine Theorie zurückweisen müssen, weil ihre Aussagen über die empirische Welt falsch sind. Mit anderen Worten, wir erkennen eine Darstellung nicht nur deswegen an, weil sich die Dinge so ereignen, als ob die Darstellung richtig wäre, sondern weil wir davon überzeugt sind, daß die betreffenden Aussagen den Sachverhalt richtig wiedergeben. Als Kopernikus betonte, daß er keine umstürzenden Veränderungen im bestehenden Weltbild dadurch bewirkt habe, daß er zum Zwecke leichterer Berechnungen vom heliozentrischen System ausging, täuschte er kaum jemand. Es war klar, daß der eigentliche Sinn der heliozentrischen Theorie des Sonnensystems nicht bloß darin bestand, die Berechnungen vom Hemmschuh der ptolemäischen Epizykeln zu befreien, sondern Kopernikus wollte eine vernünftige Erklärung der Struktur des Sonnensystems geben. Ebenfalls muß die kinetische Gastheorie so aufgefaßt werden, daß sie die Existenz von Schwärmen sich bewegender kleinster Teilchen in allen Gasen voraussetzt, um weitere Schlußfolgerungen über solche Tatbestände wie die inneren Anziehungskräfte innerhalb eines dichten Gases ziehen zu können. In der Geschichte der Naturwissenschaft faßt man gewöhnlich die theoretischen Aussagen so auf, wie sie offensichtlich gemeint sind. Wenn von einem Gas gesagt wird, daß es aus kleinsten Teilchen besteht, dann anerkennt man das als Tatsache. Abermals wird hier deutlich, wie das mit unseren früheren Feststellungen über die Bedeutung von Kausalreihen übereinstimmt, und es erklärt auch, warum der bildliche Ausdruck ›Karte‹ so gern gebraucht wird. Denn eine Karte zeigt uns die Verbindung zwischen zwei Orten, die Aufeinander- 36 folge von Schritten, die uns von Anfang bis zum Ende einer Reise führt. Und eine Karte will uns geradeso wie eine Theorie zeigen, wie das Gelände wirklich beschaffen ist; wie eine Theorie abstrahiert sie von den meisten Eigenschaften der Gegenstände in einer Landschaft; aber wie das auch für eine Theorie gilt, ist die Karte nicht zuverlässig, wenn es das von ihr angegebene Objekt an der bezeichneten Stelle nicht gibt. Sowohl Modelle wie auch Theorien helfen uns, Kausalreihen zu vervollständigen, indem sie uns zeigen, wie sich ein Vorgang aus einem anderen ergibt; aber die Schwäche der Modelle im Vergleich zu Theorien besteht gerade darin, daß jene *nur* einen heuristischen Zweck haben, sie beanspruchen nicht, die Gegebenheiten so darzustellen, wie sie wirklich sind.

All das veranlaßt uns zu einer letzten Bemerkung über die Lage der Sozialwissenschaften, besonders aber der Politologie. Die Methode der ›Konzeptualisierung‹, d. h. der Aufstellung besonderer ›Begriffsnetze‹ *(conceptual frameworks)*, erfreut sich seit einiger Zeit außerordentlicher Beliebtheit. Die bekanntesten Beispiele hierfür sind Professor Eastons sogenannte Systemanalyse[37] und Professor Almonds modifiziertes strukturell-funktionales Modell[38]. Beide wollen damit nicht Theorien über politisches Verhalten vorlegen, sondern eine Übereinkunft hinsichtlich der Terminologie erzielen, mit deren Hilfe Theorien entworfen werden können. Aber dieses Vorgehen hat aus folgenden Gründen einige Schwierigkeiten. Wenn wir eine bewährte Theorie vor uns haben, können wir Fragen hinsichtlich der Folgen stellen, die sich ergeben, wenn wir den einen oder anderen Faktor in der zu prüfenden Situation ändern; und das unterscheidet sich wesentlich von einer Situation, wo wir im Rahmen logischer Erwägungen nach den Beziehungen innerhalb einer Analogie oder eines Modells fragen. Denn wie mehrfach betont wurde, bezieht sich die Theorie auf die Gegebenheiten in der realen Welt in einer Weise, wie das ein Modell nicht tut. Aber im Falle eines ›Begriffsnetzes‹ ist es nicht sicher, ob wir eine der beiden Fragen stellen können, denn zugegebenerweise ist das Begriffsnetz ein prä-theoretisches Gebilde. Wo wir hingegen eine dieser Fragen stellen können, müssen wir in der Lage sein, klar zu unterscheiden zwischen dem, was wir ›Prototheorien‹ nennen, d. h. locker gefügte, aber echte theoretische Aussagen über Kausalreihen, und bloß analogischen Formeln der einen oder anderen Art. Aber in den meisten Wissenschaften und auch bisher in den Sozialwissenschaften sind Begriffsschemata oder, was dasselbe ist, Klassifikationsschemata stets nur im Gefolge erfolgreicher Theorien aufgekommen und standen in ihrem Dienst. Die Klassifikationsweisen der Anatomie erwiesen sich erst als nützlich, nachdem sich die physiologische Theorie entfaltet hatte. So muß jeder, der Aristoteles, Montesquieu oder Marx liest, zur Überzeugung kommen, daß ihre Begriffssysteme nur im Prozeß der Ausbildung ihrer politischen Theorien denkbar wurden. Es besteht daher Grund zur Annahme, daß solche begrifflichen Koordinatennetze entweder Theorien sind, deren Urheber nur nicht den Mut haben, für sie einzustehen, oder lediglich vergeudete Mühe bedeuten. Eine größere Zahl besser bestätigter kausaler Verallgemeinerungen würde zweifellos auch die Terminologie hervorbringen, die zu ihrer angemessenen sprachlichen Formulierung nötig ist. Die Annahme, daß dieser Prozeß einfach umkehrbar ist, läßt vermuten, daß die Bedeutung einleuchtender Kausalreihen nicht genügend bedacht wurde.

System, Handlung, Reduktion. Ein methodologischer Versuch *

M. Schmid

Soziologisches Denken ist als akademische Disziplin denselben Erscheinungen modischer Wandlungen unterworfen wie andere Bereiche intellektueller Produktionen. Daran wird wenig zu ändern sein. Solange freilich die ›Mode‹ kritischen Denkens nicht an Wirksamkeit verliert, kann man denkbaren Entwicklungen gelassen entgegensehen[1]. Man wird aber in keinem Falle darauf verzichten können, sich nach zwei oder drei methodologischen Kontroversen[2], die es in Deutschland im Umkreis sozialwissenschaftlichen Denkens gegeben hat, Rechenschaft darüber abzugeben, was solche Auseinandersetzungen bewirken können. Wenigstens zwei der genannten Kontroversen widmeten sich in ihren zentralen Punkten eher den Voraussetzungen soziologischen Denkens überhaupt, bzw. ideologischen und epistemologischen Fragen, als daß das Problem in den Blickpunkt gerückt wurde, welcher Art die Theorie sein müsse, um soziale Zusammenhänge angemessen zu beschreiben. Eine der Kontroversen befindet sich noch in vollem Gange, aber auch hier melden sich die ersten Stimmen zu Wort, die den Inhalt von Theorie mit in die Diskussion einzubringen wünschen[3]. Das ist insofern wichtig, als zwar inhaltliche theoretische Annahmen wohl in allen Fällen implizite mitangesprochen worden sind, ohne daß es aber im einzelnen gelingen wollte, methodologische Reflexion in einen engeren und wie man vermuten könnte: fruchtbareren Zusammenhang mit jenen Theorien zu stellen. Ich kann mir nun nicht ein-

* Originalbeitrag

bilden, in dem hier zur Verfügung stehenden Raum allen Anforderungen eines solchen Programms gerecht zu werden, weshalb auch mit aller gebotenen Vorsicht von einem ›Versuch‹ die Rede sein soll.

Wenn man die hier anstehende Fragestellung in einer Formulierung zusammenfassen wollte, wohl wissend freilich, daß mit solchen, wenn auch eleganten Sätzen möglicherweise mehr verdeckt als freigelegt werden kann, so könnte man geneigt sein, *eine* Frage in den Vordergrund zu stellen, nämlich: ›Welche Art der Theorie ist zur Erfassung sozialer Erscheinungen die angemessene?‹ Damit sind zumindest zwei Probleme angesprochen, einmal: welche inhaltlichen Theorien man zu wählen habe, und zweitens: welcher Art die Kriterien sein müssen, die eine Beurteilung der ›Angemessenheit‹ theoretischer Entwürfe erlauben können. Man könnte im ersten Falle von einer theoretischen, im zweiten Falle von einer methodologischen Fragestellung sprechen.

Mehr als durch methodologische Probleme wird der soziologische Forschungsbereich durch unterschiedliche Auffassung über den Inhalt von Theorie in bisweilen feindliche Lager gespalten, die nur selten miteinander direkt diskutieren, sich aber in aller Regel gegenseitig verschiedenartige methodologische Positionen unterstellen[4]. Um eine Validierung solcher Argumente soll es im folgenden gehen. Daß dabei Vollständigkeit kaum angestrebt werden kann, sollte sich von selbst verstehen.

Man kann denkbarerweise drei theoretische Ansätze unterscheiden: einen funktionalistisch-strukturellen, einen handlungstheoretischen und einen verhaltenstheoretischen, wobei diese Klassifikation keine ontologische Weihe für sich in Anspruch nimmt. Alle drei Ansätze sind in unterschiedlicher Weise miteinander verflochten.

Die erste Frage, die mit Sicherheit auftauchen wird, müßte die Berechtigung problematisieren, ob eine funktionalistische und eine strukturelle Betrachtungsweise so ohne weiteres unter einer Überschrift zusammenzufassen sei. So bemüht sich beispielsweise F. Barbano wortreich um den Nachweis, Robert K. Merton sei unter keinen Umständen ein Funktionalist, sondern ein Strukturalist[5], während sich H. Lehmann alleine darum bemüht, Mertons Verwendungsweise des Funktionsbegriffs klarzustellen[6]. Daß man ein Interesse daran haben kann, Funktionalismus und Strukturalismus strikte auseinanderzuhalten, mag sich insbesondere aus der Vermutung rechtfertigen, Funktionalismus sei gewissermaßen logisch an organizistische Vorstellungen gebunden[7], was sich seinerseits aus einigen mittlerweile schon berüchtigten Formulierungen von Malinowski und Radcliffe-Brown erklären mag[8]. Aber einerseits besteht keinesfalls ein solcher logischer Zusammenhang zwischen organizistischen Theorien und funktionalistischem Vorgehen; man kann nach den Funktionen einer bestimmten Institution, einer Verhaltensweise oder was immer für das Bestehen einer Gesellschaft, einer Institution, einer sozialen Beziehung fragen, ohne sich auf die Annahme verpflichten zu lassen, der Zusammenhalt dessen, wofür ein bestimmtes Ereignis funktional sei, müsse auch nur entfernt als organizistisch vorgestellt werden, oder auch nur in eine anologiehafte oder metaphorische Beziehung zu solchem biologistischen Denken gebracht werden. Wenn man sich damit abfinden könnte, in dem Hinweis auf den organizistischen Charakter sozialer Zusammenhänge eher einen, wenn freilich möglicherweise mit Irrtümern und denkbar falschen Konsequenzen verbundenen Anklang an zu einer bestimmten Zeit vorbildliche biologische Theorien sehen zu wollen, oder wenigstens doch nur einen Hinweis auf den Systemcharakter gesellschaftlicher Erscheinungen, könnte man dieses Argument mit guten Gefühlen begraben. Wie so oft geben auch hier die programmatischen Schriften von Wissenschaftlern viel eher Anlaß zu Einwänden als ihre theoretischen Abhandlungen. Man mag sich nur an B. F. Skinner erinnern, dessen Leistungen auf dem Gebiet der Lerntheorie in seltsamer Weise mit seiner Auffassung über die Überflüssigkeit von Theorien überhaupt kontrastiert[9], oder an Max Webers Ausführungen über das idealtypische Vorgehen in den Sozialwissenschaften[10], die alleine wegen logischer Inkonsistenzen kaum in Relation zu seinen empirischen Untersuchungen etwa über den Einfluß von religiösen Vorstellungen auf die Wirtschaftsethiken zu setzen sind. Welchen Wert soll eine Methodologie haben, die den Aufbau von abstrahierenden Idealtypen fordert, um daraufhin deren faktische Abweichungen und Übereinstimmungen von der Realität zu untersuchen? Mag es nicht hinreichen, diese Realität gleich zu untersuchen, wenn man in jedem Fall eine von Idealtypen unabhängige Erfassung logisch benötigt, um diese mit den konstruierten Idealtypen zu konfrontieren?[11] Freilich kann damit nicht der Eindruck verwischt werden, daß spezifische Versionen funktionalistischer Theorien erhebliche Mängel aufweisen[12]. Weder ist im Einzelfall klar, was als Überlebens- oder Bestandsbedingungen von sozialen Institutionen oder im Extremfall ganzer Gesellschaften gelten soll, d. h., der spezifische, funktionale Charakter bestimmter sozialer Einrichtungen bleibt verschwommen, noch kann immer mit Sicherheit angegeben werden, worin eigentlich der Zustand des Überlebens oder wichtiger des Nicht-Überlebens einer Gesellschaft gesehen werden kann. Daß der terminologische Apparat dieser Theorie in weiten Teilen unpräzise ist, kann sicher als ein ernsthafter Einwand gelten und sollte in keinem Fall herabgespielt werden. Nur befindet sich ein solchermaßen kritisierter Funktionalismus in erlauchter Gesellschaft. Auch und gerade die als Ausbund von Wissenschaftlichkeit geltende Verhaltenstheorie besitzt ein unerwartet schwammiges und vages Vokabular[13]. Ähnliches gilt für etliche Einstellungstheorien und andere. Es kennzeichnet den allgemeinen Zustand sozialwissenschaftlicher Theorienbildung, daß viele Vorstellungen eher an vorgegebene Plausibilitätsgesichtspunkte anschließen, als den methodologischen Forderungen nach Präzision und Exaktheit der verwendeten Prädikate gerecht zu werden. Ohne die gängigen Definitionslehren in ihrer Wirksamkeit überschätzen zu wollen, kann aber nicht apriori ausgeschlossen werden, daß eine Präzisierung von Terminologien gelingen mag. *Jede* Theorie wird für sich in Anspruch nehmen müssen, Zonen der Vagheit und Mehrdeutigkeit durch erweiterte Anwendung ihres terminologischen Apparats beseitigen zu können.

Eine andere Frage indessen richtet sich an die inhaltlichen Behauptungen funktionalistischer Theorien, soweit diese wegen der Ungenauigkeit ihres Vokabulars überhaupt erfaßt werden können. So wird sich der klassische Funktionalismus in dem Maße herbe Kritik gefallen lassen müssen, als er von der Voraussetzung ausgeht, daß jede Gesellschaft als total integriertes soziales System aufgefaßt werden könne, wobei alle sozialen und kulturellen Erscheinungsformen für die faktische Erhaltung des Systems von gleicher Notwendigkeit sind und entsprechend alleine positiv funktionale Beiträge leisten[14]. Solche Vermutungen sind inhaltlich *falsch*. Weder sind alle Gesellschaften total integriert noch sind alle Beiträge kultureller und sozialer Erscheinungsformen eufunktional, noch sind alle solche Teilsysteme in gleicher Weise für den Bestand der Gesellschaft erforderlich. Wollte man ›Funktionalismus‹ in jedem Falle mit einer derartigen Theorie in Verbindung bringen, wird man nicht mehr erhalten als eine Karikatur. Das mag die Freude an leichter Kritik erhöhen, wird aber den Erklärungscharakter solcher Theorien gegen den Null-Punkt tendieren lassen. Freilich kann innerhalb einer funktionalistischen Fragestellung, die eben nach dem funktionalen Beitrag von Teilsystemen für den Bestand umfassender Systeme fragt, allen Einwänden Rechnung getragen werden. Die Unterscheidung von Funktion und Dysfunktion erfaßt das Phänomen gesellschaftlichen Wandelns insofern, als Wandlungserscheinungen durch die Theorie zugelassen werden[15], ohne freilich im einzelnen Wandel zu erklären. Damit mag sich zwar der Gehalt dieser Theorie verringern, in jedem Falle hat sie aber mehr Chancen, sich zu bewähren. In gleicher Weise kann ausgeschlossen werden, daß jedes Teilsystem in jedem Falle eine erfaßbare Funktion für den Bestand des umfassenden Systems haben müsse. Damit ist sowohl das Postulat der ›funktionalen Notwendigkeit‹[16] eines jeden zufällig vorhandenen Systemteils aus der Theorie ausgeschieden, noch muß man durch die Behauptung, jedes Teilsystem sei für den Bestand des Gesamtsystems verantwortlich, die implizierte

Vorstellung einer Überdeterminierung des Gesamtsystems weiter verfolgen, was insbesondere dann zu logischen Schwierigkeiten führt, wenn man annehmen wollte, daß jedes einzelne Teilsystem für das Überleben einer Gesellschaft sowohl eine notwendige wie hinreichende Bedingung darstellen wird[17]. Dem Postulat funktionaler Notwendigkeit ist im weiteren die Vorstellung vom Vorhandensein ›funktionaler Äquivalenzen‹ oder ›funktionaler Alternativen‹ entgegengehalten worden[18].

Damit sind die Haupteinwände gegen vergangene Formen funktionalistischer Vorstellungen zwar beseitigt, ob sich daraus freilich, gewissermaßen ohne weiteres Zutun, eine gültige Theorie ergibt, bleibt fraglich. Ich möchte mich hier keinesfalls einer gängigen Strategie anschließen, die darin besteht, widerlegte Theorien durch einen Rückzug in die Heuristik aus der Schußlinie zu ziehen, die von Hans Gerd Schütte völlig zu Recht kritisiert wurde[19]. Man kann nicht einfach durch den Hinweis an einem Gedankengebäude festhalten, wenn eine Theorie schon keine wahren Aussagen über die Realität zu bieten vermöge, so könne sie doch heuristische Gesichtspunkte für fragenswerte Problemstellungen anbieten. Das kann so sein, und im Falle des Funktionalismus braucht dies sicher nicht geleugnet zu werden. Aber eine Theorie, die abschließend klärt, welcher Art die funktionalen Beziehungen sein müssen, die den Bestand eines gesellschaftlichen Systems *tatsächlich* garantieren, wie diese entstehen und sich ihrerseits erhalten, liegt allenfalls in Ansätzen vor. Man könnte hier insbesondere an die Beiträge Gouldners über den bestandserhaltenden Charakter von Reziprozitätsnormen denken[20]. Diese Theorien schließen an eine funktionalistische Behauptung an, die mit Sicherheit zu den Teilen gehört, die bislang noch nicht widerlegt wurden, auch von marxistischer Seite nicht, die wohl die nachhaltigsten Bedenken gegen eine solche Vermutung äußern dürfte, daß nämlich die Integration einer Gesellschaft nachdrücklich im Bereich von Normen und Werten zustande komme[21]. Freilich mag die Nichtfalsifikation einer solchen These in engem Zusammenhang zu der Tatsache stehen, daß niemand sich eine Methode der Falsifikation wird vorstellen können. Denn wie soll eine Gesellschaft aussehen, die nicht über Wertvorstellungen integriert ist? Und gleichzeitig stellt sich auch hier die Frage, ob eine Integration nicht über funktionale Alternativen möglich ist, etwa durch reine Machtbeziehungen. Aber gerade diese Theorie, so anziehend sie für Realisten oder solche, die sich dafür halten, sein mag, wird als Theorie *gesamt*gesellschaftlicher Integration mit Sicherheit ausscheiden. Jeder wird sich an den Satz erinnern können, daß man mit Bajonetten alles wird anstellen können, nur nicht, sich darauf zu setzen. Im übrigen mag dieser hochgradig aphoristische Einwand durch den Hinweis untermauert werden, daß natürlich in weitem Maße völlig im dunkeln bleibt, welche Art sozialer Beziehungen allgemein als Machtbeziehung zu kennzeichnen sei und welche nicht[22].

Aber damit enden die bislang diskutierten Einwände gegen den Funktionalismus nicht. Oft wird ihm vorgeworfen, er spiele sich als Alternative zur nomologisch-deduktiven Erklärung im Bereich der Sozialwissenschaften auf[23]. In welchem Maße mit einer derartigen Behauptung die Eigendarstellung funktionalistischer Theoretiker oder nur die Definition eines Feldes wiedergegeben ist, in dem sich methodologische Kritiker des Funktionalismus besonders zu Hause und entsprechend kompetent fühlen, kann dahingestellt sein. Die Vorstellung vom erklärenden Charakter des Funktionalismus mag spezifisch aus der sicher richtigen Annahme entstanden sein, Funktionalisten *beabsichtigten* wenigstens, gesellschaftliche Erscheinungen zu erklären, wobei man daraufhin untersuchte, ob sie wohl darunter dasselbe verstünden wie man selbst. Besonderes Interesse fand dabei die Frage, ob die Tatsache, daß ein Teilsystem einer Gesellschaft einen funktionalen Beitrag zum Bestand des umfassenderen Systems leistet, eine Erklärung für das Vorhandensein dieses Teilsystems darstelle. Setzt man nun ›Erklärung‹ in irgendeinen Zusammenhang mit dem Begriff ›kausaler Faktor‹, wobei für den Augenblick vorausgesetzt sei, der Kausalitätsbegriff sei hinreichend klar, so wird eine solche Erklärung sicher nur dann möglich sein, wenn ein zirkulärer Kausalzusammenhang zwischen Systembestand und der Tatsache des Vorhandenseins einer funktionalen Beziehung gefunden werden kann. Es reicht in keinem Falle hin, nur die Tatsache der funktionalen Beziehung alleine zur Basis einer Erklärung zu machen. Eine solche Lösung scheidet schon in einem immanenten Sinne aus, als nämlich das Wirken funktionaler Äquivalente zu den anerkannten Thesen funktionalistischen Denkens gehört[24]. Wenn man einen Zusammenhang zwischen dem Vorhandensein funktionaler Beziehungen und dem Systembestand annimmt, dann kann von der Tatsache, daß ein System existiert, auf das Vorhandensein funktionaler Beiträge bestimmter Teilsysteme geschlossen werden, aber eindeutig ist das nur dann möglich, wenn nur *eine* funktionale Beziehung möglich ist, jede funktionale Alternative läßt allenfalls noch den Schluß zu, daß wenigstens ein Teilsystem vorhanden sei, das zur Klasse aller jener Teilsysteme gehört, die einen positiven Beitrag zur Erhaltung des umfassenden Systems leistet. Ob man sich damit zufriedengibt, wird von den Ansprüchen abhängen, die man an eine solche Erklärung richten mag. In keinem Falle aber erklärt die Tatsache eines denkbaren funktionalen Zusammenhangs die Existenz eines spezifischen Teilsystems, das einen solchen funktionalen Beitrag leisten kann. Allenfalls wird man eine partielle Erklärung im Sinne Hempels geben können[25].

Damit ist der Fragenkatalog noch nicht abgeschlossen. Besondere Schwierigkeiten tauchen dann auf, wenn man den Funktionsbegriff in einen definitorischen Zusammenhang mit der Anpassungskapazität des Gesamtsystems setzt[26]. Eine denkbare Antwort wird man sich freilich in allen Fällen von vorneherein verbauen, wenn es nicht gelingen wird, in verbindlicher Weise einen Standard dessen einzuführen, was als Anpassung eines Gesellschaftssystems verstanden werden kann. Dieses Problem deckt sich mit dem einer gültigen Definition des Überlebens einer Gesellschaft. Fragwürdig aber wird insbesondere, weshalb sich eine Gesellschaft im Falle einer Fehlanpassung oder einer Inkonsistenz zwischen Ziel und Realität die vorhandenen Anpassungsmöglichkeiten überhaupt zu Nutze machen soll. Eine regelmäßige Tendenz, dies zu tun, wird sich nur durch die Einführung einer These erklären lassen, die eine Disposition eines Systems zur Selbstregulation in eine bestimmte Richtung annimmt. Dazu müssen eine Reihe von Voraussetzungen erfüllt sein, die insbesondere auf die Fähigkeit des Systems abstellen, Information zu verarbeiten, seine Ressourcen zu mobilisieren u. ä. Das heißt aber: selbst, wenn es sich bei einem bestimmten System um ein selbstregulatives System handelt, ist damit noch nicht abgedeckt, daß es dem System auch *gelingt,* einen Anpassungsprozeß in Gang zu setzen[27]. Gründe, warum sich dies nicht gewährleisten läßt, sind sowohl im systeminternen wie -externen Bereich anzusiedeln. Ob aber ein System tatsächlich die Tendenz zur Selbstregulation besitzt, und ob ihm die Möglichkeit gegeben ist, seine Anpassungskapazität zu realisieren, sind empirische Fragen, die für jedes einzelne System getrennt untersucht werden müssen und sich nicht in aprioristischer Manier werden lösen lassen. Man wird denkbarerweise feststellen müssen, daß der Anwendungsbereich einer solchen Systemtheorie relativ gering ist, weil zahllosen Systemen eine solche Disposition zur Selbstregulation so ohne weiteres nicht wird unterstellt werden können. Aber selbst wenn dies der Fall sein sollte, wird sich eine faktische Anpassung *nur dann* ergeben, wenn dem System auch die *Möglichkeiten* offenstehen, diese Disposition zur Geltung kommen zu lassen. Der alleinige Verweis auf Selbstregulation kann das faktische Systemverhalten nur dann erklären, wenn die Möglichkeitsbedingungen erfüllt sind. Dieser nachdrückliche Hinweis mag deshalb erlaubt sein, weil Systemtheorien verschiedener Couleur in aller Regel dazu neigen, diese Bedingungskonstellation zu übersehen, wodurch nur enthymematische Erklärungen entstehen können, die alleine nur dann richtig sind, wenn aus zufälligen Gründen die angesprochene Bedingungsklasse faktisch realisiert ist.

Es wird aufgefallen sein, daß im bisherigen Zusammenhang der Systembegriff nicht gerade in systematischer Trennung vom Funktionsbegriff gehalten wurde und daß wenig Wert auf eine Unterscheidung zwischen Funktionalismus und Strukturalismus gelegt wurde. Es ist zwar üblich geworden, diese Sachverhalte wenigstens kategorial zu trennen, was sich rein aus analytischen Gründen der Aufbereitung bestimmter Stoffbereiche rechtfertigen läßt[28]. Ich kann aber kaum einen Sinn darin sehen, eine solche kategoriale Schottung mit der Auffassung zu identifizieren, hier lägen unterschiedliche Theorien vor. Eine funktionalistische Fragestellung läßt sich ohne Rest als Teilklasse einer Systemtheorie begreifen. Aus der Menge möglicher Fragen wird eine ausgefiltert, die sich um eine Klärung des Beitrags bemüht, den ein bestimmter Systemteil zur Aufrechterhaltung einer spezifischen Systemstruktur, d. h. einer bestimmten relationalen Anordnung von Systemelementen leisten kann. Dabei gehört der Strukturbegriff zum Definiens von ›System‹, und ›Funktion‹ beschreibt einen der oben skizzierten relationalen Zusammenhänge. An einer Trennung der verschiedenen Bereiche hat mit Sicherheit Talcott Parsons einen Hauptteil der Schuld. Man kann sich aber daran erinnern, daß eine solche Trennung für diesen Autor auf der analytischen Ebene liegt, was soviel bedeutet, daß hier alleine Gesichtspunkte theoretischer Aufbereitung eine Rolle spielen und keine ontischen Grenzen gezogen werden[29]. Freilich mag es zu Schwierigkeiten führen, wenn man in solchem Zusammenhang von einer ›System*theorie*‹ spricht. In ihrer abstraktesten Form wird man sie kaum als ›Theorie‹ im umgrenzten Sinne bezeichnen können, die empirische und prüfbare Aussagen über das faktische Verhalten von Systemen erlauben wird. Eher wird an ein Paradigma zu denken sein, das neben einer extensional umfangreichen Begriffsapparatur eine geringe Anzahl von denkbaren empirischen Verbindungen zwischen Zuständen nahelegt, die im Rahmen einer systemtheoretischen Sprache beschrieben werden können. Man könnte hier insbesondere an die These denken, wonach das Auftauchen inkonsistenter Relationen zwischen Systemelementen oder System und Außenwelt eine Tendenz auslöst, diese Inkongruenz zu beseitigen und ein Gleichgewicht[30] wiederherzustellen, wobei sich eine solche Formulierung nicht darauf einlassen muß, ob sich ein solcher Gleichgewichtszustand auf der Basis derselben strukturellen Zusammensetzung des Systems ergeben muß oder durch eine Umstrukturierung, d. h. eventuell die Aufnahme neuer oder das Fallenlassen alter Elemente zustande kommt. Man kann sich hier K. D. Opps Hinweis zu eigen machen, daß solche systemtheoretischen Aussagen in Analogie zu seinen Ausführungen über kybernetische Modelle als ein teilweise interpretierter Kalkül aufzufassen seien, die im weiteren erst einer semantischen Interpretation bedürfen, um empirischen Charakter gewinnen zu können, wobei im Einzelfall offenbleiben muß, ob eine solche Interpretation zutreffen wird oder nicht[31]. Eine solche denkbare Interpretation muß dann nicht notwendig auf makrosoziologische Zusammenhänge beschränkt bleiben, sondern kann auch im mikrosoziologischen Bereich und bei psychologischen Fragestellungen Anwendung finden[31a]. Eine solche Auffassung ist mit Sicherheit nicht aus der Luft gegriffen, wenn man sich die Parsonschen Unterscheidungen zwischen organischem, personalem, sozialem und kulturellem System in Erinnerung ruft[32]. In keinem Fall muß man sich in irgendeiner aprioristischen Weise auf eine spezifische Interpretation dessen, was als ›System‹ zu gelten hat, festlegen lassen, jedenfalls so lange nicht, als man nicht im Lichte einer vorweg akzeptierten Sozialontologie einen Entscheid darüber herbeigeführt hat, welches die letztverbindlichen Bausteine sozialer Erscheinungen sein sollen. Durch das systemtheoretische Paradigma in jedem Falle ist eine solche Entscheidung nicht logisch präformiert. Wenn sich aber der Begriff ›Systemtheorie‹ in so eindeutiger Weise mit einer Vorstellung makrosoziologischer Fragestellungen verbunden hat, so mag das einmal darauf zurückzuführen sein, daß man sich in den unterschiedlichen Lagern entweder keine weiteren Gedanken über die logischen Strukturen der verwendeten Theorien macht, oder weil insbesondere politologische Autoren innerhalb eines systemtheoretischen Paradigmas arbeiten, wobei mit Begriffen wie ›Staat‹, ›Nation‹ etc. von vorneherein makrosoziale Zusammenhänge assoziiert sind[33]. Da solche Assoziationen in aller Regel eher unserer psychischen Wahrnehmung zugrunde liegen, als in unseren Theorien logisch impliziert zu sein, wird man sich denkbarerweise von ihnen befreien können. Dann wird eine Reduktion sozialwissenschaftlicher Theorien am Ende wirklich eine Vereinheitlichung unserer theoretischen Ansätze bewerkstelligen können, die mancherorts so erstrebt wird[34]. Dies aber weniger im Sinne eines Reduktionsverfahrens, das anderen Theorien ihre Existenzberechtigung streitig macht, als im Rahmen eines Vorgehens, das seine Rechtfertigung in der Tatsache findet, daß ein und dasselbe Kalkül in unterschiedlicher Weise interpretiert und entsprechend in unterschiedlichen Bereichen angewendet werden kann. Will man einen theoretischen Monismus im Sinne einer denkbaren theoretischen Proliferation dann nicht weiter aufrechterhalten, wird man nach Alternativen zu eben einem solchen systemtheoretischen Ansatz suchen müssen, wobei ich in keiner Weise in der Lage bin, auch nur den abstraktesten Hinweis darauf zu geben, wie eine solche Strategie fundiert werden könnte. Eine solche Auffassung des Charakters systemtheoretischen Denkens hätte in meinen Augen darüber hinaus den Vorteil, eine adäquate Einordnung der theoretischen Bemühungen von Niklas Luhmann zu ermöglichen[35]. Es wurde wiederholt angemerkt, daß es sich bei dieser Theorie in keiner Weise um eine empirisch gehaltvolle Aussagenmenge handeln könne, vielmehr um eine Sprache, die allgemeine Begriffe zur Verfügung stelle, die eine rein terminologische Erfassung vorliegender Ergebnisse erlaube[36]. Ob man eine solche Arbeit nun als systemtheoretische Metaphysik disqualifizieren muß, kann kaum mit Sicherheit entschieden werden. Daß einige der zentralen empirischen Hypothesen, wie etwa die These über den komplexitätsreduzierenden Charakter von Systemen, Bedenken ausgesetzt sind[37], mag die Vorbehalte gegen eine solche Theorie nicht gerade abbauen helfen, eine generelle Verdächtigung rechtfertigt sich indessen in keinem Fall.

Man kann in allen Fällen abwarten, ob sich nicht am Ende doch noch eine empirische Interpretation des Systemkalküls wird finden lassen, das auch den theoretischen Relevanzvorstellungen von Soziologen gerecht werden kann. In gleicher Weise wird man sicher auch dem Gedanken Nachdruck verschaffen können, daß sich aus den Luhmannschen Ansätzen schon heute eine Reihe wichtiger Einsichten werden beziehen lassen, ohne daß freilich die Ansprüche nach theoretisch-deduktiver Systematisierung befriedigt worden sind. Aber diese Fragen müssen in diesem Zusammenhang unerörtert bleiben.

Auf der methodischen Seite indessen werden von Luhmann einige Ansichten vertreten, die keinesfalls ohne Widerspruch bleiben können, zumal deshalb, weil Luhmann in diesem Fall seine theoretischen Gedanken in enge Verbindung zu seinen wissenschaftstheoretischen Vorstellungen zu setzen geneigt ist. Luhmann glaubt, daß es zu den wichtigsten Leistungen einer systemtheoretisch betriebenen soziologischen Theorie zählen müsse, den Möglichkeitsspielraum denkbarer funktionaler Alternativen abzustecken, womit eine Antwort auf die Frage zu liefern ist, in welchem Maße die Fähigkeit von Systemen, Komplexität zu reduzieren, an sehr unterschiedliche Problemlösungsstrategien gebunden werden könne[38]. Eine solche Berücksichtigung eines Kerngedankens der sog. ›Kritischen Theorie‹ der Frankfurter Schule[39] ehrt den Autor sicher, daß aber im Lichte einer solchen Annahme die Meinung vertreten wird, auf solche Weise müsse Kausalanalyse durch einen Äquivalenzfunktionalismus ersetzt werden, rechtfertigt sich auch aus dem berechtigten Zweifel am Begriff von ›Kausalität‹ und ›Ursache‹ in keinem Falle. Man kann mit Sicherheit einige schwerwiegende Argumente gegen den verbindlichen Sinn der Verwendung eines kausalen Modells in den Sozialwissenschaften vorbringen[40], wobei ich mich hier nicht darauf festlegen will, ob alle Einwände erwägenswert sind. Es muß klarwerden, daß ein Funktionalismus Luhmannscher Prägung in keinem Fall die durchaus sinnvolle Frage wird beantworten können, welche Bedingungen denn im Einzelfall dafür verantwortlich sind, daß eine bestimmte Art der Reduktionsstrategie gewählt wurde und keine andere. Eine solche Problemstellung kann innerhalb eines Äquivalenzfunktionalismus nicht thematisiert werden. Man wird aber kaum davon Abstand nehmen können, eine solche Fragestellung für die faktische Interpretation empirischer Systeme zuzulassen. Eine soziologische Theorie, die dieses Problem, warum eine spezifische Institutionskonstellation innerhalb einer untersuchten Gesellschaft auftritt und keine andere, nicht wird behandeln können, taugt wenig. Metatheoretische Einwände können noch so stark und nachdrücklich sein, man wird sich Klarheit darüber verschaffen müssen, ob die Relevanz theoretischer Probleme *alleine* von diesem Rahmen her beurteilbar sein soll. Damit soll Wissenschaftstheorie keinesfalls aus der Gruppe möglicher metatheoretischer Beurteilungsmaßstäbe ausgeschieden werden.

Im weiteren soll das Verhältnis von Verhaltenstheorie zur Handlungstheorie und die Beziehung psychologischer Theorien allgemein mit einer Metatheorie des sogenannten ›Methodologischen Individualismus‹ behandelt werden. Die Verwendung so allgemeiner Bezeichnungen rechtfertigt sich aus der Absicht, nicht spezifische theoretische Ansätze zu betrachten, sondern nur den Versuch einer relativ abstrakten Charakterisierung solcher personalen Theorien vorzunehmen. Sowohl verhaltenstheoretische wie handlungstheoretische Ansätze sind ausreichend entwickelt und kodifiziert, wobei allerdings die Handlungstheorie in ihrer antinaturalistischen Abneinung sich weniger bemühte, den Kodifizierungsgrad naturwissenschaftlicher Theorien zu erreichen. In beiden Fällen geht es darum, Handlungen, bzw. Verhalten zu erklären, d. h. Bedingungsfaktoren für das Auftreten menschlicher Tätigkeiten anzugeben. Verhaltenstheorien[41] haben sich dabei in umfangreichem Maße an Lerntheorien angeschlossen, ja sind mit diesen zum Teil identisch. Die Grundannahme besteht darin, daß Organismen, entsprechend auch Menschen, mit einer bestimmten Reizkonstellation (Stimulus) konfrontiert werden und diese Reize unter Berücksichtigung ihrer Bedürfnislage bestimmte Verhaltenshäufigkeiten nahelegen, wobei mit einiger Sicherheit an eine kausale Beziehung zwischen Reizkonstellation und Verhaltensweisen gedacht ist. In der Sprache der Theorie selber wird ein Zusammenhang hergestellt zwischen Belohnungen (reinforcement) und/oder Bestrafungen (deprivation) und spezifischen Verhaltensbündeln. In den allermeisten Fällen haben solche Theorien einen statistischen Charakter, können entsprechend nur Verhaltenshäufigkeiten, keine singulären Verhaltensweisen erfassen. In ihrer strengen Form berücksichtigt eine behavioristische Theorie keine mentalen Faktoren, ja hält eine solche Annahme für eine Sünde wider den wissenschaftlichen Geist, weil in besonderem

Maße eine Beobachtungstheorie vertreten wird, die von der Unbeobachtbarkeit mentaler Vorgänge ausgeht und ihre wissenschaftliche Reputation in spezifischem Maße aus einem solchen methodologischen Rigorismus bezieht[42]. Spätere Versionen der Lerntheorie kommen ohne solche mentalistischen Annahmen nicht mehr aus, weil sie sonst Gefahr laufen, wesentliche Erscheinungen, wie etwa das Phänomen des latenten Lernens, nicht mehr erfassen zu können[43]. Man versuchte aber, einen Teil der methodologischen Unschuld dadurch zu retten, daß man diesen Variablen keinen Erklärungscharakter zuwies, sondern sie schamhaft als ›intervenierende Variablen‹ behandelte. Komplexeren Verhaltenszusammenhängen wird eine solchermaßen orientierte Theorie durch eine Annahme über Reiz- und Verhaltensgeneralisation gerecht, d. h., man stellt sich komplexe Verhaltenssituationen als aus elementaren Bausteinen einfacher Lernvorgänge zusammengesetzt vor, wobei aus einer erhöhten Verhaltenskomplexität keine kategorialen Schwierigkeiten erwachsen können. Aus der relativen Unbestimmtheit der zentralen Schlüsselbegriffe, wie ›Reiz‹, ›Belohnung‹, ›Ähnlichkeit des Reizes‹ etc., erwächst die Tendenz, alle möglichen Situationselemente rein terminologisch in den theoretischen Apparat zu integrieren, was dazu führen muß, daß widerstreitende Befunde kaum existieren[44]. Abgeleitete Behauptungen der Theorie erstrekken sich auf die Wirksamkeit von Belohnungsarten und Belohnungsabfolgen, auf die Wirkungen und Entstehung abgeleiteter Belohnungen (secundary reinforcement) u. ä.

Dieser Ansatz wird nun von handlungstheoretischer Seite hart kritisiert. Das kausale Verhältnis von Reiz und Reaktion wird als naturalistische Verfehlung angegriffen, die einer Grundannahme der Handlungstheorie widerspricht, nämlich der Tatsache, daß menschliche Individuen in ihren Handlungssituationen nicht rein reaktiv sich ›verhalten‹, sondern sich in spezifischem Maße vermittels symbolischer Prozesse um eine ›Definition‹ der Situation bemühen und diese Situationsdefinition bzw. die antizipierte Definition interaktiver Partner in ihr Handlungskalkül eingehen lassen[45]. Dabei wird davon ausgegangen, daß sich eine handelnde Person in reflexiver Weise selbst interpretierend zum Gegenstand von Handlungen machen kann, worin eine weitere Unterscheidung zu objektivistischen Lerntheorien gesehen wird[46]. Handlungsdeutungen können entsprechend nur innerhalb des kategorialen Apparats vorgenommen werden, der die Situationsinterpretation von Handelnden leitet[47]. Wird eine solche Interpretation von zwei oder mehreren Personen geteilt, entsteht ›Interaktion‹. Die symbolische Vermittlung solcher Prozesse hat auch den Namen ›Symbolischer Interaktionismus‹ für diese Schule entstehen lassen[48]. Der Verhaltenstheorie wird vorgeworfen, sie benutze Interaktion nur als reines Medium, das gewissermaßen als ein Forum für die Wirkungsweise äußerer Faktoren konzipiert sei[49]. Ein verhaltenstheoretischer Aspekt gelangt aber in dem Maße in die Interaktionistischen Handlungstheorien, als man versucht, die Aufrechterhaltung solcher interaktiver Handlungsmuster über gegenseitige Affirmationen und Belohnungen zu erfassen, die die Handlungspartner austauschen[50]. Hier liegt auch der Berührungspunkt zur sogenannten ›Austauschtheorie‹ sozialen Verhaltens[51]. Man stellt sich im Lager der Handlungstheoretiker vor, daß ein solches Modell allen unterschiedlichen sozialen Assoziationsformen[52] gerecht wird. Eine entsprechende Unterscheidung zwischen Konflikt- und Konsensustheorien, die eine Zeitlang in Mode war, erübrigt sich beispielsweise.

Handlungen sind auf Objekte gerichtet, wobei Personen in gleicher Weise Handlungsobjekte werden können wie physische Objekte. Hier schließen Handlungstheoretiker in aller Regel an Vorstellungen E. Husserls an, der sich die Objektwelt als intensionale Konstruktionen wahrnehmender Personen vorstellte[53]. Die Objektwelt erscheint als ein Kosmos von Bedeutungen, der sich durch die Stellung der Objekte zu den Orientierungen handelnder Personen konstituiert. Somit entsteht die Objektwelt durch einen Akt sozialer Produktion, und es gehört zum zentralen Themenbereich handlungstheoretischer, in spezifischem Maße phänomenologisch ausgerichteter Forschung, diesen Prozeß zu untersuchen[54]. Dabei wird besonders an die menschliche Fähigkeit zur Reflexion über die Welt angeschlossen, die Handlungstheoretiker bei Verhaltenstheorien schmerzlich vermissen. Solche Reflexionen geben die Basis ab für die Beurteilung von Handlungssituationen und die Entscheidungen dafür, zu handeln oder sich einer Handlung zu enthalten. Hier treffen sich die inhaltlichen Vorstellungen der Handlungstheorie mit Formulierungen, die sich im Bereich der sogenannten ›Rationalen Theorie der Handlung‹ werden finden lassen, so beispielsweise bei W. Dray[55]. Beide Bereiche aber werden in Analogie übrigens auch zur Verhaltenstheorie und Systemtheorie in aller Regel nicht der Tatsache gerecht, daß die Möglichkeit zur Ausführung von Handlungen bisweilen nicht besteht, so daß solche Theorien bisweilen allenfalls Handlungs*versuche* erklären können oder gänzlich als reine *Entscheidungs*theorien aufgefaßt werden müssen. Personen entscheiden sich dann zwar auf Grund rationaler Erwägungen, eine bestimmte Handlung zu zeigen, sind aber faktisch dazu nicht in der Lage. Die Kenntnis der Unmöglichkeit kann indessen in die Erwägungen der handelnden Personen eingehen. Mit einer solchen Modifikation kann eine frühzeitige Widerlegung eines solchen Ansatzes abgefangen werden[56].

Gegenüber dem rollentheoretischen Versuch, sich Gesellschaft als

Positionsgefüge rein strukturell vorzustellen, wendet eine Handlungstheorie ein, daß die Grundeinheit gesellschaftlicher Zusammenhänge in einem fortwährenden Handlungsprozeß zu suchen sei[57]. Parsons, der sich in seinem frühen Werk eng an eine voluntaristische Handlungstheorie angeschlossen hatte[58], schwankt zwischen einer solchen Orientierung und einer rollentheoretischen Auffassung sozialer Systeme, woraus sich bisweilen terminologische Unbestimmtheiten ergeben, die nur schwer zu deuten sind[59]. Da jeder Handlungsprozeß eine Geschichte besitzt, ergibt sich die Tatsache, daß sich in der späteren deutenden Interpretation solcher Handlungsprozesse Verschiebungen ergeben können[60]. Jetzige Problem- und Situationsdefinitionen der handelnden Individuen bestimmten die Deutung solcher vergangener Handlungsprozesse, ein Faktum, daß z. B. Danto zu einer Theorie der narrativen Erklärung ausgebaut hat[61]. Dadurch, daß solche Handlungsabläufe wie die Handlungssituationen symbolisch gedeutet werden, ergibt sich aus der Unmöglichkeit einer umfassenden Deutung ein Ungewißheitsspielraum, d. h., Handlungsentwürfe können scheitern. Damit trägt eine solche Theorie zumindest auf subjektiv-mentaler Seite der Möglichkeit Rechnung, daß Handlungen unter Umständen nicht ausgeführt werden können, was ihr freilich wegen ihrer generellen Neigung, nur mentale Faktoren als Erklärungsvariablen zuzulassen, in aller Regel und Deutlichkeit den Vorwurf einer idealistischen Verzerrung einbringen wird[62]. In besonderem Maße sehen sich jene vor ein Problem gestellt, die eine solche phänomenologisch orientierte Theorie zwar vertreten, aber dennoch wenig geneigt sind, beispielsweise im engeren Umkreis marxistische Fragestellungen z. B. über Strukturmerkmale von Gesellschaften auszublenden, was dann zu teilweise rührenden Versuchen führt, beide Bereiche zu vermitteln[63]. Zwar steht bei allen Autoren, die diese Problematik wahrnehmen, die Versicherung im Raum, man könne auch Gesellschaftstheorie auf der Basis einer wohlverstandenen Handlungstheorie konzipieren, der faktische Nachweis freilich steht noch aus[64]. Aber auch in diesem Bereich hat ein theoretischer Entwurf den Anspruch auf die Zeit, die nötig sein wird, eigene Ansprüche abzudecken.

Ich kann an dieser Stelle nicht untersuchen, ob diese Theorien aus den verschiedenen Lagern der Lerntheoretiker oder phänomenologischen Soziologie im engeren Sinne Theorien sind und ob sie darüber hinaus für sich behaupten können, wahr zu sein. Man kann der Handlungstheorie gegenüber den Verdacht äußern, den Homans beispielsweise gegenüber funktionalistischen und strukturalistischen Ansätzen ins Feld führte, daß es sich hierbei um rein terminologische Explikationen des Handlungsbegriffs handle und die implizierten Thesen allenfalls tautologischen Charakter besäßen[65], eine Bemerkung, die man sicher nicht allzu elegant überspielen sollte. Eine Antwort kann sich allerdings nur aus dem Studium der inhaltlichen Äußerungen solcher Theorien ergeben, die an dieser Stelle nicht geleistet werden kann. Es braucht jedenfalls nicht aprioristisch ausgeschlossen werden, daß sich in diesen Schriften eine Fülle von Einsichten werden finden lassen, die wert sind, festgehalten zu werden.

In unserem Zusammenhang interessieren in erster Linie die methodologischen Konsequenzen aus einem handlungstheoretischen Ansatz. Dabei fällt auf, daß eine Reihe von zentralen Argumenten nicht aus dem engeren Umkreis der Philosophie George Herbert Meads stammen, sondern aus der Wittgensteinschen Schule her entwickelt wurden und in letzter Zeit insbesondere durch Peter Winch vertreten wurden[66]. Ob ein faktischer Zusammenhang zwischen diesen beiden Ansätzen besteht, ist mir nicht bekannt[67].

Der gemeinsame Ausgangspunkt besteht in der Behauptung, daß die Erklärung menschlichen Handelns innerhalb des kategorialen Apparats zu erfolgen habe, der der Eigeninterpretation handelnder Subjekte unterliegt[68]. Nur so sei ein verstehender Ansatz möglich. Die Basis einer solchen Theorie liegt einmal in der Annahme Meads, situationale Deutungen seien nur möglich, indem sich eine handelnde Person in eine andere Person hineinversetze (take the role of the other)[69], bzw. in Max Webers Ansatz, wonach es zum Aufgabenbereich der Soziologie gehöre, den subjektiv gemeinten Sinn einer Handlung zu erfassen[70]. Daraus ergeben sich einige Konsequenzen.

So glaubt T. P. Wilson, daß der interpretative Charakter interaktioneller Beziehungen zwischen Handelnden eine Ablehnung des nomologisch-deduktiven Erklärungsmodells zur Folge habe[71]. Die Logik eines deduktiven Verfahrens wird angezweifelt. Die Gegenargumente Wilsons sind freilich etwas dunkel. Der Autor geht davon aus, daß an zwei Stellen Deskriptionen von Handlungsmerkmalen nötig sind: bei der Erfassung singulärer Randbedingungen und des Explanandums. Die Gültigkeit der Ableitung des Explanandums wird nun völlig zu Recht von der Konstanz der verwendeten Prädikate abhängig gemacht. ›The notion of a valid deductive argument, however, rests on the assumption that the meaning of each assertion entering into the argument is independent of occasions of its use[72].‹ Und streng in Übereinstimmung mit einer pragmatischen Sprachtheorie Wittgensteinscher Provenienz wird auf der sogenannten Indexikalität von Ausdrücken bestanden, d. h., es gibt keine kontext-unabhängige Bedeutung von Aussagen. Wenn nun Wissenschaft als ein interaktiver Prozeß aufzufassen ist, gilt hier dasselbe. Kein Wissenschaftler kann bezüglich der Bedeutung seiner Aussagen von der Kontextabhängigkeit solcher Aussagen

absehen, und da Wissenschaftler in aller Regel in unterschiedlichen Handlungs- bzw. Erklärungssituationen stehen, kann es keine verbindliche Intersubjektivität der in eine Erklärung genannter Art einfließenden Aussagen geben. D. h., die Handlungstheorie wird auf die Forschungssituation reflexiv angewendet, und da die Handlungstheorie gemeinsame Situationsdefinitionen nur unter begrenzten Bedingungen annehmen kann, muß eine solche gemeinsame intersubjektiv verbindliche Interpretation von Erklärungssituationen nahezu ausgeschlossen bleiben. Alternativ dazu muß Erklärung als ein Prozeß aufgefaßt werden, in dem Handelnden Intentionen und kognitive Merkmale zugeschrieben werden, um daraus faktische Handlungsabläufe *verständlich* zu machen, d. h., der Erklärungsbegriff wird subkutan umdefiniert.
Gegen solche Neudefinitionen ist nichts einzuwenden. Man kann alles so definieren, wie man es für richtig hält. Aber es ist schlicht gesagt merkwürdig, wenn aus einer solchen Strategie die Kritik an einer *anderen* Verwendungsweise eines Begriffs konstruiert wird. Solche verbalen Manipulationen klären wenig. Als einziger echter Einwand bleibt die Bemerkung Wilsons, daß durch den sozialen Charakter des Forschungsprozesses eine wörtliche, d. h. intersubjektiv verbindliche Beschreibung von Tatbeständen nicht möglich ist. Ich will hier nicht untersuchen, ob dieser Einwand stichhaltig ist. Es sei nur darauf hingewiesen, daß Wilsons Argument sein eigenes Problem nicht löst, nämlich die *Logik* deduktiver Erklärung in Frage zu stellen. Die Ableitungsbeziehungen zwischen Aussagen einer erklärenden Systematisierung sind in der Tat abhängig von der Konstanz von Bedeutungen. Davon müssen aber auch jene ausgehen, die die gleichen Worte in unterschiedlichen Situationen unterschiedlich verstehen. Wilson mag es beklagen, daß Forscher sich in aller Regel auf ein gemeinsames Verständnis ein und derselben Argumente nicht einigen können, aber das berührt die *Logik* der Erklärung in keiner Weise. Die Logik bleibt dieselbe, wenn man auch den Worten sehr verschiedene Bedeutungen unterlegen muß. Um das Erklärungsmodell zu Fall zu bringen, wäre es sinnvoller gewesen, den Gesetzescharakter allgemeiner Annahmen über die Zusammenhänge menschlichen Verhaltens zu problematisieren. Eine solche Strategie hat Peter Winch eingeschlagen[73], und sie kann auch einer Handlungstheorie entnommen werden, die ihren voluntaristischen Charakter betont.
Einige der hier gebräuchlichen Argumente sollen im folgenden behandelt werden. Es liegt mir wenig daran, die anthropomorphistischen Tendenzen einer solchen Methodologie zu kritisieren und die darin implizierte Theorie eines bevorzugten menschlichen Zugangs zu seinem eigenen Geist[74], die ich für falsch halte. In den Vordergrund sollen alleine methodologische Argumente im engeren Um-

kreis gestellt werden, auch wenn Winch von sich behauptet, keine Methodologie entwickelt zu haben[75].

Handlungen besitzen Sinn. Dieser Sinn konstituiert sich auf Grund der Tatsache, daß Handlungssituation und mentale Aspekte von Handlungen in einer gemeinsamen Sprache beschrieben werden, die vom Handelnden und Betrachter geteilt werden muß. Sprache steht in engem Verhältnis zu einer gemeinsamen Kultur, Winch spricht im Anschluß an Wittgenstein von ›Lebensform‹[76]. Durch Teilhabe an einer gemeinsamen Sprache, entsprechend an einer gemeinsamen Lebensform, kann der Beobachter Handlungen anderer verstehen[77]. Daß Handlungen Sinn haben, bestimmt die Tatsache, daß sie nicht verursacht sein können, entsprechend scheidet ein naturwissenschaftliches Paradigma zur Erfassung menschlicher Handlungen aus. In logischer Folge dazu können Handlungen nicht erklärt, nur verstanden werden. Verstehen richtet sich auf eine Reproduktion von Handlungsregeln[78], solche Handlungsregeln konstituieren die Lebensform, oder wie Haferkamp es ausdrückt: ›Letzter Bezugspunkt theoretischer Gewißheit ist ... das Alltagswissen ... Das ist das sichere Fundament[79].‹ D. h., der Lebensform der Wittgensteinianer entspricht die Fetischisierung des Alltags im Bereich phänomenologischer Soziologie. Da Lebensformen unterschiedlicher Art sein können, entsprechend auch die gängigen Interpretationen des Alltags, Forschung aber an die Reproduktion dieser Lebensformen gebunden ist, wird in einer solchen Position ein starker Relativismus impliziert, was insbesondere bei Winchs Ansichten in dem Maße zu Auseinandersetzungen geführt hat[80], als er auf der eigenständigen Berechtigung jeder Kulturform besteht und keine Urteile zulassen will, die ihren Sinn aus einer fremden Lebensform (oder Sprache) beziehen[81]. Dagegen gibt es eine Reihe von Einwänden.

Einmal ist der Wittgensteinsche Begriff der Lebensform hochgradig unklar[82]. Wittgenstein selbst gibt keine Beispiele. Die Verbindung von Lebensformen und Regelsystemen kann insofern keine genaue Klärung bringen, als Wittgenstein wenigstens an einer teilweisen Vergleichbarkeit solcher Regelsysteme festhält, aber diesen Vergleich durch die Schwammigkeit seines Begriffs der ›Familienähnlichkeit‹ faktisch im Dunkel beläßt[83] und auf der anderen Seite damit einen Relativismus wiederum unterläuft, denn wenn Regelsysteme vergleichbar sind, kann man in letzter Instanz an einer kulturellen Schottung nicht länger festhalten. Eine solche Annahme rechtfertigt sich aus mehreren Gründen nicht. Einmal gibt es Kulturen, die ihre Eigeninterpretationen nicht als verbindlich ansehen[84]. D. h., es gibt das triviale Beispiel von Lebensformen, die sich ändern, indem Lernprozesse in Gang kommen. Die Unterschlagung solcher elementarer Zusammenhänge durch Winchs Theorien sollte Anlaß zu ernsten Bedenken sein. Winch geht im weiteren von einer

Sprachtheorie aus, die die Bedeutung einer Sprache in ihrem Gebrauch sieht, eine Theorie, die inhaltlich falsch ist[85]. In letzter Instanz leugnet Winch den extralinguistischen Charakter von Realität, was unannehmbar ist, wenn man vermeiden will, in einen kollektiven Solipsismus zu verfallen[86]. Wenn dem so ist, sind wir in unserem Verstehen nicht logisch auf die Akzeptierung der Sprache verwiesen, in der Handelnde ihre eigenen Handlungssituationen und ihre Motive interpretieren. Die einseitige Ausrichtung von Verstehen auf solche Zusammenhänge erwächst aus dem schlichten Übersehen der Tatsache, daß der Begriff ›Verstehen‹ in sehr unterschiedlicher Weise verwendet werden kann[87]. Die Gleichsetzung von Sprache und Handlung bei Peter Winch erlaubt dann am Ende auch eine sprach-aprioristische Methodologie, die sich einbilden kann, die Untersuchung von Handlungssystemen durch die Erforschung von Sprachen zu ersetzen. Eine solche Orientierung verliert in dem Maße an Gewicht, als man eine solche Gleichsetzung von Sprache und Handlung bzw. Realität aufgeben kann. D. h. aber: entweder sind die methodologischen Positionen Winchs unannehmbar, weil sie mit Positionen außerhalb einer solchen Methodologie interferieren, oder aber solche methodologischen Positionen basieren ihrerseits auf Annahmen, denen ein mehrdeutiges Vokabular unterliegt oder die schlicht falsch sind.
Warum aber sind Handlungen nicht erklärbar? Winchs Position ist in der Handlungsphilosophie der Wittgensteinschule verankert, deren weitergehenden Argumente mit in diese Diskussion am Rande einbezogen werden sollen[88]. Winch geht davon aus, daß eine Erklärung menschlicher Handlung im Freilegen von Motiven und Bedeutungen besteht, die logisch nicht von den Handlungen getrennt werden können, weshalb zwischen Handlung und bestimmten mentalen Faktoren keine kausale, allenfalls eine logische Beziehung bestehen könne. Dabei heißt ›kausal‹ in allen Fällen, daß man hinreichende Bedingungen für das Auftreten von Handlungen geben könne. Die Schwierigkeiten beginnen dabei in aller Regel schon auf der Ebene der Beschreibung von Handlungen, wobei als problematisch angesehen wird, welcher Art die rein physikalischen körperlichen Bewegungen sein sollen, um berechtigterweise vom ›Unterschreiben eines Vertrags‹, ›Machen einer Liebeserklärung‹ u. ä. zu sprechen. Dabei wird aber die Frage nach der Interpretation eines Phänomens mit seiner Erklärung verwechselt. Man muß auch im naturwissenschaftlichen Bereich eine ganze Reihe von Voraussetzungen machen, um ein Ereignis als ein Ereignis bestimmter Art auszuzeichnen. Zentraler ist die Auffassung, daß Motive und Bedeutungen logisch zum Handlungsvollzug gehören und entsprechend nicht als Ursache akzeptiert werden können, jedenfalls so lange, als man ein Humesches Ursachenmodell vertritt, das in aller

Regel unterschoben wird, wobei eine zeitliche und räumliche Distanz zwischen Ursache und Wirkung (Handlung in unserem Falle) angenommen werden muß. Die Einführung mentaler Faktoren in die Diskussion muß in weiterer Folge bedeuten, daß Entscheidungen bezüglich eines Handlungsvollzugs erforderlich sind und solche Entscheidungen in aller Regel widerrufbar sind, worin ein weiteres Argument für die Ablehnung von kausalen Erklärungen bezogen wird. Darüber hinaus stellt man sich Handlungen prinzipiell als regelgeleitet vor oder als auf Konventionen verpflichtet[89]. Regeln und Konventionen aber können verändert werden, brauchen nicht eingehalten zu werden, unterliegen Uminterpretationen, kennen Ausnahmen – ein Faktum, das nicht in Übereinstimmung mit einem Konzept kausaler Bestimmung von Handlung gebracht werden kann. Gegen diese Annahmen sind eine Reihe von Einwänden denkbar. Einmal braucht man den regelhaften Charakter menschlichen Handelns nicht zu leugnen, kann berücksichtigen, daß Entscheidungen eine zentrale Rolle spielen, ohne die Idee einer Verursachung fallenzulassen[90]. Zwar ist ein irgend gearteter Determinismus ausgeschaltet, der annehmen mag, eine begrenzte Anzahl von Faktoren bringe menschliches Verhalten gewissermaßen gegen die Intentionen handelnder Subjekte zustande. Man kann aber immer noch daran festhalten, daß es faktische Verbindungen zwischen einer bestimmten Art, seine Situation zu sehen, und der Neigung zu bestimmten Handlungen gibt, ohne daß damit die Tatsache vernachlässigt zu werden braucht, daß jedes Individuum freilich immer noch die Fähigkeit besitzt, seine Situationsdefinitionen zu ändern, was am Ende natürlich zu der bekannten Disparität zwischen Erklärung und Vorhersage führen kann. In dem Maße aber, als man anerkennen kann, daß es ein ›perfektes Wissen‹ nicht geben kann[91] und wir bezüglich der Voraussetzungen, die für eine gültige Erklärung nötig sind, immer im Irrtum sein können, verliert eine solche Situation allen Schrecken. Zu guter Letzt kann man das schwierige Verhältnis von mentalen Faktoren einerseits und Handeln andererseits jederzeit in den Bereich der Beobachtungstheorien verweisen, wobei man darauf verzichten kann, aus der Nichtbeobachtbarkeit mentaler Vorgänge eine logische Verbindung solcher Ereignisse zu Handlungen zu konstruieren. Handlungsvollzug einerseits und Motive, oder was immer man als mentale Faktoren in einer Theorie berücksichtigen mag, andererseits, sind immer noch mit hinreichender Klarheit auseinanderzuhalten[92]. Man muß auf solche Weise nicht kausale Betrachtungen apriori ausschließen. Daran ändert auch nichts, daß Handlungen natürlich nicht nur erklärt, sondern auch begründet, d. h. in spezifischer Weise in ethische Zusammenhänge gestellt werden können[93]. Entsprechend können Motive und ähnliches durchaus als Ursachen akzeptiert werden[94]. Die Unklarheit des Ursachenbegriffs läßt eine solche Interpretation jederzeit zu. Man kann sich freilich dagegen aussprechen, das Erklärungskonzept in so eindeutiger Weise mit dem Ursachenbegriff zu identifizieren, was die Relevanz solcher Argumentationszusammenhänge mit Recht mindern mag[95].

Die gesamte bisherige Diskussion ging implizit z. T. von der Anerkennung des Postulats aus, die Deutung menschlichen Handelns müsse in dem kategorialen Rahmen erfolgen, der den betreffenden Handelnden selbst zur Verfügung stünde. Dagegen seinerseits kann in zweifacher Richtung polemisiert werden. Einmal wird durch ein solches Verfahren offensichtlich apriori über die Berechtigung psychoanalytischer Verfahren entschieden. Entsprechend erfährt diese Theorie von Handlungstheoretikern entweder eine Abfuhr, oder man versucht, ihre Annahmen in die eigene Theorie zu inkorporieren[96]. In gleicher Weise werden sich verschiedene Versionen einer makrosoziologisch orientierten Systemtheorie gegen eine solche Einschränkung wehren müssen[97]. In beiden Fällen geht sonst ein denkbarer ideologiekritischer Impetus verloren, der im Aufzeigen der Tatsache besteht, daß tatsächliche Verhältnisse sich durchaus nicht mit den Interpretationen decken müssen, die bestimmte Personen für sich selber als verbindlich ansehen werden.

Gerade die Tatsache, daß Handlungen von Personen Nebenfolgen latenter oder unbeabsichtigter Art besitzen können, war ursprünglich Anlaß zur Entwicklung einer Methodologie, die in bestimmten Versionen die Berechtigung zur Formulierung makrosoziologischer Zusammenhänge in Frage stellte oder solchen Zusammenhängen mit äußerster Skepsis gegenüberstand. Ich möchte abschließend versuchen, einige Bedenken gegen den ›Methodologischen Individualismus‹[98] – denn um diese Doktrin handelt es sich hierbei – vorzubringen. Popper selbst, der diese Vorstellungen ursprünglich in Anschluß an Gedanken von Hayek entwickelte, hat sich nicht zu vorschnell auf die Verbindlichkeit psychologischer Theorien festgelegt. Sein Interesse galt im Gegenteil der Widerlegung der Ansicht, eine Theorie individueller Instinkte könne ohne Berücksichtigung sozialer Zusammenhänge, alleine aus der menschlichen Natur heraus, menschliche Tätigkeiten erklären. Vielmehr müsse man auf die ›allgemeine Situation‹, d. h. in besonderem Maße die soziale Situation Rücksicht nehmen, wohlverstanden nicht auf die individuelle Interpretation dieser Situation. »Somit lassen sich unsere Handlungen nicht ohne Berücksichtigung unserer sozialen Umgebung, sozialer Institutionen und ihrer Funktionsweise erklären[99].« Nun richtet sich diese Auffassung Poppers gegen eine Art der Instinktpsychologie, die zwar schon Durkheim veranlaßte, auf dem soziologischen Charakter von Erklärungen zu beharren, die heute kaum noch jemand vertritt, und rennt in diesem Sinne offene

Türen ein[100]. Indessen sah sich Popper in seiner Furcht vor holistischen Sozialtheorien am Ende doch wieder dazu veranlaßt, eine psychologische Theorie, zumindest eine personale, d. h. eine Theorie vorzuschlagen, die personelle Merkmale handelnder Personen wesentlich enthält, und er verlangte, man müsse eine Analyse der Gesellschaft geben ›in terms of individuals, of their attitudes, expectations‹[101]. Eine Würdigung der Popperschen Abneigung gegenüber holistischen Ansätzen steht hier nicht zur Diskussion, man muß aber daran festhalten, daß der Zusammenhang zwischen makrosoziologischen Ansätzen und holistischen Theorien kein logischer ist. Man kann sich eine Makrosoziologie vorstellen, die ohne eine Hypostasierung menschlicher Unfähigkeiten zu Weltgeistern und ähnlichem auskommt. Dies muß deshalb mit Nachdruck vertreten werden, weil Poppers Charakterisierung einer denkbaren Gesellschaftstheorie psychologische Ansätze einseitig favorisiert. Freilich ist damit noch nicht über den genauen Inhalt einer solchen psychologischen Theorie entschieden. Das Postulat des methodologischen Individualismus impliziert nicht, daß man eine behavioristische Verhaltenstheorie einer Handlungstheorie vorziehen müsse, oder umgekehrt, oder eine Balance-Theorie Heiderscher Prägung allen beiden, oder eine spezifische nicht-Skinnersche Lerntheorie anderen Lerntheorien usf.[102]. Daß eine personale Theorie gewählt wurde, mag in letzter Instanz mit der Neigung zusammenhängen, die menschliche Willensfreiheit gegenüber der Unpersönlichkeit unbeeinflußbarer Einflüsse zu verteidigen[103]. Das steht insbesondere bei früheren Handlungstheoretikern im Vordergrund[104]. Aber muß man annehmen, daß sich aus ethischen Erwägungen in jedem Fall die einzigen erwähnenswerten Auswahlgesichtspunkte beziehen lassen? Selbst wenn wir akzeptieren, daß soziale Zustände in allen Fällen als Resultate menschlicher Interaktionen angesehen werden müssen, und ich sehe keinen Grund, dies zu leugnen, bleibt immer noch die Frage, ob es nicht im engeren Sinne kollektive Zusammenhänge geben kann, die eben solche gesellschaftlichen Zustände empirisch miteinander in Beziehung setzten. Ich kenne keine Argumente, die dies sinnvoll bestreiten. Man braucht im übrigen nicht zu wissen, welcher Art das Verhalten der Elemente eines Kollektivs ist, um sinnvollerweise Merkmale des Systems zueinander oder in Beziehung zu Systemmerkmalen anderer Kollektive zu setzen[105]. Es hängt von unserem theoretischen Interesse ab, ob wir solche Zusammenhänge thematisieren oder nur personale Relationen. Wenn eine Version des ›methodologischen Individualismus‹ die Betrachtung solcher Themata unterbinden wollte, sollte man sich eher bereit finden, eine solche Doktrin zu verwerfen, als voreilig seine theoretischen Interessen zu opfern[106].

Um aber keine unberechtigten Vorwürfe zu verteilen, ist es sinnvoll, eine Unterscheidung zu treffen. Es besteht ein Unterschied, ob ich im Rahmen einer individualistischen Doktrin fordere, daß man alle Erklärungen über menschliches Verhalten letztendlich auf psychologische Theorien reduzieren müsse oder doch könne, oder ob mit einer solchen Behauptung die Akzeptierung einer spezifischen Sozialontologie verbunden ist, die alle kollektiven Eigenschaften als Epiphänomene betrachtet und alleine die einzelne Person als letzte ontische Kategorie anerkennt[107]. Diese letztere Position wird etwa von John Watkins vertreten[108]. Eine solche Vorstellung gewinnt aber in umfangreichem Maße ihre Plausibilität alleine aus einer angeblichen holistischen Gegenposition, wonach das Verhalten einzelner Personen erklärt werden müsse aus makroskopischen Gesetzen sui generis und einer Beschreibung der Position des Individuums in einem umgreifenden Zusammenhang[109]. Eine solche Version holistischer Vorgehensweisen ist aber nichts anderes als ein Strohmann. Aggassi hat schon früh darauf hingewiesen, daß methodologischer Individualismus nichts zu tun haben muß mit einer einseitigen Anerkennung personaler Theorien[110]. Die Beispiele Watkins für holistische Ansätze sprechen von ›Gruppengeist‹ u. ä. Mir sind keine soziologischen Theorien über Gruppengeister bekannt, und mir ist auch unklar, was eigentlich die Apposition ›sui generis‹ bedeuten soll[110a]. Es ist einfach fatal, wenn mit solchen Argumenten die Berechtigung verlorengehen soll, empirische Zusammenhänge zwischen Makro-Eigenschaften von Kollektiven und Systemen zu thematisieren, nur weil irgendwelche Wissenschaftler an die faktische Existenz von Gruppengeistern glauben oder geglaubt haben. Auf der anderen Seite ist nicht einzusehen, was gegen die Anerkennung der Realität von makrosozialen Zusammenhängen sprechen könnte.

Von dieser Frage sollte eine andere unterschieden werden, ob es nämlich im Einzelfall möglich ist, Systeme in Elemente und Elementmerkmale aufzulösen. Das ist eine empirische Frage bezüglich unserer Informationen. Dieser Frage soll wohl Watkins Erfindung eines ›anonymen Individuums‹ gerecht werden[110b].

Daneben kann man die Realität kollektiver Zusammenhänge zugeben und dennoch eine Reduktion in dem Sinne fordern, daß makrosoziologische Theorien aus psychologischen Theorien logisch abgeleitet und damit erklärt werden sollen[111]. Dies ist die Position von Homans, Opp, Hummell und anderen auf der behavioristischen Seite und von Mead, Blumer, Rose, Schütz und anderen auf der handlungstheoretischen Seite[112]. Da Handlungstheoretiker in aller Regel auch die sozialontologische These des methodologischen Individualismus vertreten und aus bisweilen unverständlichen Gründen das Modell nomologisch-deduktiver Erklärung in einen einseitigen Zusammenhang mit naturalistischen und entsprechend abgelehnten Vorgehensweisen in Beziehung setzten (Parsons ist hier eine Ausnahme), ist von dieser Seite wenig Anstrengung unternommen worden, ein Reduktionsprogramm zu formalisieren. Diesen Weg haben in umfangreichem Maße Verhaltenstheoretiker beschritten. Man verzichtet auf ontologische Argumente und versucht die eigene Position wissenschaftstheoretisch zu begründen. Dabei wird gesagt, psychologische Theorien (in diesem Falle regelmäßig eine mehr oder weniger modifizierte Version einer Skinnerschen Lerntheorie) seien gehaltvoller, besäßen einen größeren Wahrheitsgehalt, erklärten entsprechend mehr. Dazu seien soziologische Theorien oft falsch. Dabei geht man von der Tatsache aus, daß soziologische Prädikate und psychologische sinnvollerweise unterschieden werden können[113].

Was ist dazu zu sagen?[114] Einmal versucht man eine Reduktion auf definitorische Art, d. h., vermittels Definitionen soll eine Terminologie in die andere überführt werden, wobei im Definiendum soziologische Prädikate auftauchen, im Definiens psychologische oder personale. Das ist nun nicht möglich. Man kann keine Definitionsketten aufbauen mit der offensichtlichen Absicht, eine Bedeutungsklasse von Prädikaten in eine andere zu transferieren. Definitionen gewährleisten nur den Übertrag von Bedeutungsgleichheiten. Andererseits ist Deduktion zwischen Aussagenklassen an die mutuelle Definierbarkeit der in ihnen enthaltenen Terme gebunden, so daß, wenn eine Definition nicht möglich ist, auch keine Ableitung und entsprechend keine Erklärung möglich ist. Somit ist unklar, was die Rede bedeuten soll, es gelte soziologische Theorien aus psychologischen zu erklären. Zu allem Überfluß sind oftmals die kritisierten soziologischen Theorien gar keine soziologischen im definierten Wortsinne, sondern psychologische[115]. Das Problem einer Reduktion von psychologischen Theorien aufeinander stand aber nicht zur Diskussion. Aber auch hier würden sich im gegebenen Falle die gleichen definitorischen Schwierigkeiten ergeben. Man kann auch keine unterschiedlichen psychologischen Theorien ex definitione ineinander überführen, wenn man voraussetzen will, daß sie unterschiedliches behaupten. Eine Verbindung zwischen soziologischen und psychologischen Theorien läßt sich freilich dann herstellen, wenn man das Auftreten personaler Merkmale von Personen empirisch in Beziehung setzen kann zum Vorhandensein kollektiver Merkmale von Systemen[116]. Es ist nicht ausgeschlossen, daß solche Theorien entwickelt werden. Sie sind aber keine rein psychologischen Theorien, sondern Mischaussagen, von denen nicht ohne weiteres klar ist, ob ihnen ein psychologischer oder soziologischer Charakter zugewiesen werden soll, oder welche Bezeichnung sich sonst rechtfertigt. Man kann eine solche Theorie in den Prämissensatz vorhandener psychologischer Theorien einbauen und dann entsprechend trivialerweise soziologische Aussagen ableiten. Daran kann kaum etwas auszusetzen sein. Aber ein solches Verfahren kann kaum die Bezeichnung ›Reduktion von Soziologie auf Psychologie‹ verdienen. In keinem Falle aber werden sich Argumente finden lassen, die ein solches Verfahren erzwingen. Ob wir solche Thematiken untersuchen oder nicht, wird von unseren theoretischen Interessen abhängen. Eine solchermaßen modifizierte Reduktion ließe sich allenfalls aus der Annahme rechtfertigen, der Mensch *müsse* als letzte ontische Einheit bei den Formulierungen von sozialen Theorien Eingang finden, aber eine solche Position kann man den behavioristischen Reduktionisten in aller Regel nicht unterschieben.

Die weiteren Argumente zugunsten eines Reduktionismus aber bauen logisch auf der Möglichkeit eines unmittelbaren Theorievergleichs auf[117]. So die Annahme, psychologische Theorien seien gehaltvoller. Man kann aber nur dann Gehaltsvergleiche vornehmen, wenn die Prädikatenmengen komensurabel sind, d. h. wenn beide Theorien denselben Gegenstandsbereich behandeln[118]. Ob die Prädikatenmengen komensurabel sind oder nicht, läßt sich nur durch Extensionsvergleiche bewerkstelligen, was eine empirische Frage darstellt[119]. Sind die Prädikatenmengen aber in einem Teilklassenverhältnis organisiert oder bilden sie Durchschnittsmengen, dann liegen keine unterschiedlichen Theorien vor, entsprechend erübrigt sich aber auch eine Reduktion. Man kann z. B. vermuten, daß verschiedene psychologische Theorien wie z. B. die Statusinkonsistenztheorie, die Balancetheorie und die Dissonanztheorie in einem Teilklassenverhältnis zueinander stehen, bzw. unterschiedliche Terminologien zur Beschreibung desselben Gegenstandsbereichs verwenden. Dann ließe sich eine Vereinheitlichung erreichen und man benötigte nicht mehrere Bezeichnungen. Man kann auch hier von ›Reduktion‹ sprechen, meint aber dann offensichtlich etwas anderes als im Falle des Problems einer ›Reduktion von Soziologie und Psychologie‹. Der Begriff ›Wahrheitsgehalt‹ hält seine methodologischen Versprechungen nicht. Darunter wird verstanden: die Menge aller wahren Konsequenzen einer beliebigen Theorie T_i. Eine extensionale Bestimmung des Wahrheitsgehalts von T_i scheidet aus, weil alle unsere Theorien streng allgemein konzipiert sind. Dann bleibt man auf intensionale Bedeutungsanalysen verwiesen, und hier stellen sich alle Schwierigkeiten wieder ein, die schon Gehaltsvergleiche einschränkten[120].

Daß soziologische Theorien oft falsch sind, kann nicht geleugnet werden. Aber erstens sind auch psychologische Theorien in aller Regel falsch, zweitens ist nicht gesagt, daß auf der Suche nach einschränkenden Bedingungen, unter denen Theorien ihre Geltung schützen können – ein durchaus akzeptables Verfahren –, notwendig nur im Bereich personaler Faktoren gefahndet werden muß. Man kann nicht ausschließen, daß soziologische Theorien durch soziale Faktoren in ihrer Geltung modifiziert werden, beziehungsweise durch soziologische Aussagen, die das Vorliegen solcher Faktoren beschreiben.

Übrig bleibt der reduktionistische Versuch, offenbar falsche Theorien mit anderen Theorien zu konfrontieren, also theoretische Proliferation im Feyerabendschen Sinne zu betreiben. Das kann man unbesehen als sinnvoll akzeptieren, aber ein solches Verfahren ist nicht-reduktionistisch, es geht nicht von Gehaltsvergleichen aus, sondern von der Optimierung von Problemlösungskapazitäten, wobei durchaus vorgesehen ist, daß sich unsere Probleme im Verlauf eines solchen Verfahrens verändern. Das alleine kann ein solches Verfahren der Konfrontation von Theorien mit vergleichbarem Gehalt rechtfertigen.

Am Ende mag man sich daran erinnern, daß in der deutschen Diskussion um die Probleme der Reduktion immer nur davon gesprochen wurde, man *könne* dies tun[121]. Selbst wenn diese Möglichkeit auf wissenschaftstheoretisch schwachen Füßen steht, kann man sie unter genannten Bedingungen tatsächlich vornehmen. Ebenso aber besteht wohl die denkbare Möglichkeit, auf ein solches Vorgehen auch zu verzichten, zumal wenn man mit einem reduktionistischen Programm keine sozialontologischen Behauptungen verbindet. Makrosoziologie und Mikrosoziologie oder Psychologie lösen unterschiedliche Fragen, behandeln unterschiedliche Probleme, schlagen unterschiedliche Theorien zu deren Lösung vor. Warum sollte man am Ende solche Differenzierungen nicht anerkennen, warum muß man glauben, die Frage, warum ein Individuum in einer bestimmten Situation sich so und nicht anders verhalte, und die Frage, warum totalitär organisierte Staaten regelmäßig eine aggressive Außenpolitik betreiben, sei mit ein und derselben Theorie zu lösen? Kann man sich mit einer Übertragung der Erklärung in einem Bereich auf den anderen so ohne weiteres zufriedengeben? Hat es Sinn, eine Erklärung darin zu suchen, daß solche Staaten, oder irgendwelche mächtigen Politiker, es belohnend fanden, eine solche Politik zu betreiben? Ist das alles, was wir über makrosoziale Zusammenhänge wissen wollen? Eher würde sich lohnen, nach den genauen Bedingungen zu fragen, unter denen eine solche Transferierung theoretischer Lösungen möglich sein könnte[122]. Aber es wäre mit Sicherheit bedenklich, wollte man eine solche zentrale Frage dadurch lösen, daß man eine solche Theorie generalisierte, von der man anzunehmen bereit ist, daß sie aus historisch zufälligen Gründen gerade gehaltvoller ist als eine andere, vorausgesetzt, ein solcher Vergleich wäre möglich. Könnte es nicht sein, daß sich ein solches Verhältnis umkehrt und wir akzeptieren müßten, daß eine ausgearbeitete makrosoziologische Theorie sich gegenüber einer zurückge-

bliebenen psychologischen Theorie Vorteile verschaffen kann?
Mit diesen und ähnlichen Zusammenhängen ist am Ende das Verhältnis von Methodologie zu inhaltlichen Theorien mit Sicherheit nicht in allen denkmöglichen Variationen bestimmt. Dazu ist auch nicht in ausreichendem Maße klarzustellen, in welchem Grade nicht alleine methodologische Vorstellungen die faktische Ausgestaltung von Theorie leiten können und ob man nur ein Wirkungsverhältnis von Methode zur Theorienbildung hin annehmen kann, oder ob nicht letztlich die Ausgestaltung methodologischer Vorstellungen quasi zum rechtfertigenden Überbau bereits feststehender theoretischer Entscheidungen wird. Man geht sicher nicht zu weit, wenn man ein relativ verschlungenes gegenseitiges Verhältnis annimmt. Es konnte in der vorliegenden Arbeit weniger darum gehen, diese gegenseitigen Verschlingungen in allen Details zu belegen, als generell auf einen solchen Zusammenhang aufmerksam zu machen. Eine der denkbaren Konsequenzen eines solchen Sachverhalts müßte darin zu suchen sein, daß es nicht alleine sinnvoll sein kann, vorliegende theoretische Entwürfe über einen fixierten metatheoretischen Leisten zu schlagen, sondern auch die Möglichkeit zu berücksichtigen, daß sich unsere wissenschaftstheoretischen Vorstellungen in starkem Maße auch danach bestimmen können und entsprechend von hierher auch kritisiert werden können, was wir glauben als inhaltliche Theorie der Beschreibung von sozialen Realitäten zugrunde legen zu müssen.

II. Allgemeine soziologische Theorie

Kommentar der Herausgeber (II)

Die Entwicklung theoretischer Reflexion ist oft verworren, nicht alleine im Bereich soziologischen Denkens, zumal allzu häufig persönliches Engagement und Überzeugungsfähigkeit denkbare Abgrenzungen zwischen theoretischen Entwürfen eher verdecken als fördern, beziehungsweise Grenzen dort errichtet werden, wo sich mögliche Überschneidungen aufzeigen ließen. Auf der einen Seite werden ganze Realitätsbereiche durch theoretisches Fiat aus einer möglichen Behandlung ausgeblendet, auf der anderen Seite versucht man durch reduktionistische Programme verschiedener Herkunft einen einheitlichen Ansatz im Bereich der Sozialwissenschaften zu gewährleisten, ohne sich dabei auf Gegenargumente allzu sehr einzulassen. In allen Fällen ersetzt man Realitätsbezug durch Schulenbildung, was ganz im Gegensatz zu den Feyerabendschen Vorschlägen über die Bedingungen theoretischer Proliferation bisweilen nur die Konsequenz besitzt, daß Auseinandersetzungen allenfalls noch die Form von Polemiken annehmen, die weniger an Fragen theoretischer Weiterentwicklung interessiert erscheinen denn daran, recht zu behalten. Diese Sachlage können auch die Herausgeber dieses Bandes nicht durch Scheinlösungen umgehen.

Im Bereich soziologischen Denkens stehen sich insbesondere zwei Richtungen gegenüber: Eine mikrosoziologisch orientierte Soziologie, die bisweilen dem Glauben anhängt, spezifische Versionen psychologischer Theorien vermittelten so etwas wie eine ontologische Basis des Sozialen. Auf dem Hintergrund der Doktrin des ›methodologischen Individualismus‹ versucht man, das Individuum als letzten Bestandteil sozialer Realität auszuweisen, und erkennt in diesem Lichte alleine psychologische Aussagen (spezifisch: Gesetze) als Reduktionsbasis an, wobei die unterschiedlichen Abfassungen Skinnerscher Gedanken eine zunehmende Rolle zu spielen beginnen. Die wesentlichen Argumente hierzu faßt George C. Homans in seiner hier abgedruckten Arbeit zusammen.

In gleicher Weise wie die Verhaltenstheorie setzt auch eine voluntaristische Handlungstheorie am Individuum an und sucht in einem solchen Rahmen einen Ausgangspunkt für soziologische Interpretationen. Die Texte Parsons und Cohens sollen diesen Versuch kennzeichnen. Handlungstheorien haben in Deutschland bis vor kurzem kaum Anhänger finden können, was auch zur Ignorierung der angelsächsischen ›Philosophy of Action‹ beigetragen hat, obgleich die frühe Rezeption Parsons dazu jede Chance geboten hätte. Offenbar aber haben ideologische Einwände und offensichtlich falsche Annahmen über die Leistungsfähigkeit der systemtheoretischen Ansätze Parsons, die besonders durch den zeitweise beherrschenden Einfluß Ralf Dahrendorfs Gewicht fanden, eine unvoreingenommene Einschätzung der theoretischen Vorschläge Parsons insgesamt verhindert. Dies mag in spezifischem Maße damit zusammenhängen, daß Parsons seine soziale Ontologie keineswegs auf personale, allenfalls interaktionelle Faktoren beschränken will, sondern den emergenten Charakter sozialer und nicht-sozialer Systeme immer vertreten hat. Die Anerkennung eigenständiger makrosoziologischer Zusammenhänge aber kennzeichnet die meta-theoretische Grundüberzeugung des alternativen Lagers.

In engem Zusammenhang damit, der selbst durch die Biographie Talcott Parsons gerechtfertigt wird, sind funktionalistische Gedankengänge schon frühzeitig als praradigmatische Vorstellungen in die Soziologie eingeflossen. Die freilich in vielem berechtigte Kritik etwa von Ernest Nagel und Carl Hempel hat diesen Einfluß kaum beseitigen können, wenngleich ein etwa vorhandener Absolutheitsanspruch funktionalistischer Methoden und Theorien hat abgebaut werden müssen, was indessen von funktionalistischen Denkern z. T. unabhängig von diesen wissenschaftstheoretischen Einwänden erkannt wurde. Das soll insbesondere durch die Texte von K. Davis und R. K. Merton belegt werden. Dabei stellen sich die funktionalistischen Beiträge als eine echte Teilklasse systemtheoretischen Denkens dar, das nun von grundsätzlicher Bedeutung für die Soziologie wurde, wenngleich man sich davor hüten sollte, unter diesem Namen allgemeine Philosophie zu betreiben, womit die naheliegende Gefahr verbunden sein wird, daß eine solchermaßen belastete theoretische Soziologie ihren forschungsstrategischen Wert schon im Ansatz verliert und sich dabei in Aporien verwickelt, die einer empirisch orientierten Soziologie in keinem Falle gelegen sein können.

In einem solchen systemtheoretischen Zusammenhang erweist sich nach wie vor die Gleichgewichtsvorstellung als zentral. Man kann sich in jedem Fall gegen die Unterstellung verwahren, in dieser Fragestellung eine logisch implizierte konservative Ideologie vermuten zu müssen, einfach deshalb, weil auch die Vorstellung von Konflikten, oder genereller: von Inkonsistenzen, logisch an Gleichgewichtsvorstellungen gebunden ist. Ein unvoreingenommener Vergleich unterschiedlicher Theorien aus den Bereichen der Soziolo-

gie wie der Psychologie oder politischen Wissenschaft wird keinesfalls an der Beobachtung vorübergehen können, daß die These vom Auftauchen von Dissonanzen und Inkonsistenzen und die daran geknüpfte Disposition bestimmter Einheiten, solche Gefälle aufzulösen, zum zentralen Bestandteil unserer Vorstellungen über Stabilität und Wandel gehören, völlig unberührt davon, auf welcher ideologischen Seite wir unser Engagement suchen wollen. Auch die Marxsche Theorie der kapitalistischen Entwicklung wird sich eine systemtheoretische Interpretation gefallen lassen müssen. Was ein solches Paradigma für die Soziologie zu leisten in der Lage ist, soll die Lektüre der Texte von Buckley, Parsons und Merton ergeben. Ein denkbares, wenngleich möglicherweise nicht überall akzeptiertes Implikat eines solchen Ansatzes muß die Aufgabe der Konflikttheorie als eines eigenständigen gesellschaftstheoretischen Zugangs sein, wenngleich es eine Zeitlang erschien, als ergäbe sich gerade hier ein besonders glücklicher makrosoziologischer Ansatzpunkt. Ohne dies in letzter Konsequenz gänzlich bestreiten zu wollen, wird sich doch auch auf Grund weiterer Schwierigkeiten eine Verwendung dieses Ansatzes nur in Grenzen als fruchtbar erweisen. Dies mag die Arbeit von Bottomore belegen.
Es kann zugestanden werden, daß unser Interesse für bestimmte Entwicklungen im sozialen Bereich durch die Beschäftigung mit selektiven Aspekten theoretischer Forschung einseitig beschränkt werden. Aber man sollte sich Rechenschaft darüber ablegen, daß eine solche perspektivische Verengung zu den psychischen Voraussetzungen unseres Theoretisierens, nicht aber zu den logischen Implikaten eines systemtheoretischen Ansatzes gehören mag. Freilich ist die Sprache einer allgemeinen Systemtheorie bei weitem zu abstrakt, um alle Informationsbedürfnisse über Gesellschaft abdekken zu können. In diesem Sinne wird sich eine inhaltliche soziologische Theorie niemals in Form systemtheoretischer Reduktionismen auflösen lassen, was durch die weiteren Kapitel dieses Bandes an Evidenz gewinnen mag.

Literaturhinweise

T. Abel, The Foundation of Sociological Theory, New York 1970.

R. Aron, Hauptströmungen des soziologischen Denkens, 2 Bde., Köln 1971.

Autorenkollektiv Bielefelder Soziologen (eds), Alltagswissen, Interaktion und gesellschaftliche Wirklichkeit, 2 Bde., Reinbek 1973.

B. Berelson – G. A. Steiner, Human Behavior. An Inventory of Scientific Findings, New York, Chicago, Bulringame 1964.

R. L. Burgess – D. Bushell jr. (eds), Behavioral Sociology. The Experimental Analysis of Social Process, New York und London 1969.

W. Buckley, Sociology and Modern Systems Theory, Englewood Cliffs 1967.

W. Buckley (ed.), Modern Systems Research for Behavioral Scientist, Chicago 1968.

R. Dahrendorf, Pfade aus Utopia. Arbeiten zur Theorie und Methode der Soziologie, München 1967.

K. Dixon, Sociological Theory. Pretence and Possibility, London und Bosten 1973

W. M. Dobriner, Social Structures and Systems. A Sociological Overview, Pacific Palisades 1969.

K. Davis, Human Society, New York 1966.

N. J. Demerath – R. A. Peterson (eds), System, Change, and Conflict, New York und London 1967.

J. D. Douglas (ed.), Understanding Everyday Life, London 1971.

G. Eberlein, Theoretische Soziologie heute, Stuttgart 1971.

P. Filmer – M. Phillipson – D. Silverman – D. Walsh, New Directions in Sociological Theory, London 1972.

A. W. Gouldner, The Coming Crisis of Western Sociology, London 1970.

L. Gross (ed.), Sociological Theory. Inquiries and Paradigms, New York, Evanston, London 1967.

H. Haferkamp, Soziologie als Handlungstheorie. Düsseldorf 1972.

H. Haferkamp, Die Struktur elementarer Prozesse. Logik und Gehalt eines Forschungsleitfadens zur soziologischen Analyse und Erklärung, Stuttgart 1973.

E. Hahn, Soziale Wirklichkeit und soziologische Erkenntnis, Berlin 1965.

E. Hahn, Historischer Materialismus und marxistische Soziologie, Berlin 1968

E. R. Hilgard – G. H. Bower, Theories of Learning, New York 1966.

H. Hartmann (Hrsg.), Moderne amerikanische Soziologie, Stuttgart 1967.

G. C. Homans, The Human Group, New York 1950.

G. C. Homans, Social Behavior. Its Elementary Forms, New York 1961.

G. C. Homans, Grundfragen soziologischer Theorie, Köln und Opladen 1972

J. G. Holland – B. F. Skinner, The Analysis of Behavior, New York 1961.

H. M. Johnson, Sociology. A Systematic Introduction, New York and Burlingame 1960.

N. Luhmann, Soziologische Aufklärung. Aufsätze zur Theorie sozialer Systeme, Köln und Opladen 1970.

M. J. Levy jr., The Structure of Society, Princeton 1952.

A. Etzioni, The Active Society. A Theory of Societal and Political Processes, New York 1968.

A. Malewski, Verhalten und Interaktion, Tübingen 1967.

D. Martindale, The Nature and Types of Sociological Theory, London 1960.

J. C. McKinney – E. A. Tiryakian (eds), Theoretical Sociology. Perspectives and Developments, New York 1970.

G. H. Mead, Geist, Identität und Gesellschaft, Frankfurt 1968.

G. H. Mead, Philosophie der Sozialität, Frankfurt 1969.

R. K. Merton, Social Theory and Social Structure, London 1964.

K. D. Opp, Soziales Handeln, Rollen und soziale Systeme. Ein Erklärungsversuch sozialen Verhaltens, Stuttgart 1970.

K. D. Opp, Verhaltenstheoretische Soziologie, Reinbek 1972.

T. Parsons, Soziologische Theorie, Neuwied und Berlin 1964.
T. Parsons, The Social System, New York und London 1964.
T. Parsons, Sociological Theory and Modern Society, New York 1967.
T. Parsons, The Structure of Action, 2 Bde., New York 1968.
T. Parsons, Das System moderner Gesellschaften, München 1972.
T. Parsons – E. A. Shils (eds), Towards a General Theory of Action. Theoretical Foundations for the Social Sciences, New York 1962.
G. Psathas (ed.), Phenomenological Sociology. Issues and Applications, New York, London, Sydney, Toronto 1973.
J. Rex, Key Problems of Sociological Theory, London 1961.
J. Rex, Discovering Sociology. Studies in Sociological Theory and Method, London und Boston 1973.
A. M. Rose (ed.), Human Behavior and Social Process. An Interactionist Approach, London 1962.
A. Schütz, Der sinnhafte Aufbau der Sozialen Welt, Wien 1960.
B. F. Skinner, Science and Human Behavior, New York und London 1965.
G. Simmel, Soziologie, Berlin 1968.
N. J. Smelser (ed.), Sociology. An Introduction, New York, London, Sydney 1967.
N. J. Smelser, Essays in Sociological Explanation, Englewood Cliffs 1968.
N. J. Smelser, Theorie des kollektiven Verhaltens, Köln 1972.
H. Steinert (Hrsg.), Symbolische Interaktion, Stuttgart 1973.
N. S. Timasheff, Sociological Theory. Its Nature and Growth, New York 1967.
K. H. Tjaden, Soziales System und Sozialer Wandel. Untersuchungen zur Geschichte und Bedeutung zweier Begriffe, Stuttgart 1969.
K. H. Tjaden (Hrsg.), Soziale Systeme, Neuwied und Berlin 1971.
W. L. Wallace (ed.), Sociological Theory, London 1969.
M. Weber, Wirtschaft und Gesellschaft, 2 Bde., Köln 1964.

Soziologische Theorie und Verhaltenstheorie*

G. C. Homans

Obgleich ich meiner akademischen Bezeichnung nach Soziologe bin, und obwohl ich mich in diesem Artikel hauptsächlich mit der Bedeutung der verhaltenstheoretischen Psychologie befasse, bin ich dennoch davon überzeugt, daß eben diese verhaltenstheoretische Psychologie die Basis für alle Wissenschaften vom menschlichen

* G. C. Homans, The sociological relevance of behaviorism, in: R. L. Burgess; D. Bushell jr. (eds): Behavioral Sociology – the experimental analysis of social process, New York, London 1969, S. 1–24. Mit freundlicher Genehmigung des Autors und Columbia University Press. Übersetzt von Michael Schmid.

Verhalten bildet. Zu diesen gehören neben der Soziologie die Sozialanthropologie, die politische Wissenschaft, die Wirtschaftswissenschaften und vor allem die Geschichtswissenschaft. Wir wollen uns keine Gedanken darüber machen, ob es sich hierbei überhaupt um Wissenschaften handeln mag. Jede Tätigkeit, die versucht, Relationen zwischen Eigenschaften der Realität festzustellen, ob solche Behauptungen nun exakt oder allgemein sind oder nicht, ob sie Vorhersagen ermöglichen oder nicht, solange sie empirisch überprüfbar sind, wird Wissenschaft betrieben, und an diesem Maßstab gemessen, werden viele Sozialwissenschaften im echten Sinne wissenschaftlich betrieben.

Entdeckung

Jede Wissenschaft hat zwei Aufgaben: Entdeckung und Erklärung. Entdeckung bedeutet die Feststellung und Überprüfung von Relationen zwischen Eigenschaften der Realität. Darin liegt das Wesentliche jeder Wissenschaft, wenn auch nicht ihr Endziel. Man kann sich dies an einem trivialen Beispiel vergegenwärtigen. Als ich in meiner Jugend oft an der Neuenglischen Küste zum Schwimmen ging, konnte ich die Entdeckung machen, die andere natürlich vor mir gemacht hatten, daß unter sonst gleichen Bedingungen die Wasseroberfläche in Küstennähe während des Sommers dann wärmer ist, wenn der Wind landeinwärts, als wenn er seewärts blies.

Diese Entdeckung stellt eine Beziehung zwischen Eigenschaften der Natur her, nämlich zwischen Windrichtung und Wassertemperatur. Um diese Beziehung herzustellen, müssen die Eigenschaften Variablen sein, die mindestens zwei Werte annehmen können (Wind landeinwärts und seewärts), aber auch mehrere verschiedene Werte annehmen mögen, wie im Falle der Temperatur. Das berüchtigte »unter sonst gleichen Bedingungen« bezieht sich auf die Tatsache, daß die Wassertemperatur natürlich von anderen Faktoren beeinflußt werden kann und oftmals tatsächlich ist, wodurch der Zusammenhang zwischen Wassertemperatur und Windrichtung überdeckt ist.

Erklärung

Eine solche Entdeckung soll im weiteren ›Hypothese‹ genannt werden. Wenngleich nun aber die Feststellung und Überprüfung solcher Hypothesen für jede wissenschaftliche Tätigkeit zentral ist, so wären wir doch sehr enttäuscht, wenn sich die Leistung von Wissenschaft darin erschöpfte. Wir sind nur dann mit einer Wissenschaft zufrieden, wenn sie daneben auch Erklärungen bietet, wenn sie nicht nur sagt, *daß* eine Relation besteht, sondern auch *warum* sie besteht.

Ich möchte mein Beispiel aufgreifen und fragen, wie man erklären kann, warum im Sommer das Wasser in Küstennähe wärmer ist, wenn der Wind landeinwärts, als wenn er seewärts bläst. Wärmeres Wasser tendiert zur Oberfläche, in jedem Falle aber erwärmt die Sonne die Schichten an der Oberfläche stärker als die tiefer liegenden Schichten. Der Wind wirkt nun mit Sicherheit vornehmlich auf die Oberfläche ein. Entsprechend kann man erwarten, daß das Wasser an der Oberfläche wärmer ist als in der Tiefe.

Der landeinwärts gerichtete Wind wird entsprechend das erwärmte Wasser in Richtung Küste bewegen. Im Gegensatz dazu wird jeder seewärts gerichtete Wind das warme Wasser von der Küste entfernen. An der Küste entlang wird daraufhin das erwärmte Wasser durch kältere Tiefenschichten ersetzt. Somit wird die Wasseroberfläche entlang der Küste bei Landwind eher erwärmt sein als bei Seewind. Q. e. d.

Dieses Argument ist nicht vollständig, der Leser aber wird es sich jederzeit ergänzen können, wenn er dies wünscht. Betrachten wir lieber die allgemeinen Merkmale eines solchen Arguments. Erstens besteht jeder Schritt für sich in einer Hypothese. Die Aussage »Warmes Wasser steigt auf« behauptet eine Beziehung zwischen Temperatur und der Bewegungsrichtung des Wassers. Zum zweiten sind einige Hypothesen allgemeiner als andere. Z. B. ist die Aussage, daß warmes Wasser aufsteigt, allgemeiner als die Aussage, daß Wasser an der Oberfläche wärmer sei als in tieferen Schichten, denn erstere bezieht sich auf Wasser in allen Bewegungszuständen und nicht nur auf Wasser, das zur Ruhe gekommen ist. Drittens geben manche Aussagen die Randbedingungen an, unter denen die allgemeineren Aussagen angewendet werden sollen. Diese Randbedingungen sind ›gegeben‹ in dem Sinne, daß wir keinen Versuch machen, sie zu erklären, obwohl dies ohne Zweifel möglich wäre, wenn wir es wollten. So akzeptieren wir als eine ›gegebene‹ Tatsache, daß der Wind bisweilen seewärts, bisweilen landeinwärts bläst. Endlich folgt das Explikandum, die zu erklärende Aussage, logisch, d. h. deduktiv als Konklusion aus den übrigen Aussagen. Liegt eine solche deduktive Ableitung vor, können wir sagen, das Explikandum sei erklärt[1].

Normalerweise nennen wir die allgemeinen Aussagen zuerst, wenn wir ein deduktives System aufbauen. Denn wenn wir sagen, daß eine Aussage allgemeiner als eine andere sei, meinen wir damit, daß letztere aus der ersten nicht abgeleitet werden kann, wie es auch unmöglich ist, die Tatsache, daß alle Menschen sterblich sind, aus der Tatsache abzuleiten, daß Sokrates sterblich ist.

In unserem Beispiel behandelten die allgemeinen Hypothesen Behauptungen wie: »Warmes Wasser steigt auf« und »Wasser strebt zu einem Niveau-Ausgleich«. Diese Aussagen ihrerseits können erklärt werden, indem man sie aus noch allgemeineren Aussagen ableitet, etwa aus der Thermodynamik oder der Newtonschen Mechanik, etwa aus der These, daß das Volumen jedes Körpers, nicht nur das des Wassers, bei Erwärmung sich ausdehnt. Früher oder später aber kommen wir, wenn wir die Erklärungskette immer weiter zu allgemeineren Hypothesen hin verfolgen, zu einer These, die wir selbst nicht weiter erklären können. D. h., wir können sie beim derzeitigen Stand der Forschung nicht erklären, aber es ist unwahrscheinlich, daß sich dieser Zustand nicht ändern sollte. An dieser Stelle muß etwas über Prognosen gesagt werden. Wenn wir eine empirische Hypothese kennen, wenn wir sie auch nicht erklären können, so sind wir doch in der Lage, begrenzte Vorhersagen zu machen. Wenn wir die eingangs genannte Hypothese kennen, können wir vorhersagen, daß das Wasser dann kälter werden wird, wenn der Wind das nächste Mal seewärts blasen wird. Wenn wir die Erklärung dieses Zusammenhangs selber kennen, die ihrerseits allgemeine Hypothesen impliziert, dann können wir unter einer Vielzahl gegebener Bedingungen einen breiten Bereich von Vorhersagen machen. So können wir bei rudimentärer Kenntnis der Thermodynamik vorhersagen, daß nicht nur Wasser, sondern auch Luft bei Erwärmung aufsteigen wird, und daß ein Raum an seiner Decke wärmer sein wird als am Fußboden. Wir haben aus den allgemeinen Hypothesen neue empirische Folgerungen unter neuen Randbedingungen deduziert. Um sie zu überprüfen, können wir die Bedingungen experimentell herstellen, um zu sehen, ob die logischen Folgerungen realiter zutreffen. Diese Art der Vorhersage verläuft parallel zur Erklärung, aber sie wird *ante* factum statt *post* factum gemacht.

Die Erklärung eines Phänomens ist die Theorie dieses Phänomens: man kann dem Wort ›Theorie‹ keine andere Bedeutung geben. Aber es ist sicher richtig, wenn man unter ›Theorie‹ gewöhnlich nicht nur eine einzige Erklärung versteht, oder ein einzelnes deduktives System, wie etwa unsere Erklärung der Beziehung zwischen Windrichtung und Wassertemperatur, sondern ein Bündel von Erklärungen einer Anzahl verschiedener empirischer Phänomene, die aber alle auf einigen denselben allgemeinen Hypothesen aufbauen. So könnte jemand ein Buch mit dem Titel ›Theorie der Wassertemperatur‹ schreiben, in dem er die unterschiedlichen Bedingungen für die Veränderungen der Wassertemperatur aufzeigt, und in dem er nachweist, wie diese Beziehungen aus einer ziemlich kleinen Anzahl allgemeiner Hypothesen bei Anwendung einer Vielzahl von Randbedingungen folgen. Eine solche Theorie bietet eine ökonomische Ordnung empirischer Befunde innerhalb eines Wissenschaftsbereichs und verschafft uns somit eine echte intellektuelle Befriedigung.

Erklärungen in der Soziologie

Ich halte diese kurzen, selbstverständlichen Anmerkungen über die Natur der Erklärung, und entsprechend der Theorie deshalb für notwendig, weil die Grundhypothesen der Verhaltenspsychologie die allgemeinen Hypothesen liefern, die wir implizit oder explizit bei der Erklärung sozialer Phänomene verwenden. Darin liegt ihre hauptsächliche Bedeutung für die Sozialwissenschaften. Diese Auffassung ist sicherlich nicht allgemein akzeptiert, was einerseits an einem fehlerhaften Verständnis des Wesens von Theorie, zum anderen an der anerzogenen Unfähigkeit liegen mag, die Bedeutung psychologischer Hypothesen für die soziologische Theorie richtig einzuschätzen. Ich werde beide Probleme nacheinander behandeln.

Von Wissenschaftstheoretikern wird der hier vertretene Standpunkt bezüglich des Wesens von Theorie und Erklärung in aller Regel anerkannt. Er sollte auch den Sozialwissenschaftlern vertraut sein, und viele würden ihn in abstracto tatsächlich akzeptieren. Aber in dem, was sie tatsächlich sagen, und in dem, was sie faktisch als Theorie bezeichnen, scheinen sie oft Ansichten zu vertreten, die sich mit dem oben Gesagten kaum decken wollen. Dies gilt in besonderem Maße für die Soziologie. Hier gibt es kaum ein Wort, das öfters erwähnt wird als ›Theorie‹ oder gar ›allgemeine Theorie‹. Die Bedeutung von Theorie wird immer wieder nachdrücklich betont. Und dennoch findet sich fast in keinem soziologischen Text, auch in keinem ›theoretischen‹, eine Diskussion darüber, was Theorie *sei*. Von einem bestimmten Standpunkt aus, ist das auch gut so, denn jede adäquate Behandlung von Theorie würde sofort die Fragwürdigkeit dessen offenbaren, was unter dieser Bezeichnung firmiert.

Einer Auffassung nach, die in zahlreichen theoretischen Schriften, und besonders in denen von Talcott Parsons impliziert ist, besteht Theorie aus einem Begriffssystem. Ein Begriffsschema besteht aber in einer Reihe von Definitionen. Da sich Begriffe angenommenerweise auf verschiedene Datenmengen beziehen – wenngleich bei faktischen Begriffsschemata diese Unterscheidungen zwischen unterschiedlichen Datenmengen durchaus nicht immer klar sind –, läuft ein Begriffsschema auf ein Klassifikationsschema oder eine Taxonomie hinaus. Nun ist ein Begriffsschema für jede Erklärung notwendig. Erklärungen bestehen aus Aussagen, die Eigenschaften der Realität miteinander in Beziehung setzen. Diese Eigenschaften müssen definiert werden. Und gerade dies soll ein Begriffsschema leisten. Von hierher gesehen gehört ein solches Schema zu jeder Erklärung. Zu behaupten, ein Begriffsschema gehöre zu einer Erklärung, heißt aber nicht, daß sich eine Erklärung darin erschöpft – weit gefehlt! Was notwendigerweise hinzukommen muß, sind die Hypothesen, die Beziehungen zwischen den definierten Eigenschaften der Realität herstellen. Es reicht auch nicht hin, zu sagen, es müsse *irgendeine* Beziehung vorhanden sein, obwohl dies eine gemeinsame Eigenschaft jener Art Theorien ist, die tatsächlich nur Begriffsschemata darstellen. Man muß die Art der Beziehung wenigstens ansatzweise festhalten: wie sich etwa die eine Eigenschaft verändert, wenn sich die andere ändert. Der Grund liegt auf der Hand. Solange keine Aussage eine echte Hypothese in solchem Sinn darstellt, kann keine definitive Folgerung logisch daraus gezogen werden. Und da Erklärung im Deduzieren logischer Folgerungen aus Hypothesen besteht, folgt daraus, daß es ohne Hypothesen keine Erklärung und entsprechend keine Theorie geben kann. Und dennoch behaupten einige Vertreter des taxonomischen Theorietyps, die Theorien anderer aus ihren eigenen, allgemeineren Theorien ›abgeleitet‹ zu haben. Bei näherer Prüfung stellt sich aber nur heraus, daß sie zu zeigen versuchten, daß sich die Bedeutung ihrer Begriffe mit der Bedeutung der Begriffe überschneiden, die andere in deren Theorien benutzen. Aber hierbei handelt es sich um Übersetzung, nicht um Deduktion. Man sollte von solchen Wissenschaftlern, die solche Ansprüche vertreten, den Nachweis verlangen, wie unter spezifischen Bedingungen die Hypothesen anderer Theoretiker aus ihren eigenen Hypothesen abgeleitet werden können. Allerdings werden sie dazu in den seltensten Fällen in der Lage sein.

Wenn Sozialwissenschaftler einmal einen sinnvollen Erklärungsbegriff akzeptiert haben sollten, wird man das Problem der Erklärung in diesem Bereich auf zwei Fragen reduzieren können. Erstens: gibt es irgendwelche allgemeinen Hypothesen, die bei der Erklärung sozialer Phänomene benutzt werden? Zweitens: wenn ja, um welche Art der Hypothesen handelt es sich dann? Diese Fragen werden sich in der Soziologie wahrscheinlich besonders im Zusammenhang mit der Erklärung von Institutionen ergeben – jenen relativ dauerhaften Mustern sozialen Verhaltens, zu deren Aufrechterhalten die Handlungen vieler Menschen beitragen. Wie sollen wir z. B. erklären, daß es in einer bestimmten Gesellschaft eine Rangordnung von Personen oder von Personengruppen gibt, also das, was Soziologen ein Statussystem nennen?

Vereinfacht gesagt sind vier unterschiedliche Ansätze zur Erklärung der Institutionen vorgeschlagen worden[2]. Erstens: eine besondere Institution existiert wegen ihrer Beziehung zu anderen Institutionen innerhalb eines Sozialsystems. Dies nenne ich den strukturellen Typ der Erklärung. Er ist insbesondere in der Kulturanthropologie vorherrschend. Zweitens: eine Institution existiert, weil eine Gesellschaft sonst nicht überleben oder ihr Gleichgewicht erhalten kann. Dies nennt man gewöhnlich den funktionalen Typ der Erklärung. Er findet sich vornehmlich in der Soziologie. Drittens: eine Institution existiert als, wenn auch vorläufiges, Endprodukt eines spezifischen historischen Prozesses. Dieser historische Typ der Erklärung ist naturgemäß in der Sozialgeschichte vorherrschend. Viertens: die Institution existiert, weil das menschliche Verhalten bestimmte Eigenschaften besitzt, die in bestimmten Kombinationen, unter bestimmten Bedingungen die Institution schaffen. Ich spreche hier von psychologischer Erklärung, weil die Untersuchung von Verhaltensmerkmalen als solche zum Bereich psychologischer Forschung gehört.

Der erste, der strukturelle Erklärungstyp, ist in Wahrheit überhaupt keine Erklärung. Ein Beispiel aus der Sozialanthropologie mag das verdeutlichen. Die Aussage, daß die Heirat mit der Tochter der Vaterschwester in bestimmten Gesellschaften vorgezogen wird, *weil* diese Gesellschaft in matrilinearen Abstammungsgruppen organisiert sind, und *weil* eine Regel avunculocale Residenz vorschreibt (ein erwachsener Mann wohnt normalerweise beim Bruder seiner Mutter), stellt überhaupt keine Erklärung der Heiratspräferenzen dar. Sie besagt lediglich, daß in den genannten Gesellschaften die drei Institutionen zusammen auftreten. Eine solche Feststellung ist natürlich sehr wichtig, und durch die Überprüfung solcher Aussagen haben wir unser Wissen über primitive Verwandtschaftssysteme erheblich erweitert. Aber die Frage, warum die Institutionen gemeinsam vorkommen, bleibt immer noch offen.

Es ist auch richtig, daß strukturelle Erklärungen, da sie stets echte Hypothesen verwenden und wenigstens drei Institutionen miteinander in Beziehung setzten, in eine Form gebracht werden können, die oberflächlich betrachtet einem deduktiven System ähnelt. Man sehe sich nur die Form der Hypothesen an.

Für jedes Mitglied einer Kleingruppe gilt:

1. Je höher sein Rang, um so größer seine Zentralität.
2. Je größer seine Zentralität, um so größer seine Beobachtbarkeit.
3. Je höher sein Rang, desto größer seine Beobachtbarkeit (Folgerung)[3].

Dieses System von Hypothesen besagt nur, daß die drei Variablen positiv korrelieren. Das mag in der Tat eine bedeutsame Entdekkung sein, aber das steht hier nicht zur Diskussion. Die Ableitung erfolgt nicht logisch, wenn man nicht eine weitere Bedingung hinzufügt, und entsprechend kann man kaum sagen, die Hypothese 3 sei durch die beiden anderen erklärt worden. Der Grund dafür ist, daß eine für eine Erklärung notwendige Bedingung nicht erfüllt ist. Jede der drei Hypothesen kann aus den beiden anderen abgeleitet werden – und das ist typisch für strukturelle Erklärungen. Die Reihenfolge, in der die Hypothesen geschrieben werden, spielt sozusagen keine Rolle. In einer echten Erklärung kann jedoch wenigstens eine der Aussagen nicht aus den anderen abgeleitet werden. Der klassische Syllogismus ist die einfachste Version einer Erklärung, und darin kann die Aussage, daß alle Menschen sterblich sind, nicht logisch aus den Aussagen abgeleitet werden, wonach Sokrates ein Mensch und sterblich ist. D. h., die erste Aussage ist allgemeiner als die andern beiden. Bei den sogenannten strukturellen Erklärungen besitzen die entscheidenden Hypothesen alle denselben Allgemeinheitsgrad.

Die Probleme des zweiten, funktionalen Erklärungstyps sind anderer Art. Dieser Erklärungstyp war und ist in der Biologie üblich. Er fand weitgehend über Durkheim, besonders dessen ›Les formes élémentaires de la vie religieuse‹, und die von Durkheim beeinflußten Sozialanthropologen, besonders Radcliffe-Brown, Eingang in die Soziologie. Die Grundstruktur dieses Erklärungstyps, die in faktischen Beispielen oft im Dunkel bleibt, lautet:

1. Wenn eine Gesellschaft überleben (oder im Gleichgewicht bleiben) soll, muß sie Institutionen vom Typ x besitzen.
2. Bongo ist eine Gesellschaft, die überlebt (oder eine Gesellschaft im Gleichgewicht).
3. Also: Bongo besitzt Institutionen vom Typ x.

Damit, so meint man, ist die Existenz dieses Institutionstyps, z. B. zur Lösung von Konflikten, in der Bongo-Gesellschaft erklärt. Diese Erklärungsart wird deshalb ›funktionalistisch‹ genannt, weil man die Rolle, welche eine Institution beim Überleben einer Gesellschaft spielt, als deren Funktion bezeichnet.

Grundsätzlich ist an diesem Erklärungstyp nichts falsch. Im Gegensatz zu sogenannten strukturellen Erklärungen enthält er eine allgemeine Hypothese (Aussage 1), woraus unter den gegebenen Bedingungen die Konklusion logisch gefolgert werden kann. Es ist richtig, daß es sich in der Praxis als schwierig erwiesen hat, soziales Gleichgewicht, oder auch Überleben, derart zu definieren, daß unzweideutige Folgerungen aus solchen Aussagen, die solche Begriffe enthalten, gezogen werden können. Wenn es nur um die Erklärung von Merkmalen von Organisationen gehen mag, deren Umfang geringer als der ganzer Gesellschaften ist, so mag man diese Schwierigkeiten bewältigen können. So könnte die Gleichgewichtsbedingung einer Firma darin bestehen, Profit zu machen. Und die Frage, ob eine Firma Profit macht oder nicht, sollte man beantworten können. Ich zweifle aber daran, selbst wenn es so wäre, ob irgend jemand die allgemeinen Bedingungen angegeben hat, unter denen Profit zustande kommt.

Es ist auch richtig, daß wir oftmals nicht die Existenz *irgendeiner* Institution einer bestimmten Klasse erklären wollen, sondern das Vorhandensein einer *ganz bestimmten* Institution dieser Klasse. So wollen wir bisweilen nicht erklären, warum die Vereinigten Staaten irgendeine Institution zur Lösung von Konflikten besitzen, sondern warum sie ein Schwurgerichtsverfahren besitzen. Wie die funktionalistische Erklärung revidiert werden müßte, um dieser Schwierigkeit Herr zu werden, ist recht unklar. Es wäre offensichtlich absurd, eine neue Hypothese aufzustellen, wonach eine Gesellschaft, die überleben soll, ein Schwurgerichtsverfahren besitzen müsse. Die faktische Erklärung ist unvermeidbar historischer Art, und funktionalistische Erklärungen, wie sie derzeit praktiziert werden, sind ganz offensichtlich ahistorisch.

Man sollte beachten, daß eine funktionalistische Erklärung nicht dasselbe ist wie eine funktionale Analyse. In der funktionalen Analyse weist ein Soziologe nach, daß eine einmal eingeführte Institution weitere Konsequenzen für eine Gesellschaft hat und daß diese Konsequenzen in Übereinstimmung mit einem verwendeten Kriterium als ›gut‹ oder ›schlecht‹ bezeichnet werden können. Das ist ein völlig legitimes Verfahren, aber die funktionale Erklärung geht viel weiter, indem sie behauptet, daß eine Institution existiere, *weil* sie Konsequenzen für eine Gesellschaft hat und *weil* diese Konsequenzen ›gut‹ sind. Man beachte: gut für die Gesellschaft, nicht gut für einige ihrer Mitglieder.

Um es zu wiederholen: im Prinzip ist an einer solchen Erklärung nichts falsch. Sie wird in anderen Wissenschaften oft gebraucht, besonders in der Biologie. Es ist durchaus legitim, darauf hinzuweisen, daß Gänse in den Süden fliegen, weil sie im Norden nicht überleben würden – eine solche Behauptung ist vollständig prüfbar. Sie überleben, und entsprechend muß eine Menge von ihnen auf irgendeine Weise in den Süden gelangen. Es ist sicher richtig, wenn wir diese Art der Erklärung für intellektuell unbefriedigend empfinden: wir würden es vorziehen, den genauen Mechanismus zu kennen, der die Gänse dazu veranlaßt, in den Süden zu ziehen. Und das gilt auch für funktionalistische Erklärungen in der Soziologie. Selbst wenn man zeigen könnte, daß eine Gesellschaft ohne eine bestimmte Institution nicht überleben kann, so wären wir darüber hinaus daran interessiert zu wissen, wie eine solche Gesellschaft es fertigbringt, etwas derart Unentbehrliches zu bekommen und zu erhalten. Um es in der Terminologie von Aristoteles auszudrücken: wir würden gerne die ›Wirkursache‹ wie die ›Zweckursache‹ kennen.

Die Schwierigkeiten mit funktionalistischen Erklärungen in der Soziologie sind keine Angelegenheit des Prinzips, sondern ihrer faktischen Anwendung. Aus den charakteristischen allgemeinen Hypothesen des Funktionalismus können wir logisch ableiten, daß, wenn eine Gesellschaft nicht überlebte, sie Institutionen vom Typ x *nicht* besessen hat – was x auch immer sein mag. Nun gibt es einige wenige Gesellschaften, die in jedem Sinne des Wortes nicht überlebt haben. Für einige Gesellschaften haben wir Belege für ihre soziale Organisation vor ihrem Untergang, und es stellt sich heraus, daß sie Institutionen vom Typ x besessen haben. Wenn es diesen Gesellschaften nicht gelang, zu überleben, dann kaum wegen des Nichtvorhandenseins sozialer Institutionen, es sei denn, man betrachtet Widerstandsfähigkeit gegen Masern und Alkohol als Institutionen. D. h. aber, daß es bisher keine sicheren Belege für die Wahrheit der allgemeinen Hypothesen des Funktionalismus gibt – und auf deren Wahrheit käme es schließlich an. Man kann sich vorstellen, daß diese Schwierigkeiten überwunden werden, daß bessere Aussagen über die Überlebensbedingungen oder Gleichgewichtsbedingungen einer Gesellschaft gefunden werden, aus denen nur noch wahre Konklusionen gezogen werden. Aber trotz unendlicher Bemühungen ist nichts Derartiges in Sicht. Die funktionalistische Erklärung ist in der Praxis für die Soziologie ein Fehlschlag, mag man auch im Prinzip nichts an ihr auszusetzen haben.

Psychologische Erklärung in der Soziologie

Strukturelle Erklärungen sind in Wirklichkeit überhaupt keine Erklärungen. Funktionalistische Erklärungen führen sowohl zu falschen wie wahren Folgerungen und sind zumindest intellektuell unbefriedigend. Übrig bleiben der historische und der psychologische Erklärungstyp. Wir werden sehen, daß diese beiden Typen identisch sind in dem Sinne, daß sie dieselbe Art allgemeiner Hypothesen benutzen. Um welche Art der Hypothesen handelt es sich dabei?

Ein Beispiel. Angenommen, wir wollten erklären, warum im England des 18. Jahrhunderts zum ersten Male der Versuch unternommen wurde, mechanische Antriebsmaschinen in der Textilindustrie einzuführen. Man beachte, daß dieses Ereignis nicht nur für Wirtschaftshistoriker von größter Bedeutung ist, sondern auch für Soziologen, denn diese ersten Schritte führten zur industriellen Revolution, und viele der Institutionen moderner Gesellschaften sind ein Ergebnis der Industrialisierung. Befassen wir uns zunächst mit der Expansion des englischen Textilexports an Baumwollstoffen im 18. Jahrhundert. (Natürlich spielen noch andere Entwicklungen eine Rolle, aber ich will das Argument so einfach wie möglich halten.) Diese Expansion führte bei den industriellen Unternehmern zu einer erhöhten Nachfrage nach Baumwollgarn. Diese Nachfrage konnte von den vorhandenen Arbeitskräften nicht gedeckt werden, die noch die alten Handspinnmaschinen benutzten, so daß die Löhne der Spinner zu steigen begannen, was auch den Preis der fertigen Tuche erhöhte, mit der Konsequenz, daß die Exportexpansion zurückging. Unter diesen Umständen überlegten sich viele Leute, die mit der Textilindustrie zu tun hatten, ob man das Problem nicht durch den Entwurf und den Einsatz von mit Wasserkraft oder Dampf betriebenen Maschinen lösen könnte, die mehrere Fäden gleichzeitig spinnen konnten. Sie hatten Erfahrung mit mechanischen Antrieben in anderen Gebieten, so besonders bei Getreidemühlen, und so hatten sie wenig Grund für die Annahme, ihre Bemühungen würden mißlingen. Auf Grund vergangener Erfahrungen und gegenwärtiger Entwicklungen konnten sie damit rechnen, daß bei einer erfolgreichen Lösung des anstehenden Problems ihre Profite steigen würden. Tatsächlich unternahm man zahlreiche Anstrengungen, und einige waren erfolgreich.

So sieht gewöhnlich eine Erklärung aus, aber man sollte beachten, daß in diesem Fall keine deduktive Form vorliegt. Sie ist vielmehr, wie Philosophen sagen würden: enthymematisch. Die Grundprämissen und andere Aussagen, die man benötigt, um zu einem deduktiven System zu gelangen, werden gar nicht genannt. Zur Illustration will ich lediglich das letzte Stück der Ableitung betrachten. Der Nachweis, daß Unternehmer wahrnehmen, daß bestimmte Handlungen erfolgreich sein würden und entsprechend belohnt würden, reicht logisch nicht aus, um zu erklären, warum sie die fraglichen Handlungen tatsächlich ausführten. Die Erklärung wird erst dann zu einem deduktiven System, wenn wir etwa folgendes hinzufügen:

1. Menschen werden wahrscheinlich solche Handlungen ausführen, von denen sie in den betreffenden Umständen annehmen, daß sie wahrscheinlich zu belohnenden Ergebnissen führen werden.
2. Die Unternehmer waren Menschen.
3. Als Unternehmer fanden sie Ergebnisse in Form steigender Profite wahrscheinlich als belohnend.

Und so weiter.

Was wir bei diesem Beispiel, wenn auch vereinfacht sehen konnten, gilt meiner Meinung nach ganz allgemein. Alle menschlichen Institutionen sind Ergebnisse historischer Wandlungsprozesse. In der Tat verändern sich die meisten Institutionen fortwährend. Wenn wir genug Tatsacheninformation besitzen – was oft genug nicht der Fall ist, um historischen Wandel auch nur in Ansätzen erklären zu können – und wenn wir versuchen, die ungenannten Hauptprämissen unserer deduktiven Systeme offenzulegen, so werden wir merken, daß wir bestimmte Prämissen in keinem Falle vermeiden können, und daß diese Prämissen keine Aussagen über die Beziehungen zwischen Institutionen beinhalten wie bei den strukturellen Erklärungen oder Aussagen über das Überleben von Gesellschaften wie im Falle der funktionalistischen Erklärungen, sondern Hypothesen über menschliches Verhalten wie bei Hypothese 1 im obigen Beispiel. Das heißt, es handelt sich um psychologische Hypothesen: bezüglich ihrer Prämissen sind Geschichte und Psychologie identisch.

Wie wir sehen werden, bestehen diese Hypothesen spezifisch aus Hypothesen der Verhaltenspsychologie. Es ist sicher richtig, daß sie oftmals in einer vulgären Form abgefaßt sind und nicht in der Form, die ihnen Psychologen geben würden. So ist die obige Hypothese 1 eine vulgäre Fassung von drei Annahmen der Verhaltenspsychologie. Da sie uns in ihrer vulgären Form meist allen bekannt sind, sagt man oft, es handle sich um Binsenwahrheiten, und man hält ihre Verwendung zur Vervollständigung unserer deduktiven Argumente für trivial. Natürlich können wir viele einsichtige Argumente konstruieren, ohne diese Hypothesen je zu verwenden. Aber aus der Tatsache, daß man sie nicht verwendet, sollte man nicht auf ihre Bedeutungslosigkeit schließen – ganz im Gegenteil. Diese trivialen Binsenwahrheiten sind nichtsdestoweniger wahr. Und da wir, wenn wir unsere Suche nach erklärenden Generalisierungen nur weit genug treiben, stets feststellen werden, daß wir gerade sie und keine anderen Hypothesen benutzen, müssen sie in der Tat als die allgemeinsten Hypothesen der Sozialwissenschaft gelten. Darin liegt die letztendliche Bedeutung verhaltenspsychologischer Hypothesen.

Aber was verstehe ich unter Verhaltenspsychologie in ihrer nichtvulgären Form? Ich möchte einige der hier wichtigen Thesen anführen. Wenn eine Handlung belohnt (verstärkt) wurde, dann steigt die Wahrscheinlichkeit, daß sie wiederholt wird. Ich nenne dies die *Erfolgshypothese.* Je größer der Wert einer Belohnung im Vergleich zu alternativen Arten der Belohnung ist, desto größer ist die Wahrscheinlichkeit, daß die Handlung ausgeführt wird. Ich spreche hier von der *Werthypothese.* Wenn in der Vergangenheit eine Handlung einer Person bei einer bestimmten Reizsituation belohnt wurde, dann wird eine Person eine Handlung um so eher zeigen, je ähnlicher die gegenwärtige Reizsituation der vergangenen ist. Ich nenne dies die *Reizhypothese.* Eine Person, deren Verhalten in der Vergangenheit oftmals belohnt wurde, in einer ähnlichen Reizsituation nunmehr aber nicht belohnt wird, neigt zu aggressivem Verhalten. Dies nenne ich die *Frustrations-Aggressions-Hypothese.* Weitere Beispiele ließen sich anführen[4]. In den verschiedenen Verhaltenspsychologien besitzen diese Hypothesen einen etwas unterschiedlichen Wortlaut, ich glaube aber, daß man die Thesen ineinander übersetzen kann. Es mag auch Auseinandersetzungen geben unter Verhaltenspsychologen, welches denn nun die zentralen Thesen in ihrem Arbeitsbereich seien, ich denke aber auch hier, daß ein zentraler Bereich allgemein akzeptierter Hypothesen existiert.

Zur Unterstützung dieser Hypothesen der verhaltenstheoretischen Psychologie stehen zahllose Belege zur Verfügung, sowohl aus dem klinischen wie aus dem experimentellen Bereich, für Menschen und Tiere. Tatsächlich könnte man sich fragen, ob es eine andere allgemeine Psychologie überhaupt gibt. Wer mit der verhaltenstheoretischen Psychologie unzufrieden ist, wird sich schwer tun, andere allgemeine Hypothesen vorzuschlagen, die jene der Verhaltenstheorie ersetzen sollen. Oder man kann für die eigenen Hypothesen zeigen, daß sie unter bestimmten Randbedingungen aus der Verhaltenstheorie ableitbar sind. Sogar die Freudsche Psychologie ist, soweit sie überprüfbar ist, verhaltenstheoretisch. Die verhaltenstheoretische Psychologie wird zahlreichen Fällen unbewußten Verhaltens sicher ebenso gerecht wie der Tatsache, daß Ereignisse in der Kindheit eines Menschen Auswirkungen auf sein Verhalten als Erwachsener haben können. Das heißt freilich nicht, daß die Verhaltenstheorie alles menschliche Verhalten erklären kann. Ich selbst bin mir nicht sicher, ob ich eine verhaltenstheoretische Erklärung beispielsweise für das Phänomen der Identifikation zustande brächte. Viel Arbeit bleibt noch zu tun, und wir werden wegen fehlender Information zahllose Phänomene menschlichen Verhaltens nie erklären können. In gleicher Weise benötigen wir Kenntnisse bezüglich der Anwendungsbedingungen vorhandener allgemeiner Hypothesen. Aber was die verhaltenstheoretische Psychologie nicht erklären kann, kann auch eine andere psychologische Theorie nicht erklären. Schließlich ist, wie ich schon angedeutet habe, die verhaltenstheoretische Psychologie durchaus nichts Neues. Es ist eine Psychologie, die viele, die keine Psychologen sind, verwendet haben, um ihr eigenes Verhalten und das ihrer Mitmenschen zu erklären und vorherzusagen. Sie haben ihre Hypothesen weder in einer psychologischen Sprache abgefaßt noch experimentell überprüft, noch alle ihre Implikationen gesehen – einige hätten sie sicherlich nur sehr zögernd zur Kenntnis genommen. Aber die wichtigsten Hypothesen stellen für sie mit Sicherheit keine Überraschungen dar.

Die Verhaltenstheorie scheint mir auch die sogenannte Theorie rationalen Verhaltens zu umgreifen. Die rationale Theorie geht etwa von folgenden Grundannahmen aus: Bestehen für einen Handelnden in einer spezifischen Situation zwei Handlungsalternativen, so wird er wahrscheinlich die wählen, deren (mathematischer) Wert

 p. v der größere ist. p bedeutet dabei die wahrgenommene Wahrscheinlichkeit, daß die Handlung in bezug auf ein bestimmtes Ziel erfolgreich sein wird, v steht für den wahrgenommenen Belohnungswert des Ziels. Seine Werte mögen in den Augen eines Beobachters schlecht sein, seine Vermutungen über die Handlungssituation mögen inadäquat oder falsch sein, aber wenn man diese spezifischen Vermutungen und Ziele voraussetzt, so handelt die Person rational.

Was nun die Theorie rationalen Verhaltens behauptet, scheint mir auch in der Verhaltenstheorie impliziert zu sein. Die Wirkung der Variablen p ist in der Erfolgshypothese enthalten, die von v in der Werthypothese. Die Komponente der Wahrnehmung ist in diesen beiden und der Reizhypothese enthalten: die frühere Erfahrung mit Erfolg und Belohnung in bestimmten Reizsituationen veranlaßt eine Person, Erfolg und Belohnung auch in einer gegenwärtigen Reizsituation für wahrscheinlich zu halten. Natürlich müssen wir bei vielen Personen als Reize auch Dinge berücksichtigen, von denen sie beispielsweise nur in Büchern gelesen haben.

Aber die Verhaltenstheorie scheint mir einen weiteren Geltungsbereich zu besitzen. Die Theorie rationalen Handelns muß Wahrnehmungen und Werte einer Person für den Zeitpunkt der Handlung einfach als gegeben voraussetzen. Wohingegen die Verhaltenspsychologie, wenn sie über Informationen über die vergangenen Erfahrungen der betreffenden Person verfügt, denkbarerweise auch erklären kann, warum die Person die Dinge so wahrnimmt, wie sie es tut, und wie sie ihre spezifischen Werte erworben hat. Daneben ist auch schwer einzusehen, wie z. B. die Frustrations-Aggressions-Hypothese in die Theorie rationalen Handelns eingebaut werden kann. Dennoch, in vielen Fällen werden die Vorhersagen und Erklärungen von Verhalten für die Theorie rationalen Verhaltens und die psychologische Verhaltenstheorie identisch sein.

Einwände gegen psychologische Erklärungen

Ich behaupte, daß die Hypothesen der psychologischen Verhaltenstheorie die allgemeinen erklärenden Hypothesen nicht nur der Soziologie, sondern aller Sozialwissenschaften sind. Das ist eine kühne Behauptung, und ich muß bestimmte naheliegende Einwände behandeln. Die Behauptung impliziert nicht, daß ›die menschliche Natur in der ganzen Welt gleich ist‹, wenn damit gemeint ist, menschliches Verhalten sei konkret überall dasselbe. Wir wissen sehr genau, daß dies nicht zutrifft, und die moderne Sozialanthropologie zeigt uns in vielfältiger Weise, daß es nicht zutrifft. Die Behauptung impliziert lediglich, daß bestimmte allgemeine Prinzipien bei allen Menschen angewendet werden können, daß jedoch bei unterschiedlichen Bedingungen unterschiedliche Formen fakti-

und Volumen von Substanzen: Gasen, Flüssigkeiten, Festkörpern. Dies alles sind physikalische Aggregate: sie bestehen aus einer ungeheuer großen Anzahl von Molekülen. Die Hypothesen der Thermodynamik gelten für solche physikalischen Aggregate mit großer Allgemeinheit. Willard Gibbs zeigte in seinem Buch über ›Statistical Mechanics‹, daß diese Hypothesen aus Aussagen über die Mechanik individueller Moleküle abgeleitet werden können. Jedes dieser Moleküle besitzt Masse, Geschwindigkeit und eine bestimmte Bewegungsrichtung. Unter der Bedingung, daß solche Mengen von Molekülen in einem geschlossenen Raum miteinander kollidieren, konnte Gibbs zeigen, daß die Hypothesen über Aggregate (die Thermodynamik) aus Hypothesen über einzelne Moleküle (Mechanik) abgeleitet werden können. Die ersteren konnten auf die letzteren reduziert werden.

Wenn man im Bereich der Sozialwissenschaften von psychologischem Reduktionismus spricht, unterstellt man vielleicht, daß die Situation hier ähnlich strukturiert sei, und daß es Hypothesen über Aggregate gebe, was ich als soziologische Gesetze bezeichnen möchte, die aus Hypothesen über Individuen, vermutlich psychologische Gesetze, ableitbar seien. Aber es mag nur sehr wenige Hypothesen über Aggregate geben, die sich allgemein im Bereich von Gruppen, Gesellschaften und Klassen anwenden lassen, so daß die Analogie mit der Thermodynamik somit fehlgehen mag. Eine solche Hypothese mag lauten, daß die Anzahl Gefolgsleute in einer Gruppe größer ist als die Zahl der Führer. Aber viel Erklärungskraft wird eine solche Hypothese nicht besitzen. Man kann daraus keine Hypothese ableiten, die ihrerseits eine Generalisation darstellt, allenfalls Aussagen über individuelle Gruppen: wenn A eine Gruppe ist, dann ist die Anzahl der Gefolgsleute größer als die der Führer.

Die meisten Hypothesen über Aggregate, Hypothesen, die keinen direkten Bezug zum Verhalten von Individuen beinhalten, sind nicht gerade allgemein: sie gelten nur innerhalb sehr begrenzter Bedingungen. Vielleicht kann man am ehesten von einigen ökonomischen Gesetzen, wie z. B. die Gesetze über Angebot und Nachfrage, behaupten, sie besäßen einen allgemeinen Charakter. Aber auch sie gelten explizit nur innerhalb bestimmter institutioneller Bedingungen, wie beim Vorhandensein von Märkten und Preisen, und selbst hier nur mit Einschränkungen. Die Aussagen ›Je höher der Preis eines Gutes, desto geringer die Nachfrage‹ mag dann nicht zutreffen, wenn das betreffende Gut einen hohen Wert als Statussymbol besitzt.

Es ist seltsam genug: verfügten wir über soziologische Gesetze von hoher Allgemeinheit, hätten wir kaum Anlaß, sie auf psychologische Gesetze zu reduzieren. Schließlich kann jemand, der Probleme im

Bereich der Thermodynamik lösen will, deren Gesetze direkt anwenden, ohne sich darum zu kümmern, ob diese ihrerseits aus der statistischen Mechanik abgeleitet werden können. In gleicher Weise könnten wir die meisten Merkmale sozialer Institutionen und deren Beziehungen untereinander durch die Konstruktion deduktiver Systeme erklären, deren allgemeinste Hypothesen soziologischen Charakter haben könnten, ohne uns in der Praxis Gedanken darüber zu machen, ob solche soziologischen Gesetze ihrerseits aus psychologischen ableitbar sind und entsprechend reduziert werden können. Gerade die Tatsache, daß soziologische Gesetze nicht sehr allgemein sind, führt zu einem Bedürfnis nach psychologischer Reduktion. So folgen die Gesetze über Angebot und Nachfrage aus psychologischen Hypothesen unter der Bedingung institutionalisierter Märkte und Preise. Das gilt auch für die Ausnahmen von diesen Gesetzen: die spezifische Nachfragekurve für Parfüm läßt sich aus der Werthypothese ableiten, wenn man voraussetzt, daß der hohe Preis für Parfüm für den Verbraucher nicht nur ein Kostenfaktor darstellt, sondern einen positiven Wert als Statussymbol besitzt. Wir benötigen psychologische Hypothesen genauso, um zu erklären, warum soziologische Aussagen zutreffen, wie um zu erfassen, warum sie nicht zutreffen.

Die Position Durkheims

Historisch gesehen ist der große französische Soziologe Emile Durkheim der Hauptopponent der hier vertretenen Position. Direkt oder indirekt hat er über seine Nachfolger in der Sozialanthropologie wie etwa über Radcliffe-Brown die Sozialwissenschaften fortwährend und nachdrücklich beeinflußt, und wir tun gut daran, seine Argumente zu prüfen. Diese finden sich in seinem kleinen Buch ›Die Regeln der soziologischen Methode‹, insbesondere im Kapitel 5: ›Regeln für die Erklärung der soziologischen Tatbestände.‹

An einer früheren Stelle seines Buches definiert er, was er einen ›soziologischen Tatbestand‹ nennt: »Ein soziologischer Tatbestand ist jede mehr oder minder festgelegte Art des Handelns, die die Fähigkeit besitzt, auf den einzelnen einen äußeren Zwang auszuüben«[5]. Und er gibt verschiedene Beispiele für soziologische Tatbestände an, so dieses: »Daß sich die Bevölkerung in den Städten zusammendrängt, anstatt sich über das Land zu verstreuen, geschieht, weil es eine Meinungsströmung und einen kollektiven Drang gibt, der den einzelnen eine solche Konzentration auferlegt«[6]. Aus diesen und anderen Beispielen zieht er an späterer Stelle bezüglich soziologischer Tatbestände folgenden Schluß: »Da ihre wesentlichste Eigentümlichkeit in ihrer Fähigkeit besteht, von außen her einen Druck auf das individuelle Bewußtsein auszuüben, so bedeutet das, daß sie sich nicht von diesen herleiten und daher die Soziologie keine Abzweigung der Psychologie ist«[7]. Er benutzt auch das Emergenz-Argument: »Indem sie zusammentreten, sich durchdringen und verschmelzen, bringen die individuellen Psychen ein neues, wenn man will psychisches Wesen hervor, das jedoch eine psychische Individualität neuer Art darstellt. In der Natur dieser Individualität, nicht in jener der sie zusammensetzenden Einheiten, müssen also die nächsten und bestimmenden Ursachen der Phänomene, die sich dort abspielen, gesucht werden ... Jedesmal, wenn ein soziologischer Tatbestand unmittelbar durch einen psychologischen erklärt wird, kann man daher dessen gewiß sein, daß die Erklärung falsch ist«[8].

Aber worin besteht die Alternative, die wahre Erklärung? Durkheim meint: »Die bestimmende Ursache eines soziologischen Tatbestands muß in den sozialen Phänomenen, die ihm zeitlich vorangehen, und nicht in den Zuständen des individuellen Bewußtseins gesucht werden«[9].

Wenn man die Emergenzproblematik beiseite läßt – ich bin oben schon darauf eingegangen –, erheben sich bezüglich der Durkheimschen Argumente zwei Hauptfragen: Was versteht er unter ›Psychologie‹ und einem ›psychischen Phänomen‹? Was versteht er unter ›Erklärung‹? Man wird fairerweise eingestehen müssen, daß Durkheim keine so entwickelte Vorstellung sowohl bezüglich der Psychologie wie bezüglich der Erklärung besitzen konnte, wie wir heute. Er verstand unter Psychologie eine Version der Instinktpsychologie, zu deren Grundannahmen die Konstanz der menschlichen Natur in der ganzen Welt gehörte. Durkheim hat für eine solche Auffassung mit Recht nur Verachtung übrig; wenn er meint: »So erklärt man gemeinhin die Organisation der Familie durch die Gefühle der Eltern gegen die Kinder und der Kinder gegen die Eltern ...«[10]. Offensichtlich dachte er nicht an eine Psychologie, die z. B. das Verhalten der Kinder gegenüber ihren Eltern als die Auswirkung der Belohnungen und Bestrafungen erklärt, die die Kinder über lange Zeit von seiten ihrer Eltern erfahren hatten. Mit Sicherheit ist Soziologie kein Anhängsel einer derartigen Psychologie, wie sie Durkheim vorschwebte. Das muß aber nicht bedeuten, daß Soziologie nicht in derivativer Beziehung zu einer anderen Art der Psychologie stehen könnte.

Unter Erklärung verstand Durkheim das Auffinden von Ursachen für ein bestimmtes Phänomen. Und er weist ›Gefühle‹ deshalb als Erklärung für die familiale Organisation zurück, weil sie seiner Meinung nach keine Ursachen darstellten. Und er glaubte, psychologischen Erklärungen durch den Hinweis entgehen zu können, daß nur soziale Tatbestände als Ursachen für soziologische Tatbestände akzeptiert werden könnten. Aber dieses gesamte Erklärungsmodell ist irreführend. Ich habe zu diesem Punkt an anderer Stelle geschrieben:

»Der Preisanstieg im sechzehnten Jahrhundert, den ich für einen soziologischen Tatbestand halte, war mit Sicherheit eine entscheidende Ursache für die Einhegungsbewegung unter den englischen Großgrundbesitzern. Wenn es aber darum gehen soll, eine Erklärung zu finden, warum dies so war, so müßten wir sagen, daß der Preisanstieg den englischen Gutsherrn sowohl eine günstige Gelegenheit für finanzielle Gewinne als auch große Risiken für finanzielle Verluste bot, daß die Einhegungen die Gewinne tendenziell vergrößerten und Verluste vermeiden halfen, daß die Landlords finanzielle Gewinne für eine Belohnung hielten (was, wenn man so will, einen individuellen Bewußtseinzustand darstellt), und schließlich, daß Menschen in aller Regel solche Handlungen vollziehen, deren Ergebnisse sie als Belohnung auffassen können – und dies genau, ich kann es nicht oft genug wiederholen, ist eine psychologische Hypothese«[11].

Um es zusammenzufassen: Soziologische Tatbestände sind in der Tat oft Ursachen anderer soziologischer Tatbestände – aber darum geht es nicht. Man kann Phänomene nicht durch einen Verweis auf ihre Ursachen erklären. Es geht vielmehr darum, die Beziehung zwischen Ursache und Wirkung zu erklären. Die deduktiven Systeme, die diese Beziehungen erklären, werden, wie man feststellen kann, nicht nur ›psychische Phänomene‹ enthalten, sondern auch psychologische Hypothesen. Und in diesem Sinne hängen Soziologie und Psychologie zusammen.

Aus dieser Sicht ist es absurd, wie Durkheim in einem seiner Beispiele für soziologische Tatbestände davon zu sprechen, daß »ein kollektiver Drang, der den einzelnen eine solche Konzentration auferlegt«, der Grund für die gegen Ende des 19. Jahrhunderts in Frankreich entstehende Landflucht war. Der Grund liegt eher darin, daß dank der industriellen Revolution die Verdienstmöglichkeiten in urbanisierten Gebieten anstiegen, oder, wenn dies auch zunächst nicht so sicher war, doch die Einkommen in den ländlichen Gebieten durch die Entwicklung der agrarischen Revolution sanken. Und die Menschen neigen dazu, solche Handlungen auszuführen, die mögliche Belohnungen wahrscheinlicher machen. Und viele Menschen finden es in industriellen Gesellschaften belohnend, eine Beschäftigung zu haben. Bei den im Frankreich des 19. Jahrhunderts vorliegenden Bedingungen, konnte man entsprechend vermuten, daß die Menschen in die Städte ziehen würden. Natürlich haben die Landflüchtigen wahrscheinlich von anderen Personen oder aus Zeitungen von den Beschäftigungsmöglichkeiten erfahren. Und natürlich handelt es sich hier um soziales Verhalten. Aber dieser

Prozeß enthält nicht mehr an sozialem Zwang oder sozialem Druck, als in den grundlegenden Hypothesen impliziert ist, die besagen, daß solche Handlungen ausgeführt werden, die bei bestimmten Bedingungen die wahrgenommenen Belohnungen erhöhen – aber das ist eine psychologische Hypothese, eine These über das Verhalten von Menschen und keine soziologische Hypothese über das Verhalten von Gesellschaften. Oder wenn man es so wenden will: gerade der Zwang, den Durkheim für das Charakteristikum eines soziologischen Tatbestands hält, kann selbst nur psychologisch erklärt werden.

Wenn man einmal von seinen Argumenten absieht, die zu den Zeiten ihrer Niederschrift sicher mehr Gewicht besaßen als heute, warum wirkt Durkheims Position noch immer so nachdrücklich auf so viele Soziologen? Ich meine, daß einer der unausgesprochenen Gründe der ist, daß er einer neuen Wissenschaft zu ihrer Identität zu verhelfen schien. Wenn die Soziologie nicht als ein Ableger der Psychologie aufgefaßt werden mußte, so stand es ihr frei, eigenständige Theorien zu entwickeln, und die Soziologen konnten damit ihre eigene Existenz rechtfertigen. Ich fürchte zwar, daß Durkheims Position unhaltbar ist, möchte aber gleichzeitig die Soziologen beruhigen. Ich habe mit dem, was ich sagte, keineswegs impliziert, daß sie irgend etwas von dem aufgeben sollten, woran sie gegenwärtig arbeiten, ausgenommen gewisse Arten einer ›allgemeinen Theorie‹, die ohnehin keine Theorien sind. Ich möchte im Gegenteil zu zeigen versuchen, daß Soziologen eine wichtige neue Aufgabe haben (genauer: eine alte Aufgabe in neuer Form), die schon aus dem Grund gerade ihre Aufgabe darstellt, weil die übrigen Sozialwissenschaften sie nicht behandeln. Und sollte es sie schmerzen, ihre Identität zu verlieren, wird man die Soziologie trösten können. Sie besitzt in dem Sinne viele Leidensgenossen, als alle Sozialwissenschaften, was ihre allgemeinen Hypothesen betrifft, recht eigentlich eine Einheitswissenschaft sind.

Die Aufgabe einer verhaltenstheoretischen Soziologie

Ich habe behauptet, daß alles existierende Verhalten ein Niederschlag sozialer Wandlungsprozesse ist, und daß die Erklärung sozialen Wandels die Verwendung psychologischer Hypothesen erfordert. Meine Methode, dies nachzuweisen, sieht wie beim Beispiel des Beginns der industriellen Revolution derart aus, daß ich aufweise, wie Erklärungen im Bereich der Geschichte und Soziologie als deduktive Argumente abgefaßt werden können, wobei sich herausstellt, daß die bislang unausgesprochenen Hauptprämissen unweigerlich psychologischen Charakter haben. Obgleich es notwendig war, an einem Beispiel zu zeigen, worauf es ankommt, mag dieses

Beispiel doch zu simpel und trivial ausgesehen haben – eben gerade, weil es wahr war. Der Grund, warum es evident war, muß seinerseits evident sein. Bei diesen Erklärungen habe ich die alternativen Handlungen und Belohnungen, die den betreffenden Personen offenstanden, vernachlässigt: es schien so, als hätten diese Personen nur die Wahl gehabt, das, was sie taten, zu tun, oder überhaupt nichts. Was wichtiger ist, ich habe das Verhalten aller Personengruppen, mit Ausnahme einer einzigen, der der Unternehmer, als gegeben und unproblematisch betrachtet und ich habe die relevanten psychologischen Hypothesen dann nur verwendet, um das Verhalten eben dieser Gruppe zu erklären. Schließlich habe ich auch die umfassenden Sozialstrukturen und Institutionen als gegeben angesehen, obwohl natürlich der Prozeß, den ich zu erklären versuchte, auch in diesem Bereich zu Veränderungen führen mußte. Mit der Erklärung sollte nur eine einzige sehr einfache Frage beantwortet werden: Werden die fraglichen Personen eine bestimmte Handlung ausführen, oder werden sie es nicht tun?, und nicht: Wie viele werden dies tun und in welchem Ausmaß?

Ein solches Vorgehen ist sicher gerechtfertigt, wenn es die faktische Situation nicht zu sehr simplifiziert. Und oft können wir in der Geschichtswissenschaft nichts Besseres tun, als dem Geschichtsprozeß dadurch Rechnung zu tragen, daß man zuerst das Verhalten eines Individuums oder einer Personengruppe erklärt, dann die Reaktionen anderer darauf usf. Obwohl eine solche Vorgehensweise immer psychologische Hypothesen als Haupterklärungsprämissen verwendet, selbst wenn diese nicht explizit werden, so besitzt sie doch einen genetischen Charakter. Es ist schwierig, gleichzeitige Veränderungen in mehr als einer Personengruppe oder einer einzigen Person zu erfassen. Dies ist dann der Fall, wenn das Verhalten jeder von ihnen problematisch ist, und wenn die Frage nicht lautet, ob eine Person handeln wird, sondern in welchem Maße sie unterschiedliche Verhaltensweisen zeigen wird, zu welcher Zeit, wobei man diese Fragen in Beziehung setzen muß zu ähnlichen Fragen bezüglich des Verhaltens anderer Personen und Personengruppen.

Obwohl Soziologen viele empirische Entdeckungen machen werden, ist das zentrale intellektuelle Problem der Soziologie nicht analytischer Art – d. h., es wird nicht darauf ankommen, neue fundamentale Hypothesen zu entwickeln. Ich glaube, daß die wichtigsten bereits entdeckt sind, und daß sie psychologischer Art sind. Das anliegende Problem ist eher ein synthetisches: nachzuweisen, wie das Verhalten vieler Menschen in Übereinstimmung mit psychologischen Hypothesen relativ dauerhafte soziale Strukturen formt und aufrechterhält. Gerade das ist in der Tat seit Hobbes das zentrale Problem der Soziologie gewesen. Können wir es heute nicht besser lösen?

Ich glaube, daß dies der Fall ist, und an dieser Stelle kommt die verhaltenstheoretische Soziologie ins Spiel. Ich will ein Beispiel geben. In einer Hinsicht ist das indische Kastensystem einmalig. Es hat sich in einer Weise entwickelt, die unvergleichbar ist mit allem, was wir über gegenwärtige oder vergangene Gesellschaften wissen. Der Grad seiner Komplexität kann sicher nicht alleine durch einen Verweis auf geographische oder technologische Bedingungen erklärt werden. Gesellschaften mit einem ähnlichen technologischen Stand wie das mittelalterliche China oder das Europa des Mittelalters trieben ihre Schichtungssysteme nicht annähernd zu solchen Extremen. Eine Erklärung muß letztlich eine historische Erklärung darstellen: eine einmalige Bedingungskonstellation in der Vergangenheit Indiens ist für diese einmalige Entwicklung verantwortlich. Aber sehr wahrscheinlich werden wir nie genügend über diese vergangenen Geschichtsepochen wissen, um genau zu spezifizieren, welches diese Bedingungen waren, und um zu erklären, warum sie diese Wirkung hatten.

Auf der anderen Seite gehört das indische Kastensystem zu einer umfangreichen Menge von Strukturen, die wir Statussysteme nennen. Solche Statussysteme kommen in allen Gesellschaften und in der Tat auch in vielen Kleingruppen vor. Auf der subgesellschaftlichen Ebene sehen wir es in neuen Organisationen und neuen Gruppen immerzu entstehen. Dasselbe gilt auch für andere Aspekte der Sozialstruktur: Normen, Konformität, Macht, Einfluß, Kooperation. So mögen sich die spezifischen Normen, die in einer bestimmten Gruppe und in einer Gesellschaft entstehen, unterscheiden, der Prozeß der Normbildung findet indessen überall statt. Und das gilt auch für andere fundamentale soziale Prozesse. Wie diese fundamentalen Prozesse zusammenwirken, sich umgruppieren, um spezifische Strukturen bestimmter Gesellschaften zu bilden, mögen wir möglicherweise immer nur innerhalb großer Unsicherheitsbereiche erklären können. Die fundamentalen Prozesse selbst aber können wir sehr wohl erklären.

Wir werden sie deshalb erklären können, weil wir dazu kein geschichtliches Wissen benötigen. Wir können sie hier und heute beobachten, und im Falle von Kleingruppen können wir sie sehr detailliert erfassen. Vielleicht können wir sie auch bei einer bestimmten Anzahl von Gesellschaften beobachten. Wir können sie sogar experimentell manipulieren. Das Statussystem in einer Kleingruppe wird sich vom indischen Kastensystem sicher unterscheiden, aber in beiden Fällen sind Machtunterschiede mit Statusunterschieden verbunden. Wenn wir in Kleingruppen die Machtunterschiede manipulieren können, und daraufhin die entsprechenden Statusunterschiede feststellen können, die sich daraus entwickeln, dann können wir schlecht daran zweifeln, daß wir einen der Prozesse reproduziert haben, die in viel größerem Umfang, über Jahrhunderte hinweg und mit vielen Komplikationen das indische Kastensystem erzeugten. Vielleicht sind wir sogar in der Lage, experimentell verschiedene Arten von Statussystemen zu schaffen, von hochdifferenzierten bis zu relativ undifferenzierten.

Wenn wir bei unseren Manipulationen und bei der Vorhersage ihrer Resultate die Prinzipien einer verhaltenstheoretischen Psychologie benutzen, so werden wir sicherlich zeigen können, daß im besonderen keine Hypothesen über Gruppen nötig sein werden, um die Emergenz und Aufrechterhaltung sozialer Strukturen zu erklären. Wenn wir solche Vorhersagen machen, werden wir uns freilich mit komplizierten interaktionellen Effekten beschäftigen müssen, aber die Computertechnik ist gerade rechtzeitig entwickelt worden, um uns bei der Lösung solcher Probleme in nie gekanntem Umfange behilflich zu sein. Der Computer ist wie geschaffen, um solche synthetischen Probleme zu lösen.

Die Mängel der Sozialpsychologie

In Anbetracht der Tatsache, daß schließlich Psychologen die Verhaltenstheorie geschaffen haben, erscheint es seltsam, in wie geringem Maße sie sich bemüht haben, diese Verhaltenspsychologie auf soziales Verhalten anzuwenden. Das Versäumnis ist ein zweifaches. Auf der einen Seite ist da ein Psychologe wie B. F. Skinner, ein Behaviorist, wie er im Buche steht, der, wenn er seine Ergebnisse vom Verhalten von Tauben auf menschliches Verhalten überträgt, sich sofort auf eine reichlich impressionistische Diskussion über Dinge wie Regierung und Religion einläßt, d. h. auf außerordentlich komplexe Sachverhalte, die eine lange Geschichte hinter sich haben[12]. Man hätte sich denken können, daß eine bessere Strategie darin bestanden hätte, den Anwendungsbereich verhaltenstheoretischer Prinzipien systematisch auszudehnen, um deren Implikationen für einfachere soziale Situationen freizulegen, wie z. B. bei Interaktionen in kleinen Gruppen. Bei Skinner wiegt dieses Versäumnis schwer. Hätte Skinner jemals versucht, eine solche experimentelle Gemeinschaft aufzubauen, wie er sie fiktiv in seinem Buch ›Walden Two‹ beschreibt, dann hätte sich herausgestellt, daß sie durchaus nicht in der Weise funktioniert hätte, wie sich Skinner das offensichtlich vorzustellen scheint. Der Grund dafür würde in den Implikationen liegen, die seine eigenen Prinzipien, wollte man sie auf eine solche Gemeinschaft anwenden, haben würden. So implizieren seine eigenen Ergebnisse, daß Statusunterschiede entstehen werden, was einige Probleme mit sich bringen dürfte.

Auf der anderen Seite sind da Psychologen, die sich selbst Sozialpsychologen nennen. Sie kommen für gewöhnlich von der ›weichen‹

Seite der Psychologie und finden eine solch nüchterne Doktrin wie die Verhaltenstheorie unsympathisch, wobei sie insgeheim unterstellen, daß diese Psychologie für die Erklärung sozialer Phänomene irgendwie untauglich sei, ohne jemals öffentlich klarzulegen, welche allgemeinen ›sozialen‹ Hypothesen sie hinzufügen würden. Im Gegensatz zu Skinner erforschen sie faktisch Interaktionen in kleinen Gruppen, aber wenn sie versuchen, ihren Ergebnissen theoretisch Rechnung zu tragen, dann lassen sie die behavioristischen Hypothesen entweder implizit, oder vernachlässigen sie absichtlich. Die Ergebnisse in einem sehr aktiven Gebiet, der sogenannten ›Gleichgewichtstheorie‹, sind ohne Rest aus der Verhaltenspsychologie erklärbar, und die Einheitlichkeit der Psychologie würde an Stärke gewinnen, wenn man sie derart erklären wollte[13]. Um ein anderes Beispiel anzuführen: Thibaut und Kelley versuchen, gewisse Gruppenmerkmale zu erklären, wobei sie sorgsam das ignorieren, was sie ›sequenzielle Wirkung‹ nennen[14]. Aber diese Effekte sind nichts anderes als die Wirkungen vergangenen Verhaltens, sein Erfolg und der Wert von Belohnungen, die es einbrachte, auf gegenwärtiges Verhalten. Wenn man sie vernachlässigt, dann unterschlägt man gerade den wesentlichen Kern der verhaltenstheoretischen Psychologie, und man vergibt dadurch die Möglichkeit, einige der wichtigsten Merkmale sozialen Verhaltens zu erklären.

Das Problem, vermittels behavioristischer Prinzipien das Wirken grundlegender sozialer Prozesse und deren Verflechtungen untereinander unter besonderen Umständen zu erklären und vorherzusagen, bildet das Kernstück der Sozialwissenschaften. Daß sich Psychologen offenbar nicht damit beschäftigen wollen, bildet die Chance der Soziologen.

Einige grundlegende Kategorien einer Handlungstheorie*

T. Parsons

1. Einleitung

Sozialwissenschaftliche Theorie sollte drei Funktionen erfüllen. Einmal sollte sie helfen, das vorhandene Wissen konkret zu kodifizieren. Dies kann durch die Bereitstellung allgemeiner Hypothesen geschehen, die in der Lage sind, existierende Fakten und Einsichten zu reformulieren, durch die Freilegung der hypothetischen Implikationen und die Vereinheitlichung einzelner Beobachtungen durch generelle Begriffe. Durch eine solche Kodifikation wird die generelle Theorie in den Sozialwissenschaften den Prozeß eines kumulativen Erkenntnisfortschrittes fördern. Indem sie uns auf die Verbindungen zwischen den unterschiedlichen Wissensbereichen aufmerksam macht, die bislang nur in verstreuter und fragmentarischer Form vorliegen, kann diese generelle Theorie unser Augenmerk auf jene Punkte richten helfen, wo weitere Arbeit getan werden muß.

Zum weiteren sollte eine generelle sozialwissenschaftliche Theorie die empirische Forschung anleiten. Durch theoretische Kodifikation befähigt sie uns, die Grenzen unseres Wissens bzw. Nichtwissens genauer zu lokalisieren und zu definieren. Kodifikation erleichtert entsprechend die Selektion von Problemen, obgleich dies freilich nicht die einzige sinnvolle Technik darstellt, Probleme für fruchtbare Forschungen auszuwählen. Darüber hinausgehend sollte eine generelle Theorie Hypothesen zur Verfügung stellen, die bei der Untersuchung dieser Probleme angewendet und getestet werden sollten. Wenn Forschungsprobleme im Rahmen systematisch abgeleiteter Hypothesen formuliert sind, werden solche Aussagen ihrerseits dazu beitragen, die Theorie selber entweder zu bestätigen oder gegebenenfalls einer Revision zu unterziehen.

Zum dritten wird eine generelle Theorie als Ausgangspunkt für spezialisierte Arbeiten in den Sozialwissenschaften die Kontrolle vorurteilshafter Beobachtung und Interpretation erleichtern, die derzeitig durch die Trennung von Forschung und Lehre begünstigt werden.

* T. Parsons, Some fundamental categories of the theory of action, in: T. Parsons; E. A. Shils (eds): Toward a general theory of action, © 1951 by President & Fellows of Harvard College, New York 1962, S. 4–27. Mit freundlicher Genehmigung des Autors und des Verlages Harper & Row. Übersetzt von Michael Schmid.

Die nachfolgenden Feststellungen geben nicht vor, selbst diese generelle Theorie darzustellen, die diese drei Funktionen adäquat erfüllen soll. Sie stellen eher die Formulierung gewisser fundamentaler Kategorien dar, die bei der Ausgestaltung dieser Theorie zu berücksichtigen sein werden. Die Theorie selbst entwickelt sich seit vielen Jahren aus der Konvergenz von Sozialanthropologie, Lerntheorie, der psychoanalytischen Theorie der Persönlichkeit, der ökonomischen Theorie und dem Studium der modernen Sozialstruktur.

2. Der Bezugsrahmen der Handlungstheorie

Die Diskussion soll hier beginnen mit einer Darlegung der fundamentalen Begriffe, von denen aus ein einheitliches Begriffsschema für Theorie und Forschung in den Sozialwissenschaften entwickelt werden soll. In Übereinstimmung mit einem bereits verbreiteten Sprachgebrauch wollen wir diese Begriffe als ›handlungstheoretischen Bezugsrahmen‹ bezeichnen.

Orientierung und Situation

Für die Handlungstheorie besteht der Bezugspunkt aller terminologischen Festlegungen in der Handlung eines individuellen Aktors oder eines Kollektivs von Aktoren. Natürlich sind alle individuellen Aktoren von einem bestimmten Blickwinkel her gesehen physiologische Organismen, Handlungskollektive setzen sich aus individuellen Aktoren zusammen, die in gleicher Weise physiologische Organismen darstellen. Das Interesse der Handlungstheorie richtet sich indessen nicht auf die physiologischen Prozesse, die sich innerhalb von Organismen abspielen, sondern vielmehr auf die Organisation der situationalen Orientierungen von Handelnden. Wenn sich die Begriffe auf ein Kollektiv als Handlungseinheit beziehen, so soll das nicht derart verstanden werden, als bezögen sie sich auf alle Handlungen der Individuen, aus denen sich die Mitglieder des Kollektivs zusammensetzen, sondern nur auf die Handlungen, die sie als Mitglieder eines solchen Kollektivs ausführen. Ob nun die Handlungseinheit eine einzelne Person oder ein Kollektiv umfaßt, wir werden bei der Beschreibung von Handlungen in jedem Falle von der ›Handlungsorientierung‹ der Aktoren sprechen. Der Begriff ›Motivation‹ kann im strikten Sinne nur im Zusammenhang mit individuellen Aktoren verwendet werden. Die motivationalen Elemente kollektiver Handlungen stellen organisierte Motivationssysteme der relevanten individuellen Aktoren dar. Eine Handlung besitzt dann eine Orientierung, wenn sie durch die Bedeutung geleitet ist, die der Handelnde ihr im Zusammenhang mit seinen Zielen und Interessen zuweist.

Jede Handlungsorientierung impliziert ihrerseits eine Klasse[1] von *Orientierungsobjekten.* Diese Orientierungsobjekte sind für eine Handlungssituation deshalb von Wichtigkeit, weil sie alternative Möglichkeiten oder Beschränkungen für die Art der Bedürfnis- oder Zielgratifikation eines Aktors oder von Aktoren darstellen[2]. Eine Handlungssituation stellt zwei unterschiedliche Klassen von Objekten zur Verfügung, an denen sich ein Aktor orientieren kann: (1) die nicht-sozialen Objekte, d. h. physische Objekte oder akkumulierte kulturelle Ressourcen, (2) soziale Objekte, d. h. individuelle Aktoren oder Kollektive. ›Soziale Objekte‹ umfassen die Persönlichkeit des Handelnden selbst ebenso wie die Persönlichkeit anderer Individuen. Dreht es sich bei diesen Objekten um Kollektive, so bilden die Sektoren des Handlungssystems einer Mehrzahl von Individuen ein System, das dem betrachteten individuellen Aktor als Orientierungsobjekt dient. Eine spezifische Auswahlkombination bezüglich solcher Objekte, die sich aus den Auswahlmöglichkeiten einer spezifischen Situation ergeben, konstituiert eine Handlungsorientierung für einen bestimmten Aktor. Die organisierte Pluralität solcher Handlungsorientierungen stellt ein Handlungssystem dar[3].

Die Handlungsorientierung bezüglich solcher Objekte impliziert Selektion und möglicherweise Auswahl. Selektion ist möglich durch *kognitive* Diskriminierungen, durch die Verortung und Charakterisierung der Objekte, die simultan oder sukzessiv in ihrem positiven oder negativen Wert erfahren werden, den sie für den Handelnden gewinnen können. Eine solche Bewertung erhalten sie gemäß ihrer Bedeutung für die Triebbefriedigung[4] und gemäß ihrer motivationalen Organisation. Diese Tendenz, positiv oder negativ auf Objekte zu reagieren, werden wir als ›kathektische Orientierung‹ bezeichnen. Kathexis, d. h. die Bindung an belohnende Objekte und die Ablehnung schädlicher Objekte, liegt dem selektiven Charakter von Handlung zu Grunde[5]. Da darüber hinaus Selektion zwischen verschiedenen alternativen Objekten und Gratifikationen zu einem bestimmten Zeitpunkt oder während eines bestimmten Zeitverlaufs stattfinden muß, werden bestimmte Bewertungskriterien (evaluative criteria) benötigt. Die Tendenz von Organismen, einen Zustand der Integration zu erreichen, erfordert die Einschätzung unmittelbar wahrgenommener Objekte und kathektischer Interessen und deren Vergleich, wobei die entfernteren Konsequenzen für die umfassendere Bewertungseinheit beurteilt werden. *›Bewertung‹* (evaluation) setzt entweder kognitive Standards der Wahrhaftigkeit, Wertungsstandards der Angemessenheit oder moralische Standards der Richtigkeit voraus. Sowohl die motivationalen Orientierungen wie die Wertorientierungen umreißen die Bahnen, in denen sich Unterscheiden, Testen, Einteilen und Auswählen vollziehen kann. Kurz: sie stellen die Deskriptionskategorien auf der elementarsten Ebene, nämlich: der Handlungsorientierung, dar, die als eine Selektion zwischen Alternativen begriffen werden muß.

Es ist wesentlich, darauf hinzuweisen, daß sich die Beschreibung eines Handlungssystems nicht nur auf die besondere Orientierungskonstellation und die tatsächlich ausgewählte Menge der Objekte beziehen darf, sondern die Objektmengen mitumfassen muß, die zum Gegenstand von Selektionen hätten werden können, faktisch aber nicht ausgewählt wurden. Wir sind mit anderen Worten nicht nur damit befaßt, wie ein Handelnder seine Handlungssituation faktisch einschätzt, sondern auch damit, wie er sie hätte sehen können. Die Berücksichtigung dieses Sachverhaltes ist für die Ausarbeitung einer dynamischen Handlungstheorie notwendig, die erklären soll, warum eher die eine Alternative gewählt wurde als die andere.

Der Bereich der Alternativen von Handlungsorientierungen ist begrenzt. Dies ist bestimmt durch die Beziehung des Handelnden zu seiner Handlungssituation und leitet sich letztlich ab aus bestimmten generellen Eigenschaften des Organismus und der Natur der Objekte, die mit solchen Organismen in Beziehung stehen. Der beschränkte Bereich von Alternativen, die einer Selektion offenstehen, bezeichnet die Grenzen, innerhalb derer Variationen möglich sind.

Deskriptive und dynamische Analyse

Die vollständige Analyse eines Handlungssystems müßte sowohl die Zustandsbeschreibung des Systems zu einem gegebenen Zeitpunkt umfassen wie die Wandlungen innerhalb des Systems in einem bestimmten Zeitbereich, worunter auch die Veränderungen in den Beziehungen zwischen den konstituierenden Variablen verstanden werden müßten. Diese dynamische Analyse würde den Handlungs*prozeß* thematisieren und ist das eigentliche Ziel von Begriffsbildung und Theoriekonstruktion. Aber es ist sicher unökonomisch, die Veränderungen der Variablen des Systems zu beschreiben, bevor diese Variablen selbst nicht isoliert und erfaßt wurden. Sinnvollerweise werden zunächst die spezifischen Variablenkombinationen untersucht, um erst von diesem fixierten Ausgangspunkt die Kombinationsveränderungen zu beschreiben. Es sollte entsprechend verständlich sein, daß die Beschreibung der Handlungsorientierungen innerhalb eines gegebenen Systems der Zustandsbeschreibung dieses Systems zu einem bestimmten Zeitpunkt gleichkommt.

Die Variablen, auf die sich die Analyse gegebener Orientierungen beziehen, sind indessen dieselben, mit denen sich die Analyse der Prozesse beschäftigt, die ein Orientierungssystem eher als ein anderes aufrechterhalten. Dieselben Variablen sind auch Gegenstand der Analyse jener Prozesse, in denen durch Verschiebung der Werte der Variablen eine Orientierung durch eine andere abgelöst wird. Es besteht entsprechend kein Unterschied zwischen den Variablen, die in der Zustandsbeschreibung des Systems Verwendung finden, und jenen, die der Prozeßanalyse zugrunde liegen. Eine Differenz liegt allenfalls im verschiedenartigen Gebrauch derselben Variablen.

Persönlichkeit, Sozialsystem und Kultur

Der handlungstheoretische Bezugsrahmen ist im Prinzip bei jedem Handlungssegment oder jedem Handlungsprozeß eines jeglichen komplexen Organismus anwendbar. In besonderer Weise indessen ist das vorgeschlagene Begriffsschema menschlichem Handeln angemessen. Bei der Beschäftigung mit menschlichen Handlungssystemen bietet sich eine dreifache Aufgliederung an. Zuerst wird die Handlungsorientierung eines *jeglichen* gegebenen Handelnden und die entsprechenden motivationalen Prozesse als ein differenziertes und integriertes System aufgefaßt. Dieses System kann man ›*Persönlichkeit*‹ nennen, was definiert werden soll als ein organisiertes System von Handlungsorientierung und -motivation eines individuellen *Aktors*[6]. Zum zweiten stellt das Handeln einer Mehrzahl von Aktoren in einer gemeinsamen Handlungssituation einen Interaktionsprozeß dar, dessen Eigenschaften in einem definitiven, aber begrenzten Umfange unabhängig sind von jeder vorgängigen gemeinsamen Kultur. Auch die Interaktionen sind als differenzierte und integrierte vorzustellen und bilden als solche ein Sozialsystem. Das Sozialsystem besteht natürlich aus den Beziehungen zwischen Individuen, aber als System ist es eher um die Probleme organisiert, die der sozialen Interaktion einer Mehrzahl individueller Aktoren entstammen, als um die Probleme, die sich in Verbindung mit der Integration der Handlungen eines individuellen Aktors ergeben mögen, der seinerseits als ein physiologischer Organismus aufgefaßt werden kann. Persönlichkeit und Sozialsystem sind eng miteinander verflochten, aber sie sind weder identisch, noch ist das eine durch das andere explizierbar; das Sozialsystem ist nicht einfach eine Vielzahl von Persönlichkeiten. Und endlich haben Kultursysteme ihre eigenen Formen und Integrationsprobleme, die weder auf die der Persönlichkeitssysteme oder Sozialsysteme oder auf beide reduziert werden können. Die kulturelle Tradition muß zwar in ihrer Bedeutung sowohl als *Objekt* der Orientierung wie als *Element* eben dieser Handlungsorientierungen begrifflich und empirisch in Zusammenhang mit den Persönlichkeits- und Sozialsystemen artikuliert werden. Unabhängig von ihrer Verkörperung in den Orientierungssystemen konkreter Aktoren, ist Kultur, wenngleich sie als eine Menge von Artefakten und als ein System von Symbolen existiert, selbst nicht als ein Handlungssystem organisiert. Entsprechend liegt das Kultursystem nicht auf derselben Ebene wie die Persönlichkeits- und Sozialsysteme.

Konkrete Handlungssysteme, d. h. Persönlichkeits- und Sozialsysteme, besitzen psychologische, soziale und kulturelle Aspekte. Zum einen muß der Systemzustand im Rahmen motivationaler Eigenschaften individueller Aktoren charakterisiert werden. Die Beschreibung eines Handlungssystems muß die Kategorien motivationaler Orientierung: Kognition, Kathexis und Bewertung, benutzen. In gleicher Weise muß die Beschreibung eines Handlungssystems im Rahmen der Eigenschaften eines Interaktionssystems von zwei oder mehr Individuen oder kollektiven Aktoren erfolgen – dies entspricht dem sozialen Aspekt –, und sie muß die Bedingungen festhalten, die die Interaktion den partizipierenden Aktoren auferlegt. Diese Beschreibung muß ebenso die kulturelle Tradition als Objekt der Orientierung in Rechnung stellen, sei es als kulturelles Muster oder als internalisierte Muster kognitiver Erwartungen oder kathektisch-werthafte Selektion zwischen möglichen Orientierungen, die für das Persönlichkeitssystem wie für das Sozialsystem von zentraler Bedeutung sind.

Kulturelle Elemente können in ihrer Beziehung zu Handlungssystemen in zweifacher Weise klassifiziert werden. Einmal kann man sie entsprechend ihrer Bedeutung differenzieren, die sie für die Art und Weise der motivationalen Orientierung gewinnen können. Zweitens können Kulturmuster als Objekte der Handlungssituation unterschieden werden von Kulturmustern als internalisierte Komponenten der Orientierungssysteme von Aktoren. Beide Klassifikationen überkreuzen sich.

Bezüglich der ersten Klassifikationsart kann man sinnvollerweise folgende drei Teilmengen kultureller Muster unterscheiden. (1) Systeme von Ideen und Vorstellungen (beliefs). Obwohl Kathexis und Bewertungen als Orientierungskomponenten immer vorhanden sind, sind diese Kultursysteme doch durch ein Primat kognitiver Interessen bestimmt. (2) Systeme expressiver Symbole; z. B. Kunstformen und Stilarten. Diese Systeme sind durch ein Vorherrschen kathektischer Interessen charakterisiert. (3) Systeme von Wertorientierungen. Hier liegt das vordringliche Interesse auf einer Bewertung von Alternativen unter dem Gesichtspunkt ihrer Konsequenzen und Implikationen für ein Handlungssystem oder eines seiner Subsysteme.

Im Zusammenhang mit der zweiten Klassifikation ist es offenkundig, daß Kulturmuster oftmals Orientierungsobjekte im selben

Sinne sind wie andere Typen von Objekten[7]. Der Handelnde kennt ihre Eigenschaften (z. B. versteht er eine Idee); er reagiert auf sie (d. h., er wird von ihnen angezogen oder abgestoßen); und er bewertet sie. Unter Umständen aber ändert sich die Art dieser Beziehung. Und was vormals ein Orientierungsobjekt war, wird nunmehr unter Umständen zum konstitutiven Teil des Handelnden selbst. Wenn er z. B. eine moralische Regel nicht verletzen kann, ohne heftige Schuldgefühle zu empfinden, so dient diese Regel als ein konstitutiver Teil seines Orientierungssystems; sie ist Teil seiner Persönlichkeit. Wenn dies geschieht, so wurde ein kulturelles Muster internalisiert ...

3. Einige Grundlagen der Verhaltenspsychologie

Bedürfnisse und Verhaltensorganisationen

Einige psychologische Theorien haben den Ausgangspunkt der Verhaltensorganisation in die Konstitution des Organismus selbst verlegt. Dies geschah durch irgendeine Version der ›Instinkttheorie‹. Diese Versuche sind fortwährend durch den Nachweis der Plastizität von Organismen und der entsprechenden Bedeutung von Lernvorgängen in Frage gestellt worden, vor allem durch die soziologische und sozialanthropologische Entdeckung kultureller Relativität.

In jedem Fall sollte man mit seinen Annahmen über die konstitutionellen Organisationsbedingungen von Verhaltenstendenzen sparsam umgehen. Es gibt sicherlich ein System von Grundbedürfnissen, die ihre Wurzel im Austausch des physiologischen Organismus mit seiner Umgebung haben. Einige dieser Bedürfnisse sind in hohem Maße spezifisch: so das Bedürfnis nach Nahrung, die Bedürfnisse nach Schlaf und zu atmen etc. Das Objekt, das konstitutionell am ehesten für die Kathexis eines Grundbedürfnisses geeignet ist, ist jedoch selten absolut spezifisch. Auf der anderen Seite aber hat der Variabilitätsbereich, der einer handelnden Beeinflussung oder einer kulturellen Definition offensteht, immer seine Grenzen. Unter den Bedürfnissen, die von zentraler Wichtigkeit für Handlung sind, ist indessen der Grad der Spezifizität im Unterschied zu Gratifikationen gewöhnlich gering. Generell können die Objekte und die Art der Gratifikation eines jeden konstitutionell gegebenen Bedürfnisses in weitem Umfang variieren. Über die Grundbedürfnisse hinaus scheint es bestimmte Bedürfnisse nach ›sozialen Beziehungen‹ zu geben. Diese können nun konstitutionell vorgegeben oder bei indirekter Notwendigkeit für die Gratifikation der Grundbedürfnisse abgeleitet sein, wobei sie in der Folge eine Art Autonomie gewinnen.

Man kann deshalb annehmen, daß diese Bedürfnisse, obgleich sie ursprünglich durch physiologische Prozesse organisiert waren, nicht die Eigenschaften besitzen, die es diesen physiologischen Prozessen erlauben, die Organisation von Handlung gänzlich zu determinieren. Die Richtung und Art, in denen diese Bedürfnisse Handlung bestimmen können, ist mit anderen Worten durch den Einfluß der Handlungssituation modifizierbar. Mehr noch, die Bedürfnisse selbst können modifiziert werden. Zumindest ist ihr Einfluß auf Handlung modifizierbar, indem sie in Bedürfnis-Dispositionen (need-dispositions) eingebettet werden. Wenn die Grundbedürfnisse auch ursprünglich physiologisch verankert sind, so besitzen sie doch eine Eigenschaft, die sie auch dann beibehalten, wenn sie sich zu einem System von Bedürfnis-Dispositionen weiterentwickeln. Sie sind von vornherein auf der Dimension positiv-negativ organisiert, d. h., sie diskriminieren zwischen den bedürfnisbefriedigenden und bedürfnishemmenden oder bedürfnisdeprivierenden Aspekten[8] der Orientierungsobjekte in den betreffenden Handlungssituationen. Diese Diskriminierung ist der Ausgangspunkt für weitere Entfaltung von Bedürfnis-Dispositionen[9], mit unterschiedlichen Spezifizierungsgraden. Neben den spezifischen Grundbedürfnissen und der weiteren Diskriminierung zwischen Gratifikation und Deprivation besitzt der menschliche Organismus eine konstitutionelle Fähigkeit, auf Objekte, in besonderem Maße Menschen, zu reagieren, ohne daß diese Reaktion in irgendeiner Weise physiologisch festgelegt wäre. Man kann diese Reaktionsfähigkeit mit der Befähigung vergleichen, eine Sprache zu erlernen, die mit Sicherheit nicht auf eine bestimmte Sprache eingeschränkt ist und möglicherweise überhaupt nicht aktiviert wird, wenn ein Individuum nicht mit Sprache konfrontiert wird. Der menschliche Organismus besitzt eine »Sensitivität« gegenüber Objekten, eine Fähigkeit, sie als Objekte in sehr unterschiedlicher Weise kathektisch zu beurteilen, je nach Orientierungs- und Situationszusammenhang.

Diese Sensitivität kann sich auch auf nicht-soziale Objekte ausdehnen, gewinnt aber insbesondere in *Interaktions*zusammenhängen besondere Bedeutung. Mehr noch, diese Sensitivität ist in besonderem Maße empfänglich für Erfahrungen aus interaktiven Beziehungen. Auf der einen Seite fördert belohnende Erfahrung die Tendenz, positive Neigungen auszubilden, Deprivationen auf der anderen Seite disponieren einen Handelnden zu Fluchtreaktionen, Eskapismus oder Aggression, zu einer Tendenz, solche Objekte zu meiden oder in ihrem Wert herabzusetzen, um die deprivationalen Effekte seiner Handlungen zu kontrollieren oder ihnen von vorneherein entgegenzuwirken.

Kognitive und kathektische Orientierung in der Handlungsorganisation

Der handelnde Organismus ist durch Triebe und Bedürfnisse gegenüber sozialen wie nicht-sozialen Objekten in zweifacher Weise wesentlich orientiert. Beide Aspekte erscheinen immer gleichzeitig und sind untrennbar miteinander verbunden. Einmal bewertet er bestimmte Objekte oder Objektklassen kathektisch, indem er diesen eine Bedeutung für die Deprivation oder Gratifikation seiner Bedürfnisse zuweist. Er kann sich an ein Objekt binden, weil es für ihn eine Quelle der Belohnung darstellt[10], oder aber sich abgestoßen fühlen, weil es als eine Quelle von Deprivation erscheint. Zum zweiten erfaßt er das Objektfeld kognitiv, indem er zwischen verschiedenen Objekten diskriminiert oder deren Eigenschaften auf andere Weise beurteilt. Nur wenn der Handelnde die Relationen der Objekte untereinander und zu seinen eigenen Bedürfnissen kennt, kann sich sein Verhalten auf der kathektisch-kognitiven Dimension organisieren.

Für den Bereich motivationaler Orientierung ist somit die Unterscheidung zwischen kognitiven und kathektischen Objekten wesentlich. Wenn sich diese Diskriminierungen in stabiler Weise organisieren, bilden sie ein Orientierungssystem. Der Handelnde wählt zwischen kulturell festgelegten Wahlmöglichkeiten aus oder ist auf eine solche Auswahl verpflichtet, indem er deren Gratifikationsfähigkeiten in Betracht zieht. Die einfachste Form dieser Auswahl stellen vielleicht Anerkennung und Ablehnung dar.

Die kathektisch-kognitive Orientierung gegenüber der Objektwelt impliziert für jedes überdauernde Verhaltenssystem immer die *Erwartungen*, daß bestimmte Objekte oder Objektklassen einen belohnenden oder deprivierenden Charakter haben werden. Handlung umfaßt nicht nur Diskriminierung und Selektion zwischen unmittelbar präsenten Objekten und die direkt darauf folgende Anerkennung oder Ablehnung, sie impliziert vielmehr eine Orientierung auf *zukünftige* Ereignisse unter dem Gesichtspunkt ihrer Bedeutung für Gratifikationen oder Deprivationen. Die Unterscheidung zwischen unmittelbar zugänglichen und zukünftigen Gratifikationen und die Abwägung ihres relativen Wertes stellt einen wesentlichen Handlungsaspekt dar.

Erwartungen und Bewertungen

Wenn es alternative Gratifikationsmöglichkeiten in einer vorhandenen Handlungssituation und Alternativen zwischen gegenwärtigen und erwarteten Situationen gibt, dann müssen dem Handelnden Mittel zur Verfügung stehen, die Entscheidungen darüber erlauben,

welchen Alternativen oder Alternativkombinationen er folgen soll. Der Prozeß des Entscheidens zwischen Alternativen, ihrer Beurteilung im Lichte ihrer verzweigten Konsequenzen, kann *›Bewertung‹* (Evaluation) genannt werden. ›Bewertung‹ ist der komplexere Selektionsprozeß, der sich auf der Dimension kathektisch-kognitiver Orientierung aufbaut.
Man kann Handlungen in sehr unterschiedlicher Weise mit erwarteten Ereignissen in Beziehung setzen. Eine der wichtigsten Unterscheidungen ist die zwischen Aktivität und Passivität. Einerseits kann der Aktor in *aktiver Weise* Objekte aussuchen und sie im Interesse seiner Ziele beeinflussen[11], oder er mag die Situation daraufhin untersuchen, ob sich nicht bislang unerkannte Möglichkeiten ergeben mögen. Auf der anderen Seite kann er *passiv* der erwarteten Situationen entgegensehen und sein Interesse an den positiv bewerteten, aber noch unerreichten Zielen hintan stellen. (Passive und aktive Elemente können in den unterschiedlichsten Arten und Weisen kombiniert werden. So mag man sich aktiv bemühen, einer Situation zu entkommen, die man für bedrohlich hält, oder man kann versuchen, die Hilfe anderer zu gewinnen, um einer Bedrohung zu begegnen.)

Lernen

An dieser Stelle gewinnt das Lernen[12] für die Entwicklung des Bezugsrahmens der Handlungstheorie an Bedeutung. Lernen ist nicht einfach der Erwerb von Information (etwa spezifische Einzelheiten kognitiver Orientierung) über die Eigenschaften der Objektwelt, Lernen erfaßt auch den Erwerb neuer ›Orientierungsmuster‹. Eine gänzlich andere Art des Sehens, Wünschens und Bewertens kann auf diese Weise erworben werden.
Wichtig für das Lernen ist das Auftreten von Generalisierungen[13] im Orientierungssystem handelnder Personen. ›Generalisierung‹ bezeichnet die Art und Weise, in der die Handlungsorientierung bestimmter Aktoren auf solche Objekte übertragen wird, die bisher nicht in den Erfahrungsbereich dieses Aktors gefallen waren. Dies kommt einer Kategorisierung spezifischer, konkreter Objekte seiner Handlungssituationen in generelle Sachverhaltsklassen gleich. Beim Erwerb von Systemen kultureller Symbole stellt Generalisierung den vielleicht wichtigsten Lernmechanismus bereit. Als Bezugsrahmen, als Kommunikationsinhalte und als Brennpunkte gemeinsamer Orientierung müssen kulturelle Muster einen gewissen Grad an Allgemeinheit besitzen, der die Besonderheit aller konkreten Situationen und Erfahrungen übersteigt. Vermittelt durch kognitive Prozesse hat Generalisierung Konsequenzen für die kathektischen Orientierungsaspekte. So ermöglicht Generalisierung beispielsweise

sowohl die kathektische Beurteilung von Objektklassen wie von Einzelobjekten.

Als kognitiver Mechanismus ordnet Generalisierung die Objektwelt und definiert dadurch die Struktur alternativer Entscheidungsmöglichkeiten, die der Handlungsorientierung offenstehen. Die Welt setzt sich in der Erwartung von Aktoren entsprechend aus Objektklassen wie aus Einzelobjekten zusammen, die durch solche Eigenschaften definiert und differenziert werden, welche für die Aktoren bedeutungsvoll werden können. Darüber hinaus kann die Erfahrung mit Gratifikationen und Deprivationen, die aufgrund einzelner Objekte gewonnen wurde, innerhalb der Handlungssituation bestimmter Aktoren auf andere Objekte übertragen werden, die derselben Objektmenge zugehören wie die ursprünglichen Objekte.

Konstitutionelle und erlernte Komponenten generalisierter Bedürfnis-Dispositionen

Angst ist ein Typus generalisierter Erwartung von Deprivationen bezüglich einer Objektmenge, zu der sich der Aktor gleichzeitig hingezogen fühlt. Daneben gibt es eine konstitutionelle Reaktionsbasis gegenüber Gefahr, die für gewöhnlich als ›Furcht‹ bezeichnet wird. Man kann dann von ›Angst‹ sprechen, wenn diese Reaktion auf Gefahr als eine Bedürfnisdisposition generalisiert und organisiert wird, mit dem Ziel, eine umfassende Klasse von Deprivationen zu antizipieren. Ob man diese antizipierte Deprivation der eigenen Unzulänglichkeit, anderen Personen oder den ›Umständen‹ zuzuschreiben bereit ist, stellt eine weitere Differenzierung dar, die in diesem Zusammenhang nicht zu beachten ist. Angstgefühle, die sich möglicherweise aus der Furcht gegenüber einer bestimmten Objektklasse entwickeln, können derartig generalisiert werden, daß sie das gesamte Orientierungssystem einer Persönlichkeit durchdringen. In gleicher Weise kann die Erwartung auf Gratifikation als Optimismus oder als Sicherheitsgefühl generalisiert werden.

Einige Psychologen haben ›Aggressivität‹ als einen Impuls behandelt, der dem Organismus konstitutionell vorgegeben sei[14]. Es ist wahrscheinlich, daß die Disposition, sich bei bestimmten Arten starker Spannung zur Wehr zu setzen, in menschlichen Organismen wenigstens latent vorhanden ist. Diese Disposition ist bei bestimmten Bedingungen aktivierbar, wenn sie nicht durch konfligierende Motive überlagert wird. Indessen bestimmt eine solche angeborene Disposition nicht in irgendeiner simplen Weise die Reaktionen auf Erfahrungen und Erwartungen von Deprivationen. Wenn solche Reaktionen als Teile der Handlungsorientierung organisiert sind, und wenn sie eine Disposition implizieren, die Objekte, die als Ursache der Deprivation angesehen werden, herabzusetzen oder zu zerstören, kann man von ›Aggressivität‹ sprechen. Diese mächtige und fundamentale Disposition kann sehr unterschiedliche Formen annehmen. Sie selbst stellt nur eine mögliche Reaktionsform auf erfahrene Bedrohung dar. Daneben kann man Rückzugs- und Vermeidungsverhalten beobachten oder nur ein einfaches passives Erwarten der Deprivation. Dabei kann die Bedürfnisdisposition Aggressivität sehr wohl mit Handlungen verbunden sein, die offenbar keinen aggressiven Charakter besitzen. Welche dieser Alternativen gewählt wird, hängt vom Vorherrschen integrativer Prädispositionen innerhalb des Persönlichkeitssystems bestimmter Aktoren ab, welches offene aggressive Impulse zugunsten alternativer Handlungen unterbindet. Entsprechend wird Aggressivität im hiesigen Zusammenhang als eine Manifestation innerhalb des organisierten Orientierungssystems von Bedürfnisdispositionen aufgefaßt, ein bestimmtes Objekt aus dem Situationsbereich zu entfernen, in seinem Wert herabzusetzen oder zu zerstören. Die konstitutionelle Fähigkeit, Wut zu empfinden, ist Teil der organisierten Bedürfnisdisposition nach Aggressivität.

Konflikt, Bewertung und motivationale Balance

Der individuelle Handelnde besitzt einen ausgedehnten Satz an Bedürfnisdispositionen, von denen einige aktiviert sind, während andere zur gleichen Zeit nur latent vorhanden sind. Wird die eine Bedürfnisdisposition gratifiziert, so kann dies zum Anlaß werden, eine andere zu aktivieren und umgekehrt. Zwei oder mehr Bedürfnisdispositionen werden oftmals gleichzeitig aktiviert, wobei sie den Handelnden zur Ausführung konfligierender Handlungen drängen, die in dem Sinne miteinander unvereinbar sind, daß die Gratifikation der einen Bedürfnisdisposition der Deprivation der anderen gleichkommt. Ein Handelnder, der versucht, Gratifikationen zu erhalten und Deprivationen zu vermeiden, ist innerhalb kurzer Zeit selten in der Lage, eine festverankerte Bedürfnisdisposition zu beschränken und auszulöschen, selbst wenn ihre Gratifikation ernsthafte Konsequenzen mit sich bringt. Durch einen unbewußten wie bewußten Bewertungsprozeß kann er oftmals eine Art des Kompromisses zwischen konfligierenden Bedürfnisdispositionen erreichen. Wenn ein Aktor zwar versucht, Deprivationen zu vermeiden oder zu minimalisieren, gleichzeitig aber eine bestimmte Handlungssituation einen bestimmten Grad an Deprivation unvermeidbar macht, dann stellt der Kompromiß das beste dar, was in dieser Situation erreichbar ist, und trägt sowohl den Anforderungen der betreffenden Handlungssituation Rechnung wie der eigenen Persönlichkeitsstruktur des Aktors. Oftmals wird er auch Handlungen ausführen, die für sich genommen eine Deprivation bedeuten müssen, die aber doch die umfassendste Balance der Handlungsmöglichkeiten in der entsprechenden Situation darstellen, wenn man das gesamte System seiner Bedürfnisdispositionen betrachtet.

Bislang wurde wenig über die internen Differenzierungen der Objektwelt eines Aktors gesagt, außer daß sie auf der Dimension der Gratifikations- oder Deprivationsmöglichkeiten differenziert sei. Aber selbst auf dieser elementaren Ebene konnte gezeigt werden, welche zentrale Rolle die fundamentalen Orientierungskategorien und deren Derivate, welche Rolle Kognition und Bedürfnis, wertende und instrumentelle Orientierung, Diskriminierung und Auswahl, Lernen und Generalisierung für das Handeln spielen. Wenn alle diese Elemente in einem relativ kohärenten Handlungssystem organisiert sind, dann wird ein stabiler Ausgleich zwischen dem Interesse an erhöhter Gratifikation und minimalisierter Deprivation möglich. Diese Organisation bestünde in einer relativ stabilen, untereinander verbundenen Menge von kognitiven Unterscheidungen und Wahlen, denen als notwendiges Gegenstück ein relativ stabiles System von Erwartungen entspricht.

Interaktion und komplementäre Erwartungen

Vor Eintritt in eine weitere Diskussion über die Organisation des Handlungssystems muß auf eine der Unterscheidungen in der Objektwelt handelnder Aktoren eingegangen werden, die von besonderer Wichtigkeit für deren Gratifikationsinteressen sind. Nur die Gratifikations- und Deprivationsmöglichkeit solcher Objekte selbst ist von noch größerer Bedeutung. Gemeint ist die Unterscheidung von solchen Objekten, die mit einem handelnden Subjekt interagieren[15], und solchen Objekten, die dies nicht tun. Diese interagierenden Objekte sind selbst Aktoren oder Egos[16] mit einem eigenen Handlungssystem. Sie sollen *›soziale Objekte‹* oder *›alter‹* genannt werden. Ein mögliches Objekt, das als Nahrung dienen kann, stellt kein Alter dar, weil es auf die Erwartungen von Ego nicht antworten kann und weil es seinerseits keine Erwartungen in bezug auf Egos Handlungen besitzt; eine andere Person, eine Mutter oder ein Freund etwa, wäre ein ›alter‹ für Ego. Die Behandlung eines anderen Aktors, eines Alter als ein interagierendes Objekt, ist von größter Bedeutung für die Entwicklung und Organisation des Handlungssystems.

Wenn man die Interaktion zwischen einem Ego und einem Alter analysiert, dann verläßt man die Analyse der Handlungsorientierung eines einzelnen Aktors zugunsten der Betrachtung von zwei oder mehreren interagierenden Aktoren, die als ein System angesehen werden. In diesem Fall orientieren sich Egos Erwartungen sowohl an den Alternativen, die den Handlungen Alters in einer gegebenen Situation offenstehen, wie an Alters Handlungsselektionen, die ihrerseits innerhalb des möglichen Handlungsspielraums intentional mit dem in Relation stehen, was Ego tut. Das Umgekehrte gilt für Alter. Ego erwartet nicht, daß das Verhalten eines nicht-sozialen Objekts durch Erwartungen bezüglich seines eigenen Verhaltens beeinflußt ist, wenngleich Egos eigenes Verhalten natürlich durch die Erwartungen beeinflußt wird, die Ego bezüglich des Verhaltens dieses nicht-sozialen Objekts hegt. Genau dieser Sachverhalt, daß Erwartungen auf *beiden* Seiten der Relation zwischen einem gegebenen Aktor und dem Objekt seiner Orientierung vorhanden sind, unterscheidet soziale Interaktion von Orientierung auf nicht-soziale Objekte.

Dieses fundamentale Phänomen kann man als die *›Komplementarität der Erwartungen‹* bezeichnen, nicht in dem Sinne einer Identität zwischen den beiderseitigen Erwartungen, aber doch so, daß die Handlungen eines jeden Aktors sich an den Erwartungen des jeweils anderen Aktors orientieren. Somit kann man Interaktionssysteme nach dem Grade analysieren, in dem Egos Handlungen den Erwartungen Alters entsprechen vice versa. Wir sahen, daß das Handlungssystem eines Aktors an der Polarität von Gratifikation und Deprivation orientiert ist. Soziale Interaktion kompliziert das Bild weiterhin, indem nicht nur den Eigenschaften unmittelbar zugänglicher Objekte eine motivationale Bedeutung beigemessen werden kann, sondern auch Alters Erwartungen in Relation zu Ego. Die kontingenten Reaktionen Alters auf Egos Handlungen kann man *Sanktionen* nennen. Deren Wirksamkeit leitet sich unmittelbar aus dem Belohnungscharakter Alters positiver Reaktionen und dem Bestrafungscharakter negativer Reaktionen Alters für Ego ab. Die Bedeutung dieser sekundären Gratifikationen und Deprivationen für Ego beruht auf zwei Sachverhalten: 1. Jede Bedürfnisdisposition kann direkt oder indirekt durch die Konsequenzen der Reaktionen Alters auf Egos Handlungen belohnt oder depriviert werden. 2. Persönlichkeiten entwickeln Bedürfnisdispositionen für bestimmte Erwiderungen seitens solcher Alter, die unmittelbar signifikante Objekte darstellen, was immer auch die konstitutionelle Basis für diesen Tatbestand darstellen mag. Sie entwickeln mit anderen Worten Bedürfnisse nach Sozialbeziehungen.

Somit sind Sanktionen von zweifacher Bedeutung für Ego. Einmal sind Alters intendierte und vollzogene Handlungen, die Egos objektive Situation verändern können, von direkter Bedeutung für Ego in dem Maß, als sie bestimmte wichtige Aspekte von Egos Handlungssituation kontrollieren können und somit Egos Gratifikationsmöglichkeiten vergrößern oder begrenzen. Daneben entwickelt Ego durch Generalisierung eine Sensitivität für Alters Einstellungen ihm und seinen Handlungen gegenüber, so daß selbst in den Situationen, in denen Alter keine bestimmten Intentionen verfolgt, sich Ego immer noch darum kümmern wird, ob ›alter‹ seine Handlungen billigt oder mißbilligt – ob ›alter‹ Liebe, Feindschaft oder eine andere Einstellung gegenüber Ego hegt.

Somit hat die Betrachtung komplementärer Erwartungen innerhalb des Prozesses menschlicher Interaktion Implikationen für einige der Kategorien, die für die Analyse des Entstehens und Funktionierens kultureller Muster von Wichtigkeit sind. Bei der Analyse von Interaktion ist ein doppelter Zusammenhang zu beachten. Auf der einen Seite hängen Egos Gratifikationen von seiner Selektion unter verfügbaren Alternativen ab. Umgekehrt hängt Alters Reaktion von Egos Selektion ab und wird aus einer entsprechenden Selektion auf Alters Seite resultieren. Wegen dieses doppelten Zusammenhangs kann Kommunikation als Voraussetzung kultureller Muster weder ohne Verallgemeinerung von Eigenheiten spezifischer Handlungssituationen, noch ohne eine bestimmte *Konstanz* an Bedeutung existieren, die ihrerseits durch ›Konventionen‹ abgesichert sein muß, die von beiden Parteien beachtet werden müssen.

Darüber hinaus impliziert dieser doppelte Zusammenhang eine normative Handlungsorientierung, da zu Alters Reaktionen auf Bestrafung und Belohnung noch Alters indirekte oder direkte Verhaltensreaktion gegenüber Egos ursprünglicher Selektion hinzutritt. Wenn Bestrafungen und Belohnungen durch Alter sich wiederholt unter bestimmten Bedingungen manifestieren, dann gewinnen diese Reaktionen für Ego die Form angemessener Konsequenzen für Egos Einhaltung oder Verletzung der Normen eines für Alter und Ego *gemeinsamen symbolischen Systems*. Ein solches gemeinsames Symbolsystem ist ein System von ›Orientierungsweisen‹ plus jener ›externen Symbole‹, die diese Orientierungsweisen kontrollieren. Dieses System ist in das Handlungssystem von Ego und Alter derart eingebaut, daß die externen Symbole für beide ein und dasselbe oder komplementäre Orientierungsmuster hervorbringen. Ein solches System mit seiner gegenseitigen normativen Orientierung ist logischerweise die elementarste Form einer Kultur. Kultur stellt in einer solchen elementaren Sozialbezeichnung wie in umfassenderen Sozialsystemen die Standards (Wertorientierungen) bereit, die in Bewertungsprozessen Verwendung finden. Ohne Kultur in diesem Sinne ist weder der Aufbau einer menschlichen Persönlichkeit noch ein menschliches Sozialsystem möglich.

4. Interaktion und die Entwicklung der Persönlichkeit

Das *interaktive* Element des Handlungssystems erlaubt, in Verbindung mit den Verhaltensvariablen, der enorm komplexen Differenzierung und Organisation des sozialen wie personalen Systems Rechnung zu tragen. Interaktion stellt den Basisprozeß dar für die Ausbildung sowohl des Persönlichkeits- wie des Sozialsystems. Interaktion macht menschliche Kultur erst möglich und verleiht Kultur deren Bedeutung für die Handlungsdetermination.

Sozialisation

Vor der Behandlung des Persönlichkeitssystems soll in aller Kürze die Bedeutung der Interaktion für den Sozialisationsprozeß thematisiert werden. Die Bedürfnisse nach sozialen Beziehungen wurden bereits erwähnt. Besonders im Zustand kindlicher Abhängigkeit gewinnt dieses Bedürfnis sein spezifisches Gewicht. Als Ergebnis dieser Abhängigkeit sind die sozialen Beziehungen, innerhalb derer lebensnotwendige Bedürfnisse befriedigt oder depriviert werden, vielleicht genauso wichtig wie die Befriedigung oder Deprivation dieser Bedürfnisse selbst. Die übermächtige Sensitivität des Kindes gegenüber den Reaktionen signifikanter Erwachsener, besonders den mütterlichen Reaktionen gegenüber, macht neue Frustrationen, ja traumatische Erlebnisse möglich. Das Kind entwickelt das Bedürfnis nach angemessener Einstellung seitens dieser erwachsenen Bezugspersonen. Gerade durch solche neuartigen Bedürfnisse kann sich der Mensch auf einer Ebene organisieren, die die Möglichkeiten von Tieren übersteigen.
Das Erlernen von Verhaltensmustern, die für die Erwachsenenkultur charakteristisch sind, erfordert neue Formen der Generalisierung, die auch Symbole betrifft, die von besonderen Handlungssituationen abstrahieren und sich vermittels der Sprache auf weitere Objektmengen beziehen. Um solche Verallgemeinerungen zu erlernen, müssen die besonderen Bindungen der ersten Entwicklungsphasen überwunden werden. Sie werden durch folgenden Mechanismus ersetzt: das Kind bildet eine soziale Bindung aus, die alle spezifischen Befriedigungen lebenszentraler Bedürfnisse übersteigt. Diese Bindungen ermöglichen es dem Kind, die notwendigen Deprivationen, die aus dem Verzicht auf frühere Gratifikationsarten erwachsen, zu ertragen, und stellen gleichzeitig neue Beziehungen bereit, die immer noch günstige Reaktionen von signifikanten sozialen Objekten erlauben, während es immer schwieriger wird, die gewohnten Gratifikationen weiterhin aufrechtzuerhalten. Diese neu gelernten Generalisationen sind für das Kind dann akzeptabel, wenn es fühlt, daß die Erwachsenen die betreffenden Dinge tun und daß es geliebt wird.
Es besteht dabei eine annähernde Übereinstimmung darüber, daß die Entwicklung von Identifikation[17] mit Erwachsenen einen wesentlichen Mechanismus des Sozialisationsprozesses darstellt, wenn-

gleich die näheren Zusammenhänge noch im dunkeln liegen. Die bedeutungsvollste Charakterisierung von Identifikation ist die kindliche Akzeptierung der Werte von Erwachsenen. Mit anderen Worten, was der Erwachsene für das Kind will, will das Kind für sich selbst. Es bleibt indessen eine offene Frage, in welchem Maße dies für das Kind notwendigerweise die Ausbildung eines idealen Selbstbildes erfordert, in dem es sich in allen Beziehungen als mit den Erwachsenen ähnlich betrachtet.

Die Wertorientierungen und andere Kulturkomponenten werden wie die spezifisch akkumulierten Objekte, die in Form von Fähigkeiten, Wissen und dergleichen die kulturelle Tradition bilden, auf die nächste Generation übertragen. Jedoch werden durch den Prozeß der Sozialisation Erwartungssysteme in Selektionssystemen organisiert, deren Kriterium die unterschiedliche Signifikanz der verschiedenen Alternativen für den Gratifikations-Deprivationsausgleich des Aktors darstellt. Zu sagen, daß ein Handlungssystem einen bestimmten Grad an Stabilität erreicht hat, bedeutet, daß eine gewisse Stabilität und Konsistenz der Selektionsmuster vorhanden ist. Eine solche Stabilität und Konsistenz ist eine unabdingbare Voraussetzung der Entwicklung höherer Formen kulturellen Verhaltens.

Weil das Kind vom Erwachsenen abhängig ist, sind dessen Reaktionsmuster von so zentraler Bedeutung für die Organisation der Selektionsmuster des Kindes. Das Kind orientiert sich an den Wünschen, die sich in den Werten der Erwachsenen verkörpern, und seine Grundbedürfnisse formen sich um zu kulturell organisierten Bedürfnissen derart, daß ihre Befriedigung in einer Weise gesucht wird, die mit der Integration des Kindes in dieses Interaktionssystem kompatibel ist.

Persönlichkeit als ein System

Die Entwicklung des Kindes zu einer ›Persönlichkeit‹ (oder einer Ich-Struktur) kann als der Aufbau eines relativ spezifischen, definiten und konsistenten Systems von Bedürfnisdispositionen angesehen werden, das in Form selektiver Reaktionen auf die Alternativen funktioniert, die sich ihm in seiner Objektsituation darstellen, oder die es sich selbst organisiert, indem es neue Objektsituationen aufsucht und neue Ziele formuliert. Um eine kohärente Beschreibung und Analyse der menschlichen Persönlichkeit als System vorzulegen, benötigt man entsprechend Kategorien und Hypothesen, die sich auf vier Gruppen von Variablen beziehen.

1. Die Grundlagen der Verhaltenspsychologie, wie sie bereits diskutiert wurden: Motivation, die Gratifikations-Deprivations-Balance, primäre Grundbedürfnisse und möglicherweise Bedürfnisse nach

sozialen Beziehungen, Kognition und Lernen und die grundlegenden Mechanismen des kognitiven und kathektisch-evaluativen Lernens und der entsprechenden Anpassungsprozesse. Das letztere impliziert die Untersuchung solcher Lernmechanismen wie Differentiation und Generalisierung, wobei kognitive Interessen vorherrschen, und Verstärkung, Extinktion, Inhibition, Substitution, Identifikation und Imitation, wobei kathektische oder evaluative Interessen von größter Bedeutung sind.

2. Die allokativen Prozesse[18], wodurch die Suche nach Gratifikation zwischen den verschiedenartigen verfügbaren Objekten und die Gratifikationsmöglichkeiten zwischen verschiedenen Bedürfnisdispositionen verteilt werden. Diese Prozesse halten Konflikte und Angst innerhalb der Grenzen, die das Funktionieren des personalen Systems erfordert. Können sie das Funktionieren nicht weiter garantieren, so treten spezielle Mechanismen der Verteidigung und Anpassung in Aktion.

3. Die Verteidigungs- und Anpassungsmechanismen[19], wodurch die unterschiedlichen Komponenten der Bedürfnisdispositionen untereinander als System integriert und auf bestimmte Objekte gerichtet werden.

4. Die Integration verschiedener Bedürfnisdispositionen in eine funktionsfähige Persönlichkeit, die zu gewissen Graden zur Selbstkontrolle und absichtsgeleitetem Verhalten fähig ist. Eine solche funktionsfähige Persönlichkeit kann nicht verstanden werden ohne Bezug auf die relativ unabhängige Subintegration innerhalb der Persönlichkeitsstruktur und die Anpassungsmechanismen, die sie miteinander in Beziehung setzen.

Die konstitutionelle Verankerung der Bedürfnisdispositionen erhält sich ein ganzes Leben hindurch. Aber wegen der Plastizität des menschlichen Organismus bestimmen sie das Verhalten eines Erwachsenen in weit geringerem Maße, als dies bei vielen anderen Spezies der Fall ist. Durch Lernprozesse und Erfahrungen, die in Interaktionen gewonnen werden, wird die konstitutionelle Verankerung der Bedürfnisdispositionen mit den Symbolstrukturen der kulturellen Tradition integriert und bilden damit ein interdependentes System erworbener Bedürfnisdispositionen, wobei diese in zahlreichen Fällen in enger Verbindung stehen zu spezifischen Neigungen gegenüber bestimmten Objekten und zu Systemen von Rollenerwartungen. Im Vergleich zu ihrer physiologischen Grundlage ist die Struktur der menschlichen Persönlichkeit in hohem Maße autonom und sozial vermittelt. Darüber hinaus besitzt die Persönlichkeit zu jedem Zeitpunkt einen hohen Grad an Autonomie gegenüber der sozialen Situation in dem Sinne, daß den Variationen in der sozialen Situation nicht in jedem Falle eine Variation innerhalb des Persönlichkeitssystems entsprechen wird.

Wenn sich einmal ein organisiertes Interaktionssystem zwischen Alter und Ego stabilisiert hat, dann bilden sie reziproke Erwartungen bezüglich der Handlungen und Einstellungen des jeweils anderen Partners aus, die den Kern dessen darstellen, was man als *Rollenerwartungen* bezeichnen kann. Alter etwa erwartet, daß Ego sich innerhalb einer bestimmten Situation in relativ spezifischer Weise oder doch zumindest innerhalb bestimmter Grenzen spezifisch verhält. Die Reaktionen Alters werden je nachdem, ob seine Erwartungen erfüllt wurden oder nicht, verschieden sein. Werden seine Erwartungen erfüllt, wird er entsprechend mit Belohnungen und/oder positiver Einstellung reagieren, in umgekehrter Weise, wenn er seine Erwartungen nicht erfüllt sieht. Alters Reaktion wird ihrerseits durch Ego sinnhaft interpretiert (was nicht heißen muß, daß dies korrekt geschieht – Verzerrungen sind möglich und recht häufig), und diese Interpretation spielt bei der Gestaltung des nächsten Schritts im Handlungsprozeß mit Alter nun ihrerseits eine Rolle (das Ganze trifft auch im umgekehrten Sinne zu). Die Erwartungsmuster vieler Alter, was oft in generalisierender Weise alle jene mitumfaßt, die sich im selben Status wie Ego befinden, konstituieren ein soziales System der institutionalisierten[20] Rollendefinition von Ego in spezifischen interaktiven Situationen.

Egos System an Bedürfnisdispositionen mag ihn nun prädisponieren, diesen Erwartungen zu entsprechen oder nicht. Natürlich gibt es viele komplexe Variationsmöglichkeiten: von der Disposition zu völliger Konformität bis hin zur drastischen Entfremdung, d. h. die Neigung, Konformität zu vermeiden, sich aus der Interaktionsbeziehung zurückzuziehen oder zu rebellieren und aufzubegehren. In gleicher Weise gibt es zahlreiche komplexe Möglichkeiten der Anpassung zwischen der Disposition, den betreffenden Erwartungen nicht zu entsprechen, in unterschiedlicher Weise und unterschiedlichem Grade, und dem Interesse daran, die Sanktionen zu meiden, die durch nichtkonformes Verhalten hervorgerufen sein mögen.

Darüber hinaus erschöpfen entfremdete und konforme Reaktionsformen gegenüber institutionellen Rollenerwartungen die Möglichkeiten nicht. Einige Aktoren besitzen in hohem Grade die Fähigkeit, ihre eigenen Ziele und Standards zu entwickeln, und wenn sie den Inhalt der institutionellen Rollenerwartungen auch akzeptieren, so modifizieren sie sie doch gleichzeitig, indem sie ihnen neue Aspekte hinzufügen. Dies sind kreative Persönlichkeiten, deren Konformität oder Entfremdung nicht in erster Linie durch eine Bedürfnisdisposition motiviert ist, gegebene institutionelle Rollenerwartungen anzuerkennen oder abzulehnen, sondern eher durch ein Bedürfnis, neue Möglichkeiten zu entdecken und auszuarbeiten

und ihrem eigenen Ichideal zu entsprechen.
Diese Gruppe an Problemen, die sich um Fragen der Konformität, Entfremdung und Kreativität zentrieren, gehören zu den wesentlichsten der gesamten Handlungstheorie, weil sie für die Probleme der sozialen Stabilität und des sozialen Wandels von Relevanz sind. Um einen Fortschritt auf diesem Gebiet zu erzielen, ist es von Wichtigkeit, das personale System und das soziale System in gleicher Weise begrifflich adäquat erfaßt zu haben, so daß die empirischen Verbindungen, wo Integration und Desintegration sich ausgleichen, analysiert werden können.

5. Kulturelle Aspekte des Handlungssystems

Internationale Orientierungen und kulturelle Objekte

Es wurde bereits auf den fundamentalen Charakter der Organisation grundlegender Alternativen selektiver Orientierung für jedes Handlungssystem hingewiesen. Ohne eine solche Organisiertheit könnte ein stabiles Erwartungssystem als Kernpunkt eines jeden Handlungssystems nicht bestehen. Nicht, daß nur die Übertragung solcher Organisation selektiver Orientierung im Verlauf des Sozialisationsprozesses durch Erwachsene für das Kind von Bedeutung wäre, vielmehr ist der Konsensus gegenüber den selben fundamentalen Selektionen zwischen Alternativen für die Stabilität eines Sozialsystems generell von grundlegender Wichtigkeit. In allen Gesellschaften sind die stabileren und effektiveren Kulturmuster jene, die von den Mitgliedern der betreffenden Gesellschaft und einzelnen Gesellschaftsgruppen gemeinsam anerkannt werden, wenn freilich auch im Rahmen unterschiedlicher Interpretationen, mit unterschiedlichen Graden an Konformität, Abneigungen, Kreativität und Persistenz. Diese Muster des Engagements und der Verpflichtung gegenüber einem bestimmten Satz solcher möglichen Selektionen stellen einen Punkt dar, an dem Handlungssysteme empirisch zugänglich sind.
Wenn man die Analyse der Organisation von Handlungssystemen soweit vorangetrieben hat, wie es für die Ausarbeitung der Analyse von Persönlichkeitsstrukturen notwendig ist, dann muß man auch die direkten Verbindungen mit den kulturellen Orientierungsmustern untersuchen, was zu einem Hauptthema der anthropologischen Forschung geworden ist. Dabei lassen sich dieselben grundlegenden Kategorien selektiver Orientierung bei der Untersuchung der makroskopischen Differenzierung und Klassifikation kultureller Orientierungen oder Traditionen des Sozialsystems verwenden, wie sie bei der Analyse der Persönlichkeitsstrukturen relevant sind.

Die Organisation kultureller Muster in Systemen

Ein kulturelles System ist eine hochgradig komplexe Konstellation von Elementen. Zu deren Untersuchung soll auf der Ebene der motivationalen Orientierung von Aktoren die Klassifikation in kognitive, kathektische und evaluative Elemente Verwendung finden, die Ebene kultureller Orientierung soll über die Klassifikation in Ideen oder Belief-Systems, Systeme expressiver Symbole und Systeme von Wertorientierungen erschlossen werden (wie sie oben entwickelt wurden). Jeder Typus eines Kulturmusters kann entsprechend als eine Lösung einer bestimmten Art von Orientierungsproblemen aufgefaßt werden: Ideensysteme sind Lösungen kognitiver Probleme, Systeme expressiver Symbole stellen Lösungen von Problemen dar, wie man in angemessener Weise seine Gefühle ausdrücken sollte, und Systeme der Wertorientierungen sind Lösungen von Bewertungsproblemen, besonders, wenn auch nicht ausschließlich, im Bereich sozialer Interaktion.

Dabei sind Wertorientierungen bei der Organisation von Handlungssystemen von besonderer Bedeutung, da eine Klasse von ihnen die Muster gegenseitiger Rechte und Pflichten definiert, die für Rollenerwartungen und Sanktionen konstitutiv sind. (Andere Wertorientierungsklassen definieren die *Standards* kognitiver und moralischer [appreciative] Beurteilung.)

Kulturelle Muster organisieren sich tendenziell in Systemen. Dabei spielt bei dieser Systematisierung eine besondere Art der Integration eine Rolle, die man als ›Konsistenz von (solchen) Mustern‹ (consistency of pattern) bezeichnen könnte. Ob es sich dabei um die logische Konsistenz von Ideensystemen, die stilistische Harmonie einer Kunstform oder die rationale Verträglichkeit eines Satzes moralischer Regeln handeln mag, in jedem Fall stellt für die Untersuchung kultureller Muster deren innere Kohärenz ein zentrales Problem dar.

Die Bestimmung des Ausmaßes an Konsistenz solcher kultureller Muster oder deren Abweichungen innerhalb einer Kultur erschwert die Analyse erheblich. Die unmittelbar zugängliche und explizite Kultur erscheint auf den ersten Blick fast immer fragmentarisch und ohne Zusammenhang. Ihre ausdrückliche Systematisierung wird von den Schöpfern und Trägern dieser Kultur nur in seltenen Fällen – wie etwa bei hochentwickelten Ideensystemen oder Rechtssystemen – selbst vorgelegt. Will man deshalb den Nachweis einer inneren systematischen Kohärenz führen, wo keine explizite Systematisierung vorhanden ist, sieht man sich gezwungen, die implizite Kultur freizulegen und herauszuarbeiten, welche gemeinsamen Voraussetzungen den offenkundig unterschiedlichen und unzusammenhängenden Orientierungen unterliegen. Dabei kann man in großen komplexen Sozialsystemen mit einer engen Annäherung an völlige Konsistenz praktisch nicht rechnen. Indessen sind die Natur und die Quellen solcher Nichtintegration kultureller Muster für die Handlungstheorie von ebensolcher Wichtigkeit wie die Integration selbst.

Die Internalisierung kultureller Muster

Es wurde bereits klargestellt, daß Handlungen solche Kulturmuster, in welcher systematischen Form auch immer, entweder als ein Objekt der Situation des Handelnden impliziert sind, oder derart internalisiert werden, daß sie zu einem Teil seiner Persönlichkeitsstruktur werden. Zwar können alle Arten von Kulturmustern internalisiert werden, von besonderer Bedeutung ist indessen die Internalisation von Wertorientierungen, von denen einige in die strukturierte Übersicht der Persönlichkeit und mit der entsprechenden Häufigkeit auch in die institutionalisierten Rollenerwartungen eingehen[21].

Wenn solche Kulturmuster internalisiert werden, werden sie zu konstituierenden Elementen der Persönlichkeiten und Sozialsysteme. *Alle konkreten Handlungssysteme besitzen zugleich ein Kultursystem und entsprechen Persönlichkeiten* (oder Sektoren davon) *und einem Sozialsystem oder Subsystem.* Dennoch sind alle drei Organisationsformen der Handlungselemente begrifflich unabhängig voneinander.

Wegen dieser empirischen Verbindungen gibt es auch eine dynamische Kulturtheorie, die der dynamischen Theorie der Persönlichkeit und des Sozialsystems entspricht. Sie befaßt sich mit den Bedingungen, unter denen eine bestimmte Art des Kultursystems innerhalb spezifischer Persönlichkeits- und Gesellschaftstypen existieren kann. Sie analysiert kulturelle Innovations- und Wandlungsprozesse im Zusammenhang mit deren motivationalen Determinanten, wie sie in den Mechanismen des Sozialsystems und der Persönlichkeit wirksam sind. Sie thematisiert die Mängel der Integration solcher Kulturmuster und setzt diese Fehlintegration in empirische Beziehung zu den Zusammenhängen zwischen kultureller Orientierung und den Spannungen und Prozessen innerhalb des sozialen und personalen Systems.

6. Das soziale System

In der obigen Diskussion wurde die Interaktion zwischen einem Aktor und anderen Personen oder sozialen Objekten als der Kern
 der Entwicklung eines sozialen Systems interpretiert. Die Persön-

lichkeit als ein System ihrerseits hat einen festen Bezugspunkt im handelnden Organismus. Sie ist um einen Organismus und dessen Lebensprozeß herumorganisiert. Aber auch Ego und Alter bilden in ihrer Interaktion ein System. Dieses System liegt auf einer anderen Ebene, die, wenngleich sie auch unmittelbar verbunden ist mit den Persönlichkeiten der Systemglieder, doch mit diesen nicht einfach identisch ist.

Rolle als Einheit des Sozialsystems: Sozialsystem und Persönlichkeit

Im hier vorgeschlagenen terminologischen Zusammenhang kommt ein Sozialsystem einem Interaktionssystem einer Mehrzahl von Personen gleich, das innerhalb des Bezugsrahmens der Handlungstheorie analysiert werden muß. Es besteht aus den Beziehungen individueller Aktoren und nur aus diesen Beziehungen. Die Beziehungen selbst sind Handlungskonstellationen der Interaktionspartner, die sich auf die gegenseitigen Beziehungen selber richten. Für die meisten analytischen Zwecke ist die bedeutendste Systemeinheit nicht die Person, sondern die Rolle. Die Rolle ist jener organisierte Sektor der Orientierung eines Aktors, die dessen Partizipation in einem interaktiven Prozeß konstituiert und definiert. Sie impliziert einen Satz komplementärer Erwartungen, die sich auf die eigenen Handlungen wie auf jene der Interaktionspartner beziehen. Sowohl der Aktor wie jene, mit denen er in einer Interaktionsbeziehung steht, teilen diese Erwartungen. Rollen gelten als institutionalisiert, wenn sie mit den vorherrschenden Kulturmustern völlig übereinstimmen und wenn sie um die Erwartungen auf Konformität mit moralisch sanktionierten Mustern der Wertorientierung organisiert sind, die von den Mitgliedern eines Kollektivs geteilt werden, innerhalb dessen die Rolle angesiedelt ist.
Die Abstraktion der Rolle von der Gesamtpersönlichkeit des Handelnden erlaubt, die Verbindungen zwischen Persönlichkeit und sozialem System zu analysieren. Die Struktur des Sozialsystems und die funktionalen Imperative seines Funktionierens und Überlebens oder seines geordneten Wandels, der seinen Systemcharakter erhält, sind im ganzen von denen der Persönlichkeit unterschieden[22]. Die Probleme der personalen und sozialen Struktur können nur in dem Maße angemessen behandelt werden, als diese Unterschiede erkannt werden. Nur dann können deren empirische Verbindungen und Interdependenzen thematisiert werden.
Wenn man annimmt, daß Rollen und nicht Persönlichkeiten die Struktureinheiten eines Sozialsystems bilden, muß man freilich davon ausgehen, daß zwischen Persönlichkeitsstruktur und der Ausführung einer Rolle kein deterministischer Zusammenhang besteht. 116

Rollensituationen umfassen alle Möglichkeiten denkbarer Signifikanz, welche Situationen generell für einen Aktor annehmen können. Deren Signifikanz und die daraus resultierenden Wirkungen auf die Verhaltensmotivation werden entsprechend der Verschiedenartigkeit der Persönlichkeiten variieren. Aber es gibt bestimmte ›Kontrollmechanismen‹, die die denkbare Streuung der Reaktionen innerhalb bestimmter Grenzen halten, besonders dort, wo die Organisation der Reaktionen die Stabilität des betreffenden Systemsektors berühren. Diese Grenzen werden durch spezifische Rollenerwartungen gezogen und sind entsprechend enger, als wenn man die gesamte Handlungssituation und alle Elemente der Persönlichkeit eines Aktors zur Geltung kommen lassen würde.

Von Wichtigkeit ist darüber hinaus, daß erhebliche Teile sozialer Rollen die Handlungen, die sie konstituieren, nicht bis ins kleinste Detail festlegen, sondern daß vielmehr ein gewisser Variabilitätsbereich durchaus als legitim angesehen wird. Sanktionen werden dann nicht verteilt, wenn sich Abweichungen innerhalb eines bestimmten Toleranzlimits bewegen. Dieser Freiheitsspielraum erlaubt es Aktoren mit erheblichen Persönlichkeitsunterschieden, den Erwartungen, die mit ein und derselben Rolle verbunden sind, innerhalb doch beträchtlicher Grenzen gerecht zu werden, ohne daß dadurch unerträgliche Spannungen entstünden. Daneben sollte man freilich sehen, daß Rollenerwartungen und Sanktionen den einzelnen Aktor einem Druck aussetzen können, der seinerseits zu Spannungen führen kann, die wichtige Rückwirkungen auf verschiedene Teile seiner Persönlichkeit haben können. Diese manifestieren sich dann in bestimmten Handlungstypen, die ihrerseits nun wiederum eine Reihe sozialer Konsequenzen haben und oftmals in die Entwicklung weiterreichender Mechanismen sozialer Kontrolle oder die tendenzielle Entstehung von Wandlungsprozessen münden oder in beides. Auf diese Weise bilden Persönlichkeit und Rollenstruktur ein eng zusammenhängendes System.

Rollentypen und die Differentiation und Integration sozialer Systeme

Die strukturellen Rollen müssen sich wie die Struktur der Bedürfnisdispositionen des personalen Systems an Wertalternativen orientieren. Selektionen sind natürlich immer individuelle Handlungen, aber diese Selektionen können zwischen den einzelnen Individuen innerhalb eines Sozialsystems nicht willkürlich verteilt sein. Es kommt in der Tat einem der wichtigsten funktionalen Imperative zur Aufrechterhaltung eines Sozialsystems gleich, daß sich die Wertorientierungen der verschiedenen Aktoren innerhalb desselben sozialen Systems zu einem bestimmten Grad in ein *gemeinsames*

System integrieren. Alle funktionierenden sozialen Systeme zeigen faktisch eine Tendenz zu einem generellen System gemeinsamer kultureller Orientierungen. Die gemeinsame Verpflichtung auf bestimmte Wertorientierungen ist in besonderem Maße von Wichtigkeit für die Stabilität innerhalb eines sozialen Systems, wenngleich ein Konsensus im Bereich der Ideensysteme und der Systeme expressiver Symbole ebenfalls zentrale Determinanten der Systemstabilität darstellen. Variationsbereich und Verteilungsform der Rollentypen in einem sozialen System verlaufen weder parallel zum Variationsbereich der Verteilung der Persönlichkeitstypen, die diese Rollen besetzen, noch befinden sie sich mit ihnen in völliger Kongruenz. Das Funktionieren dieser Rollenstruktur ist in letzter Linie nur deshalb möglich, weil die Teilpersönlichkeiten motiviert sind, in der erforderlichen Weise zu handeln, und weil den Individuen innerhalb des unmittelbaren Rollensystems oder in einem umfassenderen Rollensystem genügende Gratifikationen zur Verfügung gestellt werden. Es gibt funktionale Imperative, die den Grad an Inkompatibilität möglicher Rollentypen in ein und demselben Handlungssystem in Grenzen halten. Diese Imperative stehen letztlich in Beziehung zu den Bedingungen, die das betreffende Rollensystem insgesamt aufrechterhalten. Ein soziales System muß wie ein personales System kohärent organisiert sein und kann nicht einfach einen willkürlichen Verbund seiner Komponenten darstellen.

Wie im Falle der Persönlichkeit kann man die Probleme des Sozialsystems als Allokations- und Integrationsprobleme zusammenfassen. In jedem Handlungssystem gibt es eine Funktionsdifferenzierung. Entsprechend muß es eine Zuordnung (Allokation) solcher Funktionen zu den einzelnen Klassen von Rollen geben. Die Rollen müssen derart artikuliert sein, daß sie die Ausführung kollaborativer und komplementärer Aufgaben erlauben. Da die Lebensspanne der einzelnen Individuen begrenzt ist, muß es einen kontinuierlichen Prozeß der Ersetzung von Personen innerhalb des Rollensystems geben, wenn dieses System überdauern soll. Darüber hinaus sind die Fähigkeiten, die zur Ausübung einer bestimmten Funktion notwendig sind, ebenso rar wie die Belohnungen, welche die Individuen motivieren sollen. Entsprechend kann deren Allokation nicht einem unregulierten Wettbewerb überlassen bleiben, der nur Frustrationen und Konflikte bewirken würde. Die Regulierung all dieser allokativen Prozesse und die Ausübung der Funktionen, die das System oder Subsystem in genügend integrierter Weise in Funktion halten, ist ohne ein System von Rollendefinitionen und Sanktionen für Konformität und Abweichung nicht möglich. Mit der Entwicklung eines beträchtlichen Komplexitätsgrades an Differenzierung entstehen Rollen und Rollen-Subsysteme mit spezifisch integrativen Funktionen für das soziale System.

Diese Determination der Funktionen, der Allokation und Integration von Rollen, Personal, Fähigkeiten und Belohnungen impliziert einen Selektionsprozeß, der mit den Bewertungsstandards übereinstimmt, die auf die (individuellen und kollektiven) Charakteristika dieser Sachverhalte angewendet werden können. Dies bedeutet nicht, daß irgend jemand bewußt einen ›Plan‹ der meisten Sozialsysteme ausarbeiten würde. Aber wie in anderen Typen von Handlungssystemen können die Selektionen nicht in willkürlicher Weise erfolgen und dennoch ein kohärentes und funktionierendes soziales System bilden. Die Struktur eines sozialen Systems kann in dieser Hinsicht als die kumulative und gleichgewichtige Resultante vieler Selektionen von zahllosen Individuen betrachtet werden, ein Ergebnis, das durch die Institutionalisierung von Wertmustern stabilisiert und verstärkt wird, die ihrerseits die Verpflichtung auf bestimmte Selektionsweisen legitimieren und Sanktionen mobilisieren, um die erreichten Orientierungen zu stützen.

Diese Verpflichtungen, die in ihrer Funktion als Rollenerwartungen in die Struktur des Sozialsystems eingebettet sind, sind zumindest in einem fundamentalen Aspekt ihres Inhaltes (nämlich als Verpflichtungen, welche Rechte und Obligationen definieren) identisch mit den oben diskutierten Wertorientierungen. In Form eines generellen moralischen Konsensus in bezug auf Rechte und Pflichten bilden diese Wertorientierungen eine fundamentale Strukturkomponente des Sozialsystems. Die strukturellen Unterschiede zwischen verschiedenartigen Sozialsystemen liegen oftmals in Unterschieden des Inhalts und der Reichweite dieses Konsensus.

Obwohl der moralische Konsensus bezüglich der Wertorientierungsmuster die Standards und die Grenzen der Allokation zur Verfügung stellen, so muß es doch einen speziellen institutionellen Mechanismus geben, der diese allokativen Entscheidungen in Gang bringt und durchsetzt. In diesem Prozeß sind jene Rollen von besonderer Wichtigkeit, denen Macht und Prestige zugewiesen ist. Der Grund für diesen Tatbestand liegt in der generellen Bedeutung, die Macht und Prestige bei der Verteilung auch anderer Möglichkeiten und Belohnungen besitzen. Die Verteilung von Macht und Prestige und die institutionellen Mechanismen, die diese Verteilung ihrerseits regulieren, sind deshalb von besonderer Bedeutung für das Funktionieren sozialer Systeme.

Das generelle Integrationserfordernis verlangt entsprechend, daß die Kontrolle über die allokativen und integrativen Prozesse mit derselben Rolle oder doch solchen Rollen, die in einem engen Interaktionsverhältnis zueinander stehen, assoziiert sein muß und daß die Mechanismen, die die Verteilung von Macht und Prestige regulieren, diesen allokativen und integrativen Rollen Macht und Prestige in hinreichendem Maße zuweisen. Und endlich ist es wesentlich, daß die Inhaber dieser Rollen ihre allokativen und integrativen Funktionen in Übereinstimmung mit dem Wertekonsens der betreffenden Gesellschaft ausüben. Diese allokativen und integrativen Rollen (ob sie nun von Individuen oder Subkollektiven ausgefüllt werden) müssen entsprechend als ein zentraler gesellschaftlicher Integrationsmechanismus betrachtet werden.

Man muß sich klar darüber werden, daß kein Sozialsystem jemals vollständig integriert ist, wie wenig es jemals gänzlich desintegriert ist. Aus diesen Sektoren mangelnder Integration – wo Erwartungen innerhalb institutionalisierter Rollen nicht erfüllt werden können, oder wo Bedürfnisdispositionen durch institutionalisierte Erwartungen frustriert werden, oder wo Spannung nicht durch Sicherheitsmechanismen absorbiert werden – aus diesen Bereichen stammen die meisten wichtigen Anlässe für Wandel und Wachstum.

Jedes System interaktiver Beziehungen zwischen einer Mehrzahl individueller Aktoren stellt ein *Soziales System* dar. Eine *Gesellschaft* ist der Typus eines sozialen Systems, der in sich alle wesentlichen Voraussetzungen birgt, um sich als ein selbsterhaltendes System aufrechterhalten zu können. Unter den wichtigeren dieser Voraussetzungen können verstanden werden: 1. die Organisation der Gesellschaft muß sich in einem bestimmten territorialen Rahmen und auf der Ebene von Verwandtschaftsbeziehungen vollziehen, 2. ein System der Funktionsbestimmungen und der Zuordnung von Möglichkeiten und Belohnungen muß vorhanden sein, 3. integrative Strukturen müssen diese Zuordnungen (Allokationen) kontrollieren und sowohl Konflikte wie die Wettbewerbsprozesse regulieren.

Mit der Institutionalisierung der Kulturmuster, besonders der Wertorientierungsmuster in der Sozialstruktur, schließt sich der Kreis der dreifach reziproken Integration von Persönlichkeit, Sozialsystem und Kultur. Solche in der Sozialstruktur institutionalisierten Wertmuster organisieren über Rollenmechanismen (und andere Elemente) das Verhalten der erwachsenen Mitglieder einer Gesellschaft. Durch Sozialisationsprozesse wirken sie ihrerseits darauf hin, daß sich die anfängliche Verhaltensplastizität der frühen Kindheit zur Persönlichkeitsstruktur neuer Erwachsener verfestigt. Dieser Sozialisationsprozeß hängt selbst, wie oben klargelegt wurde, von Interaktionen ab. In ihrer Orientierung auf das Kind handeln Erwachsene in Rollen, die in weitem Umfang institutionalisiert sind, und fast von Beginn an entwickelt das Kind selbst Erwartungen, die sich schnell in Rollenerwartungen verwandeln. So halten Erwachsene durch ihre Handlungen das Sozialsystem sowohl aufrecht wie sie es durch die im Sozialisationsprozeß gebildeten neuen Persönlichkeitsstrukturen gleichzeitig verändern. Und in gleicher Weise wirken sie ein auf die Wertmuster, innerhalb derer und

durch die sie leben, wodurch sie in weiterer Folge die Persönlichkeiten ihrer Nachkommen innerhalb dieser Wertmuster halten oder sie verändern.
Der Leser sollte sich vergegenwärtigen, daß die Ausführungen dieser Seiten ein in höchstem Maße allgemeines und abstraktes Schema darstellen, das *als solches* dem unendlichen Reichtum und den vielen Besonderheiten menschlichen Lebens kaum gerecht werden kann. Aber es kann helfen, dieses Leben zu analysieren und unser Wissen darüber zu organisieren.

Der handlungstheoretische Ansatz*

P. S. Cohen

Die Grundannahmen der Theorie des sozialen Handelns

Die Theorie des sozialen Handelns besteht aus einer Anzahl von Annahmen – sie werden weiter unten angeführt –, die einen Modus der Analyse zur Erklärung des Handelns oder Verhaltens – hier sollen die Begriffe »Handeln« und »Verhalten« als austauschbar angesehen werden – typischer Individuen in typischen Situationen vorschreiben. Diese typischen Individuen werden Handelnde oder sozial Handelnde genannt**.

1. Der Handelnde hat Ziele (oder Absichten, oder er verfolgt Zwecke); er führt Handlungen aus, um die Ziele zu erreichen.
2. Handeln bedeutet oft die Wahl von Mitteln für die Erreichung eines Zieles; aber auch wenn es nicht so zu sein scheint, kann ein Beobachter doch analytisch zwischen Zielen und Mitteln unterscheiden.
3. Ein Handelnder hat immer viele Ziele; seine Handlungen zur Erreichung eines dieser Ziele beeinflussen seine Handlungen zur Erreichung anderer Ziele und werden wiederum von diesen beeinflußt.
4. Das Verfolgen von Zielen und die Auswahl von Mitteln erfolgen immer in Situationen, die den Handlungsablauf beeinflussen.

* Aus: P. S. Cohen – Moderne soziologische Theorie. Erklärungsmodelle zwischenmenschlichen Verhaltens, Wien, Köln, Graz 1972, S. 71–95. Mit freundlicher Genehmigung des Autors und des Hermann-Böhlaus-Verlages Graz.

** Die Zusammenstellung und Diskussion dieser Annahmen beruht zum Großteil auf den Arbeiten von F. von Mises [1], Talcott Parsons [2] und Max Weber [3], wenn auch nicht unbedingt alle ihre Ansichten akzeptiert werden.

5. Der Handelnde trifft immer einige Annahmen, die sich auf seine Ziele und Möglichkeiten ihrer Erreichung beziehen.
6. Das Handeln wird nicht nur durch die Situation, sondern auch durch die Kenntnisse des Handelnden über die Situation beeinflußt.
7. Der Handelnde verfügt über bestimmte Vorstellungen oder Erkenntnismodi, die die selektive Wahrnehmung der Situationen beeinflussen.
8. Der Handelnde hat bestimmte Einstellungen oder affektive Dispositionen, die sowohl die Wahrnehmung der Situation als auch die Wahl von Zielen beeinflussen.
9. Der Handelnde akzeptiert bestimmte Normen und Werte, die die Wahl von Zielen und deren Einordnung in ein Prioritätenschema regeln.

Manche dieser Annahmen bedürfen kaum einer Erläuterung, andere jedoch schon.

1. Zielorientierung

Die Behauptung, alles menschliche Handeln sei zielgerichtet, erscheint banal und unwiderlegbar. Man könnte sagen, daß Zielorientierung eine Eigenschaft allen Handelns sei. Allem Anschein nach muß man motiviert sein, wenn man nicht inaktiv bleibt. Motiviert zu sein heißt, ein Ziel zu haben und zu versuchen, es zu erreichen.

Trotzdem scheinen einige Handlungen kein Ziel zu haben: Manche Verhaltensweisen, zum Beispiel das Auf- und Abgehen in einem Zimmer, werden als »ziellos« beschrieben. Man könnte auch sagen, daß das Rauchen einer Zigarette kein erkennbares Ziel hat. Aber solche Handlungen sind nur *scheinbar* ziellos. Ein Mann mag »ziellos« umhergehen, um seine Spannungen zu mildern oder um nichts Bestimmtes zu erreichen versuchen zu müssen. Er kann eine Zigarette rauchen, um größere Ausgeglichenheit zu erlangen oder um seiner Angst Herr zu werden. Diese Handlungen verfolgen kein offensichtliches, bewußtes Ziel. Das Ziel ist jedenfalls unklar. Aber wenn man sagt, ein Ziel sei nicht klar erkennbar, so sagt man eigentlich nur, daß es viele Möglichkeiten gibt, es zu erreichen, und daß man nur schwer feststellen kann, ob dieses Ziel erreicht worden ist.

Viele Ziele sind sehr spezifisch, und ihre Verwirklichung kann leicht festgestellt werden, zum Beispiel eine Einkommenssteigerung. Ferner werden viele Ziele von allen oder wenigstens vom betroffenen Handelnden bewußt erkannt. Oft kommt es aber auch vor, daß Menschen ihre eigenen Ziele nicht bewußt erkennen – oder sie geben wenigstens nicht sofort zu, daß sie sie kennen –, aber sie haben kei-

ne Schwierigkeiten, bei anderen Leuten dieselben Ziele festzustellen. Ein gutes Beispiel dafür ist das Ziel, sein Prestige oder seine Macht zu vergrößern. Aber dieses Ziel ist nicht unbedingt sehr spezifisch, und seine Erreichung ist auch nicht immer leicht zu identifizieren.
Für soziologische Zwecke kann man meistens Ziele als einigermaßen spezifisch und als bewußt erkennbar ansehen, wenn schon nicht als bereits bewußt erkannt. So wollen Menschen nicht einfach darum wählen, um ihre persönlichen Spannungen abzubauen. Sie tun das vielleicht, weil sie am Entscheidungsprozeß teilnehmen wollen. Wie dem auch sei – der Soziologe darf nicht annehmen, daß alle Ziele von den betroffenen Handelnden gleichermaßen erkennbar oder daß alle Ziele gleich spezifisch sind. Ebenso ist auch die Identifizierbarkeit der Zielerreichung verschieden. Es ist schwieriger, das Erreichen religiöser Erlösung nachzuweisen als eine Einkommenssteigerung.

2. Die Wahl der Mittel

Aus der Behauptung, Handeln schließe den Gebrauch von Mitteln zur Erreichung von Zielen ein, folgt, daß man Ziele und Mittel empirisch oder analytisch unterscheiden kann. Damit ist gesagt, daß Mittel und Ziele nicht identisch sind. Wenn ein Ziel so spezifisch ist, daß es nur eine Möglichkeit gibt, es zu erreichen, dann gibt es fast keine Unterscheidung zwischen Zielen und Mitteln. Am leichtesten kann man zwischen Zielen und Mitteln unterscheiden, wenn es viele Möglichkeiten gibt, das Ziel zu erreichen – das heißt, wenn das Ziel vage ist.
Wenn sowohl Ziele als auch Mittel konkret identifizierbare Objekte oder Zustände sind, sind sie auch leicht zu unterscheiden. Wenn sie aber ein komplexer Ereignisfluß sind, kann man nur nach analytischen Anstrengungen eine Unterscheidung treffen. Das Säen und Begießen von Saatgut ist leicht als Mittel zur Erreichung des Zieles »Produktion von Getreide« zu identifizieren. Viel weniger leicht kann man aber regelmäßige Wahlen als Mittel zur Erreichung des Zieles »Erhaltung demokratischer Freiheit« identifizieren, weil letztlich regelmäßige Wahlen eine dieser Freiheiten sind. Aber auch wenn man andere Ziele genau angibt – wie zum Beispiel politische Gegner nicht gefangenzusetzen –, bleibt eine Schwierigkeit bestehen, weil der genaue Zusammenhang zwischen den zwei Bereichen nicht erkennbar ist.
Menschliches Handeln kann die Manipulation physischer Objekte zur Erreichung von Zielen miteinschließen. Diese Ziele können dann oft in physikalischen Begriffen beschrieben werden. Hier kann man zwischen Mitteln und Zielen leicht unterscheiden. Aber wenn menschliche Handlungen Ziele und Mittel betreffen, die nur aus

»Bedeutungen« und »Werten« verstanden werden können, die ihnen von den Menschen einer Gesellschaft verliehen worden sind, kann man viel schwerer zwischen ihnen unterscheiden. Für soziologische Zwecke muß man im Auge behalten, daß Ziele, so spezifisch sie für die betroffenen Handelnden auch sein mögen, von ihnen selbst weniger spezifisch betrachtet werden können. Lohnbezieher zum Beispiel, die das spezifische Ziel haben, ihr Einkommen in bestimmten Firmen und Industrien zu erhöhen, haben möglicherweise nur wenige Mittel für die Zielerreichung zur Verfügung. Sie können zwar höheren Lohn fordern oder verkürzte Arbeitszeit. Wenn jedoch ein so spezifisches Ziel nicht erreicht werden kann, dann ist man oft bereit, ein weniger spezifisches zu formulieren. Man kann sich zum Beispiel von einer Branche in eine andere begeben. Manche Ziele sind von sich aus sehr spezifisch. Zum Beispiel tauschen Menschen, die ihre ethnische Identität aufrechterhalten wollen, dieses Ziel kaum gegen ein allgemeineres Ziel irgendeiner Art sozialer Identität aus.

3. *Das Verhältnis zwischen mehreren Zielen*

Kein Mensch, wie »einfältig« er auch sein mag, hat nur ein Ziel. Manchmal verfolgen Menschen ein Ziel, als ob alle anderen Ziele diesem einen untergeordnet wären: Ein Ziel, wie zum Beispiel »Selbstachtung«, wird als letztes Ziel konzipiert; viele andere erscheinen dann als Mittel zu dessen Erreichung. Dagegen sind andere Ziele, wie zum Beispiel die Anhäufung von Reichtümern, sei es in Form von Geld oder anderen Einkommenstiteln, für die Erreichung von einer ganzen Anzahl anderer Ziele strategisch wichtig. Weil so gesehen manche Ziele wichtiger sind als andere, haben die Beziehungen zwischen den Zielen eine einigermaßen stabile Struktur.
Für die Priorität mancher Ziele vor anderen gibt es drei wichtige Gründe. Der erste und am meisten einsichtige Grund ist, daß manche Ziele höher bewertet werden als andere. Wenn die Menschen ein sofortiges Zunehmen der Freizeit höher bewerten als eine sofortige Einkommenssteigerung, dann werden sie nicht am Abend länger arbeiten. Vielleicht werden sie deswegen härter arbeiten, damit sie für eine kürzere Arbeitszeit die gleiche Bezahlung bekommen. Wenn die Menschen aber umgekehrt bestimmte Änderungen des Freizeitverhaltens höher als ein unmittelbares Zunehmen der freien Zeit schätzen, werden sie in der nächsten Zeit vielleicht härter und auch länger arbeiten wollen. Jedenfalls kann sich eine Rangordnung der Ziele mit gewandelten Umständen ändern. Für manche Menschen kann mit steigendem Einkommen der Wert unmittelbarer Freizeit wichtiger werden als der Wert der Änderung der Art des Freizeitverhaltens.

Der zweite Grund kann vom vorherigen Beispiel her einsichtig gemacht werden: Die Erreichung von manchen Zielen ist ein notwendiges Mittel zur Erreichung von anderen. Wenn die Menschen Arbeit über Freizeit stellen, so tun sie das nicht, weil sie Arbeit höher bewerten, sondern weil sie vielleicht für ihre Freizeitpläne ein höheres Einkommen brauchen.

Der dritte Grund ist der, daß es unter manchen Umständen nicht möglich ist, ein bestimmtes Ziel zu verfolgen, oder daß die Kosten, es anzustreben, so hoch sind, daß die Qualität des Zieles oder die Möglichkeit, viele andere Ziele auch noch zu erreichen, aufs Spiel gesetzt wird. So können zum Beispiel politische Führer Revolution höher bewerten als Reform. Trotzdem kommen sie unter Umständen zu der Einsicht, daß eine Revolution gegebenenfalls sehr wahrscheinlich nicht möglich ist und vielleicht sogar ihre Durchführung zu einem späteren Zeitpunkt in Frage gestellt wird, während die Bemühungen um Reformen zwar den endgültigen Erfolg einer Revolution verzögern können, aber doch wenigstens ständig zu einem gewissen Maß revolutionäre Handlungen ermöglichen. Andererseits kann es Umstände geben, unter denen Führer Reformbemühungen verwerfen, weil sie die Chance schwächen würden, größere Änderungen herbeizuführen, wie sie durch revolutionäre Akte dagegen möglich sind.

Handlungsstrategien werden nicht einfach durch die Beziehungen zwischen Zielen, wie den dargestellten, geregelt. Sie werden auch von der Einschätzung der Wirkungen in der Anwendung einzelner Mittel für die Erreichung anderer Ziele beeinflußt. Geldentwertung kann ein wirksames Mittel für die Lösung eines bestimmten ökonomischen Problems sein. Aber ihre Wirkung auf die Lösung anderer Probleme kann dann dazu führen, daß ihre Durchführung ausgeschlossen wird.

Wenn man über die Zielerreichung auf der Grundlage einer erkennbaren Struktur oder einer bewußten Strategie diskutiert, so heißt das nicht, daß die meisten Menschen in den meisten sozialen Situationen für ihre Handlungen solche Strategien verwenden. In vielen oder in den meisten Fällen gibt es für die Menschen aufgrund der Versuche und Irrtümer in der Vergangenheit bereits Handlungsstrategien. Aber auch wenn das der Fall ist und erst recht, wenn es nicht der Fall ist, gibt es keine Strategie, die die Ziele fein säuberlich in eine Struktur optimaler Zielerreichung ordnet. In vieler Hinsicht lernen die Menschen das, was sie haben und was sie tun, als optimale Lösung anzusehen. *Wenn man von einer bewußten und rationalen Strategie einer Zuordnung einzelner Ziele zueinander spricht, so heißt das eine einseitige Konzeption vom sozialen Handeln zu schaffen, der bloß einige Fälle nahekommen.*

4. Die Situation des Handelnden

Eine Handlung erklären heißt meistens, die Position des Handelnden in einer bestimmten oder typischen Situation zu verstehen. Typische Situationen findet man dann vor, wenn die Bedingungen der Situation in der einen oder anderen Hinsicht Ergebnisse von sozialen Handlungen und einer Kultur sind.

Zum Teil bringen die Menschen ihre Ziele in die Situation mit: So kann, ganz gleich, wie die Umstände innerhalb der Situation auch sind, das Ziel, zu überleben, konstant bleiben. Aber in vielen Fällen sind die Ziele wenigstens teilweise das Ergebnis der Situation selbst. So kann sich ein Handelnder in eine Situation begeben, um ein bestimmtes Ziel zu erreichen, dann aber dadurch veranlaßt werden, zusätzlich oder anstelle des ursprünglichen Zieles andere Ziele anzustreben. Manchmal »bescheren« Situationen dem Handelnden sogar anzustrebende Ziele. So können zum Beispiel Mitglieder primitiver Gesellschaften, die von Kolonialherren unterworfen worden sind, dazu veranlaßt werden, ihr Einkommen zu erhöhen, weil sie die Kosten ihrer neuen Lebensweise tragen müssen.

Ein wichtiges Merkmal jeder Situation ist die Verfügbarkeit von Mitteln für die Erreichung bestimmter Ziele. Unter Kolonialherrschaft geratene Angehörige von eingeborenen Stämmen wünschen sich vielleicht, irgendein hoch bewertetes Merkmal ihrer Kultur zu besitzen. Wenn ihnen aber die Umstände die Mittel dazu rauben, dann können sie Substitute für das hoch bewertete Ziel erfinden. Werden so zum Beispiel Menschen an der Kopfjägerei gehindert, was für sie ein Mittel für Prestigegewinn bedeutet hat, so können sie sich jetzt als Möglichkeit für individuellen Prestigegewinn andere Ziele vornehmen, zum Beispiel Wettkämpfe mit anderen Gruppen.

Die Handlungen der Menschen werden nicht einfach von den Umständen beziehungsweise Situationen bestimmt, die sich außerhalb von ihnen befinden, sondern auch von der subjektiven Art und Weise, wie die Situationen erlebt werden. Die subjektiven Elemente in einer Situation sind die Vorstellungen, Gefühle und Kenntnisse des Handelnden. Diese Elemente sind innerhalb einer Kultur sehr oft für alle gleich. Daher ist eine Situation dann ganz sozial, wenn einerseits ihre externen Elemente andere sozial Handelnde und andererseits die internen oder subjektiven Elemente die kulturell vermittelten Handlungsdispositionen der Handelnden sind.

5. Die Annahmen des Handelnden

Wenn ein Handelnder annimmt, daß es möglich ist, ein bestimmtes Ziel auf eine bestimmte Art und Weise zu erreichen, oder wenn er annimmt, daß ein Ziel tatsächlich verwirklicht werden kann, oder wenn er annimmt, daß eine bestimmte Art zu handeln bestimmte Folgen haben wird, dann kann er von diesen Annahmen her handeln, ganz gleich, ob sie richtig sind oder nicht, und ganz gleich, ob man beweisen kann, daß sie richtig sind oder nicht. Es gibt zwei wichtige Arten dieser Annahmen: Solche, die empirisch überprüfbar sind, und solche, die nicht empirisch überprüfbar sind. Unter empirisch überprüfbaren Annahmen versteht man jene, die auf Erfahrung gründen und prinzipiell durch empirische Daten widerlegt werden können. Andererseits können Annahmen aus verschiedenen Gründen unüberprüfbar sein. Sie können das Bestehen von Zielen und Mitteln voraussetzen, die beide zwar »empirische Gegebenheiten« sind, aber eine Verbindung zwischen ihnen postulieren, die empirischer Überprüfung nicht zugänglich ist. Oder sie können die Bedingungen für die Erreichung von Zielen festlegen, die keine empirischen Gegebenheiten sind. Ein magischer Glaube – zum Beispiel, daß das Versprühen von Wasser Regen bringt – bezieht sich auf empirische Phänomene. Jedermann kann beide Phänomene bezeugen. Aber zwischen den beiden Phänomenen wird eine Verbindung angenommen, die nicht überprüfbar ist. Eine religiöse Überzeugung – zum Beispiel, daß das Gebet Erlösung bringt – ist nicht nur deshalb unüberprüfbar, weil der Zusammenhang zwischen Gebet und Erlösung nicht überprüft werden kann, sondern auch, weil Erlösung selbst kein empirisches Problem ist*.

Genaugenommen ist eine magische Annahme überprüfbar. Man kann zeigen, daß kein Mensch verletzt wird, wenn man in sein Bild Nadeln steckt. Aber diejenigen, die solche Annahmen akzeptieren, brauchen sie nicht als überprüfbar anzusehen. Religiöse Überzeugungen aber sind auf keinen Fall überprüfbar. Es ist unmöglich, Beispiele für Menschen zu bringen, die durch Gebet nicht gerettet worden sind; man weiß nie, ob jemand gerettet worden ist oder nicht. Die Wege der Götter sind Geheimnis.

Empirische Annahmen können sich auf die Manipulation der Natur oder auf die Manipulation von Menschen beziehen, nicht-empirische

* Ich bin mir dessen bewußt, daß die Anwendung der Begriffe »empirisch« und »nichtempirisch« auf Phänomene problematisch ist, weil viele abstrakte, wissenschaftliche Konzepte, wie Schwerkraft oder Entropie, auch insofern als nicht-empirisch angesehen werden können, als sie nicht direkt beobachtbar sind. Aber trotzdem erkennt jeder Wissenschaftler wenigstens intuitiv, daß zwischen Konzepten wie Entropie und solchen wie Erlösung ein Unterschied besteht.

Annahmen auch auf die Manipulation übernatürlicher Wesen und Kräfte.

6. Die Kenntnisse des Handelnden von der Situation

Das Verhalten eines Handelnden kann nicht einfach allein von der Situation her, wie sie dem Beobachter erscheint, erklärt werden, weil der Handelnde und der Beobachter unterschiedliche Kenntnisse über die Situation haben können. Die Kenntnisse des Handelnden aber steuern seine Reaktion auf die Situation. Wenn ein General informiert wird, daß die Kräfte des Feindes kleiner sind als seine eigenen, kann das dazu führen, daß er angreift. Seine Information kann richtig sein, teilweise richtig – der Feind kann zwar zahlenmäßig schwach sein, aber gut ausgerüstet, um einem bestimmten Angriff widerstehen zu können – oder unrichtig. In jedem Fall geht es um die Kenntnisse des Generals über die Situation. Der Ausgang des Kampfes, des Krieges und vieler anderer Dinge hängt davon ab, wie jeweils die Situation betrachtet wird.

7. Vorstellungen und Wahrnehmungsarten

Die Auswahl aus den Informationen, die Wahrnehmung der Bedingungen und somit auch das Verhalten des Handelnden können nicht nur von seinen Annahmen über die verschiedenen Möglichkeiten der Erreichung von Zielen abhängig sein, sondern auch von seiner Art zu denken, was ihm gar nicht bewußt sein muß. Tendenzen, Menschen als gut oder schlecht, groß oder klein, stark oder furchtsam einzuschätzen, oder Objekte als kugelig, eckig, glatt, rauh, schwer oder leicht zu klassifizieren – alles das spiegelt Arten zu denken wider, die in die Alltagssprache eingebaut sind. Viele kognitiven Orientierungen, die für soziologische Forschung von Bedeutung sind, sind sogar noch viel komplexer als diese Denkarten.

In den meisten Gesellschaften gibt es viele Systeme sozialer Kategorien, die nebeneinander bestehen, einander überlappen oder überschneiden. Ihr Bestehen beeinflußt die Wahrnehmung von Situationen unterschwellig, aber signifikant. Ein Beispiel dafür ist die Einordnung von Menschen in ethnische oder rassische Gruppen. Wenn man solche oder ähnliche Unterscheidungen gebraucht, tendiert man dazu, bestimmte Merkmale auszuwählen, die dann stellvertretend für die soziale Gesamtheit stehen. Die kognitiven Modi können selbst wiederum von den sozialen Situationen beeinflußt oder sogar erzeugt worden sein. Aber wenn sie einmal bestehen, beeinflussen sie die Wahrnehmung sozialer Situationen und das Verhalten, das in diesen Situationen zustande kommt. Für gewöhnlich wird ein Wahrnehmungsmodus, der in einer bestimmten Situation entstanden ist, in andere übertragen.

8. *Affekte und Einstellungen*

Die Wahrnehmung von Situationen und die Wahl der Ziele werden auch von affektiven Bedürfnissen und Einstellungen beeinflußt. Affekte wie Feindseligkeit, Liebe, Neid, Loyalität oder das Bedürfnis nach Schutz können einfach oder aus einer Anzahl verschiedener Elemente zusammengesetzt sein. So kann Loyalität gegenüber einer Seite notwendig Feindseligkeit gegenüber einer anderen mit sich führen. Affekte oder Einstellungen gegenüber bestimmten Objekten können unmittelbar geäußert werden, oder sie können Objekte durch komplizierte Prozesse mit affektiver Signifikanz färben, wobei der Handelnde und das Objekt miteinander in Verbindung stehen: Die wichtigsten Prozesse dieser Art sind Identifikation, Inkorporation, Projektion und Verdrängung. Bei einer Identifikation sucht der Handelnde Belohnung, indem er die Merkmale eines Objektes so betrachtet, als wären sie seine eigenen: Menschen identifizieren sich mit Führern, indem sie sich selbst einige Eigenschaften der Führer zuordnen. Inkorporation besteht im Erwerb von Eigenschaften, die von einem anderen Objekt stammen: Geschieht dies, braucht sich der Handelnde nicht mehr in der Situation zu befinden, in der man das andere Objekt finden kann, damit dessen Eigenschaften sein Verhalten beeinflussen können. Projektion bedeutet eine Übertragung von Eigenschaften des Handelnden auf ein anderes Objekt: Ein Mann, der einen anderen der Feindseligkeit beschuldigt, gibt meistens seiner eigenen Feindseligkeit Ausdruck und provoziert dadurch einen anderen Menschen. Verdrängung besteht in der Zuweisung von Eigenschaften zu einem Objekt, die zu einem anderen Objekt gehören.
Diese Mechanismen treten oft zusammen auf. Zum Beispiel werden einer rassischen Minderheit Eigenschaften zugeschrieben, die sie als aufsässig oder minderwertig erscheinen lassen. Dabei kann jedoch insofern eine Verdrängung im Spiel sein, als die wahre Quelle der Aufsässigkeit außerhalb der Reichweite des Handelnden liegt. Aber es kann sich auch um eine Projektion handeln, indem der Minderheit Eigenschaften des Handelnden zugeschrieben werden.
Eine Unterscheidung zwischen Affekten und Wahrnehmung ist oft schwierig. Gemeinsam strukturieren sie die Wahrnehmung sozialer Situationen. Oft werden sie durch die Situation selbst erzeugt oder doch aktualisiert. Zum Beispiel kann die Kategorisierung sozialer Einheiten mit Empfindungen von Solidarität, Feindseligkeit usw. einhergehen. Diese wiederum können über die komplexen Mecha-

nismen der Identifikation, Projektion usw. Ausdruck finden. Unter manchen Bedingungen kann die Bereitschaft, einer affektiven Einstellung Ausdruck zu geben, durch das Bestehen von Kategoriensystemen beeinflußt werden. Unter anderen Bedingungen kann dieser Zusammenhang umgekehrt sein. Meistens ist die Bereitschaft, in mancher Hinsicht sowohl gefühlsmäßig (»kathektisch«) zu »werten« als auch zu kategorisieren, durch die Eigenschaften der Objekte in den einzelnen Situationen beeinflußt, wie sie von den Handelnden wahrgenommen werden.

9. Die Signifikanz von Normen und Werten

Die Wahl eines Zieles durch den Handelnden und die Rangordnung seiner Ziele sind von Normen und Werten stark beeinflußt. Normen sind spezifische Vorschriften und Verbote für standardisierte Handlungen. Werte andererseits drücken Präferenzen, Prioritäten oder wünschenswerte Zustände aus, beziehen sich aber nicht unmittelbar auf bestimmte Handlungen.

Normen können kulturell sein, brauchen aber nicht unbedingt sozial zu sein. Was man zu bestimmten Gelegenheiten ißt, ist eine kulturelle Norm. Der Umstand, daß man sich, wenn man zu bestimmten Gelegenheiten etwas Bestimmtes ißt, dabei so verhält wie andere Menschen einer bestimmten Kategorie, ist eine soziale Norm. Kulturelle Normen sind alle jene Vorschriften und Verbote für Handlungen, die man mit anderen Menschen teilt und die übernommen werden, indem man einer bestimmten sozialen Einheit angehört. Sozial sind alle jene kulturellen Normen, die eine Verbindung zu anderen Handelnden herstellen.

Normen können durch Werte untermauert sein oder auch nicht. Sklaven handeln im allgemeinen entsprechend bestimmten Vorschriften, die ihre Herren erzwingen. Aber wahrscheinlich tun sie das einfach deshalb, weil sie nur die Wahl zwischen Gehorsam und Strafe haben, die wiederum den Tod bedeuten kann. Sie können die Normen ablehnen, falls und sobald sich die Gelegenheit dazu ergibt. Aber auch wenn sie sich der Normen unter für sie günstigen Umständen nicht entledigen, so braucht das nicht deshalb der Fall zu sein, weil sie sich gerne normkonform verhalten möchten, sondern weil sie die totale Unterwerfung anerzogen bekommen haben. Man könnte sagen, daß sie im einen Fall das Leben in Unterwerfung und ohne Strafe höher bewerten als das Äußern von Aufbegehren mit darauffolgender Strafe und daß sie im anderen Fall Kontinuität höher bewerten als die Freiheit. So gesehen *ist* Normkonformität durch Werte untermauert. Aber sie ist nicht durch Werte untermauert, die Sklaven und Herren teilen und die angeben, welchen Normen der Vorzug gegeben werden soll: In dieser Bedeutung könnte man sagen, Werte untermauern Normen, wenn zum Beispiel Diener ihren Verpflichtungen gegenüber ihren Herren nachkommen beziehungsweise die Herren ihrerseits ihren Dienern gegenüber sich verpflichtet fühlen und wenn das auf der Grundlage einer moralischen Bindung geschieht, die die gegenseitigen Beziehungen motiviert. Hier kann man eindeutig sagen, daß Werte diese Normen untermauern. Aber man sollte nicht annehmen, daß Menschen soziale Beziehungen nur deswegen nicht aufgeben, sich dagegen auflehnen oder sich nicht einmal darüber beklagen, weil sie sich unbedingt an gemeinsame Werte gebunden fühlen. Die Wahl kann zwischen Gehorsam und einer verhältnismäßigen Sicherheit auf der einen Seite und Freiheit und Unsicherheit auf der anderen sein. Auf alle Fälle gibt es kaum Zweifel, daß die Menschen Werte entwikkeln, die den Rahmen von Normen abstecken, die sie befolgen oder ablehnen wollen.

Normen können den Gebrauch bestimmter Mittel vorschreiben oder aber nur weite Grenzen für die Art der zulässigen Mittel festsetzen. Aber genaue Vorschriften von Mitteln weisen im allgemeinen darauf hin, daß es wenigstens theoretisch Alternativen gibt. So ist Tausch selbst als ein Mittel, bestimmte Güter zu erwerben, in jenen Gesellschaften Norm, in denen es keine anerkannte Währung oder kein Bedürfnis danach gibt. Aber die detaillierten Handlungsnormen in Tauschsituationen, die kulturell vorgeschrieben sind, können bestimmte Praktiken, wie zum Beispiel das Gewinnstreben, ausschließen.

Normen schreiben Ziele nicht selbst vor, außer sie sind Mittel zur Erreichung von anderen Zielen, oder die Normen sind durch Werte untermauert. Reich sein ist noch keine Norm, außer Reichtum wird hoch bewertet, oder es ist ein Mittel, Prestige zu gewinnen.

Das Ausmaß, in dem Handlungen durch Normen und Werte beeinflußt werden, ist je nach Handlung und Gesellschaft verschieden. In allen Gesellschaften beeinflussen Normen und Werte Handlungen eher dann, wenn solche Handlungen regelmäßig auch Handlungen von anderen Menschen einschließen. Aber zwischen bloßem Einfluß von Normen und Determinierung des Verhaltens durch Normen ist ein großer Unterschied. Wo Gesellschaften die Privatsphäre institutionalisiert haben, kann der normative Einfluß in manchen Bereichen sehr gering sein. Jedenfalls hängt die Möglichkeit der Freiheit von Normen nicht nur von der Zulassung, sondern auch von der Anzahl der möglichen Wahlen ab, die durch technische, ästhetische und moralische Bedingungen bestimmt sind.

Wo es Wahlmöglichkeiten gibt, gibt es auch einen größeren Bereich und Bedarf an Handlungsstrategien. Wenn es nur wenige Wahlmöglichkeiten gibt, entweder wegen der Gesellschaftsstruktur oder wegen der Grenzen technischer Möglichkeiten, sind Handlungsstrategien nicht allzu wichtig. Damit wird angedeutet, daß Handlungen von den Wahlmöglichkeiten und den Bedingungen her klassifiziert werden können, die ein Wählen erlauben oder begrenzen. In der soziologischen Literatur ist dieser Punkt als Problem rationalen und nicht-rationalen Verhaltens diskutiert worden.

Typen sozialer Handlungen

Drei Autoren haben meiner Meinung nach vor allem die grundlegenden Fragen über das Ausmaß der Rationalität sozialen Handelns aufgerollt: Marx, Weber und Pareto.

1. Das Handlungsmodell von Marx

Marx verwendet ein sehr vereinfachtes Modell, das man instrumentalen Rationalismus nennen könnte. Er nimmt an, daß die Menschen bestimmte Ziele haben und daß sie jedes verfügbare Mittel einsetzen, um diese Ziele zu erreichen. Er war geneigt, den sozial Handelnden als einen Menschen zu betrachten, der Taktiken und Strategien überlegt und gegeneinander abwägt[4]. Hinter dieser Konzeption steckt jedoch keine Menschenverachtung, sondern die Meinung, daß die Analyse aller oder der meisten sozialen Systeme, besonders der des Kapitalismus, diesen Ansatz verlange*. Nach Marx ermutigt der Kapitalismus mehr als alle anderen Systeme zum Zweckdenken.

Marx hat nicht bestritten, daß die Menschen emotionale Bedürfnisse besitzen und Werte anerkennen. Aber er war der Ansicht, daß emotionaler Ausdruck im sozialen Handeln durch die praktischen Erwägungen derjenigen gesteuert wird, die in der Lage sind, soziale Gefühle zu beeinflussen. So gesehen sind Werte zum großen Teil das Selbstverständnis derjenigen sozialen Klasse, deren Interessen in der Gesellschaft vorherrschen.

Die Konzeption des sozialen Handelns von Marx ist zum Großteil aus dem Ziel-Mittel-Schema der klassischen Ökonomie abgeleitet. Er hat diese Art von Analyse aus dem ökonomischen Bereich auf soziale Systeme im allgemeinen übertragen, unter der Annahme, daß die Menschen bestimmte fundamentale Ziele haben, die sie dazu veranlassen, mit der materiellen Welt zu interagieren. Die Ziele selbst seien wieder das Ergebnis dieser Interaktion. Dieser

* Ich weiß, daß der frühe, »romantische« Marx ganz andere Auffassungen vertrat. Aber mit Raymond Aron bin ich der Meinung, daß er wenig für die Soziologie Bedeutsames gesagt hat[5].

Prozeß lasse ein Bedürfnis nach sozialen Beziehungen entstehen. Aus diesen Beziehungen und dem Bedürfnis nach einer Technologie entstünden dann bestimmte Formen der Kontrolle über Ressourcen, die Marx Produktionsverhältnisse nennt. Nimmt man nun an, daß es diese Produktionskräfte und Produktionsverhältnisse gibt, dann kann man das menschliche Verhalten sowohl aus der Logik jeder gegebenen Situation erklären, wie auch von den Problemen her, die der Mensch in diesem Zusammenhang lösen muß. Die Entwicklung eines jeden sozialen Systems ergibt sich aus der Entwicklung eines bestimmten Situationstyps zu einem anderen. Dabei hängt jedes Glied der Entwicklungskette vom Ergebnis der vorausgegangenen Situation ab.

Der Gebrauch einer so einfachen Konzeption von Zweckrationalität macht es für Marx möglich, die Eigenschaften eines jeden Teils des sozialen Systems als notwendiges Ergebnis von grundlegenden Teilen anzusehen: Die Logik ökonomischer Situationen hat eine bestimmte Logik politischer, rechtlicher und anderer Situationen zur Folge. Dieselbe einfache Vorstellung ermöglicht es Marx, auch ein Modell für die Entwicklung eines jeden Systems und dessen Transformation in ein anderes zu konstruieren.

Marx geht bei seiner Verwendung des Begriffes »falsches Bewußtsein« von der Annahme der Zweckrationalität aus. Er nimmt an, daß jene Menschen, die die Produktionskräfte und damit die Arbeit der anderen Menschen besitzen und kontrollieren, das Verhältnis zwischen ihren Zielen und den Mitteln zu ihrer Erreichung rational wahrnehmen, jene aber, die sich ihnen unterordnen müssen, nicht. Die ausgebeutete Klasse mag eine Zeitlang die wahre Logik der Situation nicht erkennen können. Denn sie ist Gefangener des »falschen Bewußtseins«, das sie dazu bringt, ihre Situation als unveränderbar und die Rechte derer, die sie beherrschen, als unangreifbar anzusehen[6]. Wenn aber dieses »falsche Bewußtsein« beseitigt wird, dann wird erkannt, daß bestimmte Ziele erreichbar sind und bestimmte Gelegenheiten ergriffen werden können. Jene, die die Ideologie so manipulieren, daß sie ein »falsches Bewußtsein« für andere garantiert, sind nicht selbst Opfer der Ideologie. Ganz im Gegenteil: Die Manipulation kann in hohem Maß rational sein. Damit ist Ideologie ein Instrument zur Aufrechterhaltung von Privilegien.

Die Anwendung der Zweckrationalität durch Marx ist zu vereinfacht, um als Grundlage soziologischer Forschung dienen zu können. Sein großes Verdienst liegt in der Betonung der Struktur der Situation und der damit zusammenhängenden »Logik« verwandter Situationen. Wenn dadurch eine Form des soziologischen Determinismus ermutigt worden ist, war es jedenfalls ein Determinismus der richtigen Sorte. Marx hat ganz anders als viele Vulgärmarxisten gesehen, daß alle Menschen, ohne Unterschied in bezug auf ihre Position, den Erfordernissen ihrer Situation entsprechend handeln und deshalb in dieser Hinsicht Opfer ihrer Situation sind. Aber seine Sicht der Prinzipien dieser Situationen und anderer Verhaltensweisen war zu eng.

2. Die Typologie des sozialen Handelns von Max Weber

Anders als Marx hat Max Weber ausdrücklich eine Theorie oder ein Modell sozialen Handelns formuliert. Handeln oder Verhalten muß subjektiv sinnvoll sein. Um das Verhalten von anderen Menschen zu verstehen, genügt es nicht, nur zu beobachten, was sie tun, sondern man muß auch wissen, welchen Sinn sie mit ihren Handlungen verbinden. Das mag für die eigene Gesellschaft nicht sehr einleuchtend klingen, in der man Handlungen als natürlich hinnimmt, wenn man sie in ihrem Kontext beobachtet. Man weiß, daß ein Mensch, der um sieben Uhr früh im Schlafzimmer seine Zehen berührt, Gymnastik macht und nicht betet. Aber in einer fremden Gesellschaft kann man erst dann Leibesübungen von rituellen Handlungen unterscheiden, wenn man gewisse Kenntnisse über einige Schlüsselvorstellungen hat, die den einzelnen beobachtbaren Bewegungen Sinn geben.

Weber unterscheidet vier wichtige Handlungstypen: *zweckrationale, wertrationale, traditionale und affektuelle Handlungen*[7]. Eine Handlung ist rational, wenn sie einige Annahmen darüber einschließt, daß der Gebrauch von bestimmten Mitteln für die Erreichung von Zielen notwendig ist. Die reinste Form rationalen Handelns ist zweckrationales Handeln, ein Begriff, den man auch mit »instrumenteller Rationalität« umschreiben könnte. Bei dieser Art von Handeln kann der Handelnde die Kosten, ein bestimmtes Ziel auf eine bestimmte Weise zu verfolgen, und auch den Wert eines bestimmten Zieles abschätzen. Dabei gilt auch, daß ein Ziel als Mittel für irgendein anderes Ziel angesehen werden kann.

Die zweite Art, zu handeln, ist *wertrationales Handeln* oder wertorientierte Rationalität. Hier kann die Wirksamkeit der Mittel nicht abgeschätzt werden. Ferner wird das Ziel als Ziel bewertet und nicht als Mittel für weitere Ziele. Ein Beispiel ist die Ausführung eines Rituals zur Erreichung eines Stadiums mystischer Einheit mit einem geistigen Wesen oder Gott. Eine solche Handlung wird von Weber deswegen als rational erachtet, weil die Annahme gemacht wird, daß die Mittel das angestrebte Ziel herbeiführen. Aber es ist fast unmöglich, Mittel und Ziel zu unterscheiden. Das Erreichen einer mystischen Einheit kann vom geistigen Zustand der Person her definiert werden, der mit der rituellen Handlung einhergeht.

Das war ein Beispiel für eine extreme Art wertrationalen Handelns. Man kann aber auch an Fälle denken, in denen es, obwohl das Ziel ein letztes Ziel ist und selbst bewertet wird, doch mehrere Alternativen für die Wahl von Mitteln gibt. Ferner gibt es, anders als der Fall ritueller Mittel und mystischer Ziele, Arten wertrationalen Handelns, in denen die Überzeugungen, die das Handeln leiten, empirisch überprüfbare Annahmen sind. Wenn zum Beispiel eine Person die Liebe einer anderen gewinnen will, kann dieses Ziel als letzter Wert betrachtet werden. Es gibt hier keinen Grund, warum der Handelnde nicht die Wirksamkeit mehrerer oder unterschiedlicher Mittel abschätzen kann, denn das Erreichen des Zieles ist in diesem Fall etwas, das empirisch festgestellt werden kann. Natürlich: Wenn das Ziel eher ist, Liebe *auszudrücken* als Liebe zu gewinnen, dann ist diese Handlung den Ritualen zur Erreichung eines mystischen Stadiums sehr ähnlich. Denn das Ziel ist ein subjektiver Zustand, den nur der Handelnde erkennen kann. Er kann dann immer für sich entscheiden, ob der angestrebte Zustand erreicht worden ist. Das heißt aber, daß es daher nicht einfach ist, die Wirksamkeit der Mittel abzuschätzen.

Wenn Weber den Begriff *wertrational* verwendet, um eine Art des Verhaltens zu beschreiben, dann sagt er damit nicht, daß Werte *zweckrationales* Verhalten nicht beeinflussen. Beim zweckrationalen Verhalten können Werte sowohl die Wahl der Mittel als auch die Rangordnung der Ziele beeinflussen. Aber die Erreichung eines Zieles wird für sich selbst nicht bewertet.

Im ganzen gesehen, hat Weber den Begriff »rational« nur verwendet, wenn er sich auf Handlungen bezogen hat. Gelegentlich hat er ihn auf die Überzeugungen des Handelnden angewandt. Die Überzeugungen eines Handelnden sind dann rational, wenn man Gründe angeben kann, warum man sie vertritt. Wer ein religiöses Ritual verrichtet, um einen mystischen Zustand zu erreichen, oder wer ein magisches Ritual ausführt, damit es regnet, kann im allgemeinen keinen einsichtigen Grund für den Handlungszusammenhang geben. Daher sind zwar solche Handlungen im Zusammenhang mit seinem »Glauben« rational, nicht aber seine Glaubensüberzeugungen*.

Webers Diskussion der unterschiedlichen Bedeutung von Werten für beide Arten rationalen Verhaltens und des Unterschiedes zwischen rationalen und nicht-rationalen Überzeugungen ist für die Bewertung seiner Unterscheidung von rationalem und traditionalem Verhalten sehr wichtig. Daher ist sie auch für eine Bewertung seines ganzen Entwurfes entscheidend. Für Weber besteht traditionales Verhalten darin, das zu tun, was in der Vergangenheit getan wor-

* Dieses Problem ist in jüngster Zeit von Agassi und Jarvie aufgegriffen und ausführlich diskutiert worden[8].

den ist, ohne Alternativen in Erwägung zu ziehen. Eine solche Handlungsart ist darum nicht rational, weil sowohl Mittel als auch Ziele von anderen übernommen werden. Eine Handlungsmöglichkeit wird nicht ausgewählt, um bestimmte Ziele zu erreichen. Ja, es wird überhaupt nicht gewählt. Ein Beispiel für traditionales Verhalten ist die Tributzahlung eines Stammesmitgliedes an seinen Häuptling. Der Stammesangehörige erledigt die Zahlung, weil er gelernt hat, daß dies Brauch ist. Wenn er für das Tätigen der Zahlung keinen anderen Grund angeben kann als den, daß er sagt, daß »es immer schon so gewesen sei«, dann kann man mit gutem Grund sagen, daß sein Verhalten nicht rational ist. Aber wenn er als seinen Grund angibt, »der Häuptling ist der Vater seines Volkes, und alles, was er fordert, ist berechtigt«, dann kann man von seinem Verhalten als einem rationalen Verhalten sprechen. Es kann *wertrational* sein: Das Ziel, dem Häuptling, der der Vater seines Volkes ist, zu Gefallen zu sein, ist ein bewertetes Ziel. Die Anwendung der Mittel, die Entrichtung des Tributes, führt zum erwünschten Ergebnis. Das Verhalten kann auch *zweckrational* sein: Der Tribut ist immer entrichtet worden, weil das dem Häuptling gefällt und man Begünstigungen von ihm erwarten kann, während andererseits ein Versäumen der Tributentrichtung sein Mißfallen erregt und dazu führt, daß er über den Beleidiger Strafen verhängt. Weber könnte sagen, daß der Stammesangehörige die Zahlung erledigen wird, weil er eine andere Möglichkeit gar nicht in Erwägung gezogen hat, ganz gleich, ob er einen Grund dafür angeben kann oder nicht. Das Verhalten würde erst zu einem rationalen Verhalten werden, wenn sich der Stammesangehörige ein mögliches Zahlen überlegen und dann für die Zahlung als die bessere Wahlmöglichkeit entscheiden würde. Anthropologen würden hier einwenden, daß man immer, wenn man solche Verhaltensformen analysiert, die offensichtlich im Sinne Max Webers traditional sind, eine verborgene Rationalität entdeckt: Zum Beispiel entrichten die Männer der Trobriander den Gatten ihrer Schwestern Zahlungen, weil ihre Schwestern sie mit Erben versorgen. Oder Männer tauschen zeremoniell Geschenke aus, weil das Bindungen zwischen ihnen erzeugt, die politisch und ökonomisch nützlich sind. Auf das alles könnte aber gesagt werden, daß ethnographische Analysen zeigen, daß man im Lauf der Zeit zu bestimmten rationalen Lösungen gekommen ist, die man dann in traditionalen Regeln niedergelegt hat. Von da an werden dann die vorgeschriebenen Verhaltensregeln befolgt, eben weil sie vorgeschrieben sind.

Traditionales Verhalten kann natürlich als rational eingestuft werden, mit der Begründung, daß das Ziel solchen Verhaltens die Erhaltung der Tradition ist. Wenn man dagegen den Einwand erhebt, daß zwischen den Mitteln und Zielen des Verhaltens nur ein kleiner oder gar kein Unterschied ist, könnte man sagen, daß ein Großteil des traditionalen Verhaltens genauso rational ist wie das Verhalten, das Weber *wertrational* nennt, weil es in beiden Fällen keine Möglichkeit gibt, die Annahmen hinter dem Verhalten zu begründen.

Alles das hat bei einigen Autoren zu der Äußerung geführt, daß jedes Verhalten mit der möglichen Ausnahme des affektuellen Verhaltens rational sei; ferner, daß jedes soziale Verhalten rational sei, weil es nahezu niemals ausschließlich oder auch nur vorwiegend affektuell sei[9]. Der Kern dieses Argumentes ist, daß Verhalten in sozialen Situationen immer das Ergebnis der Situation ist sowie der Vorstellungen, die die Menschen in ihr und über sie haben, und der Ziele, die sie verfolgen. Da sich Handlungen immer aus alldem ergeben, müssen sie immer rational sein. Eine zusätzliche Annahme ist die, daß Affekt kaum von Bedeutung ist, weil er sich auf individuelle Besonderheiten des Handelnden bezieht und nicht typisch für die Situation vieler Handelnder ist. Wenn man sich dieser Ansicht anschließt, ist es sinnlos, über nicht-rationales soziales Handeln zu sprechen, weil dann alles soziale Handeln rational ist. Das führt aber zu größeren Schwierigkeiten, als damit gelöst werden. Wenn man einen Weg aus ihnen heraus finden will, muß man die allzu breiten Kategorien aufgeben und zwischen einzelnen Handlungstypen unterscheiden, die in unterschiedlicher Weise aus zahlreichen Elementen zusammengesetzt werden können. Vorher müssen wir aber noch Webers Kategorie des affektuellen Verhaltens erörtern und dann noch den Versuch Paretos, dieses Problem zu behandeln, besprechen.

Nach Weber ist Verhalten affektuell, wenn es hauptsächlich vom Bedürfnis gesteuert ist, Emotionen Ausdruck zu geben. Im einen Extrem ist affektuelles Verhalten reflexiv, zum Beispiel das Zeigen von Furcht als Reaktion auf eine Bedrohung. Das Verhalten hat kein anderes Ziel als das Ausdrücken der Emotion. Im anderen Extrem kommt affektuelles Verhalten dem rationalen nahe, wenn bestimmte Mittel geradezu mit Überlegung ausgewählt werden, um einen emotionalen Zustand zu erreichen[10].

Das klingt sinnvoll. Aber Schwierigkeiten entstehen, wenn man an Handlungen denkt, die zwar affektuell und nicht-rational erscheinen, aber von einer *unbewußten* Rationalität her erklärt werden können[11]. Betrachten wir folgendes Beispiel: Ein Mann ist wütend, weil er von seinem Vorgesetzten fälschlich eines Fehlers beschuldigt worden ist. Anstatt die Kritik zu akzeptieren oder seine Unschuld an dem, was ihm zur Last gelegt worden ist, zu beweisen, wird er mit seinem Beschuldiger handgreiflich und verliert so seine Stellung. Das Verhalten erscheint auch Freunden des betroffenen Mannes irrational oder nicht rational. Aber ein Psychoanalytiker kann vielleicht zeigen, daß der sogenannte Verlust der Kontrolle, der mit einer emotionalen Erregung einhergeht, einen Sinn hat. Seine Interpretation lautet wie folgt: Der Mann, der beschuldigt worden ist, möchte in Wirklichkeit unbewußt für die Äußerung von Gewalttätigkeiten bestraft werden und benützt die Anschuldigung als Mittel zu diesem Zweck. Wenn man die psychoanalytische Interpretation dieser und ähnlicher Handlungen akzeptiert, so ist denkbar, daß viele Formen affektuellen Verhaltens auf einer tieferen Ebene rational sind. Wieder zeigt sich, daß sich der Begriff rational auf fast jede Handlung beziehen läßt und damit an Wert verliert.

Weber hat affektuelles Verhalten als für soziologische Forschung wichtig erachtet. Zum Beispiel hat er den Ursprung religiöser Bewegungen hauptsächlich von der emotionalen Anziehungskraft einiger Männer über ihre Anhänger her erklärt. Er hat diese Anziehungskraft Charisma genannt. Damit hat er angenommen, daß solche Menschen eine bestimmte Gabe besitzen, die sie für andere attraktiv erscheinen läßt. Aber im allgemeinen hat Weber dem affektuellen Verhalten keine primäre Bedeutung zugemessen, sondern die Ansicht vertreten, daß die meisten Formen sozialen Verhaltens, die nicht traditional sind, am besten als Annäherung an rationales Verhalten erklärt werden können. Faktoren wie Einstellungen und Emotionen sollten nur eingeführt werden, um Abweichungen vom rationalen Ideal zu erklären. Aber es muß betont werden, daß Weber das Konzept der Rationalität zum Teil als heuristischen Kunstgriff angesehen hat, um Normen typischen Verhaltens festzusetzen.

Rationalität war für Weber auch ein empirisches Ideal. Mit dem Zusammenbruch der traditionellen Strukturen der Gesellschaft kam es zu einer Entwicklung in Richtung zunehmender Rationalisierung. Damit hängt die Freiheit des Individuums, zu wählen, zusammen, vor allem in Marktsituationen.

3. Logisches und nicht-logisches Handeln nach Pareto

Pareto hat sich, wie Weber, sehr ausführlich mit sozialem Handeln befaßt[12]. Auch er unterscheidet zwischen logischem und nicht-logischem Handeln. Hier endet aber schon die Ähnlichkeit. Denn Pareto hat weitaus größere Betonung auf nicht-logisches Handeln gelegt als Weber. Ja, für Pareto ist logisches Handeln für die soziologische Forschung kaum relevant. In anderer Hinsicht ähneln die Ansichten von Pareto denen von Marx. Denn beide beachten die eingestandenen Beweggründe des Handelns kaum und suchen nach den Motiven, die hinter den ausdrücklichen Gründen der Handelnden verborgen liegen. Aber während die Motive nach Marx größtenteils aus den Bedingungen der Handlung selbst ableitbar sind, ist dies nach Pareto nicht der Fall. Pareto ist der Meinung, daß die wahren Motive sogar dem Handelnden selbst verborgen sein können.

Logisches Handeln heißt nach Pareto Anwendung der logisch-experimentellen Methode. Diese Methode besteht im Gebrauch des empirischen Wissens und einer validen Abwägung bei der Wahl von Mitteln zur Erreichung von Zielen. Manche Formen sozialen Verhaltens kommen diesem Ideal nahe – offensichtlich gilt das für ökonomisches Verhalten in der Marktsituation –, aber die meisten Verhaltensformen sind weit davon entfernt.

Nach Pareto kann Verhalten aus mehreren Gründen nicht-logisch sein: Wenn die Annahmen über das Verhalten falsch oder nicht-empirisch sind, wenn die Folgen des Handelns nicht berücksichtigt worden sind, wenn die Motive für die Handlung vom Handelnden nicht erkannt worden sind und wenn sich die gewählten Handlungen nicht aus den Annahmen ergeben. Hinter der Erklärung, warum diese verschiedenen Bedingungen nicht-logischen Verhaltens auftreten, steht Paretos Theorie der Instinkte, Residuen, Interessen, Neigungen und Derivationen.

Pareto stellt fest, daß bloßer Instinkt allein, die fundamentale Quelle menschlichen Verhaltens, die meisten besonderen Merkmale des sozialen Lebens nicht erklären kann. Er macht daher stärkeren Gebrauch von den Kategorien der Residuen und Interessen. Residuen sind Modifikationen und Verfeinerungen der Instinkte und werden durch Erfahrung gebildet. So ist Sexualität ein Instinkt, aber Inzestverbot und sexuelle Askese sind Residuen. Interessen sind bestimmte Arten von Residuen. Sie sind die Motive für das Erreichen von Wohlstand, Prestige und Macht. Pareto macht auch häufigen Gebrauch vom Konzept der Neigungen, die vieles mit den Instinkten gemeinsam haben, aber auch erprobte Verfeinerungen des Instinktes sein können und deshalb eine Art der Residuen sind.

Nahezu alles soziale Handeln wird von Neigungen und Interessen oder irgendwelchen Residuen gesteuert. Es kann den *Anschein* haben, als ob Handlungen zwar von bestimmten Vorstellungen oder Theorien gesteuert würden, die die Menschen motivieren, wenn sie ihr Verhalten erklären. Aber man begeht einen schwerwiegenden Irrtum, wenn man diese Theorien oder, wie Pareto sie nennt, Derivationen so nimmt, wie sie sich dem ersten Eindruck nach darbieten. Derivationen sind Theorien, die die Menschen benutzen, um sich über sich selbst klarzuwerden, denn danach haben sie ein Bedürfnis. Aber sie verbergen dabei nur die wahren Motive des Verhaltens, die woanders liegen. In Wirklichkeit, so sagt Pareto, kann zur Rationalisierung der gleichen Residuen eine ganze Anzahl von Derivationen dienen: Die Aufgabe des Soziologen besteht darin, die oberflächlichen Unterschiede zu untersuchen und die Ähnlichkeiten zu enthüllen. So können Totenfeierlichkeiten und eine Eucharistiefeier das gleiche Residuum ausdrücken. Aber dieses Residuum tritt im Zusammenhang mit ganz verschiedenen Derivationen in Form religiöser Überzeugungen auf. Hinter diesen Unterschieden liegt als identisches Element die moralisch bindende Bedeutsamkeit einer rituellen Gemeinschaft.

Pareto leugnet nicht die Wichtigkeit von Vorstellungen. Er anerkennt, daß es zwischen Vorstellungen, Gefühlen und Motiven einen komplizierten Interaktionsprozeß gibt. Aber das ideationale Element, das für soziales Verhalten kausale Wichtigkeit besitzt, bleibt meistens nur am Rande wirksam.

Pareto bezieht sich besonders oft auf jene zwei Arten von Residuen, die er »Kombinationsinstinkte« und »Persistenzinstinkte« nennt. Das erste Residuum erzeugt die Tendenz, Dinge auf verschiedene Arten zu kombinieren, und führt damit zu Neuerungen. Das zweite erzeugt die Tendenz, Dinge in denselben Beziehungen aufrechtzuerhalten, in denen sie bestanden haben, was zu Konservativismus oder Widerstand gegen Neuerungen führt. Die Schwierigkeit liegt darin, daß die beiden Kategorien *ad hoc* und *ex post facto* angewendet werden und daher wenig echten, erklärenden Wert besitzen. Wenn sich etwas ändert, zieht man die erste Art von Residuen heran, wenn sich nichts ändert, die zweite. Hier liegt eine Schwierigkeit des ganzen Konzeptes der Residuen für die Erklärung von Verhalten.

Manchmal ist Pareto nahe daran, zuzugestehen, daß ein großer Teil des Verhaltens logisch ist, auch wenn die Motive verschleiert sein mögen, weil der angestrebte Zustand empirisch »verifizierbar« ist. So ist Verhalten, das von Interessen gesteuert wird, eher logisch, als Verhalten, das von einer moralischen Vorstellung gesteuert ist.

Paretos Konzept wirft zahllose Schwierigkeiten auf. Erstens ist es absurd, ein Handeln nicht-logisch zu nennen, nur weil die Annahmen des Handelnden falsch sind. Viele wissenschaftliche Theorien stellen sich eines Tages als falsch heraus, obwohl man sie jahrhundertelang für wahr gehalten hat. Und wenn man einige falsche Annahmen zugesteht, kann man auch andere konzedieren, die nach Paretos kulturellen Standards nicht als wissenschaftlich gelten könnten – zum Beispiel magische Annahmen. Sie können wirklich falsch sein, aber sind sie mehr falsch als viele wissenschaftliche Theorien? Man könnte einwenden, daß magische Annahmen nicht empirisch sind. Aber warum nicht? Die Behauptung, das Versprühen von Wasser unter gleichzeitigem Rezitieren eines Zauberspruches bewirke Regen, ist sogar höchst empirisch. Zwar ist klar ersichtlich, daß die Wirkung nicht immer eintritt. Außerdem ist der Mechanismus, wodurch eine Folge von Ereignissen eine andere bewirkt, nicht formuliert und kann auch nicht erforscht werden. Aber trifft das nicht auch für das Archimedische Prinzip in seiner ursprünglichen Formulierung zu? Pareto würde sagen, man sei vom Archimedischen Prinzip überzeugt,weil es empirisch belegt sei, während die magischen Annahmen aus einem tieferen Bedürfnis heraus geglaubt würden. Diese Ansicht mag etwas für sich haben. Aber sie ist nie empirisch untermauert worden.

Im Fall anderer Annahmen, wie denen der Religionen, könnte man sagen, daß sie überhaupt nicht überprüfbar sind, weil sie sich auf Zustände beziehen, die nicht beobachtet werden können. Sie sind zum mindesten nicht empirisch widerlegbar. Man kann nicht darüber streiten, ob Gott durch die Missetaten der Menschen gekränkt wird. Pareto unterscheidet nicht zwischen unwiderlegbaren Annahmen, wie denen der Religionen, und den Annahmen der magischen Techniken und Populärwissenschaften, die zwar widerlegbar sein können, aber geglaubt werden, weil die zahllosen Widerlegungen hinwegerklärt werden.

Die zweite Schwierigkeit liegt in Paretos Annahme, daß Handeln nicht-logisch ist, wenn die Folgen nicht durchdacht sind. In dieser Hinsicht *kann* kein Handeln logisch sein, weil *niemand* je mehr als ein paar wenige Folgen seiner Handlungen bedenken kann. Was Pareto also meint, ist, daß manche Handlungen in einem Stadium des Wunschdenkens vorgenommen werden. Man versucht nicht, Folgen zu kalkulieren oder vorwegzunehmen. Manchmal allerdings stellt sich heraus, daß diese Art zu handeln rational ist. Bei drohender Gefahr ist ein Mensch, der die Folgen seiner Handlungen genau überlegt, vermutlich verloren, während gerade ein Mensch, der im Glauben an seine Intuition handelt, Erfolg haben kann.

Die dritte Schwierigkeit liegt in Paretos Annahme, daß Handeln nicht logisch ist, wenn der Handelnde seine Motive nicht kennt. Das erscheint sehr plausibel. Denn wenn jemand die eigenen Motive nicht kennt, wie sollte er dann seine Handlungen planen können? Wenn zum Beispiel eines der Motive für Gewalttätigkeit Rache ist, ist es möglich, daß der Handelnde kein anderes Ziel erreicht, weil seine Handlungen übereilt und unkontrolliert sind. Aber Pareto bedenkt nicht, daß viele Handlungen rational durchgeführt werden, obwohl sich der Handelnde dessen nicht voll bewußt ist, was er da tut. Oft besteht Vernünftigkeit gerade darin, nicht nachzudenken, was man tun muß, sondern schnell zu handeln.

Paretos Annahme, daß Handlungen nicht logisch sind, wenn sie nicht aus den Annahmen des Handelnden folgen, ist unangreifbar. Unglücklicherweise ist es jedoch oft nicht möglich, alle Annahmen für eine Handlung im voraus zu kennen. Man kann zudem immer

ex post facto Annahmen einführen, die eine Handlung logisch erscheinen lassen.
Aber Paretos allgemeine Absicht ist lobenswert. Er ist sich dessen bewußt, daß viele Handlungen in der konventionellen Bedeutung des Begriffes nicht logisch sind. Das ist der Fall, weil Neigungen, Affekte und blinder Glaube eine große Rolle für die Beeinflussung des Handelns und das Ausschließen der Möglichkeit spielen, empirisch überprüfbare Annahmen und logische Kalkulationen zu verwenden. Er ist sich auch bewußt, daß sich die Menschen gegenüber der Realität blind stellen, weil das leichter zu ertragen ist, als sie zu akzeptieren, und daß sie imaginäre Ziele verfolgen – das heißt Ziele, die man nur erreichen kann, indem allein der Handelnde annimmt, daß sie erreicht worden sind –, weil sie die »wirklichen« nicht erreichen können.

4. *Elemente von Handlungen*

Das Modell rein rationalen Handelns ist nicht adäquat und die Versuche von Weber und Pareto, dieses einfache Modell zurechtzurücken, sind bemerkenswerte Leistungen. Aber sowohl Weber als auch Pareto haben Schwierigkeiten, rationales von nicht-rationalem Handeln zu unterscheiden, obwohl sie beide viele Probleme aufreißen und viele verschiedene Elemente oder Seiten von Handlungen diskutieren. Das macht es möglich, über ihre Arbeiten hinauszugehen. Man kann damit anfangen, die verschiedenen möglichen Elemente aufzuzählen, die man bei jeder Handlung finden kann.
Das erste Element ist die strategische Wichtigkeit eines Zieles: Ist das Ziel ein Mittel zur Erreichung anderer Ziele oder nicht? Und wenn es das ist, wird es als Mittel zur Erreichung für viele andere Ziele verwendet, für wenige oder nur für ein einziges?
Das zweite Element ist die Verfügbarkeit von Alternativen: Gibt es viele Mittel zur Erreichung eines Zieles, einige oder nur eines? Und ist die Anzahl durch die Definition des Zieles oder durch die Beschränktheit des Wissens bestimmt?
Das dritte Element ist der erkenntnistheoretische Status des Zieles: Ist das Ziel eine Bedingung, die durch eine Aussage beschrieben wird, die empirisch überprüfbar ist oder nicht?
Das vierte Element ist der erkenntnistheoretische Status der Verbindung zwischen Mitteln und Zielen: Wird diese Verbindung durch eine Aussage beschrieben, die empirisch überprüfbar ist oder nicht?
Das fünfte Element ist die Wirksamkeit der Mittel: Kann der Gebrauch von Mitteln von den mit ihrem Einsatz verbundenen Kosten her abgeschätzt werden, und kann der Grad des Erfolges der Handlung gemessen werden?
Das sechste Element ist die Bedeutsamkeit von Affekten: Ist die

Wahl von Mitteln oder Zielen von Affekten beeinflußt, und in welchem Ausmaß? Oder ist das Ziel selbst ein affektiver Zustand?
Das siebente Element ist die Rolle, die Normen spielen: Ist das Ziel in normativen Begriffen definiert? Oder ist seine Wahl von Normen beeinflußt oder gesteuert? Und in welchem Ausmaß sind die Mittel von Normen beeinflußt.
Das achte Element ist die Rolle, die Werte spielen: Sind die Normen, die das Verhalten steuern oder beeinflussen, von Werten untermauert oder nicht?
Das neunte Element ist die Einstellung gegenüber den Annahmen, die das Verhalten steuern: Werden die Annahmen dogmatisch akzeptiert, oder werden sie im Licht von Argumenten und Beweisen einer kritischen Bewertung unterzogen?
Das zehnte Element ist die Gesamtorientierung: Wird die Handlung in strategischer Beziehung zu einer Reihe anderer Handlungen gesehen oder nicht?
Das elfte und letzte Element bezieht sich auf den Bewußtseinsgrad des Handelnden und auf Merkmale der Situation: Ist er sich seiner Annahmen und Motive bewußt oder nicht?
Alle diese Elemente werden von Weber und Pareto berücksichtigt. Aber beide scheinen anzunehmen, daß ihre möglichen Kombinationen sehr begrenzt sind: Denn Weber unterscheidet vier Typen des Handelns und Pareto nur zwei. Es kann aber leicht sein, daß noch nicht alle logisch möglichen Kombinationen entdeckt sind. Sicher ist jedenfalls, daß die Anzahl der möglichen Kombinationen größer ist, als von Pareto und Weber angenommen wurde.
Man muß auch betonen, daß die Alternativen nicht klar abgegrenzt sind, sondern polare Typen darstellen und daß die meisten Handlungen in verschiedenem Ausmaß von jedem Element beeinflußt sind. Natürlich ist es viel einfacher, einen Typ des Handelns von einer Kombination von Elementen her zu klassifizieren, die diesen Typ enthält, als auf einer Skala das Ausmaß zu messen, in dem sich ein jedes Element in der Handlung findet.

Bewertung der Handlungstheorie

Gegen den handlungstheoretischen Ansatz kann man eine Reihe von Kritiken richten:
Erstens verfalle er der Täuschung des Psychologismus. Zweitens sei er nicht genügend psychologisch. Drittens sei er in mancher Hinsicht unzulänglich. Viertens kann man ihm den Charakter einer erklärenden Theorie absprechen.
Psychologismus oder psychologischer Reduktionismus ist eine Lehrmeinung, die annimmt, daß man alle soziologischen Fragen letztlich

psychologisch erklären könne, weil alle sozialen Phänomene auf die geistigen Eigenschaften des Menschen zurückführbar seien. Ein einfaches und naives Beispiel dafür wäre die Erklärung des Bestehens der menschlichen Familie aus einem Bedürfnis nach Zuneigung. So eine Erklärung muß man zurückweisen, weil die typische Zuneigung innerhalb einer Familie Ergebnis und nicht Ursache der Familie ist. Ein etwas weniger einfaches Beispiel wäre die Erklärung des Bestehens von Religion als Projektion der unbewußten Phantasien über Vaterfiguren, die Erwachsene noch aus ihrer Kindheit mitgenommen haben. Diese Erklärung muß man indes ablehnen, weil sie nicht sagen kann, warum eine derartige Projektion die Form der Religion annimmt und nicht irgendeine andere. Sie erklärt auch nicht, warum manche Menschen weniger als andere geneigt sind, einer Religion anzuhängen und sie auszuüben. Im ganzen gesehen ist der Psychologismus widerlegt, weil die geistigen Eigenschaften, die er für die Erklärungen sozialer Phänomene heranzieht, vermutlich das Ergebnis eben der sozialen Formen sind, die man erklären will.

Aber ganz gleich, ob der Psychologismus in irgendeiner Form akzeptierbar ist oder nicht: Stimmt es, daß die Handlungstheorie unbedingt psychologistisch sein muß? Manche Kritiker des Handlungsansatzes meinen, daß er an die Annahme gebunden ist, die Charakteristika und Bedingungen des Handelns bestünden unabhängig von den einzelnen Gesellschafts- und Kulturformen. Sie meinen ferner, falls diese Annahme aufrechterhalten werde, so müsse sie mit der Ansicht einhergehen, derartige Charakteristika würden sich aus den Eigenschaften der einzelnen Menschen ergeben. Denn wenn sie sich nicht aus den einzelnen Formen sozialen Lebens ergäben – woher könnten sie dann sonst abgeleitet werden? Natürlich mag es richtig sein, daß manche Handlungstheoretiker dem Irrtum des Psychologismus verfallen sind. Pareto zum Beispiel behandelt die Residuen als erklärende Faktoren. Das scheint wirklich eine Form des Psychologismus zu implizieren.

Ganz gleich, ob die Art der Erklärung, die Pareto entworfen hat, verteidigt werden kann oder nicht, sie ist nicht unbedingt typisch für den Handlungsansatz. Andere Handlungsansätze sind dem pyschologischen Reduktionismus genau *entgegengesetzt. Ja, die ganze Absicht ihrer Autoren richtet sich darauf, die Psychologie aus der soziologischen Erklärung auszuschließen**[13]. Ihr grundlegendes Argument ist, daß das soziale Handeln von zwei Arten von Faktoren gesteuert wird: Von solchen Bedingungen in sozialen Situatio-

* Es ist auch seltsam, daß manche Gegner des Handlungsansatzes für eine Verwendung der Psychologie in soziologischen Forschungen eintreten, während man von manchen Holisten, die von den Handlungstheoretikern am meisten kritisiert werden, sagen kann, daß sie sich selbst zu einer sehr interessanten Form des Psychologismus bekennen.

nen, die gegenüber dem Handelnden äußerlich sind, und von solchen Bedingungen innerhalb des Handelnden, die seine Reaktion auf die Situation und seine Wahrnehmung der Situation beeinflussen. Beide Arten von Bedingungen werden dem Handelnden von der Gesellschaft übermittelt. Es mag zutreffen, daß die subjektiven Eigenschaften des Handelnden möglicherweise in großem Ausmaß individuelle Besonderheiten sind, aber damit kann man das sozial Typische seines Verhaltens nicht erklären.

An dieser Stelle wird der zweite Einwand wichtig. Sein Kernpunkt ist, daß die Handlungstheorie, wenn sie Konzepte wie »Motivation«, »kognitive Orientierung«, »Neigungen«, »affektive Dispositionen« usw. verwendet, auch Theroien einbeziehen muß, die erklären, wie diese Mechanismen arbeiten: Weil die meisten Handlungsarten nicht rein zweckbestimmt sind und Wahrnehmungen, Gefühle und Werte miteinschließen, muß die Art der Beeinflussung dieser Faktoren berücksichtigt werden. Das Gegenargument ist, daß man das Bestehen dieser Mechanismen nicht leugne, sondern absichtlich nicht beachte, weil ihre Erforschung nicht unbedingt etwas zu einer soziologischen Analyse beitrage. Der Einfluß von sozial vermittelten Motivationen, Werten und Ideen werde als erwiesen erachtet. Und das genüge für die Analyse der Struktur sozialer Situationen[14].

Psychologie mag für manche soziologische Erklärungen wichtig sein oder auch nicht; auf die Handlungstheorie hat das keinen Einfluß. Wenn man will, kann sie die Psychologie einschließen. Das hat Talcott Parsons gezeigt[15].

Die dritte Kritik unterscheidet sich von den ersten beiden und ist in letzter Zeit von Alain Touraine auf eine sehr interessante und scharfsinnige Weise vorgebracht worden. Touraine selbst ist ein Verteidiger des Handlungsansatzes[16]. Sein Argument folgt den Ausführungen von Gurvitch, indem zwischen Verhalten und Handeln unterschieden wird. Verhalten ist eine Aktivität in Übereinstimmung mit geltenden Normen. Handeln ist kreativ und innovativ. Touraine scheint aber die übliche Bedeutung des Begriffes »Handlung« vorzuziehen, nach der ein Mensch bei seinen Handlungen nur dann normentsprechend vorgeht, wenn er sich dafür entscheidet. Im übrigen ist er sein eigener normativer Herr. Touraines Argument ist, daß eine Handlungstheorie, die Normkonformität als unentbehrliches Element betrachte, sozialen Wandel nicht erklären könne. Deshalb sei sie auch nicht in der Lage, zu erklären, wie Normen entstünden. Was erklärungsbedürftig sei, werde als gegeben vorausgesetzt. Touraines eigener Standpunkt ist insofern neomarxistisch, als er annimmt, daß es an den kreativen Akten der Arbeit und an den Arbeitsverhältnissen liege, wenn die Menschen die grundlegenden Normen der Gesellschaft festsetzten. Änderungen entstünden aus der dauernden Interaktion des Menschen mit seiner von Menschenhand gemachten materiellen und sozialen Umwelt. So gesehen sind seine Annahmen über das Handeln stark vom frühen Marx beeinflußt und insofern von einem instrumentalen Rationalismus weit entfernt.

Touraines Kritik an einem Großteil der Handlungstheorien ist interessant und eindrucksvoll, aber nicht unbedingt überzeugend. Er übersieht die Möglichkeit, auf die weiter oben bereits hingewiesen worden ist und derzufolge eine Handlungstheorie nicht anzunehmen braucht, daß Normen und Werte den Verlauf des Handelns völlig *bestimmen:* Sowohl Weber als auch Pareto geben motivationalen Elementen und Situationsstrukturen Raum, in denen Normen und Werte den Handlungsverlauf *beeinflussen* können, *ohne ihn völlig zu bestimmen.* Ferner kann man gerade von Interaktionsmodellen her erklären, warum es Normen gibt. Zwar ist es wahr, daß solche Modelle nicht das Entstehen *bestimmter* Normenkombinationen erklären können. Weder der Handlungsansatz von Touraine noch der von jemand anderem kann die einzelnen Merkmale sozialer Normen erklären. Auch kann kein derartiger Ansatz für sich allein erklären, warum sich die Normen in manchen Gesellschaften langsamer als in anderen ändern.

Die letzte Kritik am handlungstheoretischen Ansatz ist, daß er, wenn er vom Psychologismus abrücke, überhaupt nichts erklären könne. Das Argument lautet wie folgt: Wenn die Theorie soziale Phänomene von den Motivationen und anderen psychologischen Eigenschaften der Handelnden her erklärt, ist sie zum mindesten eine genuine, erklärende Theorie, auch wenn sie aus anderen Gründen nicht akzeptiert werden könne. Aber wenn sie soziale Phänomene von der Struktur sozialer Situationen her erkläre, wobei die subjektive Sicht dieser Situationen durch den Handelnden miteingeschlossen sei, dann setze sie voraus, was erklärt werden solle, (das Argument gleicht dem von Touraine). In anderen Worten: die Erklärung ist zirkulär oder tautologisch. Die soziale Situation ist das Ergebnis von Handlungen, Handlungen aber werden von der Situation und von kulturell akzeptierten Arten der Wahrnehmung der Situationen und Reaktionsweisen auf diese Situation gesteuert.

Bei allen soziologischen Forschungen *nimmt man an,* daß einige Merkmale der sozialen Struktur und Kultur strategisch wichtig und von Dauer sind und Grenzen definieren, innerhalb deren es zu sozialen Situationen kommen kann. Von dieser Annahme ausgehend, kann der handlungstheoretische Ansatz dazu beitragen, die Prinzipien dieser Situationen und die Art ihres Einflusses auf das Verhalten zu erklären. Aber die Sozialstruktur und Kultur selbst werden nicht erklärt, außer man läßt sich auf eine Studie der Entwicklung ein, die von irgendeinem frühen Punkt ausgeht, an dem

dann bestimmte strukturelle und kulturelle Elemente als gegeben vorausgesetzt werden.
Die Kritik, daß die Theorie des sozialen Handelns sehr wenig erkläre, trifft zu. Handlungstheorie als solche ist eine Methode. Sie besteht aus einer Anzahl nahezu tautologischer Annahmen, die den Erkenntnisvorgang eines Forschers strukturieren, der sich im großen und ganzen mit den Bedingungen und Ergebnissen sozialer Interaktion beschäftigt.

Einige Paradigmata zur Analyse sozialer Systeme*

T. Parsons

Empirisch gesehen müssen soziale Systeme als *offene* Systeme begriffen werden, die in einem komplexen gegenseitigen Austauschprozeß mit den sie umgebenden Systemen verbunden sind. Diese umgebenden Systeme umfassen das kulturelle System, das Persönlichkeitssystem, das Verhaltenssystem und weitere Subsysteme des Organismus und durch diese hindurch die physikalische Umwelt. In gleicher Weise müssen soziale Systeme begriffen werden als eine differenzierte und segmentierte Pluralität von Subsystemen, die analytisch gesehen ihrerseits als offene Systeme in einem Austauschprozeß mit den weiteren, sie umgebenden Subsystemen des umfassenderen Systems stehen.
Der Begriff eines offenen, in Austausch mit seiner Umgebung befindlichen Systems impliziert den Begriff der Systemgrenze und deren Aufrechterhaltung. Wenn eine Klasse interdependenter Elemente in bestimmter Weise angeordnet ist und sich diese Ordnung über gewisse Zeitspannen hinweg erhält, dann können wir sagen, daß sie über eine ›Struktur‹ verfügt, und sie kann sinnvollerweise als ein ›System‹ behandelt werden. ›Grenze‹ bedeutet dabei einfach, daß zwischen internen und externen Strukturen und Prozessen Unterschiede bestehen und daß diese Unterschiede dazu tendieren, sich zu erhalten. Insofern solche Grenzen nicht existieren,

* T. Parsons, A paradigma for the analysis of social systems, aus: T. Parsons, An Outline of the Social System, in: T. Parsons, E. Shils, K. D. Naegele, J. R. Pitts (eds), Theories of Society Foundations of modern Sociological Theory, S. 36–41. Mit freundlicher Genehmigung des Autors und des Verlags The Free Press. Übersetzt von Michael Schmid.

kann man eine Menge interdependenter Phänomene nicht als ein System identifizieren.
Neben der Bestimmung eines Systems durch seine Struktur und seine Grenzen kann und sollte ein Sozialsystem in drei logisch unterschiedenen, doch interdependenten Dimensionen untersucht werden (bases of selective abstraction).

Strukturelle und funktionale Analyse

Die erste dieser Dimensionen kann am besten in Beziehung zur Unterscheidung zwischen ›strukturell‹ und ›funktional‹ definiert werden. Wenn diese beiden Begriffe auch eng miteinander verbunden sind, so ist ihre Unterscheidung doch von großer Wichtigkeit. Der Strukturbegriff bezieht sich auf jene Ordnungselemente des Systems, die von den wenig weitreichenden und kurzfristigen Fluktuationen des Systems in seiner Beziehung zu seiner externen Situation nicht betroffen sind. Entsprechend bezeichnet er Systemeigenschaften, die aus bestimmten forschungsstrategischen Gesichtspunkten als konstant betrachtet werden können innerhalb bestimmter Variationsgrenzen des Verhaltens anderer signifikanter Elemente des theoretischen Problems.
Der funktionale Bezug andererseits unterscheidet sich vom strukturellen durch seine Betonung ›dynamischer‹ Aspekte. Seine primäre theoretische Bedeutung ist eine integrative. Funktionale Betrachtungen beziehen sich auf vermittelnde Beziehungen zwischen zwei fundamentalen Erfordernissen: jenen, die durch die Konstanz oder Vorgegebenheit der Struktur, und jene, die durch das Vorhandensein der Systemumgebung gesetzt sind. Da beide nur in einem theoretischen Grenzfall in einer konstanten Relation zueinander stehen werden, wird es notwendigerweise ein System dynamischer Prozesse und Mechanismen ihrer Angleichung geben.
Begriffe wie ›Struktur‹ oder ›Funktion‹ können sowohl konkret wie rein analytisch betrachtet werden. Hier soll nur die analytische Bedeutung untersucht werden ... Die funktionalen Kategorien eines sozialen Systems betreffen entsprechend jene Systemeigenschaften, die sich auf systematisch geordnete Weisen der Anpassung zwischen Mengen von Mustern institutionell verankerter Strukturen innerhalb eines sozialen Systems und den Eigenschaftsmengen der relevanten Systemumgebung beziehen. Das bekannteste Modell einer solchen Beziehung ist historisch gesehen das eines sich verhaltenden Organismus, wie es im Bereich der Psychologie benutzt wird. In diesem Zusammenhang besteht das funktionale Problem darin, die Mechanismen zu analysieren, die eine geordnete Reaktion auf Umweltbedingungen ermöglichen. Bei der Benutzung dieses

Modells bei der Analyse sozialer Systeme muß nicht nur die Umwelt, sondern auch die Struktur des Systems selbst als problematisch und Wandlungen unterworfen behandelt werden, was über den traditionellen Ansatz der Verhaltenspsychologen hinausgeht.
Wenn man dieses Modell für die Analyse sozialer Systeme fruchtbar machen will, muß man sich daran erinnern, daß nicht die Systeme der physikalischen Umwelt die unmittelbaren Systeme der Umgebung des Sozialsystems darstellen, sondern die anderen primären Subsysteme des generellen Handlungssystems: so die Persönlichkeiten der individuellen Mitglieder, die Verhaltensaspekte des Organismus, die diesen Persönlichkeiten zugrunde liegen, und die relevanten kulturellen Systeme, insofern sie nicht gänzlich im sozialen System institutionalisiert sind, sondern andere als die institutionalisierten Komponenten als die ›normativen Kulturmuster‹ umfassen. Dieser Punkt ist zu technisch, um hier diskutiert zu werden. Hier soll die Position vertreten werden, daß ein Sozialsystem im analytischen Sinne in *keinem* direkten und unmittelbaren Input-Output-Austausch mit seiner physikalischen Umwelt steht. Der gesamte Umtausch dieser Art, der empirisch von größter Bedeutung ist, ist durch den sich verhaltenden Organismus (»behavioral organism«) mediatisiert.

Die dynamische Analyse

Die Wichtigkeit der zweiten Variationsdimension für empirische und theoretische Probleme folgt aus diesen Betrachtungen unmittelbar. Man muß dabei zwei Ebenen »dynamischer« Probleme in bezug auf ein gegebenes System unterscheiden. Im ersten Fall bezieht man sich auf Prozesse, die sich unter der Annahme vollziehen, daß die strukturellen Muster institutionalisierter Kultur vorgegeben sind, d. h. daß sie konstant bleiben. Dies ist der Bereich von *Gleichgewichtsproblemen* ... Die Bedeutung dieses Begriffs ist direkt verbunden mit dem Systembegriff und der Art, wie die Beziehung zwischen ›Funktion‹ und ›Struktur‹ definiert wurde.
Der Gleichgewichtsbegriff stellt einen fundamentalen Bezugspunkt für die Analyse der Prozesse dar, durch die ein System den Anforderungen einer sich verändernden Umgebung entweder begegnen kann, ohne dabei seine Struktur wesentlich zu verändern, oder aber diesen Anforderungen nicht gerecht werden kann und somit anderen Prozessen unterliegt, wie strukturellem Wandel, Auflösung als eines grenzerhaltenden Systems (analog dem Tod bei Organismen), oder der Reaktion auf Verschlechterungen durch die Errichtung sekundärer Strukturen ›pathologischen‹ Charakters. Theore-

tisch hat der Gleichgewichtsbegriff nur einen normativen Bezug. Da die Struktur eines Sozialsystems in der institutionalisierten Kultur besteht, stellt die Aufrechterhaltung dieser normativen Muster den hauptsächlichen Bezugspunkt für die Analyse des Systemsgleichgewichts dar. Ob dies jedoch tatsächlich geschieht oder nicht und in welchem Maße, ist eine rein empirische Frage. Darüber hinaus kann Ungleichgewicht zu strukturellen Veränderungen führen, die von einem höheren normativen Gesichtspunkt wünschenswert sind.

Der zweite Bereich dynamischer Probleme bezieht sich auf Prozesse, die Strukturwandlungen des Systems selbst umfassen. Dies impliziert vor allem Austauschprobleme mit dem kulturellen System, wie sehr diese Probleme auch ihrerseits mit dem internen Systemzustand und dessen Beziehungen zu anderen Umweltsystemen verbunden sein mögen. Läßt man Unterscheidungen innerhalb der Kategorien interner Anpassungsprozesse für den Augenblick beiseite, so kann man im Hinblick auf seine internen Austauschprobleme sagen, daß die Gleichgewichtsprobleme eines Sozialsystems in erster Linie seine Beziehungen zu seinen individuellen Mitgliedern als Persönlichkeiten und Organismen umfaßt und durch diese hindurch zu seiner physikalischen Umwelt. Probleme strukturellen Wandels andererseits umfassen seine Beziehungen zu kulturellen Systemen, die seine Muster institutionalisierter normativer Kultur betreffen.

So fundamental die Unterscheidung zwischen den dynamischen Problemen sein wird, die strukturellen Wandel implizieren, und jenen, wo dies nicht der Fall ist, muß doch die große Bedeutung eines gemischten Falls betont werden. Es handelt sich dabei um Veränderungen, die sich innerhalb eines Subsystems vollziehen, aber die Struktur des umfassenden Systems nicht berühren. Der wichtigste Fall dieser Kategorien sind Prozesse struktureller Differenzierungen. Strukturelle Differenzierungen implizieren eine echte *Reorganisation* des Systems und entsprechend einen fundamentalen strukturellen Wandel verschiedener Subsysteme und deren Beziehung untereinander. Ihre Analyse stellt deshalb Probleme im Bereich des strukturellen Wandels der relevanten Subsysteme, aber nicht im selben Sinn für das Gesamtsystem. Die implizierten Probleme betreffen die Organisation der strukturellen Komponenten des Sozialsystems, besonders deren hierarchische Anordnung.

Die Hierarchie der Kontrollbeziehungen

Die dritte der drei wesentlichen Dimensionen theoretischer Analyse stellt die Hierarchie der Kontrollbeziehungen dar.

Die grundsätzlichen Subsysteme des generellen Handlungssystems bilden eine hierarchische Abfolge solcher Kontrollinstanzen des individuellen oder organischen Verhaltens. Das Handlungssystem setzt zunächst an am sich verhaltenden Organismus mit seinen anatomisch-physiologischen Eigenschaften. Hier stellt sich auch der Kontakt mit der physikalischen Umgebung her. Das Persönlichkeitssystem stellt seinerseits ein Kontrollsystem für den sich verhaltenden Organismus dar, wie das Sozialsystem für die Persönlichkeiten seiner partizipierenden Mitglieder und das kulturelle System für das Sozialsystem.
Es mag hilfreich sein, das Wesen dieser hierarchischen Beziehungen durch die Diskussion zu illustrieren, in welchem Sinne das Sozialsystem die Persönlichkeit ›kontrolliert‹ ... Zum einen setzt sich die Handlungssituation für ein gegebenes Individuum in erster Linie aus *anderen* Individuen zusammen, mehr noch als aus Mengen anderer Faktoren. Das konkrete Sozialsystem übt nun insofern eine mächtige Kontrolle über die Handlungen eines jeden konkreten erwachsenen Individuums, als es die Möglichkeiten zum Handeln und seine prinzipiellen Belohnungen und Deprivationen bestimmt. Daneben hängt auch die Strukturierung des motivationalen Systems, in dessen Rahmen das handelnde Individuum seiner Situation entgegentritt, vom sozialen System ab, weil seine eigene *Persönlichkeitsstruktur* durch die Internalisation von Systemen sozialer Objekte und Mustern institutionalisierter Kultur geformt wurde ...

Kontrollbeziehungen innerhalb des Sozialsystems

Dieselben grundsätzlichen Prinzipien kybernetischer Hierarchie, die bei der Untersuchung der Beziehungen zwischen allgemeinen Handlungssubsystemen angewendet werden können, können auch innerhalb eines jeden Subsystems Verwendung finden, spezifisch auch bei der Analyse des sozialen Systems, das hier zur Diskussion steht. Als Basis für die Klassifikation der Komponenten sozialer Systeme sollen die Ordnungsprinzipien kybernetischer Priorität dienen, in Verbindung mit deren Bedeutung für Grenz-Austauscherfordernissen des Systems. Die Relevanz dieser Hierarchie berührt alle Komponenten, die in Übereinstimmung mit den ersten unserer Variationsbereiche unterschieden wurden, so: Strukturen, Funktionen, (Anpassungs-)Mechanismen und die Kategorien von Input und Output.
Der strategische Ausgangspunkt zur Darlegung dieser Klassifikation ist die Funktionskategorie, die Verbindung zwischen dem strukturellen und dynamischen Aspekt des Systems. Es ist möglich, die wesentlichen funktionalen Imperative für jedes Handlungssy-

stem, und entsprechend für jedes Sozialsystem, auf vier zu beschränken, die man ›pattern maintainance‹, ›integration‹, ›goal-attainment‹ und ›adaption‹ nennen kann.

Die Funktion der Institutionserhaltung (pattern maintainance)

Die Funktion der ›pattern maintainance‹ bezieht sich auf das Erfordernis, die Stabilität der Muster institutionalisierter Kultur aufrechtzuerhalten, welche die Systemstruktur definieren. Es gibt zwei unterschiedliche Aspekte dieses funktionalen Imperativs. Der erste betrifft den Charakter der normativen Muster selbst, der zweite betrifft den Zustand der ›Institutionalisierung‹. Vom individuellen Teilhaber am Sozialsystem aus gesehen, kann man hier von der motivationalen Verpflichtung (committment) sprechen, in Übereinstimmung mit bestimmten normativen Mustern zu handeln, was deren ›Internalisation‹ in die Persönlichkeitsstruktur impliziert.

Entsprechend liegt die Betonung der Institutionserhaltung auf der strukturellen Kategorie der *›Werte‹*. In diesem Zusammenhang ist auf der kulturellen Ebene die wichtigste Funktion die Aufrechterhaltung der Stabilität institutionalisierter Werte vermittels des Prozesses, der Werte in ›belief-systems‹ artikuliert, etwa religiöse Glaubensbekenntnisse, Ideologien und ähnliches. Werte unterliegen selbstverständlich Veränderungen. Ob aber nun Stabilität faktisch tendenziell vorherrscht oder nicht, in jedem Falle sind die Möglichkeiten von Disruptionen in diesem Bereich sehr groß, und es ist wesentlich, daß man nach Prozessen Ausschau hält, die eine solche Ordnung erhalten – selbst wenn dies nur im Rahmen von Wandlungen selber möglich ist.

Der zweite Aspekt der Kontrollfunktion bezieht sich auf die motivationale Verpflichtung von Individuen – was ›tension-management‹ genannt wurde. Ein sehr zentrales Problem besteht dabei in den Sozialisationsmechanismen, d. h. den Prozessen, durch die Werte der Gesellschaft durch das Individuum internalisiert werden. Aber selbst wenn diese Werte internalisiert wurden, so unterliegt doch die Verpflichtung auf sie unterschiedlichen Arten von Spannungen ...

Pattern maintainance spielt in diesem Sinn für die Theorie sozialer Systeme, und für andere Handlungssysteme, eine Rolle, die sich mit der des Trägheitsbegriffs in der Mechanik vergleichen läßt. Sie dient als wesentlichster Ausgangspunkt für die Analyse anderer, eher variabler Faktoren. Wenn man diesen Begriff in angemessener Weise abfaßt und anwendet, impliziert er nicht notwendigerweise die faktische Vorherrschaft von Stabilität gegenüber

Wandel. Indessen, wenn man sagt, ein System zeige eine Tendenz, seine strukturellen Muster zu erhalten, so ist damit zweierlei angesprochen. Einmal ist damit ein Bezugspunkt gewonnen für die Analyse eines ganzen Bereichs von Variationsproblemen, die aus *anderen* Quellen als dem Prozeß strukturellen Wandels innerhalb des Systems entstammen, worin auch Auflösung des Systems mitbegriffen ist. Zum anderen wird klar, daß, wenn man strukturelle Wandlungen analysiert, man andere theoretische Probleme thematisiert, als sie bei der Analyse von Gleichgewichtsvorgängen impliziert sind. Entsprechend gibt es eine direkte Beziehung zwischen der Funktion der Institutionserhaltung und der Unterscheidung zwischen Problemen der Analyse von Gleichgewichtsvorgängen auf der einen und der Analyse struktureller Wandlungsprozesse auf der anderen Seite ...

Die Funktion der Zielverfolgung (goal-attainment)

Wir haben die Institutionserhaltung verglichen mit dem Begriff der Trägheit, wie er in der Mechanik Verwendung findet. Zielverfolgung wird dann zum Problem, wenn sich eine Diskrepanz ergibt zwischen den Trägheitstendenzen des Systems und den »Bedürfnissen«, die aus dem Austausch mit der Systemwelt resultieren. Solche Bedürfnisse entstehen notwendigerweise, weil kaum erwartet werden kann, daß inneres und äußeres System den gleichen Wandlungsmustern folgen werden. ›Ziel‹ kann entsprechend nur im Zusammenhang mit dem Gleichgewichtsbegriff definiert werden. Es ist ein zielgerichteter Wandel mit der Tendenz, die Diskrepanz zwischen den Systembedürfnissen und den Umweltbedingungen zu reduzieren, die die Erfüllung solcher Bedürfnisse berühren. Zielverfolgung oder Zielorientierung ist entsprechend, im Gegensatz zur ›pattern maintenance‹, grundsätzlich an eine spezifische Umweltsituation gebunden, in der sich ein bestimmtes System befindet.
Man kann sich sicher ein Sozialsystem mit nur einem Ziel vorstellen. Meist jedoch ist die Situation komplexer und es liegen mehrere Ziele vor. Dann müssen solche Ziele entlang irgendeiner Skala relativer Dringlichkeit geordnet werden, um den Zusammenhalt des Systems zu schützen, wobei eine solche Rangordnung hinreichend flexibel sein muß, um sich den Veränderungen in der Umweltsituation anzupassen ...
Bei der Betrachtung der Zielorientierung des Sozialsystems muß freilich auf die Persönlichkeiten partizipierender Individuen zurückgegriffen werden, wobei es nicht so sehr auf deren Verpflichtungen gegenüber den Werten der Gesellschaft ankommt, also auf die Motivation, das beizutragen, was für das Funktionieren des

Systems notwendig ist. Diese ›Beiträge‹ variieren entsprechend den besonderen Erfordernissen ...

Die Adaptionsfunktion

Die zweite Konsequenz aus dieser Mehrzahl von Zielen jedoch betrifft die Unterscheidung zwischen den Funktionen der Zielverfolgung und der Adaption. Wenn nur ein Ziel vorhanden ist, dann ist das Problem der Beurteilung der Nützlichkeit vorhandener Möglichkeiten eingegrenzt auf deren Bedeutung für die Erreichung dieses einen Zieles. Bei einer Mehrzahl von Zielen entstehen jedoch *Kostenprobleme.* Dieselben knappen Möglichkeiten können für die Erreichung unterschiedlicher Ziele eingesetzt werden, und entsprechend bedeutet ihre Nutzung für einen Zweck, daß die Gewinne geopfert werden müssen, die man hätte erringen können, wenn dieselben Mittel zur Erreichung alternativer Ziele eingesetzt worden wären. Auf dieser Basis muß eine analytische Unterscheidung eingeführt werden zwischen der Funktion effektiver Zielverfolgung und der Zurverfügungstellung disponibler Mittel und Möglichkeiten, die nicht eindeutig auf ein bestimmtes Ziel bezogen sind.*
Wie es eine Vielzahl rangniedriger, konkreter Ziele gibt, so existiert desgleichen eine Vielzahl relativ konkreter Mittel. Entsprechend besteht hier ein entsprechendes Problem, diese Mittel in ein System zu organisieren. Wichtig ist in diesem Zusammenhang, daß eine bestimmte Flexibilität der Verwendung solcher Mittel erhalten bleibt, solange sich dies mit deren Effektivität in Einklang bringen läßt. Für das System bedeutet dies ein Maximum an generalisierter Verfügbarkeit in bezug auf alternative Einsätze. Innerhalb komplexer Typen sozialer Systeme kristallisiert sich diese Verfügbarkeit von Mitteln in der Institutionalisierung von Geld und Märkten. Genereller: auf der makroskopischen Ebene sozialer Systeme ist die Funktion der Zielverfolgung der politischen Organisation von Gesellschaften zuzuschreiben, während die Adaptionsfunktion in den Bereich der ökonomischen Organisation fällt ...
Innerhalb eines sozialen Systems ist die Zielverfolgung eine wichtigere Kontrolle als die Adaption. Mittel dienen der Erreichung von Zielen – nicht umgekehrt. Obwohl natürlich die Zurverfügungstellung oder Herstellung von Mitteln selber zu einem Ziel werden kann ...

* Die adaptive Funktion ist durch diese Bereitstellung von Mitteln und Möglichkeiten definiert.

Die Integrationsfunktion

Der letzte der vier funktionalen Imperative eines Handlungssystems – in unserem Falle eines Sozialsystems – ist die Integration. Sie steht in der Kontrollhierarchie zwischen den Funktionen der ›pattern maintenance‹ und der Zielverfolgung. Die Beachtung dieser Integrationsfunktion rechtfertigt sich aus der Tatsache, daß alle Systeme, außer in einigen Grenzfällen, in relativ unabhängige Einheiten differenziert und segmentiert sind, die ihrerseits als grenzerhaltende Systeme innerhalb einer Umgebung von anderen Systemen aufgefaßt werden müssen. Die Umwelt dieser Einheiten besteht aus den anderen Subsystemen desselben übergreifenden Gesamtsystems. Das funktionale Problem der Integration besteht nun in der gegenseitigen Anpassung solcher Einheiten oder Subsysteme in Hinblick auf das Ausmaß ihres Beitrags zum faktischen Funktionieren des Gesamtsystems. Dies wiederum hängt zusammen mit dem Problem der Institutionserhaltung und der externen Umweltsituation, deren Anforderungen durch Zielverfolgung und Adaption begegnet wird. In einer hochdifferenzierten Gesellschaft wird diese Integrationsleistung durch ein System rechtlicher Normen und die Institutionen erbracht, die sich der Auslegung dieser Normen widmen, den Gerichtshöfen und Rechtsberufen. Rechtliche Normen dieser Ebene regeln eher als jene der abstrakten Verfassung die Verteilung (Allokation) von Rechten und Pflichten, von Mitteln und Belohnungen zwischen den verschiedenen Einheiten des komplexen Systems. Solche Normen erleichtern eine interne Anpassung, die mit der Stabilität des Wertsystems verträglich ist, oder dessen geregelte Veränderung genauso wie die Adaption an sich verändernde Anforderungen der externen Situation. Die Institutionalisierung von Geld und Macht sind in erster Linie integrative Phänomene wie andere Kontrollmechanismen in einem engeren Sinne.

Die integrative Funktion kennzeichnet für jeden Systemtyp – wie hier für Sozialsysteme – eine Reihe höchst zentraler Eigenschaften und Prozesse. Wir glauben, daß Integrationsprobleme in sozialen Systemen das wichtigste Thema soziologischer Theorie darstellen.

Systemtheoretische Ansätze bei Talcott Parsons und George C. Homans*

W. Buckley

Im folgenden Abschnitt wollen wir etwas systematischer zeigen, wie mechanische und organische Modelle in der jüngeren Soziologie verwendet wurden. Das wird eine kurze Darstellung des mechanisch-organischen Systems von Talcott Parsons implizieren, inklusive der wichtigsten Kritik, die in jüngerer Zeit gegen diesen Ansatz erhoben wurde. Im Anschluß daran soll das Parsonssche Modell mit dem Gleichgewichtsmodell von George C. Homans verglichen werden. Es soll dabei gezeigt werden, daß die unterschiedlichsten, z. T. gegensätzlichsten theoretischen Implikationen aus anscheinend ähnlichen Begriffen und Modellen gezogen werden können, die aber alle untauglich sind. Wir werden nachweisen, daß Homans Folgerungen so verschiedenartig sind, weil seine Vorstellungen dem Geist der modernen Systemtheorie näher kommen als dem traditionellen Gleichgewichtsmodell, von dem sie angeblich abgeleitet wurden.

Das Parsonssche Gleichgewichts-Funktionsmodell

Die mühsame Arbeit, den vielen Kritiken des Parsonsschen Systems eine weitere hinzuzufügen, wird sich zunächst mit dessen vager Begrifflichkeit beschäftigen müssen. Obgleich einige der Kritiken nur grobe Karikaturen darstellen, ermutigt doch die Tatsache, daß der Parsonssche Ansatz durchaus kein dichtes System gut definierter und konsistent verwendeter Begriffe darstellt, eine solche Behandlung. Die vorliegende Skizze kann nur den Anspruch auf Behandlung einiger charakteristischer Schwerpunkte erheben, sie kann keine zusammenfassende Darstellung geben. Der kritische Analytiker des Parsonsschen Systems wird bald bemerken, daß sich bei Parsons zahlreiche Aussagen werden finden lassen, die fast jede Kritik zurückweisen, die gegen ihn erhoben wurde.

Parsons hat sich immer nachdrücklich mit dem Begriff der »Ordnung« beschäftigt, und er und Shils definieren den Systembegriff folgendermaßen:

»Die allgemeinste und fundamentalste Eigenschaft eines Systems

* Aus: W. Buckley, Sociology and modern systems theory, Englewood Cliffs 1967, S. 23–40. Mit freundlicher Genehmigung des Autors und des Verlages Prentice Hall. Übersetzt von Michael Schmid u. Rolf Behringer.

ist die Interdependenz seiner Teile oder Variablen. Interdependenz besteht in der Existenz strukturierter Beziehungen zwischen den Teilen oder Variablen, die keinen zufälligen Charakter haben. In anderen Worten: Interdependenz bedeutet ›Ordnung‹ zwischen den Beziehungen der Komponenten, die ein System konstituieren.«[1]

Man sollte darauf achten, daß diese Definition von »Ordnung« in einer Gesellschaft nicht nur legitimierte institutionelle Muster und Prozesse umfaßt, sondern auch Abweichungen, subkulturelle Alternativen, fortwährende Konflikte, systemisch strukturiertes Kollektivverhalten und dergleichen, so lange jedenfalls, als man diese Erscheinungen eher als Funktionen »strukturierter Beziehungen zwischen Systemteilen« auffassen kann denn als Zufallserscheinungen. Man muß aber auch darauf hinweisen, daß dem Begriff »Ordnung« an einer späteren Stelle desselben Werkes eine gänzlich verschiedene Bedeutung gegeben wurde: »Ordnung, d. h. friedliche Koexistenz unter Mangelbedingungen, ist einer der allerwichtigsten funktionalen Imperative des sozialen Systems.«[2]

Wir weisen auf diese Bedeutungsunterschiede hin, weil die Schwierigkeiten und Mehrdeutigkeiten des Parsonsschen Ansatzes hier ihren Ursprung haben, indem sie einmal auf neutrale kausale Beziehungen verweisen, zum anderen aber auf normative oder evaluative Beziehungen.

Parsons und Shils postulieren darüber hinaus, daß »Ordnung eine Tendenz zur Selbsterhaltung besitzt, die sehr allgemein im Gleichgewichtsbegriff angesprochen ist.«[3] Hier ist deutlich die zweite Bedeutung von »Ordnung« gemeint. Hinzu tritt als weitere zentrale Eigenschaft die Tendenz eines sozialen Systems, sein Gleichgewicht innerhalb bestimmter Grenzen in Relation zu einer gegebenen Umgebung aufrechtzuerhalten (wobei zur ›Umgebung‹ alles das gehört, was nicht Element des Systems ist), eine Eigenschaft, die dem biologischen Begriff der Homeostase sehr ähnlich sein soll. Innerhalb des biologischen Modells bewegt sich auch der Begriff der funktionalen Notwendigkeit (functional imperative): d. h. die konstituierenden Bedingungen und empirisch notwendigen Voraussetzungen für das Funktionieren des Systems, das mit der Tatsache des Mangels innerhalb seiner Objektsituation, der Natur des Organismus, der Realitäten der Koexistenz (unterschiedlicher Anforderungen) konfrontiert ist.

Parsons nimmt grundsätzlich an, daß die Aufrechterhaltung eines etablierten Zustandes eines Sozialsystems unproblematisch ist, daß die Tendenz, den Interaktionsprozeß aufrechtzuerhalten, dem »ersten Gesetz des sozialen Prozesses« gleichkommt, das dem Trägheitsgesetz der Mechanik verwandt ist. Und entsprechend muß man dann nach den Tendenzen fragen, die die Interaktionsmuster *nicht* aufrechterhalten. So müssen erstens neue Mitglieder des Systems konformierende Rollenorientierungen erlernen, soweit sie ihnen nicht angeboren sind. Zum zweiten wird solches Lernen der vorhandenen sozialen Situation nicht immer völlig gerecht, was zum Auftauchen von »Abweichungstendenzen« führt, zu Neigungen, »von der Konformität mit den normalen Standards, die die gemeinsame Kultur konstituieren, abzukommen«.[4] Diese beiden hauptsächlichen Quellen der Abweichung konfrontieren somit das System mit Problemen der Kontrolle, da solche Abweichungen, wenn man sie toleriert, dazu tendieren, das System zu verändern oder zu desintegrieren. Das System begegnet solchen Problemen entsprechend mit »Kontrollmechanismen«: d. h., Mechanismen der Sozialisation und der Kontrolle arbeiten somit eng zusammen mit Verteidigungs- und Anpassungsmechanismen innerhalb der Persönlichkeit, die einen Handelnden dazu motivieren sollen, in Übereinstimmung mit einem bestimmten System von Erwartungen zu handeln, Abweichungen und anderen Spannungen innerhalb eines Systems entgegenzuwirken, um das System in einen gegebenen Zustand zurückzuversetzen und das anfängliche Gleichgewicht zu sichern.

Durch Beispiele wird darauf verwiesen, daß Zustände des Ungleichgewichts möglicherweise durch die Tatsache entstehen, daß nicht-empirische Ideen nicht allen Mitgliedern eines Kollektivs gemeinsam sind, was der Fall sein müßte, um Stabilität zu erhalten. Solche Möglichkeiten werden durch Kontrollmechanismen zurückgedrängt – Mechanismen, die die Einheitlichkeit und Stabilität von Glaubenssystemen »erzwingen«. »Traditionalismus« und »autoritative Zwänge« sind die Haupttypen.

Wenn die Kontrollmechanismen am Ende nicht zuverlässig arbeiten, so verändert sich der Zustand des Systems oder es zerfällt. In anderen Worten: entweder funktioniert das System oder nicht, und in beiden Fällen analysieren wir die Situation, indem wir uns auf die Kontrollmechanismen konzentrieren.

Kritiker haben oft schon die Zweideutigkeit des Begriffs »Abweichung« bemerkt. Obwohl Parsons an vielen Stellen klar erkennt, daß strukturelle Abweichungen, Spannungen etc. bestimmende, wesentliche Bestandteile eines sozialen Systems darstellen, so wird doch unter der Hand »System« im Verlaufe seiner Ausführungen mit der herrschenden, legitimierten, institutionalisierten Struktur identifiziert oder doch wenigstens mit jenen charakteristischen Strukturen, die strukturierte Spannung, Abweichung und Unordnung nicht implizieren. Und der Begriff der »institutionalisierten Abweichung«, der in der einen oder anderen Form von vielen Soziologen anerkannt wurde, kann für Parsons nur eine contradictio in adjecto bedeuten.

Dagegen kann man nachweisen, daß im Zusammenhang einer wissenschaftlichen Behandlung eines sozialen oder jeden beliebigen Systems »Abweichung« ein *normativer* anthropozentrischer Begriff ist, ein Relationsbegriff in bezug auf einen willkürlich gewählten Bezugsrahmen. So fanden beispielsweise Astronomen im Sonnensystem leichte »Abweichungen« der Planetenumlaufbahnen von einer vollkommenen Ellipse, die in erster Linie auf die gegenseitige Beeinflussung der Planeten untereinander zurückzuführen ist. Aber solche Abweichungen werden nur durch die subjektive Wahl der Beobachter (einer perfekten Ellipse) zu Abweichungen, indem man solche frei gewählten Bezugspunkte mit der Realität vergleicht. In der physikalischen Theorie sind die »Abweichungen« ebenso Teile des gesamten Systems wie die elliptischen Umlaufbahnen selbst, und das System der wirksamen Kräfte erlaubt eine solche Unterscheidung nicht. Im Falle des sozialen Systems besteht das Problem darin, ob Konformität und Ordnung einerseits und Abweichung und Unordnung andererseits gleichermaßen als Systemmerkmale oder Systemfolgen betrachtet werden sollen. Wenn die Antwort ›ja‹ lautet, müssen wir die Suche nach ›Kontrollmechanismen‹ und nach ›Konformität‹ ergänzen durch eine ebenso starke Suche nach ›Mechanismen der Abweichung‹ und Unordnung. In beiden Fällen konzentrieren sich die Mechanismen auf Aspekte des Systems, wobei zwischen beiden kaum eine Gewichtung vorgenommen werden kann. Beide können als wichtiger Ausgangspunkt für die Analyse gesellschaftlicher Wirklichkeit dienen.
Wenn man korrekterweise sagen kann, daß ein gegebener (oder etablierter) Zustand eines sozialen Systems zu jeder Zeit alle strukturierten Beziehungen der Systemteile umfaßt, das, was man ›Konformitätsmuster‹ nennen kann, wie das, was als »Abweichung« verstanden werden kann, dann ist das folgende Zitat von Parsons deutlich einseitig.
»Ein etablierter Zustand eines sozialen Systems ist ein Prozeß komplementärer Interaktion von zwei oder mehreren individuellen Aktoren, wobei jeder mit den Erwartungen des oder der anderen in solcher Weise übereinstimmt, daß die Reaktionen auf Egos Handlungen positive Sanktionen darstellen, die dazu dienen, Egos bestehende Bedürfnisdispositionen zu erfüllen und somit seine gegebenen Erwartungen zu erfüllen.«[5]
Gibt es nicht auch Zustände nicht-komplementärer Interaktion, bei denen jeder die Erwartungen anderer frustriert, usf.? Oder weiter:
»Ein soziales System ist immer durch ein institutionalisiertes Wertsystem charakterisiert. Das erste funktionale Gebot eines sozialen Systems besteht in der Aufrechterhaltung der Integrität und Institutionalisierung dieses Wertsystems ... Die Tendenz, das System

angesichts des Drucks, institutionalisierte Werte auf kulturellem Wege zu verändern, aufrechtzuerhalten, kann man als ›Pattern maintenance‹-Funktion bezeichnen ... Motivationsspannungen, die aus Belastungen aus irgendeinem Bereich der sozialen Situation oder aus organischen oder anderen innerpersönlichen Quellen stammen, können die individuelle Motivation, in Übereinstimmung mit institutionalisierten Rollenerwartungen zu handeln, gefährden. Stabilisierung gegenüber dieser möglichen Quelle der Veränderung kann als ›Spannungsmanagement‹ bezeichnet werden.«[6]

Wir können das soweit akzeptieren, aber wo sind die Kontrapunkte? Es gibt gleichermaßen vertretbare Aussagen und Vermutungen wie z. B.: »Der etablierte Zustand irgendeines komplexen gesellschaftlichen Systems impliziert strukturelle nichtkomplementäre Interaktionen (d. h. organisierten Konflikt, Wettbewerb usf.), wodurch jeder Aktor die Erwartungen oder das Zielstreben anderer frustriert.«

»Ein soziales System ist immer durch eine Vielzahl kontradiktorischer Wertsysteme und deren zahlreiche Interpretationsschattierungen in konkreten Handlungen und Interaktionen gekennzeichnet.«

»Die erste Forderung eines relativ geordneten, bedürfnisbefriedigenden und spannungsfreien Sozialsystems muß die Gewährung nicht-pathologischer Abweichung sein, als Basis für die ständige kritische Überprüfung der institutionalisierten Strukturen und Wertinterpretationen und deren Veränderung.«

»Die Tendenz zur Änderung des Systems, angesichts des Drucks, die traditionellen institutionalisierten Wertinterpretationen zu bewahren, kann man die ›Mustererneuerungsfunktion‹ nennen.«

»Motivationsspannungen, die aus Konformitätsdruck in irgendeinem Teil der sozialen Situation oder aus anderen Quellen entstehen, können die individuelle Motivation soweit gefährden, daß sie die Integration des Wertsystems in Frage stellen und in bezug auf institutionalisierte Rollenerwartungen erneuern und dazu beitragen, eine dysfunktionale soziokulturelle Struktur zu bewahren. Die Neuerung gegenüber dieser mächtigen Quelle der Bewahrung einer inadäquanten Struktur kann man ›kreative Spannungsbefreiung‹ nennen«, usf.

Eine solche Übung kann die Leichtigkeit dokumentieren, mit der durch eine vage Terminologie und deren zahllosen impliziten Konnotationen Zweideutigkeiten, wenn nicht Werturteile in unsere theoretischen Entwürfe eindringen können.

Am Ende dürfte die folgende Strategie kaum sehr wertvoll sein, wenn Parsons meint, »... im Zusammenhang mit sozialen wie mit Persönlichkeitssystemen werden wir uns *nicht* mit dem Problem der Aufrechterhaltung gegebener Zustände befassen, *außer wo es erkennbare Tendenzen gibt, diese Zustände zu ändern.*«[7]

Wenn ein bestimmter Zustand eines sozialen Systems *immer* Tendenzen seiner Veränderung impliziert, und Parsons sagt oft, daß dies der Fall sei, dann ist die Aufrechterhaltung dieses Zustandes fortwährend problematisch. Wir können von einem Trägheitsgesetz nur dann sprechen, wenn es innerhalb des Systems selbst keine Quelle der Veränderung gibt. Hierin liegt ein fundamentaler Unterschied zwischen einem geschlossenen und einem offenen System.

Wenn wir Parsons Schema näher betrachten, sehen wir, daß seine konservative Orientierung schon in seinem Modell angelegt ist. Die Grenze eines Systems wird definiert mit Bezug auf ›Konstanzmuster‹, die zu einem harmonischen Gebilde aus gemeinsamen Normen und Werten, sich gegenseitig stützenden Erwartungen und ähnlichem verknüpft sind. Gleichgewicht andererseits wird definiert mit Hilfe des Begriffs der Grenzerhaltung des Systems konstanter, harmonischer, mutualer, gemeinsamer, komplementärer, stabilisierter und integrierter Muster. Mit einem Wort: »System« schließt hier alle strukturellen Spannungen und Abweichungen innerhalb solcher Muster aus oder berücksichtigt sie allenfalls residual, wobei wir natürlich sehr wohl wissen, daß solche Muster bisweilen durchaus konstant, mutual, reziprok in sich selbst sein und in weitem Ausmaß mit der dominierenden Struktur übereinstimmen können.

Man sollte sich klarmachen, daß diese Kritik gegenüber dem Parsonsschen Ansatz von bedeutenden Theoretikern schon vor zwei Jahrzehnten vorgebracht wurde, aber ohne jeden erkennbaren Erfolg. So meinte Theodore Newcombe in seiner Auseinandersetzung mit den Theorien des frühen Parsons: »Mein wichtigster Neuerungsvorschlag befaßt sich mit zwei Teilen seiner soziologischen Theorie: der ›Theorie der Motivation institutionellen Verhaltens‹ und der ›Theorie der Motivation des abweichenden Verhaltens und des Problems der sozialen Kontrolle‹. Die Unterscheidung dieser beiden Motivationsarten scheint mir dem zu entsprechen, was Kurt Lewin eher als phänotypisch denn als genotypisch bezeichnen würde. In der Sozialpsychologie, so scheint mir, gibt es keine sinnvolle Unterscheidung zwischen Motiven, den Anforderungen einer Rolle nachzukommen oder dies nicht zu tun. Vom psychologischen Standpunkt aus ist der Lernprozeß, sich in gewissem Maße anderen Menschen anzupassen, derselbe, ob das Endresultat in der Übereinstimmung mit bestimmten Rollenanforderungen besteht oder in Abweichungen davon. In beiden Fällen ist der Prozeß ein zielgerichtetes Verhalten, das Wahrnehmung, Verhaltensäußerung, Nachdenken und Gefühle impliziert. Das Ziel, auf das das Verhalten gerichtet ist, während die vorgeschriebenen Rollen erworben werden, bedeutet nicht notwendigerweise

›Erwerb der vorgeschriebenen Rolle‹.«[8]

Vieles aus der Diskussion über die Stellung von Abweichungen in sozialen Systemen könnte auch im Zusammenhang mit kollektivem Verhalten in Relation zu institutionalisierten Strukturen wiederholt werden. Man könnte argumentieren, daß jede dynamische Analyse sich ebenfalls auf systemische Quellen (oder Mechanismen) kollektiven Verhaltens konzentrieren sollte. Ein solcher Versuch könnte zumindest erkennen lassen, daß Systemmuster von ›institutionalisierten‹ bis zu fast unstrukturierten Mustern auf einem Kontinuum zu liegen kommen und daß viele Formen angeblich ›legitimierter‹ Muster nahe am Bereich kollektiven Verhaltens liegen, so illustrieren viele Machtstrukturen und Machtwechsel von bestimmten Regimes in vielen Nationen dieses Kontinuum.

Auf der Basis dieser wenn auch kurzen Diskussion soll nunmehr zusammenfassend der Versuch gemacht werden, die zentralen Probleme des Parsonsschen Modells explizit zu machen, um von hierher eine Vergleichsmöglichkeit mit dem Homanschen Modell zu gewinnen.

1. Das soziale System umfaßt nur oder doch hauptsächlich jene strukturierten Beziehungen, die eine »institutionalisierte« Struktur der Konformität mit Rollenerwartungen bilden. Diese dominante Struktur wird dann als Bezugspunkt aufgefaßt, gegenüber dem andere Strukturen und latente Konsequenzen als potentiell zerstörerisch betrachtet werden. Diese disruptiven Erscheinungen führen zu Kontrollproblemen des Systems (funktionale Imperative), die gelöst werden müssen, wenn sich das System erhalten soll. Auf diese Weise verengt sich der Begriff »soziales System« derart, daß er nur noch bestimmte Relationen umfaßt – jene, von denen angenommen werden kann, daß sie eine ›friedliche Koexistenz‹ (verschiedener Systemteile) erlauben.

2. Das bedeutet, daß Abweichung und unterschiedliche Arten von Spannung nur residualen Charakter innerhalb dieses Modells haben. Sie erhalten keinen gebührenden Platz als integrale Bestandteile des Systems. Verschiedene Formen der Abweichung und Spannung, ob sie sich in diffusen neurotischen Symptomen äußern oder in deliquentem und kriminellem Verhalten, in teilweise oder vollständig organisierten sozialen Bewegungen oder in geistigen Erneuerungen, werden in einen Topf geworfen und als dysfunktional für das System betrachtet.

3. Es ist fraglich, ob das postulierte »Gesetz sozialer Beharrung« oder »sozialer Trägheit« auf dynamische Systeme anwendbar ist, das Kräfte und Drücke, die auf Veränderungen gerichtet sind, als wesentliche Bestandteile innerhalb des Systems selbst enthalten. Offensichtlich gibt eine solche Behauptung erst dann Sinn, wenn man solche Kräfte außerhalb des Systems plaziert, was Parsons

für sein »System« häufig tut. Wir können ihm hier nur zustimmen, wenn er meint, daß sein Trägheitsgesetz »sicherlich vielen allgemein anerkannten Erkenntnissen in den Sozialwissenschaften widerspricht«.[9]

4. Das Parsonssche Modell ist voller Anthropomorphismen und Teleologie. Das System »sucht« Gleichgewicht, es »hat Probleme« der Kontrolle, es hat »Bedürfnisse«. Parsons versieht solche Begriffe sorgfältig mit Anführungszeichen und erkennt die darin enthaltenen Gefahren explizit an. Aber wie die Geschichte der Wissenschaften zeigt, deckt dies nicht den vollen Preis, den man für die Verwendung solcher angeblich heuristisch wertvollen Begriffe wird eventuell zahlen müssen. Um es deutlich zu sagen: die kybernetische Analyse zeigt, daß solche teleologischen Begriffe wie »funktionale Notwendigkeit« selbst im Zusammenhang mit zielgerichteten Systemen gänzlich unnötig sind, solange man über eine adäquate Definition von »System« verfügt, das man untersuchen will.

5. Die postulierten Kontrollmechanismen sind gänzlich einseitig. Man kann zugeben, daß eine Verwendung des Begriffs ›Mechanismus‹ sinnvoll und wertvoll ist: er kann sich auf einen willkürlich herausgegriffenen Teil eines umfassenden Systems beziehen, der seinerseits als System aufgefaßt wird, wobei man dann dessen Bedeutung für das Gesamtsystem untersucht (indem man die unterschiedlichen Resultate thematisiert, die ein solcher Mechanismus bewirken kann). Parsons aber isoliert seinen Kontrollmechanismus nicht, um dessen Bedeutung für das Gesamtsystem zu untersuchen, sondern alleine für jene herrschende oder legitimierte Struktur, die Parsons als willkürlichen Bezugspunkt seiner Analyse gewählt hat. Aus einem solchen Ansatz folgt dann, daß alle anderen Strukturen und Tendenzen für Veränderungen abweichend oder dysfunktional sind und durch den Kontrollmechanismus ausgeglichen und beseitigt werden müssen. Um diese Einseitigkeit zu korrigieren und die Analyse der Realität sozialer Systeme anzugleichen, wäre es nötig, strukturierte Spannungen und strukturierte Abweichungen als integrierte Teile von Systemen als Bezugspunkt für mögliche Analysen aufzufassen, um dann zu fragen, welche Mechanismen isoliert werden können, die *diese* Strukturen aufrechterhalten. Eine Antwort würde geradewegs zu den grundlegenden Problemen der Macht, Ideologie, Propaganda, ›vested interests‹ und dergleichen führen. Man kann in der Tat beobachten, daß Parsons gerade dem letzten Begriff in seiner Analyse des sozialen Wandels eine wichtige Rolle zuweist, aber in seinem theoretischen Modell findet er keinen entsprechenden Platz für ihn (vielleicht hängt dies mit seiner pessimistischen Einschätzung der Möglichkeit einer Theorie des sozialen Wandels zusammen). Zusammenfassend ergibt sich

das Bild, daß das Modell nur Betrachtungen über Mechanismen erlaubt, die der Verteidigung, der Anpassung und Kontrolle von Abweichungen dienen, die alle darauf abzielen, einen Aktor an eine bestehende Struktur anzupassen, ohne der offensichtlichen historischen Möglichkeit Beachtung zu schenken, wo ein Aktor die Struktur eines Systems an seine Bedürfnisse anpaßt und sich das Gesamtsystem dennoch erhält.

6. Daraus folgt, daß das Parsonssche Modell wie im Falle des damit verwandten Abweichungsbegriffs große Schwierigkeiten hat, das Phänomen des sozialen Wandels zu erfassen, das auch als eine Art Residualkategorie aufgefaßt wird – etwas, das dann geschieht, wenn die untersuchten Beziehungen und Mechanismen des betreffenden Systems zusammenbrechen. Damit ist impliziert, daß der Anlaß für Wandel außerhalb des Systems liegt, obwohl das Modell explizit auch endogenen Wandel zuläßt.

Man könnte meinen, daß Parsons Kapitel über sozialen Wandel in seinem »The Social System« sehr viel einsichtiger und weitreichender ist, als eine strikte Auslegung seines Modells je erlaubt. So wird im Zusammenhang mit der Diskussion sozialen Wandels die Bedeutung von Ideen und Glaubenssystemen unterstrichen. Aber für eine solche Beurteilung ist eigentlich wenig Platz in seinem Modell, da Ideen, die nicht mit der vorherrschenden Sozialstruktur übereinstimmen, deviant sind und durch die betreffenden Kontrollmechanismen unterdrückt werden.

7. Schließlich beruhen die grundsätzlichen Schwierigkeiten des Parsonsschen Modells auf der Tatsache, daß der Autor Elemente des biologischen Struktur-Funktions-Modells mit einem Modell mechanischen Gleichgewichts vermischt. Es ist bedeutsam, daß das biologische und mechanische Modell bei der Anwendung auf soziale Systeme gerade dort versagt, wo das Parsonssche Modell am schwächsten und kritischen Einwänden am zugänglichsten ist. a) In einem organischen System besitzen wir eine relativ starre Struktur, die für die Spezies zu einer bestimmten Zeit normal ist. b) Diese normale biologische Struktur stellt ein relativ genaues Kriterium zur Verfügung, mit dessen Hilfe abweichende oder dysfunktionale Strukturen und Prozesse beurteilt werden können. c) Wenn solche Abweichungstendenzen auftauchen (die in erster Linie von außen kommen, wie Krankheiten, extremes Wetter usf.), dann treten automatisch homeostatische Kontrollmechanismen in Aktion, die solchen Außeneinflüssen entgegenwirken und die normale Struktur wiederherstellen. d) Wenn dies nicht gelingt, dann desintegriert sich der Organismus (er stirbt) und löst sich in seine Umgebung auf.

Ein soziales System aber besitzt keine solche starre, normale Struktur, deren Veränderung über enge Grenzen hinaus notwendiger-

wenn es über einen bestimmten Grad hinaus eine bestehende Norm verletzt (freilich nur dann, wenn sich ein bestimmtes System im Gleichgewichtszustand befindet und eine Kontrolle faktisch effektiv ist). Die »Kontrollen« sind nichts anderes als die Beziehungen gegenseitiger Abhängigkeit, nicht etwa ein separates Element der Organisation oder eine spezifische »Funktion« der betreffenden Gruppe. Darüber hinaus sind Intelligenz und Ideen Teile der sozialen Kontrolle und entsprechend des Systems: Intelligenz erlaubt, die Beziehungen zwischen interdependenten Elementen noch vor Ausführung einer Handlung zu erkennen, was entsprechend eine einsichtige Handlung ermöglicht, die unangenehme Konsequenzen vermeiden hilft. Das wiederum erlaubt, den Begriff der »Autorität« in das System einzuführen. Wenn ein Mitglied einer Gruppe die Anordnungen eines Führers akzeptiert und seine Handlungen entsprechend ausrichtet, kann man sagen, der betreffende Führer habe Autorität über dieses Mitglied. Dies bedeutet, daß Autorität immer auf dem Willen der Person ruht, einem Befehl, der an sie gerichtet ist, auch zu folgen. Effektive Führung, Kontrolle und Autorität aber implizierten, daß die Gruppenprozesse darauf hinwirken, daß ein Individuum sich in richtiger Weise entscheidet, d. h., daß jede »falsche« Entscheidung Kräfte in Gang setzt, die einen solchen Zustand restaurieren, den die Gruppe für richtig hält.

6. Für das Studium sozialen Wandels ergibt sich kein neuer Gesichtspunkt für die Beziehung zwischen den Verhaltenselementen. Wir sehen nur, daß sich Veränderungen im Wert eines oder mehrerer Elemente als Veränderungen in anderen Elementen niederschlagen.

Bei der Behandlung von Wandlungsphänomenen betrachtet Homans sowohl Wachstumsprozesse und strukturelle Differenzierungen (»adaptive Evolution«) wie strukturelle Desorganisations- und Desintegrationsprozesse (»Anomie«). Dabei unterscheidet er analytisch zwischen zwei separaten Systemen, dem »externen« und dem »internen«, die er mit Hilfe des Begriffs der Rückkoppelung aufeinander bezieht. Das externe System konstituiert sich aus den Beziehungen zwischen Gefühlen, Aktivitäten, Interaktionen und Normen, die sich als Reaktionen der Systemmitglieder auf die Überlebensanforderungen in einer bestimmten Umgebung ergeben. Das interne System bezieht sich auf die Ausgestaltung dieser Elemente und deren Beziehungen untereinander, die sich gleichzeitig aus dem äußeren System ergeben und auf dieses selbst wie auf das Gesamtsystem zurückwirken. Die beiden analytisch unterschiedenen Systeme sind relational zueinander definiert und faktisch voneinander abhängig. Die Rückkoppelung zwischen beiden kann für den Bestand eines oder beider Systeme günstig *oder* ungünstig sein. So kann sich beispielsweise in dem Maße, in dem sich das interne System aus dem externen heraus entwickelt, eine spezifische Arbeitsteilung ergeben (so etwa die Entstehung von Cliquen auf der Basis differenzierter Aktivitäten oder sozialer Unterscheidungen), oder ein Interaktionsschema, das als Kommunikationssystem dienen kann, und das im externen System nur in Ansätzen, wenn überhaupt, vorhanden war, oder eine spezifische soziale Kontrolle, die sich autonom aus dem internen System heraus ausbildet und die vorhandenen Normsysteme stützt. Diese Ausbildung differenzierter Strukturen führt zu neuen Aktivitäten und zu neuen Reaktionen auf die Umwelt und verschafft dem sozialen System auf diese Weise Raum für adaptive Evolutionsprozesse.

Andererseits kann eine Veränderung innerhalb des externen Systems für die bereits bestehenden Strukturen des inneren Systems eine quantitative oder qualitative Veränderung erforderlich machen. Diese internen Effekte können dann auf das äußere System zurückwirken und dort zur Beschleunigung weiterer Veränderungen beitragen, es sei denn, dieser Prozeß wird unterbrochen. Dann brechen die mutualen Beziehungen des Systems in einem Feedback-Prozeß in sich zusammen, das System desorganisiert sich und kann in getrennte Teile auseinanderfallen.

Zielgerichteter Wandel kann für einen Führer zum Problem werden (aber nicht zum Problem für das System als solches), das in der Manipulation der Elemente oder Beziehungen des Systems besteht, daß jede Abweichung von dem Weg, der zum Ziel führen soll, durch eine Gegenmaßnahme korrigiert wird. (Das muß nicht notwendig die Manipulation der *Mitglieder* eines Systems implizieren, mag aber auf die Manipulation einer bestehenden *Struktur* von Beziehungen hinauslaufen, so daß das, was die Mitglieder zu tun wünschen, gleichzeitig das ist, was für den Bestand des Systems als System erforderlich ist.)

7. Und endlich weist Homans das biologische Struktur-Funktions-Modell zurück, indem er dessen implizite methodologischen Annahmen angreift. In besonderem Maße kritisiert er den Begriff des »Überlebens« einer Gesellschaft als zu unklar, um bei einer gesellschaftlichen Analyse nützlich zu sein. Er glaubt, daß der Begriff des Überlebens oder des Bestandes einer Gesellschaft in der funktionalen Theorie nur dann sinnvoll verwendet werden kann, wenn man ihn im Rahmen von Gleichgewichtsvorstellungen neu definiert. Und er betont, daß Systeme in keinem Fall einen solchen Zustand des Gleichgewichts »suchen«, noch daß sich jedes System in einem solchen Zustand befindet.

Obwohl das Homanssche Modell viele Schwierigkeiten und Zweideutigkeiten des Parsonsschen Systems vermeidet, so liegt doch dessen eigene Schwäche gerade bei dem aus der Mechanik abgeleiteten Begriff des Gleichgewichts. Homans informiert uns darüber, daß wir bestimmte Konsequenzen erwarten können, wenn sich ein bestimmtes System im Gleichgewicht befindet, aber er gibt keinen Aufschluß über die Bedingungen für das Vorhandensein eines Gleichgewichtszustandes. Da Gleichgewicht definiert wird durch Verweis auf die faktischen Konsequenzen eines Systems, das sich in einem Zustand des Gleichgewichts befindet, benötigen wir Definitionskriterien, die von diesen empirischen Konsequenzen unabhängig sind. Somit können wir nur abwarten, was geschieht, um dann ex post factum sagen zu können, daß sich ein bestimmtes System im Gleichgewicht befunden hat oder eben nicht.

Aber darin liegt nicht die zentrale Schwierigkeit, denn Homans weiß sehr genau – er hat mehrere Male darauf verwiesen –, daß das System, das er behandelt, ein offenes System darstellt, das in Interaktion mit seiner Umwelt steht, so daß *irreversible Zustandsänderungen zum wesentlichen Merkmal solcher Systeme gehören.* Er trägt diesem Tatbestand durch seine Unterscheidung zwischen »externem« und »internem« System Rechnung[12].

»Angenommen, daß zwischen den Mitgliedern einer Gruppe irgendeine Reihe von Beziehungen besteht, welche die Bedingungen erfüllen, daß die Gruppe eine Zeitlang in ihrer physischen und sozialen Umwelt überlebt. Wir können dann zeigen, daß die Gruppe auf der Grundlage dieser alten neue Beziehungen entwickeln wird, daß diese dann ihrerseits wiederum die von uns anfänglich vorausgesetzten Bedingungen modifizieren oder sogar erst schaffen und daß schließlich das Verhalten der Gruppe, abgesehen davon, daß es selbst von der Umwelt bestimmt wird, seinerseits die Umwelt verändert.«[13]

»Das soziale Leben ist niemals gänzlich utilitaristisch: es entwickelt sich selbst, es kompliziert sich über die Fordernisse der ursprünglichen Situation hinaus. Und diese Entwicklung führt zu einem Motivationswandel der Individuen ... Die Entwicklung bedeutet aber auch Veränderungen in deren Aktivitäten und Interaktionen – und verändert in der Tat die Organisation der Gruppe insgesamt.«[14]

»Gesellschaft überlebt nicht nur einfach. Sie schafft dabei unter günstigen Umständen Bedingungen, die ein Überleben auf einer neuen Ebene erlauben. Wenn man ihr auch nur eine geringfügige Chance gibt, entwickelt sie aus sich heraus neue Möglichkeiten. Wie sollen wir sonst der Tatsache gerecht werden, daß aus Stammesorganisationen Zivilisationen entstehen ...

Wir haben beispielsweise darauf verwiesen, daß die Tikopia-Familie eine Arbeitsteilung und irgendeine Form der Befehlsübermittlung besitzen muß. In dem Maße, als wir die Existenz dieser Gruppenmerkmale durch die Annahme ›erklärten‹, daß die Gruppe ohne

diese Merkmale nicht hätte überleben können, sind wir ein Funktionalist gewesen. Aber in unserer Untersuchung des Aufbaus und der Feedback-Prozesse des internen Systems haben wir die kausalen Ursachen dieser Merkmale angegeben. D. h., wir haben einige der Prozesse aufgezeigt, die die anfänglich vermuteten Gruppenmerkmale schaffen und verändern ... Aber die Feedback-Beziehungen haben nicht immer nur funktionale Folgen, und die soziale Distanz zwischen Vater und Sohn oder allgemeiner: zwischen Personen unterschiedlichen sozialen Rangs können eine Quelle möglicher Konflikte und des Zusammenbruchs von Kommunikation sein.«[15]
Wir zitieren Homans hier deshalb so ausführlich, um abschließend auf zwei Punkte aufmerksam zu machen. Erstens weist Homans nachdrücklich auf die Tatsache hin, daß der Charakter von Gesellschaften weit über das hinausgeht, was funktionalistische Anthropologen durch ihre organizistischen Modelle begrifflich erfassen können, und ebenso kann Gesellschaft nicht auf das beschränkt werden, was innerhalb eines mechanischen Gleichgewichtsmodells thematisiert werden kann. Systeme mit mechanischem Gleichgewicht *entwickeln ihre Strukturen nicht*, sie *schaffen keine neuen, komplizierteren Beziehungen*, sie kennen keine Wirkursachen, die in Endursachen umschlagen, sie können sich nicht aus sich selbst heraus neue Möglichkeiten des Überlebens entwickeln. Sie sind geschlossene und entropische Systeme. Soziale Systeme aber haben einen anderen Charakter. An einer Stelle benutzt Homans die Analogie zum Benzinmotor, aber er übersieht durchaus nicht, »daß zwischen der Beschreibung eines Benzinmotors und der Beschreibung einer Gruppe ein wesentlicher Unterschied besteht. Beim Motor erzeugen die nachfolgenden Ereignisse genau dieselben Bedingungen, die wir am Beginn eines Ereignisablaufes annahmen, wohingegen die späteren Ereignisse im Gruppenleben die Anfangsbedingungen verändern können. Wir müssen also einen Bereich emergenter Evolution zulassen«[16].

Zum zweiten argumentiert Homans mit der ihm eigenen sprachlichen Einfachheit für einen modernen systemtheoretischen Ansatz und benutzt sogar einen Teil dessen Vokabulars. Auch dieser Ansatz bemüht sich, finale Ursachen in Wirkursachen zu übersetzen, wobei auf interne Kommunikationen und Feedbacks verwiesen wird, und versucht, die Bedingungen zu entdecken, die den Übergang bestimmter Systemzustände zu neuen Systemzuständen auf einer unterschiedlichen Ebene struktureller Komplexität bewerkstelligen. In seiner etwa zehn Jahre jüngeren Arbeit kommt Homans auf ein »praktisches Gleichgewicht« zu sprechen, »um die beinahe mystischen Argumente, die sich mit diesem Begriff in den Sozialwissenschaften verbinden, zu vermeiden«. Und er fährt fort:
»Wir nehmen auch nicht an, daß das Verhalten im Falle einer Stö-

rung des praktischen Gleichgewichts notwendig in Richtung ihrer Vermeidung oder Beseitigung reagiert. Es gibt hier keine Homeostase: d. h. keinen Glauben daran, daß eine Gruppe wie ein tierischer Organismus handelt, der eine Infektion abschüttelt. Sollten unter bestimmten Umständen manche Gruppen sich derart verhalten, so ist dies kein Beweis dafür, daß sie dies immer tun. Noch nehmen wir schließlich wie die sogenannten funktionalistischen Soziologen einfach die Existenz eines Gleichgewichts an, um damit zu erklären, warum die anderen Gruppenmerkmale in einer Gesellschaft so sein sollten, wie sie sind. Sie behaupten, wenn sich eine Gruppe im Gleichgewicht befindet, dann müsse sie in ihrem Verhalten bestimmte Merkmale zeigen. Für uns auf der anderen Seite müssen bestimmte Folgen aus spezifischen Ursachen entstehen, mehr aber verlangen wir vom Verhalten einer Gruppe nicht: Es gibt darüber hinaus kein ›Muß‹. Praktisches Gleichgewicht ist entsprechend kein Zustand, auf den sich die gesamte Schöpfung zubewegt, sondern ein Zustand, den ein Verhalten – zweifellos nur zeitweilig und immer gefährdet – bisweilen erreicht. Es ist nicht etwas, das wir einfach annehmen, sondern wir beobachten es im Rahmen unserer Methoden. Wir benützen es nicht, um andere Merkmale sozialen Verhaltens zu erklären. Vielmehr, wenn es auftritt, dann müssen wir eben diese anderen Merkmale heranziehen, um seine Existenz zu erklären.«[17]
Es ist klar, daß Homans sowohl das klassische Gleichgewichtsmodell wie das organizistische Modell des Funktionalismus im Verlaufe der Entwicklung seiner theoretischen Konzeption des soziokulturellen Systems weit hinter sich gelassen hat ...

Die Perspektive einer generellen Systemtheorie

Die moderne Systemtheorie scheint plötzlich während des letzten Weltkriegs entstanden zu sein. In Wahrheit kulminierte hier nur eine Entwicklung, die schon seit einigen Jahrhunderten im Gang ist. Die wissenschaftliche Perspektive, die man als ein Produkt der Dialektik zwischen physikalischen und biologischen Konzeptionen begreifen kann, führte im Verlauf ihrer Entfaltung immer weiter weg von der Beschäftigung mit inhärenten Substanzen, Qualitäten und Eigenschaften, und konzentrierte sich immer mehr auf die Prinzipien von *Organisation per se*, ohne Berücksichtigung dessen, was da im einzelnen organisiert ist. Stephen Toulmin und June Goodfield, die die historische Entwicklung der Theorie der Materie nachzeichnen, berichten von einem langen Kampf, die theoretische Kluft zwischen organischer und anorganischer Materie zu überbrücken. Einer derjenigen, der die Entwicklung einen großen Schritt nach vorne trieb, war de la Mettrie, ein Physiologe des

18ten Jahrhunderts, dessen Abhandlung »Der Mensch als Maschine« 1747 veröffentlicht wurde. »Durch kühne Verallgemeinerungen«, schreiben Toulmin und Goodfield, »skizzierte de la Mettrie die Umrisse eines neuen physiologischen Systems, dessen Schlüsselbegriff ›Organisation‹ lautete.«[18] Denn die Psychologen des 18ten Jahrhunderts waren mit einem grundsätzlichen Dilemma konfrontiert, das sich aus den Annahmen der akzeptierten Materietheorie ergab, »der Annahme nämlich, daß das Rohmaterial der Natur seinem Wesen nach *entweder* belebt *oder* unbelebt sein mußte. Wenn es auf der einen Seite nur rohe, mechanisch reagierende und gefühllose Materie gab, so ergab sich als offensichtliche Konsequenz, daß kein nur aus solcher Materie bestehender Zusammenschluß anders als roh, mechanisch und gefühllos sein konnte – was Descartes dazu veranlaßte, zu glauben, daß Tiere derart aufgebaut seien. Wenn dem aber so war, mußte schon die Idee einer bewußten Maschine einen Widerspruch in sich darstellen. Nichts, was nur aus Materie allein zusammengesetzt war, würde fähig sein, zu denken oder zu fühlen, und die mentalen Fähigkeiten mußten (wie vielleicht auch vitale Eigenschaften) einem fernen, nicht-materiellen Zusatz entspringen«[19].

Allein de la Mettrie entging im Gegensatz zu seinen Kollegen diesem Dilemma, indem er die Grundannahme aufgab. »Die Materie in sich ist weder organisch noch anorganisch, weder lebend noch tot, weder sensibel noch insensibel. Die Unterschiede zwischen diesen Zuständen der Materie oder diesen Eigenschaften entspringen nicht der inhärenten Natur ihres Rohmaterials, sondern der unterschiedlichen Art und Weise, in der diese Materialien *organisiert* sind.«[20] Jedoch konnte de la Mettrie wenig Belege für seine Auffassung vorweisen. »Was da organisiert war und wie, und auf welche Weise diese Organisation sich erhielt und von Generation zu Generation weitergegeben wurde: darüber mußte sich de la Mettrie notwendigerweise ausschweigen.«[21] Die Einzelheiten mußte erst die theoretische und empirische Forschung zusammentragen.

Der Kampf ging weiter zwischen mechanizistischen und vitalistischen Konzeptionen, aber doch mit zeitweiligen Versuchen, beide Richtungen miteinander in Beziehung zu setzen wie beispielsweise durch Männer wie Claude Bernard, der versuchte, die regulativen Mechanismen der Tiermaschinen auf der Basis von Prinzipien zu erklären, »die erst durch Maschinen des zwanzigsten Jahrhunderts voll genutzt wurden – dem Prinzip des Thermostats, der elektronischen Kontrolle und Servo-Mechanismen«[22].

Die weitere Entwicklung liegt erst kurz zurück: Es ist die Geschichte des Versuchs, organizistische und holistische Ansätze in der Biologie durch die Entwicklung eines ›neuen Vitalismus‹ aufrechtzuerhalten, was in der derzeitigen Fusion von sowohl Organizismus wie Mechanismus in eine Disziplin der Kybernetik und allgemeinen Systemtheorie kulminiert[23].

Die allerneueste Entwicklung skizzieren sehr instruktiv Anatol Rapoport und William J. Horvath[24]. In den letzten Jahrzehnten wurde von Männern wie Whitehead endgültig erkannt, daß die wachsenden Probleme »organisierter Komplexität« nicht länger im Rahmen der klassischen Physik behandelt werden können. Eine Antwort lag eher in Richtung des organischen Holismus der Biologie, deren Vorgehensweise sich von den Ansätzen der klassischen Physik unterschied durch ihre Betonung 1. teleologischer »Erklärungen« und 2. der ausgiebigen Nutzung klassifikatorischer Systeme. Obwohl sich heute die moderne Biologie und die Physik einander annähern, kann man immer noch behaupten, daß sich die Methoden der Biologie eher zur Untersuchung organisierter Komplexität eignen, jedenfalls so lange, als man zeigen kann, daß die älteren biologischen Ansätze in die modernen Analysemethoden eingebracht werden können. Der zentrale Begriff »organisierter Komplexität« – definiert als Ansammlung von Entitäten, die durch ein komplexes Bezugsnetz miteinander in Beziehung stehen – muß unterschieden werden: 1. von »organisierter Simplizität« – d. h. einem Komplex relativ unveränderlicher Komponenten, die durch eine serielle Anordnung oder rein lineare Addition miteinander verbunden sind, ohne kausale Rückkoppelungsmechanismen, und 2. von »chaotischer Komplexität« – d. h. eine Unzahl zum Teil nicht eindeutig voneinander abgegrenzter Komponenten, deren Wechselbeziehungen wie in der statistischen Mechanik in Relation zu gleichmäßig verteilten Quantitäten beschrieben werden können.

Rapoport und Horvath glauben weiterhin, daß man zwei Klassen von Begriffen benötigen wird, um entsprechend valide Methoden zur Analyse organisierter Komplexität zu erhalten. Beide leiten sich von älteren biologischen, teleologischen und taxonomischen Methoden her. 1. Die alte Teleologie hat durch die Kybernetik an Ansehen gewonnen, die sich direkt auf physikalische Gesetze bezieht und auf jene Prinzipien, die das Netzwerk kausaler Beziehungen regeln, inklusive geschlossener Feedbacks, was eine akzeptable operationale Definition zielgerichteten Verhaltens ohne teleologische Implikationen im engeren Sinne erlaubt. 2. Die Unterscheidung zwischen Maschinen mit Rückkoppelungsmechanismen und ohne diese, wodurch sich die Zielgerichtetheit erst konstituiert, ist eine topologische Unterscheidung, die innerhalb der Graphentheorie definiert werden kann, die ihrerseits einen Zweig der Topologie darstellt. Die kausalen Relationen, die als gerichtete Segmente aufgefaßt werden können, beschreiben das System als einen gerichteten Graphen mit Zyklen, wodurch auch komplexes Verhalten präzise definiert werden kann ... Die Topologie, so argumentieren Rapoport und Horvath, kann als der taxonomische Zweig der Mathematik aufgefaßt werden, der eher qualitative als quantitative Aussagen erlaubt und dessen Theoreme einen eindeutigen Entscheid darüber zulassen, daß etwas der Fall ist oder nicht, daß etwas möglich oder unmöglich ist etc. D. h., man kann keine funktionalen Beziehungen erfassen, die ein gleitendes Kontinuum von Werten voraussetzen. Diese beiden begrifflichen Instrumente – Kybernetik und Topologie – werden somit als die Disziplinen angesehen, die zusammen mit der »Entscheidungstheorie«, die »Basis des wissenschaftlichen Zweigs bilden, der sich mit ›organisierter Komplexität‹ beschäftigt, nämlich der Organisationstheorie«[25].

Zusammenfassend läßt sich sagen, daß der Ansatz der modernen Systemtheorie darauf abzielt, den älteren Laplaceschen Ansatz durch eine eher holistische Orientierung gegenüber Problemen komplexer Organisationen zu ersetzen. Der Ansicht von W. Ross Ashby nach ist die jahrhundertealte Strategie, einen Faktor zu variieren, nur noch dann nützlich, wenn das untersuchte System ziemlich einfach strukturiert ist. Wenn es komplexer wird, können wir uns nur noch an die spezifische Vorgehensweise wenden, die vielleicht seit den Arbeiten von R. A. Fisher in den zwanziger Jahren sich entwickelte und zur zeitgenössischen Informationstheorie und Kybernetik geführt hat. »Eine Analyse, die nur eine Unzahl getrennter Teile erzeugt, und wobei niemand die Ergebnisse deren Interaktionen vorhersagen kann«, meint Ashby, kann mit Sicherheit kein Weg sein, komplexe Systeme anzugehen. »Wenn wir ein solches System in Einzelstücke zerlegen, werden wir am Ende nicht mehr in der Lage sein, sie zusammenzufügen.«[26]

Nicht genug damit. Auch die Ansicht, daß der derzeitige Zustand eines Systems einfach eine Funktion seiner Anfangsbedingungen sei, ist nicht länger vertretbar. Denn komplexe, offene Systeme, wenngleich sie auch strukturiert sind, »verändern sich derart, daß im Verlaufe der Zeit der jeweilige Zustand eher durch die Erfahrungen bestimmt wird, die ein System gemacht hat, als durch seine anfänglichen Bedingungen«.

Die Lehren aus dieser kurzen Wissenschaftsgeschichte scheinen von großer Bedeutung für die Soziologie zu sein, wenngleich deren Anwendung bislang kaum begonnen wurde. Die moderne Systemtheorie könnte deshalb für die Soziologie von besonderer Anziehungskraft sein, weil sie folgendes verspricht:

1. Eine gemeinsame Sprache, die die verschiedenen verhaltenswissenschaftlichen Disziplinen vereinigen könnte.
2. Eine Methode, große, komplexe Organisationen zu untersuchen.
3. Einen synthetischen Ansatz, weil ein analytischer Ansatz wegen der Unmöglichkeit, die engen Beziehungen der Systemteile ohne

Berücksichtigung des Gesamtkontextes zu behandeln, kaum durchführbar ist.

4. Einen theoretischen Gesichtspunkt, der für zentrale Fragestellungen der Soziologie von Wichtigkeit sein dürfte, weil in seinem Lichte das soziokulturelle System als ein Netzwerk von Kommunikation und Information gesehen wird.

5. Eine Untersuchung eher von *Beziehungen* als von »Entitäten«, mit Betonung von Prozessen und der Wahrscheinlichkeit von Wandlungen, was erlaubt, gesellschaftliche Zusammenhänge als eine flexible Struktur mit vielen Freiheitsgraden aufzufassen.

6. Eine operational definierbare, objektive, nicht-anthropomorphe Untersuchung absichtsgeleiteten, zielgerichteten Systemverhaltens, symbolischer kognitiver Prozesse und der soziokulturellen Emergenz, sowie eine Untersuchung dynamischer Vorgänge ganz allgemein.

Das sind freilich große Versprechungen, die man mit Zurückhaltung aufnehmen sollte, denn sie weisen allenfalls in die Richtung, in der die eigentliche Arbeit erst noch geleistet werden muß.

Der Mythos der funktionalen Analyse als einer speziellen Methode im Bereich der Soziologie der Anthropologie*

K. Davis

Seit mehr als dreißig Jahren ist die »Funktionale Analyse« nunmehr unter Soziologen und Anthropologen diskutiert worden. Vielleicht ist es jetzt an der Zeit, diese Debatte entweder abzuschließen oder fallenzulassen. Meiner Meinung nach sollte man sie fallenlassen, denn sie beruht auf der falschen Annahme, es gäbe eine spezifische Methode oder eine besondere Art der Theorie der funktionalen Analyse, die man von anderen Methoden und Theorien innerhalb der Soziologie und Anthropologie unterscheiden könne. Die Arbeit, die unter dem Vorwand des Funktionalismus vorgelegt wurde, ist nicht etwa schlecht oder unwissenschaftlich (ganz im Gegenteil), aber die Bezeichnung »Funktionalismus« unterstützt und

* K. Davis, The Myth of Functional Analysis, in: American Sociological Review (24) 1959, S. 757–772. Mit freundlicher Genehmigung des Autors und der American Sociological Association. Übersetzt von Michael Schmid.

fördert gerade den Mythos einer homogenen Art der Analyse, die sich von anderen Arten soziologischer Analyse unterscheiden ließe. Diese grundlegende Annahme ist nicht nur falsch, sondern gibt vielmehr in steigendem Maße Anlaß zur Verwirrung. So wichtig sie in der Vergangenheit gewesen sein mochte, nunmehr hindert sie den Fortgang der Forschung eher, als daß sie ihn unterstützt.

Der Grundgedanke meiner These ist, daß eine gemeinsame und verbindliche Definition dessen, was funktionale Analyse sein könnte, nicht vorliegt. Vielmehr ist das, was als Grundzug einer funktionalen Methode meist genannt und an faktischer Arbeit unter solchen Vorzeichen vorgelegt wird, in Wahrheit identisch mit dem, was soziologische Analyse generell auszeichnet. Darüber hinaus sollte man erkennen, daß die Fragen, die innerhalb der funktionalistischen Debatte auftauchen – Fragen bezüglich des Problemkreises, der Grundannahmen, Methoden, Beweise –, Fragen der soziologischen Analyse selbst sind. Wollte man sie unter der falschen Bezeichnung des Funktionalismus behandeln, würde man die Klarheit und Objektivität dieser Diskussion nur behindern. Schließlich sollte man sehen, wie diese Interpretation, die sich mit einer Analyse der Geschichte von Anthropologie und Soziologie verträgt, einmal bezüglich der Bedingungen, unter denen der Funktionalismus als Forschungsrichtung entstand, zum anderen bezüglich der Umstände, unter denen sich seine Bedeutung veränderte.

Was ist *funktionale Analyse?*

Die Verschiedenheit und Vieldeutigkeit dessen, was Funktionale Analyse sein soll, läßt sich leicht belegen. Oftmals betrachten die Kritiker gerade jene Charakteristika als das Wesen des Funktionalismus, die seine Vertreter als zufällige Fehler oder als gänzlich abwegig ansehen, wie: Teleologie, Konservatismus, Voreingenommenheit für statische Betrachtungen, Thesen über eine totale Integration von Gesellschaft. Aber selbst innerhalb der verschiedenen Lager findet man Unterschiede der Definitionen, von denen einige sicher an die Differenzen zwischen den Lagern heranreichen. So behaupten Kritiker der Funktionalisten, diese seien auf der einen Seite »in erster Linie damit beschäftigt, ein stabiles, integriertes und harmonisches soziales Gleichgewicht aufrechtzuerhalten«[1]. Andererseits wird betont, sie leiteten »›kulturelle Notwendigkeiten und Imperative‹ aus physiologischen Quellen ab«[2]. Während ein Kritiker den Funktionalismus durch die Verwendung psychologischer Erklärungen charakterisiert, lobt ihn ein anderer dafür, wenigstens diesen Fehler nicht begangen zu haben[4], und ein dritter beklagt, der Funktionalismus übergehe motivationale Aspekte[5].

Die Funktionalisten selbst zeigen kaum mehr Übereinstimmung. Obwohl Firth darauf hinweist, daß »die gesamte Britische Sozialanthropologie heute funktionalistisch sei«, und Fortes zitiert, um zu belegen, daß »die allgemein anerkannte Ausgangsbasis für Theorie und Forschung in der Britischen Sozialanthropologie« der Funktionalismus sei, gibt er doch zu, daß die eingeführten Definitionen und das faktische Vorgehen der zeitgenössischen Anthropologie alles offenlege, nur keine Übereinstimmung oder Klarheit darüber, was als das Wesen funktionaler Analyse zu gelten habe. Hier ist »Redfields Beschreibung des ›funktionalen Modells‹, in dem die Kultur einer Gesellschaft als eine Organisationsform der Mittel zur Erreichung bestimmter Ziele angesehen wird ...«, zu nennen, sowie die Ansicht, der Funktionalismus sei recht eigentlich das Studium des »Geflechts kulturellen Verhaltens«[6]. Radcliffe-Browns Abneigung gegen Malinowskis Funktionalismus ist bekannt und sicher kaum heftiger als die Vorbehalte des Nicht-Funktionalisten Kroeber[7].

Wenn man mit dieser Verschiedenheit der Ansätze konfrontiert wird, so ist man zunächst geneigt, die strukturell-funktionale Analyse definitorisch völlig neu und entsprechend klar und konsistent zu fassen. Aber so viele haben dies versucht – vor allen Merton, Levy, Radcliffe-Brown – ohne sichtbare Verbesserungen der Begriffsverwendung, so daß man dazu veranlaßt wird, diese Verschiedenheit eher als einen wesentlichen denn als einen zufälligen Zug der Diskussionslage anzusehen.

Und diese Sachlage ihrerseits erfordert eine Erklärung. Wenn wir die Annahme vermeiden, der Funktionalismus beziehe sich auf einen konsistenten und unterscheidbaren Ansatz *innerhalb* der Soziologie, und statt dessen die These vertreten, daß er sich in seiner weitest definierten Form mit der soziologischen Analyse selbst deckt, können wir sowohl die Ausmaße wie die Grenzen dieser mangelnden Einigung verstehen.

Sieht man von den reinen Begriffsunterscheidungen ab und wendet sich der Frage zu, was denn allgemein als wesentliches Merkmal des Funktionalismus angegeben wird, so stößt man auf zwei Antworten: er setze Teile zur Gesamtgesellschaft in Beziehung und er untersuche die Beziehungen von Teilen untereinander. Genauso verbreitet ist die Spezifikation dessen, *wie* er diese Beziehungen herstellt: nämlich, indem die Teile »eine Funktion für« die gesamte Gesellschaft hätten oder zur »Erfüllung eines Bedürfnisses oder Erfordernisses« der Gesamtgesellschaft oder einer ihrer Teilbereiche beitragen würde. Es fällt nun deutlich auf, daß die beiden ersten Charakteristika ganz einfach das beschreiben, was *jede* Wissenschaft tut. Jede Wissenschaft beschreibt und erklärt Phänomene vom Standpunkt eines theoretischen Systems, von dem man annimmt, es könne in Beziehung gesetzt werden zu einem entsprechenden System in der Realität. Was die Soziologie von anderen Disziplinen unterscheidet, ist nicht die Methode, sondern der Forschungsgegenstand, denn sie behandelt menschliche Gesellschaften, während andere Disziplinen andere Systemarten erforschen. Wenn man den Gegenstandsbereich der Soziologie als gegeben voraussetzt, dann muß sie zumindest Teile in Bezug setzen zur Gesamtgesellschaft und diese wieder zueinander.

Eher scheint man die Eigenart des Funktionalismus über einen Ansatz erfassen zu können, der den Zusammenhang von Erfordernissen und den Mitteln ihrer Erfüllung thematisiert. Das scheint aber dann zu mißlingen, wenn man semantische Probleme mit berücksichtigt. Für diesen Zweck kann man Mertons Charakterisierung zum Ausgangspunkt nehmen. Er beschreibt die »zentrale Orientierung des Funktionalismus« als eine »Art und Weise, Daten nach ihren Konsequenzen für umfassendere Strukturen zu interpretieren, in die sie eingebettet sind«[8]. Wenn »interpretieren« hier »erklären« heißen soll, so kann diese Aussage kaum darin bestehen, daß der Funktionalismus Daten *allein* mit Verweis auf ihre Konsequenzen erklärt, denn solche Erklärungen existieren nicht. Offensichtlich meint die Aussage, daß Betrachtungen bezüglich der Konsequenzen für weiterreichende Strukturen einen Teil aller möglichen Arten von Interpretationen darstellen. In diesem Falle haben wir freilich der Charakterisierung, die wir im vorhergehenden Abschnitt skizziert haben, nichts hinzuzufügen. Denn wie können Daten anders interpretiert werden als bezüglich ihrer Relation zu umfassenderen Strukturen, *in die sie eingebettet sind*? Wie kann man z. B. die Umlaufbahn der Erde anders verstehen als durch ihre Beziehungen zu dem System, dessen Teil sie ist – in diesem Falle etwa dem Sonnensystem oder mit dem klimatischen System der Erde? Da sich Wissenschaft gewöhnlich immer mit einer Art von System beschäftigt, muß eine Analyse der Folgen eines Faktors immer mit der Möglichkeit einer Rückwirkung dieser Folgen auf diesen Faktor selbst rechnen (feedback). Wenn z. B. die Vermehrung von Fischen (y) in einem Teich zu einer erhöhten Sauerstoffverarmung (x) führen sollte, so wird etwa das Wachstum der Fischpopulation aufhören (wieder y), wenn nicht andere Faktoren auftauchen. Das heißt nicht, daß man bestimmte Phänomene allein aus ihren Konsequenzen erklärt, sondern eher daraus, wie ihre Konsequenzen auf sie selbst zurückwirken[9].

Mögliche Mißverständnisse in diesem Zusammenhang scheinen aus zwei Quellen zu entstehen: einmal aus der Sprache, die man benutzt, um diese Beziehungen zu beschreiben, zum anderen aus den speziellen Problemen, die aus der Anwendung von Systemanalysen auf menschliche Gesellschaften entstehen mögen. Was die Sprache betrifft, so haben Ausdrücke wie: »hat eine Funktion für« oder »erfüllt ein Bedürfnis« oder ganz einfach »trägt bei zu« derartig viele Konnotationen und sind entsprechend vieldeutig, daß die

Klarlegung ihrer Bedeutung eher verhindert als gefördert wird. Das liegt teilweise daran, daß diese Ausdrücke der Alltagssprache entstammen und entsprechend eher dazu dienen, moralische Forderungen oder Wollensabsichten zu bezeichnen als rein kausale Zusammenhänge. Auf der anderen Seite wird es über die Verwendungsweise solcher Ausdrücke in den Naturwissenschaften kaum eine Debatte geben. So kann z. B. ein Agrarwissenschaftler ohne weiteres sagen, daß bestimmte Spurenelemente »dazu beitragen«, bestimmte Obstbäume am Leben zu erhalten, oder »die Funktion haben«, dies zu tun, wenn er etwa darüber theoretisiert, daß solche Bäume dann eingingen, wenn die entsprechenden Spurenelemente nicht im Boden vorhanden wären. Und er mag dies behaupten, ohne daß man ihn der Verwendung teleologischer Ansätze, des Konservatismus oder noch schlimmerer Dinge anklagt. Verwendet man solche Ausdrücke indessen in der Soziologie oder Anthropologie, so sind sie in der Tat oftmals derart intendiert oder sie werden entsprechend interpretiert. Der Grund dafür liegt in der zweiten Quelle für denkbare Mißverständnisse – in der Tatsache, daß es sich um menschliche Gesellschaften handelt. Ausdrücke, zu deren Konnotationen moralische Verpflichtungen oder moralische Mißbilligung gehören, oder die eine Erklärung durch den Verweis auf Intentionen nahelegen, sind gänzlich ungeeignet für die Beschreibung kausaler Zusammenhänge, da ihre Bedeutung eher auf das Objekt einer Erklärung verweist, als daß man in ihnen die *Basis* von denkbaren Erklärungen vermuten könnte. Man kann freilich solchen Worten nur außerordentlich schwer entgehen, nicht nur, weil jede Sprache mit ihnen durchtränkt ist, sondern weil sie zudem Auffassungen und Wertungen implizieren, die der Beobachter als Mitglied von Gesellschaft besitzt.

Es scheint demnach, daß die Eigenschaften des Funktionalismus, auf die man sich in weitem Umfange hat einigen können, jene sind, die wissenschaftliche Analyse im weitesten Sinne charakterisieren. Differenzierungen gehören nicht in den Bereich der Methode *per se*, sondern beziehen sich auf den sprachlichen Gebrauch und den besonderen Gegenstand der Betrachtung, die Gesellschaft. Wenn wir die Frage des sprachlichen Gebrauchs vernachlässigen[10], so brauchen wir die Meinung nicht aufzugeben, daß Funktionalismus eine andere Bezeichnung für soziologische Analyse sei – d. h. für die Interpretation von Phänomenen auf der Grundlage ihres Zusammenhanges mit Gesellschaften.

Was ist Nicht-Funkionalismus?

Zu denselben Folgerungen wird man kommen, wenn man das vernachlässigte Konzept der ›Nicht-funktionalen Analyse‹ betrachtet. Obwohl diese Residualkategorie selten expliziert definiert wird, so scheint sie doch implizit zwei Eigenschaftsmengen zu bezeichnen. Entweder handelt es sich um eine Art des Reduktionismus, der einen entsprechend nicht-soziologischen Charakter hat, oder um eine Art kruden Empirismus oder um reine Datenmanipulation und ist entsprechend nicht-theoretisch. In anderen Worten: was aus dem Bereich soziologischer Theorie herausfällt, gehört auch nicht in den Bereich des Funktionalismus.

Wenn das Wort ›psychologisch‹ derart definiert wird, daß es sich auf Personen als ein System bezieht, besonders mit der Implikation, daß dieses System bestimmend für *soziale* Phänomene sei, so kann man sich sicher darauf einigen, daß es sich hierbei zwar um funktionale Psychologie handeln mag, kaum aber um funktionale Anthropologie oder Soziologie[11]. Durkheim drückte dies in charakteristischer Weise aus, wenn er sagte, daß »die bestimmende Ursache eines sozialen Tatbestands in den sozialen Phänomenen gesucht werden muß, die ihm zeitlich vorausgehen, und nicht in den Zuständen individuellen Bewußtseins«[12]. Funktionalisten haben Erklärungen in der Regel zurückgewiesen, in denen soziale Phänomene eher in Abhängigkeit zu bestimmten mentalen Faktoren einzelner Personen gesehen werden als zu dem Geschehen in einem sozialen System. So verwarfen sie beispielsweise in der Nachfolge Durkheims die evolutionistische, individualistische Theorie der Religion, da sie der kulturellen Standardisierung und dem normativ verpflichtenden Charakter religiösen Glaubens und Verhaltens nicht gerecht wird[13].

Wenn psychologische Lösungen aus dem Bereich strukturell-funktionaler Analyse ausgeschlossen sind, dann sind es biologistische a fortiori. Eine Art des Biologismus – die Erklärung sozialer Tatbestände durch genetische Vererbung – wird allgemein als das genaue Gegenteil funktionalistischer Betrachtung angesehen[14]. Eine andere Version – die Analyse von Gesellschaft, als sei sie in wörtlichem Sinn ein biologischer Organismus – ist bisweilen als eine Art Vorgänger des Funktionalismus betrachtet worden, aber wenn deren Erbe allein darin besteht, sich Gesellschaften »als bestehend aus differenzierten, untereinander verbundenen Strukturen vorzustellen, Strukturen, die aufeinander einwirken und ein integriertes Ganzes eher auf einer *psycho-sozialen* Ebene, als einer biologischen konstituieren«[15], dann bleibt nichts Biologisches übrig. Eine dritte Form des Biologismus, der Sozialdarwinismus, der wohl mehr ein Epitheton für eine schlechte Ideologie als ein Name für eine wissenschaftliche Betrachtungsweise darstellt, ist den Funktionalisten selten vorgeworfen worden[16]. Diese Form wird einmal mit dem Namen von Spencer identifiziert und dem Evolutionismus, der von den Funktionalisten gerade bekämpft wurde, und zum anderen mit einem schroffen Individualismus, der kaum mit dem Nachdruck verträglich ist, der auf die »funktionale Integration von Gesellschaft« gelegt wird. Vielmehr haben seine Kritiker den Funktionalismus beschuldigt, Konflikten und Machtkämpfen zu wenig Aufmerksamkeit zugewendet zu haben[17] – Elemente wiederum, die von Evolutionisten und Sozialdarwinisten betont wurden.

In gleicher Weise wird man reduktionistische Ansätze in Form eines technologischen oder ökonomischen Determinismus vom Funktionalismus unterscheiden müssen. Obwohl Marx z. B. bisweilen als Funktionalist bezeichnet wurde[18], so liegen doch seine Nachfolger mit jenen im Streit, die sich Funktionalisten nennen. Der Grund, der gewöhnlich dafür angegeben wird, liegt in deren Aversion gegenüber der funktionalistischen Beschäftigung mit Fragen der Integration, wobei Konflikte wenig Beachtung finden. Aber zentraler ist indessen die Art des Reduktionismus, die in einem materialistischen Ansatz impliziert ist. Jede Betrachtungsweise, die allen sozialen Wandel in einer Gesellschaft als die Konsequenz technologischer oder ökonomischer Veränderungen auffaßt, wird dem Funktionalismus widersprechen, denn sie reduziert andere Aspekte der Gesellschaft auf Epiphänomene und behandelt nicht-rationales Verhalten als reine Ignoranz oder Irrtum.

In ähnlicher Weise kann man das funktionalistische Aufbegehren gegen die Theorie der ›culture traits‹ als eine Reaktion jener verstehen, die eher an Gesellschaften in ihrer Gesamtheit als an einzelnen kulturellen Elementen interessiert sind. Vom Standpunkt der Funktionalisten aus ist der einzig wichtige Aspekt eines solchen kulturellen Elements seine Beziehung zum sozialen System, und für viele solcher Elemente ist dieser Aspekt trivial. Für die Kulturanthropologie auf der anderen Seite sind Existenz, Form und Herkunft solcher kulturellen Elemente *per se* wichtig, ob sie nun für die Vorgänge in einer Gesellschaft von Bedeutung sind oder nicht.

Wir haben also festgestellt, daß Theorien, die soziale Phänomene durch Faktoren erklären wollen, die außerhalb des sozialen Bereichs angesiedelt sind, kaum als funktionalistische Theorien in Frage kommen. Wenn sich nun ein Teil der Sozialwissenschaften mit dem Erstellen von Theorien beschäftigt, so widmet sich ein anderer in der Regel der Beobachtung. Es scheint nun, daß dieser Teil der Soziologie und Sozialanthropologie, die reine Beschreibung und das Auffinden statistischer Beziehungen, gänzlich außerhalb der strukturell-funktionalen Analyse angesiedelt werden muß.

Am deutlichsten ist der sogenannte ›historische Ansatz‹ aus dem Bereich funktionalistischer Betrachtung auszuschließen. Soweit dieser Ansatz die Ablehnung theoretischer Verallgemeinerungen impliziert und die reine Beschreibung der Vergangenheit vorzieht, steht er im Gegensatz zur funktionalistischen Vorliebe dafür, soziale Phänomene mit Hilfe abstrakter Prinzipien zu erklären. Natürlich ist ein solcher Versuch, Fakten zu erheben, nicht auf den Historizismus beschränkt, sondern erscheint auch in der zeitgenössischen ethnographischen Feldarbeit. Ein solcher Versuch wird indessen als außerhalb funktionalistischer Betrachtungsweise liegend angesehen, ob er nun als methodologische Doktrin oder im Rahmen faktischer Forschung auftauchen sollte. Dasselbe gilt für die empirizistische Doktrin, daß Wissenschaft sich im Erstellen statistischer Wahrscheinlichkeiten erschöpfe. Zur funktionalen Analyse gehört überwiegend Interpretation, nicht allein die Gewinnung oder Manipulation von Daten.

Kritische Punkte der »funktionalen Analyse«

Wenn die verbreitete Auffassung von Funktionalismus identisch ist mit soziologischer Analyse generell, gleichzeitig aber alle reduktionistischen Verfahren ausscheiden, dann sind die wissenschaftlichen Probleme funktionaler Analyse dieselben wie im Bereich soziologischer Analyse allgemein. Die Richtigkeit dieser Auffassung wird nahegelegt durch die Art der Fragen, die im Zusammenhang mit der funktionalen Analyse aufgeworfen werden – etwa: Welche Eigenarten sozialer Organisation oder sozialen Verhaltens erscheinen in beinahe allen Gesellschaften? Warum sind gerade diese Eigenschaften nahezu universell, während es andere nicht sind? Welche spezifischen Eigenschaften charakterisieren jeden Typus von Gesellschaft, und wie greifen sie bei faktischen gesellschaftlichen Geschehen ineinander? In welchem Grade sind die strukturellen Teilbereiche einer konkreten Gemeinschaft kongruent oder inkongruent, wenn man etwa Einstellungen, Rollen oder faktisches Verhalten betrachtet? Solche ›funktionalen Fragen‹ zusammengenommen erfordern einen komparativen Ansatz für die Gesellschaftswissenschaft, weil sie die allgemeinsten sind, die man sinnvollerweise stellen kann. Der Versuch, systematische Antworten zu finden, kann einen theoretischen Bezugsrahmen bereitstellen für jede auch noch so begrenzte spezifische Art der Untersuchung. Entsprechend sind derartige Fragen für die soziologische Analyse zentral.

Es ist deshalb erstaunlich, daß zwischen soziologischer und funktionaler Analyse unterschieden werden soll, wobei nach Einführung dieser Unterscheidung die letztere kontroverser sein soll, was durch zahllose Artikel und Kapitel belegt werden kann, die über funktionale Analyse handeln, deren berühmteste mit dem Satz beginnt: »Die funktionale Analyse ist zugleich der vielversprechendste und möglicherweise am wenigsten kodifizierte Ansatz für Probleme soziologischer Interpretationen.«[19] Natürlich bin ich nicht nur daran interessiert, die Stimmigkeit dieser Bemerkung in Frage zu stellen, sondern ich will darüber hinaus versuchen, ihr Vorhandensein zu erklären. Eine denkbare, wenngleich diffizile Erklärung wird möglich sein, wenn man sich der Schwierigkeiten bewußt ist, die im Studium von Gesellschaften impliziert sind, Schwierigkeiten, die hauptsächlich, wenn auch nicht ausschließlich, aus dem Umstand erwachsen, daß der Beobachter Verhaltensnormen objektiv analysieren muß, auf die hin er und andere als Handelnde emotional reagieren. Diese Erklärung kann weiter verfolgt werden, indem man zunächst einige der wichtigsten kritischen Argumente gegen den Funktionalismus untersucht. Wie bereits mehrfach erwähnt, sind diese Argumente identisch mit kritischen Fragen aus dem generellen Bereich soziologischer Theorie, aber die Tatsache, daß sie nur im Zusammenhang mit dem Funktionalismus diskutiert werden, von dem vermutet wird, er sei eine gesonderte Methode, ist von primärer Bedeutung für unser Agument. Wir wollen zunächst die Frage der empirischen Belege und Evidenzen untersuchen.

Kritiker wenden ein, daß der Funktionalismus sich »in Prinzipien und Kategorien ergehe«, aber wenig zu einer Verifikation seiner Behauptungen beitrage. Beziehungen werden »rein intuitiv hergestellt durch die Sprache des Beobachters, oder man unterstellt sie der Realität ohne weitere Prüfung«[20]. Das ist ganz sicher richtig für die funktionalistische Ethnographie wie für die vergleichende funktionalistische Theorie. Es wird wenig Sinn haben, dies zu leugnen. Aber sinnvoll ist ganz sicher die Frage, ob der damit verbundene Vorwurf gerecht ist. Dieser Vorwurf erklärt sich weitgehend durch die Tatsache, daß der Funktionalismus in erster Linie eine Sozialtheorie ist. Und je abstrakter und allgemeiner eine Theorie ist, desto geringer ist die Chance, sie in ihrer Gesamtheit zu belegen oder zu widerlegen[21]. Und besonders Sozialtheorie tendiert dazu, abstrakt und komplex zu sein, weil der Beobachter, der selbst in einer Gesellschaft erzogen wurde, mit einem sozialen Wissen ausgerüstet ist, das unter anderem auch Abstraktionen von hoher Allgemeinheit enthält. Er versteht auch rein intuitives Verhalten dadurch, daß er sich in die Handlungssituationen von handelnden Personen hineindenkt, und er ist fortwährend mit ideologischen Auseinandersetzungen befaßt, die sich allein aus der erlernten Sprache ergeben. Auf diese Weise verfeinert und verzweigt sich der konzeptionelle und sprachliche Apparat der Sozialtheorie in großem Umfang. Im Vergleich damit erscheint die Sozialforschung geradezu kümmerlich. Ein Grund dafür liegt in der zu großen Vieldeutigkeit der Theorie, so daß sie als Leitfaden für sinnvolle Forschung praktisch ausscheidet. In gleicher Weise verhindert die öffentliche Meinung mögliche Richtungen der Sozialforschung. Und vor allem hat die Erforschung nicht-instrumentaler Aspekte der Gesellschaft – wie Normen, Werte, Religion und dergleichen – insofern wenig Wert, als sie sich im Unterschied zur Medizin oder Arbeitswelt eher mit gesellschaftlichen Zielen als mit Mitteln zu deren Realisation beschäftigt. Die funktionale Analyse kann deshalb mit dem Vorwurf angegriffen werden, sie gebe sich ungeprüftem Theoretisieren hin, weil sie eben geradezu par excellence den Charakter einer Sozialtheorie teilt.

Darüber hinaus verwendet der Funktionalismus eine Sprache, die sich eng an das intentionale und moralische Argumentieren der Alltagssprache anlehnt, sucht aber gleichzeitig diese Sprache in gegenteiligem Sinn zu verwenden, d. h. für eine wertfreie Analyse genau jener Art des Denkens und des entsprechenden Verhaltens. Solche Worte wie ›Funktion‹, ›Dysfunktion‹, ›latent‹, ›Bedürfnis‹ sind ebenso trügerisch wie praktisch. Da sie mit Vorstellungen verbunden sind, die viel älter sind als Soziologie und Anthropologie, bieten sie sich geradezu dadurch an, daß sie allerlei gebrauchsfertige Intuition mit entsprechenden Konnotationen und Vieldeutigkeiten verbinden. Aber dadurch sind sie völlig ungeeignet, als Erklärung für moralische oder religiöse Ideen und der damit verbundenen menschlichen Verhaltensweisen zu dienen. Und gerade dieses Paradox liegt vielen Vorwürfen gegen den Funktionalismus zugrunde. Diese Betrachtungen werden manchmal durch den Hinweis auf mangelnde empirische Belege nur verdeckt, was sicher einen brauchbaren wissenschaftlichen Einwand darstellt.

Empirische Belege sind deshalb insbesondere so rar, als der Funktionalismus versucht, die Voraussetzungen für jede Art der Gesellschaft klarzulegen oder die Universalien sozialer Organisation zu erklären. Bei solchen Problemen kann es keinen Beweis durch Ko-Variation geben, weil schon rein definitorisch alle Gesellschaften die fraglichen Eigenschaften besitzen. Auch können Funktionalisten kaum experimentelle Gesellschaften errichten, um die Folgen zu testen, die sich aus dem Weglassen dieses oder jenes Faktors ergeben mögen. Die Analyse wird entsprechend immer in weitem Umfang deduktiver Art sein müssen, deren Sprache weitgehend der Alltagssprache entnommen ist.

Die Wertfreiheit funktionaler Analyse wird auch dann kaum wesentlich klarer, wenn man versucht, moralisch zweifelhafte Institutionen wie Prostitution, soziale Ungleichheit oder politische Korruption zu erklären, denn derartiges scheint eher auf Zynismus oder reine Satire hinauszulaufen. Die beste Möglichkeit, wirkliche Belege zu erhalten, wird in der Untersuchung von »experimentellen« Gemeinschaften bestehen, wie z. B. politischen oder religiösen Sekten, die durch eine Reihe zufälliger Bedingungen ins Leben gerufen wurden, durch besondere Vorkommnisse in spezifischen Teilbereichen mancher Gesellschaften oder dadurch, daß bestimmte allgemein verbindliche Regeln unvermeidlicherweise variieren, wenn faktisches Handeln sich an ihnen orientiert. Aber solange man die Sprache des Funktionalismus nicht radikal kurieren kann (was auf eine Elimination des Begriffs ›Funktionalismus‹ hinauslaufen dürfte), scheint der Forscher der bewußten oder unbewußten Vermengung seiner Deduktionen mit moralischem Argumentieren kaum entkommen zu können.

Die drei Postulate des Funktionalismus

In seiner Kritik der Postulate ›funktionaler Einheit‹, des ›universellen Funktionalismus‹ und der ›funktionalen Notwendigkeit‹ wirft Merton dem Funktionalismus offenbar vor, er reifiziere diese Abstraktionen. Daneben scheint Merton jeden denkbaren heuristischen Wert solcher Postulate in Frage zu stellen. Ob sie tatsächlich reifiziert sind, wird davon abhängen, welche Rolle man den empirischen Belegen zuzumessen bereit ist[22].
Unser Interesse gilt indessen der anderen Frage nach dem heuristischen Wert der Abstraktionen.
Die Lösung dieser Frage wird davon abhängen, was die Postulate bedeuten. In Zusammenhang mit den ersten beiden spricht Merton von ›complete functional unity‹ und von ›*universal* functionalism‹. Es wäre sicher unsinnig, solche Ausdrücke als im wörtlichen Sinn wahr zu betrachten, und vielleicht zwecklos, sie als Abstraktionen überhaupt einzuführen. Aber wenn die intendierte Bedeutung einfach die sein sollte, daß man bei Gesellschaften *irgendeine* Form des geordneten Zustands vermutet und daß jede soziale Formation auf ihre denkbare Rolle für die gesellschaftliche Fortdauer untersucht werden *sollte* (wobei man rein *heuristisch* unterstellt, daß jede eine solche Rolle tatsächlich spielt), dann scheint der analytische Wert offenkundig zu sein. Was anderes sollte ein Soziologe tun? Wenn man eine Studie über Gesellschaften beginnt, wird man voraussichtlich etwas erforschen wollen, das tatsächlich existiert. Und wenn Gesellschaften existieren, dann müssen sie in irgendeinem Sinne mehr oder minder zusammenhängen können, und die Frage, wie dies geschieht oder nicht, nimmt eine zentrale Stelle ein.
Das dritte Postulat muß nach Meinung Mertons in doppelter Hinsicht betrachtet werden. Erstens bedeutet es, daß bestimmte *Funk-*

tionen für die Fortdauer einer Gesellschaft oder einer Gruppe notwendig sind, zum zweiten, daß »*bestimmte kulturelle oder soziale Formen notwendig sind*, um jede dieser Funktionen zu erfüllen«[23]. Er hat offenbar keinen Einwand gegen die erste Version, offensichtlich auf Grund der Tatsache, daß Funktionen weniger sind als soziale Formationen, und daß deshalb die Vermutung, einige dieser Funktionen seien notwendig, eine hochgradige Abstraktion darstellt, die dazu dienen mag, eine Theorie der Grundlage menschlicher Gesellschaften auszubilden. Die zweite Version scheint spezifischer zu sein, entsprechend eher empirischer Prüfung zugänglich und daher gefährlicher, wollte man sie allzu wörtlich nehmen. Dennoch, wenn eine soziale Formation in allen bekannten Gesellschaften auffindbar ist, so wäre es wohl harmlos, die Hypothese zu vertreten, daß sie unabdingbar wäre[24]. Eine solche Hypothese ist kein Postulat, auf dem das gesamte System aufgebaut ist, eher eine Vorhersage, die sich aus der Theorie und den Fakten ergibt – eine Vorhersage, daß man keine Gesellschaft wird finden können, in der die betreffende Formation nicht vorkommt. Wichtig ist nicht die Vorhersage selbst, sondern der soziologische Gedankengang, auf dem sie basiert. Die gegenteilige Annahme hat sicher denselben Wert, nämlich, daß es bislang unentdeckte alternative Strukturen gibt, die dieselbe Funktion erfüllen können wie die untersuchte Formation, vorausgesetzt freilich, daß diese Abstraktion ihrerseits nicht reifiziert wird[25].

Sollte Merton recht haben, wenn er darauf aufmerksam macht, daß eine Reifizierung der drei Postulate absurd sei, ohne aber gleichzeitig deren heuristischen Wert zu bezweifeln, so scheint die Bereitschaft der Kritiker des Funktionalismus, den ganzen Vorwurf zu akzeptieren und zu wiederholen, etwas voreilig zu sein. Ein Hinweis, warum das so ist, mag in der Selektivität dieses Vorwurfs liegen. Wenn jemand feststellt, daß eine Gesellschaft eine ökonomische Grundlage haben muß oder Mechanismen der biologischen Reproduktion, dann wird man derartige Annahmen als harmlose Binsenwahrheiten ansehen, die man nur im Hinblick auf eine Erleichterung des Gedankengangs einführt. Wenn man aber auf der anderen Seite behauptet, daß normative Kontrolle oder ein Wertekonsens oder soziale Ungleichheit funktional erforderlich seien, dann wird einem wahrscheinlich unter anderem vorgeworfen, man unterstelle unhaltbare Annahmen. Nicht genug, daß Dinge wie Konsensus oder Ungleichheit weniger leicht zugänglich erscheinen als ökonomische Grundlagen oder biologische Reproduktion, sie sind in viel engerem Maße mit ideologischen Kontroversen verbunden.

Diese Postulate werden mit dem Funktionalismus identifiziert, dennoch sagt Merton, sie seien »für einen funktionalen Ansatz (orientation) unnötig«[26]. Dasselbe hat man auch von der Soziologie behauptet, der man fortwährend vorgeworfen hat, sie hypostasiere den Gesellschaftsbegriff oder behandle soziale Solidarität, als sei sie die einzige Realität oder das alleinige Erklärungsprinzip. Im Falle des Funktionalismus scheint die Idee die zu sein, daß bei einer möglichen Elimination der Postulate dieser Ansatz irgendwie von bestimmten Ungereimtheiten frei wäre. Wie ich es sehe, ist gerade der umgekehrte Weg vorzuschlagen – man sollte den Begriff des Funktionalismus als einer separaten Methode zusammen mit der ganzen verwirrenden Terminologie, die damit verbunden ist, fallenlassen, indessen die grundlegenden heuristischen Annahmen, die einen Teil des Systems soziologischen Denkens darstellen, beibehalten.

Ein Gedankensystem kann nicht ohne Voraussetzungen entwickelt werden. Solange man diese nicht reifiziert, ist es gleichgültig, von welcher Stelle aus man anfängt. Wenn man mit der Frage beginnt, warum Konflikt und Streit derart weit verbreitet sind, kann man eventuell auch zu der Frage überwechseln, warum es nicht sogar noch mehr Streit und Auseinandersetzung gibt, als schon vorhanden sind, und entsprechend wird man auf das Problem der sozialen Kontrolle und Integration stoßen. Wenn man mit der Frage beginnt, wie denn das so geringe Ausmaß an Harmonie erreicht wird, wird man bald dazu angehalten sein, Fragen des sozialen Konflikts zu diskutieren. So betrachtet gibt es keinen Grund, die drei behandelten Postulate zu eliminieren, wohl aber wird man sie in anderer Weise formulieren müssen, um logische Konfusion zu vermeiden und ideologische Angriffe auszuschalten. Entsprechend wird man weitere Grundannahmen hinzufügen müssen.

Latent, manifest und funktional

Die Unterscheidung zwischen latenten und manifesten Funktionen könnte man als die vierte Grundannahme des Funktionalismus betrachten. Wenn die Idee dieser Unterscheidung auch eng mit Mertons brillanten Ausführungen zum Funktionalismus verbunden ist, so hat sie in der Soziologie doch schon seit längerem eine zentrale Bedeutung. Sie geht zurück auf Durkheim, der schon 1895 »Funktion« und »Zweck« einander gegenüberstellte[27]. Und sie wurde 1916 durch Pareto mit akribischer Genauigkeit als Unterscheidung zwischen individuellem und gesellschaftlichem Nutzen weiterentwickelt[28]. Entsprechend beruht die Unterscheidung keineswegs auf der Akzeptierung einer speziellen funktionalistischen Methode, noch erfordert sie die Einführung des Funktionsbegriffs. Die Tatsache jedoch, daß sie eine wesentliche Rolle sowohl innerhalb der soziologischen Theorie wie im sogenannten Funktionalismus spielt,

verdient erhöhte Aufmerksamkeit.
Das wissenschaftliche Problem, das hier impliziert ist, scheint mir in der Frage nach dem Erklärungscharakter subjektiver Faktoren (Ziele, Normen, Wissen) und rationalen wie nicht-rationalen Verhaltens zu liegen. Talcott Parsons klassische Typologie theoretischer Positionen im Bereich der Sozialwissenschaften beruht verschiedentlich auf der Behandlung dieses Sachverhalts[29]. Für den Ökonomen liegt kaum ein ernsthaftes Problem vor: er kann Ziele rein analytisch als gegeben voraussetzen und wird sich entsprechend rationales Verhalten allein als auf der Dimension: Nicht-Wissen – Irrtum modifiziert vorstellen. Für den Soziologen indessen sind Ziele, Gefühle und nicht-rationales Verhalten gerade jene Phänomene, die erklärt werden sollen. Und entsprechend muß er genau trennen zwischen dem, was handelnde Personen denken, und dem, was als soziale Ursachen und Folgen deren Handlungen erscheinen mag, d. h., er muß zwischen den Standpunkten des Handelnden und des Beobachtenden eine scharfe Trennungslinie ziehen. Wenn ihm das nicht gelingt, wenn er sich mit bestimmten Zielen zu sehr identifiziert, wenn Wertungen in seine Analyse einfließen und er entsprechend die Rolle des Handelnden übernimmt, verläßt er die Ebene soziologischer Analyse. Zweifellos kann man die Beobachterrolle gegenüber sozialen Institutionen nur sehr schwer aufrechterhalten. Indem der Forscher die subjektiven Ansichten seiner Untersuchungspersonen zu verstehen sucht, begeht er leicht den ehrenvollen Fehler, diese Ansichten als die Basis seiner Erklärungen zu akzeptieren. Darüber hinaus wird Sozialwissenschaft ja bisweilen sogar mit dem Ziel betrieben, Werte wie Demokratie, Toleranz und Friede als gültig nachzuweisen. Der Funktionalismus indessen versucht in meinen Augen, soziale Organisation und soziales Verhalten vom wertfreien Standpunkt des Beobachters zu erklären. Und in diesem Zusammenhang wird die Unterscheidung zwischen manifesten und latenten Funktionen wichtig.

Teleologie und Ideologie

Immer wieder hat der Funktionalismus nachdrücklich versucht, nicht in teleologische Gedankengänge zu verfallen, aber wenn dieser Vorwurf erhoben wird, ist eine Verteidigung allein aufgrund der funktionalistischen Sprache und allerlei Mehrdeutigkeiten reichlich schwierig. Wenn wir die lexikalische Definition akzeptieren, wonach ›Teleologie‹ die Lehre bedeutet, daß ›die Existenz jedes Sachverhalts in der Natur im Hinblick auf Zwecke erklärt werden kann‹, so wird die Unterscheidung zwischen manifesten und latenten Funktionen hierzu deutlich einen Widerspruch darstellen. Die funktionale Theorie des Inzest-Tabus oder bestimmter magischer Praktiken nimmt nicht an, daß diese Vorkommnisse deshalb existieren, weil ihre Konsequenzen (Funktionen) *wahrgenommen* werden. Im Gegenteil, die Zwecke, die die Handelnden zu erreichen suchen, beinhalten nicht notwendig die faktischen Konsequenzen, sie werden vielmehr als ein Teil des Mechanismus betrachtet, durch den die sozialen Funktionen erfüllt werden. Diese Weigerung, Zwecke als letzte Erklärungsinstanz zu verwenden, erscheint oft als unverständlich und unverzeihlich. Ein Kritiker z. B. meint, daß die Konsequenzen einer Handlung nur dann die Fortdauer dieser Handlung erklären können, wenn der Handelnde die möglichen Konsequenzen seiner Handlung *wahrnimmt* und sein Handeln entsprechend darauf ausrichtet[30]. Offenbar verstößt die Auffassung, man könne unbeabsichtigte soziale Konsequenzen einer Handlung durchaus dadurch erfassen, daß man deren Einfluß auf die Bedingungen ihrer Verstärkung oder Extinktion untersucht, immer noch zu sehr gegen die Regeln eingeführter Alltagssprache.

Jene freilich, die primär an sozialen Protesten oder sozialer Reform interessiert sind, müssen notwendig an bestimmten Zwecken als Grundlage möglicher Erklärung festhalten, solange sie glauben, Lob und Tadel verteilen zu müssen. Entsprechend besteht ihr größter Einwand gegen den Funktionalismus darin, daß dieser nicht gewillt zu sein scheint, sich damit zu begnügen, bestimmte Motive zu unterstellen. Wollte man z. B. den Anti-Semitismus durch den Verweis auf bösartige Motive von Christen oder Juden erklären, dann ist eine solche Erklärung sicherlich einer pro- oder anti-semitischen Beurteilung zugänglich, eine ›strukturell-funktionale‹ Erklärung indessen dient niemandem in dieser Weise. Offensichtlich fühlen sich Aktionisten durch die Tatsache bedroht, daß man *ihre* Motive einer unpersönlichen Analyse unterwerfen kann. Und sie verteidigen sich dadurch, daß sie dem Funktionalismus die unterschiedlichsten Verfehlungen aufbürden, unter anderem ironischerweise die, teleologische Gedankengänge zu vertreten. Dabei belegen sie diesen Vorwurf durch den Hinweis, daß ›Funktion‹ oftmals ›Zweck‹ oder ›finale Ursache‹ bedeute, daß Worte wie ›Bedürfnis‹ oder ›Erfordernis‹ subjektive Prädikate seien, daß ›funktional‹ oder ›dysfunktional‹ oft als ›moralisch anerkannt‹ oder ›moralisch verurteilt‹ übersetzt werden kann.

In ähnlicher Weise wird die Ansicht, der Funktionalismus sei nichts weiter als eine verschleierte Ideologie, häufig gerade von jenen vertreten, die selbst ideologisch orientiert sind, was leicht durch die einseitige Auswahl von Belegen ausgewiesen werden kann und durch die Analyse der Theorien, welche als Ersatz vorgeschlagen werden[31]. Indessen ist, um es deutlich auszusprechen, die Tatsache, daß eine Theorie eine bestimmte Moral oder politische Anschauung unterstützt, logisch völlig unabhängig von ihrem wissenschaftlichen

Wert. Wir brauchen uns entsprechend um diese Frage nicht weiter zu kümmern, es sei denn, um darzulegen, daß die funktionale Analyse mit dem Vorwurf angegriffen wird, sie spiele sich als eine Art soziologischer Analyse auf, sei in Wahrheit aber etwas gänzlich anderes. Merton bemerkt, daß die funktionale Analyse sowohl des Radikalismus wie des Konservativismus beschuldigt wurde, und hält diese Tatsache sinnvollerweise für einen prima-facie-Beleg dafür, daß er weder das eine noch das andere ist[32]. Was uns indessen interessiert, ist die Tatsache, daß Merton, wenngleich er auf diesen Zusammenhang verweist, unter der Hand die Prämisse zu verwerfen scheint, der Funktionalismus sei eine spezielle Art der Soziologie. »Wie andere Formen der soziologischen Analyse kann dem Funktionalismus jeder denkbare ideologische Wert unterlegt werden.« Der Marxismus ist in diesem Zusammenhang die einzige andere Art der Soziologie, die Merton erwähnt, aber seltsamerweise findet er dabei, daß sich die marxistische Theorie der Religion in Methode und Struktur von der entsprechenden funktionalistischen Theorie kaum unterscheide.

» . . . die Funktionalisten, die besondere Betonung auf die Tatsache legen, daß die Religion einen sozialen Mechanismus darstelle, mögen sich von Marxisten bezüglich ihres analytischen Bezugsrahmens kaum unterscheiden, wenn man die marxistische Metapher, Religion sei Opium für das Volk, in eine neutrale Feststellung über soziale Fakten übersetzen kann, womit nichts anderes behauptet wird, als daß Religion als ein sozialer Mechanismus funktioniert. Eine Unterscheidung wird nur dann auftauchen, wenn Fragen der Bewertung dieses weitgehend anerkannten Zusammenhangs ins Spiel kommen . . .«[33]

Wenn selbst der Marxismus sich methodologisch vom Funktionalismus nicht unterscheidet, dann scheint es zweifelhaft zu sein, ob irgendeine Art der Soziologie dies tut.

Kann der Funktionalismus Fragen des sozialen Wandels behandeln?

Die Behauptung, der Funktionalismus könne Fragen des sozialen Wandels nicht behandeln, weil er eine integrierte, statische Gesellschaft postuliere, ist sicher dann ex definitione wahr, wenn man ›postuliert‹ im wörtlichen Sinne versteht. Auch bei der Behandlung dieses Problems soll es weniger darum gehen, wer recht hat, als darum, warum die Kontroverse überhaupt entstand. Es ist seltsam, daß diese Art der Kritik so häufig vorgebracht wird, wo doch gerade einige der besten Analysen sozialen Wandels von Leuten vorgelegt wurden, die normalerweise als Funktionalisten bezeichnet werden[34]. Um so seltsamer darüber hinaus scheint diese Kritik, wenn man in Rechnung stellt, daß sich die Arbeiten dieser Funktionalisten von denen jener, die den Funktionalismus bekämpfen oder doch kaum als Funktionalisten bezeichnet werden können, grundsätzlich nicht unterscheiden[35]. Vielleicht ist die Meinung, daß der Funktionalismus für eine Behandlung des sozialen Wandels inkompetent sei, abgeleitet aus der Tatsache, daß er als eine Revolte gegen den Historizismus entstand. Diese Revolte war, wie wir sehen werden, nicht gegen das Studium von sozialem Wandel gerichtet, sondern gegen die Tatsache, daß dabei soziologische Überlegungen keine Berücksichtigung fanden. Sollte es zutreffen, daß der Funktionalismus Phänomenen des sozialen Wandels zu wenig Aufmerksamkeit geschenkt hat im Vergleich zu statischen Betrachtungen, dann wird man für die Entwicklung der letzten Jahrzehnte dasselbe von Soziologie und Sozialanthropologie sagen müssen. Aus verständlichen Gründen sind eben Theorien des sozialen Wandels gerade ideologisch relevant. Und möglicherweise ist der Vorwurf der Inkompetenz, der den Funktionalismus hier trifft, wenigstens zum Teil nur eine Kritik soziologischer Analyse generell.

Die Illusion einer funktionalen Methode

Die wesentlichen Punkte der bisherigen Diskussion lassen sich derart zusammenfassen: wenn es eine funktionale Methode geben sollte, dann ist diese grundsätzlich identisch mit der soziologischen Methode generell. Wir wollen nunmehr die hartnäckige These, es handle sich dabei doch um eine separate Methode, näher betrachten.

Funktionalismus und exakte Gesetze

In der Nachfolge von Radcliffe-Brown meint Evans-Pritchard, der Funktionalismus ruhe auf zwei Voraussetzungen, wovon eine in der Annahme besteht, »das soziale Leben ließe sich auf naturwissenschaftliche Gesetze reduzieren, die Vorhersagen erlauben würden«[36]. Es ist deshalb einigermaßen verblüffend, wenn man feststellen muß, daß ein anderer Funktionalist, Talcott Parsons, das genaue Gegenteil behauptet. Er meint, man könne zum derzeitigen Stand noch keine »dynamische Theorie der Handlung« entwickeln, und entsprechend »müsse sich eine Systematisierung von Theorie beim jetzigen Wissensstand ›strukturell-funktionaler‹ Begriffe bedienen«. Eine ausgearbeitete Theorie müsse »den deduktiven Übergang von einem Aspekt oder Zustand eines bestimmten Systems zu einem anderen erlauben«. Und da dies beim derzeitigen Stand der Handlungstheorie in nur fragmentarischer Weise möglich ist, »besteht die Gefahr, daß man alle Vorteile einer systematischen

Theorie verliert. Aber es ist möglich, einige dieser Vorteile zu bewahren, indem man den zweitbesten Typ von Theorie akzeptiert«, die strukturell-funktionale Theorie[37].

Diese gegensätzlichen Standpunkte können sicher zusammengebracht werden, wenn man den Funktionalismus außer acht läßt und danach fragt, wann eine Theorie den Anforderungen entspricht. Sie tut es dann, wenn sie logisch konsistent und empirisch belegt ist. Evans-Pritchard und Radcliffe-Brown meinen, daß eine Naturwissenschaft menschlicher Gesellschaften entwickelt werden *kann*. Und Parsons verweist ja nur darauf, daß die theoretische Diskussion *bis zum jetzigen Zeitpunkt* ein relativ primitives Stadium kaum verlassen hat, aber auch er glaubt, daß eine exaktere Wissenschaft möglich ist. So entsteht faktisch kein Widerspruch, aber es *scheint* einer vorzuliegen, weil ein und derselbe Begriff, ›funktionale Analyse‹, mit gegensätzlichen Bedeutungen verwendet wurde.

Funktional versus kausal

Bisweilen hört man, die funktionale Analyse sei *keine* Kausalanalyse. Diese Ansicht mag auf zwei Quellen zurückgehen. Einmal faßt man den Funktionalismus in der Regel als eine Theorie auf, die sich mit reinen Daten oder der puren Datenverarbeitung nicht beschäftige, zum anderen ist da die Parsonssche Vorstellung, daß der Funktionalismus exakte Gesetze ausschließe. Freilich würde die Folgerung aus der ersten Prämisse kaum abgeleitet werden können, es sei denn, man setze Verursachung gleich mit empirischen Belegen oder statistischen Korrelationen. Wenn man hingegen unter *kausaler Analyse* im eingeführten Sinne das Auffinden von Beziehungen zwischen Sachverhalten verstehen könnte, so wird dies ohne Heranziehen systematischer Theorien kaum möglich sein. Denn die Auswahl dessen, was für eine Überprüfung als wichtig erscheinen mag, läßt sich nur im Lichte einer Theorie belegen. In gleicher Weise bestimmt Theorie, unter welchen Bedingungen ein Test schlüssig sein kann ...

Zweifellos gibt es freilich auch Gründe für eine solche Unterscheidung zwischen funktionaler und kausaler Analyse. Parsons Charakterisierung der funktionalen Analyse als eine Art rudimentärer Theorie ist sicher zutreffend. Funktionale Untersuchungen vermitteln eher eine rein intuitive Vorstellung darüber, wie soziale Strukturen ineinandergreifen, welches die Prinzipien sein könnten, die in einer Gesellschaft vorherrschen, als daß sie logisch verträgliche und empirisch belegte Aussagen bereitstellen. Der Beitrag solcher Arbeiten liegt eher darin, daß sie einen begrifflichen Bezugsrahmen vermitteln, innerhalb dessen Interpretationen möglich werden können. Zugleich ist, wie wir sahen, eine Verifikation schwierig. Einige Funktionalisten scheinen unwillig, ihrer Sprache Zügel anzulegen oder ihre Annahmen testen zu lassen, und geben sich lieber der Beschäftigung hin, rein verbale Gebäude aufzubauen. Folglich haben Soziologen, die sich um die Anwendung empirischer Forschungsmethoden bemühen, den dumpfen Verdacht, daß es sich beim Funktionalismus um eine recht verwickelte Methode handeln müsse, und sie werden darin noch durch die Funktionalisten selbst bestärkt, die von sich behaupten, mit nicht-kausaler Analyse beschäftigt zu sein, was immer das auch sei. Aber spekulative soziologische Theorie wird es immer geben. Vom Standpunkt wissenschaftlicher Entdeckungen liegt der interessantere Teil der Theorie in jenen unbestätigten Annahmen, nicht in der Menge verifizierter Aussagen. Eine bewiesene Theorie ist nicht länger eine Theorie, sie ist eine Tatsache. Was nicht bewiesen ist, ist Spekulation, es ist, wie man allgemein sagt: ›reine Theorie‹. Wenn man die umfassenden theoretischen Ansätze in der Soziologie deshalb über Bord werfen möchte, weil es sich hierbei um ›Funktionalismus‹ handle, und wenn statt dessen an deren Stelle eine Menge netter, einzelner Aussagen treten soll, deren Gültigkeit zwar verbürgt, deren Relevanz aber keineswegs erwiesen ist, dann wird Wissenschaft zu reinem Ritualismus degenerieren.

Warum der Mythos?

Logiker erklären das Entstehen von wissenschaftlichen Schulen gewöhnlich unter Verweis auf bestimmte logische Unklarheiten. So wurde nach der Meinung von Ernest Nagel »der Funktionalismus in den Sozialwissenschaften zugegebenermaßen beeinflußt vom angeblichen Charakter funktionaler Analyse im Bereich der Physiologie«[38]. Nagel gibt keine Belege für diese Behauptung an, noch erklärt er, warum diese logischen Unklarheiten auftraten und zu einer bestimmten Zeit populär wurden. Wenn man nun die Geschichte des Funktionalismus zurückverfolgt, dann führt eine direkte Linie von Robertson Smith, einem Philologen und Bibelgelehrten, über Durkheim, der auf den Gebieten der Rechtswissenschaft und der Soziologie arbeitete, zu Radcliffe-Brown und Malinowski, von denen keiner Interesse oder Erfahrungen auf physiologischem Gebiet vorzuweisen hatte. Radcliffe-Brown stellte zwar eine Analogie zwischen seinem Ansatz und dem der Physiologie her, aber dies war eine reine post-hoc-Rationalisierung einer Methode, die er seit langem angewendet und die er zugegebenerweise von Durkheim entlehnt hatte[39]. Malinowski, der mit dem Begriff ›Funktionalismus‹ geradezu identifiziert wurde, der indessen das Wort

›Funktion‹ erst relativ spät übernahm, befaßte sich in noch geringerem Maße mit physiologischen Fragen.

In der Tat kann das Aufkommen des Funktionalismus soziologisch erklärt werden durch die besonderen Bedingungen innerhalb der akademischen Soziologie und Anthropologie um die Jahrhundertwende. Das bestimmende Faktum war mit einem Wort der Mangel einer echten soziologischen Perspektive, und das Hauptproblem für jene Forscher, die diesen Mangel vage wahrnahmen, bestand in der Entwicklung und Verwirklichung eines solchen Ansatzes. Wir haben schon oben die Gründe darzulegen versucht, warum es so schwierig ist, einen solchen Ansatz zu entwickeln und aufrechtzuerhalten. Es reicht, wenn man sich zwei Hindernisse vergegenwärtigt, die für eine Soziologie wichtig waren: die Tatsache, daß der Name ›Soziologie‹ von verschiedenen Ausprägungen eines Enzyklopädismus[40] und Reduktionismus[41] vereinnahmt worden war, und die Tatsache, daß ethische und sozialreformerische Fragestellungen fortwährend mit solchen Analysen verwoben waren[42]. Noch schlechter war die Lage in der Sozialanthropologie, denn dieses Feld umfaßte einmal den Menschen als Organismus und geschichtliches Wesen wie zum anderen das Studium der gesamten Kulturerscheinungen[43]. Wenn die soziologische Analyse als eine besondere Erscheinung anthropologischer Forschung Anerkennung gewinnen wollte, besonders in der Auseinandersetzung mit Archäologie, physischer Anthropologie, historischer Rekonstruktion und Kulturanthropologie, dann mußte sie sich selbst behaupten. Wie gewöhnlich gewinnt eine Bewegung dann an Zuwachs, wenn sie unter einem besonderen Namen starten kann. In diesem Fall schied die angemessenste Bezeichnung ›Soziologie‹ aus, nicht nur, weil sie eine rivalisierende Disziplin benannte, sondern auch, weil sie, wie schon angedeutet, mit sich widersprechenden Bedeutungen belastet war. Es gab jedoch einen anderen Begriff, der das Wesentliche zu umfassen schien, und das war der Begriff ›Funktionalismus‹, den Durkheim, der Gründer der, wie sie oft genannt wurde, ›Soziologischen Schule der Anthropologie‹, mit Überlegung eingeführt hatte. Obwohl Radcliffe-Brown den Begriff als einen Schlüsselbegriff explizit akzeptierte, war es unbezweifelhaft Malinowski, der den Begriff so nachhaltig zum Sieg führte, daß ›Funktionalismus‹ als Bezeichnung für die Bewegung verbreitete Verwendung fand[44]. Malinowski machte nachdrücklich klar, daß er gegen eine evolutionistische Theorie kämpfte wie gegen die ›trait diffusion‹-Theorie – zwei gegensätzliche Standpunkte, von denen er behauptete, daß sie die Anthropologie beherrscht hatten. Unter deren Herrschaft war wenig Platz für eine Analyse von Gesellschaften als Gesamtheiten. Und er betrachtete es als seine Aufgabe, ihr unter dem Zeichen des Funktionalismus eben diesen Platz zu verschaffen.

Von dem Augenblick an, als der Begriff in der Anthropologie für soziologische Analysen akzeptiert wurde, fand er auch seine gleichartige Verwendung im Bereich der Soziologie.

Diese Interpretation über das Aufkommen des Funktionalismus erklärt ein Paradoxon in seiner Geschichte: die Tatsache, daß die größte Schlacht für die funktionale Analyse in der Anthropologie gefochten wurde, während die effektvollste kritische und methodologische Diskussion in der Soziologie auftauchte. Der Grund für die harte Eröffnungsschlacht in der Anthropologie lag in der verstärkten Konkurrenz verschiedener Interessen. Dabei drehte es sich um die Frage, ob soziologische Analyse angesichts der Indifferenz oder Gegenwehr älterer Ansätze überhaupt als sinnvoll zugelassen werden sollte. In der Folge starb die Debatte deshalb ab, weil man die Anerkennung dieser Art der Analyse in Frage stellen mußte, nachdem sie sich unter der Bezeichnung ›Funktionalismus‹ Zugang zur Anthropologie verschafft hatte. Damit war sie als eine unter vielen unterschiedlichen anthropologischen Ansätzen anerkannt. Nachdem die funktionalistische Anthropologie als ein sinnvoller separater Ansatz akzeptiert worden war, entzog sie sich darüber hinaus der theoretischen Selbstkritik durch übergroße Betonung der Ethnographie, d. h. der unsystematischen Beschreibung und Interpretation einzelner einfacher Gesellschaften. »Feldforschung« in diesem Sinn wurde unter Sozialanthropologen zu einer Art Mythos[45] mit dem Ergebnis, daß man vergleichende Studien kaum unternahm und sich eine empirisch kontrollierte Theorie nicht entwickeln konnte. Funktionalismus konnte sehr leicht auf der Ebene einzelner Fallstudien und bei der Analyse vereinzelter primitiver Gesellschaften angewendet werden. Und der Historizismus in der Anthropologie gewann über seine ehemaligen Opponenten partiell Terrain zurück. In dem Maße, in dem der Funktionalismus seinen Erfolg im Bereich der Anthropologie sicherstellen konnte, blieb er doch methodologisch angreifbar und selbstzufrieden[46].

In der Soziologie, auf der anderen Seite, wurde die strukturell-funktionale Analyse der Kritik und einem gewissen Grad an Kodifikation unterworfen. Da Soziologen sich mit komplexen Gesellschaften beschäftigen, können sie sich nicht auf unsystematische Beobachtung und Informanten allein verlassen, vielmehr müssen sie eine ganze Reihe verschiedenartiger Forschungstechniken einsetzen. Das führt zu einem methodologischen Bewußtsein, dem sich auch solche Entwicklungen wie der Funktionalismus unweigerlich unterworfen sehen. Das traditionale Interesse von Soziologen an systematischer Theorie (das partiell ihre engeren Verbindungen zur Ökonomie und Philosophie widerspiegelt), hat sie in weiterer Folge auch veranlaßt, die Prämissen wie die Logik des Funktionalismus in Frage zu stellen.

Aber in der Anthropologie wie besonders auf dem Gebiet der Soziologie verweist die Intensität der Angriffe auf den Funktionalismus auf etwas, das über rein technische Fragen hinausgeht. Noch immer scheinen die Faktoren wirksam zu sein, wenn auch in verfeinerter Art, die einer Realisation soziologischer Analyse entgegengestanden und Anlaß für reduktionistische und empiristische Lösungen gegeben hatten. Um die Rolle dieser Faktoren zu verstehen, müssen wir auf unser zentrales historisches Thema zurückkommen. Nachdem wir die Frage gestellt hatten, wie die Idee des Funktionalismus als einer separaten Methode entstanden war, müssen wir nunmehr fragen, weshalb sich diese Illusion immer noch am Leben hält.

In gewisser Weise ist es angemessen, vom Funktionalismus als einer Teildisziplin *innerhalb* der Anthropologie zu sprechen, denn es gibt Zweige in diesem Bereich, die einen gänzlich anderen Gegenstandsbereich besitzen. Eine ähnliche Behauptung in bezug auf Sozialanthropologie oder Soziologie wäre indessen tautologisch, denn strukturell-funktionale Analyse *ist identisch* mit soziologischer Analyse. Man realisiert diesen Sachverhalt in der Sozialanthropologie besonders in England in weitem Umfang, aber aus der Verwechslung zwischen kultureller und sozialer Anthropologie erwachsen immer noch Hindernisse. Daß man diese Tautologie in der Soziologie immer noch nicht erkannt hat, hängt denkbarerweise in weitem Maße damit zusammen, daß Soziologen hauptsächlich in ihrer eigenen Gesellschaft arbeiten und das breite Hintergrundswissen und die Interpretationen (die »Theorie«) dieser Gesellschaft unbefragt akzeptieren, um sich dem Auffinden empirischer Fakten, praktischen aber begrenzten Anwendungen dieser Theorie, sozialer Reform oder den Forschungstechniken als solchen zuzuwenden. Den Technikern auf diesem Gebiet liegt die funktionale Analyse fern und stellt eine rein spekulative Theorie dar. Ihre generellen Vorbehalte gegenüber Theorie überhaupt macht sie in besonderem Maße kritisch jener Theorie gegenüber, die sie für die spekulativste halten müssen. Für angewandte Soziologen ist funktionale Analyse unbequem, für Sozialreformer Anathema, weil sie genau jene Werte und Ziele zum Gegenstand von Forschung macht, die man anwenden oder reformieren will. Solche außerwissenschaftlichen Betrachtungen sind indessen äußerst wirksam, wenngleich sie kaum offen zutage treten. Der Glaube, der Funktionalismus sei eine besondere Art der Theorie oder Methode, erlaubt einen Angriff auf die soziologische Analyse, der eigentlich nur ein Angriff auf den Funktionalismus darzustellen scheint.

Gründe, die Debatte fallenzulassen

Das frühe Erscheinen des Funktionalismus hat jenen einen Platz in Soziologie und Anthropologie verschafft, die soziale Phänomene vom Standpunkt sozialer Systeme erklären wollten, statt auf Erklärungen überhaupt zu verzichten oder moralische Betrachtungen anzustellen. Die funktionalistische Bewegung hatte sicher einmal ihre Verdienste. Aber im jetzigen Zusammenhang beginnen die Nachteile zu überwiegen. Und die Auffassung, der Funktionalismus sei eine eigenständige Methode, ist zu einer Quelle der Verwirrung und nutzloser Kontroverse geworden. Nicht genug damit, durch eine seltsame Wendung der Dinge ist diese Idee zu einem Deckmantel geworden, unter dem die alten Feinde soziologischer Analyse ihre Angriffe vortragen.

Wir sahen, wie schwierig es ist, zu sagen, *was* der Funktionalismus sei. Nicht nur unterscheiden sich die Definitionen innerhalb der einzelnen Lager, sondern Befürworter wie Gegner des Funktionalismus betreiben bisweilen dieselbe Art der Analyse. Der Name ›Funktionalismus‹ bezeichnet einen Unterschied der Methode oder der Interpretation, der einfach nicht existiert. Man verwendet nicht nur eine Menge Energie in der langwierigen Diskussion dieser nebulosen Methode, vielmehr werden darüber hinaus die eigentlichen Probleme verdunkelt. Wenn man eine Zusammenstellung jener theoretischer Fragestellungen geben würde, bezüglich derer Meinungsverschiedenheiten allein aus wissenschaftlichen Erwägungen vorliegen, würde sich herausstellen, daß sich Funktionalisten untereinander ebenso unterscheiden wie Nicht-Funktionalisten. So haben wir z. B. gesehen, daß die Frage, ob man soziale Integration oder Konflikte in den Vordergrund der Betrachtung stellen soll, fälschlicherweise als eine Kontroverse zwischen Funktionalismus und Marxismus aufgebaut wurde[47]. Wenn man diese Fragen als solche der soziologischen Analyse selbst versteht, dann besteht die Möglichkeit, die falschen zu eliminieren und die restlichen klarer zu diskutieren.

Soziologie und Sozialanthropologie sind zu entwickelte Disziplinen, um die archaische Vorstellung am Leben zu halten, daß ihre Arbeit auf einen Kampf zwischen ›Ismen‹ hinausliefe. Wie Radcliffe-Brown einmal sagte, gehören Namen, die auf ›-ismus‹ enden, nicht in den Bereich der Wissenschaften, sondern zu philosophischen Doktrinen[48].

Wichtiger noch ist, daß die spezielle Sprache, die dem Funktionalismus seinen Namen gegeben hat, wenn nicht archaisch, so doch derart eng mit dem alltäglichen moralischen Sprachgebrauch verbunden ist, daß manche Leute (selbst Funktionalisten) dazu verführt werden, das zu tun, was Funktionalisten zu vermeiden versuchten: den Standpunkt handelnder Personen mit dem eines Beobachters zu verwechseln. Von der ›Funktion‹ einer Institution ›für‹ eine Gesellschaft oder ›für‹ eine andere Institution in dieser Gesellschaft zu reden, heißt fragen, was die Institution innerhalb dieses Systems tut, für das sie relevant ist. Aber wenn eine solche Redeweise Konnotationen besitzt, die man schlecht kontrollieren kann, dann bedeutet sie eher eine Behinderung als eine Verständigungshilfe. Naturwissenschaftler benutzen den Funktionsbegriff bisweilen, um kurz auszudrücken, daß etwas innerhalb eines Systems interpretiert werden muß. Aber eine solche Sprechweise dient anerkannterweise nur als Ausgangspunkt für eine Diskussion und nicht als ein Mittel systematischer Analyse. Daß die Funktion des Herzens darin besteht, Blut durch den Körper zu pumpen, war seinerzeit sicher eine echte Entdeckung, aber falls man immer, wenn man eine derartige Beziehung festhalten möchte, sagen müßte, daß die Funktion von x darin bestünde, dies und jenes zu tun, würde eine solche Umständlichkeit mit Sicherheit ermüdend wirken. Warum sollte man nicht einfach sagen, daß das Herz Blut durch den Körper pumpt? Solange man ›Funktionalismus‹ als eine Analyse definiert, die den Begriff ›Funktion‹ und die abgeleiteten Begriffe wie ›Eufunktion‹ und ›Dysfunktion‹ verwendet, wäre er ein semantisch künstliches System. Das erklärt zweifellos die Überraschung, wollte man jemanden im Bereich der Physik fragen, was ›Funktionalismus‹ sei. Man sollte beachten, daß die Nationalökonomie, die systematischste der Sozialwissenschaften, sich nicht dazu veranlaßt gesehen hat, eine spezielle funktionalistische Methode oder eine theoretische Schule mit dem Namen ›Funktionalismus‹ zu entwickeln.

Ich bin sicherlich nicht der Meingung, daß der Mythos des Funktionalismus als eine spezielle Methode im Bereich der Soziologie oder Anthropologie eine besondere Katastrophe darstellen müßte. Wie schon gesagt, halte ich einiges von dem, was unter der Bezeichnung ›Funktionalismus‹ an Arbeiten vorgelegt wurde, für das Beste, was bislang erschien. Anderes hingegen ist weniger fruchtbar. Die Qualität der Ergebnisse hat nichts mit einer bestimmten Bezeichnung oder dem Gebrauch des Wortes ›Funktion‹ zu tun. Die Bezeichnung ›funktionalistische Schule‹ wird sicher in jedem Falle aussterben. Ich wollte mit meinen Ausführungen nur dazu beitragen, daß ihr endgültiges Verschwinden nicht übergebührlich verlängert wird.

Funktionale Analyse*

R. K. Merton

Wege zur Kodifikation der funktionalen Analyse in der Soziologie

Die funktionale Analyse bildet zugleich die vielversprechendste und wohl am wenigsten kodifizierte aller modernen Auseinandersetzungen mit Problemen der soziologischen Interpretation. An zahlreichen Fronten des Denkens gleichzeitig zur Entfaltung gebracht, hat sich dieser Typ der Analyse eher extensiv als intensiv entwickelt. Ihre Leistungen rechtfertigen die Vermutung, daß sie ihr gewichtiges Versprechen schrittweise einlösen wird; auf der anderen Seite bezeugen ihre derzeitigen Mängel ebenso, daß diese Analyse regelmäßig überarbeitet werden muß, um sie für die Zukunft besser brauchbar zu machen. Zumindest aber rückt die gelegentliche Neubewertung dieser Forschungsweise zahlreiche Schwierigkeiten in den Brennpunkt offener Diskussion, die sonst weder ausgesprochen noch besprochen würden.

Wie jedes geregelte Interpretationsverfahren hängt die funktionale Analyse von einer Dreier-Allianz zwischen Theorie, Methode und empirischen Daten ab. Von diesen drei Verbündeten ist die Methode bei weitem der schwächste. Viele bedeutende Anhänger der funktionalen Analyse haben sich um theoretische Formulierungen und die Klärung von Begriffen bemüht; einige haben sich sehr in die empirischen Unterlagen vertieft, die bei funktionalem Bezugsrahmen von unmittelbarem Interesse sind; aber nur wenige haben das allgemeine Schweigen darüber gebrochen, *wie* man funktionale Analyse betreibt. Der Reichtum und die Mannigfaltigkeit funktionaler Analysen zwingen jedoch zu dem Schluß, daß *irgendwelche* Methoden angewandt worden sind, und sie wecken die Hoffnung, daß uns eine nähere Betrachtung dieser Verfahrensweisen vieles lehren kann.

Obgleich man Methoden auch ohne Bezug auf eine Theorie oder Material nutzbringend untersuchen kann – die Methodologie oder Forschungslogik sieht gerade darin ihre Aufgabe –, ist den empirischen Disziplinen doch mehr mit einer Untersuchung ihrer Verfahrensweisen gedient, die ihre theoretischen Probleme und materialen Ergebnisse gebührend berücksichtigt. Denn die Anwendung einer »Methode« verlangt nicht nur Logik, sondern – vielleicht zum Leid-

R. K. Merton, Funktionale Analyse, in: H. Hartmann (Hrsg.), Moderne amerikanische Soziologie, Stuttgart 1967, S. 119–150. Mit freundlicher Genehmigung des Autors und des F. Enke-Verlags.

wesen derjenigen, die mit den Schwierigkeiten der Forschung zu kämpfen haben – auch die Lösung der praktischen Aufgabe, Erfahrungsdaten mit den Erfordernissen der Theorie zu vereinen. Wir gehen jedenfalls von dieser Voraussetzung aus und werden unsere Darstellung demgemäß mit einer systematischen Besprechung der Hauptvorstellungen funktionaler Theorie verknüpfen.

Die Sprachkonventionen der funktionalen Analyse

Seit ihren frühesten Anfängen ist die funktionale Betrachtungsweise in der Soziologie in terminologische Verwirrung verstrickt. *Allzuoft wurde ein einziger Terminus zur Symbolisierung verschiedener Inhalte benutzt, wie umgekehrt auch der gleiche Begriffsinhalt durch verschiedene Bezeichnungen wiedergegeben wurde.* Klarheit der Analyse und Wirksamkeit der Verständigung werden beide zum Opfer solch leichtfertigen Wortgebrauchs. Mitunter leidet die Analyse durch eine unmerkliche Verschiebung im begrifflichen Gehalt eines bestimmten Ausdrucks, und die Verständigung bricht zusammen, wenn ein ziemlich einheitlicher Begriffsgehalt durch eine Reihe verschiedenartiger Ausdrücke vernebelt wird. Wir brauchen nur auf eine kurze Strecke den schwankenden Gebrauch des Funktions-Begriffs zu verfolgen, um zu entdecken, wie rivalisierende Sprachkonventionen der funktionalen Analyse die begriffliche Klarheit ernstlich stören und die Verständigung zunichte machen.

Ein Terminus, mehrere Bedeutungen

Zahlreiche Fachwissenschaften wie auch die Umgangssprache haben das Wort »Funktion« für sich in Anspruch genommen und damit das keineswegs überraschende Ergebnis herbeigeführt, daß sein Begriffsinhalt im engeren Bereich der Soziologie häufig unklar ist. Wenn wir uns hier auf bloße fünf Bedeutungen beschränken, die diesem einen Wort oft zugeordnet werden, so sind damit längst nicht alle Bedeutungen erschöpft. Zunächst spricht man, nach volkstümlichem Sprachgebrauch (im Angelsächsischen; Hg.), von »Funktion« im Sinne öffentlicher Versammlungen oder festlicher Anlässe, und zwar meist solchen mit zeremoniellem Beiwerk ... So verbreitet dieser Sprachgebrauch auch ist, so kommt er doch in der Fachliteratur zu selten vor, um zu dem allgemeinen terminologischen Chaos nennenswert beizutragen. *Diese* Bedeutung des Wortes hat mit funktionaler Analyse in der Soziologie ganz sicher nichts zu tun.

In einer zweiten Praxis wird der Funktions-Begriff faktisch zum Synonym von »Beruf«. *Max Weber* definiert etwa: »*Beruf* soll jene Spezifizierung, Spezialisierung und Kombination von Leistungen einer Person heißen, welche für sie Grundlage einer kontinuierlichen Versorgungs- oder Erwerbschance ist[1].« Dieser Sprachgebrauch ist häufig, ja fast typisch bei einigen Wirtschaftswissenschaftlern anzutreffen, die von der »funktionalen Analyse einer Gruppe« dann sprechen, wenn sie die Verteilung der Berufe in dieser Gruppe wiedergeben. Daher sollte man vielleicht dem Rat von *Sargent Florence*[2] folgen und für solche Untersuchungen den erheblich bezeichnenderen Ausdruck »Berufsanalyse« benutzen.

Ein dritter Sprachgebrauch, der einen Sonderfall des vorgenannten darstellt, findet sich in der Umgangssprache wie auch in der Politikwissenschaft. »Funktion« bezieht sich oft auf die dem Inhaber einer sozialen Position, insbesondere dem Inhaber eines Amtes oder einer politischen Stellung zugewiesenen Tätigkeiten. Dies führt zum Terminus »Funktionär« oder »Beamter«. Obwohl sich dieser Sinn von Funktion mit der breiteren Bedeutung überschneidet, die diesem Ausdruck in Soziologie und Anthropologie zugeschrieben wird, sollte dieser spezielle Sinn besser ausgeklammert werden, da er die Aufmerksamkeit von der Tatsache ablenkt, daß Funktionen nicht nur von den Inhabern designierter Positionen ausgeübt werden, sondern ebenso von einem breiteren Spektrum genormter Tätigkeiten, sozialer Prozesse, kultureller Muster und Glaubenssysteme in der Gesellschaft ausgehen.

Seit seiner Einführung durch *Leibniz* ist die Bedeutung des Wortes »Funktion« am genauesten in der Mathematik abgegrenzt, wo es eine Variable bezeichnet, die in Beziehung zu einer oder mehreren anderen Veränderlichen steht, durch welch letztere die erstere Variable ausgedrückt werden kann, oder von deren Wert ihr eigener Wert abhängt. Bezeichnungen wie »funktionale Interdependenz« und »funktionale Beziehungen«, die sich bei Sozialwissenschaftlern so oft finden, geben dieser Vorstellung in erweitertem (und oft ungenauerem) Sinne Ausdruck[3]. Wenn *Mannheim* bemerkt, daß »jede soziale Tatsache eine Funktion der Zeit und des Raumes ist, in denen sie vorkommen«, oder wenn ein Demograph behauptet: »Geburtsquoten sind eine Funktion des ökonomischen Status«, so machen sie offensichtlich Gebrauch von der mathematischen Bedeutung, obgleich der erste Typ der Aussage nicht in Form einer Gleichung auftritt, wohl aber der letztere. Im allgemeinen ergibt sich aus dem Zusammenhang, daß »Funktion« in diesem mathematischen Sinne gemeint ist; aber Sozialwissenschaftler schwanken nicht selten zwischen diesem und einem damit zusammenhängenden, jedoch verschiedenen Wortgebrauch, der auch die Bedeutung von »Interdependenz«, »reziproker Beziehung« oder »wechselseitig abhängiger Variation« beinhaltet.

Diese fünfte Bedeutung ist von zentraler Bedeutung für die funktionale Analyse, wie sie in Soziologie und Sozialanthropologie angewandt worden ist. Dieser Sprachgebrauch entstammt teilweise dem ursprünglich mathematischen Sinn des Terminus und wird öfter ausdrücklich von der Biologie her übernommen, wo der Ausdruck Funktion verstanden wird als die Bezeichnung für »vitale oder organische Prozesse, insoweit sie zur Erhaltung des Organismus beitragen«[4]. Diese Formulierung entspricht in ihrer zum Studium der menschlichen Gesellschaft erforderlichen Abwandlung recht genau dem Hauptbegriff der Funktion, wie er von der reinen oder gemäßigten funktionalistischen Anthropologie angewandt wird[5].

Niemand führt seinen Arbeitsbegriff der Sozialfunktion so oft ausdrücklich auf das analoge Modell der Biologie zurück wie *Radcliffe-Brown.* Wie *Durkheim* behauptet er, daß »die Funktion eines zyklisch auftretenden physiologischen Prozesses also in einer Abstimmung zwischen ihm selbst und den Bedürfnissen (d. h. den notwendigen Existenzbedingungen) des Organismus liegt«. In der Sozialsphäre, wo Einzelmenschen, »die wesentlichen Einheiten«, durch Netze sozialer Beziehungen zu einem integrierten Ganzen verbunden sind, »besteht die Funktion jeder wiederkehrenden Tätigkeit, wie der Bestrafung eines Verbrechens oder einer Begräbniszeremonie, in der Rolle, die sie im sozialen Leben als Ganzem spielt, und daher in ihrem Beitrag zur Erhaltung der strukturellen Kontinuität«[6].

Obgleich *Malinowski* in verschiedenen Hinsichten von den Formulierungen *Radcliffe-Browns* abweicht, macht auch er die Untersuchung »der Rolle, die (soziale oder kulturelle Elemente) in der Gesellschaft spielen«, zum Kernstück der funktionalen Analyse. »Diese Art von Theorie«, so führt *Malinowski* in einer früheren Darlegung seiner Forschungsabsicht aus, »zielt auf die Erklärung anthropologischer Tatsachen auf allen Entwicklungsstufen mittels *ihrer Funktion, mittels der Rolle, die sie innerhalb des Gesamtsystems der Kultur spielen, mittels der Art und Weise, in der sie innerhalb des Systems aufeinander bezogen sind ...*«[7].

Wie wir anschließend im einzelnen ausführen werden, tendieren solche sich wiederholenden Ausdrücke wie »die im sozialen oder kulturellen System gespielte Rolle« zur Verwischung der wichtigen Unterscheidung zwischen dem Begriff Funktion als »Interdependenz« und als »Prozeß«. Wir brauchen uns hier auch nicht mit der Feststellung aufzuhalten, daß das Postulat, demzufolge jeder Bestandteil einer Kultur *irgendwelche* stetigen Beziehungen mit anderen Bestandteilen hat und jedem Bestandteil *irgendeine* besondere Stelle in der Gesamtkultur zukommt, dem Feldforscher oder Theoretiker praktisch keine spezielle Anleitung an die Hand gibt, wie er vorzugehen hat. Wir tun besser daran, diese Fragen zurückzustellen und jetzt nur festzuhalten, daß neuere Formulierungen

den Funktionsbegriff durch ständig erweiterte Spezifizierung geklärt und entwickelt haben. So lesen wir bei *Kluckhohn:* »... ein gegebener Ausschnitt aus einer Kultur ist insofern ›funktional‹, als er eine Reaktionsweise umschreibt, die vom Standpunkt der Gesellschaft Einpassung und von demjenigen des Individuums Anpassung darstellt[8].«
Obwohl wir aus einer ganzen Reihe von Beispielen nur wenige ausgewählt haben, lassen schon diese wenigen Bedeutungen des Terminus »Funktion« erkennen, daß im gleichen Wort zahlreiche Bedeutungen zusammengefaßt werden. Dies führt zu Verwirrung. Werden andererseits verschiedene Wörter gebraucht, um die gleiche Bedeutung auszudrücken, so entsteht daraus noch schlimmere Konfusion.

Verschiedene Namen, gleicher Sinn

Zu der großen Zahl von Termini, die gegenwärtig ohne Unterschied und fast synonym mit »Funktion« verwendet werden, gehören Ausdrücke wie Gebrauch, Nützlichkeit, Zweck, Motiv, Intention, Ziel, Konsequenzen. Würden diese und ähnliche Termini zur Bezeichnung ein und derselben streng definierten Bedeutung gebraucht, so lohnte es sich kaum, auf ihre Mannigfaltigkeit und Anzahl hinzuweisen. Tatsache ist jedoch, daß der undisziplinierte Gebrauch dieser Termini zusammen mit ihrer augenscheinlichen begrifflichen Konvergenz zu immer größeren Abweichungen von einer straffen und strengen funktionalen Analyse führt. Die Bedeutungsfelder der verschiedenen Termini, die von ihrem gemeinsamen Bedeutungskern eher abweichen als mit ihm übereinstimmen, werden (unmerklich) zur Grundlage von Folgerungen, die um so zweifelhafter werden, je weiter sie sich von dem eigentlichen Funktionsbegriff entfernen. Daß ein in seinem Bedeutungsgehalt schwankender Wortschatz zur Häufung von Mißverständnissen führt, sei hier mit ein paar Beispielen belegt.
Im folgenden Abschnitt, der einer der einsichtigsten Erörterungen der Kriminalsoziologie entnommen ist, sind die Verschiebungen im Bedeutungsgehalt nominell synonymer Ausdrücke und die sich daraus ergebenden fragwürdigen Schlußfolgerungen leicht zu entdecken (die wesentlichen Ausdrücke sind kursiv gesetzt, um die Argumentation durchsichtiger zu machen).

»*Zweck* einer Bestrafung. Hier wird der Versuch gemacht, den *Zweck* oder die *Funktion* einer Bestrafung zu verschiedenen Zeiten und in verschiedenen Gruppen zu erklären. Zahlreiche Forscher haben sich auf den Standpunkt gestellt, *ein* bestimmtes *Motiv* sei *das Motiv* der Bestrafung. Andere betonen, die *Funktion* der Strafe bestehe in der Wiederherstellung der Gruppensolidarität, die durch das Verbrechen geschwächt worden sei. Thomas und Znaniecki haben darauf hingewiesen, daß bei den polnischen Bauern die Bestrafung eines Verbrechens *in erster Linie dazu bestimmt sei*, die Situation wiederherzustellen, die vor dem Verbrechen bestand, und die Gruppensolidarität zu erneuern. Dagegen sei Rache eine *zweitrangige Erwägung*. Von diesem Gesichtspunkt her gesehen, hat Bestrafung *in erster Linie* mit der Gruppe zu tun und erst in *zweiter* mit dem Gesetzesbrecher. Andere behaupten, die *Funktion* der Bestrafung liege in Sühne, Abschreckung, Vergeltung, Umerziehung, staatlichen Einnahmen und anderen Dingen. Weder in der Vergangenheit noch in der Gegenwart läßt sich eindeutig irgendeines dieser Motive als *das Motiv* bezeichnen; die Bestrafung scheint aus *vielen Motiven* zu erwachsen und *viele Funktionen* auszuüben. Dieses gilt sowohl für individuelle Opfer von Verbrechen wie für den Staat. Zweifellos sind die heute gültigen Gesetze in ihren *Zielen oder Motiven* nicht konsistent; dasselbe trifft wahrscheinlich für frühere Gesellschaften zu.«[9]

Wir sollten uns hier zuerst mit den Ausdrücken beschäftigen, die sich scheinbar auf den gleichen Begriffsinhalt beziehen: Zweck, Funktion, Motiv, bestimmt, zweitrangige Erwägung, hat-in-erster-Linie-zu-tun, Ziel. Mustert man diese Begriffe, so zeigt sich, daß sie *in ganz verschiedene begriffliche Bezugsrahmen fallen.* Zeitweilig beziehen sich einige Ausdrücke – Motiv, Bestimmung, Ziel und Zweck – klar auf die *expliziten Vorhaben der Vertreter des Staates.* Andere – Motiv, zweitrangige Erwägung – beziehen sich auf die *Ziele des Opfers des Verbrechens.* Beide Gruppen von Termini gleichen sich insofern, als sie sich auf *subjektive Vorwegnahmen der Resultate der Bestrafung* beziehen. Doch der Begriff der Funktion ist vom Standpunkt des *Beobachters* her definiert, nicht notwendig vom Teilnehmer aus. Soziale Funktion bezieht sich auf *beobachtbare objektive Konsequenzen*, nicht auf *subjektive Dispositionen* (Ziele, Motive, Zwecke). Mangelnde Unterscheidung zwischen objektiven soziologischen Konsequenzen und subjektiven Dispositionen führt unvermeidlich zu einer Verwirrung der funktionalen Analyse, wie man aus dem folgenden Auszug ersehen kann (die wesentlichen Termini sind wieder kursiv gesetzt):

»Der äußere Grad von Realitätsferne wird in der Diskussion der sogenannten ›Funktionen‹ der Familie erreicht. Die Familie, so hören wir, übt wichtige *Funktionen* in der Gesellschaft aus; sie sorgt für Fortpflanzung der Art und Aufzucht der Jungen; sie erfüllt ökonomische und religiöse Funktionen usw. Fast ermutigt man uns zu glauben, daß *Menschen heiraten und Kinder bekommen, weil* sie sich danach drängen, diese notwendigen Gesellschaftsfunktionen abzuleisten. In Wirklichkeit heiraten Menschen, *weil* sie sich lieben, oder aus anderen weniger romantischen, aber nicht weniger persönlichen Gründen. Die *Funktion* der Familie, *vom Gesichtspunkt der Individuen*, besteht darin, ihre Wünsche zu erfüllen. Die *Funktion* der Familie oder jeglicher anderen sozialen Institution besteht *lediglich in dem, wofür sie von Menschen jeweils gebraucht wird.* Soziale ›Funktionen‹ *sind meist Rationalisierungen hergebrachter Praktiken; wir* handeln zuerst und suchen dann nach Erklärungen; *wir* handeln aus *persönlichen Gründen* und rechtfertigen *unser* Verhalten durch soziale und ethische *Prinzipien.* Insoweit diese *Funktionen* von Institutionen irgendeine reale Grundlage haben, muß sie im Hinblick auf die Sozialprozesse formuliert werden, an denen Menschen *mit der Absicht* teilnehmen, ihre Wünsche zu befriedigen. Funktionen entstehen aus der Interaktion konkreter einzelner und konkreten *Zwecken.*«[10]

Dieser Absatz ist ein interessantes Durcheinander kleiner Inseln der Klarheit inmitten eines Meeres von Verwirrung. Sooft hier irrigerweise (subjektive) Motive mit (objektiven) Funktionen identifiziert werden, verläßt den Autor seine klarsichtige funktionale Betrachtungsweise. Wie wir gleich sehen werden, sind wir keineswegs zu der Annahme gezwungen, daß die *Motive* für eine Eheschließung (»Liebe«, »persönliche Gründe«) identisch mit den *Funktionen* der Familien (Sozialisierung des Kindes) sind. Überflüssig ist auch die weitere Annahme, daß die von einzelnen für ihr Verhalten vorgebrachten *Gründe* (*»wir* handeln aus persönlichen Gründen«) völlig mit den beobachteten Folgen dieser Verhaltensmuster übereinstimmen. Die subjektive Disposition kann mit der objektiven Folge übereinstimmen, ohne daß dies immer der Fall sein müßte. Beide variieren unabhängig voneinander. Erst die Formulierung, Motivation führe zur Entscheidung für Verhaltensweisen, aus denen sich (nicht notwendig intendierte) Funktionen ergeben können, bietet einen Ausweg aus dem Meer der Begriffsverwirrung[11].
Diese kurze Besprechung rivalisierender Terminologien und ihrer unglücklichen Folgeerscheinungen mag als Leitfaden für unsere späteren Bemühungen um Kodifizierung der Begriffe der funktionalen Analyse dienen. Es wird sich vollauf Anlaß bieten, den Gebrauch des soziologischen Funktionsbegriffes einzuschränken, und es wird erforderlich sein, eindeutig zwischen subjektiven Kategorien der Disposition und objektiven Kategorien der beobachteten Folgen zu unterschciden. Geschieht dies nicht, so kann die Substanz der funktionalen Orientierung in einem Gewölk nebulöser Definitionen verlorengehen.

Vorherrschende Postulate in der funktionalen Analyse

Anhänger der funktionalen Analyse haben weithin (hauptsächlich, jedoch nicht ausschließlich, in der Anthropologie) drei zusammenhängende Postulate akzeptiert, die sich, wie wir nun darlegen werden, als fraglich und für eine funktionale Orientierung unnötig erwiesen haben.

Im wesentlichen behaupten diese Postulate erstens, daß standardisierte soziale Tätigkeiten oder kulturelle Elemente funktional für das *gesamte* soziale oder kulturelle System seien; zweitens, daß *alle* solche sozialen und kulturellen Elemente Funktionen im soziologischen Sinne erfüllen; drittens, daß diese Elemente darum *unentbehrlich* seien. Obgleich diese drei Glaubenssätze gewöhnlich nur gemeinsam vorkommen, sollte man sie am besten getrennt untersuchen, da jeder einzelne Schwierigkeiten eigener Art mit sich bringt.

Das Postulat der funktionalen Einheitlichkeit der Gesellschaft

Radcliffe-Brown hat diesem Postulat eine charakteristische Formulierung gegeben:

»Die Funktion eines bestimmten sozialen Brauches besteht in seinem Beitrag zum *gesamten sozialen Leben,* nämlich dem Funktionieren des *gesamten sozialen Systems.* Eine derartige Betrachtung setzt voraus, daß ein Sozialsystem (*die gesamte soziale Struktur* einer Gesellschaft zusammen mit der Gesamtheit der sozialen Bräuche, in denen diese Struktur in Erscheinung tritt und von denen ihr Fortbestand abhängt) eine bestimmte Art von Einheit aufweist, die wir als funktionale Einheit bezeichnen können. Wir können sie als eine Bedingung definieren, unter der alle Teile des Sozialsystems mit einem hinreichenden Grad von Harmonie oder innerer Konsistenz zusammenarbeiten, d. h. ohne andauernde Konflikte hervorzurufen, die weder gelöst noch geregelt werden können.«[12]

Man darf jedoch nicht übersehen, daß er diese Vorstellung von einer funktionalen Einheitlichkeit als Hypothese bezeichnet, die zu prüfen ist.
Zu Beginn könnte es scheinen, als ob *Malinowski* die empirische Annehmbarkeit dieses Postulats in Frage stellt, wenn er schreibt, daß »die soziologische Schule« (der er *Radcliffe-Brown* zurechnet) »die soziale Solidarität der Angehörigen von Primitivkulturen zu stark betonte« und »das Individuum vernachlässigte«[13]. Doch es zeigt sich schnell, daß *Malinowski* diese zweifelhafte Annahme eigentlich nicht aufgibt, sondern ihr im Endergebnis noch eine weitere hinzufügt. Er spricht weiterhin von standardisierten Gebräuchen und Glaubensweisen als funktional »für die Kultur als ein Ganzes« und nimmt nach wie vor an, daß sie *auch* funktional für jedes Mitglied der Gesellschaft seien. Im Hinblick auf den Glauben der Primitiven an das Übernatürliche schreibt er:

»Hier erfährt die funktionale Betrachtungsweise ihre Zerreißprobe ... Sie wird zeigen müssen, wie Glaube und Ritual zugunsten sozialer Integration, technischer und ökonomischer Leistung, *einer Kultur als Ganzer* wirken – indirekt also für die biologische und geistige Wohlfahrt *jedes einzelnen Mitglieds.*«[14]

Ist schon die erstgenannte, einfache Annahme in ihrer uneingeschränkten Form fragwürdig, so gilt dies erst recht für die letztere, doppelte Annahme. Ob die kulturellen Elemente einheitlich Funktionen für die Gesellschaft als System und für alle Mitglieder der Gesellschaft erfüllen, ist doch wohl eher eine empirische Tatsachenfrage als ein Axiom.

Kluckhohn durchschaut das Problem offensichtlich insofern, als er die Alternativen derartig ausdehnt, bis sie die Möglichkeit einschließen, daß kulturelle Formen »für die Mitglieder der Gesellschaft *oder* für die Gesellschaft als fortdauernde Einheit Anpassungs- oder Adaptations-Charakter haben«[15]. Dies ist ein notwendiger erster Schritt, der uns erlaubt, die von der unterstellten Funktion geförderte *Einheit (unit)* variieren zu lassen. Unter dem Zwang der empirischen Beobachtung werden wir noch in die Lage versetzt werden, die Variationsmöglichkeit dieser Einheit zu erweitern.

Es scheint hinreichend klar, daß die Vorstellung von einer funktionalen Einheitlichkeit *kein* Postulat jenseits des Bereichs empirischer Prüfung ist – ganz im Gegenteil. Der Grad der Integration ist eine empirische Variable[16], die von Gesellschaft zu Gesellschaft verschieden ist und innerhalb derselben Gesellschaft immer wieder eine andere Größe annimmt. Daß alle menschlichen Gesellschaften *irgendeinen* Grad von Integration aufweisen müssen, ist eine reine Frage der Definition und führt nur zur gleichen Frage in anderer Form. Aber nicht alle Gesellschaften haben einen so *hohen* Integrationsgrad, daß *jede* kulturell standardisierte Tätigkeit oder Glaubenseinstellung für die Gesellschaft als Ganze funktional und gleichzeitig einheitlich funktional für die in ihr lebenden Menschen ist. *Radcliffe-Brown* hätte den Blick nur auf den von ihm geschätzten Bereich seiner Analogien zu richten brauchen, um an der Angemessenheit seiner Annahme der funktionalen Einheit zweifeln zu lernen. Denn wir beobachten bedeutende Abweichungen im Integrationsgrad selbst bei biologischen Einzelorganismen, obgleich unser Commonsense uns doch sagen würde, daß hier wohl sicher alle Teile des Organismus auf ein »geeintes« Ziel hinarbeiten. Man betrachte dagegen nur folgendes Zitat:

»Man sieht leicht, daß bei *hochintegrierten Organismen,* die durch ein Nervensystem oder Hormone genau kontrolliert werden, der Verlust jedes größeren Teiles dieses Kontrollsystems das ganze System stark beeinträchtigen und häufig seinen Tod verursachen wird. Andererseits gibt es niedere *Organismen,* die sehr viel lockerer zusammenhängen, bei denen der Verlust selbst eines größeren Teiles ihres Körpers nur vorübergehende Unzuträglichkeit während der Regeneration des Ersatzgewebes verursacht. Viele dieser lockerer organisierten Tiere sind *so kümmerlich integriert, daß einzelne Teile in aktiver Opposition gegeneinanderstehen können.* Legt man etwa einen gewöhnlichen Stern auf den Rücken, so kann ein Teil der Arme versuchen, das Tier in eine Richtung zu drehen, während andere in entgegengesetzter Richtung arbeiten ... *Wegen ihrer lockeren Integration* kann die Seeanemone sich weiterbewegen, obwohl ein Teil ihres Fußes fest an den Felsen geklammert bleibt, so daß das Tier ernstlichen Körperschaden erleidet.«[17]

Trifft dieses für einen einzelnen Organismus zu, so dürfte es um so mehr bei komplexen sozialen Systemen der Fall sein.

Man braucht nicht allzuweit auszuholen, um zu zeigen, daß die Annahme einer vollständigen funktionalen Einheit der menschlichen Gesellschaft vielfach den Tatsachen widerspricht. Soziale Gebräuche oder Gefühle können für einige Gruppen funktional, für andere innerhalb der gleichen Gesellschaft dysfunktional sein. Anthropologen sprechen oft von »wachsender Solidarität der Gemeinschaft« und »wachsendem Familienstolz« als Beispielen funktional adaptiver Gefühle. Und doch kann, worauf *Bateson*[18] unter anderem hingewiesen hat, der steigende Stolz einiger Familien zum Zusammenbruch der Solidarität einer kleinen Gemeinde führen. Nicht nur widerspricht das Postulat funktionaler Einheit oft den Tatsachen, sondern es ist auch von geringem heuristischem Wert, da es die Aufmerksamkeit des Forschers von den möglichen widersprüchlichen Folgen ablenkt, die irgendeine soziale oder kulturelle Gegebenheit (Brauch, Glaube, Verhaltensmuster, Institution) für verschiedene soziale Gruppen und für die einzelnen Mitglieder dieser Gruppen haben kann.

Ist der Bestand von Beobachtungen und Tatsachen, welche die Annahme funktionaler Einheitlichkeit falsifizieren, so umfangreich und leicht zugänglich, wie wir behauptet haben, so ergibt sich die interessante Frage, wie sich erklärt, daß *Radcliffe-Brown* und andere, die seinem Beispiel folgten, weiter an dieser Annahme festgehalten haben. Ein möglicher Anhaltspunkt ergibt sich aus der Tatsache, daß diese Konzeption in ihren heutigen Ausprägungen von Sozial-*Anthropologen* entwickelt wurde, d. h. von Forschern, die sich in erster Linie mit der Untersuchung schriftloser Gesellschaften beschäftigten. Angesichts dessen, was *Radin* »den hohen Integrationsgrad der Mehrheit eingeborener Kulturen« genannt hat, mag diese Annahme für einige, wenn nicht sogar alle schriftlosen Gesellschaften durchaus brauchbar sein. Aber die geistige Strafe, die man für die Übertragung dieser möglicherweise nützlichen Annahme aus dem Bereich kleiner schriftloser Gesellschaften auf große, komplexe und hochdifferenzierte, schriftkundige Gesellschaften zahlen muß, ist zu hoch. Nirgends wohl werden die Gefahren einer solchen Übertragung von Annahmen deutlicher als bei der funktionalen Analyse der Religion. Dieser Fall verdient einige Aufmerksamkeit, schon weil er die Trugschlüsse klar hervortreten läßt, denen man zum Opfer fällt, wenn man diese Annahme funktionaler Einheit ohne gründliche Durchleuchtung, also gleichsam »aus Sympathie« übernimmt.

Die funktionale Interpretation der Religion. Prüft man den Preis für die Übertragung dieser stillschweigenden Annahme vom Bereich relativ kleiner und relativ eng zusammenhängender schriftloser Gruppen auf den Bereich höher differenzierter und vielleicht lockerer integrierter Gesellschaften, so sollte man sich die Arbeiten von Soziologen näher ansehen – insbesondere solcher, die sich der Voraussetzungen ihrer Arbeiten im üblichen Ausmaß bewußt sind. Eine derartige Betrachtung ist nebenher auch von Interesse wegen ihrer Bedeutung für das allgemeinere Problem, das sich aus dem Versuch ergibt, ohne angemessene Abänderung solche Konzeptionen auf die Erforschung schriftkundiger Gesellschaften anzuwenden, die aus der Untersuchung schriftloser Gesellschaften entwickelt und in dieser herangereift sind.

Die breit angelegten, raum- und zeitunabhängigen Verallgemeinerungen über »die integrativen Funktionen der Religion« sind großenteils – wenn auch nicht gänzlich – aus Beobachtungen über schriftlose Gesellschaften abgeleitet. Nicht selten übernehmen Sozialwissenschaftler implizite die Forschungsergebnisse über solche Gesellschaften und lassen sich dann über die integrativen Funktionen von Religion *überhaupt* aus. Von hier aus ist es dann nur ein kurzer Schritt zu Aussagen wie der folgenden:

Die *Religion erweist sich* anscheinend *deshalb als unabdingbar,* weil die menschlichen Gesellschaften *ihre Einheit* vor allem dadurch *erreichen,* daß ihre Mitglieder gemeinsam bestimmten letzten Werten und Zielen anhängen. Obgleich diese Werte und Ziele subjektiv sind, beeinflussen sie das Verhalten; und ihre Integration ermöglicht es der Gesellschaft, als ein System zu funktionieren ...
In einer sehr hoch entwickelten, wissenschaftlich-technologischen Gesellschaft kommt es häufig zu einer Statusminderung des Priestertums, da die geheiligten Traditionen und der Kult des Übernatürlichen in den Hintergrund treten ... [aber] *keine Gesellschaft* ist so vollständig säkularisiert, daß der Glaube an transzendente Ziele und übernatürliche Wesen *gänzlich* zerstört worden wäre. Selbst in einer Säkulargesellschaft muß *irgendein System* bestehen, das die letzten Werte integriert, für ihre ritualistische Kundgabe sorgt und jene emotionale Anpassung zuwege bringt, die nach Enttäuschung, Tod und Unglück zustande kommen muß[19].

Der *Durkheim*schen Orientierung folgend, die weithin auf der Erforschung schriftloser Gesellschaften beruhte, neigen diese Autoren dazu, *nur* die offensichtlich integrativen Folgen der Religion herauszuheben und ihre möglichen desintegrierenden Wirkungen bei *be-*

stimmten Typen von Sozialstruktur zu vernachlässigen. Man betrachte doch die folgenden, sehr wohl bekannten Tatsachen und Probleme: 1. Wenn verschiedene Religionen in der gleichen Gesellschaft nebeneinander existieren, ergeben sich oft tiefgehende Konflikte zwischen solchen unterschiedlichen Religionsgemeinschaften (man denke nur an die umfangreiche Literatur über religiöse Konflikte in europäischen Gesellschaften). In welchem Sinne bewirkt also Religion eine Integration »der« Gesellschaft in den zahlreichen Gesellschaften mit mehreren Religionen? 2. Sicher trifft es zu, daß »menschliche Gesellschaften ihre Einheit [insofern eine solche aufzuweisen ist] vor allem dadurch erreichen, daß ihre Mitglieder gemeinsam bestimmten letzten Werten und Zielen anhängen«. Doch welchen Beweis gibt es dafür, daß »nicht-religiöse« Menschen, etwa in unserer eigenen Gesellschaft, sich weniger oft zu gemeinsam bestimmten »Werten und Zielen« bekennen als die Anhänger religiöser Doktrinen? 3. In welchem Sinne wirkt die Religion zugunsten der Integration der Großgesellschaft, wenn der Inhalt ihrer Lehre und ihrer Werte zu dem Inhalt anderer, nicht-religiöser Werte vieler Menschen in derselben Gesellschaft in Widerspruch steht? (Man denke zum Beispiel an den Konflikt zwischen der Opposition der katholischen Kirche gegen die Gesetze über Kinderarbeit und den säkularen Werten, die eine »Ausbeutung jugendlicher Abhängiger« verhindern wollen; oder auch die unterschiedliche Bewertung der Geburtenkontrolle seitens verschiedener religiöser Gruppen in unserer Gesellschaft.)

Diese Liste allgemein bekannter Tatsachen über die Rolle der Religion in zeitgenössischen schriftkundigen Gesellschaften könnte erheblich verlängert werden; diese Tatsachen sind natürlich jenen funktionalistischen Anthropologen und Soziologen wohlbekannt, welche die Religion als eine integrierende Erscheinung beschreiben, ohne den Bereich der Sozialstrukturen einzugrenzen, innerhalb deren dies tatsächlich zutrifft. Es ist zumindest vorstellbar, daß eine von der Erforschung schriftloser Gesellschaften abgeleitete theoretische Orientierung dazu beigetragen hat, daß die ansonsten ins Auge springenden Informationen über die funktionale Rolle der Religion in Gesellschaften mit mehreren Religionsgemeinschaften verdeckt wurden. Vielleicht liegt es an der Übertragung der Annahme funktionaler Einheit, daß die gesamte Geschichte der Religionskriege, der Inquisition (die ihren Keil in eine Gesellschaft nach der anderen trieb), der mörderischen Konflikte zwischen Religionsgemeinschaften ausgelöscht wurde. Denn Tatsache ist, daß das gesamte sattsam bekannte Material immer zugunsten von Beispielen aus Forschungen über Religion in schriftlosen Gesellschaften ignoriert wird. Und schlagende Tatsache ist weiterhin, daß der oben zitierte Aufsatz, der von »Religion, die eine Integration auf der

Basis von Gefühlen, Glaubensinhalten und Riten bewirkt«, spricht, die entzweiende Potenz der Religion kein einziges Mal erwähnt.
Vielleicht wollen die Verfasser derartiger funktionaler Analysen nur behaupten, daß Religion für die Integration derjenigen sorge, die an *gleiche* religiöse Werte glauben; aber diese Auslegung ist unwahrscheinlich, da sie ja dann nur gesagt hätten, daß aller Konsensus bezüglich beliebiger Wertsysteme integrative Folgen hat.
Überdies zeigt das wieder die Gefahr der Annahme funktionaler Einheitlichkeit – die eine vernünftige Annäherungslösung für einige schriftlose Gesellschaften *sein kann* – als Teil eines impliziten Modells für eine *verallgemeinerte* funktionale Analyse. In schriftlosen Gesellschaften beobachten wir im allgemeinen die Dominanz eines bestimmten religiösen Systems, so daß, von nonkonformistischen Individuen abgesehen, Mitgliedschaft in der Gesamtgesellschaft und in der Religionsgemeinschaft praktisch identisch sind. Es liegt auf der Hand, daß ein allgemein verbreitetes System religiöser Werte in einer derartigen Sozialstruktur *unter anderem* zur Bestärkung solidarischer Empfindungen und der sozialen Integration führen kann. Daraus läßt sich jedoch nicht ohne weiteres eine haltbare Verallgemeinerung über andere Gesellschaftstypen ableiten.
Wir werden später auf weitere theoretische Voraussetzungen zeitgenössischer Funktional-Analysen der Religion zurückkommen; im Augenblick genüge dieses Beispiel, um die Gefahren zu veranschaulichen, die man auf sich nimmt, wenn man sich ohne Einschränkung zu dem Postulat funktionaler Einheit bekennt. Es ist nichts damit gewonnen, daß man diese Einheit der Gesamtgesellschaft im Vorgriff auf Beobachtungen behauptet. Die Frage nach der Einheit ist eine Tatsachen-, keine Meinungsfrage. Der theoretische Bezugsrahmen der funktionalen Analyse muß ausdrücklich verlangen, daß die *Einheiten im einzelnen spezifiziert werden*, für die ein gegebenes soziales oder kulturelles Element funktional ist. Es muß ausdrücklich dafür Spielraum lassen, daß ein gegebenes Element funktionalen und dysfunktionalen Charakter haben kann, und zwar für Individuen, für Untergruppen und für die umfassendere Sozialstruktur und Kultur.

Das Postulat des universalen Funktionalismus

Dieses Postulat behauptet, kurz gefaßt, daß alle standardisierten sozialen oder kulturellen Formen positive Funktionen haben. Auch hier bietet *Malinowski*, wie bei anderen Aspekten der funktionalen Konzeption, die extremste Formulierung an:

»Die funktionale Betrachtungsweise der Kultur *besteht* daher auf dem Prinzip, daß in *jedem Typ von Zivilisation jeder Brauch, jedes materiale*

Objekt, jede Vorstellung und jeder Glaubensgehalt irgendeine lebenswichtige Funktion erfüllt ...« [20]

Obgleich *Kluckhohn,* wie wir gesehen haben, sich nicht darauf versteift, daß die Einheit, der eine kulturelle Form ihre Beiträge liefert, immer dieselbe Einheit sein muß, stimmt er mit *Malinowski* im Postulat des funktionalen Wertes für alle fortbestehenden Formen von Kultur überein (»Mein Grundpostulat ... ist, daß *keine* Kulturformen überleben, sofern sie nicht Reaktionen darstellen, die in irgendeinem Sinn adjustiv oder adaptiv sind ...«[21]).
Ob dieser universale Funktionalismus ein heuristisches Postulat repräsentiert, bleibt noch festzustellen. Aber man sollte darauf gefaßt sein, daß die kritische Aufmerksamkeit auch durch dieses Postulat von einer Vielfalt nicht-funktionaler Folgen tatsächlich bestehender kultureller Formen abgelenkt wird.
In der Tat greift *Kluckhohn,* wenn er sein Argument dadurch zu veranschaulichen sucht, daß er scheinbar funktionslosen Elementen »Funktionen« zuschreibt, auf einen besonderen Funktionsbegriff zurück; würde man diesen Begriff anwenden, so ergäbe sich – weniger aufgrund einer echten Untersuchung als vielmehr *ex definitione* –, daß alle dauerhaften Bestandteile der Kultur diese besondere Funktion erfüllen. *Kluckhohn* meint beispielsweise:

»Die Ärmelknöpfe eines europäischen Herrenanzugs, die heute keinen praktischen Nutzen mehr besitzen, haben die ›Funktion‹, Vertrauen zu bewahren, Tradition zu erhalten. Die Leute fühlen sich im allgemeinen wohler, wenn sie im Verhalten eine Kontinuität spüren, wenn sie glauben, daß sie den orthodoxen und sozial gebilligten Verhaltensformen nachleben.« [22]

Diese Aussage dürfte sich auf den Grenzfall beziehen, in dem die Unterstellung einer Funktion der direkten Beschreibung des Kulturmusters oder der Verhaltensform wenig oder nichts hinzufügt. Man darf wohl mit Recht annehmen, daß alle *hergebrachten* Kulturelemente (die man grob mit »Tradition« umschreiben kann) als minimale, wenn auch nicht ausschließliche Funktion die »Bewahrung des Vertrauten, die Erhaltung einer Tradition« erfüllen. Entsprechend kann man sagen, daß die »Funktion« der Konformität gegenüber *irgendeinem* hergebrachten Brauch darin liege, daß sie dem Konformisten ermöglicht, Sanktionen auszuweichen, die er durch seine Abweichung von einem hergebrachten Verhalten sonst auf sich ziehen würde. Dies trifft zweifellos zu, erklärt aber wenig. Wir werden hierbei jedoch daran erinnert, daß wir die *Typen von Funktionen* untersuchen wollen, die der Soziologe unterstellt. Und zunächst einmal wird uns die vorläufige Annahme nahegelegt, daß es voreilig ist, uneingeschränkt zu behaupten, daß jeder Bestandteil einer Kultur oder Sozialstruktur funktional sein *muß* – wenn auch jeder Bestandteil funktional sein *kann.*

Das Postulat des universalen Funktionalismus ist natürlich das historische Ergebnis der leidenschaftlichen, unfruchtbaren und langwierigen Kontroverse über »Überlebsel«, die während des frühen 20. Jahrhunderts unter Anthropologen wütete. Der Begriff eines sozialen Überlebsels, d. h. in den Worten von *Rivers,* »einer Gepflogenheit ... [die] nicht aus ihrem gegenwärtigen Nutzen heraus erklärt werden kann, sondern erst durch ihre Geschichte verständlich wird«[23], geht zumindest bis auf *Thukydides* zurück. Doch als die evolutionäre Kulturtheorie überragendes Gewicht erlangte, schien der Begriff des Überlebens entsprechend wichtiger für eine Rekonstruktion von »Entwicklungsphasen« von Kulturen, insbesondere bei schriftkundigen Gesellschaften ohne schriftliche Überlieferung. In den Augen derjenigen Funktionalisten, die sich von dem abwenden wollten, was sie als die gemeinhin fragmentarische und oft nur auf Vermutungen basierende »Geschichte« schriftloser Gesellschaften betrachteten, wurde der Angriff auf den Begriff des Überlebens zum Symbol eines Angriffs auf das gesamte, geistig abstoßende System evolutionären Denkens. Als Folgeerscheinung reagierten sie vielleicht überstark gegen diesen für die evolutionäre Theorie zentralen Begriff und stellten ihm ein ebenso überspitztes »Postulat« entgegen, demzufolge »jede Gepflogenheit [jeglichenorts] ... eine lebenswichtige Funktion erfüllt«.

Es wäre bedauerlich, wollte man den Polemiken unserer anthropologischen Vorfahren gestatten, noch heute wundervolle Übertreibungen hervorzubringen. Hat man Erscheinungen sozialen Fortlebens einmal entdeckt, etikettiert und untersucht, so kann man sie nicht mehr durch ein Postulat aus der Welt schaffen. Kann man jedoch keinerlei Spuren solcher Überlebsel beibringen, so löst sich der Streit von selber auf. Überdies darf man behaupten, daß selbst die Überlebsel, die in zeitgenössischen schriftkundigen Gesellschaften festgestellt werden mögen, zu unserem Verständnis des menschlichen Verhaltens oder der Dynamik des sozialen Wandels wenig hinzuzufügen scheinen. Da der Soziologe in schriftkundigen Gesellschaften auf die zweifelhafte Rolle solcher Erscheinungen als armselige Stellvertreter für schriftliche Überlieferung verzichten kann, darf er solche Überlebsel ohne offensichtlichen Verlust vernachlässigen. Aber er braucht sich nicht durch eine archaische, irrelevante Kontroverse zu der uneingeschränkten Behauptung drängen zu lassen, alle Bestandteile einer Kultur erfüllten lebenswichtige Funktionen. Denn dies ist ebenfalls ein Problem für die empirische Forschung, nicht etwa ein dieser Forschung vorausgehender Beschluß. Weit nützlicher als Leitlinie empirischer Forschung schiene die vorläufige Annahme, daß fortdauernde kulturelle Formen einen *Saldo funktionaler Folgen* aufweisen, entweder für die Gesellschaft als eine Einheit oder für Untergruppen mit genügend Macht, um diese Formen durch direkten Zwang oder indirekte Manipulation intakt zu halten. Diese Formulierung vermeidet zugleich die Tendenz der funktionalen Analyse, zu sehr auf positive Funktionen abzuheben, und lenkt die Aufmerksamkeit des Forschers auch auf andere Folgeerscheinungen.

Das Postulat der Unentbehrlichkeit

Das letzte der drei Postulate, die unter funktionalistischen Sozialwissenschaftlern weithin verbreitet sind, ist in gewisser Hinsicht besonders vieldeutig. Diese Vieldeutigkeit zeigt sich in dem oben erwähnten Manifest *Malinowskis,* in dem er sagt:

»In jedem Typ von Zivilisation erfüllt jeder Brauch, jeder materielle Gegenstand, jede Vorstellung und jeder Glaubensgehalt irgendeine *lebenswichtige* Funktion, hat irgendeine Aufgabe, stellt einen *unentbehrlichen Teil* innerhalb eines funktionierenden Ganzen dar.«[24]

Aus diesem Satz wird keineswegs klar, ob *Malinowski* die *Funktion* oder das *Objekt* (Brauch, Gegenstand, Vorstellung, Glaube), das die Funktion erfüllt, oder *beides* für unentbehrlich hält.
Diese Vieldeutigkeit ist in der Literatur ziemlich weit verbreitet. So scheint die von *Davis* und *Moore* stammende und oben zitierte Darstellung der Rolle der Religion zunächst zu besagen, die *Institution* sei unentbehrlich: »Die Religion erweist sich anscheinend deshalb als unabdingbar ...«; »... Religion ... [spielt] eine besondere unentbehrliche Rolle in der Gesellschaft.«[25] Doch wird bald klar, daß nicht so sehr die Institution der Religion als unentbehrlich betrachtet wird, wie die typischen Funktionen, die der Religion zugeschrieben werden. Denn *Davis* und *Moore* betrachten Religion nur insofern als unentbehrlich, wie sie die Mitglieder einer Gesellschaft dazu bringt, »gemeinsam bestimmten letzten Werten und Zielen anzuhängen«. Von diesen Werten und Zielen heißt es dann:

»Die Mitglieder der Gesellschaft müssen ihnen jedoch eine gewisse Wirklichkeit zuschreiben; und so dienen der religiöse Glaube und das religiöse Ritual der Vermittlung und Stärkung dieses Anscheins von Realität. Durch Glaube und Ritual werden die gemeinsamen Ziele und Werte mit einer durch konkrete heilige Objekte symbolisierten Vorstellungswelt verbunden, die wiederum mit den Tatsachen und Bewährungsproben im Leben jedes einzelnen Menschen sinnhaft verkettet ist. Durch Verehrung heiliger Objekte und durch sie symbolisierter Wesen wie durch die Anerkennung *übernatürlicher Gesetze,* die zugleich Verhaltensvorschriften darstellen, wird eine machtvolle Kontrolle über menschliches Verhalten ausgeübt;

dies geschieht in Übereinstimmung mit den jeweiligen letzten Werten und Zielen und so, daß die institutionelle Struktur erhalten bleibt.«[26]

Die angebliche Unentbehrlichkeit der Religion beruht also auf der Voraussetzung, daß *lediglich* durch »Verehrung« und »übernatürliche Gesetze« das notwendige Minimum von »Kontrolle über menschliches Verhalten« und »Integration im Hinblick auf Gefühle und Glaubensvorstellungen« erreicht werden kann.

Kurz gesagt, enthält das Postulat der Unentbehrlichkeit in seiner üblichen Formulierung zwei miteinander verbundene, aber unterscheidbare Behauptungen. Zum ersten wird angenommen, daß es bestimmte *Funktionen* gibt, die unentbehrlich in dem Sinne sind, daß bei Unterlassung die Gesellschaft (oder die Gruppe oder das Individuum) nicht fortbestehen wird. Diese Annahme führt zu einem Begriff der *funktionalen Voraussetzungen* oder für eine Gesellschaft *funktional notwendigen Vorbedingungen;* wir werden noch Anlaß haben, diese Vorstellung in einiger Ausführlichkeit zu untersuchen. Zweitens wird – als ganz andere Frage – angenommen, daß *bestimmte kulturelle oder soziale Formen* zur Erfüllung jeder dieser Funktionen unentbehrlich sind. Als Implikation wird hierbei an spezialisierte und unentbehrliche Strukturen gedacht – was zu vielerlei theoretischen Schwierigkeiten führt. Denn diese Annahme läßt sich nicht nur als offensichtlicher Widerspruch zu den Tatsachen ausweisen, sondern zieht auch mehrere zusätzliche Annahmen nach sich, unter denen die funktionale Analyse von Anbeginn zu leiden hatte. Sie lenkt die Aufmerksamkeit davon ab, daß alternative Sozialstrukturen (und Kulturformen) unter noch zu untersuchenden Bedingungen die für die Fortdauer von Gruppen erforderlichen Funktionen erfüllt haben. Über diese Korrektur hinausgehend kommen wir dann zu einem Haupttheorem der funktionalen Analyse: *Ebenso wie das gleiche Objekt mehr als eine Funktion haben kann, so kann die gleiche Funktion verschiedentlich durch alternative Objekte erfüllt werden.* Funktionale Notwendigkeiten können also von den verschiedensten Sozialstrukturen erfüllt werden; sie bedingen nicht bestimmte Strukturen. Oder anders gesagt: Die Strukturen, welche die in Frage stehende Funktion erfüllen, können innerhalb eines gewissen Spielraumes variieren. (Die Begrenzung dieses Variationsbereiches enthält den Begriff der Strukturbeschränkung, über den anschließend noch zu reden sein wird.)

Im Gegensatz zu dieser Vorstellung unentbehrlicher kultureller Formen (Institutionen, standardisierte Praktiken, Glaubenssysteme usw.) wird hier also der Begriff der *funktionalen Alternativen oder funktionalen Äquivalente* oder *funktionalen Substitute* aufgestellt. Dieser Begriff wird weitgehend anerkannt und benutzt, doch sollte festgehalten werden, daß er nicht gut im gleichen theoretischen

System untergebracht werden kann, in dem das Postulat der Unentbehrlichkeit bestimmter Kulturformen Geltung beansprucht. So kommt *Parsons* nach einer Betrachtung von *Malinowskis* Theorie der »funktionalen Notwendigkeit solcher Mechanismen wie Magie« zu folgender vorsichtiger Feststellung:

»... Wo immer derartige Elemente der Ungewißheit in die Verfolgung emotional bedeutsamer Ziele eingehen, könnte man, sofern nicht Magie selbst, zumindest das Vorkommen *funktional äquivalenter* Erscheinungen erwarten.«[27]

Diese Aussage ist weit entfernt von *Malinowskis* eigenem nachdrücklichen Hinweis:

»Also erfüllt Magie *eine unentbehrliche Funktion* innerhalb der Kultur. Sie befriedigt ein genau umgrenztes Bedürfnis, *das durch keine anderen Faktoren primitiver Zivilisation befriedigt werden kann.*«[28]

Dieser Doppel-Begriff der unentbehrlichen Funktion und der unersetzlichen Struktur von Glaube und Handlung schließt den Begriff der funktionalen Alternativen völlig aus.
Tatsächlich ist der Begriff funktionaler Alternativen oder Äquivalente in jeder Disziplin, die einen funktionalen Bezugsrahmen anwendet, wiederholt aufgekommen. Er wird beispielsweise weithin in den psychologischen Wissenschaften gebraucht, wie eine Arbeit von *English* sehr schön zeigt[29]. Auf dem Gebiet der Neurologie hat *Lashley* aufgrund experimenteller und klinischer Beweisführung darauf hingewiesen, daß die »Annahme, daß einzelne Neuronen auf Einzelfunktionen spezialisiert sind«, dem Phänomen nicht gerecht wird; statt dessen behauptet er, daß eine bestimmte Funktion durch eine Reihe alternativer Strukturen erfüllt werden kann[30].
Soziologie und Sozialanthropologie haben darum um so mehr Anlaß, das Postulat der Unentbehrlichkeit gegebener Strukturen zu meiden und systematisch mit dem Begriff funktionaler Alternativen und funktionaler Substitute zu arbeiten. Denn ebenso wie Laien lange Zeit die irrtümliche Auffassung vertraten, die »seltsamen« Gepflogenheiten und Glaubenseinstellungen anderer Gesellschaften seien »reiner Aberglaube«, so laufen die sozialwissenschaftlichen Anhänger des Funktionalismus Gefahr, in den entgegengesetzten Irrtum zu verfallen: erstens dadurch, daß sie diesen Praktiken und Glaubenseinstellungen vorschnell funktionalen oder adaptiven Wert zumessen, zweitens aber dadurch, daß sie den Blick dafür verlieren, welche alternativen Handlungsweisen durch solches Beharren auf ausgesprochen funktionalen Praktiken aus dem Blickfeld ausgeschlossen werden. So sind manche Funktionalisten häufig bereit zu dem Schluß, daß Magie oder bestimmte religiöse Riten

und Glaubensvorstellungen wegen ihrer Wirkung auf die Geistesverfassung oder das Selbstvertrauen des Gläubigen funktional seien. Doch es mag in manchen Fällen sein, daß derartige magische Praktiken greifbare profane Praktiken verdunkeln und deren Platz einnehmen, obwohl die letzteren von höherem adaptivem Wert sind. Wie *F. L. Wells* beobachtet hat:

»Wenn man während einer Pockenepidemie ein Hufeisen über die Tür nagelt, mag dies die Stimmung einer Hausgemeinschaft stützen. Aber diese Maßnahme wird das Eindringen der Pockenkrankheit nicht verhindern; derartige Glaubenseinstellungen und Praktiken werden den ›weltlichen‹ Prüfungen nicht standhalten, für die sie anfällig sind, und das Gefühl der Sicherheit, das sie verleihen, ist nur aufrechtzuerhalten, solange man den wirklichen Prüfungen ausweicht.«[31]

Diejenigen Funktionalisten, die durch ihre Theorie gezwungen sind, nur die Auswirkungen derartiger symbolischer Praktiken auf die Geistesverfassung des einzelnen hin zu beachten, und daher den Schluß ziehen, daß magische Praktiken funktional sind, übersehen die Tatsache, daß eben diese Praktiken gelegentlich an die Stelle wirksamerer Alternativen treten können[32]. Und der Theoretiker, der von einer Unentbehrlichkeit standardisierter Praktiken oder vorherrschender Institutionen deswegen spricht, weil durch Beobachtung erwiesen wurde, daß sie gemeinsame Gefühle bestärken, muß sich zuerst nach funktionalen Substituten umsehen, bevor er zu einer Schlußfolgerung gelangt, die öfter voreilig als wirklich verifiziert ist.

Nach einer Betrachtung dieser Trinität funktionaler Postulate ergeben sich mehrere grundlegende Überlegungen, die wir bei unserer Bemühung zur Kodifizierung dieses analytischen Verfahrens aufgreifen müssen. Bei der einleitenden Prüfung des *Postulates funktionaler Einheitlichkeit* stellten wir fest, daß man keineswegs bei allen Gesellschaften vollkommene Integration voraussetzen kann, sondern daß dies vielmehr eine empirische Tatsachenfrage ist, bei der wir darauf gefaßt sein sollten, unterschiedliche Ausmaße von Integration vorzufinden. Bei der Untersuchung des Sonderfalles funktionaler Interpretation der Religion wurde unsere Aufmerksamkeit auf die Möglichkeit gelenkt, daß, obgleich die menschliche Natur aus einem Guß sein mag, daraus doch nicht folgt, daß die Struktur schriftloser Gesellschaften derjenigen von hochdifferenzierten, »schriftkundigen« Gesellschaften völlig entspricht. Ein Gradunterschied zwischen beiden – etwa die Existenz ganz verschiedenartiger Religionsgemeinschaften in der einen, nicht jedoch in der anderen – kann den Übergang zwischen ihnen riskant machen. Aus einer kritischen Untersuchung dieses Postulates ergab sich, daß eine Theorie der funktionalen Analyse eine *Spezifizierung* der sozialen Einheiten fordert, die durch bestimmte soziale Funktionen gefördert werden; ferner, daß anerkannt werden muß, daß Objekte einer Kultur zu vielfältigen Folgeerscheinungen führen können, von denen manche funktional und andere vielleicht dysfunktional sind.

Die Betrachtung des zweiten *Postulates des universalen Funktionalismus,* demzufolge alle fortdauernden Kulturformen unvermeidlich funktional seien, führte zu weiteren Überlegungen, denen eine kodifizierte Beschäftigung mit der funktionalen Interpretation Rechnung tragen muß. Es ergab sich nicht nur, daß wir ebenso gut auf dysfunktionale wie auf funktionale Folgeerscheinungen dieser Form gefaßt sein müssen, sondern auch, daß der Theoretiker letztlich vor dem schwierigen Problem stehen wird, ein Regelwerk für die Feststellung des genauen Saldos der Folgeerscheinungen zu entwickeln, wenn seine Untersuchungen von Einfluß auf die Sozialtechnik sein sollen. Es ist ganz klar, daß fachmännischer Rat, der nur auf der Einschätzung eines begrenzten, vielleicht willkürlich gewählten Spektrums von Folgen beabsichtigten Handelns beruht, häufig Irrtümern unterliegen wird und daher verständlicherweise als relativ wertlos beurteilt werden wird.

Das Postulat der Unentbehrlichkeit enthielt nach unserem Befund zwei getrennte Feststellungen: Die eine behauptete die Unentbehrlichkeit bestimmter Funktionen und führte zum Begriff der *funktionalen Notwendigkeit* oder *funktionalen Vorbedingung;* die andere behauptete die Unentbehrlichkeit bestehender sozialer Institutionen, kultureller Formen oder ähnlicher Gegebenheiten und führte bei eingehender Prüfung zum Begriff der *funktionalen Alternativen, Äquivalente* oder *Substitute* . . .

Die Logik des Verfahrens

Die allgemeine Verbreitung der funktionalen Orientierung

Die funktionale Orientierung ist natürlich weder neu noch auf die Sozialwissenschaften begrenzt. Im Vergleich zu ihrer frühen und weitverbreiteten Verwendung bei einer Vielzahl anderer Disziplinen[33] tauchte sie im soziologischen Bereich eigentlich erst relativ spät auf. Die zentrale Orientierung des Funktionalismus, d. h. die Interpretation von Daten durch die Herausarbeitung ihrer Folgen für größere Strukturen, in die sie eingebettet sind, ist in praktisch allen Wissenschaften vom Menschen: Biologie und Physiologie, Psychologie, Wirtschafts- und Rechtswissenschaft, Anthropologie und Soziologie, aufzufinden[34]. Die allgemeine Verbreitung der funktionalen Betrachtung stellt an sich noch keine Garantie für deren wissenschaftlichen Wert dar, aber sie legt doch den Gedanken nahe, daß diese Orientierung dem disziplinierten Beobachter des Menschen als eines biologischen Organismus, psychologischen Aktors, Gesellschaftswesens und Kulturträgers durch eine sich stetig vertiefende Erfahrung aufgezwungen worden ist.

Von größerer unmittelbarer Bedeutsamkeit ist, daß die bisherige Erfahrung anderer Disziplinen nun der funktionalen Analyse in der Soziologie nützliche methodologische Modelle liefern kann. Wenn man aber aus den Regeln analytischer Verfahrensweisen in diesen oft strengeren und anspruchsvolleren Disziplinen lernt, so bedeutet dies keineswegs, daß man auch deren spezifische Konzeptionen und Techniken ganz und gar zu übernehmen hat. Aus der Methodik der in den biologischen Wissenschaften erfolgreich angewandten Verfahrensweisen Nutzen zu ziehen, bedeutet beispielsweise nicht, daß man in die Bejahung der weithin irrelevanten Analogien und Homologien zurückverfällt, von denen sich die Verehrer der organizistischen Soziologie so lange haben fesseln lassen. Die Untersuchung des *methodologischen* Rahmenwerks der biologischen Forschung ist nicht gleichbedeutend mit der Übernahme ihrer *substantiellen* Begriffe.

Die logische Struktur des Experimentes zum Beispiel ist in Physik, Chemie oder Psychologie dieselbe, während die inhaltlichen Hypothesen, die Techniken, die Grundbegriffe und die praktischen Schwierigkeiten ganz erheblich verschieden sein können. Auch die quasi-experimentellen Methoden in Anthropologie, Soziologie oder Biologie – kontrollierte Beobachtung, vergleichende Untersuchung und die »Unterscheidungsmethode« – sind in ihrer logischen Struktur gleich.

Wenn wir uns jetzt kurz *Cannons* Methodik des Verfahrens in der Physiologie zuwenden, dann suchen wir ein methodologisches Modell, das möglicherweise auf die Soziologie angewendet werden könnte, ohne auch *Cannons* unglückliche Homologien zwischen der Struktur biologischer Organismen und der Gesellschaft zu übernehmen[35]. Seine Verfahrensweisen stellen sich etwa folgendermaßen dar: *Cannon* übernimmt die Blickweise von *Claude Bernard* und stellt zunächst fest, daß der Organismus einen relativ konstanten und stabilen Zustand *verlangt*. Eine Aufgabe des Physiologen besteht dann darin, »eine konkrete und detaillierte Darstellung der Art und Weise« zu liefern, »wie Gleichgewichtszustände gesichert werden«. Bei der Untersuchung der zahlreichen »konkreten und detaillierten« Darstellungen von *Cannon* finden wir, daß die *allgemeine Weise seiner Formulierung* ohne Rücksicht auf das jeweils entstehende spezifische Problem unverändert bleibt. Eine typische Formulierung ist folgende: »*Damit* das Blut ... als zirkulierendes Medium dienen kann, das die verschiedenen *Funktionen* eines gemeinsamen Trägers von Nahrung und verbrauchten Stoffen erfüllt ..., *muß es* eine Vorkehrung *geben,* die es zurückhält, so oft Gefahr entsteht, daß es entweicht.« Oder eine andere Formulierung: »*Wenn* das Leben der Zelle fortdauern soll ..., *muß* ... das Blut ... mit genügender Geschwindigkeit fließen, um den lebenden Zellen die (notwendige) Versorgung mit Sauerstoff zuzutragen.«

Nachdem *Cannon* die *Erfordernisse* des organischen Systems zusammengestellt hat, geht er zu einer detaillierten Beschreibung der verschiedenen *Mechanismen* über, die zur Erfüllung dieser Erfordernisse tätig werden (z. B. die komplizierten Veränderungen, die zu Gerinnseln führen; die örtlichen Kontraktionen beschädigter Blutgefäße, die das Ausmaß der Blutung mindern; beschleunigte Gerinnung durch die Absonderung von Adrenalin und die Wirkung des Adrenalins auf die Leber usw.). Oder er beschreibt die verschiedenen biochemischen Vorgänge, die dem normalen Organismus die geeignete Sauerstoffversorgung sichern, und die ausgleichenden Veränderungen, die zustande kommen, wenn einige dieser Mechanismen nicht zweckgerecht funktionieren.

Wird die Methode dieses Vorgehens in allgemeineren Begriffen formuliert, so ergeben sich folgende miteinander verbundene Folgen von Schritten. Zuerst werden bestimmte funktionale Erfordernisse des Organismus herausgearbeitet, die erfüllt werden müssen, wenn der Organismus überleben oder mit einiger Wirksamkeit arbeiten soll. An zweiter Stelle steht eine konkrete und detaillierte Beschreibung der Mechanismen (Strukturen und Prozesse), durch die diesen Erfordernissen in »normalen« Fällen typischerweise Rechnung getragen wird. Wenn, drittens, einige der typischen Mechanismen zur Erfüllung dieser Erfordernisse zerstört werden oder man feststellt, daß sie ungenügend funktionieren, so wird der Beobachter darauf aufmerksam gemacht, daß nach ausgleichenden Mechanismen (sofern vorhanden) Ausschau gehalten werden muß, die ihrerseits die notwendige Funktion erfüllen. Viertens und allem Vorausgegangenen implizit folgt eine detaillierte Schilderung der Struktur, *für welche* die funktionalen Erfordernisse festgestellt wurden, sowie eine ins einzelne gehende Darstellung der Mechanismen, *durch welche* die Funktion erfüllt wird.

Die Logik der funktionalen Analyse ist in den biologischen Wissenschaften so gut etabliert, daß diesen Bedingungen für eine angemessene Analyse meist wie selbstverständlich entsprochen wird. Nicht so in der Soziologie. Hier finden wir außerordentlich verschiedene Vorstellungen über die zweckmäßige Anlage von Untersuchungen mittels funktionaler Analyse. Für manche Forscher besteht diese Analyse weithin (oder sogar ausschließlich) in der Dokumentation empirischer Wechselbeziehungen zwischen »Teilen« eines sozialen Systems; für andere besteht sie im Nachweis des »Wertes« einer sozial standardisierten Handlungsweise oder einer sozialen Organisation »für die Gesellschaft«; in den Augen wieder anderer besteht sie in ausgefeilten Darstellungen der Zwecke formaler Sozialorganisationen.

Aus einer Untersuchung des mannigfachen Aufgebots an funktionalen Analysen in der Soziologie ergibt sich klar, daß die Soziologen im Gegensatz etwa zu den Physiologen nicht typischerweise operational nachvollziehbare Verfahrensweisen anwenden, daß sie nicht systematisch die von ihnen benötigten Daten zusammenstellen, daß sie kein gemeinsames Begriffsrepertoire verwenden und daß sie nicht die gleichen Gültigkeitskriterien verwenden. Die Physiologie besitzt, mit anderen Worten, einen Fonds von standardisierten Begriffen, Verfahrensweisen und Modellen der Analyse, während die Soziologie eine kunterbunte Auswahl von Begriffen, Verfahren und Schemata aufweist, die allem Anschein nach von den Interessen und Geschmacksrichtungen der einzelnen Soziologen abhängen. Gewiß beruht dieser Unterschied zwischen den beiden Disziplinen in *etwa* – vielleicht ziemlich weitgehend – auf den Unterschieden in der Natur des vom Physiologen und vom Soziologen untersuchten Materials. Den relativ zahlreichen Gelegenheiten für experimentelle Arbeit in der Physiologie stehen, um es ganz einfach zu sagen, in der Soziologie nur geringe Chancen gegenüber. Doch darin liegt wohl nur eine sehr teilweise Erklärung dafür, daß in einem Fall Verfahrensweisen und Begriffe systematisch geordnet sind, während sie im Fall der funktionalen Soziologie unvereinbar, oft zusammenhanglos nebeneinander stehen und nicht selten mangelhaft sind.

Ein Paradigma für die funktionale Analyse in der Soziologie

Als ersten und zugegebenermaßen versuchsweisen Schritt in Richtung auf eine Kodifizierung der funktionalen Analyse in der Soziologie bieten wir hier ein Paradigma für die Begriffe und Probleme an, die für diesen Ansatz von zentraler Bedeutung sind. Es wird bald deutlich werden, daß die Hauptbestandteile dieses Paradigmas sich aus den vorausgehenden Seiten Schritt um Schritt ergeben haben, während derer wir die Ausdrücke, Postulate, Begriffe und ideologischen Unterstellungen kritisch untersuchten, die in unserem Fach gegenwärtig umlaufen. Das Paradigma vereinigt diese Bestandteile in gedrängter Form und erlaubt dadurch eine gleichzeitige Einsichtnahme in die Grundbedingungen der funktionalen Analyse. Es leistet aber auch Hilfsdienste für die Selbstberichtigung vorläufiger Deutungen, die sonst schwierig durchzuführen ist, wenn die Begriffe auf vielen Seiten einer diskursiven Darlegung verstreut und verborgen sind[36]. Das Paradigma zeigt, was an den Begriffen,

Verfahren und Schlußfolgerungen der funktionalen Analyse wesentlich ist.
Vor allem anderen sollte man beachten, daß das Paradigma nicht etwa eine Reihe *originär* eingeführter Kategorien, sondern eine *Kodifikation* derjenigen Begriffe und Probleme darstellt, die sich bei der kritischen Musterung laufender empirischer Forschung und theoretischer Formulierung in der funktionalen Analyse unserer Aufmerksamkeit aufgedrängt haben. (Nochmalige Durchsicht der voraufgegangenen Abschnitte dieses Kapitels in *Social Theory and Social Structure* wird zeigen, daß die Grundlage für jede der im Paradigma enthaltenen Kategorien bereits erarbeitet worden ist.)

1. *Objekt(e), dem (denen) Funktionen unterstellt werden*

Der Gesamtbereich soziologischen Materials kann der funktionalen Analyse unterworfen werden. Dies ist großenteils schon geschehen. Grundbedingung ist, daß der Gegenstand der Analyse *standardisiert* ist (d. h. daß er strukturiert und repetitiv auftritt), wie etwa soziale Rollen, institutionelle Muster, soziale Prozesse, kulturelle Muster, kulturell strukturierte Emotionen, soziale Normen, Gruppenorganisation, Sozialstruktur, Einrichtungen für die Sozialkontrolle usw.
Hauptfrage: Was muß in das Beobachtungsprotokoll über ein gegebenes Objekt eingehen, wenn es systematischer funktionaler Analyse zugänglich sein soll?

2. *Begriffe: Subjektive Dispositionen (Motive, Zwecke)*

Von irgendeinem Punkt an arbeitet die funktionale Analyse immer, explizit oder unausgesprochen, mit irgendeiner Vorstellung von Motivation (auf seiten der Individuen in einem sozialen System). Wie die vorangehende Diskussion gezeigt hat, werden diese Begriffe für subjektive Disposition oft irrigerweise mit den verwandten, aber andersartigen Begriffen für objektive Folgen von Attitüden, Glaubensweisen und Verhalten in eins gesetzt.
Hauptfrage: Bei welchen Typen der Analyse genügt es, beobachtete Motivationen als *Daten* hinzunehmen, als Gegebenheiten, und wo müssen sie als *problematisch*, als von anderen Daten ableitbar betrachtet werden?

3. *Begriffe: Objektive Folgen (Funktionen, Dysfunktionen)*

Wir haben beobachtet, daß bei den gängigen Auffassungen von »Funktion« vor allem zwei Arten von Verwirrung vorherrschen:
1. Die Tendenz, soziologische Beobachtungen auf die *positiven* Bei-

träge zu beschränken, die ein soziologisches Objekt zu dem umgreifenden sozialen oder kulturellen System beisteuert.

2. Die Tendenz, die subjektive Kategorie des *Motivs* mit der objektiven Kategorie der *Funktion* zu verwechseln.

Um diese Verwechslungen auszuschließen, sind geeignete begriffliche Unterscheidungen erforderlich.

Das erste Problem verlangt einen Begriff der *mehrfachen Folgen* und den Begriff eines *Saldos einer Häufung von Folgen.*

Funktionen sind diejenigen beobachteten Folgen, die die Anpassung eines gegebenen Systems fördern; *Dysfunktionen* sind diejenigen beobachteten Folgen, die die Anpassung des Systems mindern. Außerdem sind *nichtfunktionale* Folgen empirisch möglich, die für das in Betracht gezogene System einfach irrelevant sind.

In jedem Falle kann ein gegebenes Objekt sowohl funktionale wie dysfunktionale Folgen haben, womit sich das schwierige und wichtige Problem stellt, Regeln für die Feststellung der Saldos zusammen auftretender Folgen zu entwickeln. (Dies ist natürlich von besonderer Bedeutung für die Verwendung der funktionalen Analyse als Anleitung bei der Entwicklung und Durchführung von Aktionsprogrammen.)

Das zweite Problem (das aus der leicht begangenen Verwechslung von Motiven und Funktionen entsteht) zwingt uns zur Einführung einer begrifflichen Unterscheidung zwischen den Fällen, in denen das subjektiv angestrebte Ziel mit den objektiven Folgen zusammenfällt, und den Fällen, in denen die beiden auseinanderfallen.

Manifeste Funktionen sind diejenigen objektiven Folgen, die zur Anpassung des Systems beitragen und von Beteiligten im System sowohl beabsichtigt als auch wahrgenommen werden.

Latente Funktionen sind dementsprechend solche, die weder beabsichtigt sind noch wahrgenommen werden[37].

Hauptfrage: Welche Auswirkungen hat die Umwandlung einer zuvor latenten Funktion in eine manifeste Funktion (womit das Problem der Bedeutung des Wissens im menschlichen Verhalten und die Probleme der »Manipulation« menschlichen Verhaltens angesprochen sind)?

4. *Begriffe: Einheiten, die durch eine gegebene Funktion gefördert werden*

Wir vermerkten die Schwierigkeiten, die bei der *Begrenzung* der Analyse auf Funktionen entstanden, die für »die Gesellschaft« erfüllt werden; denn einzelne Objekte können für einige Individuen und Untergruppen funktional, für andere dysfunktional sein. Man muß darum eine *Vielfalt* von Einheiten in Betracht ziehen, für die das Objekt bestimmte Folgen hat: Individuen in verschiedenen Positionen, Untergruppen, Gesellschaft und Kultursysteme. (Terminologisch setzt dies die Begriffe der psychologischen Funktion, Gruppenfunktion, gesellschaftlichen Funktion, kulturellen Funktion usw. voraus.)

5. *Begriffe: Funktionale Erfordernisse (Bedürfnisse, Voraussetzungen)*

Eingebettet in jede funktionale Analyse ist eine sillschweigende oder ausformulierte Vorstellung von den funktionalen Erfordernissen des unter Beobachtung stehenden Systems. Wie wir an anderer Stelle bemerkt haben[38], bleibt dies einer der undurchsichtigsten und empirisch umstrittensten Begriffe der funktionalen Theorie. In seiner gegenwärtigen Verwendung durch Soziologen tendiert der Begriff des funktionalen Erfordernisses dazu, tautologisch oder *ex post facto* zu sein; er tendiert dazu, auf die Bedingungen des »Überlebens« eines bestimmten Systems begrenzt zu werden; er tendiert dazu, wie in den Arbeiten *Malinowskis,* biologische ebenso wie soziale »Bedürfnisse« einzuschließen.
Daraus ergibt sich das schwierige Problem, *Typen* funktionaler Erfordernisse aufzustellen (universelle im Gegensatz zu spezifischen); ferner müßten Verfahrensweisen entworfen werden, mit denen die Gültigkeit der Annahme dieser Erfordernisse nachgewiesen werden könnte; usw.
Hauptfrage: Was ist erforderlich, um die Gültigkeit einer derartigen Variablen wie »funktionales Erfordernis« in Situationen nachzuweisen, in denen strenges Experimentieren undurchführbar ist?

6. *Begriffe: Mechanismen, durch welche die Funktionen erfüllt werden*

Die funktionale Analyse in der Soziologie verlangt, ebenso wie in der Physiologie und Psychologie und anderen Disziplinen, eine »konkrete und detaillierte« Darstellung der Mechanismen, die eine bestimmte Funktion erfüllen helfen. Gemeint sind nicht psychologische, sondern soziale Mechanismen (z. B. Rollensegmentierung, Isolierung institutioneller Forderungen, hierarchische Ordnung von Werten, soziale Arbeitsteilung, Ritual und zeremonielle Akte usw.).
Hauptfrage: Welches ist der gegenwärtige Bestand an bekannten sozialen Mechanismen, die etwa dem umfangreichen Inventar psychologischer Mechanismen entsprechen? Welche methodologischen Probleme ergeben sich bei der Analyse des Wirkens dieser sozialen Mechanismen?

7. *Begriffe: Funktionale Alternativen (funktionale Äquivalente oder Substitute)*

Wir haben gesehen, daß, sobald wir die unbegründete Annahme der funktionalen Unentbehrlichkeit bestimmter Sozialstrukturen verlassen, wir sofort irgendeine Vorstellung von funktionalen Alternativen, Äquivalenten oder Substituten benötigen. Damit wird die Aufmerksamkeit auf den *Bereich möglicher Variation* der Objekte gelenkt, die im anstehenden Fall ein funktionales Erfordernis erfüllen können. Dieser Begriff löst auch die Identität von Existentem und Unvermeidlichem auf.

Hauptfrage: Da ein wissenschaftlicher Beweis der Gleichwertigkeit einer angeblichen funktionalen Alternative im Idealfall strenges Experimentieren bedingt, und da dies in weiträumigen soziologischen Situationen oft nicht durchführbar ist: Welche durchführbaren Forschungsverfahren stellen die beste Annäherung an die experimentelle Methode dar?

8. *Begriffe: Struktureller Kontext (oder strukturelle Beschränkung)*

Die Objekte, die bestimmte Funktionen in einer Sozialstruktur erfüllen *können*, sind nicht unbeschränkt variabel (und dies wurde in unserer vorhergehenden Diskussion wiederholt festgestellt). Die wechselseitige Abhängigkeit der Objekte einer sozialen Struktur begrenzt die tatsächlichen Möglichkeiten des Austausches oder funktionaler Alternativen. Der Begriff der strukturellen Beschränkung im Bereich der Sozialstruktur entspricht *Goldenweisers* »Prinzip der begrenzten Möglichkeiten« in einem allgemeineren Zusammenhang. Mangelnde Einsicht in die Bedeutung der wechselseitigen Abhängigkeit und die damit zusammenhängenden strukturellen Einschränkungen führen zu utopischem Denken, bei welchem stillschweigend angenommen wird, daß bestimmte Elemente eines Sozialsystems ausgeschaltet werden können, ohne daß die verbleibenden Teile des Systems davon berührt würden. Diese Überlegung wird sowohl von marxistischen Sozialwissenschaftlern (z. B. *Karl Marx*) wie auch von Nicht-Marxisten (z. B. *Malinowski*) akzeptiert[39].

Hauptfrage: Wie eng grenzt ein gegebener struktureller Kontext den Variationsbereich der Objekte ein, die funktionale Erfordernisse wirksam befriedigen können? Läßt sich unter noch festzusetzenden Bedingungen ein Indifferenz-Bereich finden, in dem jede aus einer großen Vielfalt möglicher Alternativen die Funktion erfüllen kann?

9. *Begriffe: Dynamik und Wandel*

Wir hatten festgestellt, daß funktionale Analytiker dazu *tendieren*, sich auf die Statik der Sozialstruktur zu konzentrieren und die Untersuchung strukturellen Wandels zu vernachlässigen.
Diese Betonung der Statik ist jedoch keine notwendige Eigenschaft der Theorie funktionaler Analyse. Es handelt sich dabei vielmehr um eine zufällige Betonung, die von den Bemühungen früher anthropologischer Funktionalisten herrührt: sie wollten den damaligen Tendenzen entgegenwirken, auf spekulative Weise die Geschichte schriftloser Gesellschaften zu schreiben. So nützlich diese Gepflogenheit zur Zeit ihrer Einführung in die Anthropologie war, so unglücklich erwies sich ihr Fortdauern im Werk einiger funktionalistischer Soziologen.
Der Begriff der Dysfunktion, der den Begriff der Belastung, des Streß und der Spannung auf struktureller Ebene impliziert, liefert einen analytischen Zugang zur Untersuchung von Dynamik und Wandel. Wie sind beobachtete Dysfunktionen innerhalb einer bestimmten Struktur eingedämmt, so daß sie keine Instabilität hervorbringen? Erzeugt die Häufung von Streß und Spannung einen Druck zum Wandel in den Richtungen, die wahrscheinlich zur Minderung von Streß und Spannungen führen?
Hauptfrage: Lenkt die vorherrschende Beschäftigung mit dem Begriff des *sozialen Gleichgewichts* die Aufmerksamkeit der funktionalen Analytiker von der Erscheinung des *sozialen Ungleichgewichts* ab? Welche verfügbaren Verfahrensweisen gestatten dem Soziologen am besten, die Ansammlung von Druck und Spannung in einem sozialen System abzuschätzen? In welchem Ausmaß erlaubt die Kenntnis des strukturellen Kontextes dem Soziologen, die wahrscheinlichsten Richtungen von sozialem Wandel vorauszusagen?

10. *Probleme der Überprüfung funktionaler Analysen*

Das gesamte Paradigma hindurch haben wir die Aufmerksamkeit wiederholt auf die *spezifischen* Punkte gelenkt, an denen Annahmen, Unterstellungen und Beobachtungen überprüft werden müssen[40]. Dies erfordert an erster Stelle eine exakte Darlegung der soziologischen Forschungsverfahren, welche der *Logik* des Experiments am nächsten kommen. Es erfordert ferner eine systematische Untersuchung der Möglichkeiten und Grenzen (kultur- und gruppen-)*vergleichender Analyse.*
Hauptfrage: In welchem Ausmaß wird die Möglichkeit funktionaler Analyse dadurch eingeschränkt, daß sich nur schwer geeignete *Stichproben sozialer Systeme* finden lassen, die der vergleichenden

(quasi-experimentellen) Untersuchung unterworfen werden können?[41]

11. *Probleme der ideologischen Voraussetzungen funktionaler Analysen*

Wir betonten in einem früheren Abschnitt, daß die funktionale Analyse ihrem Wesen nach keiner ideologischen Position verpflichtet ist. Damit soll nicht bestritten werden, daß *einzelne* funktionale Analysen und *einzelne* von Funktionalisten vorgetragene Hypothesen nachweislich ideologische Züge tragen. Daraus wird dann ein spezifisches Problem für die Wissenssoziologie. In welchem Ausmaß führt die soziale Position des funktionalistischen Soziologen (z. B. gegenüber einem bestimmten »Klienten«, der eine Untersuchung in Auftrag gegeben hat) eher zu der einen als zu einer anderen Formulierung eines Problems, wie weit beeinflußt sie seine Voraussetzungen und Begriffe, und wie weit begrenzt sie den Bereich der aus seinem Material abgeleiteten Folgerungen?

Hauptfrage: Wie entdeckt man die ideologische Färbung einer funktionalen Analyse, und inwieweit leitet sich eine bestimmte Ideologie aus den Grundvoraussetzungen des Soziologen her? Steht das Auftreten dieser Annahmen in einer Beziehung zu Status und Forschungsrolle des Soziologen?

Bevor wir zu einer intensiveren Untersuchung einiger Teile dieses Paradigmas fortschreiten, wollen wir uns über die Verwendungszwecke klarwerden, denen das Paradigma unseres Erachtens dienen kann. Schließlich lassen sich Begriffstaxonomien endlos ausdehnen, ohne daß die Aufgaben der soziologischen Analyse spürbar gefördert würden. Welche Zwecke hat also das Paradigma, und wie kann es nutzbar gemacht werden?

Zwecke des Paradigmas

Der erste und eindringlichste Zweck liegt darin, einen vorläufigen kodifizierten Leitfaden für angemessene und fruchtbare funktionale Analysen zu liefern. Dieses Ziel impliziert natürlich, daß das Paradigma die minimale Garnitur von Begriffen enthält, mit denen der Soziologe zu arbeiten hat, wenn er eine angemessene funktionale Analyse durchführen will; damit ist auch gesagt, daß das Paradigma hier und jetzt als Anleitung für die kritische Untersuchung vorhandener Analysen benutzt werden kann. Es ist also als fast allzu stark geraffter, unvollständiger Leitfaden für die Formulierung von Forschungsvorhaben der funktionalen Analyse sowie als Hilfe bei der Identifizierung der besonderen Beiträge und Mängel früherer Untersuchungen gedacht. Die Begrenzung des Raums erlaubt uns hier nur die Anwendung einiger Abschnitte des Paradigmas auf eine kritisch zu überprüfende Auswahl einschlägiger Fälle.

Zweitens soll uns das Paradigma direkt zu den Postulaten und (oft stillschweigenden) Annahmen führen, die der funktionalen Analyse zugrunde liegen. Wie wir vorhin schon feststellten, sind einige dieser Annahmen von zentraler Bedeutung, andere unwichtig und entbehrlich, wieder andere zweifelhaft, ja sogar irreführend.

An dritter Stelle sucht das Paradigma den Soziologen nicht nur auf die im engeren Sinne wissenschaftlichen Voraussetzungen verschiedenartiger funktionaler Analysen aufmerksam zu machen, sondern auch auf ihre politischen und zuweilen ideologischen Voraussetzungen. Das Paradigma impliziert ein strategisches Interesse an denjenigen Passagen einer funktionalen Analyse, in denen diese unausgesprochen einen politischen Blickwinkel voraussetzt und Folgen für die »Soziotechnik« hat.

Es ginge offensichtlich über die diesem Kapitel gesetzten Grenzen hinaus, wollten wir im einzelnen die weit ausgreifenden und umfassenden Probleme untersuchen, die sich aus diesem Paradigma ergeben. Diese Aufgabe muß einem Band vorbehalten bleiben, der eigens diesem Zweck gewidmet ist . . .

Soziale Objekte als Gegenstand der funktionalen Analyse

Auf den ersten Blick könnte es scheinen, als ob die bloße *Beschreibung* des funktional zu analysierenden Objekts nur wenig – sofern überhaupt – Probleme mit sich bringe. Man sollte vermutlich das Objekt »so erschöpfend und genau« wie möglich beschreiben. Jedoch ist es schon bei etwas genauerer Überlegung offensichtlich, daß dieser Grundsatz dem Beobachter so gut wie keine Anleitung gibt. Man überlege die mißliche Lage eines funktional orientierten Anfängers, der sich allein mit Hilfe dieser kurzen Anweisung an die Beantwortung folgender Fragen machen soll: *Was* muß ich beobachten, *was* muß ich in das Protokoll meiner Feldstudien aufnehmen und auf *was* kann ich ohne Gefahr verzichten?

Auch ohne vorauszusetzen, daß dem Feldforscher schon jetzt eine eingehende und weitschweifige Antwort geliefert werden kann, dürfen wir feststellen, daß die Frage selbst legitim ist und *implizite* Antworten bereits teilweise entwickelt sind. Um diese impliziten Antworten hervorzulocken und zu kodifizieren, müssen wir die Fallstudien der funktionalen Analyse mit der Fragestellung angehen: *Welche Angaben wurden durchgängig erhoben ohne Rücksicht auf den zu untersuchenden Einzelgegenstand, und warum wurden diese, nicht andere Angaben gesammelt?*

Dann wird bald offenkundig, daß die funktionalistische Orientierung weithin festlegt, was in die Beschreibung des zu deutenden Objekts eingeschlossen wird. Die Beschreibung eines magischen Aktes oder einer Zeremonie beschränkt sich beispielsweise nicht auf die Darstellung des Bannes oder der Zauberformel, des Ritus und der Ausführenden. Sie enthält auch eine systematische Schilderung der Teilnehmer und Zuschauer, der Arten und Häufigkeiten der Interaktion zwischen den »Spielern« und dem Publikum, sowie des Wandels dieser Interaktionsmuster im Verlauf der Zeremonie. So gehört zur Beschreibung der Regenzeremonien der Hopi zum Beispiel mehr als die Darstellung der Handlungen, die allem Anschein nach auf das meteorologische Eingreifen der Götter gerichtet sind. Diese Beschreibung erfordert vielmehr auch einen Bericht über die *Personen*, die in verschiedener Weise von dem Verhaltensmuster betroffen werden. Und die Deskription der Beteiligten (und Zuschauer) ist *Struktur-bezogen*, d. h., sie enthält eine Beschreibung dieser Leute nach ihren miteinander verbundenen sozialen Positionen.

Kurze Auszüge werden zeigen, wie funktionale Analysen mit einer systematischen Einbeziehung (und, wenn möglich, Nachzeichnung) der Positionen und der sozialen Wechselbeziehungen auf seiten derer beginnen, die das unter Beobachtung stehende Verhalten vollziehen.

Chiricahua-Pubertätszeremonien für Mädchen: Die erweiterte Hausfamilie (Eltern und Verwandte, die zu finanzieller Hilfe fähig sind) trägt die Kosten dieser viertägigen Zeremonie. Die Eltern wählen Zeit und Ort für das Zeremoniell. »Alle Mitglieder aus dem *Familienlager des Mädchens* nehmen teil wie auch fast alle *Mitglieder der örtlichen Gruppe*. Man beobachtet außerdem verhältnismäßig viele verstreute Besucher von *anderen lokalen Gruppen* und einige, die von fremden Banden hinzugekommen sind; und ihre Zahl erhöht sich fortwährend im Laufe des Tages.« Der *Anführer der lokalen Gruppe*, zu welcher die Familie des Mädchens gehört, heißt alle Besucher willkommen. Kurz, dieser Bericht lenkt die Aufmerksamkeit ausdrücklich auf die folgenden, an dem Zeremoniell auf verschiedenste Weise beteiligten Positionen und Gruppen: das Mädchen; ihre Eltern und die unmittelbare Familie; die lokale Gruppe, besonders verkörpert durch ihren Anführer; die durch Mitglieder außenstehender Lokalgruppen vertretene Bande und der »durch Mitglieder anderer Banden verkörperte Stamm«[12].

Wie wir zu gegebener Zeit sehen werden – obgleich ein Hinweis schon an dieser Stelle erfolgen kann –, *liefert die bloße Beschreibung* der Zeremonie mit Hilfe von Positionen und Gruppenbeziehungen der auf verschiedene Weise Beteiligten *einen wichtigen Schlüssel für die* durch dieses Zeremoniell geleisteten *Funktionen.*

Kurz, nach unserer Meinung liefert uns die strukturelle Beschreibung der Teilnehmer an der untersuchten Tätigkeit Hypothesen für spätere funktionale Interpretationen.
Ein weiteres Beispiel soll nochmals den Charakter derartiger Beschreibungen mittels der Begriffe Rolle, Status, Gruppenzugehörigkeit und ihrer Wechselbeziehungen herausstellen.

Kulturspezifische Reaktionen auf mirriri (Anhören von Unzüchtigkeiten, die an die eigene Schwester gerichtet sind) bei den australischen Murngin. Die standardisierte Ordnung muß hier allzu kurz beschrieben werden. Beschimpft ein Mann seine Frau in der Gegenwart ihres Bruders, so kommt es auf seiten des Bruders zu scheinbar anomalem Verhalten: er wirft mit Speeren nach der Frau (nicht dem Mann) und ihren Schwestern. In dieser Beschreibung folgen dann Statusbeschreibungen der Teilnehmer. Die *Schwestern* sind Mitglieder des *Clans* des Bruders; der Mann kommt aus einem anderen Clan.
Man beachte wiederum, daß die Teilnehmer in soziale Strukturen *eingeordnet* sind und diese Einordnung für die folgende funktionale Verhaltensanalyse von grundlegender Bedeutung ist[43].

Da diese Beispiele aus einer schriftlosen Gesellschaft stammen, könnte man annehmen, daß diese Forderungen an die Berichterstattung nur für das Material aus schreibunkundigen Kulturen gelten. Zieht man jedoch andere Beispiele funktionaler Analysen heran, die sich mit Kulturmustern moderner westlicher Gesellschaften beschäftigen, so beobachten wir die gleiche Anforderung und außerdem zusätzliche Leitlinien für »benötigtes beschreibendes Material«.

Das »Syndrom romantischer Liebe« in der amerikanischen Gesellschaft: Obgleich alle Gesellschaften »gelegentlich heftige emotionale Neigungen« anerkennen, gehört die gegenwärtige amerikanische Gesellschaft zu den wenigen Gesellschaften, die romantische Neigungen weiter auswerten und sie, zumindest in der Volksmeinung, zur Grundlage für die Wahl eines Heiratspartners machen. Dieses charakteristische Wahlverhalten minimiert oder eliminiert die Auswahl des Ehepartners durch die Eltern oder die weitere Verwandtschaftsgruppe[44].

Man beachte, daß die Betonung eines Verhaltensmusters bei der Partnerwahl notwendig alternative Wahlmuster ausschließt, die wir aus anderen Gesellschaften kennen.
Dieser Fall empfiehlt uns ein *zweites* Desiderat hinsichtlich der Angaben, die in die Beschreibung des der funktionalen Analyse unterworfenen Objekts einbezogen werden sollten. Bei der Beschreibung des charakteristischen (modalen) Musters für die Behandlung eines Standard-Problems (Wahl des Heiratspartners) nennt der Beobachter, nach Möglichkeit, die hauptsächlichen Alternativen, die durch dieses Muster ausgeschlossen werden. Dadurch

erhalten wir, wie wir noch sehen werden, direkte Aufschlüsse über den strukturellen Kontext des Verhaltensmusters, und wir werden – durch die Anregung zum Vergleich mit einschlägigem Material – zur Überprüfung der Gültigkeit der funktionalen Analyse angeregt.

Zur Beschreibung des zu untersuchenden Objekts, die der eigentlichen funktionalen Analyse vorausgeht, gehört aber ergänzend noch ein *Drittes*, eine weitere Bedingung, sozusagen für die Aufbereitung des zu untersuchenden Falles für die Analyse: einzuschließen in die Beschreibung sind auch die »Bedeutungen« (oder kognitive und affektive Bedeutsamkeit) der Tätigkeit oder des Musters für die Mitglieder der Gruppen. Tatsächlich liegt, wie sich aus dem weiteren erhellen wird, in einer sehr ausführlichen Darstellung der dem Objekt eigentümlichen Bedeutung schon ein weitreichender Hinweis auf geeignete Entwicklungslinien der funktionalen Analyse. Ein Beispiel aus *Veblens* zahlreichen funktionalen Analysen mag diese allgemeine These veranschaulichen:

Das Kulturmuster des demonstrativen Konsums. Der demonstrative Konsum relativ aufwendiger Güter »bedeutet« (symbolisiert) den Besitz genügenden Reichtums: man kann sich derartige Ausgaben »leisten«. Reichtum selbst ist eine Quelle sozialer Ehre. Der »demonstrative Verbraucher« bezieht seine Befriedigung nicht nur aus dem direkten Konsum, sondern auch aus dem erhöhten Status, der sich in den Attitüden und Meinungen anderer widerspiegelt, die seinen Konsum beobachten. Dieses Muster ist am auffälligsten bei den ›feinen Leuten‹, d. h. denjenigen, die sich produktiver Arbeit enthalten können und es auch weithin tun [dies ist die Positions- oder Rollenkomponente der Beschreibung. *Merton*]. Das Muster verbreitet sich jedoch auch in anderen Schichten, die es nachzuahmen suchen und ebenfalls stolz auf Ausgaben sind. Endlich tendiert demonstrativer Verbrauch zum Ausschluß anderer Konsumkriterien (z. B. »wirksame« Ausgabe von Geldern). [Dies ist ein ausdrücklicher Hinweis auf alternative Verbrauchsweisen, die durch die kulturelle Betonung des zur Prüfung stehenden Musters dem Blick entzogen werden. *Merton*] [45].

Wie allgemein bekannt, unterstellt *Veblen* dem Muster des demonstrativen Konsums eine Vielzahl von Funktionen – Funktionen der Statuserhöhung, der Statusbestätigung, des »guten Rufes«, der Demonstration finanzieller Macht (S. 84). Derartige Folgen wirken befriedigend auf die Teilnehmer an der kulturspezifischen Aktivität und erklären weitgehend die Fortdauer des Musters. *Die Hinweise auf die unterstellten Funktionen ergeben sich fast gänzlich aus der Beschreibung des betreffenden Kulturmusters;* es enthält explizite Hinweise (1) auf den Status derjenigen, die das Muster auf ihre verschiedene Weise manifestieren; (2) auf bekannte Alternativen zu dem Muster des aufwendigen und »verschwenderischen« Konsums in seiner Gegensätzlichkeit zu privatem und »eigentlichem« Genuß des Konsumgegenstandes; (3) auf die mannigfaltigen Bedeutungsgehalte, die dem demonstrativen Konsumverhalten durch Teilnehmer an dem Muster und durch Beobachter des Musters kulturell zugeschrieben werden.

Diese drei Bestandteile der Beschreibung des Untersuchungsgegenstandes sind keineswegs erschöpfend. Ein vollständiges, für die folgende funktionale Analyse hinreichendes Beobachtungsprotokoll wird unvermeidlich in einen Bereich unmittelbarer psychologischer und sozialer Verhaltensfolgen übergreifen. Aber diese Folgen lassen sich vielleicht in Verbindung mit den Funktionsbegriffen nutzbringender untersuchen. An dieser Stelle ist nur zu wiederholen, daß die Beschreibung des Beobachtungsgegenstandes nicht nach Laune oder Intuition vor sich geht, sondern zumindest die genannten drei Eigenschaften des Objekts einschließen muß, wenn das beschreibende Protokoll für die funktionale Analyse von optimalem Wert sein soll. Obgleich hinsichtlich der Desiderate für die beschreibende Phase der Gesamtanalyse vieles weitere offenbleibt, kann doch diese kurze Darstellung von Vorbildern für die inhaltliche Gestaltung des Protokolls darauf hinweisen, daß Verfahrensweisen für die funktionale Analyse kodifiziert werden *können* – letztlich bis zur Ausarbeitung eines Schemas, das die Beobachtungen des soziologischen Feldforschers steuert.

Ein weiteres Beispiel veranschaulicht ein zusätzliches Desiderat für die Beschreibung des zu erforschenden Gegenstandes.

Tabuierte Exogamie: Je größer die Gruppensolidarität, desto ausgeprägter die Abneigung gegen eine Heirat mit Leuten außerhalb der Gruppe. »Es spielt keine Rolle, warum Gruppensolidarität erwünscht ist ...« Exogamie *bedeutet* entweder, daß man das eigene Gruppenmitglied an eine andere Gruppe verliert oder daß man andere Personen in die eigene Gruppe aufnimmt, die hinsichtlich der Werte, Gefühle und Praktiken der Eigengruppe nicht vollständig sozialisiert wurden[46].

Dies führt zu einer *vierten* Art von Angaben, welche in die der funktionalen Analyse vorgeordnete Beschreibung des sozialen oder kulturellen Beobachtungsgegenstandes einzubeziehen sind. Die Teilnehmer an der unter Beobachtung stehenden Praktik haben notwendig *irgendwelche* Motivsequenzen zugunsten von Konformismus oder Abweichung. *Die beschreibende Darstellung sollte, soweit möglich, eine Darstellung dieser Motivationen enthalten; jedoch dürfen diese Motive nicht, wie wir gesehen haben* (a) *mit dem sozialen Verhaltensmuster oder* (b) *mit den sozialen Funktionen dieses Musters verwechselt werden.* Der Einbezug von Motiven in die Beschreibung fördert die Erklärung der *psychologischen* Funktionen, die durch das Muster ausgelöst werden, und er erweist sich oft als anregend hinsichtlich des Verständnisses der Sozialfunktionen.

Bisher haben wir Objekte berücksichtigt, bei denen es sich um eindeutig geordnete Praktiken oder Glaubensweisen handelte, um Muster, die von den Teilhabern an der Gesellschaft als solche anerkannt werden. So können etwa die Mitglieder der jeweiligen Gesellschaft in verschiedenem Ausmaß zur Beschreibung der Grundzüge der Pubertätszeremonie bei den Chiricahua, des Mirririmusters bei den Murngin, der Partnerwahl auf der Grundlage romantischer Liebe, des Interesses an demonstrativem Konsum und der Tabuierung der Exogamie beisteuern. Alle diese Muster sind Bestandteile der manifesten Kultur und als solche den Teilhabern an der jeweiligen Kultur mehr oder minder vollständig bekannt. Der Sozialwissenschaftler jedoch beschränkt sich nicht auf diese manifesten Muster. Von Zeit zu Zeit entdeckt er ein latentes Kulturmuster, eine Garnitur von Verhaltens- oder Glaubensweisen, die ebenso durchgehend strukturiert ist wie die manifesten Muster, von den Teilhabern jedoch nicht als normativ geordnetes Muster erkannt wird. Dafür gibt es zahlreiche Beispiele. So zeigen Statistiken, daß in einer Quasi-Kasten-Situation, wie sie in den Beziehungen zwischen Negern und Weißen in den Vereinigten Staaten vorherrscht, Heirat zwischen den Rassen (sofern sie vorkommt) vorwiegend aus der Eheschließung zwischen einer weißen Frau und einem Neger besteht (weit seltener aus Heiraten zwischen Negerfrauen und weißen Männern). Obgleich diese Ordnung, die wir Kasten-Hypogamie nennen können, nicht institutionalisiert ist, ist sie dauerhaft und bemerkenswert beständig[47].

Oder man betrachte ein anderes Beispiel eines feststehenden, aber offensichtlich nicht erkannten Musters. *Malinowski* berichtet, daß die Trobriander, die die technische Aufgabe des Bootsbaues als Gemeinschaftsarbeit in Angriff nehmen, dabei nicht nur in diese ausgesprochen technische Aufgabe verwickelt werden, es kommt im Verlauf dieses Prozesses vielmehr auch zur Ausbildung und Bestärkung interpersonaler Beziehungen. Viele neuere Angaben über die als »informelle Organisationen« bezeichneten Primärgruppen beschäftigen sich mit diesen Beziehungsmustern, die zwar von den Sozialwissenschaften beobachtet, die aber zumindest in ihren vollen Konsequenzen von den Teilnehmern nicht erkannt werden[48].

Dies alles verweist auf ein *fünftes* Desiderat für das beschreibende Protokoll: Regelmäßigkeiten des Verhaltens, die mit der »offiziellen« Hauptaktivität *verbunden* sind (obgleich nicht Teil des expliziten Kulturmusters), sollten auch in die Protokolle der Feldforscher eingeschlossen werden, da diese *unbewußten Regelmäßigkeiten* oft wichtige Hinweise auf die besonderen Funktionen des Gesamtmusters geben. Wie wir sehen werden, führt die Berücksichtigung dieser »unbewußten« Regelmäßigkeiten in dem Beobachtungsprotokoll den Forscher fast unmittelbar zu einer Analyse des Musters, bei der die von uns so genannten Funktionen erforscht werden.

Im ganzen sollte also das beschreibende Protokoll soweit möglich berücksichtigen:

1. Position der Teilhaber an dem Muster innerhalb der Sozialstruktur – unterschiedliche Teilnahme.
2. Alternative Verhaltensweisen, die durch die Betonung des beobachteten Musters ausgeschlossen werden (d. h. Konzentration nicht nur auf das, was geschieht, sondern auch auf das, was zufolge des bestehenden Musters vernachlässigt wird).
3. Die emotionalen und kognitiven Bedeutungen, die dem Muster von den Teilhabern zugeordnet werden.
4. Eine Unterscheidung zwischen den Motivationen für die Teilhaber an dem Muster und dem objektiven Verhalten nach dem Muster.
5. Regelmäßigkeiten des Verhaltens, die von den Teilnehmern nicht erkannt werden, aber gleichwohl mit dem zentralen Verhaltensmuster verbunden sind.

Es ist durchaus wahrscheinlich, daß diese Liste von Desideraten für das Beobachtungsprotokoll recht unvollständig ist. Doch sie ermöglicht einen versuchsweisen Schritt hin zur *Spezifizierung* von Beobachtungen, die die anschließende funktionale Analyse erleichtern. Sie soll etwas spezifischer sein als die Anregungen, die sich gewöhnlich in allgemeinen Verfahrensanleitungen finden; man denke nur an die Ermahnung, der Beobachter solle den »Kontext der Situation« beachten ...

Soziologische Theorie und sozialer Konflikt*

T. B. Bottomore

Wir sind derzeit weit davon entfernt, eine soziologische Theorie des Konflikts zu besitzen. Eine Reihe von Autoren hat auf die beträchtliche Abnahme des Interesses an einer derartigen Themenstellung hingewiesen, die sich seit Beginn dieses Jahrhunderts bis

* T. B. Bottomore, Sociological Theory and the Study of Social Conflict, in: E. A. Tyriakian – J. C. McKinney (eds), Theoretical Sociology, New York 1970, S. 137–153. Mit freundlicher Genehmigung des Autors und des Verlages Appleton Century Crofts. Übersetzt von Michael Schmid.

vor einigen Jahrzehnten bemerkbar machte. So beobachtet z. B. Lewis Coser in der Einleitung zu seinem Buch »The Functions of Social Conflict«[1], daß zwar die frühen amerikanischen Soziologen (besonders Small und Cooley) die große Bedeutung des sozialen Konflikts erkannt, ihm sogar eine positive Bedeutung zugewiesen hätten, daß aber die Soziologen der 50er Jahre sich um solche Fragen kaum gekümmert hätten und wenn sie schon darauf eingegangen wären, Konflikt allenfalls nur kurz als ein disruptives Phänomen aufgefaßt hätten. Eine solche Behandlung stimmte mit der herrschenden funktionalistischen Auffassung über die Natur der menschlichen Gesellschaften sehr genau überein. Ein anderer Autor, Alastair Buchan, bemerkte im Zusammenhang mit internationalen Konflikten, »daß bis vor kurzem ... die Untersuchung von Krieg und Frieden bei weitem nicht die intellektuelle Aufmerksamkeit gewinnen konnte, die seit drei oder vier Generationen auf die ökonomische Analyse verwendet wurde, ... und was immer auch die Gründe dafür sind: es gibt keine allgemein anerkannte (Konflikt-)Theorie«[2].

Das heißt natürlich nicht, daß es seit der Zeit, in der die Begründer der Soziologie und die Autoren des 19. Jahrhunderts ihre Untersuchungen betrieben, gar kein Interesse am Phänomen des sozialen Konflikts gegeben hätte. Der Marxismus, die beherrschende Sozialtheorie der letzten hundert Jahre, behandelt den Konflikt, in besonderem Maße den Klassenkonflikt, als ein fundamentales Merkmal von Gesellschaft. Aber selbst in diesem Fall muß man sagen, daß das vorhandene Interesse am sozialen Konflikt nicht sehr viel Neues für die theoretische Reflexion oder die empirische Untersuchung des Klassenkampfes und die internationalen Kriege des 20sten Jahrhunderts brachte. Erst in der Mitte der 50er Jahre haben die Sozialwissenschaftler die Bedeutung des Konflikts wiederentdeckt, womit man freilich erst sehr spät dem Charakter unseres Jahrhunderts gerecht wurde, mit seinen beiden Weltkriegen, seinen ideologischen Konfrontationen, seinen Diktaturen, seinen revolutionären Bewegungen und nationalen Befreiungskriegen und schließlich seiner Möglichkeit, durch einen nuklearen Krieg alles zu zerstören. Wir müssen wohl unsere etwas unrealistische Auffassung von Gesellschaften als harmonisch integrierte Ganzheiten, die nur durch geringfügige und vorübergehende »Abweichungen« gestört werden, zugunsten einer Ansicht aufgeben, die das gleichzeitige Auftreten integrativer und disruptiver Mächte in der faktischen Geschichte bestimmter Gesellschaften und für die Beziehungen zwischen Gesellschaften anerkennt, eine Ansicht, die schon vor einem halben Jahrhundert von Georg Simmel vertreten wurde.

»... es gibt wahrscheinlich keine soziale Einheit, in der nicht konvergierende und divergierende Strömungen unter den Mitgliedern untrennbar ineinander verwoben sind. Eine absolut zentripetale und harmonische Gruppe, eine reine ›Einheit‹, ist nicht nur unrealistisch, sie könnte keinen echten Lebensprozeß aufweisen ... Auch die Gesellschaft bedarf, um eine festumrissene Gestalt zu gewinnen, eines quantitativen Betrags an Harmonie und Disharmonie, an Assoziation und Wettbewerb, an günstigen und ungünstigen Tendenzen.«[3]

Jedoch ist die Anerkennung der Bedeutung des Konflikts kaum je der Anfang unseres Wissens von Konflikten. Jeder, und schon gar ein Sozialwissenschaftler, der in den 60er Jahren lebt, muß doch reichlich gefühllos sein, wenn ihn nicht die alltägliche Erfahrung – sei sie direkt oder durch die Massenmedien – bewaffneter Auseinandersetzungen in Asien, Afrika und Lateinamerika, der Negerrevolten in den amerikanischen Städten, der Studentenrebellion zahlreicher Länder ein Begriff von der Allgegenwärtigkeit des Konflikts und seiner Bedeutung für die Gestaltung menschlicher Belange vermitteln kann. Aber von einem Sozialwissenschaftler sollte man mehr erwarten als nur die Konstatierung dieser Tatsache. Was kann man im besonderen von einem Soziologen erwarten? Nun, die Liste ist lang und umfaßt die Hauptprobleme einer soziologischen Theorie des Konflikts. Die verschiedenartigen Formen des Konflikts sollten erfaßt werden. Man sollte die Anlässe und den Umfang wie die Fluktuation von Konflikten besser und präziser beachten. Das variierende Gleichgewicht zwischen Teilung und Konflikt auf der einen und Integration und Harmonie auf der anderen Seite sollte sorgfältiger beschrieben werden. Man sollte die Ursachen von Konflikten erforschen (und soweit als nötig und möglich vom sozialen Bereich bis in den psychischen und biologischen Bereich verfolgen). Und man sollte die Konsequenzen und Folgen von Konflikten erforschen.

Viele dieser Fragen sind von Soziologen des 19ten Jahrhunderts behandelt und in den letzten Jahren wieder aufgegriffen worden. Wir wollen zuerst sehen, was diese frühen Autoren zu einer brauchbaren Theorie beigetragen haben. Nicht alle versuchten in einer formalen Weise zwischen verschiedenartigen Typen von Konflikten zu unterscheiden, dennoch wurde eine einfache Unterscheidung wenigstens implizit zwischen internationalen Konflikten (Kriegen zwischen Nationen, Reichen oder Stammesverbänden) und internen Konflikten (revolutionären Auseinandersetzungen, Bürgerkriege) gemacht. Die relative Bedeutung dieser beiden Konflikttypen wurde unterschiedlich eingeschätzt. Comte und Spencer beschäftigten sich vornehmlich mit internationalen Konflikten (und einem historischen Gegensatz zwischen militärischen und industriellen Gesellschaftstypen) wie späterhin auch Gumplowicz und

von Kriegen und die Bedingungen von Frieden zur Verfügung, während zur gleichen Zeit die Vermutung geäußert wurde, Kriegsausbrüche hätten sich in dem Maße vermindert, in dem die Bevölkerungsgröße während des 20sten Jahrhunderts zugenommen hatte. Es bleibt entsprechend die Möglichkeit, daß eine Ausdehnung solcher Untersuchungen auf andere historische Perioden langfristige Fluktuationen kriegsähnlicher Aktivitäten offenlegt.
Vom Standpunkt eines rigorosen quantitativen Vergleichs her sind auch die Studien über industrielle Konflikte etwas enttäuschend gewesen, obwohl nunmehr viele Länder irgendwelche Statistiken über den Ausbruch, das Ausmaß und die Dauer tariflicher Auseinandersetzungen veröffentlichten. Die gründlichste statistische Studie ist die von K. G. J. C. Knowles »Strikes: A Study of Industrial Conflict«[9], die das Vereinigte Königreich in der Zeit von 1911 bis 1945 behandelt, und die versucht, die Streikaktivitäten mit anderen sozialen Phänomenen in Beziehung zu setzen. Für andere Industrieländer gibt es keine Untersuchungen ähnlichen Umfangs, und es hat wenige Versuche gegeben, Länder oder verschiedene historische Perioden miteinander zu vergleichen. Zwei kurze Untersuchungen aus diesem Bereich – Clark Kerr und Abraham Siegel: »The Interindustry Propensity to Strike: An International Comparison«[10], und Arthur M. Ross und Paul T. Hartman: »Changing Patterns of Industrial Conflict«[11] – bringen Daten für internationale Vergleiche zusammen. Die erste gibt Gründe für eine größere Streikneigung bestimmter Industrien, die auch Knowles diskutiert, während die zweite unterschiedliche Streikmuster untersucht, wie sie sich in bestimmten Gruppen von Ländern ausgebildet haben, und auch langfristige Entwicklungslinien prüft. Die Autoren entdecken einen Niedergang bei den Streikaktivitäten – ein »Dahinsiechen« der Streiks, wie sie es nennen – wie auch Wandlungen des Streikcharakters vom Hauptverhandlungsinstrument zum Ausdruck sporadischer Proteste. Aber es ist möglich, daß es sich hierbei nur um kurzfristige Veränderungen handelt.
Wenn wir die Schwierigkeiten betrachten, die sich aus einer halbwegs genauen Messung solcher Phänomene wie Krieg und Streik ergeben (obwohl sie relativ leicht zu isolieren und zu definieren sind), und wenn wir beachten, wie wenig Arbeit solchen Problemen bislang gewidmet wurde, so ist es nicht überraschend, wenn sich andere Konflikttypen einer soziologischen Analyse gänzlich unzugänglich erwiesen haben. Wie soll man z. B. das Ausmaß eines Klassenkonflikts in einer Gesellschaft messen? Wie können wir den Grad an Wettbewerb erfassen oder seine zeitlichen Fluktuationen? Wie können wir das Gleichgewicht zwischen den Kräften bestimmen, die Harmonie und Konflikt, Integration und Teilung innerhalb einer Gesellschaft verursachen. Und wie kann man zwischen

Gesellschaften in dieser Dimension Vergleiche anstellen? Wie können wir solche Phänomene mit anderen in Beziehung setzen? Auf solche Fragen gibt es keine offensichtlichen Antworten, es sei denn, man sagt, man müsse eine Reihe von indirekten Messungen vornehmen und solche ungenauen numerischen Begriffe wie »mehr als« oder »weniger als« verwenden. Für die Untersuchung eines Klassenkonflikts wäre es beispielsweise erforderlich, die Struktur der Gewerkschaften und der Arbeitgeberverbände zu betrachten, das Auftauchen des Konflikts in seinen unterschiedlichen Formen und besonders das Auftreten von Gewalt, den Niederschlag von Einstellungen in Manifesten, Journalen und anderen Medien, das Entstehen politischer Bewegungen und die Ausarbeitung konfligierender sozialer Doktrinen. Einige dieser Phänomene können sehr genau gemessen werden, während die numerische Größe in anderen Fällen nur in sehr oberflächlicher Weise in deskriptiver Form geschätzt werden kann. Trotz dieser Schwierigkeiten, zu denen noch die begrifflichen Schwierigkeiten hinzutreten, wenn man solche sozialen Entitäten wie Klassen oder Ideologien behandelt, sollte man doch solche historischen oder zwischengesellschaftlichen Vergleiche versuchsweise formulieren, sobald man die relevanten Kriterien zur Verfügung hat. Täten wir das nicht, so wäre man zu der Schlußfolgerung gezwungen, daß Konflikttheorien genausowenig prüfbar sind wie funktionalistische (oder wenn man so will: organizistische) Theorien.

Daß es bislang noch nicht gelungen ist, irgendwelche sinnvollen Regelmäßigkeiten beim Ablauf der hauptsächlichen Konfliktformen zu finden, hat freilich das Auftauchen von Theorien nicht verhindert, die von sich behaupten, eine kausale Erklärung von Konflikten zur Verfügung zu stellen, besonders des Krieges, indem man ihn mit anderen sozialen Ereignissen in Beziehung setzte, sei es mit dem Imperialismus, der Überbevölkerung oder bestimmten Eigenschaften der Völker. Solche Behauptungen sind zum jetzigen Zeitpunkt eitel und übertrieben. Das heißt nicht, daß damit jede kausale Erklärung ausgeschlossen würde. Wenn man für den Augenblick einmal die mehr systematische Untersuchung möglicher Regelhaftigkeiten und Veränderungen bei Konflikten beiseite läßt, so kann man zwei schon früher erwähnte Ansätze betrachten.

Einer besteht darin, die Ursache für Konflikt in der menschlichen Natur zu suchen und die Existenz eines, wie es Simmel ausdrückte: »Kampfinstinktes« zu behaupten. In einem Briefwechsel mit Einstein über die Verhinderung des Krieges nahm Freud die Existenz eines Destruktionstriebs oder eines Aggressionsinstinktes im Menschen an, der nicht unterdrückt werden könne, obgleich ihm andere Instinkte entgegenwirken, wie die Sympathie oder die Liebe[12]. Jüngere biologische und anthropologische Studien haben diese

Behauptung, daß es einen Aggressionsinstinkt gebe, der aus der natürlichen Selektion resultiere und der unter den Vertebraten wie den Primaten, inklusive dem Menschen weit verbreitet seie, im allgemeinen untermauert. Washburn vermutet, daß der Mensch »einen Aggressionstrieb ererbt habe, der in der Vergangenheit durchaus adaptiv« war, und daß dieser Trieb durch zahlreiche Bräuche am Leben erhalten wird, obgleich er nicht länger adaptiv ist, denn »für die moderne, übervölkerte, wissenschaftliche Welt ist der menschliche Aktor, besonders der Mann, zu herrschsüchtig und zu aggressiv«[13]. In ähnlicher Weise behandelt Konrad Lorenz in seinem Buch »On Aggression«[14] den »Kampfesinstinkt bei Tier und Mensch als *gegen* den Artgenossen gerichtet«, was seine positiven Funktionen bei der Zuteilung von Territorien hat, bei der sexuellen Selektion, der Verteidigung des Nachwuchses und der Etablierung sozialer Rangfolgen.

Es ist aber klar, daß eine Erklärung aktueller sozialer Konflikte nur in dieser Richtung nicht vollständig sein kann. Weder Individuen noch Gruppen sind dauernd in Konflikten engagiert, und eine Theorie, die einen permanenten und konstanten Aggressionsinstinkt annimmt, kann den Zyklus von Konflikten und Ruhe nicht erklären. Sie kann aber die Aufmerksamkeit auf eine aggressive Disposition lenken und die biologische Basis einer solchen Disposition nachweisen. Um aktuelle Konflikte zu erklären, müssen wir in Ergänzung zu dieser generellen Bedingung die spezifischeren Ursachen erfassen. Und das kann man durch die Hinzuziehung einer *Interessentheorie* leisten. Konflikte tauchen dann auf, wenn das eigene Territorium angegriffen wird, wenn der Nachwuchs gefährdet ist, wenn die soziale Rangfolge gestört ist (dieser letzte Fall deckt sich sehr genau mit der Marxschen Klassenkonfliktstheorie). In menschlichen Gesellschaften werden biologische Interessen kulturell überformt, was auch Lorenz bemerkt, wenn er von »militantem Enthusiasmus« spricht, wenn er die menschliche Version biologischer Aggression in Beziehung zu Interessen beschreibt.

Diese Betrachtungen führen zurück zu den soziologischen Aspekten des Problems. Wenn man die Existenz eines Aggressionsinstinkts voraussetzt, kann man dann aktuelle Konflikte mit Hilfe einer Interessentheorie und dem Zusammenprall von Interessen, etwa in Übereinstimmung mit marxistischen Theorien, erklären? Marx' Theorie hat rein formal durchaus Erklärungscharakter. Aber seine Annahme der Universalität des Klassenkonflikts stellt nur ein allgemeines Modell zur Verfügung. Der zentrale Teil seiner Theorie behandelt die Klassen in einer kapitalistischen Gesellschaft und behauptet hier, daß die steigende Interessendivergenz zwischen Bourgeoisie und Proletariat (zusammen mit einer erweiterten Wahrnehmung dieser Divergenzen) in erhöhtem Maße zu Konflikten führen wird. Wir wollen annehmen, daß Marx' Behauptungen falsifiziert wurden, daß in den fortgeschrittenen Industrieländern der Klassenkampf sich vermindert hat – eine Ansicht, die viele Soziologen nachdrücklich zu vertreten scheinen, obgleich es keine genaue Meßmöglichkeit für das Ausmaß von Klassenkämpfen gibt. Wenn dem aber so ist, müssen wir nunmehr die Abnahme des Klassenkonflikts erklären, indem wir darauf hinweisen, daß die Divergenz von Interessen nicht so eng an Konflikte gebunden ist, oder daß die Divergenz der Interessen zwischen den Klassen abgenommen hat, oder daß irgendein anderer Faktor das Ausmaß an Konflikt beeinflußt. Z. B. mag man sich, wie ich es selbst getan habe, auf den Einfluß des Nationalismus beziehen, der eine dämpfende Wirkung auf interne Konflikte haben kann[15]. Ein anderes Argument gegen die Marxsche Theorie wird von Dahrendorf vorgeschlagen, der meint, daß die Intensität des Klassenkonflikts im 19ten Jahrhundert auf die Übertragung des politischen Konflikts auf die Arbeitskämpfe zurückzuführen ist. »Die Gegner im Bereich der Produktion – Kapital und Arbeit – trafen sich als Bourgeoisie und Proletariat in der politischen Arena wieder ...«[16] Dahrendorf glaubt, daß sich Arbeitskonflikte und politische Konflikte in dem, was er »postindustrielle Gesellschaften« nennt, getrennt haben. Und es gibt nunmehr sich überlagernde und kreuzende Konfliktlinien statt einer fundamentalen Trennung der Gesellschaft in zwei Lager[17]. Von einer solchen Kritik an Marx aus entwickelt Dahrendorf eine generellere Konflikttheorie, die in kurzer Zusammenfassung annimmt, daß Konflikt ein notwendiges Element in allen Herrschaftsverbänden darstellt[18]. Wenn in weiterer Folge gezeigt werden kann, daß Herrschaftsverbände ein universelles Merkmal menschlicher Gesellschaften darstellen, dann kann daraus gefolgert werden, daß auch Konflikte universell notwendig sind. Dieses theoretische Modell, das zwischengesellschaftlichen Konflikt natürlich nicht mitumgreift, ähnelt der biologischen Theorie der Aggression, indem es dem Auftreten interner Konflikte generell Rechnung trägt, aber die Periodizität, die Spannweite oder Intensität von Konflikten nicht erklären kann. Um diese Fragen behandeln zu können, benötigen wir nicht nur solche soziographischen und statistischen Studien, wie sie in den obigen Abschnitten erwähnt wurden, sondern auch Untersuchungen über die möglichen Variationen der Gruppenstrukturen (und in einem umfassenderen Kontext des internationalen Systems von Beziehungen zwischen ganzen Gesellschaften), die Konflikte begünstigen oder verhindern.

Einige Überlegungen über diese strukturellen Differenzierungen kann man in Simmels Essay finden, und sie sind von einer Reihe jüngerer Autoren erweitert und systematisiert worden, unter ihnen von Coser und van Doorn[19]. Simmel machte die Beobachtung, daß

Konflikte in Gruppen mit sehr intimen und engen Beziehungen besonders heftig werden können (wie in Verwandtschaftsgruppen oder Sekten) oder zwischen Gruppen, die eher im Namen einer gerechten Sache als nur um Interessen kämpfen (z. B. die Klassenkämpfe zu Marx' Zeiten). Aber seine Bemerkungen geben eher Anregungen als Schlußfolgerungen. Coser entwickelt formal die Aussagen, die in Simmels Essay implizit bleiben. Aber sein Vorgehen ist rein analytisch, nicht empirisch und will keine Generalisationen über das faktische Auftreten von Konflikten und variierenden Bedingungen von Gruppenstrukturen und Gruppenzielen erstellen. In ähnlicher Weise unterscheidet van Doorn in der Nachfolge Simmels zwischen einem Koalitionstyp und einem Sektentyp der Organisation und vermutet, daß Spannungen im letzten Falle dazu tendieren, extrem radikale und heftige Konflikte zu erzeugen. Empirische Belege, die eine solche Behauptung stützen könnten, sind zugegebenermaßen nicht gerade reichlich vorhanden. Wissen wir denn wirklich, daß die Intensität von Konflikten mit strukturellen Unterschieden bei Koalitions- oder Sektentypen oder bei Gruppen mit intimen Beziehungen oder bei solchen mit loseren Beziehungen signifikant variiert? Ist es möglich festzustellen, ob die Veränderungen des Konflikts mit dem Grade verbunden sind, in dem Organisationen über Herrschaftsverhältnisse koordiniert werden (oder hat es gar keinen Sinn, von *Graden* herrschaftmäßiger Koordination zu reden)? Diese Fragen können wohl kaum beantwortet, vielleicht nicht einmal richtig formuliert werden ohne eine sehr viel zufriedenstellendere Naturgeschichte des Konflikts, als wir sie heute besitzen.

Es hat sich als leichter erwiesen, die Folgen sozialen Konflikts zu erforschen als seine Ursachen, obwohl in beiden Richtungen ähnliche Schwierigkeiten und Fehlerquellen auftauchen. Lewis Cosers Zusammenfassung seiner Arbeit über die Funktionen sozialer Konflikte kennzeichnet gut die Hauptrichtung soziologischen Interesses: ». . . wir haben eine Reihe von Aussagen untersucht, die die Aufmerksamkeit auf die verschiedenen Bedingungen lenken, unter denen soziale Konflikte zur Aufrechterhaltung, Anpassung und Adaption sozialer Beziehungen und Strukturen beitragen können«[20]. Die »positiven« Funktionen von Konflikten, auf die zuerst Georg Simmel hinwies, kann man folgendermaßen beschreiben: Intergruppenkonflikt kann, wenn er in Grenzen gehalten wird, die Einheit der Gruppe aufrechterhalten, indem er ein Sicherheitsventil bereitstellt, oder er mag dazu dienen, die Einheit der Gruppe wieder herzustellen; Intergruppenkonflikt definiert die Gruppengrenzen, er kann das gesamte Sozialsystem erhalten, indem er einen Machtausgleich zwischen verschiedenen Gruppen erlaubt, und er kann die innere Einheit der Gruppen stärken, die sich in einem Konflikt engagieren. Simmel weist besonders auf die Art und Weise hin, in der sich die modernen zentralisierten Staaten als Resultat kriegerischer Auseinandersetzungen etablierten, und er bemerkte, daß die Stände und Klassen eine Schöpfung von Konflikten seien. Marx hatte zuvor dieselbe Idee: Klassen engagieren sich in Konflikten, aber ebenso waren sie deren Ergebnis, als vollständig konstituierte und bewußte Gruppen. In solchen Beispielen vermutete Simmel den Einfluß von Konflikten auf den Gang sozialen Wandels, und er behauptete allgemeiner, daß ohne Konflikte eine soziale Gruppe keinen »echten Lebensprozeß« zeigen könne. Die jüngeren Studien haben die Verbindung zwischen Konflikt und Wandel nicht in dem Ausmaße betont, teilweise vielleicht deshalb, weil eine solche Verbindung zu den zentralen Thesen der marxistischen Theorie gehört. Der Punkt wird klar, wenn wir bedenken, wie wenig sich Soziologen dem Studium revolutionärer Bewegungen im 20sten Jahrhundert gewidmet haben, es sei denn gelegentlich als Ratgeber für ›Counterinsurgencies‹. Ähnlich wie bei Kriegen, vielleicht noch eher als bei Kriegen, drängen bei Revolutionen jene moralischen Erwägungen in den Vordergrund, die mit jeder Art der Reflexion über die soziale Bedeutung des Konflikts verwoben sind, deren Implikationen und Einfluß man sich nicht immer freimütig genug eingesteht. Man mag sich aber den Einfluß, den revolutionäre Bewegungen langsam auf das soziale Denken gewinnen, durch einen Blick auf die jüngsten Erscheinungen neuer Reflexionen über das Phänomen der Revolution[21] klarmachen und in der Aufmerksamkeit, die den theoretischen Schriften von Revolutionären gewidmet wird, von Mao Tse-tung bis zu Che Guevara, Frantz Fanon und Regis Debray.

Bevor wir uns aber diesem Thema zuwenden, müssen noch einige andere Aspekte der Verbindung zwischen Konflikten und der Aufrechterhaltung oder Transformation einer sozialen Lebensform diskutiert werden. Simmel und die meisten späteren Autoren waren eher damit befaßt, Begriffe abzuklären und auf mögliche Beziehungen hinzuweisen, als daß sie faktische Korrelationen behaupteten. So beobachtete Simmel z. B., daß Intergruppenkonflikte wahrscheinlich zum Steigen der internen Kohäsion der Gruppen führen würde, die in einen Konflikt verwickelt waren, aber er sah auch, daß dies nicht immer der Fall war. Um ein heutiges Beispiel zu nennen: Der amerikanische Krieg in Vietnam fördert ganz offensichtlich nicht die Einheit der amerikanischen Gesellschaft, sondern teilt die Gesellschaft vielmehr in einem bitteren Konflikt. Ein allgemeinerer Fall ist jener, wo eine Niederlage, oder die Wahrscheinlichkeit einer solchen Niederlage, in einem externen Konflikt die betreffende Gruppe in feindliche Lager spaltet. Im 20sten Jahrhundert sind auf militärische Niederlagen oft

Revolutionen gefolgt. Dennoch besteht hier keine konstante Beziehung: es gab Niederlagen, ohne daß sie von revolutionären Kämpfen begleitet waren, und es gab Revolutionen, ohne daß eine militärische Niederlage vorausging. Die Chinesische Revolution fand nach dem Sieg statt. Somit ist es in keinem Fall zureichend, auf eine mögliche Verbindung zwischen der Existenz und dem Ausgang eines externen Konfliktes und dem Grad innerer Kohäsion zu verweisen. Vielmehr muß man komplexere theoretische Modelle ausarbeiten, die uns erlauben, zu präzisen empirischen Aussagen zu kommen über den Effekt verschiedener Typen externen Konflikts auf verschiedene Typen sozialer Gruppen.

In gleicher Weise muß die allgemeine Beziehung zwischen Konflikt und sozialem Wandel sehr viel genauer untersucht werden. Konflikte zwischen Gruppen oder innerhalb von Gruppen mögen ganz offensichtlich Wandel bewirken, oder doch eine Disposition zu Wandel, indem sie eingefahrenes Alltagsleben in Unruhe bringen. Simmel beobachtete, daß »in den frühen Entwicklungsstufen der Kultur Kriege beinahe die einzige Form (waren), in der sich der Kontakt zwischen fremden Gruppen abspielen konnte«[22], und viele Soziologen haben Kriege in Verbindung gesetzt mit einer Ausdehnung der Spannweite früher Gesellschaften und in jüngerer Zeit mit der Entstehung der Nationalstaaten. Einige Autoren sehen einen wichtigen Zusammenhang zwischen Kriegen und der technologischen Entwicklung und vermuten in weiterer Folge, daß Kriege auf diese Weise tiefgreifende Wandlungen in der Gesellschaft bewirken. Moderne Kriege etwa seit dem Ersten Weltkrieg, die die gesamte Bevölkerung in Mitleidenschaft ziehen, haben, so vermutet man, zu wichtigen politischen Konsequenzen geführt, vom Frauenwahlrecht bis zur Erweiterung der Wohlfahrtsgesetzgebung. In gleicher Weise können interne Konflikte wichtige soziale Wandlungen hervorbringen. Marx übernahm, wie er sagte, die Ansicht bürgerlicher Historiker, daß das moderne Europa ein Ergebnis von Klassenkämpfen war, und er erwartete, daß neue Klassenkämpfe die Gesellschaft noch tiefgreifender wandeln würden. Und in der Tat haben die marxistischen politischen Bewegungen in vielen Ländern die Struktur der betreffenden Gesellschaften radikal geändert. Und weniger dramatisch kann man darauf hinweisen, daß der Konflikt zwischen organisierten politischen Parteien in den Industrieländern und in einigen Entwicklungsländern von größtem Einfluß für Etablierung der individuellen Menschenrechte, in spezifischem Maße für das Recht auf eine abweichende Meinung, auf Kritik und Opposition gewesen ist.

Eine Form des Konflikts, die schon Simmel untersuchte, die aber in der Folge wenig beachtet wurde, ist der Wettbewerb. Simmel verwarf die Ansichten der Sozialisten und solcher Liberaler wie

J. S. Mill, daß die Folgen des Wettbewerbs immer schlimm seien, und betonte das, was er die »sozialisierenden und zivilisierenden Funktionen des Wettbewerbs« nannte. »Der moderne Wettbewerb«, so schreibt er, »wird beschrieben als ein Kampf aller gegen alle, aber gleichzeitig ist er ein Kampf aller für alle.« In diesem Sinne ist der ökonomische Wettbewerb auf das Ziel maximalen Outputs bei geringstmöglichen Kosten gerichtet.

Darüber hinaus, »wenn man die Vielzahl der Möglichkeiten und Individualisierungstendenzen einer Gesellschaft in Rechnung stellt, dann scheint es, als entstünden und erhielten sich die vielen Formen des Interesses, die die Gruppe denkbarerweise über alle ihre Mitglieder hinweg zusammenhalten könnten, nur dann, wenn die Dringlichkeiten und Erfordernisse des Wettbewerbskampfes sie dem Individuum aufdrängen«[23].

Wettbewerb und die gesamte Laissez-faire-Ökonomie des Kapitalismus im letzten Jahrhundert mag von ausschlaggebender Bedeutung für die Beschleunigung des ökonomischen Wachstums gewesen sein, mehr noch: man kann die außerordentlich rasche Entwicklung der amerikanischen Wirtschaft mit einem umfangreicheren Wettbewerb in den Vereinigten Staaten in Beziehung setzen. Aber dennoch können wir keine exakten Korrelationen herstellen zwischen dem Ausmaß an Wettbewerb oder der Intensität eines Wettbewerbsgeistes und der Rate ökonomischen Wachstums in verschiedenen Gesellschaften. Auf der anderen Seite haben wir Grund zu der Annahme, daß der Wettbewerb auch weit weniger willkommene Folgen haben dürfte. Sein zivilisierender Einfluß, den Simmel in der Art von Durkheim als die Schöpfung eines Netzwerks gegenseitiger Obligationen und Abhängigkeiten sieht, mag durch erhöhte Raten an Geisteskrankheiten und Kriminalität aufgewogen werden. Aber auch hier steht der exakte Nachweis eines Zusammenhangs noch aus.

Simmel und in seiner Nachfolge Coser und viele andere Autoren haben viel ihrer Aufmerksamkeit den positiven Funktionen (was heißt: den nützlichen Folgen) des Konflikts gewidmet. Einer dieser positiven Aspekte besteht, wie wir sahen, darin, daß Konflikte Wandlungen hervorbringen, die ihrerseits insgesamt als nützlich angesehen werden. Aber neben der Tatsache, daß Konflikte auch zu Veränderungen führen können, die man wohl für gefährlicher halten dürfte (eine Möglichkeit, die wir im nuklearen Zeitalter unangenehmerweise in Rechnung stellen müssen), gibt es noch weitere Aspekte in den Beziehungen zwischen Konflikten und Wandel, die man wird betrachten müssen. Man wird nicht nachweisen können, daß jede Art des Wandels aus Konflikten resultiert, obgleich Hegels Geschichtsphilosophie und (mit einigen Einschränkungen) auch Marx' Sozialtheorie und die vielen von ihm hergeleiteten Modelle derartiges behaupten oder doch nahelegen. Es mag Veränderungen geben, die ohne Einwirkung von Konflikten geschehen – z. B. die Akkumulation wissenschaftlichen Wissens –, die aber ihrerseits Konflikte verursachen, so in Form wissenschaftlicher Auseinandersetzungen, des Konflikts zwischen Wissenschaft und Religion, oder in weiterer Zukunft in Form des Kampfes zwischen Interessengruppen und Klassen, der sich aus der Entwicklung neuer Technologien ergeben mag. Auf der anderen Seite wird man kaum mit Sicherheit behaupten können, daß jeder Konflikt zu Wandlungen führen wird. Einige Arten des Konflikts dienen, wie schon Simmel vermutete, der Aufrechterhaltung oder Stärkung eingeführter Lebensformen; in einigen Stammesgesellschaften scheinen ritualisierte Konflikte dazu intendiert zu sein, die soziale Solidarität und existierende Institutionen zu erhalten und zu stärken[24]. Darüber hinaus ist es nicht schwierig, sich einen genügend langwierigen und intensiven Konflikt vorzustellen, der einen bereits in Gang gekommenen Wandlungsprozeß zum Stillstand bringt oder verlangsamt.

Das neuerliche Interesse an sozialen Konflikten wurde weitgehend durch praktische Belange bestimmt, in besonderem Maße durch den Wunsch, Mittel und Wege zu finden, die erlauben, einen Krieg im nuklearen Zeitalter zu verhindern oder doch wenigstens zu kontrollieren und zu begrenzen. Dieses Problem ließ unter dem Namen »Strategische Studien« ein ganz neues Forschungsfeld entstehen, das sich einerseits mit den Bedingungen und Situationen beschäftigt, die wahrscheinlicherweise zu Kriegen führen, und sich andererseits um die Folgen von Kriegen kümmert. Eine Arbeit, die besser als jede andere dieses neu gewonnene Interesse reflektiert und das einen guten Überblick auf die verwendeten Methoden geben kann, ist Raymond Arons: »Frieden und Krieg. Eine Theorie internationaler Beziehungen«[25]. Aron diskutiert zunächst jene Begriffe und Klassifikationen, die bei jeder Untersuchung von Krieg und Frieden erforderlich sind: Macht, Gewalt, das internationale Staatensystem, Typen des Kriegs und Typen des Friedens, behandelt dann die Kriegsdeterminanten und wendet sich dann im dritten und vierten Teil seines Buchs einer historischen Untersuchung des globalen Staatensystems im nuklearen Zeitalter zu und der Betrachtung einiger moralischer Bewertungen des Krieges und deren politischen und strategischen Implikationen. Einige der im letzteren Teil dieses Buches untersuchten Themenstellungen sind umfangreich diskutiert worden. Darunter die Frage, ob das Rüstungsniveau (oder allgemeiner: die militärische Bereitschaft) und in besonderem Maße das Wettrüsten die Wahrscheinlichkeit eines Krieges erhöhen. Richardson, dessen Arbeit wir schon erwähnten, konstruierte desgleichen mathematische Modelle des Wettrüstens[26] und wendete eines dieser Modelle auf die Zeit vor den beiden Weltkriegen an. Zur Zeit seines Todes untersuchte er das dritte Wettrüsten, das 1948 begonnen hatte, gelangte aber zu keinen abschließenden Ergebnissen über dessen Ausgang. Es ist sicher nicht möglich, aufgrund einer solchen Arbeit etwas Genaues über die Wahrscheinlichkeit auszusagen, mit der ein Wettrüsten zum Krieg führen wird, aber man wird vernünftigerweise darauf hinweisen können, daß das Einfrieren oder die Reduzierung der Rüstung die Chance eines Krieges mindern wird, einmal weil eine solche Maßnahme schon ein Mindestmaß an Übereinstimmung zwischen den konfligierenden Nationen darstellt, zum anderen, weil eine Abrüstung wahrscheinlich die Stimmung der betreffenden Nationen beeinflußt, ein Faktor, dem Richardson große Bedeutung zumaß.

Weiterhin diskutierte Aron die Alternativen zum Krieg als Mittel der Regulation der Beziehungen zwischen den Staaten, von denen jeder seine eigenen Interessen verfolgt. Er untersucht zwei Möglichkeiten: einen Frieden durch Gesetz und einen Frieden durch einen Weltstaat. Beide Wege implizieren einen mehr oder minder großen Souveränitätsverlust der Staaten. Ein Frieden auf der Basis gesetzlicher Abmachungen könnte bis zu einem gewissen Punkt als eine Ausdehnung internationaler Regelungen begriffen werden, aber deren völlige Realisation erforderte offensichtlich die Bildung irgendeiner Form internationaler Gesetzgebung, einer Exekutive und einer Verwaltung. Ein Frieden durch einen Weltstaat würde ganz offenbar einen Verlust an nationaler Unabhängigkeit für alle beteiligten Staaten nach sich ziehen und wäre auch derzeit kaum realisierbar, denn weder die Vereinigten Staaten noch die Sowjetunion sind in der Lage, einen Weltenstaat zu etablieren. Es gibt noch eine dritte Möglichkeit: einen Frieden durch ein Gleichgewicht der Kräfte, wie er zur Zeit existiert. Hier lautet die Frage, ob und unter welchen Bedingungen ein dauernder und stabiler Ausgleich der Kräfte erreichbar ist[27].

Das letzte Thema, das in den jüngsten Studien untersucht wird, und das ich hier behandeln will, widmet sich der Rolle, die der Krieg für die nationale Politik spielt. Ist der Krieg noch weiterhin ein rationales Instrument der Politik, wie Clausewitz vermutete? Wir müssen hier zwischen verschiedenen Arten der Kriegführung unterscheiden. Nationale Befreiungskriege, Kriege zur Unterdrückung einer Revolution und einige andere Kriegsformen, die in begrenztem Umfang mit sogenannten ›konventionellen Waffen‹ ausgetragen werden, können rational in dem Sinne sein, daß die Gewinne einer Seite ihre Verluste eindeutig überwiegen können, und daß der gemeinsame Untergang der streitenden Parteien, wenn auch möglich, so doch nicht notwendig ist. Wie aber steht es mit einem nuklearen Krieg zwischen zwei Großmächten? Die Mehrzahl der Meinungen der ganzen Welt wird wahrscheinlich annehmen, daß ein solcher Krieg nicht rational wäre, daß er die gemeinsame Vernichtung aller impliziert, vielleicht sogar den Untergang der Menschheit. Es gibt jedoch auch abweichende Meinungen, deren bekannteste von Hermann Kahn stammt, der in seinem Buch »On Thermonuclear War«[28] wie in späteren Arbeiten behauptet, daß die Anzahl an Toten und Zerstörungen sich in Grenzen halten würde. Neuerdings werden zur Ausgestaltung von Strategien Modelle der Spieltheorie verwendet, allerdings hat dieser Versuch, trotz seiner außerordentlichen Faszination für manche Sozialwissenschaftler und Politiker, viel Kritik auf sich gezogen. Aron beschließt seine Studie über Frieden und Krieg mit einer Kritik des angeblichen Realismus solcher Modelle und tritt dafür ein, mehr Aufmerksamkeit einer ›vernünftigen Politik‹ als ›rationalen Strategien‹ zuzuwenden[29]. Anatol Rapoport erkennt in seinem Buch »Fights, Games, and Debates«[30] und in einem späteren Artikel[31] durchaus an, daß die Spieltheorie einen begrifflichen Apparat anbietet, mit dem strategische Analogien zu Konfliktsituationen klar formuliert werden können[32], weist aber auch auf die Grenzen einer solchen Theorie hin, besonders bei solchen Fällen, in denen kein Null-Summen-Spiel vorliegt (was für sehr viele faktische Konfliktsituationen gelten wird), und wo rationale Entscheidungen nicht erfaßt werden können.

Ein Umstand, der die rasche Zunahme strategischer Untersuchungen erklären mag, liegt im weitverbreiteten Wunsch, Kriege im nuklearen Zeitalter sowohl rational wie moralisch zu kontrollieren[33]. Um andere Formen des Konflikts hat man sich nicht in gleicher Weise gekümmert, und man konnte auch keine ähnliche moralische Übereinstimmung erreichen. Von hierher erklärt sich auch das Zögern, Revolutionen, Arbeitskämpfe und bis vor kurzem ethnische Konflikte als wichtig genug anzusehen, daß sich die Beschäftigung einer wesentlichen Anzahl von Soziologen mit solchen Fragen rechtfertigen könnte, oder daß solche Konflikte als zentrales Element in den theoretischen Modellen oder Beschreibungen sozialer Systeme auftauchen würden. Und von hierher erklärt sich auch die Unbehaglichkeit, die sich breitmacht, wenn man den Versuch unternimmt, solche Konflikte zu untersuchen. Revolutionen passen offensichtlich wenig in das begriffliche Schema, das nur die positiven Funktionen von Konflikten mit ihren Auswirkungen auf die Aufrechterhaltung eines gegebenen Sozialsystems oder dessen geringfügige Adaptionen betrachtet. Nur wenn Revolutionen zurückgeschlagen werden, glaubt man, werde die soziale Ordnung erhalten; sind sie erfolgreich, werden Gesellschaften verändert. Und während nun Soziologen wie andere Leute generell gegen den Krieg sind und ihre Untersuchungen ohne weitere Skrupel als einen Beitrag verstehen können, solche Kriege zu vermeiden, sind sie sich in der Beurteilung von Revolutionen durchaus nicht so einig (wie auch bei anderen Formen internen Konflikts) und werden sich plötzlich klar darüber, in welchem Ausmaß moralische Einstellungen und moralisches Engagement in ihre Forschungen einfließen. Sie können ihre Untersuchungen von Revolutionen mit Sympathie oder Abneigungen in Angriff nehmen, sie können Ratgeber von revolutionären Führern werden, oder, was sehr viel häufiger der Fall ist, sie können gegenrevolutionäre Institutionen und Programme unterstützen. Das sollte sie aber nicht davor abschrecken, solche delikaten Untersuchungen durchzuführen, noch sollten sie sich davon abhalten lassen, so klar wie möglich ihren Standpunkt, der ihre Forschungen und Publikationen leitet, und der ihre Untersuchungen menschlich bedeutsam macht, offenzulegen[34]. Ich für meine Person habe wenig gegen den Ausdruck »positive Funktionen des Konflikts« einzuwenden, solange er revolutionäre Transformationen genauso abdeckt wie allmählichere Wandlungsprozesse oder die Aufrechterhaltung existierender Ordnungen und solange man die gegenläufigen negativen Funktionen definiert und deren entsprechende Wichtigkeit anerkennt. Man muß aber die herrschende Auffassung kritisieren, die Sympathie für Aufstände oder Rebellionen sei irgendwie ideologischer Natur und eine größere Bedrohung für die soziologische Objektivität, als wenn man den Status quo verteidigte oder allgemeiner: daß die Beschäftigung mit sozialen Konflikten weniger wissenschaftlich sei als die mit Problemen der sozialen Ordnung. Für eine solche Ansicht gibt es keine sinnvolle Rechtfertigung.

Ich sagte zu Beginn dieser Arbeit, daß wir keine soziologische Theorie des Konflikts besäßen. Die jüngsten Konfliktstudien haben aber dennoch einen wichtigen Beitrag geleistet, nicht zuletzt für die soziologische Theorie in einem umfassenderen Sinne. Die Untersuchungen über den Krieg, die zur Zeit am weitesten entwickelt wurden, haben gewaltige Mengen an historischen und statistischen Daten zusammengetragen, die für jede kausale Analyse unabdingbar sind, und sie haben auf fruchtbare Weise Modelle über Konfliktsituationen entwickelt, die trotz aller Mängel eine wichtige Hilfe für solche Untersuchungen sind. Wenn diese Untersuchungen auch bislang keine generelle Kriegstheorie hervorgebracht haben, so haben sie wenigstens die Komplexität des Phänomens klargestellt, einige der Ursachen annäherungsweise identifiziert und die Aussicht auf eine eventuelle rationale Kontrolle dieser Konfliktform eröffnet. Man wird denselben intellektuellen Aufwand auch der Untersuchung anderer Konfliktformen widmen müssen – Klassenkonflikten, revolutionären Bewegungen, Arbeitskämpfen und ethnischen Konflikten –, und gerade diese Phänomene werden in der Hinsicht größere Schwierigkeiten bereiten, als sie immer nach praktischen Gesichtspunkten beurteilt werden, und es weitgehend unklar ist, in welchem Ausmaß ihre rationale Kontrolle erwünscht ist oder nicht. Dennoch scheint es wahrscheinlich, daß man die Methoden, mit denen man internationale Konflikte untersucht hat, mit Gewinn auf die Erforschung der Beziehungen zwischen verschiedenen Gesellschaftsgruppen oder innerhalb von Teilen solcher Gesellschaften wird übertragen können, solange man die Schwierigkeiten in Rechnung stellt, zu beurteilen, was als positiv, was als negativ bei verschiedenen Konfliktformen zu gelten hat.

Der vielleicht wertvollste Gewinn, den man aus den Konfliktstudien der letzten Zeit ziehen kann, besteht in dem Wandel, den sie in unseren generellen Auffassungen über die Natur von Gesellschaft bewirkt haben. Es ist nicht länger möglich, solch großen Nachdruck auf soziale Harmonie, Integration und Gleichgewicht zu legen oder eine derart statische Betrachtungsweise sozialer Strukturen zu akzeptieren, wie sie in den letzten dreißig Jahren unter dem Einfluß des Strukturfunktionalismus vorherrschend war. Der Begriff ›Abweichung‹ (einer der vagsten Begriffe des soziologischen Vokabulars) erscheint nicht länger sinnvoll zu sein, um die verschiedenartigen Formen des Dissenses, Konflikts, der Rebellion und der Unterdrückung zu erfassen, die in allen Gesellschaften auftreten, und die in den sich rasch verändernden Gesellschaften des 20sten Jahrhunderts so umfassende Dimensionen angenommen haben. Konflikt ist ein wesentlicher Teil des sozialen Lebens, der die sozialen Gruppen, in denen er auftritt, erhalten, modifizieren oder auch zerstören kann. Er kann nicht sinnvoll als eine geringfügige und nur in Ausnahmesituationen auftretende Form sozialer Beziehungen betrachtet werden, als ein kurzer apologetischer Anhang einer Theorie sozialer Solidarität, wie es oft geschehen ist. Ob wir ihn nun mögen oder nicht, wir werden ideologischen und Interessenkonflikten und der Rolle der Gewalt bei der Aufrechterhaltung oder Vernichtung sozialer Systeme erhöhte Aufmerksamkeit widmen müssen, wenn wir soziale Ereignisse erklären und die Mittel bereitstellen wollen, die dem Menschen eine vernünftige Wahl zwischen alternativen Handlungsabläufen ermöglichen können. Und auf der anderen Seite werden wir jene Reste einer ›melting pot‹-Ideologie aus der Soziologie eliminieren müssen, die immer noch annimmt, daß große Unterschiede an Reichtum, Macht und Vergnügungen harmonisch ausgeglichen werden könnten und sollten, ohne fundamentale strukturelle Veränderungen der Gesellschaft.

III. Rolle und Sozialisation

Kommentar der Herausgeber (III)

Ausgehend von der Fragestellung »Wie ist Gesellschaft möglich?« gelangt Georg Simmel zu einem rollentheoretischen Zugang des Verständnisses von Gesellschaft, wobei seine Frage von der Philosophie Kants beeinflußt wurde, wie sich dem Menschen die Erfahrung von Gesellschaft erschließt. Dabei soll das Rollenkonzept von der teilweisen Identität von Rollenanforderungen und Rollenerwartungen insoweit abgehoben werden, als daraus sich dem Menschen ein Zugang zur Repräsentation seines individuellen Selbst sowie der angemessenen Selbstdarstellung des »generalized other« ergibt. Gerade die von einer Psychologie sozialen Lernens stark beeinflußte Rollentheorie hat in ihren Auswirkungen auf die Sozialisationsforschung jenes Theorem begünstigt, das Wrong mit dem Terminus der Übersozialisation kennzeichnet. Seine Fragestellung, die von so kontroversen Standpunkten wie denen von Karl Marx und Thomas Hobbes stark beeinflußt wird, richtet sich auf mögliche Alternativen der Sozialisationsforschung, die den Menschen zwar vom Standpunkt des Integrationsanspruches der Gesellschaft durchaus sieht, aber dennoch die Möglichkeiten zu erschließen sucht, ihm einen individuellen Freiheitsraum zu sichern.

Das von einer phänomenologischen Soziologie stark beeinflußte Theoretisieren E. Goffmans eröffnet bei der Skizzierung des Phänomens der Rollendistanz die Fragestellung danach, inwieweit dem Individuum im sozialen Rollenspiel durch die Möglichkeit der distanzierten Betrachtungsweise und Reflexionen über seine Rollenerwartungen sowie den Erfordernissen seiner sozialen Rollen sich eine Bedingung nach Handlungsalternativen ergibt. Goffmans Beitrag zur Analyse sozialer Rollenbeziehungen mag als Beitrag verstanden werden, der die Sozialisationsforschung von der engen Verknüpfung der »social rearing practices« zu befreien vermag, wobei sich zugleich die Frage danach stellt, ob nicht die Thematisierung der Sozialisation auf dem Hintergrund von S-R-Theorien eine Möglichkeit der Einbeziehung der Gesellschaft verschüttet hat, da die strukturellen Beziehungsgeflechte, in die die Familie als sozialer Ort der Primärsozialisation integriert ist, zu einer Definition der sozialen Situation (W. I. Thomas) einen Beitrag leistet. Die Reflexionen, die F. Neidhardt in seiner Untersuchung der Problematik von Umweltkonsistenz und Komplexitätsreduktion der Familie für das Kind widmet, verweisen auf eine Problemkonstellation, die in der bisherigen Sozialisationsforschung nicht genügend Beachtung fand. Daraus resultiert unter anderem die Schwierigkeit für die Thematisierung des Einflusses familialer Sozialisationspraktiken, die bei einer Formulierung sozialer Angebote für das Kind mit dem Instrumentarium lernpsychologischer S-R-Theorien nicht ausreichend zwischen den Bedingungen und Möglichkeiten differenzieren konnte, die sich bei der inhaltlichen Aufbereitung der sozialen Angebote ergaben.

Im Anschluß an die Untersuchungen von Basil Bernstein konzentrierte sich die Sozialisationsforschung zu sehr auf die Auswirkungen sozial divergierender Sprachmodi und der aus ihnen resultierenden verbalen Planungsstrategien. Sosehr es auch einer derart gelagerten Sozialisationsforschung gelungen ist, die differenten Sprachcodes als Ort sozialer Ungleichheit zu identifizieren, so sehr ist aber auch von ihr übersehen worden, daß mit den Mitteln einer der Linguistik verpflichteten Soziolinguistik nicht Funktion und Stellenwert der Familie bei der Vermittlung sozialer Angebote, die als kognitive Orientierungsmuster zu interpretieren sind, ausgeschöpft werden kann. Solange die Soziolinguistik der Thematisierung eines validen Erklärungsansatzes über den von ihr unterstellten Zusammenhang von Sprache und sozialer Schicht ausweicht, wird es ihr nicht gelingen, befriedigende Aussagen über das Ausmaß der leistungssymbiotischen Beziehung von Sprache und Denken und den daraus resultierenden Einfluß auf das kognitive Orientierungspotential des Individuums aufzustellen.

Liest man aus einer kritischen Distanz die theoretischen Reflexionen von A. L. Baldwin über die Möglichkeiten einer kognitiven Theorie der Sozialisation, so wird verständlich, warum es der Psychologie bisher nicht genügend gelungen ist, den Einfluß und die Auswirkungen gesellschaftlicher Erwartungen in ihre Überlegungen einzubeziehen. Der von Baldwin skizzierte Ansatz einer kognitiven Theorie könnte unter Bezugnahme auf eine Psychologie kognitiver Systeme zu einem befriedigenden Ansatz transformiert werden, sobald es der Psychologie gelingt, sich von der Überbewertung ihrer »experimental designs« zu lösen.

Chancen und Probleme einer zukünftigen Sozialisationstheorie beruhen auf den Möglichkeiten der Erschließung eines neuen Zuganges sowohl zu dem Verhältnis von Sprache und Sozialisation als auch zu der Erfassung familialer Sozialisationsleistungen. In dem Umfang, wie es ihr gelingt, soziale Kompetenz mit kommunikativer Kompetenz zu einem in sich konsistenten Erklärungsansatz zu integrieren, wird sie makrosoziologische Theorien über die Gesellschaft als erklärungsrelevante Hypothesen anbieten können.

Literaturhinweise:

M. Argyle, Soziale Interaktion, Köln 1972.
B. J. Biddle – E. J. Thomas, Role Theory: Concept and Research, New York 1966.
D. A. Goslin (ed.), Handbook of Socialization Theory and Research, Chicago 1969.
A. R. Luria – P. I. Judowitsch, Die Funktion der Sprache in der geistigen Entwicklung des Kindes, Düsseldorf 1970.
Alltagswissen, Interaktion und gesellschaftliche Wirklichkeit, 2 Bde., Hrsg. Arbeitsgruppe Bielefelder Soziologen, Hamburg 1973.
A. Malewski, Verhalten und Interaktion, Tübingen 1967.
B. Bernstein, Class, Codes, and Control, London 1971.
H. Holzer, K. Steinbacher (Hg.), Sprache und Gesellschaft, Hamburg 1972.
D. Lawton, Soziale Klasse, Sprache und Erziehung, Düsseldorf 1970.
H. Roth (Hg.), Begabung und Lernen, Stuttgart 1969.
F. Weinert (Hg.), Pädagogische Psychologie, Köln/Berlin 1973.
U. Oevermann, Sprache und soziale Herkunft, Frankfurt 1973.

Rollentheoretischer Zugang zum Verständnis von Gesellschaft*

G. Simmel

In ganz andrem Sinne als die äußre Welt ist die Gesellschaft »meine Vorstellung«, d. h. auf die Aktivität des Bewußtseins gestellt. Denn die andre Seele hat für mich eben dieselbe Realität wie ich selbst, eine Realität, die sich von der eines materiellen Dinges sehr unterscheidet. Wenn Kant noch so sehr versichert, daß die räumlichen Objekte genau die gleiche Sicherheit hätten, wie meine eigne Existenz, so können mit der letzteren nur die einzelnen *Inhalte* meines subjektiven Lebens gemeint sein; denn die Grundlage des Vorstellens überhaupt, das Gefühl des seienden Ich hat eine Unbedingtheit und Unerschütterlichkeit, die von keiner einzelnen Vorstellung eines materiellen Äußerlichen erreicht wird. Aber eben diese Sicherheit

* aus Georg Simmel, Soziologie. Untersuchungen über die Formen der Vergesellschaftung, Berlin 1969, S. 23–28. Mit freundlicher Genehmigung des Verlages Duncker & Humblot.

hat für uns, begründbar oder nicht, auch die Tatsache des Du; und als etwas von unsrer Vorstellung seiner Unabhängiges, etwas, das genauso für sich ist, wie unsre eigne Existenz. Daß dieses Für-Sich des Andern uns nun dennoch nicht verhindert, ihn zu unsrer Vorstellung zu machen, daß etwas, das durchaus nicht in unser Vorstellen aufzulösen ist, dennoch zum Inhalt, also zum Produkt dieses Vorstellens wird – das ist das tiefste, psychologisch-erkenntnistheoretische Schema und Problem der Vergesellschaftung. Innerhalb des eignen Bewußtseins unterscheiden wir sehr genau zwischen der Fundamentalität des Ich, der Voraussetzung alles Vorstellens, die an der nie ganz zu beseitigenden Problematik seiner Inhalte nicht Teil hat – und diesen Inhalten, die sämtlich mit ihrem Kommen und Gehen, ihrer Bezweifelbarkeit und Korrigierbarkeit, sich als bloße Produkte jener absoluten und letzten Kraft und Existenz unsres seelischen Seins überhaupt darstellen. Auf die andre *Seele* aber, obgleich wir sie schließlich doch auch *vorstellen,* müssen wir eben diese Bedingungen oder vielmehr: Unbedingtheiten des eignen *Ich* übertragen, sie hat für uns jenes äußerste Realitätsmaß, das unser Selbst seinen Inhalten gegenüber besitzt und von dem wir sicher sind, daß es auch jener andern Seele *ihren* Inhalten gegenüber zukommt. Unter diesen Umständen hat die Frage: wie ist Gesellschaft möglich? – einen völlig andern methodischen Sinn als die: wie ist Natur möglich? Denn auf die letztere antworten die Erkenntnisformen, durch die das Subjekt die Synthese gegebener Elemente zur »Natur« vollzieht, auf die erstere aber die in den Elementen selbst a priori gelegenen Bedingungen, durch die sie sich real zu der Synthese »Gesellschaft« verbinden. In gewissem Sinne ist der gesamte Inhalt dieses Buches, wie er sich auf Grund des vorangestellten Prinzips entwickelt, der Ansatz zur Beantwortung dieser Frage. Denn es sucht die, schließlich in Individuen sich vollziehenden, Vorgänge auf, die das Gesellschafts-Sein dieser bedingen – nicht als zeitlich vorangehende Ursachen für dieses Resultat, sondern als Teilvorgänge der Synthese, die wir zusammenfassend die Gesellschaft nennen. Allein die Frage ist noch in einem fundamentaleren Sinne zu verstehen. Ich sagte, daß die Funktion, die synthetische Einheit zu vollziehen, die der Natur gegenüber in dem anschauenden Subjekt ruht, der Gesellschaft gegenüber auf die Elemente eben dieser selbst übergegangen wäre. Das Bewußtsein, Gesellschaft zu bilden, ist zwar nicht in abstracto dem Einzelnen gegenwärtig, aber immerhin *weiß* jeder den andern als mit ihm verbunden, so sehr dieses Wissen um den andern als den Vergesellschafteten, dieses Erkennen des ganzen Komplexes als einer Gesellschaft – so sehr dieses Wissen und Erkennen sich nur an einzelnen, konkreten Inhalten zu vollziehen pflegt. Vielleicht aber verhält sich dies nicht anders als »die Einheit des Erkennens«, nach der wir zwar in den

Bewußtseinsprozessen, einen konkreten Inhalt dem andern zuordnend, verfahren, ohne doch von ihr selbst anders als in seltnen und späten Abstraktionen ein gesondertes Bewußtsein zu haben. Nun ist die Frage: was liegt denn ganz allgemein und a priori zum Grunde, welche Voraussetzungen müssen wirksam sein, damit die einzelnen, konkreten Vorgänge im individuellen Bewußtsein wirklich Sozialisierungsprozesse seien, welche Elemente sind in ihnen enthalten, die es ermöglichen, daß ihre Leistung, abstrakt ausgesprochen, die Herstellung einer gesellschaftlichen Einheit aus den Individuen ist? Die soziologischen Aprioritäten werden dieselbe doppelte Bedeutung haben, wie diejenigen, die die Natur »möglich machen«: sie werden einerseits, vollkommener oder mangelhafter, die wirklichen Vergesellschaftungsvorgänge bestimmen, als Funktionen oder Energien des seelischen Verlaufes; andrerseits sind sie die ideellen, logischen Voraussetzungen der perfekten, wenngleich in dieser Perfektion vielleicht niemals realisierten Gesellschaft – wie das Kausalgesetz einerseits in den tatsächlichen Erkenntnisprozessen lebt und wirkt, andrerseits die Form der Wahrheit, als des idealen Systems vollendeter Erkenntnisse, bildet, unabhängig davon, ob diese durch jene zeitliche, relativ zufällige seelische Dynamik realisiert wird oder nicht und unabhängig von der größeren oder geringeren Annäherung der im Bewußtsein wirklichen Wahrheit an jene ideell gültige.

Es ist eine bloße Titelfrage, ob die Untersuchung dieser Bedingungen des Sozialisierungsprozesses erkenntnistheoretisch heißen soll oder nicht, da doch das aus ihnen sich erhebende, von ihren Formen normierte Gebilde nicht Erkenntnisse, sondern praktische Prozesse und Seinszustände sind. Allein dennoch ist, was ich hier meine und was als der generelle Begriff der Vergesellschaftung auf seine Bedingungen geprüft werden soll, etwas Erkenntnisartiges: das Bewußtsein, sich zu vergesellschaften oder vergesellschaftet zu sein. Vielleicht würde man es besser ein Wissen als ein Erkennen nennen. Denn das Subjekt steht hier nicht einem Objekt gegenüber, von dem es allmählich ein theoretisches Bild gewönne, sondern jenes Bewußtsein der Vergesellschaftung ist unmittelbar deren Träger oder innere Bedeutung. Es handelt sich um die Prozesse der Wechselwirkung, die für das Individuum die – zwar nicht abstrakte, aber doch des abstrakten Ausdrucks fähige – Tatsache bedeuten, vergesellschaftet zu sein. Welche Formen zum Grunde liegen müssen, oder: welche spezifischen Kategorien der Mensch gleichsam mitbringen muß, damit dieses Bewußtsein entstehe, und welches deshalb die Formen sind, die das entstandene Bewußtsein – die Gesellschaft als eine Wissenstatsache – tragen muß, dies kann man wohl die Erkenntnistheorie der Gesellschaft nennen. Ich versuche im folgenden, einige dieser, als apriorisch wirkenden Bedingungen oder Formen der

Vergesellschaftung – die freilich nicht wie die Kantischen Kategorien mit *einem* Worte benennbar sind – als Beispiel solcher Untersuchung zu skizzieren.

I. Das Bild, das ein Mensch vom andern aus der persönlichen Berührung gewinnt, ist durch gewisse Verschiebungen bedingt, die nicht einfache Täuschungen aus unvollständiger Erfahrung, mangelnder Sehschärfe, sympathischen oder antipathischen Vorurteilen sind, sondern prinzipielle Änderungen der Beschaffenheit des realen Objekts. Und zwar gehen diese zunächst nach zwei Dimensionen. Wir sehen den andern in irgendeinem Maße verallgemeinert. Vielleicht, weil es uns nicht gegeben ist, eine von der unsern abweichende Individualität völlig in uns zu repräsentieren. Jedes Nachbilden einer Seele ist durch die Ähnlichkeit mit ihr bestimmt, und obgleich diese keineswegs die einzige Bedingung des seelischen Erkennens ist – da einerseits eine gleichzeitige Ungleichheit erforderlich scheint, um Distanz und Objektivität zu gewinnen, andrerseits eine intellektuelle Fähigkeit, die sich jenseits der Gleichheit oder Nicht-Gleichheit des Seins hält – so würde das *vollkommene* Erkennen dennoch eine vollkommene Gleichheit voraussetzen. Es scheint, als hätte jeder Mensch einen tiefsten Individualitätspunkt in sich, der von keinem andern, bei dem dieser Punkt qualitativ abweichend ist, innerlich nachgeformt werden kann. Und daß diese Forderung mit jener Distanz und objektiven Beurteilung, auf denen das Vorstellen des andern außerdem ruht, schon logisch nicht vereinbar ist, beweist eben nur, daß das vollkommene Wissen um die Individualität des andern uns versagt ist; und von den wechselnden Maßen dieses Mangels sind alle Verhältnisse der Menschen untereinander bedingt. Welches nun aber auch seine Ursache sei, seine Folge ist jedenfalls eine Verallgemeinerung des seelischen Bildes vom andern, ein Verschwimmen der Umrisse, das der Einzigkeit dieses Bildes eine Beziehung zu andern zufügt. Wir stellen jeden Menschen, mit besondrer Folge für unser praktisches Verhalten zu ihm, als den Typus Mensch vor, zu dem seine Individualität ihn gehören läßt, wir denken ihn, neben all seiner Singularität, unter einer allgemeinen Kategorie, die ihn freilich nicht völlig deckt und die er nicht völlig deckt – durch welch letztere Bestimmung sich dies Verhältnis von dem zwischen dem Allgemeinbegriff und der unter ihn gehörigen Einzelheit unterscheidet. Um den Menschen zu erkennen, sehen wir ihn nicht nach seiner reinen Individualität, sondern getragen, erhoben oder auch erniedrigt durch den allgemeinen Typus, unter den wir ihn rechnen. Selbst wenn diese Umwandlung so unmerklich ist, daß wir sie unmittelbar nicht mehr erkennen können, selbst dann, wenn all die gewöhnlichen charakterologischen Oberbegriffe: moralisch oder unmoralisch, frei oder gebunden, herrisch oder sklavenhaft usw. versagen – innerlich benennen wir den Menschen doch nach einem wortlosen Typus, mit dem sein reines Fürsichsein nicht zusammenfällt.

Und dies führt noch eine Stufe weiter hinab. Grade aus der völligen Einzigkeit einer Persönlichkeit formen wir ein Bild ihrer, das mit ihrer Wirklichkeit nicht identisch ist, aber dennoch nicht ein allgemeiner Typus ist, vielmehr das Bild, das er zeigen würde, wenn er sozusagen ganz er selbst wäre, wenn er nach der guten oder schlechten Seite hin die ideelle Möglichkeit, die in jedem Menschen ist, realisierte. Wir alle sind Fragmente, nicht nur des allgemeinen Menschen, sondern auch unser selbst. Wir sind Ansätze nicht nur zu dem Typus Mensch überhaupt, nicht nur zu dem Typus des Guten und des Bösen u. dgl., sondern wir sind auch Ansätze zu der – prinzipiell nicht mehr benennbaren – Individualität und Einzigkeit unser selbst, die wie mit ideellen Linien gezeichnet unsre wahrnehmbare Wirklichkeit umgibt. Dieses Fragmentarische aber ergänzt der Blick des andern zu dem, was wir niemals rein und ganz sind. Er kann gar nicht die Fragmente nur nebeneinander sehen, die wirklich gegeben sind, sondern wie wir den blinden Fleck in unserem Sehfelde ergänzen, daß man sich seiner gar nicht bewußt wird, so machen wir aus diesem Fragmentarischen die Vollständigkeit seiner Individualität. Die Praxis des Lebens drängt darauf, das Bild des Menschen nur aus den realen Stücken, die wir von ihm empirisch wissen, zu gestalten; aber gerade sie ruht auf jenen Veränderungen und Ergänzungen, auf der Umbildung jener gegebenen Fragmente zu der Allgemeinheit eines Typus und zu der Vollständigkeit der ideellen Persönlichkeit.

Dieses prinzipielle, wenngleich in Wirklichkeit selten bis zur Vollkommenheit durchgeführte Verfahren wirkt nun innerhalb der schon bestehenden Gesellschaft als das Apriori der weiteren, zwischen Individuen sich entspinnenden Wechselwirkungen. Innerhalb eines Kreises, der in irgendeiner Gemeinsamkeit des Berufes oder der Interessen zusammengehört, sieht jedes Mitglied jedes andre nicht rein empirisch, sondern aufgrund eines Apriori, das dieser Kreis jedem an ihm teilhabenden Bewußtsein auferlegt. In den Kreisen der Offiziere, der kirchlich Gläubigen, der Beamten, der Gelehrten, der Familienmitglieder sieht jeder den andern unter der selbstverständlichen Voraussetzung: dieser ist ein Mitglied meines Kreises. Es gehen von der gemeinsamen Lebensbasis gewisse Suppositionen aus, durch die man sich gegenseitig wie durch einen Schleier erblickt. Dieser freilich verhüllt nicht einfach die Eigenart der Persönlichkeit, aber er gibt ihr, indem ihr ganz individuell-realer Bestand mit jenem zu einem einheitlichen Gebilde verschmilzt, eine neue Form. Wir sehen den andern nicht schlechthin als Individuum, sondern als Kollegen oder Kameraden oder Parteigenossen, kurz als Mitbewohner derselben besonderen Welt und diese unvermeidliche, ganz automatisch wirksame Voraussetzung ist eines der Mittel, seine Persönlichkeit und Wirklichkeit in der Vorstellung des andern auf die von seiner Soziabilität erforderte Qualität und Form zu bringen.

Dies gilt ersichtlich auch für das Verhältnis der Zugehörigen verschiedener Kreise zueinander. Der Bürgerliche, der einen Offizier kennen lernt, kann sich gar nicht davon freimachen, daß dieses Individuum ein Offizier ist. Und obgleich das Offizier-Sein zu dieser Individualität gehören mag, so doch nicht in der schematisch gleichen Art, wie es, in der Vorstellung des andern, ihr Bild präjudiziert. Und so geht es dem Protestanten gegenüber dem Katholiken, dem Kaufmann gegenüber dem Beamten, dem Laien gegenüber dem Priester usw. Überall liegen hier Verschleierungen der Realitätslinie durch die soziale Verallgemeinerung vor, die die Entdekkung jener innerhalb einer sozial entschieden differenzierten Gesellschaft prinzipiell ausschließen. So findet der Mensch in der Vorstellung des Menschen Verschiebungen, Abzüge und Ergänzungen – da die Verallgemeinerung immer zugleich mehr und weniger ist als die Individualität – von all diesen a priori wirksamen Kategorien her: von seinem Typus als Mensch, von der Idee seiner eignen Vollendung, von der sozialen Allgemeinheit her, der er zugehört. Über alldem schwebt, als heuristisches Prinzip des Erkennens, der Gedanke seiner realen, schlechthin individuellen Bestimmtheit; aber indem es scheint, als ob erst der Gewinn dieser die ganz richtig fundamentierte Beziehung zu ihm ergäbe, sind tatsächlich jene Veränderungen und Neugestaltungen, die diese ideale Erkenntnis seiner hindern, grade die Bedingungen, durch die die Beziehungen, die wir allein als die gesellschaftlichen kennen, möglich werden – ungefähr wie bei Kant die Kategorien des Verstandes, die die unmittelbaren Gegebenheiten zu ganz neuen Objekten formen, doch allein die gegebene Welt zu einer erkennbaren machen.

II. Eine andre Kategorie, unter der die Subjekte sich selbst und sich gegenseitig erblicken, damit sie, so geformt, die empirische Gesellschaft ergeben können, läßt sich mit dem trivial erscheinenden Satz formulieren: daß jedes Element einer Gruppe nicht nur Gesellschaftsteil, sondern außerdem noch etwas ist. Als soziales Apriori wirkt dies, insofern der der Gesellschaft nicht zugewandte oder in ihr nicht aufgehende Teil des Individuums nicht einfach beziehungslos neben seinem sozial bedeutsamen liegt, nicht nur ein Außerhalb der Gesellschaft ist, für das sie, willig oder widerwillig, Raum gibt; sondern daß der Einzelne mit gewissen Seiten nicht Element der Gesellschaft ist, bildet die positive Bedingung dafür, daß er es mit andern Seiten seines Wesens ist: die Art seines Vergesellschaftet-Seins ist bestimmt oder mitbestimmt durch die Art seines Nicht-

Vergesellschaftet-Seins. Die späteren Untersuchungen werden einige Typen ergeben, deren soziologische Bedeutung sogar in ihrem Kern und Wesen dadurch fixiert ist, daß sie von der Gesellschaft, für die ihre Existenz bedeutsam ist, grade irgendwie ausgeschlossen sind: so bei dem Fremden, bei dem Feinde, bei dem Verbrecher, sogar bei dem Armen. Dies gilt aber nicht nur für solche generellen Charaktere, sondern, in unzähligen Modifikationen, für jegliche individuelle Erscheinung. Daß jeder Augenblick uns von Beziehungen zu Menschen umfaßt findet und sein Inhalt von diesen direkt oder indirekt bestimmt ist, spräche durchaus nicht dagegen, sondern die soziale Umfassung als solche betrifft eben Wesen, die nicht völlig von ihr umfaßt sind. Wir wissen von dem Beamten, daß er nicht nur Beamter, von dem Kaufmann, daß er nicht nur Kaufmann, von dem Offizier, daß er nicht nur Offizier ist; und dieses außersoziale Sein, sein Temperament und der Niederschlag seiner Schicksale, seine Interessiertheiten und der Wert seiner Persönlichkeit, so wenig es die Hauptsache der beamtenhaften, kaufmännischen, militärischen Betätigungen abändern mag, gibt ihm doch für jeden ihm Gegenüberstehenden jedesmal eine bestimmte Nuance und durchflicht sein soziales Bild mit außersozialen Imponderabilien. Der ganze Verkehr der Menschen innerhalb der gesellschaftlichen Kategorien wäre ein andrer, wenn ein jeder dem andern nur als das gegenüberträte, was er in seiner jeweiligen Kategorie, als Träger der ihm grade jetzt zufallenden sozialen Rolle ist. Freilich unterscheiden sich die Individuen ebenso wie die Berufe wie die sozialen Situationen danach, welches Maß jenes »Außerdem« sie zugleich mit ihrem sozialen Inhalt besitzen oder zulassen. Den einen Pol dieser Reihe bildet etwa der Mensch in der Liebe oder in der Freundschaft; hier kann das, was das Individuum für sich reserviert, jenseits der dem andern zugewendeten Entwicklungen und Betätigungen, sich quantitativ dem Grenzwert Null nähern, es ist nur ein einziges Leben vorhanden, das gleichsam von zwei Seiten her betrachtet werden kann oder gelebt wird: einmal von der Innenseite, von dem terminus a quo des Subjekts her, dann aber, als das ganz ungeänderte, nach der Richtung des geliebten Menschen hin, unter der Kategorie seines terminus ad quem, die es restlos aufnimmt. Unter ganz andrer Tendenz bietet der katholische Priester das formal gleiche Phänomen, in dem seine kirchliche Funktion sein individuelles Fürsichsein völlig überdeckt und verschlingt. In dem ersten dieser extremen Fälle verschwindet das »Außerdem« der soziologischen Aktivität, weil sein Inhalt gänzlich in der Hinwendung zu dem Gegenüber aufgegangen ist, in dem zweiten, weil der entsprechende Typus von Inhalten überhaupt prinzipiell verschwunden ist. Den Gegenpol nun zeigen etwa die Erscheinungen der modernen, geldwirtschaftlich bestimmten Kultur, in der der Mensch als produzierender, als kaufender oder verkaufender, überhaupt als irgendein leistender, sich dem Ideal der absoluten Objektivität nähert; abgesehen von ganz hohen, führenden Positionen, ist das individuelle Leben, der Ton der Gesamtpersönlichkeit, aus der Leistung verschwunden, die Menschen sind nur die Träger einer nach objektiven Normen erfolgenden Ausgleichung von Leistung und Gegenleistung, und alles, was nicht in diese reine Sachlichkeit hineingehört, ist auch tatsächlich aus ihr verschwunden. Das »Außerdem« hat die Persönlichkeit mit ihrer Sonderfärbung, ihrer Irrationalität, ihrem inneren Leben völlig in sich aufgenommen und jenen gesellschaftlichen Betätigungen nur die für sie spezifischen Energien in reinlicher Abtrennung überlassen.

Zwischen diesen Extremen bewegen sich die sozialen Individuen, immer so, daß die dem inneren Zentrum zugekehrten Energien und Bestimmtheiten irgendeine Bedeutung für die dem andern geltenden Betätigungen und Gesinnungen aufweisen. Denn – im Grenzfall – sogar das Bewußtsein, diese soziale Aktivität oder Stimmung sei etwas von dem übrigen Menschen Geschiedenes, und trete mit dem, was er sonst ist und bedeutet, in die soziologische Beziehung eben *nicht* ein – selbst dieses Bewußtsein ist von durchaus positivem Einfluß auf die Attitüde, die das Subjekt den andern gegenüber und die andern ihm gegenüber einnehmen. Das Apriori des empirischen sozialen Lebens ist, daß das Leben nicht ganz sozial ist, wir formen unsre Wechselbeziehungen nicht nur unter der negativen Reserve eines in sie nicht eintretenden Teiles unsrer Persönlichkeit; dieser Teil wirkt nicht nur durch allgemeine psychologische Verknüpfungen überhaupt auf die sozialen Vorgänge in der Seele ein, sondern grade die formale Tatsache, *daß* er außerhalb der letzteren steht, bestimmt die Art dieser Einwirkung. – Auch ruht darauf, daß die Gesellschaften Gebilde aus Wesen sind, die zugleich innerhalb und außerhalb ihrer stehen, eine der wichtigsten soziologischen Formungen: daß nämlich zwischen einer Gesellschaft und ihren Individuen ein Verhältnis wie zwischen zwei Parteien bestehen kann, ja vielleicht, offener oder latenter, immer besteht. Damit erzeugt die Gesellschaft vielleicht die bewußteste, mindestens die allgemeinste Ausgestaltung einer Grundform des Lebens überhaupt: daß die individuelle Seele nie innerhalb einer Verbindung stehen kann, außerhalb deren sie nicht zugleich steht, daß sie in keine Ordnung eingestellt ist, ohne sich zugleich ihr gegenüber zu finden. Dies geht von den transzendenten und allerallgemeinsten Zusammenhängen bis zu den singulärsten und zufälligsten. Der religiöse Mensch fühlt sich von dem göttlichen Wesen völlig umfaßt, als wäre er nur ein Pulsschlag des göttlichen Lebens, seine eigene Subsanz ist vorbehaltlos, ja in mystischer Unterschiedslosigkeit in die des Absoluten hingegeben. Und dennoch, um dieser Einschmelzung auch nur einen

Sinn zu geben, muß er irgendein Selbst-Sein bewahren, irgendein personales Gegenüber, ein gesondertes Ich, dem die Auflösung in dies göttliche All-Sein eine unendliche Aufgabe ist, ein Prozeß nur, der weder metaphysisch möglich noch religiös fühlbar wäre, wenn er nicht von einem Fürsichsein des Subjekts ausginge: das Eins-Sein mit Gott ist in seiner Bedeutung durch das Anders-Sein als Gott bedingt. Jenseits dieser Aufgipfelung zum Transzendenten zeigt die Beziehung, die sich der menschliche Geist durch seine ganze Geschichte hindurch zu der Natur als einem Ganzen vindiziert, die gleiche Form. Wir wissen uns einerseits in die Natur eingegliedert, als eines ihrer Produkte, das neben jedem andern als Gleiches unter Gleichen steht, ein Punkt, den ihre Stoffe und Energien erreichen und verlassen, wie sie durch das strömende Wasser und die blühende Pflanze kreisen. Und doch hat die Seele das Gefühl eines von all diesen Verschlingungen und Einbeziehungen unabhängigen Fürsichseins, das man mit dem logisch so unsichern Begriff der Freiheit bezeichnet, all diesem Getriebe, dessen Element wir doch selbst sind, ein Gegenüber und Paroli bietend, das sich zu dem Radikalismus: die Natur ist nur eine Vorstellung in menschlichen Seelen – aufgipfelt. Wie aber hier die Natur, mit all ihrer unleugbaren Eigengesetzlichkeit und harten Wirklichkeit dennoch in das Ich eingeschlossen wird – so ist andrerseits dieses Ich, mit all seiner Freiheit und Fürsichsein, seinem Gegensatz gegen die bloße Natur, doch ein Glied ihrer; das eben ist der übergreifende Naturzusammenhang, daß er dieses gegen ihn selbständige, ja oft genug feindselige Wesen mitumfaßt, daß das, was seinem tiefsten Lebensgefühl nach außerhalb seiner steht, doch sein Element sein muß. Nicht minder nun gilt diese Formel für das Verhältnis zwischen den Individuen und den einzelnen Kreisen seiner gesellschaftlichen Bindungen, oder, wenn man diese zu dem Begriff oder Gefühl des Vergesellschaftetseins überhaupt zusammenfaßt, für das Verhältnis der Individuen schlechthin. Wir wissen uns einerseits als *Produkte* der Gesellschaft: die physiologische Reihe der Vorfahren, ihre Anpassungen und Fixierungen, die Traditionen ihrer Arbeit, ihres Wissens und Glaubens, der ganze, in objektiven Formen kristallisierte Geist der Vergangenheit – bestimmen die Anlagen und die Inhalte unseres Lebens, so daß die Frage entstehen konnte, ob der Einzelne denn überhaupt etwas andres wäre als ein Gefäß, in dem sich zuvor bestehende Elemente in wechselnden Maßen mischen; denn wenn diese Elemente auch schließlich von Einzelnen produziert wären, so sei der Beitrag eines jeden eine verschwindende Größe und erst durch ihr gattungsmäßiges und gesellschaftliches Zusammenkommen erzeugten sich die Faktoren, in deren Synthese dann wieder die angebbare Individualität bestünde. Andrerseits wissen wir uns als ein *Glied* der Gesellschaft, mit unsrem Lebensprozeß und seinem Sinn und Zweck ebenso unselbständig in ihr Nebeneinander verwebt, wie dort in ihr Nacheinander. So wenig wir als Naturwesen ein Fürunssein haben, weil die Kreisung der natürlichen Elemente durch uns wie durch völlig selbstlose Gebilde hindurchgeht und die Gleichheit vor den Naturgesetzen unser Dasein ohne Rest in ein bloßes Beispiel ihrer Notwendigkeiten auflöst – so wenig leben wir als Gesellschaftswesen um ein autonomes Zentrum herum, sondern sind Augenblick für Augenblick aus den Wechselbeziehungen zu andern zusammengesetzt und sind so der körperlichen Substanz vergleichbar, die für uns nur noch als die Summe vielfacher Sinneseindrücke, aber nicht als eine für sich seiende Existenz besteht. Nun aber fühlen wir, daß diese soziale Diffusion unsre Persönlichkeit nicht vollkommen auflöst; nicht nur um die schon erwähnten Reserven handelt es sich, um einzelne Inhalte, deren Sinn und Entwicklung von vornherein nur in der Einzelseele ruht und in dem sozialen Zusammenhang überhaupt keine Stelle findet; nicht nur um die *Formung* der sozialen Inhalte, deren Einheit als Individualseele nicht selbst wieder gesellschaftlichen Wesens ist, so wenig wie die künstlerische Form, zu der die Farbflecken auf der Leinwand zusammengehn, aus dem chemischen Wesen der Farben selbst herzuleiten ist. Sondern vor allem: der gesamte Lebensinhalt, so restlos er aus den sozialen Antezedentien und Wechselbeziehungen erklärbar sein mag, ist doch zugleich unter der Kategorie des Einzellebens zu betrachten, als Erlebnis des Individuums und völlig auf dieses hin orientiert. Beides sind nur verschiedene Kategorien, unter die der gleiche Inhalt tritt, wie eben dieselbe Pflanze einmal nach ihren biologischen Entstehungsbedingungen, ein andermal nach ihrer praktischen Verwendbarkeit, ein drittes Mal auf ihre ästhetische Bedeutung hin angesehen werden kann. Der Standpunkt, aus dem die Existenz des Einzelnen angeordnet und begriffen wird, kann ebenso innerhalb wie außerhalb seiner genommen werden, die Totalität des Lebens, mit all seinen sozial ableitbaren Inhalten, ist ebenso als das zentripetale Schicksal seines Trägers zu fassen, wie es, mit allen seinen für das Individuum reservierten Teilen, dennoch als Produkt und Element des sozialen Lebens gelten kann.

Damit also bringt die Tatsache der Vergesellschaftung das Individuum in die Doppelstellung, von der ich ausging: daß es in ihr befaßt ist und zugleich ihr gegenübersteht, ein Glied ihres Organismus und zugleich selbst ein geschlossenes organisches Ganzes, ein Sein für sie und ein Sein für sich. Das Wesentliche aber und der Sinn des besonderen soziologischen Apriori, das sich hierin gründet, ist dies, daß das Innerhalb und das Außerhalb zwischen Individuum und Gesellschaft nicht zwei nebeneinander bestehende Bestimmungen sind – obgleich sie sich gelegentlich auch so, und bis zur gegenseitigen Feindseligkeit entwickeln können – sondern daß sie die ganz einheitliche Position des sozial lebenden Menschen bezeichnen. Seine Existenz ist nicht nur, in Aufteilung ihrer Inhalte, partiell sozial und partiell individuell; sondern sie steht unter der fundamentalen, gestaltenden, nicht weiter reduzierbaren Kategorie einer Einheit, die wir nicht anders ausdrücken können als durch die Synthese oder die Gleichzeitigkeit der beiden logisch einander entgegengesetzten Bestimmungen der Gliedstellung und des Fürsichseins, des Produziert- und Befaßtseins durch die Gesellschaft und des Lebens aus dem eignen Zentrum heraus und um des eignen Zentrums willen. Die Gesellschaft besteht nicht nur, wie sich vorher ergab, aus Wesen, die zum Teil nicht vergesellschaftet sind, sondern aus solchen, die sich einerseits als völlig soziale Existenzen, andrerseits, den gleichen Inhalt bewahrend, als völlig personale empfinden. Und dieses sind nicht zwei beziehungslos nebeneinanderliegende Standpunkte, wie etwa wenn man eben denselben Körper einmal auf seine Schwere hin und ein andermal auf seine Farbe hin ansieht, sondern dies beides bildet die Einheit, die wir das soziale Wesen nennen, die synthetische Kategorie – wie der Begriff der Verursachung eine apriorische Einheit ist, wenngleich er die beiden, inhaltlich ganz verschiedenen Elemente des Verursachenden und des Bewirkten einschließt. Daß diese Formung uns zur Verfügung steht, diese Fähigkeit, aus Wesen, deren jedes sich als den terminus a quo und den terminus ad quem seiner Entwicklungen, Schicksale, Qualitäten empfinden kann, den grade mit solchen rechnenden Begriff der Gesellschaft herzustellen und diesen nun als den terminus a quo und den terminus ad quem jener Lebendigkeiten und Seinsbestimmtheiten zu wissen – das ist ein Apriori der empirischen Gesellschaft, das macht ihre Form möglich, wie wir sie kennen.

Rollenkonzepte und Rollendistanz*

E. Goffman

In der Soziologie gibt es nur wenige Begriffe, die allgemeiner verwendet werden als »Rolle«, nur wenige, denen mehr Bedeutung zugemessen wird, und wenige, die so sehr schwanken, wenn man sie genau untersucht. In dieser Arbeit möchte ich eine erweiterte Ver-

* aus: E. Goffmann, Interaktion, Spaß am Spiel, Rollendistanz, München 1973, S. 95–102, S. 118–130. Mit freundlicher Genehmigung des Autors und des Piper-Verlages.

sion der Rolle und einen der Begriffe betrachten, die erforderlich sind, um das systematisch durchzuführen.

Rollenbegriffe

Die klassische Formulierung der Rollenbegriffe stammt aus der sozialanthropologischen Tradition[1] und hat zur Entwicklung eines begrifflichen Rahmens geführt, der manchmal »Rollentheorie« genannt wird. Ein *Status* ist eine Position in einem System oder Schema von Positionen und durch reziproke Bindungen auf die anderen Positionen in der Einheit bezogen, durch Rechte und Pflichten, die die Inhaber binden. Die *Rolle* besteht in der Tätigkeit, in der sich der Inhaber engagiert, handelte er lediglich im Sinn der normativen Forderungen, die jemandem in seiner Position auferlegt werden. Die Rolle in diesem normativen Sinn ist vom Rollenspiel oder vom Rollenverhalten zu unterscheiden, dem tatsächlichen Verhalten eines besonderen Individuums, während es in seiner Position »im Dienst« ist. (Demgemäß ist es eine Position und nicht eine Rolle, die man einnehmen, die man ausfüllen und wieder verlassen kann, denn eine Rolle kann nur »gespielt« werden; aber kein Student scheint diese Logik zu beachten, und ich will das auch nicht tun.)

Bei der Beschreibung einer Rolle besteht natürlich das Problem, wie weit man ins Detail gehen soll, da die Menge der Informationen manchmal stillschweigend durch den Grad von Vertrautheit bestimmt wird, den man beim Leser mit der in Frage kommenden Rolle annimmt.

Das Rollenverhalten des Individuums geschieht hauptsächlich durch einen Kreis direkter sozialer Situationen mit *Rollenpartnern* (role others), d. h. relevanten Bezugspersonen. Die verschiedenen Rollenpartner oder Rollenbeziehungen eines Individuums werden neuerdings als »Rollensatz« bezeichnet[2]. Der Rollensatz eines Arztes z. B. umfaßt seine Beziehungen zu Kollegen, Schwestern, Patienten und zur Krankenhausverwaltung. Die Normen, die das Individuum zu den Trägern einer der Rollen in seinem Rollensatz in Beziehung setzen, werden in einem besonderen und konfliktlosen Verhältnis zueinander stehen – mehr jedenfalls als die Normen, die das Individuum zu den verschiedenen Arten von Rollenpartnern in Beziehung setzen. Die »Über«-Rolle, die mit einer Position assoziiert wird, zerfällt in Rollensegmente (-sektoren)[3] oder Unterrollen, von denen jede mit einer besonderen Art von Rollenpartner zu tun hat. Arzt–Krankenschwester ist ein Rollensektor der Arztrolle, Arzt–Patient ein anderer. Soziale Veränderungen in einer Rolle kann man aufgrund von Verlust und Gewinn an Rollenpartnern erkennen. Aber selbst innerhalb eines speziellen Sektors einer Rolle, der den Rollenträger zu einem bestimmten Rollenpartner in Beziehung setzt, können die damit zusammenhängenden Tätigkeiten selbst in verschiedene, ziemlich unabhängige Segmente zerfallen, und im Lauf der Zeit können diese ebenfalls reduziert oder vermehrt werden. Auf jeden Fall sollten wir uns nicht von der Tatsache verwirren lassen, daß in einer Organisation verschiedene Tätigkeiten von einer Position aus ausgeführt werden, diese jedoch in einer anderen Organisation zwei oder drei Positionen zugeteilt sein können. Wir behaupten allerdings, daß wir wissen, wie eine Rolle aller Voraussicht nach zerfällt, falls sie aufgeteilt werden sollte – also die Trennungslinien zu kennen –, und welche Rollen in Zeiten organisatorischer Einschränkung wahrscheinlich kombiniert werden.

Die elementare Einheit der Rollenanalyse ist nicht, wie Linton[4] zeigte, das Individuum an sich, sondern das Individuum, das sein Bündel obligatorischer Tätigkeiten ausführt. Das System oder Schema beansprucht nur einen Teil des Individuums – und was dieses ist oder was es zu anderen Zeiten und an anderen Orten tut, ist nicht das Entscheidende. Die Rollenpartner, für die es seine Rolle »spielt«, betreffen gleicherweise nur Ausschnitte. Vermutlich bilden sein Beitrag und die Beiträge der anderen, die verschieden und voneinander unabhängig sind, eine einzige Vereinigung von Tätigkeit, wobei dieses *System* oder Schema das Hauptanliegen der Rollenanalyse ist.

Die Rollenperspektive hat bestimmte Implikationen sozialpsychologischer Art. Wenn der Rolleninhaber eine Position einnimmt, stellt er fest, daß er das ganze Bündel von Verhaltensweisen annehmen muß, das die entsprechende Rolle umfaßt. Rolle bedeutet also einen sozialen Determinismus und eine Lehrmeinung über Sozialisation. Wir nehmen nicht einen Verhaltensaspekt nach dem anderen an, sondern eine ganze Ladung, und wir können im voraus bereits lernen, Pferd zu sein, während wir noch wie ein Wagen gezogen werden[5]. Die Rolle ist damit die Grundeinheit der Sozialisation. Durch Rollen werden in einer Gesellschaft Aufgaben zugewiesen und Vorbereitungen getroffen, um deren Durchführung zu erzwingen.

Der Nachschub für diese Positionen ist in gewisser Hinsicht restriktiv geregelt, indem dafür gesorgt wird, daß der Inhaber gewisse offizielle und inoffizielle, technisch relevante und irrelevante Qualifikationen besitzt[6]. Das Innehaben einer Position drückt sich durch Statussymbole wie Kleidung und Benehmen aus. Dadurch weiß man, mit wem man es zu tun hat. Manchmal wird es auch einen Rollenbegriff geben, der aufgrund des Zuständigkeitsbereichs und der Anrede bestimmt ist. An jede Position wird ein bestimmter sozialer Maßstab angelegt und bringt dem Inhaber dieser Position ein entsprechendes Maß an Prestige oder Verachtung ein.

Für uns ist die Feststellung wichtig, daß das Individuum in seinem Rollenverhalten darauf achten muß, daß die Eindrücke, die von ihm in die Situation eingebracht werden, mit den dieser Rolle zugeschriebenen Eigenschaften kompatibel sind: ein Richter soll überlegt und sachlich sein; ein Pilot im Cockpit kaltblütig, ein Buchhalter genau und ordentlich. Diese persönlichen Eigenschaften, die einem zugeschrieben und von einem auch erwartet werden, bilden eine Positionsbezeichnung – wenn es eine gibt – und liefern dem Inhaber die Basis für sein Selbstbild sowie für das Bild, das seine Rollenpartner von ihm haben werden. Ein *Selbst* wartet also darauf, daß das Individuum eine Position einnimmt; es braucht sich nur dem auf ihn wirkenden Druck anzupassen, und es wird ein *Ich* finden, das für ihn gemacht ist. *Tun* ist nach Kenneth Burke *Sein.*

Die obengenannte Auffassung von Linton wurde inzwischen um einige Begriffe erweitert; diese können hier eingeführt und erklärt werden.

Es kann nützlich sein, zwischen *regelmäßigem* Rollenverhalten und einem *regelmäßigen Rollenträger* zu unterscheiden. Wenn beispielsweise ein Bestattungsunternehmen funktionieren soll, dann muß die Rolle des Direktors, die der nächsten Hinterbliebenen und die des Verstorbenen regelmäßig durchgeführt werden; von diesen regelmäßig gespielten Rollen bleibt nur der Direktor ein regelmäßiger Rollenträger. Die nächsten Hinterbliebenen können bei einigen anderen Gelegenheiten die gleiche Rolle spielen, sicherlich kann aber die Rolle des Verstorbenen nur einmal von einem bestimmten Individuum gespielt werden.

Wir können jetzt verstehen, daß man, wenn man im gemeinverständlichen Sinn von einem »unregelmäßigen Darsteller« spricht, sich auf jemand bezieht, der nur einige wenige Male ausübt, was gewöhnlich von einem regelmäßigen Darsteller geleistet wird.

Die *Funktion* einer Rolle ist der Teil, den sie in der Aufrechterhaltung oder Zerstörung eines Systems oder Schemas als eines Ganzen spielt, wobei die Begriffe *Eufunktion* und *Dysfunktion* manchmal angewandt werden, um die erhaltenden von den destruktiven Wirkungen zu unterscheiden[7]. Wo die funktionale Wirkung einer Rolle offen bekannt und anerkannt ist, wird manchmal der Begriff *manifeste* Funktion gebraucht; wo diese Wirkung nicht regelmäßig vorausgesehen werden und vor allem dort, wo diese Voraussicht die Wirkungen ändern könnte, wird manchmal der Ausdruck »latent« verwendet[8]. In der Rollendiskussion wird oft das Problem der *Verpflichtung* behandelt. Ich schlage vor, diesen Begriff auf Fragen persönlicher struktureller Arrangements zu beschränken. Ein Individuum ist einer Sache verpflichtet, wenn – aufgrund des festumrissenen und in sich geschlossenen Charakters vieler institutioneller Arrangements – ihm dieses Verpflichtetsein andere wichtige Möglichkeiten seines Lebens in Bedingung stellen, die ihn zwingen, Aktivitäten nachzugehen, die andere dazu bringen, ihre Aktivität auf der Basis der Kontinuität seiner laufenden Geschäfte aufzubauen und ihn vor unvorhergesehenen Konsequenzen dieser Geschäfte schützen[9]. Das Individuum wird so in eine Position gedrängt und gezwungen, mit den damit verknüpften Vor- und Nachteilen zu leben. Normalerweise wird sich jemand nur einer Rolle stark verpflichtet fühlen, die er regelmäßig ausübt, und es bleibt Galanen, leichtfertigen Spielernaturen und Draufgängern überlassen, einer Rolle verpflichtet zu werden, die sie nicht regelmäßig ausüben.

Das Eigenimage, das jedem, der in eine bestimmte Position eintritt, zur Verfügung steht, kann eines sein, in das er sich affektiv und kognitiv verliebt; er kann wünschen und erwarten, sich in Begriffen des Rollenspiels und der Selbstidentifizierung zu sehen, die aus diesem Verhalten hervorgeht. Ich will hier von dem Individuum sprechen, das seiner Position und deren Rolle *verhaftet* ist, und nur hinzufügen, daß im Fall von größeren sozialen Einheiten – Gruppen, nicht Positionen – die Bindung viel eher eine selbstlose Komponente haben wird[10].

Eine Wertschätzung könnte hinsichtlich der Art entstehen, wie verhaftet ein Individuum einer besonderen Rolle sein sollte; das läßt die Möglichkeit auftauchen, daß ein Rollenträger – verglichen mit dieser moralischen Norm – seiner Rolle allzusehr verhaftet oder entfremdet sein kann. Man sagt beispielsweise, daß im Europa des siebzehnten Jahrhunderts ein Kapitalist, der sich, des zeitweiligen Profits wegen, mit einem besonderen Handelssektor befaßte und wieder aufgab, von den Angehörigen von Gilden und Innungen als seinem Beruf »sündhaft unverhaftet« angesehen wurde[11].

Gegenwärtig gilt es als seelisch gesund, wenn ein Individuum der Rolle, die es ausübt, verhaftet ist, besonders wenn es sie ergeben und regelmäßig ausübt. Da unser Verständnis für die Bindung an einer Rolle aus den akademischen Berufen stammt, wo diese Verhaftung traditionell stark ist, mag in alldem eine mittelständische Tendenz liegen, die vielen Rollen zu vernachlässigen, die Personen mit Zurückhaltung, Scham oder Verstimmung ausüben.

Bei der Beschreibung der Verhaftung von Individuen an eine Rolle sagt man manchmal, daß sie ihr ihre Selbstgefühle übertragen haben; in dieser Arbeit werde ich jedoch versuchen, den Begriff der Verpflichtung auf den vorher angedeuteten Sinn der erzwungenen Konsequenzen zu beschränken[12]. Wir werden dann sehen, daß – während Verhaftung und Verpflichtung gemeinsam angetroffen werden können, da ja die Tugend die Notwendigkeit deckt – auch

Diskrepanzen auftreten können. Adoptionsbehörden befassen sich beispielsweise mit zwei Arten von Ehepaaren, den allzu und den zuwenig fruchtbaren. Die ersteren sind der Elternrolle verpflichtet, ohne ihr verhaftet zu sein, die zweiten sind der Rolle verhaftet, ohne ihr schon verpflichtet zu sein.

Obwohl die traditionelle Rollenanalyse damit beginnt, daß sie sich auf das Schema oder System konzentriert, das sich aus der Differenzierung und Integrierung von Rollen ergibt, ist ein zweiter, damit verwandter, aber analytisch vom ersten ganz verschiedener Punkt aufgetaucht, bei dem das Individuum die zentrale Einheit darstellt. Es ist eine Grundannahme der Rollenanalyse, daß jedes Individuum in mehr als einem System oder Schema engagiert sein und daher mehr als eine Rolle ausüben wird. Jedes Individuum wird daher mehrere »Ichs« haben, was uns vor das interessante Problem stellt, wie diese »Ichs« miteinander verwandt sind.

Das Modell des Menschen, das dieser anfänglichen Rollenperspektive entspricht, ist das einer Art Holdinggesellschaft für einen Satz nicht relevant verbundener Rollen; in zweiter Linie muß herausgefunden werden, wie das Individuum diese Holdinggesellschaft leitet.

Während das Individuum offensichtlich an einem Gefüge von Rollen teilnimmt, besitzt es die Fähigkeit, sein Engagement für andere Schemata in Schwebe zu halten; es erhält so ein oder mehrere ruhende Rollen aufrecht, die bei anderen Gelegenheiten ausgeübt werden. Diese Fähigkeit hält einen Lebenszyklus, einen Jahreszyklus und einen Tageszyklus von Rollenverhalten aufrecht. Dies erfordert ein gültiges Übereinkommen darüber, wo und was das Individuum wann sein soll. Diese *Rollentrennung* kann durch eine *Publikumstrennung* erleichtert werden, so daß diejenigen, die in einem der Haupt-Rollensätze eines Individuums in Erscheinung treten, das in einem anderen nicht tun; dadurch berücksichtigen sie, daß das Individuum widersprüchliche Eigenschaften besitzt. Trotzdem kann sich eine Person, wie etwa ein Chirurg, der seine chirurgischen Bestecke vom Küchentisch und seine Frau vom Operationstisch fernhält, eines Tages in einem Rollendilemma befinden, wenn er jemanden sowohl als Verwandten wie als Kranken zu behandeln hat. Die daraus folgende Verwirrung und das Schwanken sind vermutlich Kennzeichen eines *Rollenkonflikts*. Die Identifizierung dieser Schwierigkeit bedeutet nicht Einengung der Rollenanalyse, sondern einen ihrer Hauptvorteile: Wir müssen nämlich dadurch Mechanismen zur Vermeidung eines derartigen Konflikts suchen oder zumindest versuchen, mit diesem unvermeidlichen Konflikt fertig zu werden[13].

Soll die Rolle untersucht werden, kann man dies natürlich aufgrund von klinischem, historischem oder biographischem Interesse tun und sich mit allen Rollen befassen, die durch ein ganz bestimmtes Individuum ausgeübt werden. Gewöhnlich wird jedoch die Rollenanalyse an der Rolle einer bestimmten Kategorie von Personen wie Arzt oder Frau durchgeführt. Oft begrenzt man die Untersuchung noch auf eine bestimmte Lebenssphäre wie eine normale Organisation, eine soziale Schicht, eine Beschäftigungsgruppe oder eine Tätigkeit. Dabei ist es ziemlich einfach, die im Brennpunkt stehenden Unterschiede festzustellen, aber es ist augenscheinlich wesentlich schwieriger, sie in *einem* Brennpunkt zu halten, nachdem man ihn einmal gewählt hat[14].

Rollendistanz

Erklärungen und Entschuldigungen als Grenzen für die Ausdruckskraft der Rolle bringen uns noch einmal zur Untersuchung dessen, was in der konkreten direkten Aktivität vor sich geht. Ich kehre zu unserem situativen Beispiel, dem Karussell, zurück.

Ein Karussellpferd ist ein Objekt von einer gewissen Größe, Höhe und Bewegung; die Bahn ist zwar nie naß, sie kann aber sehr laut sein. Zweijährige Kinder aus dem amerikanischen Mittelstand sind von der Aussicht auf eine Fahrt oft nicht begeistert. Sie wehren sich bis zum letzten Augenblick gegen ihre Eltern, um zu verhindern, daß sie in einen Kontext angeschnallt werden, bei dem man hoffte, daß sie sich als kleine Männer erweisen würden. Manchmal werden sie auf halber Fahrt ganz verrückt, und man muß das Karussell anhalten, damit man sie herausholen kann.

Hier haben wir eine der klassischen Möglichkeiten des Lebens. Die Teilnahme an einem Kreis der direkten Aktivität macht es erforderlich, daß der Teilnehmer sich selbst – sowohl als Person, die fähig ist, körperliche Bewegungen auszuführen, wie als jemand, der Kommunikationen empfangen und vermitteln kann – in der Hand behält. Ein Versagen bei der Aufrechterhaltung beider Arten von Rollengleichgewicht läßt das System als Ganzes leiden. Jeder Teilnehmer hat daher die Funktion, sein eigenes Gleichgewicht zu bewahren, und ein oder mehrere Teilnehmer besitzen obendrein die besondere Funktion, die Aktivität zu verändern und anzupassen, um das Gleichgewicht der anderen zu sichern. In vielen situierten Systemen werden natürlich alle Möglichkeiten bewältigt, ohne daß solche Bedrohungen entstehen. Es gibt jedoch kein System, in dem sich derartige Schwierigkeiten nicht ergeben könnten, und einige Systeme, wie etwa das in einer chirurgischen Abteilung, bieten vermutlich eine besonders gute Gelegenheit, solche Möglichkeiten zu studieren.

 Genauso wie ein Reiter auf einem Karussellpferd disqualifiziert werden kann, weil er sich als unfähig erweist, das Reiten zu »bewältigen«, wird ein Reiter schon zu Beginn der Fahrt aus seinem Sattel entfernt, weil er keine Karte besitzt oder weil er – ohne Begleitung seiner Eltern – bei der Leitung Befürchtungen wegen seiner Sicherheit erweckt. Es besteht also ein offensichtlicher Unterschied zwischen Qualifikationen, die für die Erlaubnis, eine Rolle zu versuchen, nötig sind, und den erforderlichen Attributen für das entsprechende Verhalten, wenn die Rolle einmal erworben wurde.

Im Alter von drei oder vier Jahren stellt die Aufgabe, auf einem Holzpferd zu reiten, noch eine Herausforderung dar, aber eine zu bewältigende, die den Reiter bis zum letzten mit der Demonstration seiner Fähigkeiten ausfüllt. Die Eltern brauchen nicht länger nebenherzureiten, um ihre Kleinen zu schützen. Der Reiter wirft sich mit vollem Ernst in die Rolle. Er spielt sie mit Verve und anerkanntem Einsatz all seiner Fähigkeiten. Wenn er in jeder Runde an seinen Eltern vorbeikommt, läßt er vorsichtig eine Hand los, winkt grimmig lächelnd oder wirft ihnen eine Kußhand zu – was übrigens ein Beispiel einer Handlung ist, die einen typischen Teil der Rolle, aber kaum einen obligatorischen Zug darstellt. Hier ist »tun« also »sein«, und was als »nachgeahmt« gekennzeichnet wird, ist von einer ernsten Realisierung geprägt.

Genauso wie nervöses Versagen eine klassische Möglichkeit in allen situierten Systemen ist, ist es auch der Ernst, mit dem diese Kinder von drei oder vier Jahren auf ihren Pferden reiten. Es scheint dabei um drei Dinge zu gehen: zugegebene zum Ausdruck kommende Bindung an die Rolle; Demonstration von Qualifikationen und Fähigkeiten zur Durchführung; aktiver *Einsatz* oder spontanes Einbezogensein in das Rollenhandeln, d. h. einen sichtbaren Einsatz von Aufmerksamkeit und Muskelanstrengung.

Wo diese drei Merkmale vorhanden sind, gebrauche ich den Ausdruck »Erfassung« (der Rolle). Eine Rolle so zu erfassen, bedeutet völlig in dem faktischen Selbst zu verschwinden, das in der Situation verfügbar ist – ganz in Begriffen des (Rollen-)Leitbildes gesehen zu werden und ausdrücklich zu bestätigen, daß man es akzeptiert. Eine Rolle erfassen heißt, von ihr erfaßt zu werden.

Besonders gute Beispiele für die volle Erfassung kann man bei Personen in bestimmten Berufen beobachten: bei einem Spielleiter während eines Fußballspieles; bei Verkehrspolizisten an Straßenkreuzungen in Stoßzeiten; bei Fluglotsen, die auf dem Deck eines Flugzeugträgers das Flugzeug einweisen, ja praktisch bei jedermann in einer leitenden Rolle, wo der Darsteller andere mit Hilfe von Gesten einweisen muß.[15]

Ein Individuum mag das »Erfassen« einer Rolle vortäuschen, um eine mangelnde Bindung an die Rolle zu verbergen, genauso wie es einen sichtbaren Widerwillen gegen eine Rolle vortäuschen und etwa dreimal die Königskrone ausschlagen kann, um sich gegen die psychologischen Gefahren einer wirklichen Bindung an die Rolle zur Wehr zu setzen. Sicherlich kann ein Individuum einer Rolle verhaftet sein und doch dabei versagen, sie zu erfassen, wie wenn ein Kind keine Fahrkarte hat oder nicht in der Lage ist, sich auf dem Pferd festzuhalten.

Wenn wir also zum Karussell zurückkehren, sehen wir, daß die Situation im Alter von fünf Jahren besonders für Jungen verwandelt ist. Ein Karussellpferdreiter zu sein, ist jetzt offensichtlich nicht mehr genug, und diese Tatsache muß aus geziemender Rücksicht auf den eigenen Charakter auch demonstriert werden. Eltern dürfen nun wahrscheinlich nicht mehr mitfahren, und die Kette, die einen Sturz verhindern soll, wird oft verschmäht. Ein Reiter schlägt vielleicht den Takt zur Musik, indem er mit einer Hand oder einem Fuß gegen das Pferd klopft, ein frühes Zeichen, daß man völlig Herr der Lage ist. Ein anderer versucht vielleicht vorsichtig, sich in den Sattel zu stellen oder von einem Pferd auf das andere überzuwechseln, ohne dabei die Plattform zu berühren. Wieder ein anderer hält sich vielleicht mit der Hand an dem Pfosten fest und beugt sich dann so weit wie möglich zurück und schaut dabei zum Himmel empor, um schwindlig zu werden. Die Respektlosigkeit beginnt, man hält sich vielleicht an dem hölzernen Ohr oder Schweif des Pferdes fest. Durch seine Handlungen sagt das Kind: »Was ich auch bin, ich bin nicht bloß jemand, der mit knapper Not auf einem hölzernen Pferd bleiben kann.« Man beachte dabei, daß das, wofür sich der Reiter entschuldigt, nicht ein kleineres unglückliches Ereignis ist, das während der Interaktion auftaucht, sondern die ganze Rolle. Das Bild seiner selbst, das für ihn durch die Routine als Folge seiner bloßen Teilnahme erzeugt wird – sein faktisches Selbst in dem Kontext –, ist ein Bild, von dem er sich offensichtlich zurückzieht, indem er die Situation *aktiv* beeinflußt. Ob dieses ausgelassene Verhalten beabsichtigt oder unbeabsichtigt, echt oder »gespielt« ist, richtig eingeschätzt von anderen Anwesenden oder nicht – es stellt einen Keil zwischen dem Individuum und seiner Rolle, zwischen Tun und Sein dar. Diese »effektiv« ausgedrückte, zugespitzte Trennung zwischen dem Individuum und seiner mutmaßlichen Rolle werde ich »*Rollendistanz*« nennen. Hier geht es um eine Abkürzung: Das Individuum leugnet tatsächlich nicht die Rolle, sondern das faktische Selbst, das in der Rolle für alle Darsteller enthalten ist, die die Rolle akzeptieren.

Auf jeden Fall soll sich der Begriff Rollendistanz nicht auf jegliches Verhalten beziehen, das nicht direkt zum Aufgabenkern einer gegebenen Rolle beiträgt, sondern lediglich auf die Verhaltensweisen, die ein Anwesender als für die Bewertung der Bindung des Spielers an seine besondere Rolle relevant ansieht, und zwar relevant insofern, als deutlich wird, daß der Spieler möglicherweise Unzufriedenheit mit und Widerstand gegen die Rolle empfindet. So kann beispielsweise ein Vierjähriger mitten in einer triumphierenden Vorstellung als Karussellpferdreiter aus dem Spiel ausscheiden, jede Bestätigung seines faktischen Ich in Miene und Haltung fallenlassen und doch diesem Bruch in der Rolle offenbar ohne Absicht nachgeben. Die Entgleisung reflektiert eher seine Unfähigkeit, irgendeine Rolle aufrechtzuerhalten, als seine Gefühle gegenüber der gerade gespielten. Man kann es auch nicht Rollendistanz nennen, wenn das Kind rebelliert und die Rolle total ablehnt, indem es in einem Aufbrausen davonstampft, denn die speziellen Fakten über das Selbst, die vermittelt werden können, indem man die Rolle etwas wegschiebt, sind genau die, die nicht dadurch vermittelt werden können, daß man die Rolle umwirft.

Mit sieben oder acht trennt sich das Kind nicht nur verlegen von der Art Reiten, die ihm ein Karussell ermöglicht, es stellt auch fest, daß viele der Mittel, die Jüngere dafür benützen, jetzt unter seiner Würde sind. Es reitet ohne Zügel, wählt als Reittier vergnügt einen Tiger oder einen Frosch und verschränkt die Hände mit einem Freund, der auf der anderen Seite reitet. Es testet seine Grenzen, und sein Gebaren kann eine negative Sanktion des Erwachsenen hervorrufen, der die Aufsicht an der Maschine hat. Und es ist noch jung genug, um Distanz zu zeigen, indem es die Aufgabe mit einer gelangweilten, nonchalanten Kompetenz ausführt, indem es beispielsweise einen Lutscher lässig in einer Hand hält.

Mit elf und zwölf ist die Männlichkeit für Jungen eine wirkliche Verantwortung geworden – und für Karussells scheint es kein leichtes Mittel der Rollendistanzierung zu geben. Man muß ganz wegbleiben oder schöpferische Akte der Distanzierung ausüben, so wenn etwa ein Junge ein Holzpferd im Scherz so behandelt, als ob es ein Rennpferd sei; er hüpft im Sattel auf und ab, beugt sich weit über den Pferdehals, hämmert dem Pferd die Absätze unbarmherzig in die Flanken, benützt die Zügel als Peitsche, um eine höhere Geschwindigkeit herauszuholen, und zügelt das Pferd brutal, wenn die Fahrt zu Ende ist. Der Junge ist gerade alt genug, um Rollendistanz zu erreichen, indem er das ganze Unternehmen als Gaudium, als eine Situation zum Verspotten definiert.

Erwachsene, die auf einem Holzpferd reiten, entfalten Erwachsenentechniken der Rollendistanz. Ein erwachsener Reiter macht etwa den Scherz, die Sicherheitskette zuzumachen, ein anderer kreuzt die Arme und gibt mit der linken Hand der Person zu seiner Rechten Puffmais und mit der rechten der zu seiner Linken eine Flasche Coca-Cola. Eine junge Dame, die im Damensitz reitet, kichert »Es ist kalt« und ruft dem Freund ihres Freunds, der zusieht, zu: »Komm, sei kein Feigling!« Ein Pärchen, das auf Pferden nebeneinander reitet, hält sich bei den Händen, um Gefühl, nicht um Wagemut in die Situation zu bringen. Zwei Paare, die sich gemeinsam verabredet haben, wenden ihre eigene Technik an, der Mann vorne sitzt verkehrt im Sattel und macht einen Schnappschuß von dem anderen männlichen Reiter, der ihn ebenfalls aufnimmt. Und natürlich reiten einige Erwachsene dicht bei ihren gefährdeten Zweieinhalbjährigen, sie setzen dabei eine Miene auf, die sorgfältig demonstriert, daß sie in dem Ritt kein Ereignis an sich sehen, sondern daß ihr augenblickliches Interesse nur ihrem Kind gilt.

Und da ist schließlich der Erwachsene, der die Maschine in Gang hält und die Fahrkarten abnimmt. Hier kann man häufig einen Höhepunkt der Rollendistanzierung feststellen. Er zeigt nicht nur, daß die Fahrt selbst – als Fahrt – für ihn kein Ereignis ist, er steigt auf und ab und bewegt sich auf der sich drehenden Plattform mit einer Grazie und Leichtigkeit, die nur entfaltet werden können, indem er das, was für Kinder und sogar für Erwachsene ein Risiko wäre, völlig sicher ausführt.

Hinsichtlich der Rollendistanz bei Karussells kann man einige allgemeine Feststellungen treffen. Erstens: während die Handhabung eines Karussellpferdes in unserer Kultur bald aufhört, eine herausfordernde »Entwicklungsaufgabe« zu sein, stellt die Aufgabe, auszudrücken, daß sie das nicht ist, lange Zeit weiterhin eine Herausforderung dar und bleibt eine empfundene Notwendigkeit. In dem ehernen Gesetz der Etikette muß eine volle Drehung gemacht werden: Die Handlung, durch die man sich den Versuch leisten kann, sich an die Situation anzupassen, ist eine, die man sich zurechtschneiden kann, um zu zeigen, daß man etwas fehl am Platz ist. Man tritt so weit in die Situation ein, daß man demonstrieren kann, man gehöre nicht dorthin.

Ein zweiter allgemeiner Punkt hinsichtlich der Rollendistanz ist die Tatsache, daß das Publikum in der Entfaltung der Rollendistanz eine sehr direkte Rolle spielt. Karussellreiter sind sehr einfallsreich und warten einfach, bis sie wieder an den wartenden Freunden vorbeikommen, ehe sie ihre Gesten der Rollendistanzierung durchspielen. Mehr noch – wenn Kinder von etwas über zwölf Jahren sich zutrauen, aus dem Ritt ein Gaudium zu machen, brauchen sie fast immer einen Freund auf einem Pferd neben sich, da Personen, die »zusammen« sind, nicht in der Lage zu sein scheinen, die sozial definierende Kraft der Umgebung abhalten zu können als eine Person allein.

Noch ein letzter Punkt: Wir haben anscheinend zwei verschiedene Mittel, die Rollendistanzierung festlegen zu können, gefunden. In einem Fall versucht das Individuum, sich so gut wie möglich von der »Befleckung« durch die Situation zu isolieren, wie etwa wenn ein

Erwachsener, der mitreitet, um sein Kind zu beschützen, sich bemüht, völlig steif, affektlos und in Anspruch genommen zu sein. Im anderen Fall produziert das Individuum kooperativ ein kindliches Selbst; es kommt der Situation mehr als halbwegs entgegen, zieht sich aber dann durch eine kleine Geste von dem weggeworfenen Selbst zurück, um zu zeigen, daß der Scherz jetzt weit genug gegangen sei. In allen Fällen kann das Individuum aus der Haut schlüpfen, in die es die Situation gehüllt hat.

Eine Zusammenfassung der Begriffe ist nun am Platz. Ich habe versucht, zwischen drei leicht zu verwechselnden Begriffen zu unterscheiden: *Verpflichtung, Verhaftung* und *Erfassung*[16].

Es ist festzuhalten, daß diese soziologischen Begriffe in eine andere Ordnung gehören als die des *Engagements,* eines psychologischen Vorgangs, den eine Katze oder ein Hund viel schöner zeigen kann als ein Mensch. Schließlich wurde der Begriff *Rollendistanz* eingeführt, um auf Handlungen verweisen zu können, die effektiv eine ablehnende Gleichgültigkeit des Darstellers einer Rolle vermitteln, die er vorführt.

Rollendistanz und ernsthafte Aktivität

Die Rolle des Karussellreiters kann regelmäßig in jedem beliebigen Vergnügungspark ausgeübt werden, aber schwerlich von einem regelmäßigen Darsteller. Nach einigen Jahren »wächst« jeder von uns »aus der Rolle heraus« und kann sie nur als gelegentliche Betätigung und als eine Gelegenheit für die Vorführung von Rollendistanz ausüben. Das Beispiel des Karussellfahrens ist dann nicht sehr glücklich gewählt. Auch ist es etwas irreführend, da es impliziert, daß die Rollendistanz nur in Verbindung mit Rollen entfaltet wird, die kein Erwachsener ernst nehmen kann.

Tatsächlich befassen wir uns aber mit einem allgemeineren Phänomen, mit Rollen, deren »Erfassung« ganze Kategorien von Individuen für unklug halten.

Man nehme beispielsweise sechs High-School-Mädchen aus dem unteren Mittelstand, und zwar nicht von der pferdenärrischen Sorte, die in einem Nationalpark Ferien machen und an einem Vormittag zu reiten beschließen. Solange sie so »unter sich« zum Reitstall kommen, können sie sehr hübsch die Distanzierung von einer Rolle illustrieren, die Personen einer anderen gesellschaftlichen Klasse und aus einer anderen Region ihr Leben lang ernst nehmen könnten. Die sechs, die ich beobachtete, kamen in einer Kleidung, die sicherlich nicht dazu bestimmt war, die Rolle als Reiterin zu bekräftigen: dreiviertellange Hosen, baumwollene ärmellange Trikots, eine Art Ballettschuh und Blusen mit Rüschen. Eines der

Mädchen, dem das größte Pferd zugeteilt wurde, spielte eine kleine Szene, sie lehnte wegen seiner Größe ab aufzusitzen und bat, heimgehen zu dürfen. Als sie schließlich doch aufgestiegen war, nannte sie ihr Pferd »Daddy-O« und lenkte ihr Gespräch von ihren Freundinnen auf ihr Pferd.

Während des Ritts gab ein anderes Mädchen vor, leicht zu traben, während das Pferd im Schritt ging, was sie zum Teil tat, um eine nicht anwesende Person zu verspotten.

Ein anderes Mädchen beugte sich über den Pferdehals und stieß Schreie wie bei einem wilden Galopp aus, während das Pferd wiederum im Schritt ging. Sie zog auch einen Fuß aus dem Steigbügel und legte das Bein über den Sattel; sie machte einen Scherz aus ihrer Vorliebe für den Damensattel und brachte zum Ausdruck, daß beide Positionen für sie ziemlich gleich seien – beide gleich unvertraut und ungemütlich; gleichzeitig testete sie die Grenzen der Duldsamkeit des Pferdewärters. Wenn sie unter niedrigen Zweigen durchkamen, betonten die Mädchen das, indem sie Zweige herunterrissen, sie wie Fahnen schwenkten und dann ihren Pferden zu fressen gaben.

Beweise für die Ausscheidungsfähigkeiten der Reittiere wurden mit Fröhlichkeit und lautem Respekt begrüßt. Während des letzten Teils des zweistündigen Ritts waren zwei der Mädchen sichtlich gelangweilt, sie hängten die Zügel über den Sattel, ließen die Hände schlaff herabhängen und gaben jeden Vorwand auf, »in der Rolle zu sein«.

Wieder können wir hier einige allgemeine Fakten über die Rollendistanz kennenlernen. Wir sehen, daß eine Rolle, die einige Personen fast ihr ganzes Leben lang ernst nehmen, eine sein kann, die andere, ganz gleich in welchem Alter, niemals ernst nehmen. Wir sehen, daß eine Zugehörigkeit zu einer Gruppe von seinesgleichen die »Show« der Rollendistanz und die Bereitschaft, ihr Ausdruck zu verleihen, verstärkt. In Gegenwart von Gleichaltrigen im eleganten Reitdreß, die gut reiten können, hätten die Mädchen, die ich beobachtete, vermutlich bei der Entfaltung von Rollendistanz gezögert, sie hätten feindselig, ärgerlich und unsicher reagiert. Und wenn eines dieser Mädchen mit passionierten Reiterinnen allein gewesen wäre, hätte es vermutlich noch weniger zu dieser Art von Rollendistanz tendiert. Wir können also vermuten, daß die Rollendistanzierung defensive Funktionen hat. Indem sie die Rollendistanz manifestieren, verschaffen sich die Mädchen etwas Ellbogenfreiheit, in der sie manövrieren können. »Wir werden nicht nach dieser Inkompetenz beurteilt«, sagen sie. Falls sie eine schlechte Vorstellung geben, sind sie in der Lage, dem schlechten Licht, das das auf sie werfen würde, auszuweichen. Wie sie sich auch geben, sie vermeiden es, vor denen gedemütigt zu werden, die sozial so gestellt sind, daß sie eine bessere Vorstellung geben können. Indem sie sich in einer Verkleidung exponieren, auf die sie im Ernst Anspruch haben, haben sie die Nachteile, die sie ernst nehmen, unter Kontrolle.

Während Reitwege und Kinderspielplätze prächtig dazu geeignet sind, Repertoires der Rollendistanz zu studieren, brauchen wir nicht auf Situationen zu blicken, die dem Unernst nahe sind, Situationen, in denen es schwierig ist, das Rollenspielen vom Nachahmen einer Rolle zu unterscheiden.

Wir wissen beispielsweise, daß Aufgaben, die von einer Hausfrau oder einem Dienstmädchen »erfaßt« werden können, vom Herrn des Hauses mit sorgfältig ausgedrücktem Ungeschick und mit Selbstspott angegangen werden können. Vielleicht sollte man bemerken, daß ähnliche »Fehl-am-Platz-Situationen« experimentell geschaffen werden können, indem man Personen bittet, Aufgaben zu übernehmen, die für Leute wie sie nicht angemessen sind.

Die veröffentlichte Literatur über einige unserer Berufsnebenwege liefert ernsthaftes Material über Rollendistanz. Psychoanalytiker beispielsweise, die uns so viel über die Möglichkeiten eines bestimmten Berufs gesagt haben (obwohl sie uns nicht alles sagen, was wir über ihre Patienten wissen möchten), liefern interessante Daten über Rollendistanz in Verbindung mit dem »Widerstand« auf seiten des Patienten. Der Widerstand äußert sich hier in der Weigerung des Patienten, relevante Assoziationen zu liefern, oder den Therapeuten lediglich als »Therapeuten« funktionieren zu lassen. Vom Standpunkt des Therapeuten über die Motive des Patienten aus gesehen drückt der Widerstand eine Ablehnung der Zwänge der Patientenrolle aus.

»Bis zu diesem Zeitpunkt fühlte ich mich als Arzt wohl in meiner ausdrücklich instrumentellen Rolle; die Rollenzuteilung, die mir durch die Patientin gemacht wurde, schien mit ihrem ›Problem‹ zusammenzuhängen. Das System der Rollen war komplementär und augenscheinlich gut integriert. Im nächsten Augenblick leitete die Patientin jedoch eine neue Rollenzuteilung ein. Sie fragte mich, ob ich in letzter Zeit eine Vorstellung von ›Don Juan in der Hölle‹, von ›Man and Superman‹ gesehen hätte.

Die Frage schien eine ganz einfache Bitte um Information hinsichtlich meiner Theatergewohnheiten zu sein. Da ich aber nicht wußte, zur Übernahme welcher Rolle ich eingeladen wurde, und weil ich den Verdacht hatte, daß hinter der ausdrücklichen Rolle, als die sich das herausstellen mochte, eine weit wichtigere verborgen lauern konnte, beantwortete ich die Frage nicht. Die Patientin schwieg einen Augenblick, als sie dann merkte, daß ich nicht antworten würde, fuhr sie fort ...

Als sie nach der Pause weitersprach, lieferte sie eine sehr scharfsinnige Darlegung von Shaws Absichten in der Don Juan-Episode, von den Rollenauslegungen der Darsteller und ihren eigenen Reaktionen.

Der Bericht war so lang, daß ich sie schließlich unterbrach und sie fragte, ob sie wisse, warum sie mir das alles erzählen wolle. Zum Zeitpunkt der

Unterbrechung war mir bewußt geworden, daß meine neue Rolle expressiver Natur war – ich sollte das anerkennende Publikum für ihre Rolle als hochbegabte Kunst- und Theaterkritikerin spielen.«[17]

Der Therapeut erklärte dann weiter, wenn er auf das Manöver der Patientin, sich in Distanz zu der Rolle als Patientin zu halten, hereingefallen wäre, »die Möglichkeit hätte aufgeben müssen, mehr Information über die versteckte, stillschweigende Rolle zu erhalten, die in dieser Transaktion verborgen war, und so mehr über ihre Motive zu erfahren, aus der ursprünglichen instrumentellen Rolle herauszuschlüpfen, in der sie das Interview begonnen hatte«[18]. Der Therapeut hätte hinzufügen können, daß die Frage an die Patientin, warum sie es für nötig halte, weiterzumachen, eine klassische Therapeutenlist ist, um einen Patienten an seinen Platz zurück oder wieder in seine Rolle zu versetzen.

Situierte Rollen, die ein Individuum in eine Berufsumgebung versetzen, die, so meint er, unter seiner Würde ist, müssen einfach entscheidende Rollendistanz entstehen lassen. Ein gutes Beispiel dafür bietet Isaac Rosenfeld in einer Erinnerung an einen Sommerjob als Ausrufer auf Coney Island. Der Autor beginnt seine Beschreibung, indem er von seiner Rückkehr nach vielen Jahren erzählt, als er sieht, wie ein anderer seinen alten Job ausübt.

»Er grinste höhnisch, genau so, wie ich das in den alten Tagen zu tun pflegte, und zweifellos aus dem gleichen Grund: weil der Sommer heiß und die Arbeit schwer, schweißtreibend und ärgerlich war; bei schlechter Bezahlung dauerte sie viele Stunden. Es war – jetzt wie damals – absolut unerläßlich, sich innerlich von dem Job zu lösen – ein kleines Podest aufzubauen, auf dem man allein stehen konnte; sonst ging man zugrunde. Ich baute das Podest sehr hoch auf. Je höher ich stand, desto größer war meine Verachtung und desto kostbarer waren die Augenblicke der Freiheit, die ich für mich durch den Trick gewann, über der Menge zu balancieren. Ich erinnerte mich, wie ich T. S. Eliot in mein Geschwätz mischte (in jenen Tagen gab es kaum jemand in den ersten Semestern Englisch, der nicht einen großen Teil von ›The Waste Land‹ auswendig konnte). Treten Sie heran, Ladys and Gentlemen, vermischen Sie die Erinnerung mit dem Verlangen nach der größten aufregenden Show auf dieser Erde – nur einen Cent, der zehnte Teil eines Dollars, bringt Sie nach Karthago, dann komme ich brennend – brennend – brennend – O Gott! du raubest mir zehn Cents!«[19]

Einige der reizvollsten Daten hinsichtlich der Rollendistanz kommen aus Situationen, wo ein Untergebener Befehle oder Vorschläge ausführen und so, wie es die Vorgesetzten ihm vorschreiben, mit der Situation fertig werden muß. In solchen Fällen stellen wir oft fest, daß der Untergebene, obwohl er sorgfältig bemüht ist, denen nicht zu drohen, die in gewisser Weise die Lage beherrschen, er doch für jeden, der das sehen will, genauso vorsichtig zum Ausdruck bringt, daß er nicht völlig vor der Arbeitsanordnung kapituliert, in der er sich befindet[20]. Mürrisches Wesen, Brummen, Ironie, Scherzen und Sarkasmus können es einem Menschen möglich machen zu zeigen, daß ein Teil des eigenen Selbst außerhalb der Zwänge des Augenblicks und außerhalb der Rolle liegt, unter deren Zuständigkeit sich dieser Augenblick ereignet.

Nachdem ich diese verschiedenen Beispiele der Rollendistanz gegeben habe, möchte ich weiter die These aufstellen, daß dieses Verhalten zwischen Rollenvorschrift einerseits und dem tatsächlichen Rollenverhalten andererseits liegt. Diese Lücke hat den Soziologen schon immer Schwierigkeiten bereitet. Oft versuchen sie, sie zu ignorieren. Damit konfrontiert, resignieren sie oft und wenden sich von ihrer eigenen Analysenrichtung ab; sie sehen sich die Biographie des Rollenträgers an und versuchen in seiner Geschichte eine Erklärung der Ereignisse zu finden, oder sie verlassen sich auf die Psychologie, indem sie auf die Tatsache anspielen, daß sich das Individuum, während es die formalen Themen seiner Rolle spielt, obendrein immer persönlich und spontan verhält und die Standardvorschriften auf eine Weise ausdrückt, die psychologisch gesehen besonders auf es paßt.

Der Begriff Rollendistanz liefert ein *soziologisches* Mittel, sich mit einem Typ der Divergenz zwischen Rollenvorschrift und tatsächlichem Rollenverhalten zu befassen. Erstens wissen wir, daß Distanz oft nicht auf individueller Basis eingeführt wird, sondern aufgrund von Alters- und Geschlechtsmerkmalen des Rollenträgers vorausgesagt werden kann. Die Rollendistanz ist ein Teil (aber natürlich nur *ein* Teil) der *typischen* Rolle; dieses zur Routine gewordene soziologische Merkmal sollte uns nicht entgehen, bloß weil die Rollendistanz kein Teil des normativen Rahmens der Rolle ist. Zweitens hat das, was man nicht oder nicht nur ist, notwendigerweise einen wegweisenden und intensiven Einfluß auf das Verhalten eines Menschen, besonders da die Mittel, diese Unzufriedenheit auszudrücken, aus dem Standardmaterial genommen werden müssen, das in der Situation zur Verfügung steht.

Wir gelangen so zu einer erweiterten soziologischen Methode, uns das Drumherum einer sozialen Rolle anzusehen. Ein Satz sichtbarer Qualifikationen und anerkannter Bestätigungen zusammen mit einer als Vorführplatz gut gekennzeichneten sozialen Umgebung gibt dann dem Individuum mehr als eine Gelegenheit, seine Rolle bis zum letzten auszuspielen, denn genau diese Szenerie braucht es, um einen klaren Eindruck von dem zu geben, was es nicht zu beanspruchen beliebt. Je ausgeprägter dieser Aufputz einer Rolle ist, desto mehr Gelegenheit bietet sich, Rollendistanz zur Schau zu stellen. Die persönliche Fassade und das soziale Milieu liefern genau das Feld, das ein Individuum braucht, um eine Darstellung davon zu geben, daß man schlechte Laune hat, schmollt oder gleichgültig ist. [. . .]

Das Theorem der Übersozialisation in der modernen Soziologie*

D. Wrong

Ich möchte die Antworten, die die moderne soziologische Theorie für eine (entscheidende) Frage oder vielmehr für einen Aspekt einer Frage anbietet, einer kurzen Prüfung unterziehen. Die Frage kann verschieden formuliert werden, wie z. B. »Was sind die Ursprünge sozialer Kohäsion?«; oder »Wie ist eine soziale Ordnung möglich?«; oder, ausgedrückt in sozialpsychologischer Terminologie, »Wie wird der Mensch durch soziale Disziplin lenkbar?«. Ich werde diese Frage in ihrem sozialpsychologischen Aspekt die »Hobbessche Fragestellung« und in ihrem engeren soziologischen Aspekt die »Marxsche Fragestellung« nennen. Die Hobbessche Fragestellung impliziert, wie empfänglich Menschen für die Führung durch soziale Normen und Zielvorstellungen sind; wie ein Überdauern der Gesellschaft ermöglicht wird; während die Marxsche Fragestellung – diese Fähigkeit voraussetzend – impliziert, wie es komplexe Gesellschaften bewältigen, vernichtende Konflikte zwischen Gruppen zu regulieren und zu unterdrücken. Wenn die heutige Theorie die Hobbessche Fragestellung beantworten will, dann bietet sie das Konzept eines übersozialisierten Menschen an, und wenn es die Marxsche Fragestellung zu beantworten gilt, so verweist sie auf das Konzept einer überintegrierten Gesellschaft.
Obwohl meine Auffassung über Theorie sich offensichtlich von der von Talcott Parsons unterscheidet und eigentlich im Gegensatz zu seiner entwickelt wurde, so will ich doch seine Erkenntnis der Bedeutung der Hobbesschen Fragestellung – das »Ordnungsproblem«, wie er es gleich zu Beginn seines ersten Buches »The Structure of Social Action«[1] nennt – zu würdigen versuchen. Parsons

* D. H. Wrong, The Oversocialized Concept of Man in Modern Sociology, in: American Journal of Sociology 1961, S. 184–193. Mit freundlicher Genehmigung des Autors und der American Sociological Association. Übersetzt von Heide und Claus Mühlfeld.

schreibt Hobbes korrekterweise zu, der erste Denker gewesen zu sein, der die Notwendigkeit der Erklärung, warum die menschliche Gesellschaft nicht ein »Krieg aller gegen alle« ist, gesehen hat; warum, wenn der Mensch nur ein begabtes Tier ist, die Menschen sich der unbegrenzten Zuflucht zu Betrug und Gewalt bei der Verfolgung ihrer Ziele enthalten und überhaupt eine stabile Gesellschaft aufrechterhalten. Es gibt sogar die Auffassung, nach der, wie Coser und Mills meinen[2], Parsons gesamtes Werk der Lösung des Hobbesschen Ordnungsproblems gewidmet ist.

Die polaren Begriffe in Hobbes Theorie sind der Naturzustand, wo der Krieg aller gegen alle die Oberhand gewinnt, und die gesetzmäßige Gewalt des Leviathan, die durch einen Sozialvertrag hervorgerufen wird. Aber der Krieg aller gegen alle wird nicht einfach durch die Institutionalisierung politischer Autorität beendet: er bleibt vielmehr eine stets latente Kraft in der menschlichen Gesellschaft, sowohl in friedlichen Zeiten als auch in den Zeiten, die durch den Ausbruch offener Gewalt gekennzeichnet sind. Ob Hobbes jemals glaubte, daß der Naturzustand und der Sozialvertrag historische Realitäten waren, ist unwichtig – es besteht jedoch Klarheit darüber, daß er nicht so leichtgläubig und asoziologisch war (selbst nicht im 17. Jahrhundert) –, der ganze Tenor seines Denkens ist, den Krieg aller gegen alle und Leviathan dialektisch zu sehen, als koexistierende und aufeinander einwirkende Gegensätze. R. G. Collingwood bemerkt dazu: »Nach Hobbes ... *ist ein Staat eine dialektische Angelegenheit,* eine heraklitische Welt, in der es zu jeder gegebenen Zeit ein negatives Element gibt[3].« Als erster weltlicher Sozialtheoretiker in der Geschichte des westlichen Denkens und als einer der ersten, die das Ordnungsproblem in der menschlichen Gesellschaft klar erkannten und definierten, lang bevor der Darwinismus es als Gemeinplatz bewußt machte, war Hobbes ein dialektischer Denker, der es ablehnte, Antworten von Fragen, Lösungen für die fortwährenden Probleme der Gesellschaft von den Bedingungen zu trennen, die die Probleme schufen.

Aber wie fällt nun die Antwort auf die Hobbessche Fragestellung in der gegenwärtigen soziologischen Theorie aus? Es gibt zwei wichtige Antworten, von denen jede in einer Weise verstanden wird, die die Realität und die Bedeutungsfülle der Frage als unwesentlich ablehnt. Zusammen konstituieren sie ein Modell menschlicher Natur, manchmal klar formuliert, häufiger implizit in landläufigen Konzeptionen. Beide Gedanken durchdringen die moderne Soziologie. Die erste Antwort wird in dem Ausdruck »Internalisierung sozialer Normen« zusammengefaßt. Die zweite Antwort, die allgemeiner verwendet wird und der empirischen Sozialforschung zugrunde liegt, ist die Ansicht, daß der Mensch hauptsächlich durch den Wunsch motiviert wird, ein positives Selbstimage durch Gewinnung von Anerkennung oder Status in den Augen der anderen zu erlangen.

Die folgende Begründung repräsentiert bündig und allgemein, was wahrscheinlich die einflußreichste gegenwärtige soziologische Konzeption – und Abweisung – des Hobbesschen Problems darstellt: »Für einen modernen Soziologen, der sich der Erkenntnis verpflichtet fühlt, daß die Handlung institutionalisierten Mustern folgt, hat der Gegensatz von individuellen und allgemeinen Interessen nur eine sehr begrenzte Relevanz oder scheint gar völlig verfehlt zu sein.« In meinen Augen ist das Problem, daß sich menschliches Verhalten völlig nach allgemeinen Normen oder »institutionalisierten Mustern« entwickelt, weitgehend unrealistisch. Völlige Ignoranz muß die Menschen in ihrem Erkenntnisinteresse geleitet haben, die als Soziologe glaubten, der Frage »Wie ist Ordnung möglich?« keine Beachtung schenken zu müssen. Eine reflektierende Biene oder Ameise würde niemals erforschen »Wie ist die soziale Ordnung eines Bienenstockes oder Ameisenhaufens möglich?«, da ein Gegensatz zu jener Ordnung unvorstellbar ist, weil die instinktive Ausstattung der Insekten ihre Stabilität und gesicherte Harmonie zwischen »individuellen und allgemeinen Interessen« sichert. Die menschliche Gesellschaft, dessen sind wir uns bewußt, ist davon nicht wesentlich zu unterscheiden, obwohl Konformität und Stabilität hier durch nicht instinktive Prozesse aufrechterhalten werden. Moderne Soziologen glauben daher, daß sie diese Prozesse verstanden und die Hobbessche Fragestellung nicht nur beantwortet haben, sondern als gegenstandslos skizzierten, indem sie zeigten, daß diese nur aus Ignoranz gestellt werden kann und eine derartige Fragestellung in keinem Fall Möglichkeiten des sozialen Lebens erfaßt.

Es dürfte einigermaßen schwer sein, eine bessere Erklärung für das zu finden, was Collingwood im Anschluß an Platon *eristisches* im Gegensatz zum dialektischen Denken nennt[4]: Die Antwort zerstört die Frage oder vielmehr das Bewußtsein rivalisierender Möglichkeiten, die durch die Frage aufgeworfen wurden und zu deren Abklärung die Frage ursprünglich gestellt worden war. Bei der Umkehrung der Perspektive werden wir zu der gegensätzlichen Fragestellung veranlaßt: »Warum existieren Gewalt, Konflikt, Revolution und die Unterdrückung des Individuums durch die Gesellschaft, wenn diese Ansicht richtig ist?«[5] Wenn uns eine einseitige Antwort auf eine Frage dazu zwingt, die gegensätzliche Frage zu stellen, so sind wir in einer Dialektik von Konzepten gefangen, welche eine Dialektik in der Realität reflektiert. Wir wollen nun die partikularen Prozesse untersuchen, auf die sich gewöhnlich Soziologen berufen, wenn sie die Eliminierung des Krieges aller gegen alle in der menschlichen Gesellschaft einer Erklärung zuzuführen versuchen.

Ein berühmter Abschnitt aus *The Structure of Social Action,* der der Interpretation von Durkheims Vorstellungen gewidmet ist, trägt den Titel »The Changing Meaning of Constraint«[6]. Parsons beweist dabei, daß Durkheim sich den Staat ursprünglich so vorstellte, daß dieser das Individuum von außen kontrollierte, indem er ihm Zwänge durch Sanktionen auferlegt, was am besten anhand eines Gesetzeskodex illustriert werden kann. Aber in seinen späteren Werken wurde Durkheim bewußt, daß soziale Regeln nicht »bloß ›äußerlich‹ ordnen ... sie dringen direkt in die Struktur der Ziele des Handelnden selbst ein«[7]. Daher ist Zwang mehr als ein ortsbedingtes Hindernis, das der Handelnde bei der Verfolgung seiner Ziele in gleicher Weise in Betracht ziehen muß wie physikalische Gesetze: er wird internalisiert. Bevor Parsons durch die psychoanalytische Theorie beeinflußt wurde, entwickelte er die Ansicht, soziale Normen würden eher die menschliche Natur bestimmen, als daß sie sie regulieren. Erst später wurde dann Freuds Theorie des Überichs zur Grundlage und zum Modell für seine Konzeption der Internalisierung sozialer Normen, die heute in der soziologischen Diskussion eine bedeutende Rolle spielt. Der Gebrauch, den einige Soziologen jedoch von Freuds Theorem machten, könnte eine Abhandlung über »The Changing Meaning of Internalization« inspirieren, obgleich, im Gegensatz dazu, die thematische Verschiebung über Durkheims Vorstellungen über die Funktion des Zwanges eine Wendung zum Schlechteren war.

Internalisierung ist dabei unmerklich mit »Lernen« oder sogar mit »Gewohnheit« (habit formation) gleichgesetzt worden. Wenn daher von einer Norm gesagt wird, sie wurde von einem Individuum »internalisiert«, so ist damit häufig gemeint, daß es sie sowohl habituell bejaht als sich auch in seinem Verhalten an sie anpaßt. Die ganze Betonung auf inneren Konflikt, auf der Spannung zwischen starken Impulsen und Überichkontrollen, deren Verhaltensprodukt nicht vorher beurteilt werden kann, findet weitgehend keine Beachtung. Aber gerade das ist die zentrale Perspektive bei Freud, denn wenn mit psychoanalytischem Vokabular gesagt wird, daß eine Norm internalisiert oder introjiziert wurde, um ein Teil des Überichs zu werden, so impliziert dies nur, daß eine Person unter Schuldgefühlen leiden wird, wenn sie im praktischen Lebensvollzug versagt hat, nicht aber, daß sie sich normkonform verhalten wird.

Die wichtigste Erklärungsfunktion des Konzeptes (des Überichs) besteht darin zu zeigen, wie Menschen sich zügeln, indem sie ihren Wünschen Kontrollen auferlegen und so ihr Innenleben in ein Schlachtfeld widerstreitender Motive verwandeln, einerlei, welche Seite »gewinnt«. Aufgrund dieser Konstellation bestimmt das Überich das Verhalten. Soweit das Verhalten angesprochen wird, ist die psychoanalytische Sicht des Menschen weniger deterministisch als die soziologische. Denn die Psychoanalyse befaßt sich in erster Linie mit dem Innenleben, nicht mit tatsächlichem Verhalten, und ihre fundamentale Einsicht besteht darin, daß in der Erfahrung des Menschen Wünsche, Emotionen und seine Phantasie genauso wichtig sind wie die Handlung selbst.

Soziologen haben zwar das Überichkonzept übernommen, es aber von jedem Äquivalent mit dem Freudschen Es getrennt. So lange, wie die meisten Individuen »sozialisiert« sind, d. h. Normen internalisieren und sich im Verhalten an sie anpassen, wird die Hobbessche Problemstellung nicht einmal als latente Realität wahrgenommen.

Tendenzen zu abweichendem Verhalten werden nicht als dialektisch in Verbindung zur Konformität gesehen. Das Vorhandensein motivationaler Kräfte im Menschen, die sich gegen den Einfluß, den die soziale Disziplinierung über ihn hat, auflehnen, wird verleugnet.

Noch zieht andererseits die Annahme, daß die Internalisierung von Normen und Rollen die Essenz von Sozialisation ist, eine ausreichende Anzahl von Motiven in Betracht, die der Konformität zugrunde liegen. Sie vernachlässigt die »variable Elastizität des Überichs«, um uns der Sprache Kardiners zu bedienen[8]. Der Grad, bis zu dem Konformität häufig mehr das Ergebnis von Zwang als von Überzeugung ist, wird unterschätzt[9]. Entweder hat jemand die Normen internalisiert, oder er ist »unsozialisiert«, ein unkultiviertes oder sozial isoliertes Kind oder ein Psychopath. Dennoch gab Freud zu, daß es vielen Menschen, bekanntlich einer Majorität, mißlingt, ein Überich zu erlangen. »Darum gestatten sie sich«, schreibt Freud, »regelmäßig, das Böse, das ihnen Annehmlichkeiten verspricht, auszuführen, wenn sie nur sicher sind, daß die Autorität nichts davon erfährt oder ihnen nichts anhaben kann, und ihre Angst gilt allein der Entdeckung. Mit diesem Zustand hat die Gesellschaft unserer Tage im allgemeinen zu rechnen«[10]. Der letzte Satz legt nahe, daß Freud um den Niedergang der »Innenleitung« des protestantischen Gewissens wußte. Wir wollen uns nun den anderen Elementen der menschlichen Natur zuwenden, an die Soziologen gewöhnlich appellieren, um die Hobbessche Problemstellung zu erklären oder vielmehr durch Erklären zu beseitigen.

Das Überichkonzept ist zu starr, zu gebunden an die Vergangenheit und die individuelle Biographie, um für die Beziehung des Verhaltens zu den Zwängen in der augenblicklichen Situation, in der es stattfindet, von Nutzen zu sein. Soziologen verlassen sich daher zu sehr auf eine alternative Sicht der Dinge, die hier in ihrer einfachsten Form skizziert, oder um fair zu sein, in der Aussage überzeichnet wird: »Menschen sind zu sehr für die Erwartungen anderer empfänglich, so daß jede Handlung unvermeidlich von diesen Erwartungen geleitet wird.«

Parsons Modell der »Komplementarität von Erwartungen«, die Ansicht, daß Menschen in sozialen Interaktionen wechselseitig Billigung untereinander suchen, indem sie sich sozial akzeptierten Normen anpassen, ist eine formalisierte Version dessen, was zu einer spezifisch soziologischen Betrachtungsweise der menschlichen Motivation geworden ist. Ralph Linton umschreibt diesen Sachverhalt mit einem typisch psychologischen Vokabular: »Die dringende Notwendigkeit, bei anderen günstige Reaktionen auszulösen, ist eine nahezu konstante Komponente der (Persönlichkeit). Tatsächlich kann man aber sagen, daß es sehr wenig organisiertes menschliches Verhalten gibt, das nicht wenigstens bis zu einem gewissen Grad auf Befriedigung ausgerichtet ist«[11].

Das Beharren der Soziologen auf der Bedeutung »sozialer Faktoren« verführt sie leicht dazu, die Priorität derartiger sozialisierter oder sozialisierender Motive im menschlichen Verhalten zu betonen. Es ist häufig Aufgabe des Soziologen, Aufmerksamkeit auf die Intensität zu lenken, mit der Menschen sich in einer Vielzahl von Situationen um eine gute Meinung ihrer augenblicklichen Mitmenschen bemühen, besonders dort, wo allgemein anerkannte Theorien oder Ideologien unangemessen andere Motive hervorgehoben haben, wie etwa finanzieller Gewinn, Bindung an Ideale etc. So konnten Soziologen zeigen, daß Fabrikarbeiter sensitiver für die Verhaltensweisen ihrer Mitarbeiter sind als für rein wirtschaftliche Anreize; daß Wähler mehr durch die Präferenzen ihrer Verwandten und Freunde beeinflußt werden als durch heftige Debatten über die Wahlkampfthemen; daß Soldaten, wie auch immer ihre ideologische Bindung an die Nation sein mag, tapferer kämpfen, wenn ihre Abteilung intakt ist und sie Seite an Seite mit ihren »Kameraden« stehen.

Es ist sicherlich nicht meine Intention, die Erkenntnisse dieser Studien zu kritisieren. Ich wende mich nur dagegen, daß in ihnen eine partikulare, selektive Darstellung generalisiert wird, wie das explizit oder häufiger implizit geschieht, was dann sogar offensichtlich noch als Beleg für eine extrem einseitige Vorstellung von der menschlichen Natur aufgefaßt werden kann. Obgleich Soziologen vergangene Bemühungen, ein einziges fundamentales Motiv im menschlichen Verhalten ausfindig zu machen, häufig kritisiert haben, so nimmt doch der Gedanke, daß es der Wunsch des Menschen sei, ein günstiges Selbstimage zu erlangen, indem man die Billigung anderer gewinnt, oft dieselbe (kritisierte) Position in ihrem eigenen Denken ein. Tatsächlich wurde das folgende »Theorem« durch Hans Zetterberg als zentrales Thema eines motivationalen Theorems in der Soziologie vorgeschlagen[12]:

Die Taten eines Handelnden haben die Tendenz, Disposition zu werden, die in Verbindung zu dem Vorkommen begünstigter einheitlicher Beurteilungen des Handelnden und/oder seiner Taten in seinem Aktionssystem stehen[13].

Nun behauptet Zetterberg zwar nicht, daß dieses Theorem eine akkurate tatsächliche Darstellung der grundlegenden psychischen Ursachen des sozialen Verhaltens sei. Charakteristischerweise ist er sich viel zu sehr der Logik des Theoretisierens und der Begriffsbildung bewußt. Er fährt daher mit der Bemerkung fort, daß »die Maximierung günstiger Einstellungen durch andere somit das Gegenstück in der soziologischen Theorie zur Gewinnmaximierung in der Wirtschaftstheorie wäre«[14].

In diesem Zusammenhang scheint eine weitere Anmerkung notwendig zu sein. Ralf Dahrendorf hat beobachtet, daß die strukturell-funktionalen Theoretiker nicht behaupten, daß die soziale Ordnung auf einem generellen Konsensus von Werten beruht, sondern daß man sie sich in Begriffen eines solchen Konsensus vorstellen kann und daß, wenn man sie sich in diesen Begriffen vorstellt, bestimmte Behauptungen daraus folgen, die der Beurteilung durch spezifische Beobachtungen unterliegen. Dasselbe kann von der Annahme gesagt werden, daß Menschen danach streben, positive Beurteilungen durch andere zu maximieren.

Nichtsdestoweniger muß die Frage aufgeworfen werden, ob wir tatsächlich wünschen, Soziologie im wesentlichen durch solche partiellen Perspektiven zu definieren. Die Annahme der Maximierung von Anerkennung durch andere ist der psychologische Komplementärbegriff zu der soziologischen Annahme eines generellen Wertekonsensus. Die erste Annahme ist ebenso selektiv und einseitig, wenn es darum geht, Motivationen zu betrachten, wie es Dahrendorf und andere von der zweiten Annahme behauptet haben, wenn diese unsere Betrachtungsweise der Sozialstruktur determiniert. Die übersozialisierte Sicht des Menschen auf der einen Seite ist ein Gegenstück zu der überintegrierten Sicht der Gesellschaft auf der anderen.

Die moderne Soziologie entstand trotzdem als ein Protest gegen die partiellen Ansichten über den Menschen, die in solchen Doktrinen wie Utilitarismus, klassische Ökonomie, Sozialdarwinismus und Vulgärmarxismus enthalten sind. Alle großen Soziologen des neunzehnten und frühen zwanzigsten Jahrhunderts sahen es als eine ihrer Hauptaufgaben an, die Unwirklichkeit solcher Abstraktionen aufzudecken wie der homo oeconomicus, der Gewinnmaximierer der klassischen Ökonomie; der politische Mensch, der Machtmensch der machiavellistischen Tradition in der politischen Wissenschaft; der sich selbst erhaltende Mensch, der Sicherheitssuchende von Hobbes und Darwin, der sexuelle oder libidinöse Mensch, der Befriedigungssuchende des doktrinären Freudianismus; und gar der religiöse Mensch, der Gottsuchende der Theologen. Es käme einer

Ironie gleich, wenn es sich herausstellen sollte, daß diese Theoreme nur zur Schöpfung einer weiteren konkretisierten Abstraktion des Menschen als sozialisiertem Wesen beigetragen haben, wie man es etwa vom »status seeker« in der gegenwärtigen Soziologie behaupten kann.

Natürlich ist eine derartige Vorstellung vom Menschen, wie all die bisher genannten, zweifellos für eine begrenzte Anzahl von Zwekken wertvoll, solange diese nicht als umfassende Wahrheit angesehen wird. Was sind nun die Unzulänglichkeiten in dieser Vorstellung? Man könnte damit beginnen, daß in dieser Vorstellung die andere Hälfte des Modells der menschlichen Natur vernachlässigt wird, die durch die gegenwärtige Theorie vorausgesetzt wird: das moralische Wesen, das von seinem verinnerlichten Überich und dem korrespondierenden Ich-Ideal geleitet wird. In jüngster Zeit sind die Soziologen weniger an der Kultur und dem Nationalcharakter als Hintergrundphänomene des Verhaltens interessiert, teilweise, weil die Betonung des Rollenkonzeptes als entscheidende Verbindung zwischen dem Individuum und der Sozialstruktur ihre Aufmerksamkeit auf die augenblickliche Situation, in der soziale Interaktion stattfindet, gerichtet hat. Der Mensch wird mehr und mehr als »rollenspielendes« Wesen gesehen, das eifrig oder ängstlich auf die Erwartungen anderer Rollenspieler in den multiplen Gruppenbeziehungen, in denen es sich selbst befindet, reagiert. Eine solche Einstellung mag hilfreich sein, um die Komplexität einer hochdifferenzierten Sozialstruktur wie der unseren zu begreifen, sie ist aber viel zu oft generalisiert worden und dient dann nur noch als eine Spielart von ad-hoc-Sozialpsychologie, die leicht mit einer soziologischen Zielsetzung in Übereinstimmung gebracht werden kann. Aber es reicht nicht hin zuzugeben, daß Menschen oft »internalisierte Werte« verfolgen, die unberührt von dem bleiben, was andere von ihnen denken, besonders wenn, wie ich vorher dargestellt habe, die Idee der Internalisation »ausgehöhlt« wurde, um sie für eine Erklärung der Konformität fruchtbar zu machen. Wie steht es nun mit dem Wunsch nach materiellen Gütern und nach sinnlicher Befriedigung? Können wir wirklich auf die alten Vorstellungen von materiellen »Interessen« verzichten und sie ohne Veränderung durch nichtssagende, mehr integrative »soziale Werte« ersetzen? Und wie steht es mit dem Streben nach Macht, das nicht notwendigerweise um ihrer selbst willen geschehen muß – dies mag selten und pathologisch sein –, sondern um Macht als ein Mittel, mit dem Menschen anderen eine normative Definition der Realität aufzwingen können. Daß materielle Interessen, sexuelle Triebe und das Streben nach Macht häufig als menschliche Motive überbewertet worden sind, ist kein Grund dafür, ihr Vorhandensein abzuleugnen. Dies zu tun, hieße die eine Seite der Dialektik zwischen Konformität und Rebellion, sozialen Normen und ihrer Verletzung, Mensch und sozialer Ordnung zu unterdrücken, und zwar ebenso vollständig, wie die andere Seite von solchen unterdrückt wird, die die Realität der »normativen Orientierung« des Menschen leugnen oder sie auf die Wirkung von Zwang, rationaler Kalkulation oder mechanischer Konditionierung reduzieren.

Ich habe auf Kräfte im Menschen aufmerksam gemacht, die der Sozialisation gegenüber resistent sind. Es ist nicht mein Ziel, die Natur dieser Kräfte zu erforschen oder vorzuschlagen, wie wir sie uns als Soziologen am besten vorstellen könnten – das wäre ein viel zu ehrgeiziges Unterfangen. Ein paar Bemerkungen müssen genügen. Ich denke, wir müssen mit der Erkenntnis beginnen, daß *im Anfang die Physis ist.* Sobald der Körper erwähnt wird, tritt die Erscheinung des »biologischen Determinismus« in den Vordergrund, und die Soziologen ziehen sich mit Entsetzen zurück. Und sicherlich ist ihre Sicht des Menschen völlig entkörperlicht und unmaterialistisch, um es Bischof Berkeley recht zu machen, sowohl als auch desexualisiert genug, um Mrs. Grundy zu gefallen. Heißt das nun, daß wir zu der älteren Betrachtung der menschlichen Natur zurückkehren sollten, wonach zwischen einem »sozialen« Menschen und einem »natürlichen« Menschen zu unterscheiden wäre, der entweder gütig ist, wie Rousseaus edler Wilder, oder unheimlich und destruktiv, wie Hobbes ihn betrachtete? Freud wird gewöhnlich als der moderne Hauptverfechter dieser dualistischen Konzeption dargestellt oder entstellt, die der sozialen Ordnung die gänzlich negative Rolle zuweist, die »dringenden biologischen Triebe«[16] des Menschen zu blockieren und umzuleiten. Ich sage »entstellt« deshalb, weil Freud oft Dinge sagte, die solch eine Interpretation begünstigen, andere und fundamentalere Züge in seinem Denken legen ein abweichendes Ergebnis nahe. John Dollard, sicherlich kein Vertreter, der eine derartige soziale und kulturelle »Betrachtungsweise« nicht beachtete, sah dies bereits vor 25 Jahren: »Es ist völlig klar, daß er (Freud) die Instinkte nicht betrachtete, als hätten sie ein festes soziales Ziel; vielmehr hat er tatsächlich im Falle des Sexualtriebes die vage, aber mächtige und impulsive Natur des Triebes betont und hervorgehoben, daß ihr eigentliches soziales Objekt nicht im voraus bestimmt ist, er scheint ein Triebkonzept zu verwenden, das unseren Kenntnissen aus vergleichenden kulturellen Untersuchungen nicht widerspricht, denn seine Theorie verlangt nicht, daß der ›Instinkt‹ sich mit derselben mechanischen Sicherheit in jeder verschiedenen Kultur manifestiert[17].«

Soviel im Hinblick auf Freuds »drängende biologische Triebe!«. Als Freud die Psychoanalyse als das Studium der »Veränderung von Instinkten« definierte, verneinte er nicht die »Plastizität« der

 menschlichen Natur, auf der die Sozialwissenschaftler beharrten, sondern bestätigte sie. Die Triebe oder »Instinkte« der Psychoanalyse, weit davon entfernt, festgelegte Dispositionen für das Verhalten in einer bestimmten Weise zu sein, sind gänzlich Gegenstand sozialer Kanalisierung und Transformation und können sich nicht einmal ohne soziale Formung im Verhalten zeigen, ebensowenig wie unsere Stimmbänder artikuliertes Sprechen produzieren können, wenn wir nicht eine Sprache gelernt haben. Für die Psychoanalyse ist der Mensch tatsächlich ein soziales Tier; seine soziale Natur wird grundlegend in seiner körperlichen Struktur reflektiert.

Aber es besteht ein Unterschied zwischen der Freudschen Vorstellung auf der einen und der soziologischen als auch der neofreudianischen Konzeption des Menschen auf der anderen Seite. Für Freud ist der Mensch ein soziales Tier, ohne ein völlig sozialisiertes Tier zu sein. Gerade seine soziale Natur ist der Ursprung von Konflikten und Antagonismen, die einen Widerstand gegenüber der Sozialisation vermittels Normen in jeder Gesellschaft hervorrufen, die im Laufe der menschlichen Geschichte existiert haben. »Sozialisation« kann zwei völlig verschiedene Dinge meinen; wenn sie verwechselt werden, ist eine übersozialisierte Sicht des Menschen das Resultat. Auf der einen Seite meint Sozialisation die »Übertragung der Kultur«, die bestimmte Kultur einer Gesellschaft, in die ein Individuum mit seiner Geburt eintritt; auf der anderen Seite wird der Begriff in der Bedeutung des »Prozesses der Menschwerdung« gebraucht, der Erlangung ausschließlich menschlicher Attribute durch die Interaktion mit anderen. Alle Menschen werden im letzteren Sinne sozialisiert, aber damit ist nicht gesagt, daß sie völlig durch die besonderen Normen und Werte ihrer Kultur geformt würden. Alle Kulturen, wie Freud behauptete, tun den sozialisierten körperlichen Trieben des Menschen Gewalt an, aber dies impliziert in keinem Fall, daß der Mensch möglicherweise ohne Kultur oder unabhängig von der Gesellschaft existieren könnte[19]. Von diesem Standpunkt aus kann der Mensch eigentlich so bezeichnet werden, wie Norman Brown ihn genannt hat, das »neurotische« oder das »unzufriedene« Tier, und die Verdrängung kann als Hauptcharakteristikum der menschlichen Natur gesehen werden, wie wir es aus der Geschichte kennen[20].

Aber ist denn das keine Psychologie und haben wir Soziologen nicht gelernt, die Psychologie mit Vorbehalten zu betrachten, mit Argwohn auf sogenannte »psychologische Variablen« zu schauen, im Gegensatz zu den institutionellen und historischen Kräften, mit denen wir uns eigentlich beschäftigen sollten? Es gibt tatsächlich, wie kürzlich Kritiker vorgeschlagen haben, zu viel »Psychologismus« in der gegenwärtigen Soziologie, weitgehend, wie ich glaube, wegen der Vorurteile, die unseren favoritisierten Forschungstechniken anhaften. Aber ich verstehe nicht, bezogen auf die theoretische Ebene, wie es Soziologen mißlingen kann, Annahmen über die Natur des Menschen zu machen[21]. Wenn unsere Annahmen implizit verblieben, werden wir unvermeidlich eine Sicht des Menschen voraussetzen, die auf unsere speziellen Bedürfnisse zugeschnitten ist; wenn unsere soziologische Theorie die Stabilität und Integration der Gesellschaft überbetont, werden wir genötigt, uns den Menschen als entkörperlichtes, gewissengelenktes, statussuchendes Phantom der gegenwärtigen Theorie vorzustellen.

Strukturbedingungen und Probleme familialer Sozialisation*

F. Neidhardt

Soziologie und Psychologie sollen im folgenden für einige Beiträge zu einer aktuellen Diskussion herangezogen werden. Gefragt wird, wo die besonderen Möglichkeiten und die spezifischen Probleme der Familie liegen, wenn es um die Sozialisation der Kinder geht, die in ihr aufwachsen. Familie wird dabei als *Kernfamilie* begriffen, d. h. als die Gruppe von Eltern und deren unselbständigen Kindern. Sie hat sich in modernen Gesellschaften überwiegend als *Kleinfamilie* organisiert, d. h. relativ unabhängig von weiteren Verwandtschaftszirkeln als eine Gruppe, in der Eltern und unselbständige Kinder exklusiv in einem gemeinsamen Haushalt zusammenleben[1].

Der heute dominante Typus der Kleinfamilie besitzt eine Reihe von Struktureigenschaften, die in Abhängigkeit von gesamtgesellschaftlichen Bedingungen ein spezifisch familiales Gruppenmilieu mit sehr besonderen Interaktionsqualitäten erzeugen. Von daher muß die Sozialisationskapazität der Familie bestimmt werden, *denn Sozialisation vollzieht sich mit der Übertragung von Verhaltensdispositionen (z. B. durch Eltern auf ihre Kinder) im Rahmen von Interaktionsprozessen.* In dem Maße, in dem die Grundstrukturen der modernen Familie im Rahmen der gegebenen gesellschaftlichen Umstände gewisse Interaktionsqualitäten prädestinieren, stellen sie spezifisch familiale Randbedingungen der Sozialisa-

* F. Neidhardt, Strukturbedingungen und Probleme familialer Sozialisation, in: Kölner Zeitschrift für Soziologie und Sozialpsychologie, Sonderheft 14, 1970, S. 144–168. Mit freundliche Genehmigung des Autors.

tion dar; sie begünstigen die Übertragung bestimmter Verhaltensdispositionen und Persönlichkeitseigenschaften.
Ob solche Verhaltensdispositionen und Persönlichkeitseigenschaften dem modernen Menschenbild entsprechen und ob die Familie, die sie erzeugt, in ihren Sozialisationsleistungen deshalb als funktional oder dysfunktional bewertet werden muß, ist eine Frage, die normative Entscheidungen voraussetzt. Ich gehe im folgenden davon aus, daß Lernfähigkeit und Leistungsmotivation, Intelligenz und Kreativität, Autonomie und Liebesfähigkeit wünschbare Eigenschaften des Menschen darstellen und daß die Familie auch daran gemessen werden kann, ob sie diese Eigenschaften ihren Kindern überträgt.

I. Stabilität und Konsistenz

Jede Analyse der kindlichen Sozialisation hat zunächst davon auszugehen, daß der Säugling ein ganz und gar hilfloses Wesen ist, bar jeder Fähigkeit, sich selbst zu entwickeln. Er ist unabdingbar auf soziale Hilfen angelegt, um überleben und reifen zu können. Das gesellschaftliche Problem stellt sich in diesem Zusammenhang mit der Frage, wie die sozialen Hilfen permanent und zuverlässig arrangiert werden können.
1. Mehrerlei spricht dafür, jedem Säugling eine *Dauerpflegeperson*[2] fest zuzuordnen. Gelingt dies, dann ist die Verantwortung eindeutig verteilt. Zuständigkeitszweifel, die den Säugling das Leben kosten könnten, Mißverständnisse darüber, wer sich wann wessen anzunehmen habe, sind damit prinzipiell ausgeschlossen. Für die Fixierung und Spezialisierung einer Dauerpflegeperson sprechen außer organisatorischen Sicherheitsmomenten auch Argumente, die sich aus den Gesetzmäßigkeiten der schwierigen Lernprozesse ergeben, denen sich der Säugling zu unterwerfen hat. Sein Kontakt zur Umwelt muß im Sinne allgemeiner Lerntheorien über sozial vermittelte Bekräftigungen einer Unzahl von Stimulus-Response-Verbindungen aufgebaut werden. Gelernt werden diese aber nur unter der Bedingung, daß die Bekräftigungsmechanismen eindeutig und widerspruchsfrei arbeiten. *Wenn heute belohnt wird, was gestern bestraft wurde, dann entsteht Verhaltensunsicherheit. Die Welt erscheint chaotisch, unstrukturierbar, eben deshalb auch unlernbar; Apathie folgt daraus. Um dies zu vermeiden, wird von der Umwelt des Kindes ein Minimum an Konsistenz verlangt*[3].
Umweltkonsistenz kann in kleineren, kulturell homogenen Gesellschaften ohne spezifisch auf das Kind bezogene Abstimmungs- und Reduktionsleistungen gegeben sein. *Margaret Mead* hat dafür im

Rahmen der Diskussion über »multiple mothering« kulturanthropologische Belege erbracht[4]. Auch die vergesellschafteten Erziehungsarrangements in den israelischen Kibbuzim müssen im Rahmen eines unter Sonderbedingungen stark homogenisierten Gesellschaftsmilieus gesehen werden[5]. *In komplexeren Gesellschaften bedarf es demgegenüber besonderer Mechanismen der Komplexitätsreduktion, um den Kleinkindern jenes Minimum an Umweltkonsistenz zu sichern, dessen sie bedürfen.* Die Wahrscheinlichkeit, dieses Minimum zu erreichen, ist nun relativ groß, wenn die Umwelt vor allem durch eine Dauerpflegeperson repräsentiert ist; unter der Voraussetzung allerdings, daß deren Persönlichkeitsbildung abgeschlossen, d. h. daß sie in psychologischem Sinne erwachsen ist. Dann nämlich haben sich in ihr Gewohnheiten stabilisiert und »kognitive Dissonanzen« reduziert. Deshalb erscheint an ihr dem Kind die Welt in dem Maße einfach und verläßlich, daß sich nun Abfolgeerscheinungen, »sozialer Optimismus« und »Vertrauen« aufbauen können, Bedingungen dafür, daß Lernfähigkeit und Lernbereitschaft überhaupt entstehen[6].

2. Ist insbesondere für die frühkindliche Phase die Fixierung einer auf das Kind spezialisierten erwachsenen Dauerpflegeperson zumindest in komplexen Gesellschaften sinnvoll, dann entsteht die Frage, wer diese Position besetzen und die Pflegerolle gegenüber dem Kind hinreichend langfristig und zuverlässig erfüllen kann. Diese Frage berührt ein soziales Problem insofern, als Beziehungen zwischen Erwachsenen und Kleinkindern angesichts der höchst ungleichen *Ressourcenverteilung* zwischen ihnen dazu tendieren, unbalanciert zu sein, so daß sie nicht leicht zu stabilisieren sind. *Da die naturhaft bedingte Schwäche des Kindes einen Mangel an Verfügbarkeit sowohl über sich selbst als auch über Elemente der Umwelt bedeutet, besitzen sie nichts, was sie in ein Austauschverhältnis mit anderen einbringen könnten, nicht einmal sich selbst.* Unter diesen Bedingungen entsteht das Problem, auf welche Weise die Motivation eines Erwachsenen, Kinder dauerhaft zu pflegen, vergütet werden soll.

Ein Ausgleichsmechanismus besteht in Erwachsenen-Kind-Beziehungen zweifellos darin, daß die Dankbarkeitsschuld[7] der Kinder in Gehorsamsbereitschaft überführt werden kann; das heißt, daß sie den Erwachsenen Herrschaftsbefugnisse zugestehen müssen[8]. Darauf wird später zurückzukommen sein. An dieser Stelle soll nur darauf hingewiesen werden, daß der Leistungsrückstand auf seiten der Kinder durch den Herrschaftsvorteil der Erwachsenen kaum hinreichend ausgeglichen werden kann. Das nicht nur deshalb, weil die volle Ausnutzung der Herrschaftsvorteile gegen die Kinder mehr oder weniger stark sozial geächtet ist (und um der Entwicklung der Kinder willen auch geächtet sein muß). Ebenso wichtig ist, daß Herrschaftschancen gegenüber den Kindern angesichts des Ausmaßes ihrer Leistungsschwäche effektiv nicht sehr viel bedeuten.

Die Frage bleibt also, durch welche Mittel Erwachsene motiviert werden können, Dauerpflegepersonen von Subjekten zu werden, die ihnen in direktem Austausch keine hinreichenden Gegenleistungen geben können. Die Lösung des Problems kann nur in Formen *indirekten* Austausches gesucht werden, eines Austausches, der durch Interventionen Dritter zum Ausgleich kommt. Für deren Ausgleichszahlung steht nun keineswegs nur die Marktwährung von Geld und Gütern zur Verfügung. Würde man Dauerpflegepersonen auf diese Weise finanzieren, entstände sogar ein Nachteil dadurch, daß ihre Rekrutierung und Motivierung den Marktmechanismen unterstellt und damit allen Konjunkturschwankungen unterworfen würden. Die wirksamste (und billigste) Weise indirekten Austausches funktioniert auf gesamtgesellschaftlicher Ebene durch Einführung von Normen und Moralen, deren Einhaltung dann von der Gesellschaft mit Achtung und Prestige belohnt werden kann[9]. Auf den hier diskutierten Fall bezogen heißt das: *Es bedarf gesellschaftlicher Normen, welche die für das Kind notwendigen Leistungen der Dauerpflegeperson als moralische Verpflichtung definieren. Diese Normen müssen plausibel sein, damit sie breite Anerkennung finden können; ist diese vorhanden, sichert ihre Einhaltung ein Prestige, das denen, welchen es zuerkannt wird, als eine Belohnung erscheint, die sie zu Dauerpflegeleistungen motiviert.*

3. Es spricht einiges dafür, daß Normen der genannten Art am plausibelsten erscheinen, wenn sie die *Mutter* als Dauerpflegeperson ihrer eigenen Kinder bestimmen, und daß sie am besten durchgesetzt werden können, wenn sie die Mutter-Kind-Beziehungen im Rahmen der Kernfamilie, d. h. unter Einbeziehung eines Vaters, institutionalisieren. Die Verpflichtung der Mutter ist dabei durch ihr offenkundig biologisches Verhältnis zum Kinde von Natur zwar keineswegs verbindlich, aber doch relativ stark prädestiniert. *Ihre Verantwortung für das Kind ist sozial relativ eindeutig feststellbar und moralisch relativ leicht begründbar: Sie hat es in die Welt gesetzt. Daß sie die Verantwortung auch tragen kann, setzt allerdings voraus, daß sie selbst, um für die Pflege des Kindes frei zu sein, materiell und sozial unterstützt wird. Dies geschieht nun mit der Begründung der Kernfamilie, d. h. mit dem Engagement eines Vaters und mit seiner Spezialisierung auf die Aufgaben, die zur wirtschaftlichen und sozialen Sicherung der Mutter-Kind-Beziehung erfüllt werden müssen. Die Stabilisierung der Mutter-Kind-Beziehung vollzieht sich mit der Institutionalisierung der Kernfamilie.*

In dieser Argumentation ist der Begriff der Kernfamilie nicht mit der modernen, von Christentum, Romantik und Industrialisierung geprägten Version der modernen Familie in eins zu setzen. Abweichende Familienmuster in vielen anderen Gesellschaften legen die Annahme nahe, daß z. B. Monogamie nicht zur Lösung des hier behandelten Stabilisierungsproblems vorausgesetzt werden muß[10] und daß z. B. der *»soziologische Vater« (Bronislaw Malinowski)* nicht unbedingt der Erzeuger des Kindes zu sein braucht. Wenn er es ist, ergibt sich freilich der Vorteil, daß die Tatsache seiner Erzeugerrolle und im Zusammenhang damit der Mythos der Blutsbeziehungen zur Begründung seiner Solidarität mit dem Kinde in Anspruch genommen werden kann. Im übrigen ist seine eheliche Verbindung zur Mutter auch für das Kind insofern funktional, als sie zur Konsistenz der Umwelt des Kindes beiträgt. Die Inhalte ehelicher Lebensgemeinschaft legen nahe, daß beide Ehepartner in ihren Einstellungen und Verhaltensweisen von Anfang an in einem bestimmten Maße, mehr jedenfalls als bei einer statistisch zufälligen Paargruppierung, aufeinander abgestimmt sind; die überall nachweisbare Homogamie ist ein partieller Indikator dafür[11].

4. Der These, daß den Konsistenz- und Stabilitätsbedürfnissen des Kleinkindes durch die Kernfamilie in einem vergleichbar hohen Maße Rechnung getragen werden kann, mag entgegengehalten werden, daß die Anzahl der *Ehescheidungen* nicht unerheblich ist und daß sie in Zukunft wahrscheinlich noch steigen wird. Selbst wenn man einrechnet, daß sich die Geschiedenen in großer Zahl und überwiegend relativ schnell wiederverheiraten[12], können die Sozialisationsprobleme von Scheidungswaisen nicht verharmlost werden[13]. Es muß aber der oftmals implizierten Annahme widersprochen werden, daß die Anzahl der Ehescheidungen ein gültiger Indikator für die Anzahl der Scheidungswaisen sei. Je höher die Zahl der Kinder in einer Familie, um so geringer ist die Wahrscheinlichkeit einer Ehescheidung. Dies bedeutet, »daß kinderlose und kinderarme Ehen weit häufiger geschieden werden als Ehen mit mehreren Kindern«[14]. Außerdem ist für unseren Zusammenhang schließlich zu berücksichtigen, daß zahlreiche Ehescheidungen zu einem Zeitpunkt erfolgen, da die Kinder halbwegs erwachsen und deshalb auf die Stabilität ihres familialen Sozialisationsmilieus nicht mehr so angewiesen sind[15]. Die Kernfamilie ist stabiler als die Ehe – und das aus Gründen, die mit der normativ geregelten elterlichen Solidarität gegenüber ihren Kindern zusammenhängen.

II. Interaktion und Freundlichkeit

Stabilität und Konsistenz der frühkindlichen Umwelt bilden natürlich nur notwendige nicht auch hinreichende Voraussetzungen gelingender Sozialisation. Eine Reihe weiterer Bedingungen muß gegeben sein. Dazu zählt ein Minimum an Häufigkeit und Freundlichkeit der Interaktionen, die im Sozialisationsmilieu dem Kinde zugewendet werden.

1. Die Beziehungen zum Kind müssen hinreichend intensiv sein, nicht nur wegen der Häufigkeit der materiellen Pflegeleistungen, die das Kind braucht, sondern auch deshalb, weil dem Kinde nur über zahlreiche Interaktionen die Unzahl von Stimuli übermittelt werden kann, auf die es Antworten lernen muß, und weil nur über zahlreiche Interaktionen die Unzahl von sozialen »Bekräftigungen« *(reinforcements)* kommuniziert werden kann, welche sichern, daß die gelernten Antworten auch die sozial erwünschten sind. Damit ein solches Lernen möglich ist, bedarf es bei den Sozialisatoren neben aller Interaktionsbereitschaft eines Grundstocks positiver Emotionalität zum Kinde. Dies nicht nur deshalb, damit im Repertoire sozialer Bekräftigungen neben instrumentalen auch affektive Anreize verfügbar sind, die die allgemeinen Lernerfolge steigern können (»love-oriented-discipline-techniques«). Abgesehen von solchen Gefühlen, die im Sozialisationsprozeß variabel, den Leistungen des Kindes gemäß, eingesetzt bzw. entzogen werden können – für die also die Gesetze direkten Austausches gelten –, ist eine Art Zuneigung erforderlich, die hinsichtlich des Verhaltens des Kindes erfolgs- bzw. mißerfolgsunabhängig ist und die gewissermaßen die Existenz des Kindes selbst belohnt. Angesichts der hohen Mißerfolgswahrscheinlichkeit seines Verhaltens könnte sich im Kinde kein Selbstwertgefühl bilden, wenn es nicht die Erfahrung gäbe, daß es selbst geliebt wird. Liebe ist in diesem Zusammenhang als eine Form unbedingter Belohnung interpretierbar; sie bewirkt die Bekräftigung des Kindes als das, was es ist. Erst da es auf diese Weise lernt, sich selbst anzunehmen, kann es etwas aus sich machen. Fehlte diese Erfahrung, müßte vor allem Handeln immer die Angst stehen, sich selber aufs Spiel zu setzen.

Die Folgen mangelnder Intensität und Affektivität der Zuwendung sind in zahlreichen Untersuchungen bei Kindern festgestellt worden, die mehr oder weniger langfristig in Heimen der verschiedensten Art aufwuchsen[16]. Die Interpretation der dabei angefallenen, in mancher Hinsicht durchaus widersprüchlichen Ergebnisse fällt deshalb schwer, weil die beobachteten Erscheinungen häufig dem analytisch zu diffusen Faktor »Mutterentbehrung« oder »Elterntrennung« zugewiesen und exakte Kontrollen der relevanten Variablen der tatsächlich bedingenden Situation versäumt wurden. Relevante Variablen sind u. a. Gruppengröße und -zusammensetzung sowie Einstellung der Pflegepersonen. In dieser Hinsicht liegen in vielen Kinderheimen ungünstige Verhältnisse vor: Die Zahl der Kinder pro Pflegeperson ist zu groß; deren affektive Bindung an die Kinder ist infolge von Überbeanspruchung, aber auch mangelnder Schulung und Bezahlung zu gering. Unter diesen Bedingungen sind sensorische, soziale und emotionale *Deprivationen* feststellbar[17], und diese bringen eine Fülle von schwerwiegenden Ausfallserscheinungen und Entwicklungsstörungen mit sich[18]. Die Resultate bestätigen, »daß das menschliche Kleinstkind ohne ein beachtliches Maß an liebevoller Zuwendung auch bei genügender Ernährung keine Chance hat, ein normaler Mensch zu werden, ja, daß es bei Fehlen jeder derartigen Zuwendung überhaupt nicht ›wird‹, sich vielmehr in einem komplizierten Prozeß ›gegen sich selbst wendet‹, stirbt«[19].

2. *Die Familie besitzt strukturelle Eigenschaften, die das Auftreten der in der gegenwärtigen Heimerziehung häufig beobachteten Sozialisationsdefekte unwahrscheinlich machen. Sie ist, schon auf Grund der begrenzten Gebärfähigkeit der Frau, eine »Kleinstgruppe«, die heute gewöhnlich nur zwischen drei und fünf Mitglieder umfaßt. In ihr kann die Mutter als Dauerpflegeperson dem Kind ein erhebliches Maß an Interaktionen zuwenden. Das setzt allerdings voraus, daß sie gemäß der allgemeinen Muster geschlechtlicher Arbeitsteilung als »emotionaler Führer« im Innenbereich des Haushalts spezialisiert ist*[20].

Die Haushaltsbindung der Mutter ist im Falle ihrer *außerhäuslichen* Berufstätigkeit aber erheblich eingeschränkt. Ergeben sich daraus gegenwärtig spezifische Schwierigkeiten familialer Sozialisation? – Die vorliegende Forschung bringt zu dieser Frage noch keine ganz eindeutigen Ergebnisse. Die Sozialisationseffekte außerhäuslicher Erwerbstätigkeit von Müttern hängen von Alter und Geschlecht der Kinder ab, von der Einstellung der Mutter zu ihrer Berufsarbeit und davon, ob sie ganztags oder halbtags erwerbstätig ist; weiterhin ist wichtig, ob, in welchem Maße und von wem eine Ersatzbetreuung der Kinder während der Abwesenheit der Mutter geleistet wird[21]. Mehrere Untersuchungen berichten Beeinträchtigungen, die sich im Falle der Ersatzbetreuung durch Inkonsistenzen im Sozialisationsmilieu der Kinder, im übrigen aus Überbeanspruchungen der Mutter ergeben[22]. Betroffen sind vor allem Unterschichtfamilien. *In Unterschichtfamilien kommt außerhäusliche Erwerbstätigkeit von Müttern häufiger vor als in Mittel- und Oberschichten*[23]. Es ist überdies relevant, daß die Erwerbstätigkeit von Unterschichtmüttern häufiger durch finanzielle Schwierigkeiten der Familie erzwungen ist[24] und außerdem häufiger in psychisch unbefriedigenden Berufen stattfindet. Ihre Erwerbstätigkeit steht deshalb unter Spannungen, die sich auch auf ihre Sozialisatorenrolle auswirken.

Die Konsequenzen der außerhäuslichen Erwerbstätigkeit von Müttern für die Sozialisationskapazität der Familie würden allerdings auch im Falle der Unterschichten überschätzt, wenn übersehen würde, daß insgesamt nur relativ wenige Kleinkinder betroffen werden. Aus empirischen Untersuchungen geht hervor: 1. Je größer die Zahl der Kinder in einer Familie, um so seltener ist die Erwerbstätigkeit der Mutter. 2. Je niedriger das Lebensalter der Kinder, um so seltener ist (in Einfamilienhaushalten) die Erwerbstätigkeit der Mutter. 3. Je niedriger das Lebensalter der Kinder, um so größer ist in den Fällen, in denen mütterliche Erwerbstätigkeit vorliegt, der Anteil der nur halbtags Beschäftigten. 4. Hinzu kommt, daß praktisch alle Kinder (unter sechs Jahren) während der Abwesenheit der Mutter von anderen Erwachsenen, überwiegend von einer Großmutter, betreut werden. »Schlüsselkinder« gibt es außerordentlich selten[25].

3. Die Probleme der Arbeitsteilung zwischen Mann und Frau lassen sich mit der Analyse des Ausmaßes und der Folgen der außerhäuslichen Berufstätigkeit von Müttern, also des Durchbrechens dieser Arbeitsteilung, allerdings nur unzureichend erfassen. Gleichermaßen problematisch ist, wenn das konventionelle Prinzip geschlechtsspezifischer Arbeitsteilung zwar durchgehalten, aber in seinen normativen Gehalten nicht mehr als legitim erfahren wird. Das ist angesichts partiell fortschreitender Emanzipationsumstände in wachsendem Maße in solchen Fällen gegeben, in denen die *Nichtberufstätigkeit* der Mütter von ihnen selbst als aufgezwungen und unerwünscht gedeutet wird. Dann sind für den Sozialisationsprozeß auch Folgen zu erwarten, die mit der eingeschränkten Liebesfähigkeit der Mütter zusammenhängen, also die emotionalen Aspekte des Verhältnisses zu ihrem Kind betreffen[26].

An und für sich sind in der Kernfamilie die Voraussetzungen für positiv emotionale Mutter-Kind-Beziehungen aus Gründen, die im Zusammenhang mit der Stabilitätsproblematik schon vorgestellt wurden, relativ gut. Der Mythos von gleichem Fleisch und Blut ist zur Begründung eines Minimums unbedingter Affektivität durchaus geeignet; das Kind ist »ihr« Kind. Und solange die Versorgungsleistungen des Mannes hinreichend sind, erscheinen auch die ökonomischen und sozialen Bedingungen spannungsfreier Darbietung ihrer Affektivität zum Kind gewährleistet. *Hinzu kommt, daß die sich ausbreitende Praxis der Empfängniskontrolle ein höheres Maß an Freiwilligkeit bei der Übernahme der Mutterrolle mit sich bringt und die Wahrscheinlichkeit erzeugt, daß die Existenz des Kindes von vornherein nicht unerwünscht ist.* Dennoch gerät die Sozialisationsfähigkeit der Familie hinsichtlich der emotionalen Aspekte der Mutter-Kind-Beziehung in bestimmten sozialen Schichten unter zunehmenden gesellschaftlichen Druck. Der wichtigste

Grund liegt darin, daß die Kosten für die Übernahme der Mutterrolle, gemessen am Wert der im außerfamilialen, insbesondere beruflichen Bereich entgangenen Status- und Gratifikationschancen, größer werden. Vor allem für die wachsende Zahl von Akademikerinnen trifft zu, daß der Wechsel von den Positionen ihres Berufsbereichs in die Mutterrolle des Haushaltes Statusprobleme erzeugt. Unter solchen Bedingungen ist es wahrscheinlich, daß das Mutter-Kind-Verhältnis durch Ambivalenzen belastet und durch Selbstwertprobleme der Mutter gestört wird.

Hinsichtlich der auf konventionellen Mustern geschlechtsspezifischer Arbeitsteilung beruhenden Sozialisationsfähigkeit der Kernfamilie sind also zwei Problemkreise voneinander zu unterscheiden. *Außerhäusliche Berufstätigkeit der Mutter führt relativ häufig zu Interaktionsschwund und im Zusammenhang damit zu reduzierter Emotionalität im Mutter-Kind-System. Nichtberufstätigkeit der Mutter führt, vor allem in oberen Gesellschaftsschichten, relativ häufig zu überaus starker, aber ambivalenter Emotionalität im Mutter-Kind-System.* In diesem Fall ist die Gefahr gegeben, daß Kinder als Ursache für Statusverluste und Selbstwertprobleme der Mütter definiert und entsprechend behandelt werden. Auf jeden Fall liegt es nahe, daß sie in eine Rolle gedrückt werden, in der sie zur Lösung der Selbstwertprobleme der Mütter beitragen sollen. Diese Mütter »suchen im Kind – mit Hilfe der sogenannten narzißtischen Projektion – eine Manifestation von Aspekten des eigenen Selbst. Entweder tendieren sie dazu, im Kind ein getreues Abbild ihrer selbst wiederzufinden, oder sie externalisieren vornehmlich den idealen Aspekt des eigenen Selbst bzw. ihr Ich-Ideal in der Weise, daß sie mit Hilfe des Kindes eine Nacherfüllung entsprechenden eigenen Strebens zu erreichen hoffen. Indem sie sich dabei mit dem Kind identifizieren, erleben sie eine Entschädigung für den drückenden Mangel im eigenen Selbstwertgefühl. Schließlich kann es sein, daß sie die eigene negative Identität oder den negativen Aspekt des eigenen Selbst in das Kind projizieren. Sie vermögen dabei zu einer Surrogatbefriedigung abgewehrter eigener Impulse zu gelangen, zugleich aber durch Strafhandlungen eine Entlastung von peinlichen Schuldgefühlen (Sündenbock-Projektion) herbeizuführen«[27].

Neurosen ergeben sich – wie Horst Eberhard Richter weiterhin gezeigt hat – bei Kindern sehr leicht deshalb, weil ihr Selbstwert übergegangen, sie selbst instrumentalisiert werden – zum »Substitut für einen Aspekt des eigenen (elterlichen) Selbst«. Unter Bedingungen eigener Selbstwertprobleme, so ließe sich der Sachverhalt auch wenden, ist die Fähigkeit der Mutter, dem Kinde unbedingte Freundlichkeit zu schenken, eingeschränkt. Ihre Liebe schrumpft zu jener »love« zusammen, von der im Zusammenhang mit »love-oriented-discipline-techniques« oft geredet wird, zu etwas, das den Leistungen des Kindes entsprechend gegeben oder entzogen wird, also vom Kinde ständig zu verantworten ist. »Not the need for parental love, but the constant threat of its withdrawal after the child has been conditioned to the need, lies at the root of the most characteristic modern neurosis«[28].

Sicherlich können in vielen Familien die genannten Sozialisationseffekte dadurch eingeschränkt werden, daß der Vater durch seine affektive Verspannung mit der Mutter zu ihrer Selbstwerterhaltung beiträgt. Für nicht wenige Familien läßt sich andererseits aber auch annehmen, daß der Vater diese Funktion, mit der er die Probleme der Mutter auffängt und vom Kinde abhält, nicht leistet. *Gerhard Wurzbacher* schätzt mittels einiger empirischer Indikatoren die Zahl der Familien, die durch Spannungen zwischen den Eltern »stark gefährdet und zerrüttet« sind, auf immerhin 10–15 Prozent[29] – wobei allerdings offenbleibt, in welchem Maße in dieser Kategorie speziell Familien mit kleinen Kindern vertreten sind. In solchen Fällen vermag der Vater die Lösung mütterlicher Probleme nicht nur nicht zu leisten; sein Verhältnis zur Mutter verursacht mit Sicherheit zusätzliche Sozialisationsstörungen. Die Rolle des Kindes bestimmt sich noch eindeutiger »aus der Bedeutung, die ihm im Rahmen des elterlichen Versuches zufällt, ihren eigenen Konflikt zu bewältigen«[30].

III. Anregungen und Lernmodelle

»Wärme«[31], die Erfahrung liebevoller Zuwendung, ist die wahrscheinlich wichtigste Bedingung frühkindlicher Erziehung. Sie vermittelt »Urvertrauen« und Selbstwertgefühl, unabdingbare emotionale Voraussetzungen für alle weitere Entwicklung – auch die kognitive. »Ohne Gefühl würde kein Interesse bestehen, kein Bedürfnis, keine Motivierung; und folgerichtig würden sich Fragen und Probleme überhaupt nicht stellen, und es gäbe keine Intelligenz«[32]. Andererseits ergibt sich natürlich aus positiven Affekterfahrungen allein noch keine kognitive Entwicklung. »Wärme« ist eine notwendige, aber nicht hinreichende Voraussetzung für die Entstehung der Intelligenz. Von den weiteren Voraussetzungen soll nun im folgenden die Rede sein, wieder mit dem Ziel, die familialen Gegebenheiten hinsichtlich der Erzeugung solcher Voraussetzungen der Sozialisation genauer zu bestimmen.

1. *Intelligenz, breit verstanden als Fähigkeit zu kognitiver Umweltbeherrschung, kann sich nur in dem Maße bilden, in dem relevante Elemente der Umwelt zusammen mit bestimmten Strategien ihrer sprachlichen Identifizierung und kognitiven Verarbeitung*

erfahren werden. Die Grenzen der Intelligenzentwicklung, welche den Kindern im Raum der Familie möglich ist, werden also zuallererst durch das Ausmaß an Umwelt bestimmt, das in der Familie selbst aufgefangen und kognitiv verarbeitet wird. Sie sind um so enger, d. h., die familiale Ausbildung kindlicher Intelligenz ist um so unzureichender, je mehr der kognitive Gehalt der gesamtgesellschaftlichen Umwelt das Insgesamt des in der Familie Erfahrbaren überschreitet.

In dieser Hinsicht erweist sich (von einem bestimmten Punkte der Entwicklung an) als ein Nachteil, was (in den frühesten Phasen der Kindheit im Hinblick auf Konsistenzbedingungen) als ein Vorteil erschien: Die Familie ist eine Kleinstgruppe, die eine starke Reduktion sozialer (und eben auch kognitiver) Komplexität vollbringt. Abseits von den technischen Produktionsvollzügen des Berufsbereichs, distanziert von der Logik marktwirtschaftlicher Wettbewerbsökonomie, ausgespart vom Pluralismus der sozialen Ideologien, Weltanschauungen und Klasseninteressen, ist sie im Innern frei von wesentlichen Aufgaben und fundamentalen Konflikten, die in modernen Gesellschaften aber gelernt und verstanden werden müssen. Ihre Gruppengrenze wirkt wie ein »Filter, der gewisse Probleme der Gesamtgesellschaft absorbiert, ablenkt, gar nicht einläßt oder modifiziert, teils vereinfacht, teils spezifiziert«[33]. In der Terminologie von *Talcott Parsons:* Die Familie bildet aus partikularistischen, affektiven, zugeschriebenen und diffusen Elementen für ihre Mitglieder ein Rollensyndrom aus, in dem universalistische, affektiv-neutrale, erworbene und spezifische Orientierungen weitgehend fehlen. Dies führt um so eher zu einer sozialen und auch kognitiven *Milieusterilität*, je mehr die sowieso scharf markierte *Gruppengrenze* der modernen Kleinfamilie nach außen abgedichtet und verschlossen wird. *Wie sehr das der Fall ist, zeigen z. B. Erhebungen über den »Verkehrskreis« der Familie: Nur mit durchschnittlich drei oder vier Familien wird Besuchsverkehr unterhalten, die Mehrheit dieser Familien gehört – vor allem in der Unterschicht – zum Verwandtenkreis, also zu einer Kategorie, die aus den typisch familistischen Orientierungsmustern nicht herausführt*[34]. Diesen Ergebnissen entsprechen – wieder vor allem für die Unterschichtenfamilien – andere Befunde: *Die Teilnahme am Vereinsleben ist gering; Kontakte zu Lehrern sind auch während der Schulzeit der Kinder relativ wenig ausgeprägt; die Freizeit wird überwiegend in der geschlossenen Familie und dabei stark »familienzentriert« verbracht, in erheblichem Maße z. B. mit Kommunikationen über Alltagsfragen des Haushalts*[35]. Erwin K. Scheuch spricht in diesem Zusammenhang von »Familienprovinzialismus«[36], *Wurzbacher* mit direktem Bezug auf familiale Sozialisationsprozesse von einer *»Überbetonung der Primärgruppe«*[37].

Für die Intelligenzentwicklung der Kinder werden die genannten Tendenzen deshalb vielleicht weniger beeinträchtigend wirken, weil bestimmte kognitive Teilbereiche in der Familie ausgeschlossen sind, als dadurch, daß die Privatisierung der Familie, ihr Rückzug auf sich selbst, ein Klima erzeugt, in dem kognitive Bezüge ganz generell zu kurz kommen. Das würde bedeuten, daß die Intelligenzentwicklung des Kindes in der Familie nicht nur einseitig-unvollständig bleibt – diese These erscheint heute, nachdem Schulen selbstverständlich geworden sind, trivial –, sondern daß sie generell vernachlässigt wird. Empirische Untersuchungen bestätigen diese Hypothese wieder vor allem für den Bereich der Unterschichten. Sie zeigen, daß in ihren Familien affektive Aspekte das Eltern-Kind-Verhältnis außerordentlich stark beherrschen und daß die Leistungen der Kinder bei ihnen vor allem nach strikt familistischen Kriterien von Solidarität, Manierlichkeit, Kooperationswilligkeit etc., also in einem engeren Sinne moralistisch gemessen werden[38]. Mittelschichtenfamilien sind demgegenüber allgemein umweltoffener, und das heißt nicht nur, daß ihr Anregungspotential generell größer ist; es bedeutet in einer spezifischeren Hinsicht auch, daß gesellschaftliche Einflüsse, die von außen auf eine bewußte Pädagogisierung und Rationalisierung des elterlichen Sozialisatorenverhaltens zielen und dabei die kognitiven Aspekte der Elternrolle betonen, in Mittelschichtenfamilien eher ankommen. *Urie Bronfenbrenner* fand das in den USA bestätigt[39]. Für die Bundesrepublik ist mit Sicherheit anzunehmen, daß die insbesondere von *Heinz-Rolf Lückert* propagierten vorschulischen Leseprogramme fast ausschließlich bei Mittelschichteneltern aufgenommen und trainiert worden sind.

2. Die letzten Bemerkungen verweisen auf einen Faktor, der im folgenden systematischer zu reflektieren ist: Das kognitive Anregungspotential der Familie ist nicht nur durch ihre allgemeinen Strukturen und durch ihre gesellschaftliche Stellung bestimmt, sondern auch durch die Persönlichkeitseigenschaften und kognitiven Fähigkeiten vor allem der Eltern. *Indem sie ständig die in dem Interaktionsbereich der Familie aktualisierte Umwelt des Kindes sprachlich aufbereiten und kognitiv verarbeiten, werden sie bewußt oder unbewußt zu Modellen kognitiver Umweltbewältigung.* In welchem Maße sie dabei die Intelligenzentwicklung des Kindes fördern, hängt entscheidend von ihrer eigenen Intelligenz und darüber hinaus von ihrer spezifisch pädagogischen Kompetenz ab.

In diesem Zusammenhang sind zwei soziologische Anmerkungen am Platze. *Erstens* ist es auffällig, daß es praktisch keine gesellschaftliche Kontrolle der kognitiven Sozialisatorenkompetenz der Eltern gibt. Vater- und Mutterpositionen sind vollkommen unprofessionalisiert; ihre Rekrutierung ist – sieht man von Minderjährigkeit und Geisteskrankheit als gesetzlich bestimmte Hinderungsgründe der Eheschließung ab – unkonditioniert; ihre Ausübung wird von keinerlei gesellschaftlich überwachten Ausbildungsleistungen abhängig gemacht. Diese Beliebigkeit konnte so lange als unproblematisch gelten, solange man die Entwicklung der Intelligenz ausschließlich auf erbbedingte Wachstums- und Reifeprozesse zurückführte. Inzwischen steht die Bedeutung sozialer Anregungen auch für die Intelligenzentwicklung außer Zweifel[40]. *So muß es als ein gesellschaftliches Problem hohen Ranges angesehen werden, daß der wichtigste Produktionsprozeß der Gesellschaft, die Erziehung der Kinder, in der Familie überwiegend von Laien, d. h. dilettantisch betrieben wird.*

Dabei ist ein *Zweites* zu berücksichtigen: Das Ausmaß kognitiver Inkompetenz der Eltern streut in Abhängigkeit von ihrem eigenen Intelligenzgrad ganz erheblich. *Da die Intelligenz der Eltern mit ihrem sozialen Schichtstatus stark korreliert*[41]*, ist die Schichtenlage der Herkunftsfamilie ein entscheidender Faktor für die kognitive Entwicklung der Kinder*[42]. Weil diese Entwicklung die Lebenschance der Kinder erheblich determiniert, entsteht ein Zusammenhang, der Ungleichheit und Diskriminierung signalisiert, also ein weiteres gesellschaftliches Problem bezeichnet.

Die Abhängigkeit der Intelligenzentwicklung von der Schichtenlage der Eltern ist in den letzten Jahren vor allem am Beispiel des *Sprachlernens* untersucht worden[43]. Signifikante Unterschiede ließen sich bei Kindern im Schul- und Vorschulalter im Hinblick auf Artikulationsfähigkeit, Wortschatz, schematische und syntaktische Strukturen feststellen und auf die schichtenspezifischen Sprachmilieus ihrer Elternfamilie zurückführen. Da Sprache das hauptsächliche Medium ist, um die Umwelt mittels symbolischer Repräsentation im Bewußtsein des einzelnen zu domestizieren, ist der Zusammenhang zwischen Sprachfähigkeit und Intelligenz evident.

3. Bevor aus den berichteten Sachverhalten Folgerungen für den Stellenwert der Familie innerhalb kindlicher Sozialisationsprozesse gezogen werden können, muß der bislang ausgesparte Zusammenhang zwischen Intelligenzentwicklung und Lebensalter der Kinder bezeichnet werden. Benjamin S. Bloom *schloß aus den ihm vorliegenden Ergebnissen, daß die größte Entwicklungsfähigkeit der Intelligenz zwischen drei und acht Jahren liegt*[44]. *Daraus würde folgen, daß Anregungsschwächen der Familie vom vierten Lebensjahr an akut werden. Daß sie die frühkindliche Phase nicht wesentlich beeinflussen, ergibt sich auch aus Untersuchungen, die* Nancy Bayley *zur Intelligenzentwicklung durchführte*[45]. Bayley fand bei 1409 Kindern im Alter von 1–15 Monaten keine Abhängigkeit der Intelligenzentwicklung von diversen Umweltvariablen (Schichtung, Stadt–Land, Bildungsstand der Eltern etc.). Es gibt offenbar keine

Intelligenzförderung in die familiale Sozialisation der frühesten Befunde, die nahelegen könnten, daß gesellschaftliche Strategien der Kindheit eingreifen. Auch vom vierten Lebensjahre an wären Förderungsprogramme im Hinblick auf die außerhalb der Familie kaum organisierbaren Stabilitäts-, Konsistenz- und Affektbedingungen der Sozialisation so anzusetzen, daß ein hinreichender Kontakt zu den Familien gewährleistet bleibt. Kompensatorische Vorschulprogramme gewinnen in dieser Hinsicht vor allem für Kinder aus Unterschichtenfamilien besondere Bedeutung; generell aber auch eine systematische, durch arbeitsrechtliche Vorkehrungen abzusichernde Eltern-, insbesondere Mutterschulung. Für die inhaltliche Bestimmung dieser Programme ergeben sich aus dem folgenden Kapitel einige Hinweise.

IV. Toleranzen und Erfolgserfahrung

Der Intelligenzbegriff wurde bislang in einem unspezifischen, sehr formal bleibenden Sinne gebraucht. Entsprechend konnten als Bedingungen der Intelligenzentwicklung nur relativ allgemein die Variablen »Anregungen« und »Lernmodelle« bezeichnet werden. Es gilt nun, zu präzisieren und dabei zu fragen, welche besonderen Voraussetzungen und Bestandteile einer Intelligenz als legitime und prinzipielle erreichbare Sozialisationsziele für Kleinkinder verbindlich gemacht werden können.

1. Aus zweierlei Gründen kann es in frühkindlichen Phasen des Lernens nicht darum gehen, dem Kinde Kenntnis- und Stoffmassen zu vermitteln[46]. Erstens ist es aus lernökonomischen Gründen nicht effektiv, die Unendlichkeit des Wissenswerten als eine Summe von Details zu lehren. Zweitens sind diese Details in einer Gesellschaft raschen organisierten Wandels prinzipiell vorläufig; ihr kognitiver Stellenwert tritt hinter den der dynamischen Strukturen zurück, von denen her sie ihren Sinn erhalten und wieder verlieren. Unter solchen Bedingungen erkennt die Pädagogik in zunehmendem Maße, daß es auf exemplarisches Lehren und Lernen ankommt, auf Vermittlung und Begreifen von generellen Strukturen und Prozessen des Universums, das zum Erkenntnisobjekt gemacht wird. Zunehmend wird auch gesehen, daß am Anfang aller Erziehung die Begründung von Persönlichkeitseigenschaften zu stehen habe, die das Individuum zu adäquatem Lernen dauerhaft motivieren. Gerade darin liegt wohl die besondere Aufgabe schon der frühen vorschulischen Sozialisation. Es geht um die Übertragung von Lern- und Leistungsmotivationen sowie um die Ausbildung bestimmter kognitiver Stile im Kinde.

Die Vermittlung von dauerhaft wirksamen Lern- und Leistungs-

motivationen ist insofern bedeutsam, als mit ihnen »intrinsisches« Lernen möglich wird, ein Lernen, das nicht von außen, durch sozial vermittelte Belohnungen und Bestrafungen, also in einem Kontext gesellschaftlicher Abhängigkeiten motiviert und gesteuert zu werden braucht. Intrinsisches Lernen ist »in sich selbst bekräftigend«, entsteht durch Lust an der Sache selbst und ist in diesem Sinne »spontan«[47]. Die Psychologie hat die Möglichkeiten intrinsischer Motivierung erst in jüngster Zeit besonders betont. Sie hat sie mit Annahmen von Neugiertrieben, Explorations- und Manipulationsbedürfnissen, Kompetenzmotivationen etc. begründet[48] und mit den Ergebnissen der Stimulus-Deprivations-Experimente von *W. Heron, B. K. Doane* und *T. H. Scott* in gewissem Maße auch belegt[49]. Mit den Worten *Robert W. Whites*: »Langeweile, das Unangenehme der Monotonie, die Attraktion durch Neuheit, die Tendenz, Verhalten zu variieren statt es starr zu wiederholen, und das Aufsuchen von Reizung und milder Erregung stehen als unleugbare Tatsachen der menschlichen Erfahrung, die auch deutliche Entsprechungen im tierischen Verhalten finden, vor uns. Auch wenn seine ›primären‹ Bedürfnisse befriedigt und die homöostatischen Pflichten erfüllt sind, ist ein Organismus lebendig, aktiv und auf irgend etwas aus«[50]. In den Sozialisationsprozessen kommt es nun darauf an, diese »Spontaneität des Organismus« nicht zu verschütten und ihr im übrigen eine Richtung zu geben, die mit bestimmten kognitiven Stilen bezeichnet werden kann.
Kognitive Stile gelten als Persönlichkeitsmerkmale, die die Art des Denkens eines Individuums, seine typischen Strategien des Problemlösens bezeichnen. Jerome Kagan hat in dieser Hinsicht »Reflexibilität« (im Unterschied zu Impulsivität) als relevantes Sozialisationsziel beschrieben; *Hermann A. Witkin* u. a. »Feldunabhängigkeit«, d. h. die Fähigkeit, Elemente und ihren Zusammenhang aus den jeweiligen Situationsbezügen heraus zu isolieren und unabhängig von zufälligen Randbedingungen zu analysieren[51]. Seit den Anstößen von *Joy P. Guilford*[52] ist, z. T. mit dem Begriff des »divergenten Denkens«, die Bedeutung der in der früheren Intelligenzforschung stark vernachlässigten und mit dem üblichen I. Q. nicht sehr hoch korrelierenden[53] Kreativität klargeworden, also der Fähigkeit, produktiv, mit Einfällen und der Chance von Entdekkungen zu denken[54]. In allen Fällen handelt es sich, wie auch bei der Betonung von intrinsischen Lernmotivationen, um eine Steigerung der individuellen Eigenleistung und Autonomie. Die Frage entsteht, wie diese als Grundlage und Stil der kognitiven Operationen des einzelnen in Sozialisationsprozessen begründet und entwickelt werden können!
2. Die Entwicklung kognitiven Selbstbewußtseins scheint vor allem
 von folgenden Bedingungen der kindlichen Lernsituation abhängig

zu sein: 1. *Die Aufgaben müssen einen Schwierigkeitsgrad besitzen, der Leistungen erlaubt, welche vom Kind als Erfolg definiert werden können*[55]. 2. *Mißerfolge bei der Aufgabenbewältigung des Kindes dürfen von den Eltern nicht prinzipiell und rigide bestraft werden; die Sozialisatoren sollten sich bei relativ hoher Fehlertoleranz vor allem auf das Mittel der Aktivitäts- und Erfolgsbelohnung konzentrieren*[56].

Der Schwierigkeitsgrad der Stimuli, denen das Kind im Lernprozeß ausgesetzt wird, ist eine sehr entscheidende Variable des Lernerfolgs. »Die gestellte Aufgabe muß, um Aufmerksamkeit und tätige Bemühung des Kindes auf sich zu ziehen, einen dosierten Schwierigkeitsgrad haben, der den sachstrukturellen Entwicklungsstand des Kindes um ein geringes übersteigt. Momentaner Fähigkeitsstand und Aufgabenanforderung müssen fortlaufend aufeinander passen, zwischen beiden muß ›Passung‹ sein«[57]. Ob Eltern diese Passung im Sozialisationsprozeß ihrer Kinder erreichen, hängt einerseits von ihrer Kenntnis des gegebenen Entwicklungsstandes ab, andererseits von ihrem Wissen, in welcher Richtung die Entwicklung in welchem Maße vorangetrieben werden kann. Da vor allem im Hinblick auf letzteres entwicklungspsychologische und pädagogische Sachkenntnisse vorauszusetzen sind, ist eine optimale Sozialisationsleistung der Eltern unwahrscheinlich. Einen interessanten Ausweg bezeichnet *Heinz Heckhausen* mit der aus Forschungsergebnissen ableitbaren Hypothese, daß Passung am besten gewährleistet sei, »wenn das Aufgabenmaterial eine Schwierigkeitsgraduierung zuläßt, die das Kind selbst manipulieren kann; oder wenn das Kind Material mit dem jeweils passenden Schwierigkeitsgrad selbst auswählen kann«[58]. Dieser Effekt steht im Zusammenhang damit, »daß mittlere Schwierigkeitsgrade, bei denen ein Erfolgs- oder Mißerfolgsausgang ungefähr gleich wahrscheinlich ist, den höchsten Motivierungswert haben«[59]. So bedeutet Verschränkung von individueller Lernfähigkeit und Lerninteressiertheit auf intrinsischer Motivationsgrundlage, daß die pädagogische Funktion der Sozialisatoren stärker als bisher angenommen auf das Stimulus-Angebot bezogen werden kann. Die wichtigste Leistung der Eltern bestände dann darin, innerhalb großzügig vorsortierter Anregungen Spielräume zu ermöglichen, in denen die Spontaneität des Kindes zum Zuge kommen kann. Ob Eltern das leisten können, ist durch die Autoritätsstruktur der Familie und die Stellung der Kinder in ihr wesentlich mitbestimmt.

Die Autoritätsstruktur der Familie erweist sich noch in anderer Hinsicht als entscheidend. *Die Entwicklung des Kindes wird nicht nur durch das Ausmaß der Kontrollen der Eltern, sondern auch durch die Art ihrer Kontrollen beeinflußt.* Entsprechend ist nicht allein danach zu fragen, ob und in welchem Maße die Kinder bei dem, was sie tun, gelenkt werden. Gleichermaßen wichtig ist zu bestimmen, auf welche Weise Eltern das Gelingen oder Mißlingen kindlichen Verhaltens beantworten. Im Hinblick darauf sind zwei Differenzierungen eingeführt worden[60]. Man unterscheidet erstens psychologische von physischen Disziplinierungstechniken, zweitens Belohnungs- von Bestrafungsformen.

Die Forschungsergebnisse über die Wirkung der einzelnen Disziplinierungstechniken sind leider keineswegs hinreichend eindeutig und konsistent[61]. Der Grund liegt u. a. darin, daß die Effekte elterlicher Sanktionen nach Alter und Geschlecht der Kinder, auch danach, ob Vater oder Mutter sie einsetzen, differieren. Entscheidender aber scheint zu sein, daß für die relevanten Variablen elterlichen Verhaltens bislang noch keine hinreichend präzisen Meßinstrumente gefunden worden sind und daß sich überdies für die Analyse des Zusammenhangs dieser Variablen bislang noch keine hinreichend differenzierten Denkmodelle durchgesetzt haben. Die empirischen Zusammenhänge sind so komplex, daß die Wirkung einer bestimmten Disziplinierungstechnik nicht ohne zusätzliche Informationen über andere Variable bestimmt werden kann. *Wesley C. Becker* hat diesen Zusammenhang z. B. dadurch berücksichtigt, daß er die Effekte restriktiver oder permissiver Disziplinierungen bezeichnete je nachdem, ob sie in grundsätzlich feindseliger oder aber prinzipiell freundlicher (»warmer«) Familienatmosphäre eingesetzt werden[62]. Auch *Bronfenbrenner* spricht von bestimmten Sozialisationswirkungen als Folge differenzierter Mischungsverhältnisse diverser Disziplinierungstechniken und Erziehungsstile[63]. Das wahrscheinlich angemessenste Modell systematisierte *Parsons:* Er spricht hinsichtlich der Einwirkung von Sozialisation auf die Persönlichkeitssysteme der Kinder von Frustrations-Gratifikations-Balancen und arbeitet bei ihrer Erfassung mit differenzierten Input-Output-Schemata[64]. Folgt man diesen Ansätzen, dann ist es falsch, elterliche Sozialisationen dadurch zu unterscheiden, daß in einem Falle z. B. körperliche Strafen eingesetzt werden, im anderen Falle nicht. Alles hängt davon ab, unter welchen Randbedingungen es erscheint und in welchem Maße es balanciert ist.

Gemessen an diesen analytischen Voraussetzungen lassen sich zum gegenwärtigen Zeitpunkt nur wenige allgemein gehaltene Thesen über die Wirkungen elterlicher Disziplinierungen riskieren, darunter folgende: Psychisch wirksame Belohnungen (Lob, Dank etc.) scheinen bei einem mittleren Grad an Kontrolle und Toleranz als die wirksamsten Faktoren bei der Entstehung von Lern- und Leistungsmotivationen. Sind körperliche Strafen (Schläge) in einer prinzipiell feindseligen Familienatmosphäre als Disziplinierungstechnik dominant, ist starke Aggressivität des Kindes mit geringer Über-Ich-Entwicklung wahrscheinlich. Die größten Gehorsams- und

Konformitätswirkungen, aber auch starke Unselbständigkeit und Mangel an Selbstwertgefühl, scheinen in Familien, in denen das Kind nicht prinzipiell feindselig behandelt wird, vom häufigen Einsatz psychisch wirkender Bestrafungen (Liebesentzug) auszugehen[65].

3. Bei der Behandlung der Frage, ob die Familie imstande ist, die optimalen Disziplinierungstechniken hervorzubringen und die für die Sozialisation des Kindes notwendigen Toleranzen freizusetzen, läßt sich mit dem Gedanken beginnen, daß die Familie eine relativ *totalitäre* Gruppe ist, welche die wesentlichen Daseinsbereiche ihrer Mitglieder mit »diffusen« Beziehungen relativ intensiv erfaßt[66]. Dieser für die frühkindliche Entwicklung entschieden funktionale Sachverhalt ergibt sich zum einen aus der Kleinheit der Familie[67], steht weiterhin aber vor allem im Zusammenhang damit, daß die Familie im Haushalt einen »Drehpunkt« besitzt, der sie täglich auf engem Raum konzentriert. Hier wird jedoch der Spielraum des einen sehr leicht zu einer Bedrohung des anderen, schon deshalb, weil sie einander in wörtlichem Sinne berühren[68]. Diese Gefahr und mit ihr die Wahrscheinlichkeit gegenseitiger Restriktionen steigen um so mehr, je kleiner die *Wohnung* ist. In dieser Hinsicht hat in unserer Gesellschaft eine kapitalistisch organisierte Wohnungswirtschaft das Ihre dazu getan, daß in nicht wenigen Familien die Spontaneität der Kinder systematisch unterdrückt wird. 25,8 Prozent der Familien mit zwei Kindern (4-Personen-Haushalte) und 20,3 Prozent der Familien mit drei Kindern (5-Personen-Haushalte) besaßen 1965 Wohnungen mit – rechnet man die Küchen nicht hinzu – höchstens zwei Räumen[69]. Die ungünstige Wirkung des in diesen Fällen unvermeidlichen »overcrowding« ist in Untersuchungen über die Genese »abweichenden« Verhaltens empirisch belegt worden[70].

Ob sich aus der prinzipiell totalitären Verfassung der Familie eine Repression der Kinder ergibt, hängt allerdings wesentlich von den Machtverhältnissen in der Familie ab. Grundsätzlich kann man davon ausgehen, daß die Machtdifferenz zwischen Eltern und Kindern in der Familie außerordentlich groß ist, um so größer, je jünger die Kinder sind. Die Eltern verfügen praktisch über alle Ressourcen, die hinsichtlich der Bedürfnislagen der Kinder relevant sind. Und die Leistungsschuld der Kinder ist so groß, daß Gehorsam als prinzipielle Attitüde den Eltern gegenüber auch moralisch durchgesetzt, Macht also zur Autorität gewendet werden kann. Die Familie ist eine außerordentlich hierarchisch strukturierte Gruppe.

Für unseren Zusammenhang, in dem es um die Bestimmung elterlichen Verhaltens den Kindern gegenüber geht, ist die Feststellung von Machtdifferenzen allerdings noch nicht hinreichend aufschlußreich, wenn Macht im Sinne *Max Webers* nur als *Chance*, den eigenen Willen auch gegen Widerstreben durchzusetzen, begriffen wird. Mit Recht hat die neuere Politikwissenschaft den Unterschied zwischen Macht und Machtausnutzung ernst genommen[71]. Auf unseren Kontext bezogen, muß die Frage lauten: In welchem Maße beuten Eltern ihren Machtvorsprung gegenüber den Kindern in Form autoritäten Verhaltens aus?

Zu den wichtigsten Antworten gehört der Hinweis darauf, daß das elterliche Verhalten auch in dieser Hinsicht gesellschaftlich kaum kontrolliert wird. Die mit gutem Grund private Verfassung des Familienraums hindert genaue Transparenz und schnelle Interventionen. Jahrelange Torturen von kleinen Kindern sind oft nur durch Zufall bekanntgeworden. Auch den Sozialwissenschaften sind keine genauen Kenntnisse darüber verfügbar, wie sich in den Familien der Machtvorsprung der Eltern gegenüber den Kindern ausdrückt. Fast alle Untersuchungen bezogen sich auf die Bestimmung der Machtverhältnisse zwischen den Eltern[72]. Dennoch sind einige Angaben über die hierarchische Dimension der Eltern-Kind-Beziehung möglich, allerdings im wesentlichen *nur auf der Einstellungs-, nicht auch auf der Verhaltensebene:* 1. Auf die einem repräsentativen Querschnitt der Bevölkerung gestellte Frage *»Auf welche Eigenschaften sollte die Erziehung der Kinder vor allem hinzielen?« antworteten 1969 19 Prozent: »Gehorsam und Unterordnung«, 45 Prozent: »Ordnungsliebe und Fleiß«, 45 Prozent: »Selbständigkeit und freier Wille«*[73]. 2. Mehrere Ergebnisse erlauben die Hypothese, daß *»Gehorsam und Unterordnung«* vor allem in dem Erziehungsverhalten der unteren Unterschicht (ungelernte Arbeiter) eine Rolle spielen[74], *»Ordnungsliebe und Fleiß«* bei der oberen Unter- und unteren Mittelschicht (Facharbeiter, untere Angestellte), *»Selbständigkeit und freier Wille«* bei der mittleren und oberen Mittelschicht[75].

Diese Schichtverteilung autoritären Elternverhaltens steht in scheinbarem Widerspruch zu der Theorie, nach der sich die Macht aus dem Besitz an *Ressourcen* herleitet[76]. Da durch den vom Vater vermittelten Schichtstatus der Eltern das Ausmaß ihrer *Ressourcen* (Geld, Prestige, Bildung) bestimmt ist, müßte die hierarchische Ausprägung der familialen Verhältnisse um so ausgeprägter sein, je höher der Schichtstatus liegt. Genau dieser Zusammenhang ist in zahlreichen Studien bei der Bestimmung der Autoritätsbeziehungen zwischen Ehemann und Ehefrau verifizert worden[77]. Der Widerspruch löst sich mit der Unterscheidung der Dimensionen »Macht« und »Machtausnutzung«. Für die Bedingungen der Machtausnutzung innerhalb der Familie lassen sich nämlich Hypothesen einsetzen, die eine umgekehrte Schichtabhängigkeit indizieren: 1. Je niedriger der Schichtstatus, um so größer das Ausmaß der Frustrationen und Aggressionen, die sich zumindest beim Vater in außerfamilialen Gesellschaftsberei-

chen bilden. 2. Je größer das Ausmaß an außerfamilial verursachten Frustrationen und Aggressionen, um so stärker die Neigung, innerfamiliale Machtvorsprünge auszunutzen. Diese Zusammenhänge konnten Donald G. McKinley und Melvin L. Kohn empirisch belegen[78].
Es ergibt sich also, daß autoritäres Verhalten des Vaters in der Familie um so häufiger auftritt, je weniger seine Machtausübung durch *Ressourcenbesitz* legitimiert und »autorisiert« ist. Um so wahrscheinlicher ist es dann, daß diese Machtausübung zwanghaft auftritt und mit der Wirkung gesteigerter Aggressionen beim Kinde einhergeht.

Für die hierarchische Dimension der Eltern-Kind-Beziehung läßt sich 3. belegen, daß in den letzten Jahren autoritäre Einstellungsmuster der Eltern offenbar zurückgegangen sind. *Bei insgesamt sechs Emnid-Befragungen zwischen 1951 und 1969 ergab sich, daß das Sozialisationsziel »Selbständigkeit und freier Wille« eine Ausbreitung von 28 Prozent auf 45 Prozent der befragten Bevölkerung erlebte; im gleichen Zeitraum sank der Anteil der Antwort »Gehorsam und Unterordnung« von 25 Prozent auf 19 Prozent*[79]. 4. Interkulturelle Vergleichsforschungen legen die Hypothese nahe, daß nicht autoritäres, sich mit rigiden Verboten und physischen Bestrafungen vollziehendes Erziehungsverhalten für deutsche Eltern besonders typisch ist, eher ein verhältnismäßig totalitäres Ausmaß an Kontrolle, eine pädagogische Haltung also, mit der zu viele Bereiche des Kindes in zu vieler Hinsicht kontrolliert werden, sei es aus übermäßiger Ängstlichkeit, übersteigertem Liebesverlangen oder auch starkem Herrschaftsbedürfnis[80].
Hohes Ausmaß an erzieherischer Kontrolle zusammen mit einem erheblichen Maß an »Wärme« und zunehmender Konzentration auf psychische Disziplinierungstechniken, als Kombination am ehesten in den breiten Mittelschichten vorhanden, bezeichnen wohl das allgemeinste Muster familialer Sozialisation. Es entspricht auch am weitesten den kleinfamilialen Strukturen. *Folgt man der Analyse von Becker*[81]*, so ließe sich als typisches Sozialisierungsergebnis eine starke, auf Konformität hinzielende Gewissensleistung der Kinder vermuten. Ihr Lern- und Leistungsstreben dürfte nicht gering sein, besäße aber einen starken sozialen Anerkennungshang, also nicht die intrinsische Qualität, die angesichts der Bedingungen optimaler Aufgaben»passung« für hohe Lernleistungen und speziell für kreative Haltungen vorausgesetzt werden muß.*
Wieder ist allerdings anzumerken, daß die problematischen Sozialisationseffekte während der frühesten Kindheitsphase noch nicht entstehen können. »Die ersten Anzeichen der Leistungsmotivationen sind nicht vor Ende des dritten Lebensjahres zu beobachten. (Erst) dann ist die intellektuelle Entwicklung so weit fortgeschritten, daß Kinder die Ursache von Gelingen und Mißlingen auf die eigene Tüchtigkeit bzw. Untüchtigkeit zurückführen können«[82]. Ebenso

bilden sich die kognitiven Stile erst von diesem Lebensalter an[83]. Vorschulische Förderungsprogramme, die sich auf die Ausbildung intrinsischer Motivationen und geeigneter kognitiver Stile konzentrieren, besitzen also eine Chance, ohne in die frühkindliche Phase eingreifen zu müssen.

V. Zusammenfassung und Folgerungen

1. Die vorstehende Analyse orientierte sich an der Frage, ob die Familie als Gruppe besonderer Art eine angemessene Sozialisation der Kinder tragen könne, eine Sozialisation, deren Ziel durch den Besitz von Persönlichkeitsmerkmalen wie Intelligenz und Kreativität, Lern- und Leistungsmotivationen, Selbstwertgefühl und »Urvertrauen« definiert wurde. Die Sozialisationseffekte der Familie wurden dabei in erster Linie auf die strukturellen Eigenarten der Familie zurückgeführt. Diese lassen sich folgendermaßen bezeichnen: 1. Die Familie, verstanden als die Gruppierung von Eltern und deren unselbständigen Kindern (Kernfamilie), ist schon aufgrund der begrenzten Gebärfähigkeit der Frau eine Kleinstgruppe. 2. Mit den Geschlechts- und Abstammungsbeziehungen greifen *»biologische Substrukturen«*[84] in das familiale Geschehen; sie begründen Möglichkeiten spezifischen Zusammenhalts und stützen eine wesentlich nach zugeschriebenen Kriterien von Alter (Generation) und Geschlecht bestimmte Rollendifferenzierung. 3. Die Familie besitzt gegenüber ihrer Umwelt eine relativ scharf markierte *Gruppengrenze*, was durch die Unübertragbarkeit ihrer spezifischen Mitgliedernamen (Vater, Mutter, Bruder etc.) symbolisiert und durch ihre Organisation als exklusive Haushaltsgruppe (Kleinfamilie) auch räumlich gesichert ist. 4. Kleinheit und Haushaltsbindung bewirken, daß die familiale Gruppe relativ *totalitär* ist; sie erfaßt alle wesentlichen Aspekte des Lebens ihrer Mitglieder in relativ starkem Maße. 5. Die innerfamiliale Rollendifferenzierung ist in der vertikalen Dimension durch ein enormes *Machtgefälle* zugunsten der älteren Generation geprägt. – Diese Strukturmerkmale der Familie konstituieren ein spezifisch familiales Interaktionsmilieu mit sozialen Beziehungen, die relativ intensiv, partikularistisch, diffus, zugeschrieben, affektiv und hierarchisch sind.

Spezifisch familiale Sozialisationsfunktionen und -dysfunktionen ergeben sich aus den strukturbedingten Mustern familialer Interaktionen. Das frühkindliche Bedürfnis nach einer Dauerpflegeperson, die sich dem Kinde hinreichend verläßlich und freundlich zuwendet, und nach einem Milieu, das über Jahre hin stabil und im übrigen hinreichend konsistent und »verständlich« ist, läßt sich wohl durch keine andere soziale Formation mit ähnlich hoher Erfolgswahrscheinlichkeit befriedigen wie durch die Familie. *Die Vorzüge der Familie in der frühkindlichen Sozialisationsphase enthalten allerdings den Keim ihrer Schwächen in späteren Sozialisationsabschnitten. Die familiale Struktur ist nicht komplex genug, um den wachsenden Differenzierungsbedürfnissen des Kindes elastisch folgen bzw. vorausgehen zu können. Darum besteht die Gefahr, daß die Emotionalität des familialen Milieus ein Defizit an kognitiven Ansprüchen und Stimuli impliziert; daß die Intensität familialer Interaktionen zu wenig Spielräume und Toleranzen läßt; daß das Ausmaß familialer Konsistenzen einen Anregungsmangel bewirkt; und daß die Stabilität der Familie ihre »Überorganisation«, d. h. ihre mangelnde Fähigkeit bedeutet, außerfamiliale Verflechtungen bzw. die Emigration ihrer Mitglieder zu dulden*[85].

Die besondere Stärke der familialen Sozialisation liegt also in der Babyphase. Daß die Kompetenz der Familie dann nachläßt, könnte man vor allem der mangelnden Sozialisationsleistung des *Vaters* zuschreiben. Im Rahmen innerfamilialer Arbeitsteilung ist er der »instrumentale Führer« im Außenbereich der Familie, in ihrem »äußeren System« *(George C. Homans). Insofern wäre es im Sozialisationsprozeß vor allem seine Aufgabe, die Familie gegenüber der Komplexität der Umwelt offenzuhalten und deren Lern- und Leistungsforderungen in die Familie zu vermitteln*[86]. Daß ihm dies vor allem in den unteren Gesellschaftsschichten nicht gelingt[87], rechtfertigt den Begriff von der »vaterlosen Gesellschaft«, den *Alexander Mitscherlich* einführte[88].

Die sich aus diesem Zusammenhang ergebenden Schwächen familialer Sozialisation werden dann problematisch, wenn in der Entwicklung des Kindes die Fähigkeit einsetzt, Leistungsmotivationen und kognitive Stile zu entfalten. In den ersten zwei bis drei Lebensjahren scheint das nach den bisherigen Untersuchungsergebnissen *(Heckhausen)* nicht der Fall zu sein. Da auch in den folgenden Lebensjahren die Entwicklung des Kindes durch einen Mangel spezifisch familialer Sozialisationsleistungen (affektive Zufuhr, anhaltende Milieustabilität etc.) beeinträchtigt werden müßte, kann die Problemlösung weder in der frühkindlichen noch in der vorschulischen Phase im Familien*ersatz* gesucht werden. *Die Analyse drängt in diesem Zusammenhang allein in Richtung familienergänzender Sozialisation, etwa im Rahmen vorschulischer Erziehungseinrichtungen. Auch bei diesen kann es nicht darum gehen, un- oder antifamiliale Milieus zu arrangieren. Ihre Spezialisierung auf Funktionen kognitiver Förderung kann nicht außerhalb solcher sozial-emotionalen Bezüge gelingen, wie sie besonders die Familie strukturell erzeugt.*

2. Die Strukturmerkmale der Familie beeinflussen das elterliche Sozialisatorenverhalten in relevantem Maße, sie determinieren es aber

keineswegs. Sie stellen nur einen Teil der prägenden Bedingungen innerfamilialen Geschehens dar. Insofern kann eine auf das System der Familie beschränkte Strukturanalyse die innerfamilialen Probleme nicht hinreichend bestimmen und erklären. Es ist unumgänglich einzurechnen, daß gesamtgesellschaftliche Bedingungen der familialen Umwelt direkt in das Interaktionssystem der Familie eingreifen und ihre Sozialisationseffekte mitbestimmen.

Gesamtgesellschaftliche Bedingungen familialer Sozialisation werden an der Bedeutung schichtspezifischer Variablen evident. Soziale Schichtung, verstanden als das System der Ungleichheit im Hinblick auf den Besitz von Macht, Geld, Bildung und Prestige, bewirkt erhebliche Unterschiede in der familialen Sozialisation. Dafür gibt es eine Fülle von Belegen. Soziale Schichtung beeinflußt innerfamiliale Spannungsgehalte, Konsistenzstärken und Stabilitätsgrade. Sie macht sich im Anregungspotential des familialen Milieus und in der kognitiven Kompetenz der Eltern bemerkbar. Sie wirkt auf innerfamiliale Machtverhältnisse und Elterntoleranz. All dies mit dem Effekt, daß die schichtbestimmte Ungleichheit der elterlichen Situation zur sozialen Diskriminierung der Kinder gerät, die in Unterschichtenfamilien aufwachsen. Unterschichteneltern vererben ihren Status an die Kinder, weil ihre Sozialisation Persönlichkeitsmerkmale und Verhaltensdispositionen schafft, die den Unterschichtenstatus ihrer Kinder prädestinieren. Dieser Zusammenhang läßt sich nur in dem Maße aufheben, in dem die schichtspezifischen Ungleichheiten verringert und die Sozialisatorenmonopole der Eltern eingeschränkt werden. Ohne gesamtgesellschaftliche Veränderungen läßt sich die Lösung einer Reihe von Problemen familialer Sozialisation nicht erreichen. Da allerdings gesamtgesellschaftliche Veränderungen mit dem Ziel eines Abbaus von sozialer Schichtung und einer Vergesellschaftung elterlicher Sozialisatorenkompetenz bei Überschreiten bestimmter Grenzen ihrerseits nicht ohne den Anfall erheblicher sozialer Kosten vorstellbar sind, erweist sich die Problemlösung als kompliziert und kontrovers. Sie kann nur durch Balancierung konkurrierender Postulate im Kontext politischer Entscheidungsprozesse erreicht werden.

Eine kognitive Theorie der Sozialisation*

A. L. Baldwin

Eine Theorie der Sozialisation muß sowohl auf der Verhaltenstheorie als auch auf der Lerntheorie basieren, wenn sie erklären soll, wie das Kind zu einem Individuum wird, das sich in seine Gesellschaft einfügt, das ihre Einstellungen (beliefs) und Werte teilt, das Kenntnisse und Fähigkeiten, die für die Aufrechterhaltung der Gesellschaft wichtig sind, erwirbt und gebraucht, dann ist die Sozialisationstheorie eine Teilklasse einer allgemeinen Theorie menschlichen Verhaltens und Lernens. Neben den deskriptiven Komponenten einer Theorie des Verhaltens und Lernens muß die Sozialisationstheorie weiterhin eine Erklärung dafür enthalten, wie die allgemeinen Bedingungen auf dem Hintergrund der konkreten gesellschaftlichen Situation spezifiziert werden. Wenn z. B. die Theorie behauptet, daß das Gewissen durch Imitation eines Rollenmodells erworben wird, so muß sie auch zeigen, wie Kinder in dieser Gesellschaft tatsächlich diese Rollenmodelle imitieren. Eine adäquate Theorie darf nicht nur hypothetische Ereignisse im Leben eines Kindes, die durch die Sozialisation hervorgerufen werden können, aufzeigen, sondern sie muß auch nachweisen, daß solche Ereignisse tatsächlich stattfinden.

Wenn auch prinzipiell nur Teile des Erwachsenenverhaltens und Persönlichkeitsmerkmale durch das Kind im Sozialisationsprozeß erworben werden, so durchdringt die Sozialisation doch so vollständig die Reifung und Entwicklung des Kindes, daß es fast unmöglich ist, Sozialisation generell von der kindlichen Entwicklung zu trennen. Die Reifung spielt z. B. bei der Entwicklung des Kindes eine entscheidende Rolle, der die Sozialisationspraktiken einer Gesellschaft angepaßt werden. So spiegelt das Laufenlernen wahrscheinlich wichtige Elemente der Reifung wider, aber die Forderung der Gesellschaft, daß Kinder laufen, wird der Tatsache angepaßt, daß Kinder in den ersten drei Lebensmonaten nicht laufen lernen können, und viele Sozialisationspraktiken hängen wiederum von der Erwartung ab, daß bei vier- oder fünfjährigen Kindern die körperlichen Bewegungsfähigkeiten voll entwickelt sind.

So fördert der Reifungsprozeß nicht nur die Entwicklung des Kindes, sondern auch viele Fähigkeiten und Kenntnisse allgemeiner

* A. L. Baldwin, A Cognitive Theory of Socialization, in: A. Goslin (ed.), Handbook of Socialization Theory and Research, Chicago 1969, S. 325 bis 345. Mit freundlicher Genehmigung des Autors und des Verlages Rand McNally and Co. Übersetzt von Heide und Claus Mühlfeld.

Natur werden vom Kind ohne soziale Belehrung erworben – z. B., wie man etwa lernt, Klippen zu umgehen. Dennoch kann die Sozialisation des Kindes soziale Belehrungen über solche Gefahren in der physischen Welt enthalten, sogar wenn diese nicht dringend erforderlich sind, und viele Sozialisationspraktiken einer Gesellschaft gehen stillschweigend davon aus, daß einige wichtige Belehrungen durch den Kontakt mit der Welt der Dinge (leblose Welt) gewonnen werden. Oft wird daher erwartet, daß vom Kind derartige Kenntnisse und Erfahrungen erworben werden, sogar dann, wenn keine spezifisch relevanten Erziehungspraktiken dafür existieren.
Daher scheint es unmöglich zu sein, Sozialisation nur als einen Teil des Lernens in der Kindheit zu betrachten, eher ist sie ein Faktor in der Reifung und Entwicklung des Kindes, der nicht von anderen Entwicklungseinflüssen in dem Sinn getrennt werden kann, daß er *die* Erklärung für einige Aspekte im Verhalten des Kindes ist, während man bei anderen Aspekten der Entwicklung von ihm absehen kann.
Im Lichte dieser einleitenden Überlegungen wird im folgenden Kapitel zuerst die generelle Natur einer kognitiven Verhaltenstheorie beschrieben, so, wie sie der Verfasser sieht. Dieser Ansatz wird durch eine breitangelegte Wiedergabe der kognitiven Lerntheorie zu erweitern versucht. Wir nehmen dabei als erwiesen an, daß die Sozialisation in allen Bereichen der kindlichen Entwicklung eine Rolle spielt, aber wir wollen nicht irgendeine spezifische Verteilung ihres Einflusses zu skizzieren versuchen.
Im zweiten Teil des Kapitels wollen wir einige Beispiele für die kulturelle Chiffrierung von Umweltstimuli aufzeigen, die sich in den kognitiven Vorstellungen der Menschen widerspiegeln; weiterhin werden wir auf einige spezifisch soziale Beispiele des informationsheischenden Verhaltens hinweisen; daran anschließend werden wir die Frage andiskutieren, inwieweit die generellen Einstellungen über das kindliche Verhalten und Lernen die Erziehungspraktiken der Gesellschaft beeinflussen.

1. Teil – Eine kognitive Theorie des Verhaltens und Lernens

Vorbemerkung

In diesem Abschnitt wird die Version des Autors von einer kognitiven Theorie des Verhaltens und Lernens kurz zusammengefaßt. Die sich daran anschließenden Abschnitte werden dann einige Aspekte der Theorie ausführlich diskutieren.
 1. Eine kognitive Theorie des Verhaltens setzt voraus, daß die

erste Stufe in der Ereigniskette, die durch die Stimulussituation initiiert wird und aus der das Verhalten resultiert, zugleich die Genese für die Konstruktion einer kognitiven Vorstellung der primären Umwelt ist. Die späteren Ereignisse in der Kette werden durch diese kognitive Vorstellung angetrieben, modifiziert und geleitet. Die kognitive Vorstellung agiert daher im Sinne einer Umweltbeeinflussung, die die Motive und Emotionen weckt, und sie leitet das wahrnehmbare Verhalten hin zu seinen Zielvorstellungen (target) oder zum Ziel (goal) selbst.

2. Diese kognitive Vorstellung wechselt ihre typische Eigentümlichkeit, wenn das Kind heranwächst.

a) In dem sehr jungen Kind ist die kognitive Vorstellung relativ beschränkt, und sie konzentriert sich auf irgendeinen momentan hervortretenden Aspekt in der augenblicklich wahrnehmbaren Umwelt; dieser ist weitgehend von der momentanen Verfassung des Kindes abhängig, von seiner Triebverfassung, seiner emotionalen Verfassung, seiner spezifischen Orientierung und der Handlung des Augenblicks.

b) Mit dem Lernen und der Reifung wird die kognitive Vorstellung zu einer relativ *breit integrierten Repräsentation* der Umwelt, die viele Merkmale, die nicht direkt wahrnehmbar sind, einschließt, obgleich die kognitive Vorstellung, von einem streng informatorischen Standpunkt betrachtet, nicht bereichert wird, da sie nicht mehr Information enthalten kann als die vorgegebene Stimulussituation. Es ist eine Kodierung der vorgegebenen Stimuli, obgleich der Begriff »Kodierung« eine zu restriktive Darstellung des Prozesses, durch den die kognitive Vorstellung aufgebaut wird, nahelegt.

c) Mit dem Lernen und der Reifung trennt die kognitive Vorstellung das Selbst und die Umwelt. Das Individuum selbst wird analog zu seinem Verhalten in der äußeren Umwelt beschrieben. Es wird mehr und mehr als handelndes, fühlendes und wünschendes Wesen erfaßt, das über verschiedene Eigenschaften verfügt, z. B. Fähigkeiten, charakteristische Merkmale und Werthaltungen.

d) Mit dem Lernen und der Reifung wird die kognitive Vorstellung der Umwelt relativ *neutralisiert* im Hinblick auf die emotionale und motivationale Verfassung des Organismus. Sie bestimmt den Ausdruck verschiedener Emotionen und die Befriedigung verschiedener Motive, aber die Vorstellung ihrerseits ist eine relativ neutrale Darstellung der Eigenschaften der äußeren Umwelt.

e) Mit dem Lernen und der Reifung wird die kognitive Vorstellung in einer komplexeren Art und Weise kodiert, die die Erlernung der Sprache, der Kulturmerkmale, etc. widerspiegelt.

Das Individuum wird in dem Sinne zu einer Doppelkodierung fähig, als es ein Merkmal zu seinem Bedeutungsträger in Verbindung bringen kann, ohne es mit diesem zu vermischen.

f) All diese Änderungen stellen Richtungspotentiale dar. Sie werden niemals vollständig beendet (z. B. Neutralisation). Außerdem beziehen sie sich nicht auf jedes Verhalten; einige Verhaltensweisen werden weiterhin durch die einfacheren Mechanismen vermittelt, sogar während das übrige Verhalten durch die sich später entwickelnden Mechanismen vermittelt wird. Im großen und ganzen reflektiert das denkoperative, geplante Verhalten die Wirksamkeit der komplexeren Mechanismen, während Träume, motorische Kenntnisse und Fertigkeiten, automatisierte Gewohnheiten, Impulse und unabsichtlich ausgedrücktes Verhalten die Wirksamkeit früherer, obgleich nicht weniger anpassungsfähiger Mechanismen widerspiegelt.

g) Im allgemeinen kontrollieren Mechanismen höherer Ebene die niedrigerer Ebene, sobald sie in Konflikt geraten. Diese Tatsache rechtfertigt die Ebenen »höher« und »niedriger«, jedoch nicht ein abstraktes Wertsystem, noch graduelle Unterschiede im Adaptionsverhalten.

3. Die Erlernung kognitiver Vorstellungen folgt im allgemeinen den Lernprinzipien: Kontiguität, Generalisation, Verstärkung und Wiederholung. Im Laufe der kognitiven Entwicklung werden diese Prinzipien unter spezifischen Restriktionen wirksam; z. B. wirkt ein Ereignis sehr viel verstärkender auf eine Handlung, wenn es als deren Ergebnis erkannt und nicht als eine zufällige Kontiguität gesehen wird.

4. Kognitive Erlernung wird durch spezifische Arten von informationsaneignendem Verhalten gefördert, z. B. orientierende Antworten, visuelles Abtasten, informatorisches Verhalten, etc.

5. Einige dieser informationsaneignenden Verhaltensweisen werden durch kognitive Unklarheiten oder Verwirrungen motiviert. In diesem Fall kann das informationssuchende Verhalten selbst z. B. durch eine wissenschaftliche Methode kognitiv geleitet werden.

Was ist eine kognitive Theorie?

Wir wollen nun einige Grundzüge der kognitiven Theorie betrachten. Der Begriff »kognitive Theorie« entstand nicht aus einer Selbstdarstellung durch die Forscher, deren Theorien als kognitive bezeichnet worden sind. Sie ist statt dessen ein deskriptiver Begriff, der sich ohne klare Abgrenzung auf eine Vielzahl intuitiver psychologischer Theorien bezieht. Zur gleichen Zeit sind kognitive Funktionen von mehreren Forschern untersucht worden, die sich selbst nicht als kognitive Theoretiker betrachteten und auch von anderen nicht als solche betrachtet wurden.

Verschiedene Wissenschaftler haben Definitionen für eine kognitive Theorie zu liefern versucht, eine der jüngsten ist die von Van de Geer und Jaspens im »Annual Review of Psychology« (1966). Die hier verwendete Definition stimmt im allgemeinen mit der ihren überein.

Der Autor definiert die kognitive Theorie als eine Theorie menschlichen Verhaltens, das einen generellen kognitiven Mechanismus als Ausgangspunkt in der Ereigniskette voraussetzt, die vom Stimulus zum Response führt. Als Prämisse der kognitiven Theorie fungiert die Annahme, daß Stimuli empfangen und weiterverarbeitet werden, um die Information, die sie enthalten, herauszufiltern. Diese Information wird in spezifischer Weise in die kognitive Vorstellung der Umwelt, in der das Individuum sich selbst repräsentiert, integriert. Die kognitive Vorstellung ihrerseits könnte alternativ dazu als Meinung über die Umweltinformation bezeichnet werden.

Wichtig ist dabei, daß die Information, die auf diese Weise empfangen, koordiniert und in eine spezifische Vorstellungsart integriert wurde, den wirksamen Stimulus für den Antrieb und die Leitung zielgerichteten Verhaltens evoziert. Wenn eine derartige kognitive Vorstellung existiert, so besteht eine ihrer adaptiven Funktionen darin, daß dieselbe kognitive Vorstellung eine Vielzahl von Motivationen, die von der Verfassung des Organismus abhängen, hervorrufen und eine Vielzahl von Verhaltenssequenzen, die auf verschiedene Ziele (targets) gerichtet sind, leiten kann. Mit anderen Worten: das Individuum nimmt seine Umwelt vielfach in der gleichen Weise wahr, sei es, daß es hungrig ist und diese Umweltinformation dazu benutzt, um Nahrung zu suchen; sei es, daß es gelangweilt ist und diese Information dazu benutzt, um Unterhaltung zu suchen; oder sei es, daß es motiviert ist, arbeiten zu gehen und die kognitive Vorstellung der Umwelt dazu benutzt, um ins Büro zu gelangen.

Es dürfte klar sein, daß die Verfassung des Organismus die kognitive Vorstellung der Umwelt modifiziert; aber wenn hypothetisch angenommen wird, daß die Motivation die kognitive Vorstellung in beliebigem Ausmaß determiniert, so geht viel von dem Vorteil der kognitiven Theorie verloren. So ist es bedeutsam, daß sie einen Informationsextraktionsprozeß, der *relativ* neutral für die Motivation des Individuums ist, nur beschreibt und auf diese Weise dazu dienen kann, eine Vielzahl von verschiedenen zielgerichteten Verhaltensweisen anzuleiten. Die Neutralisation dieser kognitiven Funktionen ist tatsächlich ein Aspekt der kognitiven Sozialisation.

In vielerlei Hinsicht ist die kognitive Theorie ein Versuch, alltagspsychologische Betrachtungsweisen zu verbessern. Die Menschen setzen im alltäglichen Leben oft stillschweigend voraus, daß andere Individuen einige Merkmale der Umwelt direkt wahrnehmen und erkennen, die direkt nicht wahrnehmbar sind. Außerdem werden Dinge, die nicht kognitiv präsent sind (i. e. unbekannt), vorausgesetzt, die jedoch das Verhalten nicht beeinflussen. Die Alltagspsychologie setzt ebenfalls voraus, daß die kognitive Vorstellung eine bewußte phänomenale Erfahrung ist. Dies ist ein Merkmal der Alltagspsychologie, das zu den Ansichten beigetragen hat, daß kognitive Theorien ihrer inneren Natur nach mentalistisch sind. Wenn auch die kognitiven Theorien einiger Psychologen für die Möglichkeit einer phänomenalen Erfahrung eingetreten sind, so ist es dennoch für eine kognitive Theorie durchaus möglich, behavioristisch zu sein.

Die kognitive Vorstellung kann als hypothetisches Konstrukt erfaßt werden, dessen Rechtfertigung von seiner Fruchtbarkeit für die Vorhersage und Interpretation tatsächlichen Verhaltens abhängt.

Kognitive Theorien schließen jedoch nicht alle Theorien ein, die einen intervenierenden Mechanismus zwischen Stimulus und Response postulieren. Speziell die psychoanalytische Theorie hat komplexe Hypothesen über die Natur des Bewußtseins und die Faktoren, die den Zugang zum Bewußtsein determinieren, zum Inhalt. In der psychoanalytischen Theorie jedoch wird das Bewußtsein mehr als eine Sequenz von Gedanken als eine integrierte kognitive Vorstellung der Umwelt beschrieben. Es besteht daher kein wesentlicher Unterschied zwischen der psychoanalytischen und der kognitiven Theorie. Diese beiden könnten ohne weiteres miteinander verbunden werden. Es trifft zu, daß sich die psychoanalytische Theorie mehr mit den psychodynamischen Kräften des Zuganges zum Bewußtsein beschäftigt als mit der Beschreibung kognitiver Prozesse.

Die moderne S-R (Stimulus-Response)-Theorie enthält ebenfalls verschiedene Hypothesen über intervenierende, vermittelnde Responses. Diese intervenierenden Responses haben einen ähnlichen Stellenwert wie eine kognitive Vorstellung. Miller weist in seiner Diskussion über die Liberalisierung des S-R-Standpunktes (1959) auf die Effektivität eines intervenierenden, vermittelnden Response hin, der durch eine Vielfalt von verschiedenen Stimulusbedingungen hervorgerufen und mit einer Vielzahl von verschiedenen Responses verbunden werden kann. Der Response vereinfacht den sonst notwendigen Mechanismus, um jeden Stimulus direkt mit jedem Response zu verbinden. Gerade diese Effektivität gestaltet eine kognitive Theorie attraktiv. Viele dieser intervenierenden Responses, die durch S-R-Theoretiker hypothetisch vorweggenommen wurden, sind jedoch keine Abbildungen der äußeren Umwelt; sie sind eher internalisierte Handlungen wie etwa Worte oder Eßbewegungen, oder emotionale Responses wie etwa Angst.

Unter den S-R-Theoretikern nimmt Berlyne (1965) eine Struktur intervenierender, vermittelnder Responses hypothetisch vorweg, die als eine Abbildung der äußeren Welt fungiert. Seine »situativen« Gedanken bilden die äußere Welt ab, und seine »transformatorischen« Gedanken repräsentieren die Ansichten des Individuums darüber, durch welches Verhalten eine Situation in eine andere transformiert werden kann. In diesem Sinne ist es sicher erlaubt, Berlyne den kognitiven Theoretikern zuzuordnen, wobei diese Kennzeichnung seine Position als S-R-Theoretiker natürlich keineswegs beeinträchtigt. Berlyne glaubt, daß die intervenierenden Responses alle Charakteristika der Responses in der S-R-Theorie aufweisen; sie können sich an Stimuli anschließen, sie dienen als Stimuli auf Responses, sie sind generalisierbar und werden wahrscheinlich durch Verstärkung gelernt.

Berlyne versucht nachzuweisen, daß es keinen inhärenten Widerspruch zwischen einem kognitiven und einem S-R-Theoretiker gibt, unbeachtet der Tatsache, daß sich beide Positionen häufig feindlich gegenüberstanden. Wissenschaftler, die sich beiden theoretischen Positionen verpflichtet fühlen, sahen sich bei der Erklärung partikularer Phänomene oft mit theoretischen Inkonsistenzen konfrontiert, die ihrerseits aber nicht als den Grundannahmen der beiden theoretischen Positionen inhärent betrachtet werden können, so daß Berlyne den Versuch unternimmt, die kognitive Position in S-R-Begriffen zu beschreiben.

So ist man oft erstaunt, daß sich viele kognitive Theoretiker nicht mit aktuellen kognitiven Prozessen beschäftigten. So ignorierte etwa Lenin, der sicherlich ein kognitiver Theoretiker war, weitgehend die Prozesse, durch die die äußere Umwelt eine partikulare kognitive Struktur hervorbringt. Da er sich mit den dynamischen Kräften kognitiver Strukturen und ihrer Relation zu Bedürfnissystemen befaßte, wurde er oft verdächtigt, sowohl post-perceptuelle als auch prä-behaviorale Positionen in seinem Theoriesystem zu verwenden. Der mangelnde Bezug auf die kognitiven Prozesse kann daher leicht zu einem Weiterleben bestimmter alltagspsychologischer Annahmen in den Theorien der wissenschaftlichen Psychologie führen. So wird im Alltagsleben oft stillschweigend vorausgesetzt, daß die Wahrnehmung eine direkte Registrierung der Umwelt ist. Die Alltagspsychologie enthält nur wenige Hypothesen über diese Mechanismen. Es scheint oft so zu sein, daß in der Alltagspsychologie die Genauigkeit der Wahrnehmung dort als am besten gesichert betrachtet wird, wo dieser Prozeß am wenigsten direkt

und explizit ist. Dem direkten Augenzeugenbericht eines Verbrechens wird vom Gericht häufig mehr Glauben geschenkt als einer mehr logisch rationalen Rekonstruktion des Verbrechens, die auf einem Indizienbeweis basiert.
Sicherlich muß jede kognitive Verhaltenstheorie, die adäquat zu sein vorgibt, eine Theorie über kognitive Prozesse enthalten. Selbst wenn kognitive Theoretiker sich nicht besonders mit kognitiven Prozessen beschäftigt haben, so haben es andere Psychologen für sie getan, da in der Psychologie allmählich ein bedeutendes Theoriekonzept über die Natur der Wahrnehmung und der Informationsbearbeitung aufgebaut wird. Während sowohl Wahrnehmung als auch Informationsbearbeitung zwar in einer spezifischen Theorie enthalten sein können, die jedoch keine Aussagen über Kognitionen beinhaltet, so bleiben sie dennoch ein zentrales Anliegen einer kognitiven Theorie. Es erscheint daher mehr als wahrscheinlich, daß viele Forscher einer Psychologie der Wahrnehmungsprozesse und der kognitiven Funktionen das zentrale Postulat der kognitiven Theorie akzeptieren würden, wie es zu Beginn dieses Abschnittes skizziert wurde.

Welche Überlegungen rechtfertigen eine kognitive Theorie?

Der Vorteil einer kognitiven Theorie beruht, wie bereits angedeutet wurde, auf der Tatsache, daß das Postulat eines generellen kognitiven Mechanismus die Erklärung der Beziehung von äußerem Stimulus und dem Verhalten des Organismus vereinfacht. Es ist im Prinzip durchaus möglich, behaviorale Gesetze zu formulieren, die sich direkt auf die proximalen Stimuli beziehen, wie sie der Sinnesoberfläche des Körpers aufgedrängt werden, etc. Außerdem würde solch eine Formulierung psychologischer Gesetze, wenn diese Beziehungen einfach wären, sich als theoretisch befriedigend erweisen. Es sprechen jedoch viele Gründe dafür, warum solche Gesetze extrem schwer zu entdecken und kompliziert zu beschreiben sind.
Der Hauptgrund für diese Komplikation resultiert aus dem Umstand, daß der menschliche Organismus wie alle anderen biologischen Organismen seiner Umwelt angepaßt ist. Er hat durch die phylogenetische Entwicklung eine Anzahl von Verhaltensmechanismen erworben, seine Lernfähigkeit eingeschlossen, die eine Anpassung an eine komplexe Umwelt erlauben. Zusätzlich wird seine Anpassungsfähigkeit an die Umwelt noch durch Lernprozesse vergrößert. Die Objekte, denen der Organismus angepaßt ist, sind natürlich Objekte der Umgebung, die Quellen für potentielle Gefahren, für Nahrung, Kleidung, Zuflucht etc. signalisieren. Gleich-

zeitig sind andere Menschen in der Umgebung natürlich auch Quellen für Lob und Tadel, Feindseligkeit und Wohltätigkeit. Es ist daher angemessen, das Anpassungsverhalten eines Menschen einfach in den Begriffen des Einflusses zu beschreiben, den die Umgebungsobjekte auf ihn ausüben, und gleichzeitig seinen Einfluß auf die externen Umgebungsobjekte zu schematisieren.

Es ist für einen an Umgebungsobjekte angepaßten Mechanismus durchaus möglich, auf dem Wege sehr einfacher Stimulus-Response-Beziehungen zu funktionieren. So verhält sich z. B. das Silbermöwenküken völlig angepaßt, wenn es in der Aufzuchtphase durch ein Picken auf den Schnabel des Muttertieres den Fütterungstrieb auslöst. Nach Tinbergen und seinen Kollegen (Tinbergen und Perdeck, 1950) ist dieser Response-Mechanismus sehr einfach zu erklären: der auslösende Stimulus ist ein isolierter roter Streifen auf einem gelben Hintergrund. In der Umwelt des Möwenkükens führt dieser einfache Verhaltensmechanismus in den meisten Fällen zum adäquaten Nahrungserwerb.

Aus dem Umstand der Umgebungsanpassung kann jedoch nicht logisch gefolgert werden, daß der Organismus irgendeine integrierte Umgebungsvorstellung haben muß, auf die er reagiert. Im Fall des vollentwickelten menschlichen Verhaltens jedoch, das an eine Vielzahl von sich schnell ändernden Umständen adäquat angepaßt sein muß, wäre ein genereller kognitiver Mechanismus, der distale Objekte der Umwelt in verläßlicher Form abbildet, von hohem funktionalen Wert. In ähnlicher Weise ist eine von außen gesteuerte Verhaltensform, die einen kognitiven Feedback-Mechanismus miteinschließt, von hohem funktionalen Wert.

Da die Anpassungsfähigkeit des faktischen Verhaltens die Aufrechterhaltung bestimmter invarianter Beziehungen zu Umweltobjekten hemmt, ist es zweckmäßig, daß die psychologischen Gesetze, wenn sie in Begriffen dieser Objekte formuliert werden, wahrscheinlich einfacher sind als Gesetze, die in Begriffen proximaler Stimuli und motorischer Responses des Organismus formuliert sind. Dies trifft besonders dann zu, wenn wir uns vor Augen halten, durch wie viele verschiedene und alternative Kommunikationskanäle ein partikulares Umweltobjekt auf den Organismus einwirken kann. So kann das Herannahen eines Feuerwehrzuges an mein Apartment durch optisch sichtbare Gesten, durch akustische Zeichen, durch einen Telefonanruf von jemandem, der es beobachtet, oder von einer Vielzahl anderer Kanäle signalisiert werden. Es ist einleuchtend, daß ein genereller kognitiver Mechanismus, der eine innere Vorstellung distaler Umgebungsobjekte ermöglicht, den Vorteil hat, daß viele psychologische Gesetze des Verhaltens, des Lernens, der Verstärkung, der Motivation und des emotionalen Response in relativ einfachen Begriffen ausgedrückt werden können.

Die Schwäche dieses Argumentes besteht darin, daß die Komplexität des mediatisierenden Prozesses zwischen distalen Stimuli und der kognitiven Vorstellung nicht durch die bloße Annahme einer kognitiven Vorstellung vermieden wird. Das Problem der Erklärung, wie eine genaue kognitive Vorstellung der distalen Umwelt produziert wird, enthält dieselben Probleme der Auswahl, wie sich die proximalen Stimuli auf distale Objekte beziehen, die eine Theorie enthalten müßte, wenn sie tatsächliches Verhalten direkt zu proximalen Stimuli in Verbindung zu setzen versuchte. Es besteht daher kein notwendiger Vorteil in einer kognitiven Theorie. Aber die Teilung behavioraler Mechanismen in zwei Stufen – zum einen die Konstruktion einer kognitiven Vorstellung und zum anderen die Ausführung einer Verhaltenssequenz – kann in der Tat die Probleme der psychologischen Erklärung in zwei bedeutungsvolle und leicht zu handhabende Blöcke trennen; wohingegen der Versuch, proximale Stimuli direkt auf motorische Responses zu beziehen, mit der Forderung verbunden ist, daß alle Probleme sozusagen in einer einzigen Transformation gelöst werden können.

Außerdem zeichnet sich eine erklärungsrelevante Strategie psychologischer Mechanismen dadurch aus, daß sie mit den Anpassungsproblemen des Organismus korrespondieren. Die Psychologie hat die Tatsachen des anpassungsfähigen Verhaltens vernachlässigt, wahrscheinlich weil anpassungsfähige Mechanismen häufig teleologisch beschrieben worden sind und auf diese Weise wichtige Aspekte der Erklärung verdeckt wurden. Aber andererseits hat die behavioristische und objektive Psychologie in ihrer Bemühung, eine mehr genuin kausale als eine teleologische Erklärung des Verhaltens zu finden, oft den Blick für die wichtige Anpassungsfunktion kausaler Mechanismen verloren, wie z. B. Lernen durch Verstärkung, Generalisation oder Gewöhnung.

Hierauf beruht daher auch die Forderung für die Suche nach einem generellen kognitiven Mechanismus im menschlichen Verhalten, der von hohem funktionalem Wert sein und psychologische Erklärungen vereinfachen würde, wenn er tatsächlich existierte. Dies sind keine logischen Argumente für die Existenz dieses Mechanismus, aber es sind überzeugende Argumente für die hypothetische Vorwegnahme eines generellen kognitiven Mechanismus, um seine Angepaßtheit an tatsächliche empirische Tatsachen zu überprüfen. Das Hauptproblem der kognitiven Theorie besteht jedoch nicht darin, seinen möglichen Wert zu rechtfertigen, sondern in der Erklärung, wie ein solcher genereller kognitiver Mechanismus funktionieren könnte.

Was ist die Natur der kognitiven Vorstellung?

In der Geschichte kognitiver Theorien ist die kognitive Vorstellung manchmal eine »Cognitive Map« genannt worden, mit der die kognitive Vorstellung stillschweigend auf eine Art geometrischen Modells beschränkt wurde. Wissenschaftshistorisch ist dieses Phänomen wohl darauf zurückzuführen, daß Tolman (1932) sich mit Ratten in Labyrinthen beschäftigte und Lewin (1936) den ernsthaften Versuch unternahm, alles Verhalten als eine Bewegung im geometrischen Raum zu beschreiben. Hier soll die Fruchtbarkeit jener Strategie (vgl. Baldwin 1967) nicht bewertet werden, aber sie scheint unangemessen restriktiv zu sein.

Generell ist eine kognitive Vorstellung eine Kodierung der Umweltinformation, aber es muß eine Kodierung sein, die die Struktur der Umwelt andeutet; i. e. die Beziehungen von Items als auch die Items selbst. Sie ist nicht auf die Information, die sofort zugänglich ist, beschränkt; sie bezieht sich offensichtlich auf die Erinnerung: wenn ich mich z. B. daran erinnere, daß ich meine Aktentasche im Büro vergessen habe und daher in der Lage bin, sie zu holen; Erinnerung hängt sicherlich in vielen anderen Fällen von Gedächtnisleistungen ab, aber dies ändert nichts an der Tatsache, daß sie eine Kodierung der Umwelt darstellt und jede Art der Kodierung enthalten kann: visuell, verbal oder als Strategien und Pläne für Handlungen.

Die kognitive Vorstellung enthält ebenso Ansichten über die Umwelt, die als kulturelle Konventionen bezeichnet werden können. Die Kodierung selbst, wenn sie verbal ist, stellt eine solche Konvention dar. Außerdem kann die kognitive Vorstellung Informationen über Menschen mit freundlichen oder wohltätigen Absichten enthalten, sowie Handlungen als Werturteile oder moralische Verpflichtungen definieren. Tatsächlich kann die kognitive Vorstellung mehr als eine Umweltprojektion betrachtet werden, die den Notwendigkeiten des anpassungsfähigen Verhaltens besser entspricht als ein genaues Abbild der externen Umwelt. Es hängt von den epistemologischen Ansichten ab, ob man über eine Vielzahl von Positionen im Hinblick auf den Status der Realität der so erfaßten distalen Objekte verfügen kann. Aber es bedarf notwendigerweise keiner spezifischen Annahme über die Realität, damit eine kognitive Vorstellung für die Verhaltenstheorie fruchtbar gemacht werden kann.

Schließlich kann die kognitive Vorstellung die Umwelt immer dann doppelt kodieren, wenn ein genuin symbolisches Verhalten vorliegt. Eine Person, die eine verbale Beschreibung hört, verwechselt die Worte nicht mit dem, worauf sie sich beziehen. Generell ist die kognitive Vorstellung intern, aber sie wird auf die Umwelt so übertragen, daß das Individuum die Umwelt selbst und nicht seine Vorstellung von ihr wahrnimmt. Von seinem Verhalten wird angenommen, daß es durch die Umwelt geleitet wird, jedoch nicht durch eine »Cognitive Map« von ihr. Aber viele kognitive Aktivitäten schließen verbale Merkmale, logische Gedanken und arithmetische Operationen ein, wenn die Merkmale die Objekte abbilden, auch wenn diese nicht präsent sind.

Altersspezifische Veränderungen der kognitiven Vorstellungen

Das Argument, das gerade für die Rechtfertigung einer kognitiven Verhaltenstheorie geäußert wurde, erscheint plausibler, wenn wir das gedanklich geplante, zielgerichtete Verhalten Erwachsener betrachten und nicht das Verhalten sehr junger Kinder, das Verhalten von Menschen unter extremer Belastung oder sogar die gelockerte Aktivität von Menschen, die sich unterhalten. Das Konzept eines Informationsextraktionsprozesses, der zu einer kognitiven Vorstellung führt, scheint für das kognitiv geleitete Verhalten am sinnvollsten zu sein.

Das Hauptproblem einer kognitiven Theorie besteht somit in der begrifflichen Konzeption anderer Verhaltensarten. Eine Unterscheidungsmöglichkeit bietet sich in der Differenzierung von kognitiv und nicht-kognitiv geleitetem Verhalten, oder von sensomotorischem Verhalten und Verhalten, das auf mentalen Vorstellungen basiert, an (Piaget 1952); oder man kann wie Bruner (1964) zwischen verfügbarem, ikonischem und symbolischem Verstehen, oder wie Freud zwischen primärem und sekundärem prozeßhaftem Denken unterscheiden.

In diesem Abschnitt wollen wir uns mit Anregungen dieser Theoretiker in der Absicht beschäftigen, ihre Ergebnisse miteinander zu integrieren versuchen. Anstelle der Voraussetzung, daß ein Kind während der allgemeinen Vorschulperiode eine kognitive Vorstellung erwirbt, wollen wir annehmen, daß sogar das Neugeborene über eine kognitive Vorstellung verfügt. Hierbei wollen wir den Versuch unternehmen, die generellen Fakten der kognitiven Entwicklung in unsere Betrachtung zu integrieren, indem wir verschiedene Veränderungen im Charakter der kognitiven Vorstellung postulieren.

Von den kognitiven Vorstellungen des sehr jungen Kindes wird angenommen, daß sie sich in den folgenden Merkmalen von denen des Erwachsenen in dessen rationalsten Entscheidungen unterscheiden:

1. Sie sind eher relativ eng begrenzt auf das unmittelbar Wahrnehmbare und beinhalten nicht so sehr eine breite Integration perzeptueller Daten, vergangener Erfahrungen und stillschweigender

Annahmen über die externe Welt.

2. Die kognitive Vorstellung des jungen Kindes ist nicht nur inhärent begrenzt, sondern auch insoweit undifferenziert, als keine Unterscheidung zwischen Selbst und Umwelt vorgenommen wird. Daher nimmt der Säugling seine eigenen Handlungen nicht als Erscheinungen auf dem Hintergrund der Umgebung wahr. Vielmehr erfährt er irgendein Amalgam der Handlung und deren umgebungsbedingtes Feedback. Die Hypothese, daß für junge Kinder und niedrigere Lebewesen Objekte »Dinge der Handlung« sind, ist von verschiedenen Forschern angedeutet und von Werner (1948) betont worden. Dieselbe Idee scheint Bruners Beschreibung der verfügbaren Vorstellung inhärent zu sein (1964). Wir haben dieses Merkmal des kindlichen Verhaltens durch die Annahme in den Griff zu bekommen versucht, daß es dem Kind mißlingt, das Selbst von der Umwelt kognitiv zu differenzieren. Auf jene Hypothese selbst ist natürlich in der psychoanalytischen Theorie hingewiesen worden, z. B. bei Piaget (1952), bei Werner (1957) und anderen.

3. Von der kognitiven Vorstellung des jungen Kindes wird angenommen, daß sie sehr stark von der augenblicklichen Verfassung des Organismus abhängt. Sie ist nicht nur inhärent auf das sofort Wahrnehmbare begrenzt, sondern kann weiterhin durch die Trieblage des Kindes oder Affekte, durch auftretende externe Stimuli, durch seine weiteren Handlungen oder die Ausrichtung seiner Orientierung eingeschränkt werden. So kann ein starker Trieb des Kindes die Wahrnehmung eines Zielobjektes einschränken; auftretende Stimuli können seine Aufmerksamkeit fesseln und so verhindern, daß es andere Aspekte des Stimulusbereiches wahrnimmt; dies ist auch dann der Fall, wenn das Kind mit zielgerichtetem Verhalten seine Wahrnehmung nur auf ein Ziel unter Ausschluß anderer Aspekte der Umwelt konzentriert. Dieses Postulat kann einige der psychoanalytischen Hypothesen, sowohl über die primären Prozesse als auch über Commonsense-Wahrnehmungen kindlicher Kurzsichtigkeit, Impulsivität und Geistesabwesenheit erklären.

Mit dem Alter, der Reife und der Erfahrung ändert sich allmählich der Charakter der kognitiven Vorstellung. Mit dem Grad der Erweiterung der kognitiven Vorstellung werden auch nicht sofort wahrnehmbare Teile der Umwelt erfaßt, die jedoch teilweise noch mit dem unmittelbar Wahrnehmbaren vermischt werden. Die kognitive Vorstellung erhält die Form eines Bildes des auf dem Hintergrund einer Umweltvorstellung handelnden, fühlenden und denkenden Individuums. Es wird relativ auf Trieblagen und Affekte neutralisiert und verläßt den begrenzten Blickpunkt auf das Objekt, das Mittelpunkt der Aufmerksamkeit ist.

Außerdem spiegeln die kognitiven Vorstellungen die zunehmende Erkenntnis des Kindes von seiner Umwelt und den Erwerb kultureller Werte (beliefs) wider.
Zusätzlich wird mit der Erlernung der Sprache und anderer Kulturgüter seine kognitive Vorstellung komplexer und symbolischer. Bis zur Einschulung des Kindes ist sein Verständnis vieler Phänomene in verbaler oder anderer Form in seine Wahrnehmung integriert. Gleichzeitig jedoch erkennt das Kind den Unterschied zwischen der verbalen Ebene und ihrem Referenten. In gewisser Hinsicht ist seine Wahrnehmung doppelt kodiert: sie enthält sowohl eine Vorstellung der Umwelt als auch eine symbolische Beschreibung von ihr. Einige Forscher glauben, daß diese Art des konzeptuellen Denkens den tatsächlichen Beginn kognitiver Vorstellungen kennzeichnet. Dieser Denktypus wird von Piaget in der »Entwicklungsstufe konkreter Operationen« gefunden, und er kennzeichnet den Beginn der verbalen Vermittlung und des »Zwei-Stufen-Prozesses«, wie er von S-R-Theoretikern beschrieben wurde.

Eine kognitive Lerntheorie

Bis jetzt haben wir uns mit der Beschreibung einer kognitiven Vorstellung als einer Kodierung umgebungsbedingter Information und der Beschreibung ihrer altersspezifischen Veränderung beschäftigt. Diese altersspezifischen Veränderungen sind wahrscheinlich sowohl das Ergebnis kindlicher Entwicklung als auch von Lernprozessen.
In diesem Abschnitt wenden wir uns der kognitiven Lerntheorie zu. Da die gesamte Sozialisation Lernen bedeutet, muß eine kognitive Theorie des Sozialisationsprozesses eine Lerntheorie miteinschließen. Vieles in der Diskussion dieses Abschnittes ist einfach spekulativ in dem Sinne, daß es zu wenig empirische Daten gibt, um viele der vorgenommenen Unterscheidungen zu begründen. Andererseits sind diese Unterscheidungen logisch aus der grundlegenden Prämisse der kognitiven Theorie ableitbar. Die basale Unterscheidung wird zwischen der Erlernung einer kognitiven Vorstellung und der Erlernung von Verhalten getroffen, das durch diese kognitiven Vorstellungen geleitet oder angetrieben wird.
Da sich kognitive Vorstellungen mit zunehmendem Alter verändern, so nehmen wir an, daß Lernen sich ebenfalls altersspezifisch ändert.
Wir gehen von der allgemeinen Annahme aus, daß das Lernen in seiner frühesten Form mehr oder weniger der konventionellen Beschreibung des Lernens in S-R-Begriffen entspricht. Wir nehmen an, daß im Laufe der kindlichen Entwicklung dieselben generellen Faktoren – Kontiguität, Verstärkung, Generalisation und Wieder-

holung – wirksam sind, aber auf eine präzisere und differenziertere Art und Weise.

Selbst wenn man Lernprozesse bei sehr jungen Kindern erklären will, könnten die Annahmen der S-R-Theorie zu generell sein. Um diese Einschränkung zu illustrieren, weist Miller (1959) in seinem Artikel über die Liberalisierung der S-R-Theorie auf die basale Annahme hin, daß jedes Verhalten, das mit jedem Stimulus mittels Verstärkung verknüpft werden kann, definitionsgemäß mit jedem anderen Stimulus verknüpfbar sein muß – vorausgesetzt, daß der andere Stimulus mit irgendeiner Antwort durch einen Prozeß der Verstärkung verknüpft werden kann. Mit anderen Worten nimmt die S-R-Theorie an, daß jeder lernbare Response mit jedem Stimulus verbunden werden kann, der in der Lage ist, einen Response hervorzurufen. Wie Miller selbst sagt, ist dies eine sehr gewagte Hypothese, die nicht empirisch bewiesen und sehr wahrscheinlich nicht einmal bestätigt werden kann. Im tierischen Verhalten scheinen einige Responses leichter mit spezifischen Stimuli als mit anderen verknüpft werden zu können, und es ist sehr gut möglich, daß wir bei der Untersuchung des kindlichen Verhaltens ebenfalls entdecken werden, daß es keine völlig natürliche Erlernung irgendeines Response auf irgendeinen Stimulus gibt. Nichtsdestoweniger ist die Nützlichkeit der Prinzipien der Verstärkung, der Generalisation, der Sekundärtriebe etc. kaum umstritten.

Wenn das Kind beginnt, seine kognitiven Vorstellungen zu organisieren, so hat diese Strukturierung einen nachhaltigen Einfluß auf den Lernprozeß.

Eine der kognitiven Theorie inhärenten Distinktion ist die Unterscheidung zwischen der Response-Erlernung und der Erlernung kognitiver Beziehungen. Das erste Phänomen erklärt das Lernen behavioraler Responses auf eine Situation; das zweite erklärt die Erlernung solcher Merkmalskombinationen, daß A B hervorruft, daß C äquivalent zu D ist, oder daß E F impliziert.

Wir nehmen an, daß die Rohdaten für die Erlernung kognitiver Strukturen und für das Lernen adaptiver Responses von der Existenz konsistenter Kontiguitäten und Ähnlichkeiten von Umweltereignissen abhängen. Der wissenschaftliche Beweis einer kausalen Relation ist im Grunde von der Beobachtung abhängig, daß die Wirkung konsistent der Ursache folgt. Die Überzeichnung durch die Wissenschaft liegt darin, daß sie diese Konsistenz beobachtet, sogar wenn die Wirkung augenscheinlich weit von der Ursache entfernt ist; daß sie die Kausalkette, die die beiden verbindet, verfolgt und daß sie eine kausale Relation demonstriert, indem sie Situationen herstellt, in denen alternative Ursachen konstant gehalten werden.

Wir nehmen an, daß die wissenschaftliche Methode die entwickeltste

Form kognitiven Lernens wiedergibt. Die Aufgabe einer kognitiven Theorie des Lernens besteht darin, diese Genese zu beschreiben.

Offensichtlich kann Verhalten mit einem Minimum an kognitiver Struktur gelernt werden. Wenn die Häufigkeit von Personalpronomen während einer Unterhaltung dadurch zunimmt, daß Vps vom Experimentator irgendeinen Response erhalten, wie z. B. ein Kopfnicken, der vom Vorkommen des gewünschten Verhaltens abhängig ist, so scheinen einige Leute sich nicht bewußt zu sein, daß sie etwas gelernt haben, oder daß eine Kontiguität zwischen Verhalten und Verstärkung besteht. Der Beweis für unbewußtes Lernen kann nicht vollständig erbracht werden, aber es ist möglich, daß solches Lernen vorkommen kann.

Im Gegensatz dazu erfordert kognitives Lernen, daß die paarweise Zuordnung der Stimuli oder die Kontiguität zwischen dem Response und der Verstärkung kognitiv in Verbindung zueinander stehen. Unsere Hypothese besteht in der Annahme, daß solch eine kognitive Relation den Lernprozeß steigern könnte. Es ist immer noch die wiederholte Kontiguität von Response und Verstärkung, die die Verhaltensänderung hervorruft, aber einige Faktoren, die den Stimulusbereich organisieren, so daß die Relation zwischen dem Verhalten und der Verstärkung klarer wird, erleichtern das Lernen.

Es gibt eine Vielzahl von Faktoren, die den kognitiven Bereich organisieren. Einen Teil dieser Faktoren bilden die einheitbildenden Faktoren (unit-forming factors), die Wertheimer (1923) beschrieben hat. Tatsächlich sind diese Faktoren denen sehr ähnlich, die zum Lernen, nämlich zur Kontiguität, Wiederholung, Ähnlichkeit, etc. beitragen. Es gibt auch andere organisationsbildende Faktoren, z. B. führt die temporale Proximität unter bestimmten Bedingungen zur Wahrnehmung der Kausalität. Dies ist eine Verfeinerung der generellen einheitbildenden Faktoren, die von partikularem Interesse sein sollte, um die Relation zwischen der Handlung und ihrer Verstärkung klarzumachen. Andererseits besteht die Möglichkeit, daß Kontiguitäten nicht zur Einbeziehung in dieselbe Perzeptionseinheit führen, wenn andere Faktoren sie trennen. Aus diesen Bedingungen ist die Hypothese ableitbar, daß die Kontiguität für die Erzeugung einer Lernsituation kaum Effektivität besitzt.

Mit zunehmender kognitiver Entwicklung treten viele andere Faktoren in das System der kognitiven Relation ein. In einem informellen Diskriminierungsexperiment z. B. war der Schlüsselstimulus in einem Falle ein kleines Quadrat in der Ecke der richtigen Liste. Bei einer anderen Gegebenheit war es ein kleiner unregelmäßiger Fleck, der wie ein zufälliger Tintenspritzer aussah. Die Diskriminierung wurde dadurch erschwert, daß man den relevanten Stimulus eher »zufällig« als intentional signalisierte.

Im allgemeinen ist daher kognitives Lernen in ein Bedeutungssystem integriert, bei dem zwei Ereignisse in partikularer Beziehung zueinander stehen. Mit zunehmender Reife wird das Kind fähig, komplizierte Beziehungen zu verstehen und Diskriminierungen vorzunehmen. Weiterhin wirken verschiedene subtile Faktoren zusammen, die eine derartige Beziehung sichtbar machen. Während Kontiguität und Ähnlichkeit die basalen Faktoren bleiben, werden die einfachen Prinzipien der Konditionierung unter dem Einfluß kognitiver Organisation verfeinert und modifiziert.

Kognitives Lernen ist S-S-Lernen, worauf bereits vielfach hingewiesen wurde. Sogar das eigene Verhalten des Individuums wird in Abhängigkeit zu einem Stimulus betrachtet, der mit anderen Stimuli, die von ihm abhängig sind, in Beziehung steht. Gerade das Beobachtungslernen ist von verschiedenen Forschern, besonders von Bandura und Walters (1963), diskutiert und erforscht worden.

Besonders Bandura hat eine Vielzahl empirischer Daten gesammelt, die zeigen, daß das Verhalten eines Individuums durch Imitation gelernt wird, und aus Bekräftigungen des Verhaltens anderer Menschen kann der Beobachter lernen, sich in der entsprechenden Art und Weise zu verhalten. Die Gesamtheit der Entdeckungen ist ziemlich konsistent mit der Vorstellung vom kognitiven Lernen. Die Tatsache, daß beobachtete Handlungszusammenhänge bei anderen Menschen für den Aufgabenbereich verschiedener Motive genutzt werden können, impliziert, daß Lernen durch Beobachtung kognitiv vermittelt wird. Bei einem von Banduras Experimenten sah ein Kind ein anderes, das für ein Verhalten belohnt und für ein anderes bestraft wurde. In einer nicht gesteuerten Spielsituation tendierte es dazu, sich in der Art und Weise zu verhalten, die beim Verhalten des anderen Kindes verstärkt worden war. Wenn es andererseits gebeten wurde, die Handlungen, für die das andere Kind bestraft worden war, auszuführen, so konnte es dies tun. Was durch Beobachtung gewonnen wurde, war eine kognitive Struktur, in der bestimmte Handlungen zur Verstärkung und andere zur Bestrafung führen. Kinder tendierten dahin, in einer nicht gesteuerten Spielsituation die Handlungen auszuführen, von denen sie annahmen, daß sie belohnt würden; aber sie waren ebenso in der Lage, die Handlungen, die bestraft worden waren, auszuführen, wenn diese von ihnen verlangt wurden.

Die einfachste Form des Beobachtungslernens, die Imitation, ist kein leicht zu erklärendes Phänomen. In einigen Fällen kann die Imitation nur aus der Beobachtung einer Kombination von Handlungen bestehen und dann das Individuum zu der entsprechenden Ausführung befähigen. Die Imitation setzt bereits in frühen Entwicklungsphasen ein und wird nicht immer kognitiv vermittelt.

Das Ergebnis einer kognitiven Vorstellung ist nicht ausschließlich eine Sache der Interpretation von Erfahrungswerten; es hängt ebenso von verschiedenen Aktivitäten ab, die neue Informationen einbringen und die in einen einzelnen kognitiven Vorstellungsbereich integriert werden können, in dem sich die Erfahrung akkumuliert.

Der Informationserwerb kann zahlreiche Formen annehmen. Einige der Informationserwerbsformen, die kürzlich erforscht wurden, sind sowohl der orientierende Response, der Wachsamkeit widerspiegelt, als auch das Eingehen des Rezeptoren auf den alarmierenden Stimulus. Aufmerksamkeit ist überwiegend eine internalisierte Form des Informationserwerbs, die sich nicht nur auf bestimmte Aspekte der sensorischen Stimuli konzentriert, sondern auch andere Merkmale der Eingangsstimulierung herauskristallisiert. Wenn das Individuum spezifischen Merkmalen der Umwelt Beachtung schenkt, kann es leicht Beziehungen entdecken, die sich einer mehr oberflächlichen Betrachtung entziehen würden. Zugleich kann die Konzentration auf irgendein Merkmal das Individuum für Beziehungen blind machen, die es in einer entspannten Atmosphäre klarer erkennen könnte.

Informationserwerbendes Verhalten kann auch die Form der Exploration, des Trial-and-error-Verfahrens, des Experimentierens etc. annehmen. Die besondere Form des Experimentierens besteht darin, daß eine Situation geschaffen wird, in der spezifische Informationen erworben werden können. Nach Piaget (Inhelder 1958; Piaget) ist dies eines der Ergebnisse formaler Operationen.

Schließlich kann der Informationserwerb sozial sein. Das Kind kann Fragen stellen, und sogar in diesem Bereich gibt es gute und nutzlose Fragen. Einige Menschen haben die Fähigkeit erworben, andere Menschen für ihren Informationserwerb effektiv zu nutzen, indem sie gezielte Fragen stellen. Während die Fähigkeit, Fragen zu stellen, die klarste Form sozialen Informationserwerbs ist, sind auch andere Formen von Informationserwerb möglich. Das Kind, das seine Meinungen ungezwungen ausspricht, eröffnet sich dadurch die Möglichkeit, daß seine Ansichten bestätigt oder korrigiert werden, während das scheue, in sich zurückgezogene Kind seine Ansichten nie in einem sozialen Kontext prüfen kann.

So gibt es viele Arten des Informationserwerbes, der auch dann vorhanden ist, wenn sich das Individuum nicht speziell um Information bemüht. Die Funktion des Informationserwerbs kann ein Nebenprodukt einer spezifischen Verhaltensweise sein. Aber es ist ebenso richtig, daß Informationssuche eine absichtliche Handlung sein kann. Sie wird wahrscheinlich durch kognitive Unklarheit oder

Unwissenheit motiviert. Berlyne (1965) spricht in diesem Zusammenhang von einer epistemischen Motivation und meint damit, daß dieser Motivation solchen Leistungen wie Denken und Urteilen zugrunde liegen, um kognitive Klarheit zu erreichen.
Wir nehmen an, daß sich all diese Arten des Informationserwerbs und der Informationssuche parallel zur Entwicklung des Kindes entfalten, teilweise unter dem Einfluß der Reifung, teilweise durch den Kontakt mit der Realität und teilweise durch explizite Sozialisationszwänge. Das Kind wird belehrt, sorgfältig zu schauen, bevor es die Straße überquert, es mag gelehrt oder entmutigt werden, Fragen zu stellen, wenn es etwas nicht weiß; in der Schule wird es über ein Repertoire informationssuchenden Verhaltens spezifisch unterrichtet, vielleicht am deutlichsten im Lesen. Die Entwicklung eines solchen Verhaltens beeinflußt andere Aspekte des kognitiven Wachstums, die Informationssuche resultiert aus einer vollständigeren kognitiven Vorstellung, aber sie hängt ebenso von einer gewissen Reflexionsfähigkeit des Kindes und einem gewissen Interesse an der Wirklichkeit ab.

2. Teil – Sozialisationsforschung

Vom Standpunkt einer kognitiven Theorie aus stellt die Rolle der Sozialisation in der Entwicklung kognitiver Vorstellungen, wie sie im vorhergehenden Teil beschrieben wurden, eine der wichtigsten und interessantesten Fragen der Forschung dar.
Es bestehen kulturelle Übereinstimmungen in den Denkprozessen, in den Ansichten über Kausalität, in den Annahmen über Raum, Zeit, Zahl und Ordnung. Leider gibt es weder genügend vergleichende Studien über diese Einstellungen und ihre Erlernung, um die Rolle der Gesellschaft bei der Erlernung dieser Einstellungen klar zu exemplifizieren, noch existieren eindeutige Beweise für die der Kindererziehung vorausgehenden Ereignisse dieser Konzeptionsaneignung.
Einige Forscher haben diese Art der intellektuellen Entwicklung sicher als primär reifungsbedingt angesehen. Piaget und seine Genfer Kollegen (Piaget; Inhelder 1958) behaupten, daß zwar die Erfahrungen des Kindes zu seinem Verständnis beitragen und Wachstumsprozesse anregen können, das kritische Potential ist dabei jedoch die spezifische Form eines spontanen Gleichgewichtes der Gedankenprozesse, das Konflikte evoziert, die den relativ desorganisierten Gedankenprozessen des Vorschulkindes inhärent sind. Das Endergebnis dieser Gleichgewichtsvorgänge kommt bei der Erlernung der Stufe konkreter Operationen zum Ausdruck. Das wesentliche Merkmal dieser Entwicklung ist nach Piaget die Organisation

der Gedankenprozesse in logisch verbundene Gruppierungen, die durch Reversibilität gekennzeichnet sind. Piaget betrachtet solche kognitiven Funktionen nicht als Konservation, als Reihenfolge etc., als Ansichten, die dem Kind vermittelt werden, oder die es sogar lernt. Statt dessen sind sie natürliche Folgen eines Gleichgewichtsprozesses.

Die Rolle klar identifizierbarer kultureller Elemente bei der Erhaltung von Quantität wird in Greenfields Studie (1966) bei sengalesischen Kindern untersucht. Zunächst zeigte es sich, daß es keine Möglichkeit gab, den Satz »Ist das Wasser in den beiden Gläsern wirklich gleich oder sehen sie nur gleich aus?« zu übersetzen. Der Unterschied von Erscheinung und Realität konnte den Kindern nicht vermittelt werden.

Ein auffallenderer Unterschied zwischen sengalesischen und amerikanischen Kindern lag in der Rolle der »Handlungszauberei«. Einer der Gründe, warum amerikanische Kinder im allgemeinen für die Ansicht der Quantitätserhaltung eintraten, ist der, daß die Experimentatorin das Wasser nur von einem Glas ins andere schüttete. Die stillschweigende Bedeutung scheint zu sein, »Alles, was du getan hast, war, das Wasser umzugießen, du hast es in keiner Weise verändert.« Im Senegal wurde ein anscheinend ähnliches Argument von 20 % der Kinder vorgebracht, aber zur Verteidigung der Nicht-Erhaltung: »In diesem Glas ist mehr Wasser, weil du es umgegossen hast.« Greenfield stellt die Hypothese auf, daß der Experimentatorin die Macht zugeschrieben wurde, die Quantität des Wassers zu verändern, indem sie es umgoß. Darum wiederholte sie das Experiment und bat das Kind, das Wasser einzugießen. Die Höhe der Erhaltung wuchs an, und die Erfahrung trug auch zur Unterstützung der Erhaltung in späteren Tests bei.

So ist es klar, daß zwar die Erhaltung einen Gleichgewichtsprozeß darstellen kann, die Elemente jedoch, die in die Konfliktsituation eingehen und die die Erhaltung verhindern können, kulturelle Variabilität zeigen.

Die Konzeptionen der unbelebten Welt werden häufig nicht als Konsequenz der Sozialisation betrachtet, weil wir voraussetzen, daß sie richtig sind. Die einzige Möglichkeit, daß sich Menschen von einem kulturellen Konsensus unterscheiden können, liegt darin, daß sie falsch handeln. Dieses Argument ist nicht völlig valide, aber es ist wahrscheinlich richtig, daß Eigentümlichkeiten der physikalischen Welt zu bestimmten Ansichten führen.

Es ist interessanter, Konzeptionen interpersoneller Relationen von Menschen zu untersuchen, weil hier vorausgesetzt werden kann, daß sie einen kulturellen Konsensus reflektieren. Die Alltagspsychologie ist häufig durch empirische Forschungen entkräftigt worden. Dennoch liegt in der Erstellung interpersoneller Meinungen

eine klare Logik, eine klare Theorie, die Ähnlichkeiten zur Problemlösung in mathematischen Situationen aufweist.
Die Entwicklung von Konzeptionen interpersoneller Relationen ist durch das Ehepaar Baldwin (Baldwin & Baldwin 1967) erforscht worden. Eine ihrer Untersuchungen beschäftigt sich z. B. mit den Konzeptionen der Freundlichkeit von Kindern und damit, wie sich dieses Konzept altersspezifisch verändert.
Die Annahme, die ihrer Forschung zugrunde liegt, ist die, daß die »Alltagspsychologie«, wie sie von Heider (1958) beschrieben wurde und durch ihre eigenen Untersuchungen geschildert wird, eine Anzahl stillschweigender Ansichten über das menschliche Verhalten darstellt. Sie kann zumindest in einigen Fällen in einem formal theoretischen System ausgedrückt werden. Die Theorie, die der Baldwinschen Forschung zugrunde liegt, wird in der Abbildung 1 schematisch wiedergegeben.

1. *Graphische Darstellung der möglichen Konsequenzen von zwei alternativen Handlungen.*

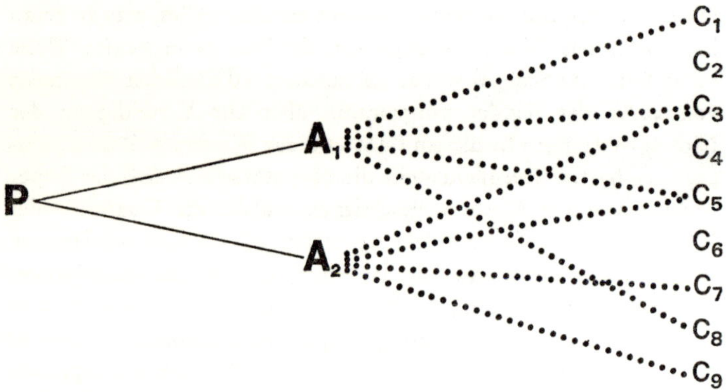

A_1 und A_2 stellen zwei alternative Handlungen dar, die eine Person P vollziehen könnte, C_1–C_9 repräsentieren eine Vielzahl von Konsequenzen. Die gepunkteten Linien, die A_1 mit C_1, C_3, C_5 und C_8 verbinden, exemplifizieren die Tatsache, daß diese partikulare Handlung eine Reihe von Konsequenzen hat; und die gepunkteten Linien, die A_2 mit C_3, C_5, C_7 und C_9 verbinden, stellen die verschiedenen Konsequenzen jener Handlung dar. Einige Konsequenzen sind den beiden Handlungen C_3 und C_5 gemeinsam; wohingegen A_1 die einzige Handlung ist, die zu C_1 und C_8 führt, und A_2 die einzige Handlung ist, die zu C_7 und C_9 führt.
Die Alltagspsychologie beginnt mit der Annahme, daß das Verhalten intentional ist. Die Person muß einige Konsequenzen ihrer Handlung kennen, bevor sie sie intentional vollziehen kann. Daher wird das Individuum um so mehr Anerkennung finden, je positiver

die Konsequenzen bewertet, und um so mehr Tadel, je negativer diese sanktioniert werden. Die psychologischen Konsequenzen einer Handlung in bezug auf andere Menschen – Anerkennung, Tadel, Ärger, oder Angst – werden in der Annahme prädiziert, daß das Individuum die Konsequenzen zur gleichen Zeit kannte, als es die Handlung vollzog. Es gibt Erkenntnisskalen für Handlungskonsequenzen; einige Handlungen haben Konsequenzen, die vom Individuum möglicherweise nicht erkannt wurden; andere sind Konsequenzen, die es vielleicht nicht voraussah, aber ohne weiteres hätte erwarten können; während es andere Konsequenzen vollkommen klar erkannte. Diese Unterschiede, bis zu welchem Grad die Handlungskonsequenzen als kognitiv klar für ein Individuum betrachtet werden, beeinflussen deutlich die Responses anderer Menschen auf seine Handlung; aber die Einzelheiten dieser Beziehung sind nicht gründlich erforscht worden und werden in diesem Kapitel nicht weiter diskutiert. Die Situationen, die das Ehepaar Baldwin seinen Lesern darstellt, zeigen deutlich, daß die Konsequenzen sowohl bekannt als auch unbekannt sein können.

Zweitens hängt die individuelle Zuordnung von Intentionen davon ab, welche Konsequenzen die beiden alternativen Handlungen haben und in welcher Hinsicht sie sich unterscheiden. Nur die Konsequenzen, die für die beiden Handlungen verschieden sind, gelten als Basis für die Zuschreibung von Intention. Wenn die Konsequenzen für alle Alternativen einer Person identisch sind, so können nur diese auftreten, und ihr Verhalten bietet einem Beobachter keine Grundlage für die Beurteilung der Intention.

Setzt man jedoch voraus, daß die beiden alternativen Handlungen verschiedene Konsequenzen haben, so muß der Beobachter entscheiden, welche Handlungskonsequenzen des Individuums beabsichtigt waren und welche nicht. Es ist einem Individuum möglich, sich irgendeiner Konsequenz seiner Handlung bewußt zu sein und diese Handlung auch zu vollziehen, die jene Konsequenz mit sich bringt, ohne dies jedoch zu intendieren. Jenes partikulare Ergebnis der Handlung gehört zu ihrer Intention und ist nicht der Grund für das Verhalten. Sooft eine vollzogene Handlung mehr als eine Konsequenz aufweist, kann der Beobachter die Hypothese aufrechterhalten, daß entweder die Konsequenz oder beide intentional waren. Wie der Beobachter bei diesen Hypothesen entscheidet, ist in keiner Weise klar, aber ein Faktum scheint durch die experimentellen Daten unterstützt zu werden. Wenn die Versuchsperson gebeten wird, die Stärke der Intention zu beurteilen, die einer anderen Person oder der Freundlichkeit einer Handlung nützt, so führt die Existenz einer alternativen Motivation des Beobachters des Verhaltens dazu, es als weniger freundlich zu beurteilen. Wenn z. B. eine Handlung sowohl dem Handelnden als auch einer anderen

Person nützt, während die Handlungsalternative der anderen Person und ihm selbst schaden würde, beurteilt der Beobachter des Verhaltens es durchweg als weniger freundlich als in dem Fall, daß die eigennützige Motivation nicht eine mögliche Interpretation der Auswahl darstellte.

In dem Experiment über Beurteilung der Freundlichkeit werden der Versuchsperson zehn Bilderpaare vorgelegt. Das dargestellte Kind vollzieht auf beiden Bildern genau dieselbe Handlung, und diese nützt immer einer anderen Person. Der Kontext jedoch variiert zwischen den beiden Bildern in der Weise, daß eine spezifische Hypothese über die Natur des Beurteilungsprozesses getestet werden kann. Auf einem Bild z. B. wird die Handlung, die einer anderen Person nützt, als zufällig dargestellt und ohne Kenntnis ihrer Konsequenzen vollzogen; während auf dem anderen Bild die Handlung als intentional beschrieben wird. Alle Erwachsenen und sogar die meisten Fünfjährigen beurteilten die intentionale Handlung freundlicher als die zufällige.

Bei anderen Bilderpaaren lag der Kontrast im Vorhanden- oder Nichtvorhandensein einer alternativen Motivation. Auf einem Bild z. B. gibt ein Kind seinem Brüderchen spontan einige Spielsachen, während es auf dem anderen Bild dieselbe Handlung vollzieht, nachdem seine Mutter es dazu aufgefordert hat. Auf dem zweiten Bild wird eine alternative Motivation, die Gehorsamkeit zur Mutter, als möglicher Grund für das Verhalten gesehen. Das erste Bild wird im Gegensatz zum zweiten als freundlicher betrachtet, wahrscheinlich weil die Motivation, dem Brüderchen einen Gefallen zu erweisen, eindeutiger ist.

Für Erwachsene scheint jegliche alternative Motivation die Handlung weniger freundlich zu gestalten; Freundlichkeit erscheint dort am klarsten, wo sie als echter Ausdruck des Wunsches auftritt, einer anderen Person einen Gefallen zu erweisen. Für Kinder scheint die Freundlichkeit sich weniger von der Konformität zur Verpflichtung hin zu differenzieren. Einige Kindergärtnerinnen z. B. sagen, wenn man seinem Bruder hilft, nachdem die Mutter einen dazu aufgefordert hat, ist dies freundlicher, als wenn man es aus Eigeninitiative tut. 97 % der Kinder des 4. Schuljahres betrachten es als freundlicher, einem Jungen in großen Nöten beizustehen, als ihm aus einer geringfügigen Patsche zu helfen, aber 72 % der Erwachsenen sagen in einer Stichprobe das Gegenteil aus – sie argumentieren, daß man Menschen in wirklichen Nöten beistehen sollte, aber daß eine Hilfe in einer unbedeutenden Schwierigkeit ein Ausdruck echter Freundlichkeit sei.

Es hat den Anschein, daß jüngeren Kindern die Differenzierung zwischen dem Wunsch, einer anderen Person einen Gefallen zu erweisen, und der Konformität als moralischer Verpflichtung miß-

lingen kann, aber dies macht nur einen Teil der Darstellung aus. Einige Kinder – vielleicht alle Kinder eines bestimmten Alters – betrachten es als freundlicher, wenn man sich der Verpflichtung anpaßt und einer anderen Person einen Gefallen erweist. Ihre Antwort steht im Gegensatz zu der von Erwachsenen, und sie rechtfertigen ihre Antwort mit einer gegenteiligen Argumentation.
In summa läßt sich sagen, daß wir zwei Aspekte der Sozialisation im Hinblick auf die kognitive Vorstellung des Individuums beschrieben haben. Es wäre sehr wünschenswert, wenn wir die Sozialisation noch in vielen anderen Aspekten der kognitiven Entwicklung darlegen könnten: die Entwicklung der selektiven Aufmerksamkeit, die Erlernung aller Arten der Informationssuche und Selektion, die Erlernung der epistemischen Motivation und auch den Prozeß, durch den der Inhalt kultureller Einstellungen vermittelt wird. Leider gibt es nur wenige empirische Untersuchungen, speziell im Hinblick auf die altersspezifischen Veränderungen innerhalb der verschiedenen kognitiven Funktionen, ganz zu schweigen von der wissenschaftlichen Erforschung des tatsächlichen Sozialisationsprozesses.

Sozialisation und Alltagspsychologie

Das Schlußthema dieses Kapitels bildet eine kurze Diskussion der Hypothese, daß die Sozialisationspraktiken einer Gesellschaft die impliziten oder expliziten psychologischen Hypothesen der Kultur darüber widerspiegeln, wie Kinder sich verhalten und welche Einflüsse ihre Verhaltensweisen modifizieren können.
Einige Praktiken der Kindererziehung innerhalb einer Gesellschaft sind beabsichtigt – i. e. die Kindererziehung ist eine manifeste Funktion des Verhaltens. Solche Praktiken, wie etwa, während der Entwöhnungsphase Pfeffer auf die Mutterbrust zu streuen, dem Kind zu erklären, warum es bestraft wird oder wie es dazu angeleitet wird, seine Übeltat einzugestehen, bevor ihm vergeben wird, implizieren irgendeine Absicht, daß die Handlungsweise das Verhalten des Kindes in die gewünschte Richtung modifizieren will.
Andere Praktiken der Kindererziehung resultieren aus der Vorstellung der Mutter, das Kind zu solchen Handlungen anzuleiten, die ihr natürlich erscheinen. So kann eine Mutter, die ihr Kind schlägt, weil es Schüsseln zerbrochen hat, in ihrem Verhalten von der Annahme geleitet sein, daß Schläge ein wirksames Mittel zur Verhaltensänderung sind. Sie kann auch dem Kind ihren Ärger nur verbal mitteilen. Solche Handlungen sind natürlich für die Entwicklung des Kindes von einigem Einfluß, ob sie nun explizit pädagogisch sind oder nicht.

Sogar diese spontanen sozialen Handlungen Erwachsener gegenüber

Kindern reflektieren implizit psychologische Ansichten über Kinder. So wird eine Mutter in unserer Gesellschaft wahrscheinlich weniger verärgert sein, wenn ein 2 Monate alter Säugling über eine längere Zeit hinweg schreit, als wenn ein vierjähriges Kind dasselbe tun würde. In ähnlicher Weise werden Eltern in ihrem Sexualverhalten vor einem sechsjährigen Kind zurückhaltender sein als vor einem 6 Monate alten Säugling, da ihrer Ansicht nach der Säugling die Bedeutung ihres Verhaltens nicht kennt.

Es ist daher notwendig, die alltagspsychologische Theorie einer Gesellschaft zu kennen, um ihre Sozialisationspraktiken zu verstehen. Heider (1958) hat viele Merkmale der Alltagspsychologie westlicher Kulturen beschrieben. Baldwin (1967) hat Heiders Arbeiten zusammengefaßt und versucht, seine Beschreibung der Alltagspsychologie dahingehend zu erweitern, daß sie Vorstellungen über das Verhalten und die Entwicklung des Kindes mit einschließt.

Ein wesentliches Merkmal der Alltagspsychologie liegt darin, daß sie eine kognitive Theorie in dem Sinne darstellt, wie sie zu Beginn dieses Kapitels definiert wurde. Während in diesem Abschnitt die kognitiven Vorstellungen junger Kinder als sehr unterschiedlich in ihren Eigentümlichkeiten von den kognitiven Vorstellungen Erwachsener betrachtet werden, so liegt doch im alltäglichen Leben einer der Hauptunterschiede zwischen Kindern und Erwachsenen in dem Grad ihrer Informiertheit. Von den basalen Prozessen des Lernens und der Perzeption wird angenommen, daß sie für Kinder und Erwachsene fast gleich sind, nur hat der Erwachsene einen Informationsvorsprung. In der Alltagspsychologie wird vorausgesetzt, daß sowohl Kinder als auch Erwachsene Informationen erhalten und auf ihrer Grundlage agieren. Die basale kognitive Annahme spiegelt sich in der Tatsache wider, daß der Hauptmechanismus in der Alltagspsychologie des Lernens sich nicht so sehr auf das »Wie« des Verhaltens konzentriert, sondern auf die individuellen Handlungskonsequenzen. Diese Konsequenzen können direkt beobachtet werden; tatsächlich belohnen und bestrafen Erwachsene Kinder, um ihnen bei der Erlernung eines Verhaltens zu helfen, das keine eindeutigen intrinsischen Belohnungen und Strafen aufweist. Aber die kognitive Annahme führt ebenso zu der Ansicht, daß Kinder verbal belohnt werden und auf diese Weise Verhaltensmuster erlernen können.

Kognitives Lernen ist nicht der einzige Lernmechanismus, den die Alltagspsychologie umfaßt. Sowohl bei der Erlernung von Verhaltensfähigkeiten als auch bei der »Automatisierung« einer wünschenswerten Gewohnheit glauben viele Leute an die Effektivität von Drill und Praxis. In unserer Gesellschaft gibt es viele Sprichwörter, die auf die Notwendigkeit der Wiederholung hinweisen, offenbar in der Annahme, daß die Praxis zur Vervollkommnung führt.

Schließlich gibt es Vorstellungen über Reifungsprozesse, die die Leute zu der Annahme verleiten, ein Kind könne zur Erlernung partikularer Informationen oder Fertigkeiten zu jung sein. Explizite Belehrungen werden gewöhnlich so lange zurückgehalten, bis das Kind das »geeignete« Alter erreicht hat; und dem Kind wird einige Zeit zugebilligt, um die in der Sozialisation angebotene Verhaltensweise erlernen zu können. Rechtlich ist das Kind bis zum Erwachsenenalter für sein Verhalten ja tatsächlich auch nicht verantwortlich.

Die Bedeutung dieser stillschweigenden psychologischen Ansichten für das Verständnis der Sozialisation des Kindes liegt darin, daß sie entweder empirisch gerechtfertigt werden können oder nicht. In dem Ausmaß, wie die allgemeinen kulturellen Vorstellungen über Kinder nicht beschreiben, wie Kinder sich tatsächlich verhalten, werden sie einen negativen Einfluß auf das kindliche Verhalten und seine Entwicklung ausüben. Andererseits sind die Sozialisationspraktiken relativ gut angepaßt, was in der Tatsache zum Ausdruck kommt, daß sie einigermaßen funktionieren.

Diese Dinge sind in der gegenwärtigen Periode der Akzentuierung der Innovationen in der Erziehung von vitalem Interesse. Es ist weitgehend richtig, daß so manches an Ineffektivität in der Erziehung und an Fehlanpassung in unserer Gesellschaft ein Resultat der Alltagspsychologie ist, die sich in verschiedenen Bereichen als fehlerhaft erwies. Es ist daher wichtig, die anstehenden Probleme empirisch sorgfältig zu analysieren. Andererseits sollten Innovationen, sogar wenn sie empirisch belegt sind, mit Vorsicht eingeführt werden, wenn man eine Störung des angeblichen »Gleichgewichts der Natur« vermeiden will. Es mag Möglichkeiten geben, im Alter von 6 Monaten mit der Reinlichkeitserziehung des Kindes zu beginnen, oder es zu belehren, mit 2 Jahren zu lesen. Diese Möglichkeiten sollten in Erwägung gezogen werden, und es ist sicher wahr, daß vieles von der Resistenz gegenüber solchen Innovationen empirisch nicht begründet ist. Aber in anderen Bereichen haben wir die gelegentlich schrecklichen Nebeneffekte empirisch abgesicherter Innovationen, wie z. B. Thalidomide, gesehen, weil man den Verästelungen der Veränderung zu wenig Aufmerksamkeit geschenkt hat. Die Tatsache, daß eine spezielle Praktik der Kindererziehung fest in unserer Kultur etabliert ist, sollte uns gegenüber ihrer Veränderung mit Vorsicht wappnen, aber uns gleichzeitig nicht entmutigen, ihre schlechten Konsequenzen und die Möglichkeiten ihrer Verbesserung zu überdenken.

Die leistungssymbiotische Beziehung von Sprache und Denken im Sozialisationsprozeß*

C. Mühlfeld

Vorbemerkungen

Mit dem Einsetzen der Bewußtwerdung sozialer Ungleichheit auf dem Wege der Integration des Individuums in seine soziale Mitumwelt hat sich innerhalb der Sozialwissenschaften die Diskussion aus dem Bereich der sozialen Schichtung mehr und mehr hin zur Sozialisationsforschung verlagert, ohne sich jedoch ganz von strukturellen Komponenten sozialer Schichtungstheorien zu lösen. Der wissenschaftliche Ertrag eines multifaktoriellen Forschungsansatzes läßt sich in der Regel daran ermessen, inwieweit es ihm gelungen ist, die vorhandene Tatsache sozialer Ungleichheit methodisch so aufzubereiten, daß der Gegenstand wissenschaftlichen Forschens sich in erkenntnisrelevanten Aussagen über das Phänomen widerspiegelt. Nun kann zweifellos nicht übersehen werden, daß die Resultate der Verhaltenswissenschaften zum Bereich der Sozialisation eine Anzahl von Aussagen über den Aspekt der Integration des Individuums in seine soziale Mitumwelt als Ergebnis zeitigen, die insgesamt einen Beitrag zur Aufhellung des Bedingungszusammenhanges von Sozialisation und sozialer Ungleichheit leisten, wobei der vordergründig als ketzerisch erscheinende Einwand erlaubt sein mag, ob Formulierungen über Sozialisationstechniken und ihren Ertrag in Verbindung mit sozialstrukturellen Kategorien eines theoretischen Ansatzes zur sozialen Schichtung als erklärungsrelevante Aussagen den Bedingungen der intersubjektiven Überprüfbarkeit genügen und inwieweit sie den Anforderungen metatheoretischen Argumentierens in streng wissenschaftstheoretischem Sinn entsprechen. Dieser Einwand erscheint insofern angebracht, als die bisherigen Forschungen[1] weitgehend unvermittelt *strukturelle* Merkmale sozialer Schichtungstheorien mit *mentalen* Faktoren der Sozialisationsforschung zu erkenntnistheoretischen Aussagen über die Voraussetzungen und Bedingungen sozialer Ungleichheit verbinden, ohne die Frage weitgehend zu erörtern, ob ein derartiger Transfer von Aussagen nicht zumindest Unschärfen über den postulierten Bedingungszusammenhang enthält. Wenn zwar in den einzelnen Abhandlungen auf die Mängel der Schichtungstheorie verwiesen wird, beim methodischen Procedere jedoch weiterhin von einer positiven Korrelation zwischen sozialer Schicht und Sozialisation aus-

* Originalbeitrag.

gegangen wird, dann handelt es sich – wissenschaftstheoretisch gesehen – um Aussagen, die zumindest Immunisierungsstrategien nicht ausschließen[2].

Der Hinweis auf das Überwiegen sozialstruktureller Kategorien in den Schichtungstheorien macht auf den Umstand aufmerksam, daß das Ergebnis der Bemühungen innerhalb der Sozialisationsforschung von dem Erkenntnisinteresse geleitet ist, mentalen gegenüber strukturellen Faktoren methodisch deshalb den Vorrang einzuräumen, weil der Integrationsprozeß des Individuums sich auf mentaler Ebene vollzieht, d. h. der Erziehungshorizont sich zwar auf das Phänomen Gesellschaft in seinen Auswirkungen bezieht, die Summe der primären Sozialisation sich jedoch auf den Bereich der Selbst- und Gesellschaftsinterpretation erstreckt, was den Stellenwert mentaler Faktoren nur noch unterstreicht. Auf die theoretische Leitidee der vorliegenden Analyse bezogen impliziert ein derartiger Forschungsansatz die Reformulierung des Bedingungszusammenhanges von Sprache und schichtenspezifischer Sozialisation insoweit, als der kategoriale Bezugsrahmen von sozialer Schicht in bezug zur Sprache durch die Kriterien des familialen Rollensystems, der Normorientierung und des Gesellschaftsbildes ersetzt wird. Auf die vorgezeichnete Konstellation kann jedoch im Rahmen dieses Aufsatzes nicht näher eingegangen werden, da sie bereits in einem anderen Zusammenhang einer Analyse unterzogen wurde[3].

Im Rahmen eines derartig skizzierten Forschungsansatzes soll jedoch keineswegs übersehen werden, daß in die angedeutete Problemlage, die Sprache in ihrer sozialen Dimension nicht als konstante Bezugsgröße aufgenommen werden darf, es scheint vielmehr notwendig, das soziale Hintergrundphänomen des postulierten Bedingungszusammenhangs von Sprache und Sozialisation näher auszuleuchten. Wenn nämlich von einem sozialselektiven Zusammenhang von Sprache und Sozialisation die Rede ist[4], dann wird eine theoretische Dimension weitgehend ungeprüft vorausgesetzt bzw. übernommen, die mit der Formulierung des Verhältnisses von Sprache und Denken nur näherungsweise umschrieben werden kann[5]. Besonders in den entwicklungspsychologischen Studien von J. Piaget[6] wird das Verhältnis von Sprache und Denken weitgehend unreflektiert als Einheit vorausgesetzt, das Denken durch das Sprechen des Kindes festgestellt. »So gründet sich beispielsweise die These von Egozentrismus im Denken des Kindes ausschließlich darauf, daß der Egozentrismus der kindlichen Rede festgestellt, also konstatiert wurde[7].« Der Denkertrag des Kindes wird durch die Sprechakte konstatiert, jedoch nicht erklärt, was für den Forschungsprozeß insofern negativ veranschlagt werden muß, als eine Exploration der sozialen Umwelt durch das Kind mittels Sprache als symbolischem Medium theoretisch vorausgesetzt wird. Akzeptiert man das Theorem von der Sprache als »plurifunktionelles Führungssystem«[8], so kann diese Annahme nicht ungeprüft übernommen werden, sondern muß vielmehr methodologisch im Hinblick auf ihre erkenntnistheoretische Relevanz überprüft werden.

Erst nach Abklärung des postulierten engen Verhältnisses von Denken und Sprache kann die Diskussion des angenommenen Bedingungszusammenhanges von Sprache und Sozialisation in Richtung eines Erklärungsansatzes vorangetrieben und die soziale Dimension der Sprache für das Perzeptionssystem des Individuums in theoretisch relevanter Form aufbereitet werden. In diesem Sinn kann Sozialisation dann approximativ als sprachlich vermittelter Lernprozeß umschrieben werden, der Individuen auf dem Wege der Internalisierung von Wertorientierungen und Normen, sowie durch die Herausbildung von Motiven, instand setzt, soziale Rollen zu übernehmen und auszufüllen. Dabei kann es eine auf Erklärung sozialer Sachverhalte abzielende Soziologie nicht bei der analytischen Trennung von sozialem System und Persönlichkeitsstruktur bewenden lassen. Sie versucht vielmehr, die Ausbildung der Persönlichkeitsstruktur der handelnden Subjekte selber noch als sozial bedingte Prozesse zu erklären: dies sind die Sozialisationspraktiken.

Für den Fortgang der angestrebten Analyse scheint daher die Darstellung des Verhältnisses von Denken und Sprache insofern von Interesse zu sein, als sie eine Klärung des Einflusses der Sprache auf die Verhaltensdispositionen der Individuen erwarten läßt und die Diskussion des Stellenwertes der Sprache im Sozialisationsprozeß erlaubt. Dieser Aspekt dürfte auch insofern für die Sozialisationstheorie von Interesse sein, als er Informationen darüber erwarten läßt, inwieweit sprachlich vermittelte Wertorientierungen verhaltensstabilisierend für das Handeln des Individuums sind. Dieser Forschungsansatz wäre geeignet, die von Topitsch formulierte Hypothese, daß Sprache implicit in ihrer Symbolfunktion eine Weltauffassung enthalte, zu überprüfen[9].

Zum Verhältnis von Sprache und Denken

Während die theoretisch orientierten Versuche zur Aufhellung des Verhältnisses von Sprache und Denken in der philosophischen Diskussion eine lange Tradition besitzen[10], ist dieser Aspekt in den Verhaltenswissenschaften recht selten einer systematischen Analyse unterzogen worden, obwohl »Denken« zu den häufigsten Wörtern unserer Umgangssprache gehört[11].

Versucht man, die bisherigen Forschungsergebnisse einer gewissen Systematik zugänglich zu machen, so lassen sich idealtypisch drei

Richtungen mit sehr divergierenden Forschungsstrategien aufzeigen[12]; diese Positionen lassen sich nicht im Sinne einer theoretischen Weiterentwicklung unter einen gemeinsamen Erkenntnisprozeß subsumieren, sondern stehen sich vielmehr oft diametral gegenüber. Den ersten Ansatz zum Verhältnis von Sprache und Denken kann man als Identitätsstandpunkt umschreiben: Denken und Sprache (Sprechen) bilden eine einzige psychische Aktivität, Denken ist subvokales Sprechen, während Sprache (Sprechen) nichts anderes als lautgewordene Denkarbeit ist[13]. Die Identitätsthese wird auch von Wissenschaftlern, die sich dem sprachlichen Relativitätsprinzip verpflichtet fühlen, in abgestuften Formen der Entschiedenheit vorgetragen und vertreten[14].
Konträr dazu wird bei der Dualismusthese im Hinblick auf Denken und Sprache von zwei wesensverschiedenen psychischen Aktivitäten ausgegangen. Sprache wird als Werkzeug zur Mitteilung des Gedachten verstanden, am Gewinn dieser Ergebnisse ist sie jedoch unbeteiligt. Die Wortfügung ist nicht der Gedanke selbst, vielmehr seine Darstellungsform in einem konventionellen Kommunikationsmittel, das den denkertraglichen Ausdifferenzierungen nicht immer adäquat ist. »Le langage trahit la pensée dont il constitue le vehicle«[15] darf als extreme Formulierung der Dualismusthese verstanden werden. Derartige Positionen sind erkenntnistheoretisch dem philosophischen Intuitionismus verpflichtet, der im averbalen Denken die reine Form der Erkenntnis sieht; in seiner dualistischen Variante wird die Sprache zum Instrument, das in oft verhängnisvoller Weise zur Denaturierung des Denkertrages beiträgt, oder Sprache tritt z. B. beim geometrischen Denken erst ex post in Erscheinung[16].
Die dritte Position erscheint prima facie als eine Vermittlung zwischen den in sich gegensätzlichen ersten beiden Positionen unter Auslassung der jeweiligen Extremismen, sie bildet jedoch einen eigenständigen theoretischen Ansatz heraus. Denken und Sprache werden dabei als zwei differente psychische Funktionen verstanden, die prozeßstrukturell wie genetisch auf das engste miteinander verbunden sind. Als korrespondierende Funktionen agieren sie im Sinne einer Leistungssymbiose, sie fördern sich wechselseitig, nachdem sie sich an- und miteinander entwickelt haben[17].

Die Leistung der Sprache für das Denken

Das Kernproblem beruht auf der Fragestellung, ob und inwieweit sich im menschlichen Denken zwei voneinander verschiedene Prozesse erkennen lassen, der des sogenannten »reinen Denkens« oder des sekundären Ausdrucks des Gedankens im Wort, oder ob es sich hier vielmehr oder prinzipiell um einen einzigen Denkvorgang in einer Sprache handelt[18]. Die aufgeworfene Fragestellung läßt sich dahingehend präzisieren, inwieweit die Aneignung der Fähigkeit zur sprachlichen Kommunikation in Zusammenhang mit der Herausbildung jener Verhaltensweisen steht, die eine spezifische Erscheinungsform des menschlichen Denkens darstellen. Hypothetisch läßt sich die Problemstellung vorläufig mit Hilfe von G. H. Meads Formulierungen beantworten, ohne jedoch den Grundzügen seiner Erkenntnistheorie des philosophischen Pragmatismus zu folgen. »Es gibt also in der Verwendung von Sprache einen großen Spielraum; aber welche Phase innerhalb dieses Spielraums auch verwendet werden mag, sie ist Teil eines gesellschaftlichen Prozesses, und zwar immer jener Teil, mittels dessen wir uns sowie andere beeinflussen und die gesellschaftliche Situation aufgrund dieses Verständnisses des von uns Gesagten überdenken. Das ist für jede Sprache fundamental; wenn das, was man sagt, Sprache sein soll, muß man es selbst verstehen, muß man sich selbst ebenso beeinflussen wie andere[19].« Inhaltlich kommt dies den theoretischen Reflexionen Wygotskis sehr nahe, für ihn ist Sprache vor allem ein »Mittel des sozialen Verkehrs, ein Mittel der Kundgabe und des Verstehens«[20]. Nun läßt sich an de Saussure anknüpfend der Unterschied von Sprache und Sprechen methodisch so fassen, daß Sprechen eine Aktualisierung der Sprache impliziert, die Sprache selbst ist das Abstraktum des allgemeinen Phänomens des Sprechens, konkret: dessen Potenzierung[21]. Sprechen kann jedoch nicht nur allein als ein vernehmliches Verlautbaren von Gedanken verstanden werden, es intendiert vielmehr die Verwendung und den Einsatz der Gebildemittel einer Wortsprache, wobei es unwesentlich ist, ob die verbale Darstellung akustisch wahrnehmbar erfolgt oder nicht. »Die Sprechhandlung zerfällt somit in einen inneren, als Diktion bezeichneten Aktionssektor, und in einen äußeren, der als Artikulation angesprochen wird. Auch die stille Ausverbalisierung eines Gedankens ist ein Aufbieten von Sprachmitteln, nur ist bei diesem innerlichen Sprechen jeder kommunikative Ertrag ausgeschlossen[22].« Präzisiert man diese Aussage auf das Phänomen der Diktion, die als ein von Denkintentionen gesteuerter Sprechakt umschrieben werden kann, da sich innerhalb des Bezugsrahmens die Denkarbeit in explicit beschriebenen Sprachbahnen bewegt und in Form von voll verdeutlichten Sprachvorstellungen vollzogen wird, so erscheint die Konklusion unter Einschluß der Meadschen Position erlaubt: Wenn die Sprache eine Einheit des materiellen Trägers, d. h. des Zeichensystems und der Bedeutung dieser Zeichen ist – ohne welche die Zeichen aufhören, Sprache zu sein –, dann und nur dann kann das Sprechen ohne das Denken nicht existieren. Mit der Markierung dieser Position wird die eigentliche Problemstellung noch nicht angeschnitten, aber für den Fortgang der Darlegung scheint die Erkenntnis von Révész von Bedeutung: Sprachfähigkeit ist das Konstitutivum der menschlichen Vernunft, und jede Denkleistung ist dadurch gekennzeichnet, daß der Mensch Sprache hat[23].

Das Verfügen über Sprache als menschliches Konstitutivum läßt aber die Frage offen, ob und inwieweit ein außersprachliches, averables Denken möglich ist und wie dieses prozeßstrukturell zu verlaufen habe.

Bei der dualistischen Position innerhalb der Problemstellung des Verhältnisses von Sprache und Denken wird – sieht man von der radikalen Position Rougiers einmal ab – davon ausgegangen, daß nicht alle Denkvorgänge sprachlichen, verbalen Charakter haben. Die Formulierungen innerhalb dieser Position gehen weitgehend auf Mißverständnisse zurück, die sich aus den erkenntnistheoretischen Standpunkten des Behaviorismus und des sprachlichen Relativitätsprinzips im Hinblick auf das Verhältnis von Sprache und Denken ergeben, etwa in den Argumentationen, bei denen der Denkvorgang ausschließlich als sprachlicher, mit den Erfordernissen der Grammatik übereinzustimmender Prozeß erklärt wird. Die Theorie des sprachlich-gedanklichen Monismus erweist sich als Antidualismus, er wendet sich gegen die These, daß Sprache und Denken nicht nur gesonderte, sondern voneinander unabhängige Erscheinungen seien. Insofern läßt sich zwischen den beiden Positionen eine vermittelnde herstellen, die auch die kritischen Einwände von Kainz einschließt, der zu Recht gegen den Monismus einwendet: »Durch den Einsatz der Sprachmittel formen wir etwas, das unabhängig von dieser Formung besteht, mag die Sprache auch an der vollen Ausprägung des vagen gedanklichen Konzepts entscheidend beteiligt sein, ja an seiner Gewinnung maßgeblich mitgearbeitet haben. Schon die Bewertung einer anderen Formulierung als treffender und angemessener setzt ein Distancegewinnen des Denkens gegenüber der Sprache und eine Emanzipation von ihr voraus[24].« Dieser Einwand läßt sich nicht als ein Phänomen der Bewertung im Sinne eines sprachlichen Ästhetizismus abtun, sondern verweist konkret auf die erkenntnistheoretischen Mängel des Monismus, sobald innerhalb dieser Position auf die organische Einheit von Denken und Sprache verwiesen wird. Die vermittelnde Position der Leistungssymbiose von Denken und Sprache erscheint insofern erkenntnisrelevant zu sein, als es zwar keinen Denkvorgang ohne sprachlichen Vorgang gibt, »aber das bedeutet nicht, daß im Denkprozeß nur sprachliche Operationen zustande kommen und infolgedessen Sprache und Denken identisch sind«[25]. Die Plausibilität dieser Argumentation impliziert jedoch nicht, daß damit der dualistischen Interpretation – wie sie z. B. B. L. v. d. Waerden vertritt – wissenschaftstheoretische Dignität zuerkannt wird. Die

Interpretation, die v. d. Waerden für die Entdeckung der limaçon durch E. Pascal gibt, soll hier nicht in extenso vorgetragen werden, jedoch auf die Mängel seiner Interpretation näher eingegangen werden. Zunächst läßt sich gegen seine Position einwenden, daß hier eine folgenschwere Verwechslung von Sprache und Sprechen vorliegt[26]. Ferner ließe sich gegen die Formulierung des Erkenntnisganges von Pascal durch v. d. Waerden methodologisch einwenden, daß die Befunde durch post-hoc-Interpretationen in Übereinstimmung mit den theoretischen Postulaten des Dualismus gebracht wurden, was nicht mit ad-hoc-Verfahren im Forschungsprozeß verwechselt werden darf[27]. Van der Waerden hat schlicht die Tatsache übersehen, daß jeder Erkenntnisprozeß denkoperational die Formulierung der Problemstellung voraussetzt, was prozeßstrukturell nur vermittels der Sprache möglich ist. Weiterhin läßt sich einwenden, daß bei jedem Erkenntnisfortschritt der jeweilige Forscher auf vorhandenen Denkoperationen und Hypothesen bzw. Theorien aufbaut, selbst wenn diese dann durch das entstandene Ergebnis revidiert bzw. falsifiziert werden, was natürlich die Falsifizierbarkeit der bestehenden Theorien bzw. Hypothesen voraussetzt[28], d. h., die bestehenden Denkerträge liegen sprachlich vermittelt in jedem Fall vor. Bezieht man diese Aussagen auf die von v. d. Waerden formulierte Position der Unabhängigkeit des geometrischen Denkens von der Sprache, so läßt sich festhalten: die Gedankenführung von Pascal erforderte »Logik und logische Ausdrücke, die immer sprachlich sind, dabei ist es unwichtig, *was für eine* Sprache dies ist«[29].

Als Ergebnis der Falsifikation der von v. d. Waerden vertretenen dualistischen Position kann festgehalten werden: Aus der Widerlegung des Dualismus geht hervor, daß die Sprache während des Denkvorganges von dem denkenden Subjekt nicht wahrgenommen wird, nicht aber, daß Individuen averbal denken. In diesem Zusammenhang mag die polemische, aber durchaus zutreffende Aussage von A. Potebnjas wiedergegeben werden, »daß die Fähigkeit des menschlichen Denkens, aber ohne Worte, uns nur dank dem Wort gegeben ist«[30].

Die bisherigen Ergebnisse stimmen weitgehend mit der dritten theoretischen Position zum Verhältnis von Sprache und Denken als einer Leistungssymbiose überein, wobei das von Church als intervenierende Hypothese aufgestellte Theorem »Wenn Denken ausschließlich verbale Aktivität wäre, würde das menschliche Wesen zum Denken erst am Ende des Säuglingsalters fähig sein«[31] einen Fragekatalog aufwirft, der nicht damit beantwortet werden kann, daß man die Position der Identitätsthese von Denken und Sprache als falsifiziert betrachten muß. Die Annahme von Church wird weiter durch die Autismustheorie Mowrers gestützt, daß das Kind

Sprache durch Nachahmung erwirbt. Mowrer leitet seine Autismustheorie des Spracherwerbs von der durch das Freudsche Theorem des Lustprinzips bestätigten Annahme ab, das Kind reproduziere Worte wegen der autistischen, indirekten Befriedigung, welche das Hören dieser Laute ihm gewähre[32]. Auf die prozeßstrukturelle Situation von Denken und Sprache als Leistungssymbiotisanten bezogen würde dieses theoretische Postulat implizieren, daß ein Denkertrag des Kindes insoweit vorliegt, als es nur Worte reproduziert, die ihm Befriedigung gewähren. Dieser erkenntnistheoretischen Folgerung als Testsituation seiner Theorie weicht Mowrer mit einer Immunisierungsstrategie aus[33], indem er die theoriekonträren Fälle in der Behauptung auffängt, das Kind lerne zwangsläufig auch für seine Situation unbefriedigende, negative Wörter, weil es eben dadurch auch zugleich die Nützlichkeit der Sprache als verhaltenssteuerndes Symbolsystem erkenne. Die erkenntnistheoretischen Einwände versucht Miller[34] in Anlehnung an Mowrers Autismustheorie durch die Feststellung zu umgehen, das Kind erlerne die Sprache, weil es von Natur aus darauf ausgerichtet sei, auf Sprache zu achten und die bedeutungshaltigen Aspekte zu bemerken, sich an diese zu erinnern und sie zu benutzen. Wissenschaftstheoretisch ist Millers Erklärung des kindlichen Spracherwerbphänomens eine Leerformel[35], weil mit dem Verweis auf die naturhafte Anlage des Kindes weder Informationsgehalt noch eine Erklärung des Phänomens verbunden ist. Miller setzt mit der naturhaften Annahme des Spracherwerbs eine Erklärung voraus, die ihrerseits erst erkenntnistheoretisch einer Begründung zugeführt werden müßte. Außerdem darf nicht übersehen werden, daß die Beiträge von Mowrer und Miller sich höchstens nur indirekt auf das Verhältnis von Sprache und Denken beziehen und die Autismustheorie weitgehend auf die emotionale Komponente des Sprechenlernens ausgerichtet ist, Sprache also nur in ihrem emotionalen Ertrag für das Kind berücksichtigt. Insoweit das genannte Theorem überhaupt Erkenntnisse vermittelt, so hört seine Erklärungsfunktion dort auf, wo »das Kind Worte nicht mehr zu seinem eigenen, autistischen Vergnügen produziert, sondern sie zur Bewältigung kommunikativer Aufgaben einsetzt. Sprache ist viel zu sehr Kommunikation, als daß eine Theorie wie die Mowrers mehr als nur eine Teilquelle darstellen könnte«[36]. In diesem Zusammenhang sei der Hinweis erlaubt, daß innerhalb der Entwicklungspsychologie, bedingt durch deren überwiegend theoretische Ausrichtung auf die Lernpsychologie, das Verhältnis von Denken und Sprache für die psycho-soziale Entwicklung des Individuums weitgehend außer acht gelassen oder nur am Rande berücksichtigt wird, sieht man von den Forschungen Piagets und seiner Schule, sowie Wygotski (1971), Luria (1959, 1961), Luria/Judowitsch (1970), Lewis (1970) und

Church (1971) einmal ab[37]. Diese Ausrichtungen auf die theoretischen Positionen der Lernpsychologie[38] sind jedoch erkenntnistheoretisch »teuer« erkauft, wenn man die Annahmen der Lerntheorie einer wissenschaftstheoretischen Analyse unterzieht. So geht z. B. jedes probabilistische Lernmodell von der Voraussetzung aus, daß der Lernvorgang als eine Veränderung von Reaktionswahrscheinlichkeiten darzustellen ist. Die wissenschaftstheoretischen Einwände zielen darauf ab, daß selbst bei empirischen Bestätigungen des probabilistischen Lernmodells kein Rückschluß auf die Brauchbarkeit der zugrunde liegenden Theorie erlaubt ist, und zwar deshalb, weil eine logische Unbestimmtheit in den Einzelaussagen vorliegt; so fehlt z. B. bei der Darstellung des Paar-Lernprozesses eine Erläuterung der Beziehung zwischen dem zu erlernenden Element und der Reaktion. Strenggenommen ist deshalb auch die Behauptung falsch, »es handle sich hier um ein Modell des Paar-Lernens, das auf einem Alles-oder-Nichts-Prinzip der Assoziation beruhe, da ja nichts über die Assoziation von Element und Reaktion ausgesagt ist, sondern lediglich Aussagen über Änderungen im Zustand des Elements und über die zugeordneten Reaktionswahrscheinlichkeiten zu finden sind«[39]. Bleibt also der Stellenwert der Assoziation im Rahmen des Lernsystems unexpliziert, so können Abweichungen im Lernprozeß durch ex-post-factum-Interpretationen eliminiert werden (z. B. durch Verweis auf aufgetretene Störvariablen), ohne die Frage klären zu müssen, ob nicht derartige Störvariablen möglicherweise Bedingungsfaktoren sein könnten. Die Strategie der Eliminierung von Störvariablen und das mögliche Bedingungsfaktoren außer acht lassende vermeintliche Exaktheitsstreben schränken daher notwendigerweise den Bereich des Bewährungsfeldes einer Theorie erheblich ein, statt ihn zu erweitern, und beide zusammen genommen verhindern die Entwicklung von Theorien, die komplexere Zusammenhänge zu erfassen imstande sind[40], was in der theoretischen Konsequenz zu einer Immunisierung der zugrunde liegenden Lerntheorie führt, d. h., die Lerntheorien sind praktisch nicht mehr falsifizierbar. Es bleibt daher fragwürdig, Immunisierungen der Theorie nur deshalb in Kauf zu nehmen, weil der Kalkül, in dem das System formuliert wird, dies angebracht erscheinen läßt. Dies ist deshalb besonders problematisch, »weil die Modelle die Falsifikation irgendwelcher Voraussetzungen und damit auch der Restriktionen nicht zulassen«[41].

Dieser methodologische Exkurs erschien deshalb angebracht, um Gefahren innerhalb der Entwicklungspsychologie aufzuzeigen, die zu einer Verzerrung bzw. zu Unschärfen in der Darlegung des Verhältnisses von Sprache und Denken führen können. Sieht man einmal von den methodologischen Mängeln ab, so bleibt weiterhin die Frage offen, was die Entwicklungspsychologie zu unserer Problemstellung beitragen kann. Denn solange es die Entwicklungspsychologie nicht verstanden hat – bis auf die bereits genannten Ausnahmen – das Problem des Verhältnisses von Denken und Sprache einer Lösung zuzuführen bzw. in ihren Forschungsprozeß bewußt aufzunehmen, solange ist sie auch nicht in der Lage, durch ihre Einzeluntersuchungen, denen die entsprechenden theoretischen und methodischen Voraussetzungen fehlen, Ansätze für die Lösung des anstehenden Problems aufzuzeigen. Sie wird dann weiterhin Beiträge liefern, die man sammelt, »ohne zu fragen, ob sie überhaupt für weitere Untersuchungen notwendig sind, und wenn, ob man sie gerade *so* sammeln und systematisieren sollte«[42].

Diese Einwände indessen verweisen vielmehr auf die Notwendigkeit, innerhalb der vorliegenden Untersuchung die vorhandenen Ergebnisse zum anstehenden Problem in systematisierender Absicht einer kritischen Analyse zu unterziehen. Dabei soll jedoch nicht in extenso auf die Kontroverse zwischen Piaget und Wygotski über den Verlauf der Sprachentwicklung des Kindes eingegangen werden, es sollen vielmehr nur einige zentrale Aspekte andiskutiert werden. Piaget kommt bei seinen Untersuchungen über »Denken und Sprechen des Kindes« zu dem Ergebnis, daß die Sprachentfaltung der Entwicklungslinie vom Autismus über die egozentrische zur sozialisierten Sprache folge, wobei er das Verhältnis von Denken und Sprache methodisch aus den sprachlich reproduzierten Gedankengängen des Kindes abzuleiten sucht, also die Einheit von Denken und Sprache methodologisch voraussetzt[43]. Wygotski behauptet dagegen, die ursprüngliche Sprache des Kindes sei eine rein soziale. »Erst später entwickelt sich eine mehrere Funktionen ausübende soziale Sprache des Kindes nach dem Prinzip der Differenzierung der einzelnen Funktionen und teilt sich auf einer bestimmten Altersstufe ziemlich scharf in eine egozentrische und eine kommunikative Sprache[44].« Bedauerlicherweise entzieht uns Wygotski in seiner Analyse die empirischen Befunde, die seine Annahmen stützen können.

Um die Thematik der Kontroverse transparenter zu machen, soll die jeweilige Ausrichtung des Verhältnisses von Sprache und Denken knapp skizziert werden:

Piaget: außersprachliches autistisches Denken – egozentrische Sprache und egozentrisches Denken – sozialisierte Sprache und logisches Denken.

Wygotski: soziale oder äußere Sprache – egozentrische Sprache – innere Sprache. Die Entwicklung des Denkens verläuft vom Sozialen zum Individuellen.

Nach dem Stand der bisherigen Forschungen kann die Kontroverse nicht eindeutig im Hinblick auf eine der beiden Positionen erkenntnistheoretisch gelöst werden, wenn man auch geneigt ist, Wygotskis

Argumentationen einen höheren Grad an Plausibilität zukommen zu lassen, zumal Piaget in der Zwischenzeit eingeräumt hat, daß das egozentrische Sprechen ein Ausgangspunkt für die innere Sprache sein kann, die dem logischen Denken dienlich ist, ja, daß sogar die innere Sprache sowohl dem autistischen wie dem logischen Denken dient[45]. Andererseits nimmt Wygotski direkt auf Piaget Bezug, um seine Hypothese, daß die grammatische Entwicklung des Kindes seiner logischen Entwicklung vorauseile, abzusichern[46]. Für die Sprachentwicklung des Kindes nimmt Wygotski in Anlehnung an K. Bühler an, daß sowohl das Schreien, als auch das Lallen und sogar die ersten Worte des Kindes vorintellektuelle Stadien der Sprachentfaltung seien. »Sie haben mit der Entwicklung des Denkens nichts gemein[47].« Erst mit der Entdeckung, daß jedes Ding einen Namen habe (Wygotski beruft sich hier auf William Stern), beginne beim Kind die Leistungssymbiose von Denken und Sprache, und zwar ab dem Zeitpunkt, »von dem an die Sprache intellektuell und das Denken sprachlich wird«[48]. Methodologisch argumentiert hier Wygotski auf einer Ebene, der auch zweifellos Piaget zustimmt, wenn er feststellt: »Darum ist die Sprache so bedeutsam: Sie ist ein Indiz der Bewußtmachung[49].«
Auch die Funktion der egozentrischen Sprache wird von beiden prozeßstrukturell als Durchlaufphase verstanden, jedoch nimmt Piaget an, daß die egozentrische Sprache des Kindes ein direkter Ausdruck der Egozentrik des kindlichen Denkens sei, die dann überwunden werde, wenn das Denken des Kindes sich sozialisiert, d. h. in dem Augenblick, wo das Kind die Fähigkeit erwirbt, den eigenen Standpunkt zu verlassen und sich schließlich auf den Standpunkt der Allgemeinheit zu stellen, hat es die Phase der Umkehrbarkeit des Denkens erreicht, der Prozeß der Egozentrik geht seinem Ende entgegen[50]. Wygotski hält dem entgegen: »Man braucht aber nur die egozentrische Sprache des Kindes in qualitativer Hinsicht mit der des Erwachsenen zu vergleichen, um zu erkennen, daß ein Erwachsener in seiner egozentrischen Sprache viel reicher ist als ein Kind, denn alles, was wir schweigend überlegen, ist vom Standpunkt der funktionellen Psychologie eine solche egozentrische, aber keine soziale Sprache[51].« Er ist vielmehr davon überzeugt, daß die egozentrische langsam in eine innere Sprache übergehe, ohne daß der Erwachsene sie ganz verliere. Mir scheint die Konfusion der beiden Forscher in diesem Punkt insofern aufhebbar zu sein, als die Fragestellung nicht zu sehr zu einem Streit über die unterschiedliche Terminologie werden sollte, sondern der Kern des Problems liegt vielmehr in dem Bezug der Akzentuierung der Sprache zum Denken, d. h., es geht bei Piaget primär um die Bewertung der Adäquatheit des »kindlichen« Denkens im Hinblick auf die Denkprozesse des Erwachsenen. »Also haben wir das Denken des Kindes

egozentrisch genannt, womit wir sagen wollen, daß dieses Denken in seiner Struktur noch autistisch bleibt, aber daß seine Interessen nicht mehr einfach auf die organische oder spielerische Befriedigung zielen wie der reine Autismus, sondern schon auf die intellektuelle Anpassung, wie das Denken des Erwachsenen[52].« Wygotski geht es dagegen nicht so sehr um die Adäquatheit des kindlichen Denkens in bezug auf das Denken des Erwachsenen, als vielmehr um den Stellenwert der Sprache beim denkoperativen Entwickeln eines Problemlösungsverfahrens, das jeweils durch innere Verbalisierung der Gedankengänge gefunden wird. Insofern sind methodisch die Dispositionen nicht miteinander vergleichbar, daß beide jedoch in ihren Untersuchungsergebnissen erkenntnistheoretisch nicht allzu weit divergieren, wird bei Wygotski sichtbar, wenn er auf die Exploration der sozialen Umwelt des Kindes zu sprechen kommt, besonders, wenn dieses den Prozeß sprachlich zu bewältigen sucht. »In der Entwicklung des Sprechens zeichnet sich dieses Stadium klar ab und kommt darin zum Ausdruck, daß die Aneignung der grammatischen Strukturen und Operationen beim Kind der Aneignung der entsprechenden logischen Strukturen und Operationen vorausgeht. Das Kind erlernt den Nebensatz, solche Sprachformen wie ›weil‹, ›wenn‹, ›als‹, ›dagegen‹ oder ›aber‹ lange bevor es kausale, konditionale, temporale Verhältnisse, Gegenüberstellungen usw. beherrscht. Das Kind erwirbt die Syntax der Sprache früher als die Syntax des Denkens. Piagets Untersuchungen haben eindeutig ergeben, daß die grammatische Entwicklung des Kindes seiner logischen Entwicklung vorauseilt und das Kind erst relativ spät zu einer Beherrschung der logischen Operationen kommt, die den von ihm längst beherrschten grammatischen Strukturen entsprechen[53].« Diese Erkenntnisse unterstreichen den leistungssymbiotisantischen Zusammenhang von Denken und Sprache, wobei prozeßstrukturell im Entwicklungsgang ein Vorauseilen der Sprache gegenüber dem Denken festgehalten werden kann, was erkenntnistheoretisch einer Falsifikation der Identitätsthese gleichkommt. Andererseits darf allerdings nicht übersehen werden, daß hier keine Determinierung des Denkens durch die Sprache erfolgt, sondern der Stellenwert der Sprache als Disposition den Möglichkeiten des Denkens bei der sozialen Exploration der Umwelt zu Hilfe kommt. Dieser Aspekt ist erkenntnistheoretisch für den Gang von Untersuchungen von Bedeutung, wenn diese auf die Funktionen des restringierten bzw. elaborierten verbalen Codes und die jeweiligen spezifischen Auswirkungen abheben, zumal wenn man als gesicherte Hypothese annehmen darf, »daß die Grundstrukturen der Erwachsenengrammatik sich fast alle schon beim dreijährigen Kind finden, ist ein Hinweis darauf, wie früh eine Analyse des Gehörten nach grammatikalischen Kategorien einsetzt«[54]. Die Funktion der Grammatik soll vorübergehend außer acht gelassen werden (auf ihren Stellenwert wird später eingegangen werden), für das Vorgehen innerhalb der Analyse des Verhältnisses von Sprache und Denken darf festgehalten werden, daß das Verfügen über eine sich allmählich ausdifferenzierende Sprache die kognitive Orientierung des Kindes erleichtert, bzw. diese positiv beeinflußt. »Die Sprache fördert den sozialen Umgang, der seinerseits wieder Sprache begünstigt. Beide beeinflussen das kognitive und orektische Leben des Kindes; dies wiederum beeinflußt seine Sprache und seinen Umgang mit anderen«[55]. Inwieweit die sprachliche Retardierung die kognitiven wie psychisch-sozialen Orientierungsmöglichkeiten des Kindes behindert, soll kurz in einer thematischen Zusammenfassung der Forschungsergebnisse von Luria und Judowitsch wiedergegeben werden.

Durch Zufall fanden die beiden Wissenschaftler zwei eineiige fünfjährige Zwillinge, die sprachlich völlig retardiert waren. Bis zum Alter von zwei Jahren sprachen sie überhaupt nicht, mit zweieinhalb Jahren hatten die Zwillinge (Lioscha und Jura) »Mama« und »Papa« gelernt; mit vier Jahren bestand ihr Wortschatz nur aus einer geringen Anzahl kaum differenzierter Laute, die sie beim Spielen und zur Verständigung benutzten. Ihr Wortschatz im Alter von fünf Jahren bestand aus einer kleinen Anzahl phonetisch entstellter Wörter der Umgangssprache und aus eigenen »autonomen« Wörtern und Lauten. Den Wortschatz der Alltagssprache benutzten sie hauptsächlich im Umgang mit Erwachsenen und dann meist nur respondierend. »Bei der Kommunikation miteinander gebrauchten die Zwillinge Laute und einzelne Wörter, die unentwirrbar mit ihren Handlungen verknüpft und von lebhafter Gestikulation begleitet waren«[56]. Neben dieser Ausgangsposition muß unbedingt das Verständnis der Zwillinge für die Sprache anderer Individuen berücksichtigt werden, so verstanden die Zwillinge die Umgangssprache nur dann, wenn diese direkten Bezug zu ihnen selbst hatte. Ungenügend dagegen war ihr Verständnis für eine grammatikalisch komplexere Sprache, sobald diese nicht durch erklärende Handlungen begleitet war; ja Worte, die sich nicht direkt auf sie bezogen, wurden von ihnen gar nicht wahrgenommen.

Luria und Judowitsch weisen jedoch darauf hin, daß sich die Zwillinge in ihrem Verhalten in bezug auf das Alltagsgeschehen (waschen, kleiden, essen) »normal« im Hinblick auf gleichaltrige Kinder verhielten. Eingehende Beobachtungen zeigten jedoch, daß die Zwillinge ihre Spielhandlungen primitiv und monoton vollzogen, so bauten sie niemals mit Bauklötzen einfache Gegenstände, ihr Spiel mit den Bauklötzen bestand darin, daß sie diese von einer Zimmerecke in die andere transportierten. Spiele kreativer, sinnvoller Art kamen äußerst selten vor. Des besseren Verständnisses wegen sei hier der Wortschatz der Zwillinge tabellarisch wiedergegeben[57]:

Tabelle 1:
Der Wortschatz der Zwillinge (spontanes und antwortendes Sprechen)

Worttypen	Anzahl der Wörter	(%)
Gewöhnliche Wörter des erzählenden Sprachgebrauchs	74	54,3
Entstellte Wörter mit spezieller Bedeutung	46	34,0
»Autonome« Wörter (Laute, Lautnachahmungen usw.)	16	11,7
Insgesamt	136	100,0

Daraus kann jedoch nicht geschlossen werden, daß das Sprachverhalten ihrem Wortschatz äquivalent war, eine Wortverwendungshäufigkeitsanalyse ergab, daß etwa 75 Prozent der Sprache dieser beiden Kinder »aus ihren eigenen Namen und expressiven bzw. indikatorischen Ausrufen bestand, die einen diffusen, nicht feststehenden Sinn hatten, wogegen die Wörter der Umgangssprache, die Dinge bezeichneten, in Wirklichkeit nur einen geringen Prozentsatz ihrer Äußerungen ausmachten«[58]. Weiterhin muß festgehalten werden, daß bei den Zwillingen ein planendes und erzählendes Sprechen fast gänzlich fehlte.

Luria und Judowitsch trennten im Laufe ihres Experimentes die beiden Zwillinge, indem sie sie verschiedenen Spielgruppen zuwiesen, die Zwillinge wurden so bei der Aufnahme kommunikativer Beziehungen zur Übernahme des Sprachverhaltens ihrer Gruppe veranlaßt. Außerdem wurde Jura, der körperlich schwächer war und von dem dominanteren Lioscha oft geführt wurde, einem speziellen Sprachtraining unterzogen. Die Trennung der Zwillinge bewirkte für sie eine Notwendigkeit der Übernahme verbaler Kommunikationsformen, während die bis dahin nicht verbalen Kommunikationsformen immer mehr zurückgedrängt wurden. Im dritten Monat des Experimentes nahmen die Formen sprachlicher Kommunikation einen dominanten Platz ein, das Sprechen der Zwillinge wurde merklich verständlicher und das Ausmaß umgangssprachlicher Ausdrücke nahm stark zu. »Spezielles Interesse gebührt der Tatsache, daß sich nicht allein ihr Wortschatz, sondern auch die Funktion ihres Sprechens radikal verändert hat. Bevor das Experiment begann, war das Sprechen unserer Zwillinge zumeist nicht vom unmittelbaren Tun getrennt und begleitete dieses Tun nur. Jetzt tauchen neue Funktionen auf: orientierendes, planendes, aber auch erzählendes Sprechen beginnen eine wichtige Rolle in ihrer Kommunikation zu spielen«[59]. Im zehnten Monat nach Beginn des

Experimentes kam bei beiden Zwillingen der erzählende Sprachgebrauch zum Durchbruch. Beachtenswert ist in diesem Zusammenhang jedoch die Feststellung, daß der trainierte Jura begann, komplexere Formen erzählenden Sprechens zu entwickeln, die situationsunabhängig waren; bei Lioscha dagegen blieb das erzählende Sprechen eng mit der Situation verknüpft.

Luria und Judowitsch fassen das Ergebnis ihres Experimentes wie folgt zusammen: »Nach zehnmonatiger Versuchsdauer entwickelten beide Zwillinge eine vollwertige Sprachaktivität, die eine wahrnehmbare Reorganisation ihrer intellektuellen Leistungen zur Folge hatte. Aber nur einer von ihnen, Zwilling A (Jura), der kontinuierlichen systematischen Sprachübungen unterzogen worden war, entwickelte eine theoretische Einstellung zur Sprache, die seinem Alter angemessen war. Im Falle dieses Zwillings wurde die Sprache zum Objekt einer speziellen Wahrnehmungsaktivität, ihre Struktur wurde begriffen, und genau aufgrund dieser elementaren diskursiven Operationen wurde sie ihm zugänglich, während sie dem anderen Zwilling unzugänglich blieb«[60].

Der Verlauf dieses Beobachtungsprotokolls verdeutlicht, daß die feststellbaren Veränderungen in der geistigen Struktur der Zwillinge auf den Einfluß eines Faktors zurückgeführt werden können: die Aneignung der Sprache. Das Verfügen über Sprache bedeutete zugleich auch die Gewinnung der Möglichkeit diskursiven Denkens, das besonders bei dem sprachgeförderten Zwilling ausgebildet war.

Die Summe der Ergebnisse von Luria und Judowitsch verweisen darauf, daß abstrakte Denkgebilde erst dann beliebig verfügbar sind, wenn es gelingt, sie an ein sinnenfälliges Zeichen zu knüpfen, das es dem Individuum ermöglicht, das mit den Begriffen Intendierte jederzeit vor seinen Geist zu rufen. Die Bindung vollzieht sich bei Worten, die es dem Individuum gestatten, »mit ihnen als akustisch und optisch perzipierbaren Phonem- und Graphemgestalten, die auch als Sprachvorstellungen zur Verfügung stehen, zu operieren. Die Sprachstützung des Denkens wird um so nötiger, je mehr Beziehungen zu erfassen und Zusammenhänge herzustellen sind, und je weiter sich die gedanklichen Konzeptionen von jeder konkreten Repräsentierbarkeit entfernen«[61].

Die Äußerungen von Kainz verweisen auf den Stellenwert der Darstellungsform der Sprache, d. h., Sprache muß darstellbar sein in linguistischen Grundeinheiten, in Zeichensystemen, über die das Individuum verfügen muß. Dies sind linguistisch gesehen die Morpheme, die ihrerseits den Sprachverlauf nicht konstituieren, denn sie geben keine Auskunft darüber, wie in einer bestimmten Sprache Morpheme zu sinnvollen Äußerungen zusammengestellt werden können, diese Regelungsfunktion übernimmt die Grammatik, verstanden als Kombinatorik einer Sprache oder besser: ihre Organisationsregeln. Diese Organisationsregeln wirken sich innerhalb jedes Satzes aus, insofern müssen nicht fertige Sprachprodukte in Form von Sätzen gelernt und gespeichert werden, sondern Regeln für die Bildung grammatikalischer Sätze. Für das anstehende Problem des Verhältnisses von Sprache und Denken ist der Beitrag der Linguistik insoweit von Bedeutung, als sie eine Antwort darauf gibt, wie das Regelsystem aussieht, nach dem die Bildung von grammatikalischen Sätzen beschrieben werden kann. In jüngster Zeit hat sich innerhalb der Soziolinguistik[62] eine intensive Beschäftigung mit der generativen Grammatik[63] herauskristallisiert, die auch im Rahmen unserer Abhandlung Berücksichtigung finden soll.

Chomskys linguistische Theorie postuliert einen idealen Sprecher/Hörer (native speaker), der durch keinerlei Begrenzungen und Schwächen in seinem fehlerfreien sprachlichen Funktionieren behindert ist. Was dieser native speaker unabdingbar von seiner Sprache wissen muß, um fehlerfreie Sätze zu produzieren und zu verstehen, bezeichnet Chomsky mit competence. Performance ist im Gegensatz dazu jene Leistung, die ein mit Fehlern behafteter Sprecher/Hörer vollbringt, wenn er z. B. in den verbalen Interaktionsprozeß eintritt. (Diese Unterscheidung liegt in ähnlicher Form bei de Saussures Differenzierung in langue und parole vor.) Die generative Grammatik im Sinne Chomskys beschreibt also regelhaft die Produktionsvorgänge, die notwendig sind, um Sätze zu erzeugen, die sich für den Sprecher/Hörer im Hinblick auf die Kommunikation als relevant erweisen.

Einwände gegen dieses Modell sind jedoch dann angebracht, wenn man jenen Satz zugrunde legt, mit dem Chomsky demonstrieren will, was unter Grammatik zu verstehen ist: »Colourless green ideas sleep furiously«[64]. Dieser Beispielsatz vermag zu zeigen, daß Grammatikalität nicht gleichzusetzen ist mit Informationsgehalt, Grammatik erweist sich daher – zumindest weitgehend – unabhängig von Bedeutung. Die generative Grammatik kann somit nur als ein Programm verstanden werden, nach welchem sich ein Sprecher richten muß, wenn er Sätze formulieren will, die von Angehörigen derselben Sprachgemeinschaft als grammatisch richtig empfunden werden sollen. Weiterhin darf nicht übersehen werden, daß Chomsky Sprachkompetenz als nativistische Annahme einführt, d. h. idealtypisch den native speaker als Axiom voraussetzen muß, also von idealen Konstruktionen ausgeht[65].

Man kann sich daher der Kritik Luckmanns anschließen: »Wenn die Linguistik heute eine geschlossene Theorie des Systems der Sprache bietet, war dafür kein geringer Preis zu entrichten: der Verzicht auf jeden Versuch der Deutung des Verhältnisses von Sprache und Bewußtsein wie auch der Relation von Sprache und Gesellschaft«[66]. Dieser Einwand soll darauf verweisen, daß die Grammatik nur als Teilbereich eines Lösungsansatzes zum Verhältnis von Sprache und Denken eingebracht werden kann. Das Eingreifen der Grammatik in den Denkprozeß auf dem Wege der Verbalisierung des Denkertrages muß jedoch berücksichtigt werden, denn das Aufbieten der semantischen und operativen Gebildemittel einer Sprache ist gegenüber der eigentlichen Denkarbeit als ein Plus anzusehen. »Was jemand sagt und wie er es sagt, ist nicht unabhängig von den verfügbaren sprachlichen Mitteln, Kategorien, Wörtern, grammatischen und syntaktischen Regeln, mit denen die betreffende Aussage formuliert werden soll«[67]. Die Akzeptierung des Eingreifens grammatischer Strukturen in den Verlaufsprozeß der Leistungssymbiotisanten Denken und Sprache darf jedoch nicht im Sinne eines radikalen Relativismus im Sinne von Sapir/Whorf verstanden werden, etwa in der Form, daß Sprache Welterfahrung determiniere. Eine derartige These wäre erkenntnistheoretisch selbstreflexiv, d. h., sie könnte theoretisch unter Annahme der Geltung der Aussage überhaupt nicht formuliert werden. Der hier angesprochene Aspekt des Weltbildes erweist sich nämlich erkenntnistheoretisch als ein Problem der normativen Orientierung, bzw. als ein Phänomen der Bewertung unter Zuhilfenahme eines ethischen Bezugssystems, das als integriert in die Perzeptionssysteme des Individuums zu betrachten ist. Der Sprache kommt dabei die Rolle eines Vermittlungssystems zu, was nicht mit einer Determinierung durch die Sprache verwechselt werden darf.

Der Aspekt der Weltbildfunktion der Sprache (Weisgerber) läßt sich mit den Mitteln der Linguistik nicht erfassen, denn diese Problematik erweist sich als bezogen auf das »Was« des Denkertrages, d. h., grammatisch korrekt geformte Sätze z. B. über das »Sein« setzen nämlich bereits intellektualisierte Formen des Denkens voraus. So ist der grammatisch korrekt geformte Satz »Das Sein ist« in seinem kommunikativen Ertrag erst dann von Bedeutung, wenn auf der Sprecher/Hörer-Ebene semantische Äquivalente vorhanden sind, die das »Sein« mit Vollkommenheitsprädikaten ausstatten[68]. Es ist daher unangemessen, das Problem auf die Sprache einengen zu wollen, denn der Sprachgebrauch ist ja zugleich auch ein Phänomen der Kulturübertragung durch eine spezifische soziale Struktur. Gerade dies kann aber z. B. mit den Mitteln der generativen Grammatik und ihren Transformationsregeln erkenntnistheoretisch nicht geleistet werden.

Kommen wir nun nach der Darlegung der einzelnen Aspekte im Verhältnis von Denken und Sprache zu unserer Ausgangsfrage nach dem Beziehungsverhältnis der beiden Aktivitäten untereinander zurück, so läßt sich das genannte Problem unter Bezugnahme auf

Wygotski so beantworten: »Das Verhältnis von Denken und Sprache könnte thematisch durch zwei sich überschneidende Kreise dargestellt werden, wodurch gezeigt würde, daß zu einem gewissen Teil beide Prozesse zusammenfallen, nämlich im Gebiet des sogenannten ›sprachlichen‹ Denkens. Aber darin erschöpfen sich weder alle Formen des Denkens noch des Sprechens«[69]. Erweitert man diese Aussage durch die Ergebnisse von Luria und Judowitsch, so kann festgehalten werden, daß das Verfügen über Sprache nicht nur die kognitive und normative Orientierung des Individuums nachhaltig beeinflußt, sondern daß reziprok dazu mit dem Grad des sprachlichen Differenzierungsvermögens die planenden Denkoperationsmöglichkeiten des Individuums wachsen.

IV. Macht und Herrschaft

Kommentar der Herausgeber (IV)

Überlegungen zu Macht und Herrschaft gehören ohne Zweifel zum fundamentalen Ansatz gesellschaftlicher Reflexionen generell. Schon die allerfrühsten Versuche, einem Verständnis des Bestandes und der Entwicklung von Gesellschaften näherzukommen, konnte auf die Thematisierung solcher Zusammenhänge kaum verzichten. Entsprechend ließe sich die Entwicklung der Sozialphilosophie und der politischen Wissenschaften – freilich etwas einseitig – als kontinuierliche Thematisierung von Herrschaftsproblemen umschreiben. Die Faszination der Beschäftigung mit diesen Themen kontrastiert in eigenartiger Weise mit ihrer zeitweiligen völligen Tabuisierung, wobei es den Anschein hat, daß die pure Benennung solcher Zusammenhänge die Desintegration der Gesellschaft zur Folge habe. Dies mag in erster Linie damit zusammenhängen, daß Machtprobleme in enger Weise mit Legitimationsfragen politischer Systeme verbunden sind, wobei das Nachdenken über die Bedingungen und Folgen von Herrschaft die Rechtfertigungsinteressen der jeweils Herrschenden direkt berührt. Womit in aller Regel kaum die Ermutigung verbunden sein dürfte, sich mit solchen Problemen zu beschäftigen, besonders dann, wenn vorgegebene Legitimationsmuster dabei in Frage gestellt werden. Andererseits besteht bei der Akzeptierung demokratischer Legitimationsmuster kaum ein Bedürfnis, sich mit diesen Fragen diskursiv auseinanderzusetzen. Besonders im deutschsprachigen Raum hat sich – bedingt auch durch die zeitweise hemmungslose Demonstration von Macht – eine Abneigung gegenüber solchen Themen entwickelt. Dennoch wird sich eine soziologische Theorie von solchen ideologischen Vorbehalten lösen müssen. Sie kann an der zentralen Frage nach den Bedingungen und Funktionen sozialer Macht für Integration und Desintegration von Gesellschaft nicht vorübergehen.

Dabei ist es zunächst unerläßlich, terminologische Klarheit über das Phänomen der Macht zu gewinnen. Besonders in den Abhandlungen von Dahl, Bierstedt und Holm wird der Versuch unternommen, den Begriff der Macht semantisch zu präzisieren und dessen möglichen theoretischen Stellenwert auszuweisen. In diesem Zusammenhang wird klar, daß Machtbeziehungen zu den konstituierenden Elementen gesellschaftlicher Organisationen auf allen Ebenen gehören und das Zusammenleben einzelner Individuen ebenso berühren wie die Integration des gesamten politischen Systems oder die Beziehungen politischer Systeme untereinander. Eine umfassendere Analyse von Gesamtgesellschaften wird entsprechend auf die Verwendung dieser Theorie nicht verzichten können.

Der wesentliche Zusammenhang zwischen dem Phänomen der Macht und der Theorie der Demokratie soll in klassischer Weise durch den Text von Schumpeter belegt werden, der zum erstenmal die heute immer noch diskutierte Verbindung zwischen dem Vorhandensein von Eliten und einem verbindlichen Verständnis von Demokratie herstellen will. In dem normativen Bezugsrahmen von Schumpeter ist in weiterer Folge eine Theorie der Integration demokratisch-politischer Systeme enthalten, deren Bedeutung nicht zuletzt durch die kritischen Einwände gegen diese Theorie dokumentiert wird.

Im Rahmen einer Abhandlung über Macht und Herrschaft erschien den Herausgebern die Bezugnahme auf die klassischen Formulierungen von Max Weber als unverzichtbar, da die Weberschen Systematisierungen im Hinblick auf Macht und Herrschaft zu einem genuinen Bestandteil der Analyse gesamtgesellschaftlicher Zusammenhänge gehören.

Literaturhinweise

R. Bendix, Herrschaft und Industriearbeit, Frankfurt 1960.

R. Bendix – S. M. Lipset (eds), Class, Status, and Power, London 1967.

D. Easton (ed.), Varieties of Political Theory, Englewood Cliffs 1960.

P. M. Blau, Exchange and Power in Social Life, New York, London, Sydney 1964.

K. O. Hondrich, Theorie der Herrschaft, Frankfurt 1973.

F. Naschold, Systemsteuerung, Stuttgart 1969.

H. D. Lasswell – A. Kaplan, Power and Society, New Heaven und London 1950.

R. Dahrendorf, Class and Class Conflict in Industrial Society, Stanford 1959.

G. Lenski, Power and Privilege, New York, St. Louis, St. Francisco, Toronto, London, Sydney 1966.

T. Parsons, Sociological Theory and Modern Society, New York 1967.

D. Cartwright – A. Zander (eds), Group Dynamics, London 1960.

D. Claessens, Rolle und Macht, München [2]1970.

G. A. Allmond – J. Coleman, The Politics of Developing Areas, Princeton 1960.

A. Etzioni, The Active Society. A Theory of Social and Political Processes, New York 1968.

W. Zapf (Hrsg.), Theorien des sozialen Wandels, Köln und Berlin 1969.
C. W. Mills, The Power Elite, Fair Lawn 1956.
R. Miliband, Der Staat in der Kapitalistischen Gesellschaft, Frankfurt 1972.
M. Weber, Wirtschaft und Gesellschaft, 2 Bde., Köln 1964.
R. Bell, D. V. Edwards, R. H. Wagner (eds), Political Power, New York, London 1969.
M. E. Olsen (ed.), Power in Societies, London 1970.

Macht und Einfluß*

R. A. Dahl

Macht und Einfluß sind in der politischen Analyse Begriffe von gewichtiger Bedeutung. Es ist seltsam genug, daß die systematische Untersuchung dieser Begriffe ziemlich neu ist, teilweise deshalb, weil ernste Versuche, sie für ein systematisches Studium genau genug zu definieren, erst vor kurzem unternommen worden sind. Eine sorgfältige Untersuchung des Begriffs »Macht« und des verwandten Begriffs »Einfluß« wird dazu beitragen, einige weitverbreitete Fallen in der politischen Analyse zu vermeiden, in die selbst äußerst erfahrene Beobachter hineingeraten.

Zuvor ein Wort der Warnung. Die Gedanken in diesem Kapitel sind im wesentlichen ganz einfach. Sie beruhen auf normalem, gesundem Menschenverstand. Trotzdem erfordert dieses Kapitel sorgfältiges Studium. Denn die Begriffe Einfluß und Macht sind voller logischer Fallen, und die meisten Leute – einschließlich vieler, die über Politik schreiben – sind nicht gewohnt, über Macht und Einfluß logisch zu denken. Das Ziel dieses Kapitels ist, Ihnen bestimmte allgemeine Fallen in der politischen Analyse aufzuzeigen, so daß sie danach selbständig durch einen Urwald der Logik schreiten können, der nur für diejenigen undurchdringlich sein wird, die keinen guten Plan im Kopf haben, wenn sie losgehen.

* aus: R. A. Dahl, Modern Political Analysis, Englewood Cliffs 1963, S. 39–54. Mit freundlicher Genehmigung des Autors und des Verlages Prentice Hall. Übersetzt von Michael Schmid und Rolf Behringer.

Einfluß

Nehmen wir an, Sie stünden an einer Straßenecke und sagten zu sich selbst: »Ich befehle allen Autofahrern, in dieser Straße auf der rechten Straßenseite zu fahren.« Und nehmen wir auch an, daß alle Fahrer auch tatsächlich taten, was Sie ihnen »befahlen«. Die meisten Menschen würden Sie für geisteskrank halten, wenn Sie behaupten würden, daß Sie gerade genügend Einfluß auf Autofahrer gezeigt hätten, indem Sie sie zwangen, die rechte Seite zu benutzen. Andererseits, nehmen wir an, ein Polizist stünde inmitten einer Kreuzung, auf der der meiste Verkehr gewöhnlich geradeaus verläuft. Er befiehlt dem gesamten Verkehr, rechts oder links abzubiegen; der Verkehrsstrom bewegt sich nach rechts oder links, so wie er es anordnet. Dann meint der gesunde Menschenverstand, daß der Polizist, der in dieser speziellen Rolle handelt, offenbar die Autofahrer beeinflußt, lieber rechts oder links abzubiegen als geradeaus weiterzufahren.
Unsere Allgemeinvorstellung geht dann etwa folgendermaßen: A beeinflußt B in dem Maße, als er B dazu bringt, etwas zu tun, was er sonst nicht tun würde. Eine Einfluß-Beziehung zwischen zwei Handelnden könnte so illustriert werden:

A beeinflußt nicht	B	handelt	x
A beeinflußt	B	handelt nicht	x
		handelt	y

Einfluß ist dann eine *Beziehung* – zwischen Einzelnen, Gruppen, Verbänden, Organisationen, Staaten. Wir können dazu weitgehend die Umgangssprache verwenden und sagen, daß Einfluß eine *Beziehung zwischen Handelnden* ist, bei der ein Handelnder andere Handelnde veranlaßt, in irgendeiner Weise zu handeln, in der sie sonst nicht handeln würden. Natürlich schließt diese Definition auch Fälle ein, bei denen der Handelnde A die Person B dazu bewegt, etwas weiterzuführen, was er gerade tut, obwohl B damit aufhören würde, wenn A ihn nicht dazu veranlassen würde.
Im Prinzip können wir die *Existenz* von Einfluß und auch die *Richtung* von Einfluß bestimmen: wer beeinflußt wen. In der Praxis ist es oft schwierig herauszufinden, wer wen beeinflußt, aber wir werden die Betrachtung der praktischen Hindernisse aufschieben, um uns mit einem einleitenden Begriffsproblem zu befassen. Oft reicht es nicht aus, einfach nur zu wissen, daß einige Handelnde andere beeinflussen. Häufig möchte man auch wissen, welches der *relative* Einfluß zwischen verschiedenen Handelnden ist. Ist Thompson beim Bürgermeister einflußreicher als Green? Welches

sind die einflußreichsten Leute der Stadt bei der Schulmittelbewilligung? Welche Senatoren haben im Kongreß den meisten Einfluß auf Angelegenheiten der Außenpolitik? Welches sind die einflußreichsten Länder bei den Abrüstungsfragen in den Vereinten Nationen? Welche Handelnden sind in diesen Situationen am wenigsten einflußreich? Sind in den Vereinigten Staaten die Armen im allgemeinen weniger einflußreich bei Fragen der Besteuerung als die Reichen. Kurz gesagt, man möchte wissen, *wieviel* Einfluß hat der Handelnde A auf den Handelnden B, und man möchte das Ausmaß des Einflusses vergleichen, den verschiedene Handelnde auf andere haben. Man würde es fast unmöglich finden, das politische Leben zu diskutieren, ohne den Einfluß verschiedener Handelnder zu vergleichen. Selbst die Unterscheidung einer Demokratie von einer Diktatur erfordert es, den relativen Einfluß von Bürgern und Führern abzuschätzen. Das berühmte Klassensystem von Aristoteles setzt offenbar voraus, daß man relative Einflußwerte messen und damit vergleichen kann; denn, um ein bestimmtes politisches System einordnen zu können, muß man zuerst festlegen, wer in dem System den größten Einfluß hat – eine Person, ein paar oder eine Mehrheit.

Versuche, den relativen Einfluß verschiedener Handelnder in einem politischen System zu vergleichen, sind jedoch Ursprung großer Verwirrung in der politischen Analyse. Die wichtigste Ursache der Verwirrung ist wahrscheinlich die Tatsache, daß viele verschiedene Einflußmaßstäbe angewendet werden, und diese werden fast immer eher implicit als explicit gebraucht. Es ist, als ob zwei Nachbarn, einer sehr groß und der andere sehr klein, die Länge der Grenze zwischen ihrem Besitztum abschreiten und über das Ergebnis in Streit geraten, ohne je zu bemerken, daß der eine große Schritte machte, während der andere kleine Schritte machte. Um diese Art der fruchtlosen Kontroverse zu reduzieren, wollen wir einige der grundlegenden Arten, Einfluß zu messen, betrachten, die – gewöhnlich implicit – verwendet werden, um den relativen Einfluß verschiedener Handelnder zu vergleichen.

Fünf Arten des Einfluß-Vergleichs

Es wird uns helfen, wenn wir unterbrechen, um einen weiteren Blick auf unsere vom gesunden Menschenverstand geleitete Definition von Einfluß zu werfen: A beeinflußt B in dem Maße, als er B dazu bringt, etwas zu tun, was B sonst nicht tun würde. Irgendwie verändert A also das von B intendierte Verhalten. Wenn dies der Fall ist, warum messen wir dann nicht A's Einfluß durch das Ausmaß oder die Stärke der Veränderung in B's intendiertem Verhalten. Die ersten drei der zu untersuchenden Arten, Einfluß zu messen, beruhen alle auf dieser einfachen Vorstellung: Je größer in irgendeiner Hinsicht die Veränderung von B's innerem oder äußeren Verhalten, das A auslöst, ist, um so größer ist A's Einfluß auf B.

Diese Denkweise über Einfluß ist analog der Auffassung von der Kraft in der Mechanik. In der Mechanik übt Objekt A eine Kraft auf Objekt B aus, wenn A eine Veränderung in der Geschwindigkeit von B hervorruft. Galileis berühmtes Trägheitsgesetz drückt aus, daß ein sich selbst überlassener Körper sich mit gleichbleibender Geschwindigkeit in ein und derselben Richtung bewegt. Jede Veränderung in der Geschwindigkeit eines Körpers zeigt dann das Vorhandensein einer Kraft an. Die Größe dieser Kraft ist proportional zu der Größe der Geschwindigkeitsänderung. Damit übt ein Gegenstand mehr Kraft auf einen dritten aus als ein anderer, wenn der erste eine größere Geschwindigkeitsänderung hervorruft.

Obwohl wir solche Analogien nicht sehr weit treiben sollten, besteht wenig Zweifel daran, daß unsere Vorstellungen über implizite Maßstäbe für Einfluß auf intuitiven Gedanken beruhen, die denen sehr ähnlich sind, auf welchen die Vorstellung der Kraft in der Mechanik beruht. Die grundlegende Idee in beiden Fällen kann folgendermaßen dargestellt werden:

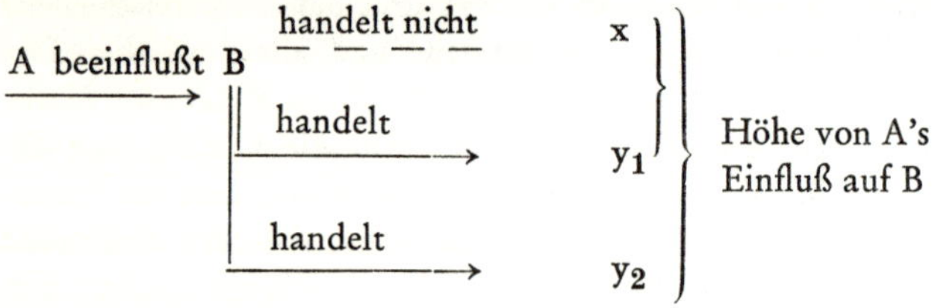

Da die Veränderung, dargestellt durch den Vektor von x nach y_1, geringer ist als die Veränderung, dargestellt durch den Vektor von x nach y_2, so ist A's Einfluß auf B im zweiten Fall größer als im ersten. Wir wollen uns nun einigen grundlegenden Einflußmaßstäben zuwenden, die auf dieser Idee beruhen.

1. *Stärke der Veränderung in der Haltung des Beeinflußten*

Hier ist eine typische Illustration, die diese Art des Einflußvergleichs illustriert:

Wenn man betrachtet, was unsere Außenpolitik war, als Truman sein Amt antrat, und was sie war, als er ausschied, so ist klar zu folgern, daß kein anderer Präsident in Friedenszeiten jemals auf den Kongreß soviel Einfluß bei außenpolitischen Aktionen ausgeübt hat.

Der Beitritt zur UNO, der Marshall-Plan, die Schaffung und der Beitritt zur NATO – all dies stellt tiefschürfende Neuerungen und einen großen Bruch mit der Vergangenheit dar.
Betrachten wir nun das folgende Beispiel:
Die Mitglieder eines Schulausschusses diskutieren die Frage der Anhebung der Lehrergehälter. Ein Mitglied, A, möchte die Gehälter so belassen, wie sie sind. B würde die Gehälter gerne um 250 Dollar pro Jahr erhöhen, C unterstützt ein Ansteigen um 500 Dollar, und D möchte 1000 Dollar hinzufügen. Wir können uns die vier Mitglieder des Ausschusses entlang einer Linie vorstellen, entsprechend der Höhe der Gehaltsaufbesserung, die jeder begünstigt:

A	B	C	D
0	250	500	1000

Zwei andere Bürger, Thompson und Green, möchten gerne, daß der Ausschuß D's Einstellung zustimmt:
Thompson: Ich weiß, daß ich weder auf A noch C einwirken kann, aber ich kann B dazu bringen, sich C anzuschließen und eine 500-Dollar-Erhöhung zu akzeptieren. B bekommt eine Menge Geschäfte durch mich. Aus früherer Erfahrung mit ihm weiß ich, daß er bereit sein wird, auf diese Summe einzugehen, wenn ich ihn darum bitte; aber ich bin sicher, daß er hartnäckig werden wird, wenn ich versuche, ihn über 500 Dollar zu drücken, und ich werde nichts erreichen.
Green: Ich weiß erfahrungsgemäß, daß ich auf C auch nicht einwirken kann. Ich habe einfach überhaupt keinen Einfluß auf C. Aber ich kann sowohl A als auch B dazu bringen, 500 Dollar zuzustimmen.
Thompson: Nun, Green, Sie haben offenbar mehr Einfluß auf A als ich. Wir scheinen auf B beide dieselbe Einflußstärke zu haben, und keiner von uns hat irgendwelchen Einfluß auf C.
Wenn die anfänglichen Schätzungen von Green und Thompson stimmten, wäre man geneigt, Thompsons Schlußfolgerung zuzustimmen. In diesem Fall, wie auch in vielen anderen, bei denen wir sagen, daß der eine Handelnde »mehr« Einfluß als ein anderer auf irgendeinen dritten Handelnden hat, meinen wir, daß der eine fähig ist, eine größere Veränderung in der Haltung herbeizuführen, die von dem dritten eingenommen wird.
Es ist jedoch nicht immer befriedigend oder sogar möglich, den relativen Einfluß verschiedener politisch Handelnder auf diese Art zu messen. Denn erstens wissen wir nicht immer, welches die Ausgangspositionen der verschiedenen Handelnden waren, und auch nicht, wie sehr sie sich tatsächlich verändert haben. In der Politik nehmen die Einzelnen manchmal extreme Positionen ein, um Ziele

zu erreichen, in der Hoffnung, so letztlich zu einem Kompromiß zu kommen, der ihrer wirklichen aber verborgenen Ausgangsposition nahe kommt oder sogar mit ihr identisch ist. Tatsächlich ist eine der wichtigsten Kunstfertigkeiten in der Politik – einer der Gründe, weshalb die Ausübung der Politik eine Kunst ist – die Fähigkeit, eine Verhandlungsposition zu erkennen und abzuschätzen, wie weit sie von der wahren Position des Gegners abweicht. Eine andere Fertigkeit ist genau entgegengesetzt: die Fähigkeit, seine wahre Haltung zu verbergen und den Glauben zu erwecken, man vertrete die eigene Verhandlungsposition tatsächlich. In der internationalen Politik und in Tarifauseinandersetzungen versuchen die Parteien oft, ihre wahre Position durch Drohungen, Bluff und Kraftmeierei zu verschleiern – Truppenbewegungen, böse Worte, Streik-Beschlüsse. Die Notwendigkeit, die wahre Position des Gegners aufzudecken, führt andererseits zum Einsatz von Geheimdiensten, Untersuchungen, Spionage und zu Versuchen, dessen Absichten durch Gegendrohungen und Gegenaktionen zu prüfen.
Darüber hinaus ist es nicht immer möglich zu entscheiden, ob eine Veränderung der Einstellung größer oder kleiner als irgendeine andere Veränderung ist. Wenn im Falle des Schulausschusses A zu B's Haltung umschwenkt und C zu D's, welche Veränderung wäre die größere? Es ist richtig, daß A's Veränderung weniger Geld beinhaltet, aber vielleicht legt A einen größeren Wert darauf, sparsamer zu sein als C; er mag dabei viel widerwilliger zu B's Haltung überwechseln als C zu D's Haltung. In diesem Sinne ist es vernünftig zu sagen, es sei mehr Einfluß erforderlich, A dazu zu bringen, für eine 250-Dollar-Erhöhung zu stimmen, als B für eine 500-Dollar-Erhöhung. Was wir brauchen, ist ein Maß für das, was man die psychologische Distanz nennen könnte, die in einer Veränderung enthalten ist. Das wird im nächsten Punkt behandelt.

2. *Die subjektiven psychologischen Kosten der Unterwerfung*

Hier sind einige typische Beispiele, die dieses Maß des Einflusses verkörpern:
»Der Einfluß der alten Bosse ging in dem Maße zu Ende, als die Einwanderergruppen an das amerikanische Leben angepaßt wurden und als die Sozialversicherung viele der Funktionen der Bosse übernahm, denn die Anhänger der Bosse hatten immer weniger das Bedürfnis oder das Verlangen nach deren Diensten – dem Lebensmittelkorb beim Erntedankfest und an Weihnachten, das Intervenieren bei der Polizei, die gelegentliche Arbeit bei der Stadt usw. ...«
»Man braucht keinen Präsidenten mit viel Einfluß, um unter den Kongreßmitgliedern aus städtischen Gebieten Unterstützung für

Wohlfahrtsmaßnahmen zu bekommen, weil diese schon dafür sind. Man braucht viel mehr Einfluß, um die Kongreßabgeordneten aus den ländlichen Gebieten des Mittelwestens dazu zu bringen, mitzuziehen.«

Diese Feststellungen stellen die Tatsache heraus, daß eine scheinbar gleiche Veränderung in der objektiven Einstellung zweier verschieden Handelnder tatsächlich eine ganz unterschiedliche Stärke der subjektiven Veränderung erfordert. Die »Kosten«, sich den Wünschen irgendeines anderen zu fügen, können für verschiedene Leute sehr unterschiedlich sein, abhängig von ihren Werten und ihrer Situation.

Betrachten Sie zum Beispiel verschiedene Mitglieder einer Arbeitergewerkschaft, die einem eventuellen Streik gegenüberstehen. Nehmen wir an, daß einige Mitglieder in der Voraussicht auf den Streik Ersparnisse beiseite bringen konnten, andere nicht. Ein Gewerkschaftsführer, der genügend Einfluß hat, die erste Gruppe zu überreden, für den Streik zu stimmen, kann sehr wohl nicht genug Einfluß haben, die zweite Gruppe zu überreden. Für die Mitglieder, die keine Ersparnisse haben, erscheint der »Aufwand« eines Streiks wahrscheinlich viel höher als für diejenigen, die welche haben. Demgemäß erfordert es einen größeren Einfluß, die zweite Gruppe zum Streik zu überreden.

Ebenso bedarf es mehr Einfluß, Pazifisten dazu zu bewegen, die Mobilmachung zu unterstützen, als Militaristen; Isolationisten die UNO zu unterstützen als Internationalisten; Demokraten des Südens eher als die Demokraten des Nordens die Gesetzgebung der Bürgerrechte zu unterstützen.

In der Praxis kann dieser grundlegende Maßstab sicher nicht immer angewendet werden, da wir nicht immer wissen, welches die Unterschiede in den wirklichen psychologischen Kosten der Unterwerfung bei verschiedenen Individuen sind. Trotzdem kann man oft Schätzungen vornehmen, die auf bekannten Unterschieden in den Werten und Situationsdefinitionen beruhen; und zweifellos könnte eine ganze Menge Verwirrung über den relativen Einfluß vermieden werden, wenn die Vermutungen, die den subjektiven Aufwand betreffen, völlig klar wären.

3. *Die Höhe des Unterschiedes in der Wahrscheinlichkeit der Unterwerfung*

Betrachten wir erneut den hypothetischen Fall, bei dem Sie an der Ecke einer belebten Straße einer amerikanischen Stadt stehen und schweigend allen Autofahrern »befehlen«, auf der rechten Straßenseite zu fahren. Wenn Sie die Tatsache, daß die Fahrer tatsächlich auf der rechten Seite fuhren, als Beweis für Ihren Einfluß verwenden, würde Sie das zu einem wahrscheinlichen Kandidaten einer Nervenheilanstalt machen. Denn jeder weiß, daß, ob Sie es ihnen »befehlen« oder nicht, in diesem Lande alle Fahrer durch Gesetz gezwungen sind, rechts zu fahren, und das auch ohne Ihren »Befehl« tun würden. Mit anderen Worten, die Chance, daß irgendein Fahrer rechts fahren wird, ist schon sehr hoch – etwa 999 von 1000, wenn wir seltene abweichende Fälle berücksichtigen; Ihr stiller »Befehl« ändert diese Chancen nicht im geringsten. Der Polizist jedoch ist in einer anderen Position. Wenn er nicht dort stünde, würde vielleicht nur einer von 10 Wagen an dieser bestimmten Kreuzung rechts abbiegen. Aber auf sein Zeichen hin biegt jeder Wagen rechts ab. In Ihrem Fall ist der Unterschied in der Wahrscheinlichkeit, daß sie rechts abbiegen, wenn Sie es ihnen befehlen und wenn Sie es ihnen nicht befehlen, gleich Null. Bei dem Polizisten ändert sich die Chance von 1 aus 10 bis zu 10 aus 10 – ein Unterschied von 9 aus 10.

Warum messen wir dann nicht den relativen Einfluß durch die Größe des Unterschieds in den Wahrscheinlichkeiten der Unterwerfung. Beachten Sie, daß es auf den *Unterschied* in den Wahrscheinlichkeiten ankommt. Wenn 59 von 60 demokratischen Senatoren für ein Gesetz stimmen, das von einem demokratischen Präsidenten vorgeschlagen wurde, wäre es verfrüht zu folgern, daß der Präsident großen Einfluß in seiner Kongreßpartei hat. Was wir zuerst wissen müssen, ist, wie viele demokratische Senatoren sowieso für die Maßnahme gestimmt hätten, selbst wenn der Präsident überhaupt keine Stellung dazu bezogen hätte.

Hier ist ein Fall, der auf dieses grundlegende Maß verweist: Bei dem Kongreßabgeordneten X hat der Landwirtschaftsverband enormen Einfluß, die Handelskammer beträchtlich weniger und die AFL-CIO fast keinen. Im Verlauf der Jahre hat die Landwirtschaftslobby gemerkt, daß sie, wann immer der Abgeordnete X einem Gesetz nicht zustimmen wird, das sie durchbringen will, nur zum Telefon greifen muß und andeuten, wie sie dazu steht. Die Chancen stehen 9 zu 10, daß er so abstimmen wird, wie sie es will. In ähnlichen Fällen, die Handelsfragen umfassen, kann ihn die Handelskammer in einem von drei Fällen umstimmen. Die AFL-CIO andererseits gewinnt ihn in weniger als einem von 10 Fällen.

Dieses Beispiel verdeutlicht auch einige der Schwierigkeiten mit diesem Maß. Erstens verlangen gutbegründete Schätzungen von »Chancen« oder Wahrscheinlichkeiten entweder randomisierte Ereignisse, wie mit einer Münze oder einem Würfel, oder sonst eine große Anzahl vergangener Vorkommnisse gleichwertiger Ereignisse. Politische Entscheidungen aber sind gewöhnlich weder zufällig noch gleichwertig. Deshalb ist es in der Regel schwierig, Wahrscheinlichkeiten abzuschätzen, außer auf eine sehr ungenaue Art.

Zweitens ist es oft schwer, die anfängliche Wahrscheinlichkeit eines bestimmten Ereignisses zu kennen, weil, wie schon dargelegt, die Ausgangspositionen verschiedener Teilnehmer oft unbekannt sind. Schließlich ist der bloße Unterschied in den Wahrscheinlichkeiten ein nicht völlig zufriedenstellendes Maß, und zwar deshalb, weil er nicht die beiden vorherigen Dimensionen berücksichtigt – das Ausmaß der Verhaltensänderung und den Aufwand der Unterwerfung.

4. *Unterschiede im Bereich der Reaktion*

Betrachten wir das folgende Beispiel:
Alles in allem genommen ist der Mehrheitsführer der einflußreichste Mann im Senat. Ein Ausschußvorsitzender ist gewöhnlich einer der einflußreichsten Leute bei Angelegenheiten, die in die Zuständigkeit seines Ausschusses fallen, aber bei anderen Fragen übt er normalerweise ein wenig mehr Einfluß aus als das Durchschnittsmitglied. Der Mehrheitsführer, andererseits, tendiert dazu, in praktisch jeder Angelegenheit, die vor den Senat kommt, äußerst einflußreich zu sein.
In unserer bisherigen Analyse sind die Reaktionen derjenigen, die einem Einfluß unterworfen sind, als annähernd gleich und daher vergleichbar betrachtet worden. Wir nahmen von allen Aktionen an, daß sie etwa gleicher Art seien. Die Entscheidungen verschiedener Schulausschußmitglieder über die Lehrergehälter sind zum Beispiel vergleichbar, weil sie sich alle mit dem gleichen Gegenstand beschäftigen, den Lehrergehältern. Aber können wir den relativen Einfluß verschiedener Handelnder vergleichen, wenn sie andere Handelnde in unterschiedlichen Zusammenhängen beeinflussen? Wenn sich z. B. bei der Anwendung eines der drei Maßstäbe, die wir bereits diskutierten, herausstellte, daß Präsident Truman in der Außenpolitik einflußreicher war als Präsident Eisenhower, aber Eisenhower in der Innenpolitik einflußreicher, könnten wir dann diese beiden verschiedenen Fälle in einen einzigen gemeinsamen »Bereich« verschmelzen und damit entscheiden, welcher der beiden Präsidenten im Kongreß im gesamten Umfang der Kongreßaktion der einflußreichere war?
Dies ist ein beschwerliches Problem. Bis jetzt ist keine völlig befriedigende Lösung dafür gefunden worden. Mittlerweile ist es jedoch möglich, einige Fallstricke zu vermeiden, in die die Beobachter häufig geraten, wenn sie versuchen, Einfluß zu analysieren. Erstens: Eine Aussage über den Einfluß, die nicht deutlich den Bereich angibt, auf den er sich bezieht, nähert sich der Bedeutungslosigkeit. Wenn man hört oder liest, daß X äußerst einflußreich sei, ist die richtige Frage: »Einflußreich in bezug worauf?« Wenn ein politi-

scher Beobachter nicht auf dieser einfachen Frage beharrt, wird er oft in die Irre geführt. Einige Studien über amerikanische Städte berichten z. B. von der Existenz einer »dominierenden« Elite, die die Stadt »leiten«. So wurde z. B. in Regional City, einer großen Stadt im Süden, an 14 gut informierte Personen vier Listen ausgegeben, die über 175 Namen enthielten, und sie wurden gebeten, ihre Meinung darüber abzugeben, wer auf jeder der Listen die »top leaders« seien. Von den 10 meistgenannten Namen auf jeder Liste nahm man an, daß sie die einflußreichsten Persönlichkeiten seien. Die 40 Personen, die auf diese Art ausgewählt worden waren, wurden dann als die »top leaders« in Regional City bezeichnet. Unglücklicherweise sind diese Folgerungen jedoch alle beeinträchtigt durch die Tatsache, daß die 14 Juroren nie gebeten wurden zu spezifizieren, in welchen Aktivitätsgebieten verschiedene Führer einflußreich waren. Sind die Menschen, die über die Kandidaten für das Amt des Bürgermeisters entscheiden, die gleichen, die über Schulmittel beschließen? Und über die Neuentwicklung der Stadtpolitik? Über Rassentrennung und Aufhebung der Rassentrennung?

Nach den vorliegenden Unterlagen ist es unmöglich, das zu wissen. Wir können einfach nicht sagen, ob die Menschen, die in Regional City bei irgendwelchen Problemen einflußreich sind, bei anderen Angelegenheiten auch einflußreich sind oder nicht. Hätte man den Bereich, innerhalb dessen verschiedene Führer ihren Einfluß ausüben, berücksichtigt, dann hätte man vielleicht auf die Existenz einer einzigen, homogenen herrschenden Elite schließen können. Es ist aber andererseits auch denkbar, daß dies zur Entdeckung von Führern geführt hätte, die aus anderen sozialen Schichten oder wirtschaftlichen Gruppen stammen. Tatsächlich enthüllen Studien amerikanischer Gemeinden, in denen verschiedene Problembereiche untersucht werden, oft eine höchst pluralistische Struktur.

Zweitens: Selbst wenn die verschiedenen Einflußbezirke klar abgegrenzt sind, kann es schwierig oder unmöglich sein, anzugeben, welcher von mehreren Handelnden der Einflußreichste im Gesamtbereich ist. Ein analoges Problem taucht auf, wenn wir versuchen, zwei Athleten zu vergleichen, die in zwei verschiedenen Sportarten konkurrieren. War Babe Ruth ein besserer Sportler als Jack Dempsey? Diese Frage scheint unlösbar. Wir könnten Babe Ruth messen gegenüber anderen Baseball-Spielern, indem wir die Zahl der »Home Runs« (Anm.: Läufe um sämtliche Male) als Maßstab verwenden, und wir könnten Dempsey mit anderen Kämpfern messen, indem wir die Zahl der ko-Schläge benutzen, aber wie soll man Läufe mit ko-Schlägen vergleichen? Wenn sich zwei Athleten in zwei oder mehr Sportarten messen würden, könnten wir vielleicht sagen, daß einer ein besserer Sportler als der andere war, wenn der eine so gut oder besser als der andere in allen Wettbewerbsgebieten war. Wenn z. B. A im Baseball ein ebenso guter Schläger war wie B, ein gleich guter Boxer, aber besser im Squash (Anm.: Amerikanisches Rackettspiel), dann könnten wir sagen, daß A ein besserer Sportler war als B. In genau derselben Weise scheint es vernünftig zu sagen, daß eine Person A nur dann im gesamten betreffenden Einflußbereich einflußreicher ist als eine andere, wenn etwa A's Einfluß in keinem besonderen Fall geringer und mindestens in einem Fall größer ist als B's Einfluß. Wenn Green und Thompson äußerst einflußreich bei Problemen sind, die mit öffentlichen Schulen und der Neuentwicklung der Stadt zu tun haben, und wenn Green bei politischen Ernennungen einflußreicher als Thompson ist, dann ist Green im gesamten Einflußbereich einflußreicher.

Das wirkliche Leben erzeugt jedoch nicht immer solche maßgeschneiderten Situationen. Green kann bei Schulfragen einflußreicher als Thompson sein, während Thompson bei politischen Ernennungen einflußreicher als Green sein kann. Was sagen wir in diesem Falle? Wir könnten versuchen, verschiedene Problemgebiete zu gewichten, aber solche Gewichtungen sind zwangsläufig willkürlich. Wenn den Schulen der Wert 1 gegeben wird, welchen Wert sollte man dann politischen Ernennungen zuschreiben – 2, 5, 1/2? Wie können wir die Gewichte, die wir zuteilen, rechtfertigen?

Es gibt gegenwärtig keinen einzigen, besten Weg, das Problem der Vergleichbarkeit zu lösen, wenn verschiedene Handelnde einen verschieden hohen Einfluß bei mehreren verschiedenen Problembereichen haben. Die wichtigste Lehre, die der Student der Politik hieraus ziehen kann, ist vielleicht die Notwendigkeit zur Vorsicht und Klarheit beim Ziehen von Vergleichen des Einflusses über verschiedene Problembereiche. Wie in vielen anderen Fällen, so ist es in der politischen Analyse klug, genau anzugeben, ob wir Orangen *oder* Äpfel oder Orangen *und* Äpfel addieren.

5. Zahl der Personen, die reagieren

Wenn Green 5000 Stimmen kontrolliert und Thompson 10 000, scheint es vernünftig zu sagen, daß Thompson bei Wahlen mehr Einfluß hat als Green. Die Anzahl der Personen, die in irgendeiner Weise reagieren, als Maß des Einflusses zu benutzen, ist so naheliegend und klar, daß man annehmen könnte, dies sei fehlerfrei. Leider hat auch dieses wie andere Meßverfahren seine Grenzen. Es wird beeinflußt durch die anderen Schwierigkeiten, die wir schon besprochen haben. Green kann in der Lage sein, einen größeren Einstellungswechsel bei seinen Wählern hervorzurufen als das Thompson kann. Oder Green kann seine Wähler selbst dann halten, wenn ihnen die Nachteile der Befolgung sehr groß erscheinen, während Thompson seine Wähler nur dazu bringen kann, Dinge zu tun, die für sie ohnehin nicht von Bedeutung sind. Oder Greens Kontrolle kann viel definitiver sein: Die Wahrscheinlichkeit, daß seine Wähler tun werden, was er verlangt, ist eigentlich sicher, wohingegen Thompsons Kontrolle weit unbestimmter ist. Schließlich kann Green in der Lage sein, seine Wähler in einem weiteren Bereich zu kontrollieren, als es Green kann; Green kann vielleicht seine 5000 Stimmen bei jeder Art Wahl mobilisieren, sei sie örtlicher, bundesstaatlicher oder nationaler Art, oder für jedes andere Referendum, während Thompson seine 10 000 Stimmen bloß bei örtlichen Wahlen mobilisieren kann.

Zusammenfassung

Alle fünf der grundlegenden Meßverfahren von Einfluß, die wir untersucht haben, tragen dazu bei, einige wichtige Aspekte des Einflusses aufzuhellen. Alle fünf haben Grenzen. Dem Politikstudenten schlägt die Analyse folgende Anweisungen vor:

1. Suchen Sie nach Information, die sie befähigt, so viele Maßstäbe wie möglich anzuwenden, wenn Sie versuchen, relativen Einfluß zu bestimmen.

2. Passen Sie Ihren Vergleich der Art der verfügbaren Information an.

3. Gehen Sie spezifisch vor. Ein Musterbeispiel für jeden Vergleich von Macht könnte sein: »... ist einflußreicher als ... im Hinblick auf ... wie gemessen ... an ... und ...«

4. Seien Sie sich ständig dessen bewußt, was Sie bei Ihrer Bewertung auslassen mußten. (Im folgenden werden wir häufig jede dieser Anweisungen mit Ausnahme dieser einen übertreten.)

Potentieller Einfluß gegen tatsächlichen Einfluß

Die Unterschiede an Einfluß zu messen oder zu beschreiben, ist eine Sache, aber es ist etwas ganz anderes, diese Unterschiede zu erklären. Es gibt drei Gründe, weshalb einige Individuen oder Gruppen innerhalb irgendeines Entscheidungsbereichs mehr Einfluß erlangen als andere:

1. Einige Handelnde haben mehr politische Quellen zur Verfügung als andere. Oder

2. Wenn ihnen diese Quellen zur Verfügung stehen, benutzen einige Handelnde mehr davon, um politischen Einfluß zu gewinnen. Oder

3. Wenn ihnen diese Quellen zur Verfügung stehen, dann benutzen

sie einige Handelnde geschickter oder wirksamer als andere.
Es ist also wichtig, zu unterscheiden zwischen: dem vergangenen oder gegenwärtigen Einfluß eines bestimmten Handelnden innerhalb eines Bereiches von Entscheidungen, seinem vermutlichen zukünftigen Einfluß und seinem maximalen potentiellen Einfluß, wenn er *alle* seine vorhandenen politischen Quellen mit optimalem Geschick ausnutzen sollte, um Einfluß innerhalb dieses Entscheidungsbereichs zu erlangen. Der faktisch ausgeübte Einfluß eines Handelnden in irgendeinem vorgegebenen Bereich bleibt immer (oder fast immer) hinter seinem maximalen potentiellen Einfluß zurück. Betrachten wir den folgenden imaginären Fall:
Rodney Brown ist der reichste Mann der Stadt. Er hat ein kleines Vermögen an der Börse erworben. Er besitzt einen kontrollierenden Anteil an der wichtigsten Lokalzeitung, er besitzt eine Rundfunkstation vollständig, er ist stark an der größten Bank der Stadt beteiligt, und ihm gehören Dutzende von Geschäftshäusern im Geschäftsviertel. Noch dazu hat er genügend Anlagen in mündelsicheren Wertpapieren, um, wie es einige seiner neidischen Mitbürger ausdrücken, sicherzugehen, daß Rodney, solange er lebt, nie mehr, auch nicht nur einen Tag zur Arbeit gehen muß.
Zufällig ist Rodney nur an zwei Dingen zutiefst interessiert: elegantes Leben und Ballett. Er lebt aufwendig und er schüttet sein Geld freigiebig aus zur Unterstützung ständig bankrotter Ballettgesellschaften. Er ist beträchtlich weniger an der Politik interessiert als an dem Frühstücksei, das er jeden Morgen ißt. Rodney kümmert sich wenig um politische und nationale Angelegenheiten, außer wenn diese das Ballett berühren, und er hat wenig Einfluß.
»Durch seinen Reichtum und all das hätte Rodney mehr potentiellen Einfluß auf lokale Angelegenheiten als irgendein anderer in dieser Stadt«, sagen seine Freunde manchmal traurig. »Aber faktisch hat er viel weniger tatsächlichen Einfluß als sein Chauffeur Woodrow, der zufällig Demokratischer Bezirksführer in Rodneys Nachbarschaft ist – obwohl das Rodney wahrscheinlich nicht einmal weiß.«
Damit ist Rodneys *potentieller* Einfluß bei örtlichen Angelegenheiten offensichtlich groß; sein tatsächlicher Einfluß ist geringfügig.
Rodneys Bruder Walter hat nie Rodneys Geschick für das Ausnutzen der Börse gehabt. Er arbeitet schwer in einer Stellung bei einer von Rodneys Rundfunkstationen, verdient einen bescheidenen Lebensunterhalt und hat zwischen seiner Arbeit und seiner Familie wenig Zeit für seine große Passion – lokale Angelegenheiten. Rodney träumt vom Ballett, Walter träumt davon, was er in der Gemeindepolitik tun könnte, wenn er nur eine halbe Chance hätte.

Eines schönen Tages stirbt Rodney plötzlich. Zu jedermanns Überraschung stellt es sich heraus, daß sein gesamtes Vermögen trotz allem doch nicht an jene Experimental-Ballettgruppe in New York geht. Es geht an Walter.

Wie dieses Beispiel zeigt, können wir nicht folgern, welches die Unterschiede im politischen Einfluß verschiedener Handelnder sein werden, einfach nach dem Unterschied in ihrem Zugang zu politischen Quellen. In unserem Beispiel:

1. Da er seine Quellen hatte, war Rodneys potentieller Einfluß auf örtliche Angelegenheiten sehr viel höher als Walters oder Woodrows Einfluß. Aber
2. Rodneys tatsächlicher Einfluß war wahrscheinlich geringer als der seines Chauffeurs. Und
3. mit den gleichen Quellen, die Rodney hatte, ist Walters zukünftiger Einfluß weit größer, als Rodneys Einfluß wahrscheinlich jemals war ...

Macht

Es ist nun leicht einzusehen, weshalb einige Menschen versuchen, ihren Einfluß dadurch zu vergrößern, daß sie Kontrolle über den Staat gewinnen. Denn wenn ein Handelnder den Staat kontrolliert, so kann er seine Entschlüsse mit Hilfe des Staates durchsetzen. Konkreter gesagt, er kann das Monopol des Staates über den physischen Zwang ausnutzen, um zu versuchen, die Befolgung seiner Politik zu sichern. Aber man kann diese Befolgung nicht nur durch Bestrafungen suchen, sondern auch durch Belohnungen; und die Kontrolle über den Staat stellt im allgemeinen Quellen bereit, die ebenso benützt werden können, große Vorteile wie ernste Strafen zu verteilen. Kurz, der Staat ist eine besonders wichtige Quelle der *Macht*. Diesen Punkt wollen wir näher betrachten.

Zwei Arten von Einfluß werden manchmal zur besonderen Beachtung herausgestellt:

1. *Zwangseinfluß*: ein Einfluß, der sich gründet auf Drohung oder Erwartung äußerst schwerer Strafen oder großer Verluste, besonders physische Bestrafung, Qual, Gefangennahme und Tod.
2. *Einfluß durch Belohnung:* ein Einfluß, bei dem die Wahrscheinlichkeit der Befolgung sehr hoch ist.

Zwangseinfluß kann graphisch folgendermaßen illustriert werden: Stellen wir uns ein Kontinuum vor, das verschiedene Wertstufen verkörpert, die A als wichtig ansieht – Ehre, Wohlstand, Ansehen, Popularität. A's gegenwärtige Position ist in dem Kontinuum bei A_0. Das heißt z. B., ein Gewinn an Ehre von A wird durch eine Bewegung nach rechts dargestellt; ein Verlust an Ehre wird durch eine Bewegung nach links abgebildet[2]. Folglich könnte man versuchen, A zu beeinflussen, indem man ihm Belohnungen anbietet oder ihm mit Strafen droht oder durch irgendeine Kombination der beiden. Mit anderen Worten, man könnte A veranlassen, etwas zu tun, was er sonst nicht tun würde, indem man ihm verspricht, ihn besser zu stellen, als er es jetzt ist (100 Dollar Belohnung, wenn er es tut), ihn bedroht, schlechter zu stellen, als er es jetzt ist (100 Dollar Strafe, wenn er es nicht tut), oder durch beides (100 Dollar Belohnung, wenn er es tut – 100 Dollar Strafe, wenn er es nicht tut). Der Bereich des Einflusses, so könnte man sagen, durchläuft den ganzen Weg von einem Extrem zum anderen, von A– bis A+ und schließt alle möglichen Kombinationen ein. Der äußerste linke Teil des Kontinuums, etwa von A– bis A_c, verkörpert die strengsten Strafen. Das ist das Gebiet des Zwangseinflusses, das manchmal Macht genannt wird. Das, was eine »strenge« Strafe oder einen Verlust konstituiert, ist sicherlich ein wenig willkürlich. Was jemand als strenge Strafe ansieht, schwankt je nach seinen Kenntnissen, Bildung, körperlicher Verfassung usw. Trotzdem, wer auch immer andere mit strengen Strafen belegen kann, einschließlich Verhaftung und Tod, ist zwangsläufig ungewöhnlich wichtig in jeder Gesellschaft. Tatsächlich ist der Staat von anderen politischen Systemen nur in dem Maße unterscheidbar, als er erfolgreich den Anspruch auf das exklusive Recht aufrechterhält, die Bedingungen zu bestimmen, unter denen bestimmte Arten strenger Strafen, einschließlich des physischen Zwangs, rechtmäßig angewendet werden können.

Bisweilen hat die Offerierung sehr hoher Belohnungen den gleichen Effekt wie die Anwendung von Zwang. Denn wenn A eine sehr große Belohnung für seine Einwilligung angeboten wird und seine Erwartungen dann einmal dieser großen Belohnung angepaßt sind, erleidet er einen voraussichtlichen Verlust, wenn er nicht einwilligt. An den äußersten Enden des Kontinuums, nahe bei A– und A+, sind die Nachteile der Nicht-Befolgung überaus hoch. In diesem Sinne kann die Manipulation sehr hoher Belohnungen auch als eine Art des »Zwangs« betrachtet werden. Negativer Zwang gründet sich auf die Androhung extremer Bestrafung, wohingegen positiver Zwang auf die Aussicht sehr großer Gewinne gestützt ist. Sowohl

negativer Zwang als auch positiver Zwang sind manchmal im Begriff »Macht« enthalten.
Der Staat ist demnach in den Kämpfen um die Macht von zentraler Bedeutung, denn die relativ großen Quellen des Staates und sein exklusiver Anspruch, die Anwendung physischen Zwangs zu regeln, bedeuten, daß diejenigen, die den Staat kontrollieren, zwangsläufig große Macht besitzen.

Wie man Macht feststellt und mißt

Macht zu beschreiben, ist leicht, sie zu beobachten, ist eine ganz andere Sache. Wie können wir tatsächlich Machtbeziehungen beobachten, und speziell, wie können wir in bezug auf unterschiedliche politische Systeme die Frage beantworten: »Wer herrscht?«
Es sind Anstrengungen unternommen worden, Machtbeziehungen in Experimentiersituationen, in Laboratorien oder in anderen Zusammenhängen, bei denen der Beobachter die Situation sehr gut kontrollieren kann, zu studieren. Obwohl diese Bemühungen manchmal interessant und nützlich sind, sind sie offenbar weit vom realen Leben entfernt. Wir wollen wissen, wer in Jonesville, Washington oder Moskau herrscht, nicht in einer erfundenen Situation. Wir wollen wissen, wie die Macht unter den verschiedenen Mitgliedern eines konkreten politischen Systems verteilt ist. Wir benötigen dieses Wissen, bevor wir zu weiteren wichtigen Fragen übergehen können: Welche Art eines politischen Systems liegt vor? Wie sollen wir es klassifizieren? Kommen die Handelnden mit der meisten oder der geringsten Macht aus einer besonderen sozio-ökonomischen Schicht der Gemeinde? Wenn das der Fall ist, aus welcher Schicht? Wenn nicht aus einer, aus welchen Schichten dann? Welches sind die Ziele und Werte der mächtigsten Handelnden? Die der am wenigsten mächtigen Handelnden? Wie sehr gehen diese auseinander? Welche Veränderungen finden bei den Bedingungen für die Auswahl der Elite statt? Und bei der Verteilung der Macht?
Außerhalb des Laboratoriums gibt es vier Hauptarten, Machtbeziehungen zu erkennen, um die Art zu unterscheiden, in welcher die Macht unter den Mitgliedern eines politischen Systems verteilt ist. Jede Art hat Vor- und Nachteile. Keine ist perfekt. Wenn man sie geschickt anwendet, kann jede ein äußerst wertvolles Instrument für die Untersuchung sein.
Erstens kann man nach der Annahme verfahren, daß die Macht eines Handelnden in enger Wechselbeziehung zu seiner Position in einer amtlichen oder halbamtlichen Hierarchie steht. Wer besetzt die Ämter in einem politischen System? Wer sitzt in den »bedeutenden« Ämtern? In den unteren Ämtern? In keinen Ämtern?

Welche Gruppen sind unter den Amtsinhabern über- oder unterrepräsentiert?

Der große Vorteil dieser Methode ist ihre Einfachheit. Amtliche Hierarchien sind gewöhnlich gut definiert, die Amtierenden sind klar benannt, Information ist umfangreich und leicht erhältlich. Die Methode ist besonders nützlich zur Aufdeckung umfangreicher historischer Veränderungen und grober Unterschiede zwischen umfassenden politischen Systemen, wie z. B. den Niedergang des Landadels in der englischen Politik und das Aufkommen anderer sozio-ökonomischer Schichten. Diese Methode ist ebenfalls nützlich beim Aufdecken von Beziehungsmustern bei verschiedenen Elitegruppen – wie stark ist z. B. die Überschneidung zwischen den Inhabern hoher gesellschaftlicher Positionen, hoher Geschäftspositionen, hoher Positionen beim Militär und in der Politik?

Die große Schwäche der Methode ist natürlich die zweifelhafte Annahme, auf der sie beruht, denn eine formale Position ist nicht notwendigerweise mit Macht verbunden. Diese Methode würde nicht unbedingt die graue Eminenz aufdecken, den Königs-Macher, den politischen Chef, den Vertrauten; sie würde auch nicht die Macht einer Klasse oder Schicht erfassen, die dadurch indirekt regiert, daß sie formelle Ämter an andere verteilt.

Um diese Mängel zu überwinden, kann man sich einer zweiten Methode zuwenden. Man kann sich auf gutplazierte Juroren verlassen. Dies war die Methode, die in der Studie von Regional City angewendet wurde, und sie ist weithin imitiert worden. Wenn man dabei die Dimension des Machtbereiches mitberücksichtigt, was in der Originaluntersuchung und vielen anderen Nachfolgestudien nicht geschehen ist, dann kann diese Methode höchst nützlich sein. Sie ist relativ einfach, schnell und wirtschaftlich. Die Urteile einer Reihe von Beobachtern können leicht mit den Urteilen anderer Beobachter überprüft werden. Die Methode ist selbst bei historischen Studien nützlich. Es sind die aufgezeichneten Urteile gutplazierter Beobachter, die uns zu Pater Joseph, der grauen Eminenz von Kardinal Richelieu, oder zu Colonel House, dem Vertrauten Präsident Wilsons, führen.

Der große Nachteil der Methode ist, daß sie uns der Gnade der Juroren aussetzt – und wie sollen wir herausfinden, wer die besten Juroren sind? Selbst anscheinend gutplazierte Beobachter können durch falsche Reputationen irregeführt werden; sie können große Macht dort vermuten, wo wenig oder gar keine vorhanden ist. Brauchen wir dann weitere Juroren, um die Juroren zu beurteilen? Oder können wir irgendwie die Urteile der Juroren überprüfen und zu unserer eigenen unabhängigen Bewertung gelangen?

Die dritte Methode ist die, die Fassade formeller Position und der Reputation zu durchdringen, indem wir die Beteiligung bei Entscheidungen studieren. Welche Handelnden nehmen tatsächlich öfter an Beschlußfassungen innerhalb dieses oder jenes Tätigkeitsbereiches teil? Welche Handelnden nehmen an mehreren oder vielen verschiedenen Tätigkeiten teil, und welche haben sich hochgradig spezialisiert? Diese Methode konzentriert sich auf das, was die Leute tun (oder wenigstens darauf, was sie oder andere berichten, was sie tun), nicht auf ein formelles Amt oder Reputation. Darüber hinaus kann sie uns helfen, verschiedene Machtmuster herauszufinden; wir können die Macht in einem Problembereich von der Macht in einem anderen unterscheiden, oder generelle Macht über viele Problembereiche von der spezialisierten Macht eines Handelnden, der an nur einem Problembereich beteiligt ist.

Der große Nachteil dieser Methode ist jedoch, daß Beteiligung oder Tätigkeit nicht gleichwertig mit Macht ist. Ein Präsident und sein vertrauter Sekretär können beide an allen wichtigen Regierungsentscheidungen eines Landes teilnehmen, aber es wäre töricht, daraus zu folgern, daß sie etwa die gleiche Macht besäßen.

Um diesen Nachteil zu überwinden, könnte man eine vierte Methode versuchen. Man könnte die Tätigkeiten verschiedener Teilnehmer an Entscheidungen abwägen. Man könnte Gewichte festsetzen mit Hilfe irgendeiner operationalen Definition aus dem Bereich der besprochenen Meßverfahren.

Eine Studie rekonstruierte z. B. in genauen Einzelheiten eine Reihe von Entscheidungen, die in New Haven, Connecticut, innerhalb eines bestimmten Zeitraumes getroffen wurden. Aus den rekonstruierten Aufzeichnungen der verschiedenartigen Entscheidungen in verschiedenen Problembereichen versuchte der Autor zu bestimmen, welche der Teilnehmer sehr häufig Vorschläge unterbreiteten, die dann später als wirkliche Politik übernommen wurden, oder sich erfolgreich Vorschlägen widersetzten, die von anderen unterbreitet wurden. Es wurde angenommen, daß diejenigen Handelnden, die nicht nur an den Entscheidungen teilnahmen, sondern nach diesen Kriterien am häufigsten Erfolg hatten, auch die *einflußreichsten* waren[3]. Der große Vorteil der Methode ist, daß sie einen wirksamen, wenn auch groben Test benutzt haben, um die relative Macht verschiedener Entscheidungsträger abzuschätzen, und damit befähigt sie den Beobachter, nicht nur beim bloßen Amt, bei der Reputation und Tätigkeit stehen zu bleiben. Ein Nachteil der Methode ist die Zeit, die benötigt wird, um Entscheidungen in genügenden Einzelheiten zu rekonstruieren; ein weiterer Nachteil ist, daß die operationalen Definitionen manchmal zu grob sind und damit ernste Kritik auf sich ziehen. Z. B. welcher Mann ist in einem vorgegebenen Problembereich mächtiger: Ein Mann, der zwei Vorschläge unterbreitet, die hinterher ohne Einwand angenommen werden, ein zweiter Mann, der einen Vorschlag gegen sehr

starke anfängliche Einwände durchbringt, oder ein Dritter, der 20 Vorschläge zur Politik einbringt, dem es aber nur gelingt, die Annahme eines Drittels davon zu sichern?
Demnach hat jede Methode, Macht zu erkennen und abzuwägen, ihre Vor- und Nachteile. Keine ist narrensicher. Ohne gesunden Menschenverstand und Urteilskraft können alle zu lächerlichen Ergebnissen führen. Wenn sie jedoch geschickt benutzt werden, ist jede äußerst nützlich.

Einige übliche Fehler in der Analyse von Macht

Es ist leicht zu erkennen, weshalb die Analyse der Macht so voller Fallgruben steckt. Hier sind einige der üblichen Fehler, die die vorausgehende Diskussion aufzuspüren und zu vermeiden helfen sollte:
1. Die Unterlassung, deutlich zu unterscheiden zwischen Teilnahme an einer Entscheidung, Beeinflussung einer Entscheidung und Betroffenheit durch die Folgen einer Entscheidung.
2. Die Unterlassung, den Bereich oder die Bereiche auszuweisen, innerhalb derer ein Handelnder angeblich mächtig sein soll.
3. Die Unterlassung, verschiedene Stufen von Macht zu unterscheiden, indem man z. B. die Behauptung, daß die Macht in einem politischen System ungleich verteilt ist, gleichsetzt mit der Behauptung, daß das System durch eine herrschende Klasse regiert wird.
4. Die Verwechslung der vergangenen oder gegenwärtigen Macht eines Handelnden mit seiner potentiellen Macht, besonders durch die Annahme, daß, je größer die politischen Quellen sind, zu denen ein Handelnder Zugang hat, desto größer seine Macht sein muß.
5. Die Gleichsetzung der erwarteten zukünftigen Macht eines Handelnden mit seiner potentiellen Macht, besonders dadurch, daß man Unterschiede in Leistungen und Können ignoriert.

Eine Analyse sozialer Macht*

R. Bierstedt

Innerhalb der Soziologie gibt es wenige Problemstellungen, die in ihrer Komplexität mit dem Problem sozialer Macht vergleichbar sind. Im gesamten Kanon soziologischer Konzepte ist keines schwieriger als das der Macht. Wir können im allgemeinen nur soviel sagen, was Augustinus über die Zeit gesagt hat, daß wir alle genau wissen, was es ist – bis uns jemand danach fragt. Kürzlich fühlte sich Robert Mac Iver zu der Bemerkung veranlaßt, daß »es keine vernünftigerweise adäquate Studie über die Natur sozialer Macht gibt«[1]. Die vorliegende Abhandlung geht nicht von der Anmaßung aus, eine »vernünftigerweise adäquate Studie« zu sein. Sie strebt mehr nach Vernunftmäßigkeit als nach Adäquatheit und versucht, das Problem als eine zentrale soziologische Fragestellung zu artikulieren, die Bedeutung des Konzeptes zu klären und deren soziale Verortung zu entdecken und nach den Quellen sozialer Macht zu suchen.

Die Machtstruktur der Gesellschaft ist kein insignifikantes Problem. In jedem realistischen Sinn ist es sowohl ein soziologisches (i. e. ein wissenschaftliches) und ein soziales (i. e. ein moralisches) Problem. In traditionaler Hinsicht war es mehr ein Problem der politischen Philosophie. Aber wie so viele andere Probleme politischer Natur weist es Wurzeln auf, die tiefer liegen als die der *Polis*, und reicht bis in die Gemeinschaft selbst hinein. Es zeigt Verzweigungen, die nur in einer mehr generalisierenden Art von Untersuchungen, als sie die politische Theorie anbietet, erkannt werden können und denen sich letzten Endes nur die Soziologie nähern kann. Basis und elementarer Ort sozialer Macht müssen, wie Mac Iver in mehreren seiner hervorragenden Studien betont hat[2], in der Gemeinschaft und in der Gesellschaft gesucht werden, nicht dagegen bei der Regierung oder im Staat. Außerdem ist es einleuchtend, daß nicht alle Macht politische Macht ist und daß politische Macht – wie ökonomische, finanzielle, industrielle und militärische Macht – nur eine von mehreren und verschiedenen Formen des Phänomens sozialer Macht beinhaltet. Die Gesellschaft selbst wird von Machtrelationen durchzogen – die Macht, die ein Vater über sein minderjähriges Kind ausübt, ein Herr über seinen Knecht, ein Lehrer

* R. Bierstedt, Analysis of Social Power, in: American Sociological Review (15), S. 730–738. Mit freundlicher Genehmigung des Autors und des Verlages American Sociological Association. Übersetzt von Heide und Claus Mühlfeld.

über seine Schüler, der Sieger über die Besiegten, der Erpresser über sein Opfer, der Wächter über seine Gefangenen, der Anwalt über seine eigenen und gegenparteilichen Zeugen, ein Arbeitgeber über seinen Arbeitnehmer, ein General über seine Leutnants, ein Kapitän über seine Besatzung, ein Gläubiger über einen Schuldner usw. Macht ist, kurz gesagt, ein universelles Phänomen in allen menschlichen Gesellschaften und sozialen Verbindungen. Bei sozialer Interaktion fehlt sie nie völlig, außer vielleicht in jenen Primärgruppen, in denen »personelle Identifikation« (Hiller) vollständig ist, und in jenen Verbindungen »höflicher Bekanntschaft« (Simmel), die »sozial« im engsten Sinne sind. Alle übrigen sozialen Verbindungen enthalten Machtkomponenten. Was ist nun dieses Phänomen?

Soziale Macht ist mit unterschiedlichen Faktoren wie Prestige, Einfluß, hoher Stellung, Kompetenz oder Fähigkeit, Wissen (Bacon), Dominanz, Rechten, Gewalt und Autorität identifiziert worden. Da die Intension eines Begriffes, wenn überhaupt, entgegengesetzt zu seiner Extension variiert – d. h., je mehr Dinge sich auf einen Begriff beziehen, um so weniger präzise ist seine Bedeutung – scheint es wünschenswert zu sein, Macht zumindest von einigen der bisherigen Konzepte abzuheben. Wir wollen zuerst Macht von Prestige unterscheiden.

Die engste Assoziation zwischen Macht und Prestige wurde vielleicht von E. A. Ross in seinem klassischen Werk über soziale Kontrolle vollzogen. »Die unmittelbare Ursache der Lokalisierung von Macht«, sagt Ross, »ist Prestige.« Und weiter »Die Schicht, die das höchste Prestige hat, wird die größte Macht haben«[3]. Nun kann Prestige sicherlich als eine der Quellen sozialer Macht und als einer der signifikantesten Faktoren erklärt werden, die Mensch von Mensch und Gruppe von Gruppe trennen. Es ist ein Faktor, der als eine seiner Konsequenzen die komplexe Schichtung der modernen Gesellschaften aufweist, wobei die partielle Schichtung in analphabetischen Gesellschaften nicht unerwähnt bleiben soll, in denen der Häuptling, der Priester und der Medizinmann Prestigepositionen innehaben. Aber Prestige soll nicht mit Macht identifiziert werden. Sie sind unabhängige Variablen. Prestige tritt häufig ohne Macht auf, und wenn beide zusammen vorkommen, ist Macht für gewöhnlich die Basis und der Grund für Prestige und nicht umgekehrt. Prestige scheint mehr eine Konsequenz der Macht als eine Determinante oder eine notwendige Komponente von ihr zu sein. Auf jeden Fall ist es nicht schwer, Macht und Prestige als unabhängige Variablen zu veranschaulichen, denn in der Tat kann Macht ohne Prestige und Prestige ohne Macht vorkommen. Albert Einstein beispielsweise hat Prestige, aber keine Macht in einem signifikant soziologischen Sinn des Wortes. Ein Polizist hat Macht, aber nur wenig

Prestige. In ähnlicher Weise besitzt auf der Gruppenebene die Phi-Beta-Kappa-Gesellschaft beträchtliches Prestige – mehr außer- als innerhalb akademischer Kreise, um sicher zu sein –, aber keine Macht. Die Kommunistische Partei in den Vereinigten Staaten hat etwas Macht, wenn auch nicht die Bedeutung, die ihr von bestimmten Senatoren so übermäßig zugeschrieben wird, aber kein Prestige. Die Gesellschaft der Freunde wiederum hat Prestige, aber wenig Macht.

Ähnliche Untersuchungen können über die Verbindungen von Wissen, beruflicher Qualifikation, Kompetenz, Fähigkeit und hoher Stellung mit Macht angestellt werden. Sie alle sind Komponenten, Quellen oder Synonyme von Prestige, aber sie können sehr wohl ohne Macht auftreten. Werden sie von Macht begleitet, so ist die Assoziation eher zufällig als notwendig. Aus diesen Gründen scheint es gerechtfertigt, die Unterscheidung von Macht und Prestige beizubehalten.

Wenn wir uns nun der Verbindung zwischen Einfluß und Macht zuwenden, so finden wir eine noch dominantere Beziehung, aber aus Gründen, die ihrerseits beträchtliche Überzeugungskraft haben, scheint es wünschenswert, die Unterscheidung zwischen Einfluß und Macht weiterhin beizubehalten. Der wichtigste Grund ist vielleicht der, daß Einfluß in den Bereich des Überredens, Überzeugens fällt, während der Macht Zwangscharakter zukommt. Wir unterwerfen uns freiwillig dem Einfluß, während Macht Unterwürfigkeit fordert. Die Mätresse eines Königs kann das Schicksal einer Nation beeinflussen, aber nur, weil ihr Geliebter es zuläßt, sich von ihren Plänen beeinflussen zu lassen. Letzten Endes kann ihr Einfluß wichtiger sein als seine Macht, aber er ist unwirksam, wenn er nicht in Macht transformiert wird. Die Macht, die ein Professor über seine Studenten ausübt, ist nicht in seinem größeren Wissen begründet (dies ist eher Kompetenz als Macht), und nicht in seinen Meinungen (dies ist eher Einfluß als Macht), sondern in seiner Fähigkeit, die Sanktion der Unterlassung anzuwenden, i. e. dem Studenten akademische Anerkennung zu versagen, der seine Forderungen nicht erfüllt und seinen Maßstäben nicht genügt. Die Kompetenz kann unbeachtet und der Einfluß kann unwirksam sein, aber das Phänomen Macht kann nicht geleugnet werden.

Außerdem können Einfluß und Macht in relativer gegenseitiger Isolation auftreten und sind somit ebenfalls relativ unabhängige Variablen. Wir sollten z. B. sagen, daß Karl Marx einen nicht zu schätzenden Einfluß auf das zwanzigste Jahrhundert ausgeübt hat, aber dieser gänzlich verarmte Verbannte, der so viele seiner Stunden im Britischen Museum verbrachte, war kaum ein Mann der Macht. Sogar die Behauptung, daß er ein Mann von Einfluß war, ist eine Ellipse. Es sind die Ideen, die einflußreich sind, nicht der Mensch selbst. Auf der anderen Seite ist Stalin ein Mann von Einfluß, jedoch nur, weil er in erster Linie ein Mann der Macht ist. Einfluß erfordert keine Macht, und Macht kann auf Einfluß verzichten. Einfluß kann einen Freund verwandeln, aber Macht bezwingt sowohl Freund als auch Feind. Einfluß heftet sich an eine Idee, eine Doktrin oder eine Weltanschauung, er hat seinen Ort im ideologischen Bereich. Macht heftet sich an eine Person, eine Gruppe oder eine Gesellschaft und hat ihren Ort im sozialen Bereich. Plato, Aristoteles, Thomas von Aquin, Shakespeare, Galilei, Newton und Kant waren Männer von Einfluß, obwohl alle kaum Macht besaßen. Napoleon Bonaparte und Abraham Lincoln waren sowohl Männer der Macht als auch Männer von Einfluß. Dschingis-Khan und Adolf Hitler waren Männer der Macht. Archimedes war ein Mann von Einfluß, aber der Soldat, der ihn bei der Erstürmung von Syrakus erschlug, hatte mehr Macht. Es ist diese Unterscheidung, die Spenglers andernfalls absurder Behauptung Aufmerksamkeit verleiht, daß dieser namenlose Soldat einen größeren Einfluß auf den Lauf der Geschichte hatte als der große klassische Physiker.

Wenn wir daher von der Macht einer Idee sprechen oder wenn wir sagen, daß Ideen Waffen sind, oder wenn wir mit Bonaparte behaupten, daß der Federhalter mächtiger als das Schwert ist, so gebrauchen wir eine figurative Sprache, und wir sprechen wahrheitsgemäß, wie es war, aber metaphorisch und als pars pro toto. Ideen sind einflußreich, sie können den Verlauf der Geschichte verändern, aber im Hinblick auf eine terminologische Klarheit ist es sinnvoller, ihnen das Machtattribut zu verweigern. Einfluß in diesem Sinne stellt ein fast so ernstes und komplexes Problem wie Macht dar, aber es ist hier nicht unser Anliegen, eine derartige Analyse vorzunehmen.

Es ist relativ einfach, Macht von Dominanz zu unterscheiden. Macht ist ein soziologisches, Dominanz ein psychologisches Konzept. Der Ort von Macht liegt in Gruppen und sie drückt sich in gruppeninternen Relationen aus; der Ort von Dominanz liegt im Individuum und kommt in persönlichkeitsinternen Relationen zum Ausdruck. Macht tritt bei Menschen innerhalb einer vorgegebenen formalen Organisationsstruktur auf; Dominanz dagegen in jenen Rollen, die sie im Rahmen der informellen Organisation wahrnehmen. Macht ist eine Funktion der Organisation von Verbänden, der Konstituierung und dem Zusammenwirken von Gruppen und der Struktur der Gesellschaft selbst. Dominanz auf der anderen Seite ist eine Funktion der Persönlichkeit oder des Temperamentes; sie ist ein Persönlichkeitsmerkmal. Dominante Individuen spielen Rollen in machtlosen Gruppen; unterwürfige Individuen in machtvollen. Einige Gruppen erlangen eine uneingeschränkte Macht, speziell in politischem Sinn, weil es viele unterwürfige Individuen gibt, die leicht überredet werden können, diesen Gruppen beizutreten und die sich dabei demütig den Normen anpassen, die ihnen durch die Mitgliedschaft auferlegt werden. Als Beispiel braucht man nur das Wachstum der Nationalsozialistischen Partei in Deutschland zu erwähnen. Dominanz ist darum ein sozialpsychologisches, Macht dagegen ein soziologisches Problem.

Es ist etwas schwieriger, Macht von »Rechten« zu unterscheiden, jedoch nur, weil Recht selbst ein polivalenter Begriff ist. Er tritt tatsächlich in zwei Bedeutungen auf, die sich genau widersprechen – einmal als jene Privilegien und nur jene, die vom Staat geschützt werden, und zum anderen als diejenigen, welche der Staat nicht verletzten darf, nicht einmal aus einem Sicherungsbedürfnis heraus. Wir brauchen die Ausdifferenzierungen in verschiedene Rechtsarten einschließlich der »natural rights« nicht fortzusetzen, die in der Geschichte der Jurisprudenz und der Rechtssoziologie im einzelnen ausgearbeitet worden sind, um zu erkennen, daß Recht immer eine Absicherung in der Sozialstruktur erfordert, was nicht notwendigerweise durch gesatztes Recht erfolgen muß. Andererseits gibt es allgemein verbindliche Rechtsauffassungen, wie Privilegien, Pflichten, Verpflichtungen, Verantwortlichkeiten, persönliche Vorrechte und Prärogative, die mit sozialen Positionen sowohl in der Gesellschaft selbst als auch in einzelnen Verbänden verknüpft sind. Man kann ein Recht besitzen, ohne jedoch über die Macht zu verfügen, es auszuüben, aber in dem meisten Fällen rechtfertigt irgendeine Macht die beanspruchten Rechte. Rechte werden enger mit Privilegien und mit Autorität assoziiert als mit Macht. Ein »Recht« wie ein Privileg ist eines der persönlichen Vorrechte der Macht und mit dieser nicht identisch.

Wir haben nun Macht von Prestige, von Einfluß, von Dominanz und von Rechten unterschieden, es verbleiben nun noch die beiden Konzepte von Gewalt und Autorität. Und hierin könnte sich eine Lösung für unser Problem anbieten. Macht ist nicht Gewalt und Macht ist nicht Autorität, aber sie ist eng mit beiden verbunden und kann mit den ihnen zugeordneten Begriffen definiert werden. Wir wollen daher drei Definitionen vorschlagen und dann ihre Implikationen untersuchen: (1) Macht ist latente Gewalt; (2) Gewalt ist manifeste Macht; und (3) Autorität ist institutionalisierte Macht. Die beiden ersten Thesen können gemeinsam betrachtet werden. Sie erscheinen prima facie als zirkuläre Definitionen. Wenn eine unabhängige Bedeutung für eines dieser Konzepte gefunden werden kann, so kann das andere mit dessen Begriffen definiert werden, und der Zirkel wird geschlossen. Wir können daher eine unabhängige Definition des Gewaltkonzeptes vorschlagen. Gewalt im herkömmlich soziologischen Sinn des Wortes meint die Anwendung von Sanktionen. Gewalt, wiederum im soziologischen Sinn, meint die

Reduktion oder Begrenzung oder den Ausschluß oder sogar die totale Eliminierung von Alternativen für die soziale Aktion einer Person oder Gruppe durch eine andere Person oder Gruppe. »Dein Geld oder Dein Leben« symbolisiert eine Situation nackter Gewalt und impliziert eine Reduktion auf zwei Alternativen. Die Verurteilung zum Tod durch den Strang repräsentiert die totale Eliminierung von Alternativen. Eine Armee grenzt die soziale Aktion einer anderen schrittweise ein, bis für den erfolglos Kämpfenden nur noch zwei Alternativen übrigbleiben – sich zu ergeben oder zu sterben. Die Entlassung oder Degradierung von Personal in einer Gesellschaft repräsentiert in ähnlicher Weise, wenn auch viel weniger drastisch, einen Ausschluß von Alternativen. Dies sind nun alles Situationen der Gewalt oder manifester Macht. Macht selbst ist die Prädisposition oder elementare Fähigkeit, die die Anwendung von Gewalt erst ermöglicht. Nur Gruppen, die Macht haben, können mit Gewalt drohen, und diese Drohung als solche ist Macht. Macht ist die Fähigkeit, Gewalt anzuwenden, nicht jedoch deren faktische Ausübung. Macht ist die Fähigkeit, Sanktionen zu verhängen, nicht deren tatsächliche Anwendung. Macht ist die Fähigkeit, Gewalt in eine soziale Situation einzuführen; Macht ist die Präsentation von Gewalt. Im Gegensatz zu Gewalt ist Macht immer erfolgreich; wenn sie nicht erfolgreich ist, so ist es keine Macht, oder sie hört auf, Macht zu sein. Macht symbolisiert die Gewalt, die in jeder sozialen Situation angewendet werden *kann*, und rechtfertigt die Autorität, die angewandt *wird*. Macht ist daher weder Gewalt noch Autorität, sondern in gewisser Weise ihre Synthese.

Die Implikationen dieser Vorschläge kommen klarer zum Ausdruck, wenn wir nun den Ort der Macht in der Gesellschaft diskutieren. Wir können sie in drei Bereichen entdecken, (1) in einer formalen Organisation, (2) in der informellen Organisation und (3) in der unorganisierten Gemeinschaft. Der erstgenannte Bereich stellt ein ziemlich leichtes Problem für die Analyse dar. In der formalen Organisation von Verbänden wird soziale Macht in Autorität transformiert. Wenn die soziale Aktion und Interaktion sich völlig in Konformität zu den Normen der formalen Organisation entwickeln, so geht die Macht ohne Residuen in Autorität über. Das Recht, Gewalt zu gebrauchen, wird dann in bestimmten Positionen innerhalb des Verbandes manifest, und dieses Recht wird zu dem, was wir gewöhnlich mit Autorität umschreiben. Es ist somit Autorität, auf die sich Personen in einem Verband berufen, wenn sie Befehle erteilen oder andere Personen kontrollieren. Es ist Autorität, die es einem Bischof erlaubt, einen Priester aus seiner Gemeinde zu versetzen; einem Priester »Schlüsselgewalt« verleiht, einem Sünder Absolution zu erteilen; einen Kommandeur berechtigt, einem untergeordneten Offizier einen Aufgabenbereich zuzuweisen; einen Vizepräsidenten ermächtigt, seiner Sekretärin einen Brief zu diktieren; einem Trainer einer Baseballmannschaft erlaubt, seinen Pitcher mitten im Spiel auszuwechseln; einen Superintendenten einer Firma zu dem Befehl berechtigt, daß ein bestimmter Arbeitsplatz zu einem festgelegten Zeitpunkt besetzt wird; einen Polizisten befähigt, einen Bürger zu verhaften, der ein Gesetz übertreten hat; diese Aufzählung ließe sich mit endlosen Beispielen weiterführen. Macht ist in diesen Fällen an Positionen gebunden, nicht an Personen, und sie ist völlig als Autorität institutionalisiert[4].

In straff organisierten Gruppen ist diese Autorität klar spezifiziert und wird formal durch die Normen (Regeln, Statuten, Gesetze) des Verbandes artikuliert. In weniger straff organisierten Gruppen treten unklare Bereiche auf, in denen die Autorität weniger klar spezifiziert und artikuliert ist. Manchmal kann Autorität, die eindeutig einer Verbandsposition zugeschrieben ist, nicht ausgeübt werden, weil sie mit einer moralischen Norm in Konflikt gerät, an der sowohl Mitglieder als auch Nicht-Mitglieder in der sie umgebenden Gemeinschaft festhalten. Manchmal kann ein Beamter einen Untergeordneten ohne formalen Grund und ohne formale Autorität aus dem Amt entlassen, da eine solche Aktion, die nun Macht einschließt, bei der öffentlichen Meinung Unterstützung findet. Im Gegensatz dazu kann er manchmal die Autorität haben, einen Untergeordneten zu entlassen, aber nicht die Macht, da die Position des letzteren informell und »außerhalb des Verbandes« durch die Meinung der Gemeinschaft gefestigt wird. . . .

Manchmal werden diese Machtrelationen ziemlich kompliziert. In einer universitären Organisation ist es nicht klar, ob ein Dekan die Autorität hat, die Sanktion der Entlassung über einen Professor zu verhängen, oder noch subtiler, ob er die Autorität hat, vom Angebot einer Gehaltserhöhung für einen Professor abzusehen, um ihn indirekt zum Gehen aufzufordern, oder noch subtiler, ob, wenn er diese Autorität der Verweigerung klar innehat, er wegen schlechter Verwaltung angeklagt werden kann, wenn er diese Autorität tatsächlich ausübt. Es ist in ähnlicher Weise unklar, ob ein Bischof der Episkopalkirche die Autorität hat, einen Pfarrer aus seiner Gemeinde zu entfernen, wenn dieser offensichtlich die Unterstützung seiner Gemeindemitglieder findet. Mit anderen Worten: für einen Beamten wird es manchmal zu einer Form unkluger Politik, die Autorität tatsächlich auszuüben, die in spezifischer Weise seiner Position zugeordnet ist, und in diesen Fällen können wir erkennen, daß Macht in die Fugen der Verbandsstruktur sickert und von der formalen Organisation Besitz ergreift[5].

Man kann beobachten, daß Macht, die die Ausübung von Autorität impliziert, nicht notwendigerweise eine Konnotation von persönlicher Überlegenheit vermittelt. . . . Ein Professor kann ein »besserer« Gelehrter und Lehrer sein als der Dekan, der ihn entläßt; ein Rechtsanwalt gesetzeskundiger als der Richter, der ihn wegen Mißachtung des Gerichtes vorlädt; ein Arbeiter ein kompetenterer Elektriker als der Vorarbeiter, der ihm Aufgaben zuweist; man könnte hier Tausende von Beispielen anführen. Zutreffend schreibt Mac Iver: »Der Mann, der Befehle erteilt, muß nicht klüger, fähiger und in keiner Hinsicht besser sein als der Durchschnitt seiner Mitmenschen; manchmal ist er aufgrund eines intrinsischen Standards sogar unfähiger als sie. Hierauf beruht in der Tat die Magie der Regierung«[6]. Hier liegt tatsächlich die Magie aller sozialen Organisationen.

Die soziale Aktion entwickelt sich im allgemeinen nicht in präziser oder in absoluter Konformität zu den Normen der formalen Organisation. Deshalb kommen wir zu einer kurzen Betrachtung der informellen Organisation, in der einerseits das dem Status anhaftende Prestige nicht nur die Achtung vor Personen bestimmt und in der sich die soziale Interaktion von Mitgliedern nicht nur analog zu den expliziten Normen des Verbandes entwickelt, sondern andererseits ebenso in impliziter Form analog zu verbandsexternen Normen, deren Ort die Gemeinschaft ist und die an strategischen Punkten mit den Verbandsnormen in Konflikt geraten können oder auch nicht. Unsere angeführten Beispiele haben uns die Antizipationen über den Einfluß und die Ausübung von Macht in informeller Organisation in der Darstellung erleichtert. Kein Verband ist völlig formal, nicht einmal der mit rigidester Organisationsform. Die soziale Organisation ermöglicht den geregelten sozialen Umgang von Menschen, die sich nicht kennen – die Besatzung eines Schiffes und ihr neuer Kapitän, die Fakultät einer Universitätsabteilung und ihr neuer Präsident, der Trainer einer Baseballmannschaft und sein neues Mitglied, der Bürger und der Steuereinnehmer, die Hausfrau und der Klempner, der Kunde und der Verkäufer. Aber in jedem Verband lernen sich die Mitglieder kennen und beginnen nicht nur »extrinsisch« und »kategorisch« im Bezugsrahmen der Positionen, die sie innehaben, zu interagieren, sondern ebenso »intrinsisch« und »persönlich« analog zu den Rollen, die sie spielen, und den Persönlichkeiten, die sie darstellen[7]. Subgruppen entstehen und fangen an, subtile Zwänge auf die Organisation selbst auszuüben, auf die Normen, die bei deren Befolgung durchbrochen werden können, und auf die Autorität, die, wie fest sie auch immer institutionalisiert sein mag, doch Möglichkeiten der Veränderung zuläßt. Diese Subgruppen können als Cliquen und Parteiungen innerhalb des Verbandes verbleiben oder sich als Sekten und Splittergruppen von ihm lösen. Auf jeden Fall kann keine formale Organisation unter den Erfordernissen der Zeit und des Umstandes völlig formal bleiben. Macht ist selten gänzlich als Autorität institutionalisiert und selbst dann nicht mehr als für einen begrenzten Zeitraum. Wenn die Macht die Struktur unterstützt, bedroht sie die opponierende Macht, und jeder Verband ist immer der Majorität seiner eigenen Mitglieder preisgegeben. In allen Verbänden ist die Macht von Leuten, die zusammenarbeiten, derart groß, daß das Verbot von Verbindungen in den Positionen aller Militärorganisationen auftaucht und dem gesamten Militärpersonal das Recht der kollektiven Petition verweigert wird.

Macht tritt also in Verbänden in zwei Formen auf, als institutionalisierte Autorität in der formalen Organisation und als nichtinstitutionalisierte Macht in der informellen Organisation. Aber dies erschöpft den Einfluß der Macht im Hinblick auf die Verbände der Gesellschaft keineswegs. Es steht fest, daß Macht erforderlich ist, um zunächst einen Verband zu institutionalisieren und dann seinen Fortbestand zu garantieren und seinen Normen Geltung zu verleihen. Macht unterstützt die fundamentale Ordnung der Gesellschaft und die sozialen Organisationen in ihr, wo immer es auch Ordnung gibt. Macht steht hinter jedem Verband und unterstützt seine Struktur. Ohne Macht gibt es keine Organisation, und ohne Macht gibt es keine Ordnung. Die Dimension der Zeit und die sachadäquaten Erfordernisse verlangen kontinuierliche Verbesserungen der Struktur jedes Verbandes, die Verbände mit rigiden Organisationsformen nicht ausgenommen, und es ist die Macht, die sie während dieser Übergangsphasen aufrechterhält. Wenn Macht als Ausgangspunkt hinter der Organisation jedes Verbandes steht, so gewährt sie ihm auch die Stabilität, die er für seine Existenz benötigt. Autorität selbst kann nicht ohne die unmittelbare Unterstützung der Macht und die elementaren Sanktionen der Gewalt existieren.

So bedeutend wie Macht jedoch als ein Faktor sowohl in der formalen als auch in der informellen Organisation ist, so ist es doch weitaus wichtiger, wo sie als nicht-institutionalisierte Form in den »Zwischenräumen« der Verbände vorherrscht und ihren Ort in der Gemeinschaft selbst hat. ... Es ist nicht Aufgabe unserer vorliegenden Analyse, diese Konflikte im Detail zu untersuchen, sondern vielmehr die Rolle der Macht zu erforschen, wo immer sie auftritt. Und hier bieten sich uns zwei logische Möglichkeiten an – Macht in den Relationen gleicher Gruppen und Macht in den Relationen ungleicher Gruppen. Beispiele für die ersten sind kommerzielle Gesellschaften, die auf demselben Markt in Konkurrenz treten, brüderliche Organisationen derselben Art, die um Mitglieder kämpfen, religiöse Vereinigungen, die um Anhänger kämpfen, Zeitungen, die für Leser werben, Baugesellschaften, die sich eifrig um dieselben Verträge bemühen, politische Parteien, die um Wählerstimmen kämpfen usw. Beispiele für die letzteren sind Konflikte zwischen organisierter Arbeit und organisiertem Management, zwischen den legislativen und exekutiven Bereichen der Regierung, zwischen verschiedenen Unterabteilungen ein und derselben Bürokratie (e. g. Armee und Marine), zwischen Universitätsverwaltung und Professoren usw. Macht tritt daher sowohl im Wettbewerb als auch im Konflikt auf und hat keinen Einfluß auf Gruppen, die weder konkurrieren noch in Konflikt stehen, i. e. in Gruppen, die keine ähnliche soziale Matrix teilen und keine sozialen Beziehungen unterhalten, so z. B. der American Council of Learned Societies und die American Federation of Labor. So entsteht Macht nur in sozialer Opposition von irgendeiner Art.

Es ist kein Zufall, daß das Substantiv »Macht« durch das Adjektiv »potentiell« hypostasiert worden ist. Es mag überflüssig erscheinen, dies zu betonen, aber Macht ist immer potentiell; d. h., wenn sie vollzogen wird, so entwickelt sie sich zu etwas anderem, entweder zur Gewalt oder zur Autorität. Dies ist genau die Beziehung, die z. B. dem Konzept einer »durch ihr Vorhandensein wirkenden Flotte« der Marinestrategie Bedeutung verleiht. Eine derartige Flotte repräsentiert Macht, obgleich sie nie wirklich vollzogen wird. Tritt sie in Aktion, so handelt es sich natürlich nicht mehr um Macht, sondern um Gewalt. Aus diesem Grund wollten die Alliierten das vor Dakar ankernde Kriegsschiff *Richelieu* nach der Niederlage Frankreichs selbst um den Preis zerstören, der ihnen die Ungnade der Franzosen eingebracht hätte. Tatsächlich ist der junge Offizier, der an Einführungskursen über Marinestrategie teilnimmt, manchmal erstaunt, Ansichten zu hören, die er als eine übertriebene und möglicherweise sogar perverse Emphase des Satzes »Schütze die Kriegsschiffe« betrachten mag. Warum sollte das Kriegsschiff, eine der mächtigsten Zerstörungsapparaturen auf See, eine derartige Sorgfalt für seine Sicherung durch Geleitzüge und Luftfahrtunterstützung erfordern? Die Antwort lautet, daß ein Kriegsschiff gerade als Symbol der Macht effektiver ist, als es als Instrument der Gewalt sein könnte.

Wenn Macht einer der Imperative der Gesellschaft ist, so kann sie auch zum Teil ein Anspruch und Erfolg zugleich sein, nur weil sie ungenau eingeschätzt oder nicht angezweifelt wird. Dies ist natürlich eine wohlbekannte Kriegslist. Aber sie tritt bei der Majorität der Machtbeziehungen in der Gesellschaft auf. Die Drohung mit einem Streik mag erfolgreich sein, während der Streik es nicht ist. Erpressung kann schrecklichere Folgen haben als die Aufdeckung des Geheimnisses. Die Drohung einer Minorität, sich aus dem Verband zurückzuziehen, mag diesen mehr beeinträchtigen als ein tatsächlicher Rücktritt. Die Drohung mit einem Boykott mag das gewünschte Ergebnis zeitigen, während der Boykott selbst fehlschlagen würde. Als ein Beispiel für das letztgenannte Phänomen mag eine Situation beim Pokern herangezogen werden, dort ist ein Bluff

nur so lange wirksam, wie er nicht entdeckt wird.
Wir wollen in einer verhältnismäßig knappen Schlußfolgerung versuchen, die Quellen der Macht zu lokalisieren. Macht scheint aus drei Quellen hervorzugehen: (1) eine Anzahl von Menschen, (2) soziale Organisation und (3) Ressourcen. In einem früheren Aufsatz haben wir detailliert die Rolle von Majoritäten sowohl in nicht-organisierten als auch in organisierten sozialen Gruppen diskutiert, und zwar sowohl in formalem als auch in informellem Hinblick auf die organisierten Gruppen, und wir sind u. a. zu der Folgerung gekommen, daß Majoritäten einen residualen Ort sozialer Macht konstituieren. Es ist weder notwendig noch wünschenswert, diese Äußerung hier zu überprüfen, abgesehen von der ständigen Wiederholung einer Emphase der Macht, die in den Händen vieler liegt. Sind dieselben sozialen Organisationen und dieselben Ressourcen gegeben, so kann die größere Menge immer die kleinere kontrollieren und sich deren Einwilligung sichern. Wenn Majoritäten, besonders ökonomische und politische, oft und während historisch langer Perioden unterdrückt worden sind, so deshalb, weil sie nicht organisiert waren oder ihnen Ressourcen fehlten. Die Macht, die in den Händen vieler liegt, ist bei Wahlen aller Art klar zu erkennen, wo der Majorität das Recht zugebilligt wird, ihre Macht als Autorität zu institutionalisieren – ein Recht, das zuerkannt wird, da es wieder aufgehoben werden kann. Diese Macht erscheint in allen Verbänden, sogar in den autokratischsten. Es ist die Macht einer Majorität, die sogar in den formalsten und starr organisierten Verbänden entweder die Stabilität der Verbandstruktur bedroht oder unterstützt[8].
Obwohl den Massen bei der Konstituierung sozialer Macht eine bedeutende Rolle zukommt, reichen sie jedoch als alleiniger Faktor nicht aus. Wie oben erwähnt wurde, können Majoritäten während historisch langer Perioden unterdrückt werden, sie können kurz gesagt machtlos sein oder nur die residuale Macht der Trägheit besitzen. Wir kommen daher zur zweiten Quelle sozialer Macht – die soziale Organisation. Eine gut organisierte und disziplinierte Mannschaft von Matrosen oder Polizisten kann eine weitaus größere Anzahl von nicht-organisierten Individuen kontrollieren.
Eine organisierte Minorität kann eine nicht-organisierte Majorität kontrollieren. Aber sogar hier besitzen Majoritäten soviel residuale Macht, daß diese Grenzen konstituiert, über die hinaus eine derartige Form der Kontrolle nicht mehr ausgeübt werden kann. Diese Grenzen entstehen mit der Erkenntnis, daß die Majorität die Kontrolle organisieren und somit umkehren kann. Und eine organisierte Majorität, wie sie in dem Aufsatz, auf den bereits Bezug genommen wurde, erwähnt wird, ist die mächtigste soziale Gewalt auf Erden.

Von zwei Gruppen jedoch, gleich oder fast gleich in ihrer Stärke und vergleichbar in der Organisation, wird die mit dem Zugang zu den größeren Ressourcen die überlegenere Macht besitzen. Und somit konstituieren Ressourcen die dritte Quelle sozialer Macht. Ressourcen können von vielfältiger Art und Weise sein – Geld, Eigentum, Prestige, Wissen, Kompetenz, Betrug, Schwindel, Heimlichkeit und natürlich all die Dinge, die gewöhnlich unter dem Begriff »natürliche Ressourcen« zusammengefaßt werden. Es gibt ebenso übernatürliche Ressourcen bei religiösen Vereinigungen, die als Agenturen einer himmlischen Regierung übernatürliche Sanktionen als Kontrollinstrumente verhängen können. Mit anderen Worten: all jene Aspekte, die wir im vorhergehenden von Macht abgehoben haben, können nun als Teil der Machtquellen wieder eingeführt werden. Es ist sehr einleuchtend, daß sie in jedem Machtkonflikt das vorhandene Gleichgewicht stürzen können, wenn die anderen Machtquellen relativ gleich oder vergleichbar sind. Aber sie selbst stellen keine Macht dar. Wenn sie nicht von Leuten, die in einem Verband organisiert sind, nutzbar gemacht werden, so bleiben sie fast ohne jede soziologische Signifikanz.

Es ist nahezu selbstverständlich, daß keine dieser Quellen allein für sich Macht konstituiert, noch kann dies eine von ihnen in Verbindung mit einer der anderen. Macht erscheint nur in der Kombination von allen drei Faktoren – Masse, Organisation und Ressourcen.

Die folgende Bemerkung vermag von mehr als nur beiläufigem Interesse zu sein, daß es eine, und zwar nur eine Art der sozialen Situation gibt, in der die Macht opponierender Gruppen vollständig ausgeglichen ist. Die Anzahl auf jeder »Seite« ist gleich, ihre soziale Organisation ist identisch, und ihre Ressourcen sind soweit als möglich die gleichen. Diese Situation zeigt sich in Spielen und Wettkämpfen, in denen die Machtkomponenten aufgehoben werden und der Sieg allein aufgrund der höheren Geschicklichkeit errungen wird.

Ob das Spiel nun Baseball oder Bridge heißt, es besteht ein strukturinhärentes Verlangen nach einer Gleichstellung der Macht, und dies ist das universelle Charakteristikum aller Sportarten und die Grundlage der »Fair Play«-Konzeption. Es wäre natürlich dumm zu behaupten, daß Ressourcen immer gleich sind. Die New Yorker Yankees z. B. haben finanzielle Ressourcen, die den St. Louis Browns nicht zur Verfügung stehen, und eine Partei kann beim Bridgespiel bessere Karten haben als ihr Gegner, aber derartige Ungleichheiten rufen ein Mißfallen hervor, da sie die Natur des Sportes verleugnen ... Wenn Ressourcen nicht ausgeglichen werden können, so ist die Situation nicht länger ein Spiel, und das Gefühl wendet sich den »Underdogs« zu. Wir haben hier eine sehr wohl bekannte, aber nichtsdestoweniger besondere Machtsituation vor uns, eine, in der die Macht so ausbalanciert ist, daß sie irrelevant erscheint. Der Sport kann zwar ein moralisches Äquivalent für den Krieg sein, wie William James annahm, aber er kann niemals ein soziologisches Äquivalent darstellen. Die beiden Situationen sind nur oberflächlich ähnlich. Der Unterschied zwischen einem Konflikt und einem Wettkampf ist der, daß der erste ein Machtphänomen ist und der letztere nicht.

In dieser Abhandlung haben wir ein ziemlich vages und mehrdeutiges Konzept, das Konzept sozialer Macht, darzustellen und seinen Geltungsbereich abzuklären versucht. Von den aufgezeigten Vorschlägen dürfen die folgenden als Zusammenfassung betrachtet werden: (1) Macht ist ein soziales Phänomen par excellence und nicht nur ein politisches oder ökonomisches Phänomen; (2) es ist nützlich, Macht von Prestige, von Einfluß, von Dominanz, von Rechten, von Gewalt und von Autorität zu unterscheiden; (3) Macht ist latente Gewalt, Gewalt ist manifeste Macht und Autorität ist institutionalisierte Macht; (4) Macht, die ihren Einfluß nur in sozialer Opposition irgendeiner Art findet, erscheint in verschiedenen Formen in der formalen Organisation, in der informellen Organisation und in der nicht-organisierten Gemeinschaft; (5) die Quellen und notwendigen Komponenten der Macht beruhen auf einer Kombination von Massen (besonders Majoritäten), sozialer Organisation und Ressourcen. All diese Faktoren sind vorläufige und sogar primitive Vorschläge, und sie bedürfen der weiterführenden Analyse.

Zum Begriff der Macht*

K. Holm

Es gibt keine Regel, die vorschreibt, wie das, was in der Wirklichkeit zu beobachten ist, gedanklich zu erfassen und begrifflich zu strukturieren ist. Wie ein beobachtetes Geschehen aufgegliedert wird, welcher Teilaspekt eines sozialen Phänomens etwa mit dem Begriff »Macht« belegt wird, kann nicht ein für allemal mit dem Anspruch auf absolute Richtigkeit bestimmt werden.

Begriffe erweisen ihre Brauchbarkeit nur durch ihre theoretische

* K. Holm, Zum Begriff der Macht, Kölner Zeischrift für Soziologie und Sozialpsychologie 1969, S. 269–288. Mit freundlicher Genehmigung des Autors.

Ergiebigkeit, genauer: durch die Ergiebigkeit der Theorie, in die sie eingehen. Anders ausgedrückt: Die Dimension »wahr–falsch« ist auf Definitionen nicht anwendbar. Sehr wohl anwendbar ist jedoch die Dimension »theoretisch brauchbar–theoretisch unbrauchbar«[1].
In den folgenden Ausführungen sollen einige Forderungen für eine theoretisch brauchbare Machtdefinition formuliert werden. Danach wird innerhalb einer Konflikttheorie eine Machtdefinition entwikkelt.

Die einzelnen Aspekte der begrifflichen Klärung

Macht als theoretischer oder empirischer Begriff. Die Frage, die es zu beantworten gilt, lautet: Ist der Begriff der Macht sinnvollerweise als ein theoretischer oder als ein empirischer Begriff zu fassen? Eine ausführliche Diskussion der mit diesen beiden Konzepten, des theoretischen und des empirischen Begriffs, verbundenen Problematik ist hier nicht möglich. In nicht zu umgehender Kürze wird deswegen als dasjenige Kriterium, das den theoretischen und empirischen Begriff scheidet, die »Rückführbarkeit auf Beobachtbares« verwendet[2].
Empirische Begriffe (etwa: das Haus) sind zurückführbar auf eine Protokolliste von Beobachtungen (vier Wände mit mehreren Öffnungen, usw.). Theoretische Begriffe sind nicht auf Beobachtbares unmittelbar zurückführbar. Eine Attitüde ist nicht unmittelbar beobachtbar. Sich wiederholende Verhaltensregelmäßigkeiten sind zwar beobachtbar, aber sie *sind* nicht die Attitüde. Nach gewöhnlichem Verständnis sind sie die Folgen von Attitüden. Die Sozialwissenschaften sind voll solcher »theoretischer Begriffe«: Prestige, Nutzen, Aggression usw.
Für den hier zu diskutierenden Machtbegriff ist nun folgende *Carnap*sche[3] Behauptung wichtig: Alle Dispositionsbegriffe sind theoretische Begriffe. Der Beweis dieser Behauptung soll hier nicht ausgeführt werden, da er zuviel Raum in Anspruch nehmen würde. Als Beispiele physikalischer Dispositionsbegriffe können genannt werden: Ein Stein, der einen Meter hoch über der Erde auf einem Tisch liegt, besitzt eine bestimmte kinetische Energie, die nur dann sichtbar wird, wenn der Stein zu Boden fällt und dort die Erde verformt. Ein Sprengstoff besitzt, auch wenn er unbenutzt in einer Sprengkapsel lagert, eine bestimmte Energie, die nur sichtbar wird, wenn er explodiert. Salz ist in Wasser »löslich«. Diese Disposition »löslich« besitzt es auch dann, wenn es trocken im Salzstreuer ruht. Die Begriffe »kinetische Energie« und »löslich« sind Dispositionsbegriffe. Sie bezeichnen bestimmte *latente* Eigenschaften (die unter

bestimmten Bedingungen manifest werden).

Ein klassisches Beispiel für einen sozialwissenschaftlichen Dispositionsbegriff scheint dem Verfasser der Begriff der Macht zu sein. Der bewaffnete Soldat besitzt Macht über den Gefangenen, auch wenn in einem beliebigen Moment der Beobachtung der Beziehung nichts beobachtet werden kann, was nach üblichem Sprachgebrauch »Macht« genannt werden könnte. Es wurde gesagt: Alle Dispositionsbegriffe sind theoretische Begriffe. Macht ist also auch ein theoretischer Begriff.

Gösta Karlsson[4] schreibt: »... power is a dispositional concept in the sense of Carnap; i. e., it isn't an attribute that characterizes a person throughout a given period of time, but it can be observed only under special circumstances. A person may have power over another person if he does not exercise his power.« *Karlsson* entschließt sich dann zu folgender Definition der Macht als theoretischem Begriff: » ... power is the ability to influence because undesirable consequences would follow for the influenced person if he does not yield.«

Die wohl prominenteste Machtdefinition, diejenige *Max Webers*[5], scheint in der Beobachtungssprache geschrieben zu sein und damit einen empirischen Machtbegriff zu formulieren. *Max Weber* definiert: »Macht bedeutet jede Chance, innerhalb einer sozialen Beziehung den eigenen Willen auch gegen Widerstreben durchzusetzen, gleichviel worauf diese Chance beruht.«

Wenn auch die Begriffe »Wille« und »Widerstreben« möglicherweise als Worte einer theoretischen Sprache verstanden werden können, so ist doch der entscheidende Begriff im Definiens der Machtdefinition, der der »Durchsetzungs-Chance«, ein empirischer, wenn »Chance« im Sinne von »Wahrscheinlichkeit« gedeutet werden darf (was sicherlich *Webers* Intention entspricht). Auf *Webers* Machtkonzeption soll später noch ausführlicher eingegangen werden.

Nominale und operationale Definition der Macht. Es gilt folgende Frage zu beantworten: Nachdem nun festgestellt wurde, daß »Macht« sinnvollerweise als ein *theoretisches* Konzept gefaßt werden sollte – ist es dann zulässig, Macht lediglich operational, nicht jedoch nominal zu definieren? Eine operationale Definition ist die Beschreibung einer empirischen Operation, mit deren Hilfe ein theoretischer Begriff innerhalb eines bestimmten Wirklichkeitsbereiches angewandt werden kann.

In seinem jüngst erschienenen populärwissenschaftlichen Buch (»Formeln zur Macht«) untersucht *W. Fucks*[6] in nicht zu überbietendem sozialwissenschaftlichem Dilettantismus einen bestimmten Wirklichkeitsbereich, die zwischenstaatlichen Machtrelationen, für den er Macht operational definiert als »Stahlproduktion eines Landes und Bevölkerungszahl«. *Fucks* gibt keine Nominaldefinition der Macht.

Würde *Fucks* entgegengehalten werden, ob es nicht besser wäre, Macht zu definieren als die durchschnittliche Körpergröße der Bevölkerung eines Landes, so würde er sicherlich – mit guten Argumenten – widersprechen. Warum eigentlich? Weil er einen bestimmten Machtbegriff fühlt – ohne dieses »Gefühl« jedoch in einer eindeutigen Nominaldefinition zu explizieren. Allgemein formuliert: Wird ein theoretischer Begriff nicht nominal definiert, dann kann er operational in beliebiger und willkürlicher Weise gefaßt werden.

Der Begriff der Macht muß, wenn einmal festgelegt wurde, daß er sinnvollerweise als theoretischer Begriff zu konzipieren ist, nominal definiert werden, bevor empirische Operationen ausgedacht werden, die diesen theoretischen Begriff an die verschiedenen Wirklichkeitsbereiche heranführen. Ein Blick in die sozialwissenschaftliche Literatur erweist, daß die meisten Machtbegriffe nominal definiert werden.

»Einbettung« des Machtbegriffes in eine Theorie. Die Definition eines theoretischen Begriffes wird bestimmt durch die Theorie, in die er eingebettet ist. Eine Theorie soll hier begriffen werden als ein Hypothesensystem. Graphisch dargestellt:

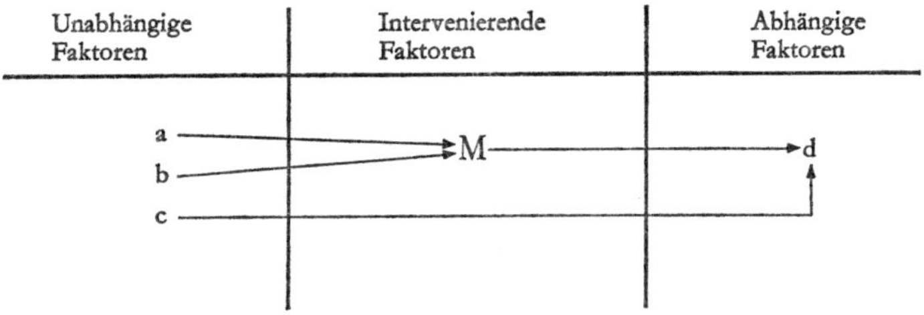

Die Pfeile dieses Schemas repräsentieren die Implikation »wenn ... dann«. Angenommen, »*M*« wäre gleich Macht, dann wäre Macht als Faktor in zwei Hypothesen enthalten: (1) wenn a und b, dann *M*, (2) wenn *M* und c, dann d. Hier wird nun auch deutlich, daß ein theoretischer Begriff, wird er als Faktor in eine Theorie eingeführt, den Status (1) eines unabhängigen Faktors oder (2) eines intervenierenden Faktors oder (3) eines abhängigen Faktors innehaben kann.

Max Weber hat folgende Machtkonzeption entwickelt: »*Macht* bedeutet jene Chance, innerhalb einer sozialen Beziehung den eigenen Willen auch gegen Widerstreben durchzusetzen, gleichviel worauf diese Chance beruht ... Der Begriff ›Macht‹ ist soziologisch amorph. Alle denkbaren Qualitäten eines Menschen und alle denkbaren Konstellationen können jemand in die Lage versetzen, seinen Willen in einer gegebenen Situation durchzusetzen[7].« Auch wenn

Max Weber mit dem zweiten Teil dieser Formulierung den Versuch zurückweist, über eine Definition hinaus auch noch allgemeine theoretische Sätze über Macht zu postulieren, so gibt eben doch dieser zweite Teil einen Hinweis auf eine mögliche Machttheorie, wie sie aus der *Weber*schen Definition wohl zwangsläufig folgt.
Diese der *Weber*schen Definition inhärente Machttheorie könnte graphisch in folgender Weise dargestellt werden:

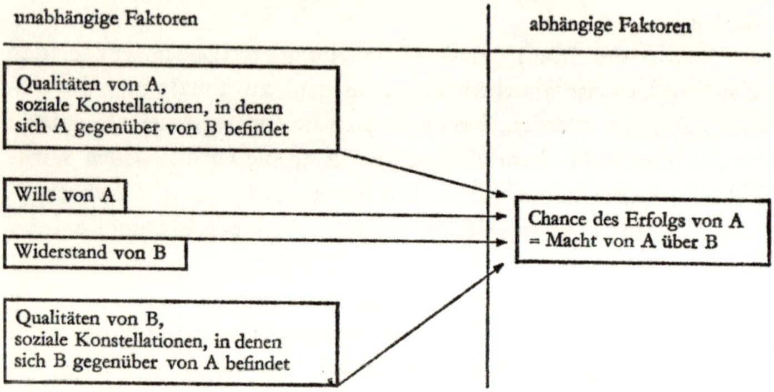

Wird Macht, wie bei *Max Weber,* definiert als Erfolgschance (= Chance, den eigenen Willen durchzusetzen), dann hätte sie in der dieser Definition inhärenten Theorie den Status einer *abhängigen* Variablen.
Auf diese oben graphisch dargestellte Konzeption kann auch *Robert A. Dahls* Auffassung von Machtbegriff und -theorie zurückgeführt werden. *Dahl*[8] schreibt: »My intuitive idea of power, then, is something like this: A has a power over B to the extent that he can get B to do something that B would not otherwise do.« Er formalisiert dann sein Machtkonzept in folgender Formel:

$$M = p_1 - p_2,$$

wobei p_1 die Wahrscheinlichkeit symbolisiert, daß der Handelnde B eine bestimmte Handlung vollzieht, wenn der Handelnde A ihm diese anweist, und p_2 die Wahrscheinlichkeit, daß der Handelnde B diese Handlung ohnehin, von sich aus, vollziehen wird.
Die Machtkonzeption, die der Verfasser im folgenden entwickelt, wird in anderer Weise in eine Theorie – in eine Konflikttheorie – eingebettet sein. Der Begriff der Macht wird in mehrere spezifische Begriffe aufgegliedert werden, die teils den Status einer unabhängigen, teils den einer intervenierenden Variablen haben werden. Das soll in einem späteren Abschnitt durchgeführt werden.
Macht als Grundbegriff oder abgeleiteter Begriff. Ein Begriff muß nicht notwendigerweise definiert werden. An der Basis eines axiomatischen Begriffssystems stehen nichtdefinierte Grundbegriffe. Die-

se Grundbegriffe müssen lediglich expliziert[9] werden, damit ihr Inhalt verständlich gemacht werden kann. Danach müssen dann Operationalisierungsregeln angegeben werden, die diese Grundbegriffe auf die Wirklichkeit anwendbar machen. In der Physik sind solche undefinierten Grundbegriffe etwa die Begriffe Länge, Masse usw. Die Frage lautet nun, ist es unumgänglich, »Macht« in die Sozialwissenschaft als einen undefinierten Grundbegriff einzuführen, oder ist es möglich, den Machtbegriff aus anderen sozialwissenschaftlichen Begriffen abzuleiten. Wenn dieser letztere Fall zutrifft, dann ist es nicht sinnvoll, die Sozialwissenschaft mit einem neuen zusätzlichen undefinierten Grundbegriff zu belasten.

Eigentlich alle Autoren, die eine explizite Machtkonzeption entwickelt haben (wie etwa *Dahl*[10], *R. M. Emerson*[11], *J. R. P. French, Fr.* und *B. H. Raven*[12], *J. Harsanyi*[13], *Karlsson*[14], *Otto Stammer*[15], *J. W. Thibaut* und *H. A. Kelley*[16]), definieren ihren Machtbegriff, d. h. sie führen ihn auf andere sozialwissenschaftliche Begriffe zurück – sehr selten allerdings geschieht es im Stile einer axiomatischen Begriffsableitung.

Macht als ein- oder mehrstelliges Prädikat. In dem Satz »Das Gras ist grün« ist »grün« ein einstelliges Prädikat. Der Satz »Franz ist größer« ist sinnlos, da »größer« ein zweistelliges Prädikat ist. Der Satz müßte lauten, damit er richtig wäre: »Franz ist größer als Peter.« Die Frage lautet nun: Ist »Macht« ein einstelliges oder zweistelliges Prädikat? Die Umgangssprache erlaubt uns zu sagen: »Amerika ist mächtig« oder »Amerika hat Macht«. Eine solche Formulierung ist jedoch, strenggenommen, nicht zulässig. Macht ist eine Dimension der sozialen Beziehung zwischen mindestens zwei Handelnden. Es muß formuliert werden: »A hat Macht gegenüber B«. Macht ist ein zweistelliges Prädikat. Oder anders formuliert: »Macht« ist ein relationales Konzept. Diese Fassung erlaubt dann folgende Formulierung: A hat Macht gegenüber B, aber keinerlei Macht gegenüber C. Weiterhin: Die Macht von A ist in allen Zweier-Beziehungen, die A mit den Handelnden B, C und D usw. bildet, verschieden groß.

Macht als Quantität oder Qualität. Die Frage lautet: Ist Macht eine qualitative oder eine quantitative Dimension? Auf die grundsätzlichen Probleme der Quantifizierung kann hier nicht eingegangen werden. Deswegen soll eine kurze und lapidare Definition des Konzepts der Qualität gegeben werden: Eine Dimension ist quantitativ, wenn ihr Zahlen zugeordnet werden können[17]. Die zugeordneten Zahlen können ordinaler oder kardinaler Art sein, d. h., sie können eine Rangfolge repräsentieren oder sie können eine Rangfolge unter zusätzlicher Angabe der Intervalle zwischen den Rängen repräsentieren.

Sobald ein empirisch richtiger Satz mit folgendem Inhalt formuliert werden kann: »A hat gegenüber B *mehr* Macht als B gegenüber A«, ist Macht als quantitative Dimension erkannt.

Die nächste Frage lautet dann: »Ist Macht eine ordinale oder eine kardinale Quantität?« Eine solche Frage ist prinzipiell nicht beantwortbar. Wenn Macht innerhalb einer Untersuchung durch ein bestimmtes Skalierungsverfahren als eine Rangreihe gemessen wird, dann ist sie in dieser Untersuchung ordinaler Natur. Wenn sie in einer anderen Untersuchung durch ein verfeinertes Skalierungsverfahren als Rangreihe unter Angabe der Intervalle (und evtl. eines Nullpunktes) gemessen wird, dann ist sie in dieser Untersuchung kardinaler Natur. Selbstverständlich ist eine kardinale Skala der Macht vorzuziehen, da hier die Möglichkeiten statistisch-mathematischer Auswertung wesentlich größer sind.

Zusammenfassung: Die Erfordernisse, die eine Definition der Machtfülle erfüllen sollte, können nunmehr zusammengefaßt wiederholt werden:

1. Jeder Dispositionsbegriff ist ein theoretischer Begriff. Macht ist ein Dispositionsbegriff, also ein theoretischer Begriff.

2. Macht, als theoretischer Begriff, muß nominal definiert werden, da eine operationelle Definition – ohne vorausgegangene Nominaldefinition – willkürlich ist.

3. Theoretische Begriffe können allerdings auch als undefinierte Grundbegriffe in eine Wissenschaft eingeführt werden. Sind sie jedoch innerhalb eines axiomatischen Begriffssystems ableitbar, dann sollten sie nicht als Grundbegriffe deklariert werden. Macht ist – wie der Verfasser später zeigen will – aus anderen sozialwissenschaftlichen Begriffen ableitbar. Macht sollte deswegen nicht als Grundbegriff undefiniert bleiben.

4. Ein Begriff kann nur innerhalb einer Theorie sinnvoll entwickelt werden. Der Begriff der Macht sollte innerhalb einer sozialwissenschaftlichen Theorie definiert werden. Der Verfasser entscheidet sich hier für die Konflikttheorie.

5. Macht ist ein zweistelliges Prädikat, d. h. ein relationales Konzept. Damit wird ausgedrückt, daß Macht für Zweier-Beziehungen spezifisch ist.

6. Macht ist eine quantitative Dimension. Ob sie – innerhalb einer Untersuchung – ordinaler oder kardinaler Natur ist, ist durch das jeweils verwendete Skalierungsverfahren bestimmt.

Widerstand. Max Weber definiert den Begriff der Macht als die Chance, den eigenen Willen *auch* gegen Widerstreben durchsetzen zu können. Das Widerstreben des anderen kann gemäß dieser Definition vorhanden sein oder auch nicht. Anders kann das Wort »auch« der *Weber*schen Definition nicht gedeutet werden.

Wenn jedoch ein Satz und gleichzeitig die Negation dieses Satzes in ein und dasselbe Definiens eingehen, dann ist dieser Satz irrelevant für die Definition. Er kann gestrichen werden. *Webers* Definition würde dann lauten: Macht bedeutet jede Chance, innerhalb einer sozialen Beziehung den eigenen Willen durchsetzen zu können.

Damit ist nun der Übergang zu einer inhaltlichen Diskussion des Machtbegriffs gegeben. Die Chance des Handelnden A, seinen Willen in einer sozialen Beziehung mit B durchsetzen zu können, kann auf sehr verschiedenen Faktoren beruhen: A kann von »suggestiver Persönlichkeit« sein. A kann die Gabe besitzen, in nicht zu widerlegender Dialektik seinen Willen dem anderen aufzuschwatzen. In diesen Fällen fehlt der Widerstand des anderen. Soll hier noch von Macht gesprochen werden? Hier scheint eher der sozialpsychologische Begriff des »Einflusses« angebracht. A kann seinen Willen gegen den *Widerstand* der anderen durchsetzen, weil er gegenüber diesen anderen bestimmte Drohungen ausspricht, an deren Realisierung die anderen nicht zweifeln. Das kleine Land muß tun und lassen, was sein militärisch übermächtiger Nachbar will, obwohl es dabei Handlungen vollzieht, die es – ohne implizite oder explizite Anordnungen des Nachbarn – nicht vollziehen würde. Hier scheint eher das angesprochen zu sein, was man empfindet, wenn von Macht geredet wird.

So soll nun zuerst der Begriff des Einflusses definiert werden. *Definition:* Einfluß ist die Möglichkeit, den eigenen Willen gegen den anderen durchsetzen zu können. Eine besondere Form des Einflusses ist dann die Macht, die (vorläufig) definiert wird als die Möglichkeit, den eigenen Willen *gegen den Widerstand* des anderen durchsetzen zu können.

Das ist nun eine Entscheidung, die nicht erzwungen werden kann: Der Verfasser hält es für sinnvoll, die Machtdefinition durch das Kriterium des »Widerstandes des anderen« zu charakterisieren. Die gleiche Entscheidung trifft *Emerson*[18]. Er definiert: »The power of actor A over actor B is the amount of resistance on the part of B which can be potentially overcome by A.«

Die inhaltliche Fassung des Machtbegriffes wird entscheidend bestimmt durch die Theorie, in die dieser Begriff eingelagert werden soll. In folgendem soll deswegen die Beziehung zwischen Machtkonzept und Konflikttheorie untersucht werden.

Machtkonzept und Konflikttheorie

Der Konflikt soll hier im wesentlichen definiert werden durch die beiden Konzepte »Absicht des Handelnden« und »Widerstand des anderen«. Es kann formal definiert werden: Ein sozialer Konflikt besteht, wenn der Handelnde B eine Absicht hegt und wenn der

Handelnde A der Realisierung dieser Absicht Widerstand entgegenbringt. Die Absicht des Handelnden B wird als ein Begehren begriffen: Der Handelnde B begehrt ein Objekt. Der Handelnde A lehnt das Begehren von B ab.

So kann eine etwas prägnantere Konfliktdefinition gegeben werden: *Definition:* Die Handelnden A und B befinden sich im Konflikt, wenn der Handelnde B ein Objekt begehrt und der Handelnde A dieses Begehren von B ablehnt (B = *B*egehrender, A = *A*blehnender). Diese Definition beschreibt eine konfliktäre Minimalsituation. Sie kann sehr gut zur Wettbewerbsituation »verdoppelt« werden: Sowohl A als auch B begehren das Objekt. Sowohl A als auch B lehnen das Begehren des anderen ab.

Die hier gegebene Konfliktdefinition ist natürlich nur eine unter vielen möglichen. Sie ist zwar nicht identisch, aber immerhin den beiden prominenten Konfliktdefinitionen *K. E. Bouldings* und *R. Dahrendorfs* ähnlich. *Boulding*[19] definiert: »Conflict may be defined as a situation of competition in which the parties are aware of incompatibility of potential future positions and in which each party wishes to occupy a position that is incompatible with the wishes of the other.« *Dahrendorf*[20] definiert: »Der Begriff des Konflikts soll zunächst jede Beziehung von Elementen bezeichnen, die sich durch objektive (›latente‹) oder subjektive (›manifeste‹) Gegensätzlichkeit kennzeichnen läßt.«

Hier geht es darum, ein Machtkonzept innerhalb einer Konflikttheorie zu entwickeln. Die Konfliktdefinition kann in den Details verschieden formuliert werden. An der im folgenden dargestellten Machtkonzeption ändert sich jedoch nichts, wenn in der Konfliktdefinition als das wesentliche Element die Gegensatzbeziehung (die *Dahrendorf* herausstellt) beibehalten wird. Diese Gegensatzbeziehung wird hier als Aufeinanderstoßen des Begehrens von B und des Ablehnens von A konkretisiert.

Der Einfachheit halber soll nun angenommen werden, daß der Handelnde B nur ein einziges, unteilbares Objekt begehrt. Es wird also ausgeschlossen, daß das Streitobjekt eine teilbare Quantität ist. Diese Annahme ermöglicht eine vereinfachte Darstellung. Der Begriff der Macht und die Funktion dieses theoretischen Konzepts innerhalb einer Konflikttheorie werden durch diese vereinfachende Annahme in keiner Weise verfälscht.

Das Streitobjekt kann ein materielles sein (etwa ein bestimmtes geographisches Territorium), aber auch ein soziales. So kann z. B. die Befugnis, in einem sozialen System dies und jenes tun zu dürfen, ein umstrittenes Objekt werden. Der Anspruch der Gewerkschaft auf wirtschaftliche Mitbestimmung ist etwa ein derartiges soziales Streitobjekt. Auch Entscheidungsbefugnisse, Befehlsbefugnisse, also Befugnisse, die üblicherweise unter dem Begriff der Herrschaft zusammengefaßt werden, die von bestimmten Systemmitgliedern begehrt werden, können zum Streitobjekt werden.

Das Begehren von B kann nun von unterschiedlicher Intensität sein. Er kann ein bestimmtes Objekt mit sehr hoher Intensität begehren und ein anderes Objekt mit niedriger Intensität. Auch die Ablehnung des Handelnden A, die sich auf das Begehren seines Gegenübers richtet, kann von unterschiedlicher Intensität sein. Der Handelnde A kann das Begehren von B mit großer, aber auch mit geringer Intensität zurückweisen.

Die Konflikt- und Machtkonzeption soll nun im folgenden an Hand eines Flußdiagramms beschrieben werden:

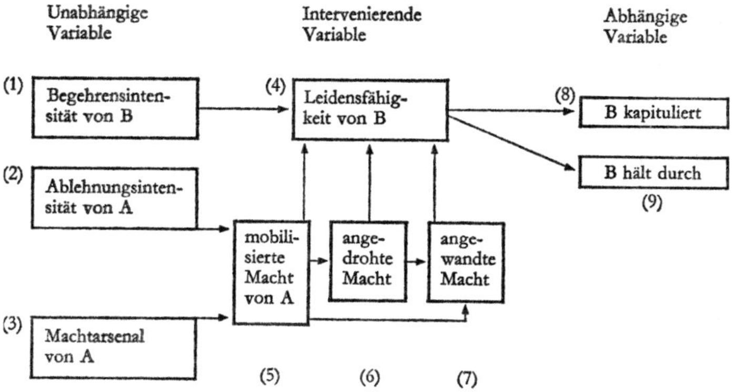

Der Handelnde B begehrt mit einer bestimmten Intensität das Objekt, das zum Gegenstand des Konflikts wurde. (Dieser Sachverhalt ist in Kästchen 1 repräsentiert.) Der Handelnde A lehnt das Begehren von B mit bestimmter Intensität ab (siehe Kästchen 2). Das ist die Ausgangssituation des Konflikts.

Die Begriffe »Begehrensintensität« und »Ablehnungsintensität« besitzen im Rahmen dieses »Miniatur«-Modells des Konflikts den Status von undefinierten Grundbegriffen. Sie könnten im Rahmen einer dem Modell vorangestellten psychologischen Handlungstheorie begrifflich abgeleitet werden. Das soll jedoch hier – wo es um das Konzept der Macht geht – nicht durchgeführt werden.

A besitzt nun ein bestimmtes Arsenal von Machtinstrumenten (siehe Kästchen 3). Bevor dieser Begriff definiert werden kann, muß der Begriff des »Wertes«, der der metrische Grundbegriff der Konflikt- und Machttheorie wird, expliziert werden.

Der metrische Grundbegriff: Wert. Daß mit diesem Begriff des Wertes ein für die Sozialwissenschaft grundlegender Sachverhalt angesprochen wird, illustriert die Tatsache, daß es zu dem hier verwendeten Begriff des Wertes eine Reihe anderer Begriffe in den Sozialwissenschaften gibt, die den gleichen oder zumindest einen sehr ähnlichen Sachverhalt beschreiben. Etwa: Nutzen, Valenz, Kathexis, expressive Orientierung, Verstärkung (= reinforcement)[21].

Da hier keine psychologische Theorie des Wertes entwickelt werden kann, muß dieses Konzept als undefinierter Grundbegriff eingeführt werden. Der Wertbegriff soll jedoch expliziert[22] werden. Außerdem soll kurz auf Forschungstechniken hingewiesen werden, mit deren Hilfe er operationalisiert werden kann. *Explikation:* Der Wert eines Objektes oder irgendeines Ereignisses ist die Vorstellung, die sich der Handelnde von der lust- oder unlustschaffenden Wirkung dieses Objektes bzw. dieses Ereignisses macht. Es kann hier nur auf die von *C. L. Hull*[23] entwickelte explizite Werttheorie und auf die Erörterung von *G. C. Homans*[24] über den Faktor des Wertes hingewiesen werden.

Der Wert eines Objektes oder eines Ereignisses, das den Handelnden berührt, muß nicht notwendigerweise immer positiv sein. Dem Handelnden können auch negative Werte zugeführt werden. *Operationalisierung*: Für die Zwecke einer soziologischen Konflikt- und Machttheorie ist es wichtig, daß der Wert eines Objekts bzw. eines Ereignisses empirisch ermittelt werden kann. Eine derartige Ermittlung ist durch verschiedene Skalierungsverfahren[25] möglich. Eine Intervallskala des Wertes entsteht beispielsweise, wenn die Methode des Paarvergleichs angewendet wird, die dann gemäß dem *Thurstoneschen* »law of comparative judgement«[26] ausgewertet wird. Durch ein Zusatzverfahren[27] kann dann diese Intervallskala in eine Ratio-Skala umgewandelt werden.

Machtdefinition. Nachdem nun der metrische Grundbegriff des Wertes expliziert wurde, kann der hier verwendete Begriff der Macht definiert werden. *Definition:* Die Macht, die der Handelnde A gegenüber dem Handelnden B besitzt, entspricht der Fähigkeit von A, Handlungen zu vollziehen oder (seither regelmäßig vollzogene) Handlungen zu unterlassen, wobei durch den Vollzug bzw. die Unterlassung Einwirkungen auf B entstehen, die dieser negativ bewertet.

Diese *Definition* kann kürzer und prägnanter formuliert werden. Die Macht von A gegenüber B ist die Fähigkeit von A, dem Handelnden B negative Werte beifügen zu können.

Das ist eine Nominaldefinition der Macht. Das oben formulierte zweite Erfordernis für einen Machtbegriff ist damit erfüllt. Durch den Begriff der »Fähigkeit« (von A gegenüber B) wird ausgedrückt, daß Macht ein Dispositionsbegriff ist – wie in der ersten Forderung verlangt wurde. Durch die Formulierung »Macht von A gegenüber B« soll der fünften Forderung, daß Macht für Zweierbeziehungen spezifisch ist, Rechnung getragen werden. Macht ist ein abgeleiteter Begriff (dritte Forderung), da er hier wesentlich durch den Begriff des Wertes (der seinerseits den Status eines Grundbegriffes innehat) definiert wird. Das Machtkonzept wird hier im Rahmen einer Theorie, einer Konflikttheorie entwickelt – wodurch Forderung vier erfüllt wird.

Dieser generelle und qualitative Begriff der Macht wird im folgenden in mehrere spezifische Begriffe aufgegliedert werden. Zuerst soll er, um die sechste Forderung aus obiger Liste zu erfüllen, in ein quantitatives Konzept überführt werden: *Definition.* Die Machtmenge von A gegenüber B ist gleich dem Maß an negativen Werten, das A dem Handelnden B zufügen kann. Dieses quantitative Konzept der Macht wird nun in zwei Begriffe aufgetrennt.

Definition: »Die Machtmenge von A gegenüber B – in der Sicht von B« ist gleich dem negativen Wert, den B den Machthandlungen von A zuweist. Der Begriff der Machthandlung wird weiter unten noch exakt definiert werden. *Definition:* »Die Machtmenge von A gegenüber B – in der (eigenen) Sicht von A« ist gleich dem negativen Wert, den – in der Vermutung von A – B den Machthandlungen von A zuweist.

Diese beiden letzteren Definitionen betonen besonders den subjektiven Charakter der Macht. Macht beruht auf dem subjektiv eingeschätzten negativen Wert, den bestimmte Handlungen bei dem, den sie treffen, verursachen. Die subjektive Einschätzung nimmt einmal derjenige vor, den die (Macht-)Handlungen treffen – was in der vorletzten Definition ausgedrückt wurde, und ein andermal derjenige, der diese (Macht-)Handlungen vollzieht – was in der letzten Definition ausgedrückt wurde.

Die vorletzte Definition beschreibt die Macht des anderen, die der Handelnde zu erleiden glaubt. Die letzte Definition beschreibt die eigene Macht, die der Handelnde gegenüber dem anderen zu besitzen vermeint. Diese zweiseitige Einschätzung der Macht tritt bei allen Formen, in denen Macht sich äußert, auf. Sowohl bei der mobilisierten wie bei der angedrohten, wie bei der angewandten Macht wird von zwei Seiten der negative Wert der jeweiligen Machthandlungen subjektiv eingeschätzt – einmal vom Machtbesitzer und einmal vom Machterleider. Auf die hier genannten drei Formen der Macht wird später noch ausführlich eingegangen.

Es sollen nun noch weitere spezifische Machtbegriffe entwickelt werden: *Definition*: Machthandlung ist diejenige spezifische, konkrete Handlung, mit der der Handelnde A dem Handelnden B negative Werte schaffen kann. Beispiel: Der Streik ist eine Machthandlung, die die Gewerkschaft gegenüber den Arbeitgebern vollziehen kann.

Die Gewerkschaft kann nun diese konkrete Handlung des Streikens nicht vollziehen, wenn sie keine Streikkasse, keine Macht*grundlage* besitzt. Diese beiden Begriffe Machthandlung und Machtgrundlage werden hier getrennt. »Machthandlung« meint den konkreten Handlungsvollzug (genauer die konkrete Handlungsvollzugsmöglichkeit), und »Machtgrundlage« die Voraussetzungen, die diese Handlungsvollzugsmöglichkeit erst schaffen. Ein anderes Beispiel: Niederkonkurrieren ist die konkrete ökonomische Machthandlung. Kapital ist die Machtgrundlage. Ein weiteres Beispiel: Das Ausplaudern eines Geheimnisses (das dem anderen schadet) ist die konkrete Machthandlung. Die Grundlage, die es erst erlaubt, diese Handlung zu vollziehen, ist das Wissen um dieses Geheimnis.

An dieser Stelle soll nun der Begriff des Machtinstruments eingeführt werden. *Definition*: Ein Machtinstrument in der Hand des Handelnden A gegenüber B ist eine Disposition von A, die die notwendige Grundlage für den Vollzug von konkreten Machthandlungen von A gegenüber B ist. Das Wissen um das Geheimnis des anderen ist eine Disposition, die die notwendige Grundlage für die konkrete Machthandlung des Ausplauderns darstellt. Dieses Wissen ist ein Machtinstrument. Die Streikkasse ist ein Machtinstrument, das die notwendige Grundlage für die konkrete Handlung des Streikens darstellt. Kapital ist ein Machtinstrument, das die Grundlage für die konkrete Machthandlung des Niederkonkurrierens ist.

An diesem Beispiel wird nun auch folgendes Faktum einsichtig: Ein und dasselbe Machtinstrument kann in verschiedene konkrete Machthandlungen umgesetzt werden. Das Kapital kann zur Finanzierung eines Werbefeldzuges verwendet werden, mit dem der Konkurrent vom Markt gedrängt werden soll. Es kann dazu verwendet werden, um die Zulieferbetriebe des Konkurrenten aufzukaufen, um diesem dann die Materialeinkaufspreise zu diktieren.

Der Begriff des Machtinstrumentes führt zu einem weiteren Begriff, dem des Machtarsenals. *Definition:* Machtarsenal ist die Gesamtheit aller Machtinstrumente, die A gegenüber B besitzt.

Die Erläuterung obigen Flußdiagrammes kann nun fortgesetzt werden. Der Handelnde A lehnt das Begehren des Handelnden B mit bestimmter Intensität ab (s. Kästchen 2). Der Handelnde A verfügt über ein bestimmtes Arsenal von Machtinstrumenten, die er auf B anwenden kann (Kästchen 3).

A mobilisiert nun eine bestimmte Machtmenge. *Definition:* Mobilisierung soll jener Vorgang genannt werden, der in folgenden Phasen abläuft: 1. Physische oder gedankliche Bereitstellung des Machtinstruments, 2. gedankliches Festlegen, in welche konkreten Machthandlungen das bereitgestellte Machtinstrument übersetzt werden soll. Zu 1: Die Bereitstellung des oder der Machtinstrumente kann eine physische sein (etwa der militärischen Mobilisierung), aber auch eine gedankliche (etwa bei dem Reflektieren darüber, welches Wissen, das man über den anderen besitzt, zum Nachteil des anderen verwendet werden könnte). Zu 2: Das ist die entscheidende Phase der Mobilisierung. Der Handelnde muß gedanklich festlegen, mit welchen Handlungen er die ihm zur Verfügung stehenden Machtinstrumente zum Nachteil des anderen ausnützen will.

Hypothese: In dem Augenblick, in dem A eine Ablehnung gegen das Begehren von B entwickelt, beginnt bei ihm der Vorgang der Mobilisierung. *Definition:* Mobilisierte Machtmenge ist die Summe der negativen Werte der Machthandlungen, in die der Handelnde seine Machtinstrumente zu übersetzen gedenkt. Die Menge der von A mobilisierten Macht wird nun wesentlich durch die Ablehnungsintensität des Handelnden A bestimmt.

Hypothese: Je größer die Ablehnungsintensität von A gegenüber B, um so mehr Machtinstrumente werden von A aus seinem Arsenal herausgenommen und in potentielle Machthandlungen übersetzt. Ist das Machtarsenal erschöpft, kann trotz steigender Ablehnungsintensität die Menge der mobilisierten Macht nicht mehr erhöht werden. Diese Hypothese bestimmt den Zusammenhang zwischen Ablehnungsintensität und Menge der mobilisierten Macht nur »zur Hälfte« – insofern sie nur die *Richtung* (nach mehr oder weniger) anzugeben vermag, in der sich die Menge der mobilisierten Macht bewegt, wenn sich die Ablehnungsintensität ändert.

Der Begehrende B macht sich nun Gedanken darüber, welche Machtmenge A gegen ihn mobilisieren wird. Genauer: Er entwickelt eine bestimmte »persönliche pseudo-wissenschaftliche Theorie« über die Konfliktsituation, in der er sich gegenüber A befindet, die es ihm dann erlaubt, in einem pseudo-deduktiven Gange die mobilisierte Macht von A festzustellen. Im Flußdiagramm soll der Pfeil von Kästchen 5 nach 4 diesen Vorgang repräsentieren.

Die mobilisierte Machtmenge von A wirkt also innerhalb der Konfliktsituation in zwei verschiedenen Formen: 1. Mobilisierte Machtmenge von A – in der Sicht von A selbst; 2. Mobilisierte Machtmenge von A – in der Sicht von B. Selbstverständlich kann B's »persönliche Theorie« falsch sein. Die Machtmenge in obiger Form muß also nicht notwendig gleich derjenigen der zweiten Form sein.

Angedrohte Macht. Die physische Bereitstellung von Machtmitteln kann bereits (aber nicht notwendig) den Charakter einer Drohung haben. *B. Külp*[28] schreibt: »... dieser Konflikt kann sich auf drei Stufen entfalten: auf einer ersten Stufe finden wir die Mobilisierung vor; die potentiellen Gegner rüsten sich, um für einen möglichen Kampf gewappnet zu sein. Wenn man will, kann man hier schon von einer Art versteckter faktischer Drohung sprechen. Die Drohung wird auf dieser Stufe zwar nicht offen ausgesprochen, aber der Gegner versteht diese Maßnahme in der Regel als feindliche Haltung.

Auf einer zweiten Stufe werden Drohungen ausgerufen, die Mobilisierung hat offensichtlich nichts genutzt, die Gegner waren von diesen Maßnahmen nicht beeindruckt, nun gibt man dem Gegner kund, daß man gewillt ist, diese Kampfmittel gegebenenfalls einzusetzen. Hat auch die Drohung keinen Erfolg, so kann eine dritte Stufe des Konflikts ausbrechen: die Kampfhandlung oder, was das gleiche besagt, der offene Konflikt.«

Boulding[29] definiert den Begriff der Drohung folgendermaßen: »A threat may be defined as an act that creates a conditional expectation of damage, conditional on the performance (or, perhaps, nonperformance) of some other act; it typically has the form: ›If you do (or do not do) A, I will do B‹.« *Definition:* Angedrohte Macht ist diejenige Machtmenge, von der der Handelnde A gegenüber dem Kontrahenten B explizit und demonstrativ behauptet, er werde sie anwenden, falls B seinen Willen (sein Begehren) realisieren wolle.

In der vorausgegangenen Hypothese gelang es, die Menge der mobilisierten Macht (als abhängig von der Ablehnungsintensität) zu bestimmen. Wie soll nun die Menge der von A angedrohten Macht bestimmt werden? Dem Verfasser scheint, daß hier keinerlei positive Aussage möglich ist. Es kann nicht einmal ausgesagt werden, daß A nicht mehr Macht androhen kann, als er (in seinem Arsenal) besitzt – denn das Drohen ist jener Bereich menschlichen Handelns, in dem der Bluff regiert. A kann sehr wohl seinem Kontrahenten B vorspiegeln, daß er bestimmte Machtmittel anzuwenden bereit wäre, die er gar nicht besitzt – wenn die Situation dergestalt ist, daß B das Machtarsenal von A nicht exakt einsehen kann.

Eine andere, sicherlich richtige Aussage, »A droht diejenige Machtmenge an, von der er vermutet, daß sie bei B ein Maximum an Wirkung erzielt«, ist banal, solange es nicht gelingt, die Faktoren zu isolieren, die A in seinem Reflektieren über diese Machtmenge leiten. So kann die Hypothese, die an dieser Stelle eigentlich notwendigerweise einzufügen wäre, nicht formuliert werden. Der angedrohten Macht muß deswegen der Status einer unabhängigen Variablen zugewiesen werden, deren Wert empirisch ermittelt werden muß.

Angewandte Macht. Hypothese: A wendet Macht auf B an, wenn die angedrohte Macht nicht dazu geführt hat, daß B sein Begehren aufgegeben hat. Im Flußdiagramm ist der Faktor der angewandten Macht in Kästchen 7 enthalten.

Hypothese: Der Handelnde A wendet diejenige Machtmenge auf B an, die er (zuvor) mobilisiert hat. In der vorletzten Hypothese wird also der Auslöser bestimmt, der zur Machtanwendung erzeugt wird, in der letzten Hypothese die Menge der angewandten Macht. Die Pfeile von Kästchen 6 und von Kästchen 5 nach 7 repräsentieren diesen Zusammenhang.

Die zeitliche Abfolge der drei Erscheinungsweisen der Macht. Hypothese: Der Handelnde A wird zuerst Macht mobilisieren. Läßt B von seinem Begehren nicht ab, dann wird er Macht androhen. Ist die Drohung ohne Erfolg, dann wird er Macht faktisch anwenden.

Die Wirkung der Macht. Der Handelnde B begehrt mit bestimmter Intensität das umstrittene Objekt (Kästchen 1). Die Begehrensintensität von B bestimmt nun seine Fähigkeit, »Leiden« zum Zwecke der Realisierung seines Begehrens auf sich zu nehmen. Dieser neue Faktor wird »Leidensfähigkeit« genannt (Kästchen 4). Er wird durch den metrischen Grundbegriff des Wertes definiert. *Definition:* Leidensfähigkeit ist das maximale Maß an negativen Werten (= Leiden), das der Handelnde im Interesse der Durchsetzung seines Begehrens auf sich zu nehmen fähig ist. *Hypothese:* Je größer die Intensität, mit der B das Streitobjekt begehrt, um so größer seine Leidensfähigkeit.

Die Macht des Handelnden A wirkt – analytisch gesprochen – auf die Leidensfähigkeit von B. Die drei Pfeile von Kästchen 5, 6 und 7 nach Kästchen 4 sollen diesen Zusammenhang illustrieren.

Die Wirkungsweise der angewandten Macht. Wenn der Handelnde A auf den Handelnden B Macht anwendet, dann fügt er B negative Werte zu, dann, so kann auch gesagt werden, fügt er B Leiden zu. B besitzt eine bestimmte »Leidensfähigkeit« (sie ist durch seine Begehrensintensität determiniert). Die Macht, die A auf B anwendet, erschöpft dann bis zu einem gewissen Grad die Leidensfähigkeit von B. Die Faktoren »Macht von A« und »Leidensfähigkeit von B« sind also komplementäre Faktoren.

Der Handelnde B wird so lange nicht aufhören, seine Absicht (d.h. sein Begehren) realisieren zu wollen, solange seine Leidensfähigkeit nicht voll erschöpft ist. B hält durch (Kästchen 9). Erst wenn A soviel Macht auf B anwendet, daß sie die Leidensfähigkeit von B überschreitet, wird B kapitulieren und den Versuch der Realisierung seiner Absicht aufgeben. Die angewandte Macht wirkt also dadurch, so kann zusammenfassend gesagt werden, daß sie die Leidensfähigkeit des anderen bis zu einem bestimmten Maße erschöpft. Sie wirkt dann erfolgreich, wenn sie die Leidensfähigkeit des anderen voll erschöpft. In diesem Falle kapituliert B (Kästchen 8).

Die Wirkungsweise der mobilisierten Macht. Es kann vereinfachend formuliert werden: Mobilisierte Macht wirkt dadurch, daß ihre Einwirkung auf die Leidensfähigkeit – im Falle der Anwendung –

antizipiert wird. Diese Aussage muß jedoch präzisiert werden. Der Handelnde B folgert die Macht, die A gegen ihn mobilisiert hat, mit Hilfe einer »persönlichen Theorie« über die Konfliktsituation. Die von B gefolgerte mobilisierte Macht A's muß nicht notwendig gleich der tatsächlich von A mobilisierten Macht sein. B kann sich täuschen. Der Handelnde B antizipiert die Anwendung der von A bis jetzt erst mobilisierten Macht. Genauer: Er antizipiert die Einwirkung, die die von A mobilisierte Macht auf seine (B's) Leidensfähigkeit hat – falls sie auf ihn (B) angewendet werden würde. Ist die mobilisierte Macht, die B bei A zu erkennen glaubt, so groß, daß sie – im antizipierten Anwendungsfalle – seine (B's) Leidensfähigkeit übersteigt, dann wird B kapitulieren (Kästchen 8). Ist sie nicht so groß, dann hält B durch (Kästchen 9). A's mobilisierte Macht kann also einen Erfolg erzielen, ohne daß sie angewendet wurde. Diese – für einen unbeteiligten Dritten kaum beobachtbare – Wirkungsweise der Macht ist sicherlich ein in der Realität häufig auftretender Fall. Eine Vielzahl von Konflikten wird »gelöst«, ohne daß für einen Außenstehenden etwas Sichtbares geschieht.

Die Wirkungsweise der angedrohten Macht. Der Handelnde B nimmt die von A explizit angedrohte Macht wahr. Auch hier gilt: Er antizipiert ihre Einwirkung auf seine Leidensfähigkeit. Allerdings wird hier noch eine weitere Dimension die Antizipation von B beeinflussen.

Boulding[30] schreibt hierzu: »The importance of a threat in the mind of the threatened, that is, the likelihood that it will make him change his behavior in the manner desired by the threatener, has two dimensions: one, the magnitude of the threat itself, that is, the prospective disutility to the threatened party if the threat is carried out, and the other, the subjective probability in the mind of the threatened party that the threat will, in fact, be carried out. We could presumably define these quantities so that the importance of the threat was equal to its magnitude multiplied by its subjective probability.«

Nach *Bouldings* Konzeption entsteht also der *faktische* negative Wert der von A angedrohten Macht in der Sicht von B durch die Multiplikation von M (= der von A angedrohten Machtmenge – in der Bewertung von B) mit p (= der von B eingeschätzten Anwendungswahrscheinlichkeit) – wobei p zwischen 0 und 1 variiert.

Wenn B die Einwirkung der angedrohten Macht auf seine Leidensfähigkeit antizipiert, dann stellt er diesen derart »korrigierten« negativen Wert der angedrohten Machtmittel in Rechnung.

Abschreckung. Die Macht, in den beiden Erscheinungsformen der mobilisierten und der angedrohten, besitzt eine bestimmte Abschreckungskraft. Dieser Begriff der »Abschreckungskraft« ist ein sprachliches Kürzel für »Antizipation der Einwirkung der Macht auf die eigene Leidensfähigkeit«. *G. H. Snyder*[31] hat diesen Aspekt in den Vordergrund gestellt. Er überschrieb seinen grundlegenden Aufsatz: »Deterrence and Power«. In der amerikanischen Konflikttheorie spielt überhaupt dieses Abwägen von Leidensfähigkeit einerseits und Macht andererseits unter der Bezeichnung »calculus of deterrence« eine sehr wichtige Rolle.

Es kann nun folgende Hypothese formuliert werden. *Hypothese:* Der Begehrende B kapituliert (Kästchen 8), wenn seine Leidensfähigkeit überstiegen wird von 1. der mobilisierten Macht A's, deren Menge B aus bestimmten Wahrnehmungen und mit Hilfe einer persönlichen Theorie über die Konfliktsituation *folgert* und deren Einwirkung B auf seine Leidensfähigkeit *antizipiert* oder 2. der angedrohten Macht A's, deren Menge B *wahrnimmt*, deren faktischen negativen Wert B jedoch durch die von ihm subjektiv eingeschätzte Anwendungswahrscheinlichkeit korrigiert und deren derart ermittelten faktischen Wert B auf ihre Einwirkung auf seine Leidensfähigkeit *antizipiert* oder 3. der angewandten Macht A's, deren Einwirkung auf die Leidensfähigkeit B *real erfährt.*

Hypothese: Wird die Leidensfähigkeit von B nicht durch die Macht A's in einer dieser drei Erscheinungsweisen übertroffen, dann wird B im Versuch, sein Begehren zu realisieren, durchhalten (Kästchen 9), trotz des Erleidens negativer Werte.

Damit ist das Konfliktmodell, innerhalb dessen das Machtkonzept entwickelt werden sollte, dargestellt. Das Modell beschreibt lediglich die konfliktäre Minimalsituation – in der 1. B der Begehrende ist, 2. A der Ablehnende, 3. A Macht mobilisiert, androht und anwendet, 4. B diese Macht erleidet und 5. dabei in seinem Begehren entweder durchhält oder kapituliert.

Dieses Modell ist also dadurch vereinfacht, daß angenommen wird, daß nur B derjenige ist, der begehrt, und daß nur A derjenige ist, der (als Ablehnender) Macht mobilisiert, androht und anwendet. Selbstverständlich werden reale Konflikte komplizierter sein, insbesondere wird auch B seinerseits Macht mobilisieren, androhen und anwenden, und A wird seinerseits eine bestimmte Leidensfähigkeit entwickeln (in Abhängigkeit von seiner Ablehnungsintensität), die es ihm ermöglicht, eine bestimmte Menge an Macht, die B auf ihn richtet, zu ertragen und seine Ablehnung durchzuhalten. Eine derartige Komplizierung ist in das Modell absichtlich nicht eingebaut worden, weil es das primäre Interesse war, ein Machtkonzept und nicht eine vollständige Konflikttheorie zu entwickeln.

Zum Schluß soll nun noch, im Stile eines Exkurses, auf das Verhältnis von Macht und Herrschaft eingegangen werden.

Die *Weber*sche Definition der Herrschaft soll hier übernommen werden. *Definition:* »Herrschaft soll heißen die Chance, für einen Befehl bestimmten Inhalts bei angebbaren Personen Gehorsam zu finden[32].« Der Begriff des Befehls (der wesentlich »Herrschaft« definiert) soll seinerseits definiert werden: *Definition:* Befehl ist eine (überwiegend verbale) Handlung von A, mit der dieser dem anderen, B (inhaltlich), ein bestimmtes Handeln vorschreibt. Es soll 1. der definitorische Unterschied, 2. der kausale Zusammenhang von Macht und Herrschaft und 3. der genetische Zusammenhang, d. h. das Entstehen von Herrschaft aus Macht untersucht werden.
Zu 1: Der definitorische Unterschied. Die Handlungen, die in einem sozialen System vollzogen werden, lassen sich inhaltlich klassifizieren, etwa in Befehle, Aufgabenhandlungen, Konsumhandlungen usw. (selbstverständlich werden derartige Klassifizierungen von Autor zu Autor verschieden sein) oder – wie dies *R. F. Bales* für Diskussionsgruppen tut – in »zeigt Solidarität«, »entspannt Atmosphäre«, »stimmt zu«, »macht Vorschläge, gibt Anleitungen« (diese Kategorie entspricht wahrscheinlich obiger Kategorie des Befehls in der relativ unstrukturierten Situation der Diskussionsgruppe), »äußert Meinungen« usw.
Herrschaftshandlungen sind gemäß der Definition *Webers* Befehle. Damit sind alle anderen (inhaltlichen) Klassen von Handlungen als Nicht-Herrschaftshandlungen ausgeschlossen. Machthandlungen wurden (hier) nicht inhaltlich, sondern formal, als diejenigen Handlungen, die dem anderen negative Werte zufügen, definiert. Sehr viele Handlungen aus verschiedenen Klassen können diese Eigenschaft besitzen.
Also: Herrschaftshandlungen sind (inhaltlich) als Befehlshandlungen bestimmt. Machthandlungen sind inhaltlich unbestimmt.
Zu 2: Der kausale Zusammenhang von Macht und Herrschaft. Worauf beruht die Chance, für einen Befehl Gehorsam zu finden? Die Antwort auf diese Frage lautet zunächst: Auf dem Legitimitätsglauben der Befehlsempfänger.
Es soll formal definiert werden. *Definition:* Legitimitätsglaube auf seiten des Handelnden B besteht, wenn dieser davon überzeugt ist, daß 1. der ihm befohlene Handlungsvollzug ihm zurechtens abverlangt wird und daß 2. der Befehlende diejenige Person ist, der es rechtens zusteht, einen Befehl dieses bestimmten Inhalts an ihn (B) zu richten. Der Legitimitätsglaube besitzt also zwei konjunktiv verbundene Komponenten: 1. die Legitimität des Befehlsinhalts und (notwendigerweise) 2. die Legitimität des Befehlenden. Fehlt eine dieser beiden Komponenten, dann liegt kein Legitimitätsglaube auf seiten des Befehlsempfängers vor.

Derartige harmonische Sozialsysteme, in denen jeder Befehl von A auf den Legitimitätsglauben von B trifft, werden in der Realität jedoch selten aufzufinden sein. Die Regel wird sein, daß hin und wieder ein Befehl für illegitim erachtet wird. Systeme total illegitimer Herrschaft scheinen auch nicht gerade selten zu sein. Wie wird hier für einen Befehl Gehorsam erzielt? Die Antwort, die hier gegeben wird, lautet: A findet Gehorsam für seinen Befehl, weil er Machtinstrumente gegenüber B besitzt. (Diese Machtinstrumente braucht A in der Regel gar nicht mehr explizit anzudrohen. Das Herrschaftsverhältnis zwischen A und B ist so eingefahren, daß B genau weiß, welches Maß negativer Werte ihm zugefügt würde, falls er einen Befehl von A nicht befolgen würde.)
So kann nun die abschließende Hypothese, die den Zusammenhang von Macht und Herrschaft postuliert, formuliert werden.
Hypothese: Der Handelnde A besitzt Herrschaft über B (d. h., er erzielt erfolgreich Gehorsam für seinen Befehl), wenn 1. B Legitimitätsglaube empfindet und/oder (disjunktiv) 2. wenn A genügend Machtinstrumente gegenüber B besitzt.
Der Besitz von Machtinstrumenten ist also in disjunktiver Verbindung (und/oder) mit dem Legitimitätsglauben, das »input«, das das output »Herrschaft« erzeugt. Fehlt der Legitimitätsglaube, dann ist es die Macht (gemäß der hier verwendeten Machtdefinition könnte auch gesagt werden: die Potenz zur Gewalt) allein, die die Herrschaft ermöglicht und erhält. Die Regel wird natürlich sein, daß beide, Macht und Legitimitätsglaube, einander ergänzend, Herrschaft konstituieren.
Die hier vorgelegte Hypothese läßt eine Reihe von Fragen unbeantwortet. So müßte die Frage beantwortet werden, welches die Bestimmungsgründe dafür sind, daß B Legitimitätsglauben entwikkelt, oder es müßte die Frage beantwortet werden, welches Quantum an Machtinstrumenten A besitzen muß, damit er erzwingen kann, daß B seinen Befehl befolgt. Diese Fragen werden hier nicht beantwortet. Ihre Beantwortung ist hier, wo es darum geht, den Zusammenhang von Macht und Herrschaft im Prinzip herauszustellen, auch gar nicht nötig.
Zu 3: Das Entstehen der Herrschaft aus Macht. Befehle sind wahrscheinlich ein »prerequisite« für das Funktionieren eines sozialen Systems. Die Aktionen von Menschen müssen durch Befehle koordiniert werden – zumindest, wenn das System eine bestimmte Größe überschritten hat. Befehle sind also notwendig. Damit erhebt sich aber nun das Problem der Verteilung von Befehlsbefugnissen auf die Systemmitglieder. Die Verteilung kann in gegenseitiger Übereinkunft so vorgenommen werden, daß sie von allen (oder einer überwiegenden Mehrzahl der Mitglieder) für gerecht empfunden wird. Macht tritt dann nicht in Erscheinung. Über die vorzuneh-

mende Verteilung kann aber auch Uneinigkeit bestehen. Auf die zu verteilenden Befehlsbefugnisse richtet sich das Begehren der einen und die Ablehnung dieses Begehrens durch die anderen. Die Befehlsbefugnisse werden zum Streitobjekt. Es entsteht ein Konflikt.
Innerhalb dieses Konflikts wird dann die Macht, die in der Periode des Entstehens des Systems den einzelnen Mitgliedern gegeben ist, die schließliche Verteilung der Herrschaft, d. h. die schließliche Herrschaftsstruktur bestimmen. Menschliche Gruppierungen sind dem sozialen Wandel unterworfen. Das bedeutet für den hier zu untersuchenden Sachverhalt: Das Problem der Verteilung von Befehlsbefugnissen stellt sich immer wieder von neuem. Kann es nicht »gütlich« geregelt werden, geht es in einen Konflikt über. Dann entscheidet wesentlich die gegebene Machtrelation über die Art der Verteilung von Herrschaft.

Die klassische Lehre der Demokratie*

J. A. Schumpeter

I. Das Gemeinwohl und der Wille des Volkes

Die Philosophie der Demokratie im achtzehnten Jahrhundert mag in folgende Definition gefaßt werden: die demokratische Methode ist jene institutionelle Ordnung zur Erzielung politischer Entscheide, die das Gemeinwohl dadurch verwirklicht, daß sie das Volk selbst die Streitfragen entscheiden läßt, und zwar durch die Wahl von Personen, die zusammenzutreten haben, um seinen Willen auszuführen. Wir wollen nun entwickeln, was darin impliziert ist.
Es besteht also die Auffassung, daß es ein Gemeinwohl als sichtbaren Leitstern der Politik gibt, das stets einfach zu definieren ist und das jedem normalen Menschen mittels rationaler Argumente sichtbar gemacht werden kann. Folglich gibt es auch keine Entschuldigung dafür, daß man es nicht sieht, ja nicht einmal eine Erklärung für das Vorhandensein von Menschen, die es nicht sehen, es sei denn Unwissenheit – die behoben werden kann –, Dummheit und antisoziales Interesse. Zudem impliziert dieses Gemeinwohl ganz bestimmte Antworten auf alle Fragen, so daß jeder soziale Sachver-

* aus: J. A. Schumpeter, Kapitalismus, Sozialismus, Demokratie, Bern 1950, S. 397–426. Mit freundlicher Genehmigung des Franke Verlages.

halt und jede ergriffene oder noch zu ergreifende Maßnahme unzweideutig als »gut« oder »schlecht« klassiert werden können. Da deshalb das ganze Volk, wenigstens im Prinzip, gleicher Meinung sein muß, gibt es auch einen »allgemeinen Willen« des Volkes (= Willen aller vernünftigen Individuen), der mit dem Gemeinwohl oder dem Gemeininteresse oder der allgemeinen Wohlfahrt oder der Glückseligkeit gleichbedeutend ist. Das einzige, was – abgesehen von Dummheit oder dunklen Interessen – möglicherweise zu einer abweichenden Auffassung führen und das Vorhandensein einer Opposition erklären kann, sind Meinungsverschiedenheiten in bezug auf die Geschwindigkeit, mit der man sich dem Ziel nähern soll, über welches sich im Prinzip alle nahezu einig sind. So ist jedes Glied des Gemeinwesens sich dieses Zieles und dessen, was er oder sie will, bewußt, erkennt klar, was gut und was schlecht ist und nimmt aktiv und verantwortungsbewußt an der Förderung des ersteren und Bekämpfung des letzteren teil, und alle Glieder zusammen kontrollieren ihre öffentlichen Angelegenheiten.

Zwar verlangt die Führung eines Teils dieser Geschäfte besondere Fähigkeiten und Techniken und muß daher Spezialisten, die diese besitzen, anvertraut werden. Das berührt jedoch nicht das Prinzip, weil diese Spezialisten einfach handeln, um den Willen des Volkes auszuführen, genau wie ein Arzt handelt, um den Genesungswillen des Patienten auszuführen. Zwar wäre es ferner in einem Gemeinwesen von einer gewissen Größe, namentlich wenn es das Phänomen der Arbeitsteilung aufweist, höchst unpraktisch, wenn jeder einzelne Bürger sich mit allen andern Bürgern wegen jeder Frage in Verbindung setzen müßte, um seinen Teil zum Herrschen oder Regieren beizutragen. Es ist bequemer, nur die wichtigsten Entscheidungen den einzelnen Bürgern vorzulegen, damit sie sich dazu äußern können – zum Beispiel durch ein Referendum –, und im übrigen durch ein von ihnen bestelltes Komitee zu handeln, – durch eine Versammlung oder ein Parlament, dessen Mitglieder durch öffentliche Wahl gewählt werden. Dieses Komitee oder diese Körperschaft von Delegierten wird, wie wir gesehen haben, das Volk nicht in einem juristischen, doch wenigstens in einem technischen Sinn repräsentieren, – es wird dem Willen der Wählerschaft Stimme verleihen, ihn widerspiegeln oder ihn vertreten. Wiederum mag sich aus Bequemlichkeitsgründen dieses sonst zu große Komitee in kleinere Komitees für die verschiedenen Abteilungen der öffentlichen Geschäfte auflösen. Endlich wird es unter diesen kleineren Komitees ein allgemeines Komitee hauptsächlich zur Erledigung der laufenden Verwaltungsgeschäfte geben, genannt Kabinett oder Regierung, möglicherweise mit einem Generalsekretär oder Sündenbock, einen sogenannten Ministerpräsidenten, an seiner Spitze[1].

 Sobald wir alle Voraussetzungen akzeptieren, die von dieser Verfassungstheorie gemacht werden oder in ihr enthalten sind, erhält die Demokratie in der Tat eine völlig unzweideutige Bedeutung: es gibt im Zusammenhang mit ihr kein Problem mehr, abgesehen von der Frage ihrer Errichtung. Auch brauchen wir uns nur über ein paar logische Bedenken hinwegzusetzen, um hinzufügen zu können, daß in diesem Falle die demokratische Ordnung nicht nur die beste aller denkbaren wäre, sondern daß auch wenige Leute Lust nach einer anderen hätten. Es ist jedoch nicht weniger klar, daß diese Voraussetzungen ebenso viele Behauptungen von Tatsachen sind, die alle erst noch bewiesen werden müßten, wenn wir zu diesem Schluß gelangen sollen. Und es ist viel leichter sie zu widerlegen.

Erstens gibt es kein solches Ding wie ein eindeutig bestimmtes Gemeinwohl, über das sich das ganze Volk kraft rationaler Argumente einig wäre oder zur Einigkeit gebracht werden könnte. Das ist in erster Linie nicht auf die Tatsache zurückzuführen, daß einige Leute vielleicht etwas anderes als das Gemeinwohl wünschen, sondern auf die viel wesentlichere Tatsache, daß verschiedenen Individuen und Gruppen das Gemeinwohl mit Notwendigkeit etwas Verschiedenes bedeuten muß. Diese Tatsache, die dem Utilitaristen wegen der Enge seines Ausblicks auf die Welt menschlicher Wertungen verborgen bleibt, wird zu Spaltungen über prinzipielle Fragen führen, die nicht durch rationale Argumente geschlossen werden können, weil die letzten Werte – unsere Auffassung von dem, was das Leben und was die Gesellschaft sein sollte – jenseits des Bereiches reiner Logik liegen. Sie mögen in gewissen Fällen durch Kompromisse überbrückt werden, in anderen Fällen aber nicht. Amerikaner, die sagen: »Wir wünschen, daß unser Land sich bis zu den Zähnen bewaffnet, um für das, was wir als recht ansehen, in der ganzen Welt zu kämpfen«, und Amerikaner, die sagen: »Wir wünschen, daß unser Land seine eigenen Probleme löst, was der einzige Weg ist, auf dem es der Menschheit dienen kann«, sehen sich unreduzierbaren Differenzen letzter Werte gegenüber, die durch Kompromisse nur verstümmelt und degradiert werden.

Selbst wenn aber zweitens ein hinreichend bestimmtes Gemeinwohl – so wie zum Beispiel das Utilitaristen-Maximum wirtschaftlicher Bedürfnisbefriedigung[2] – sich als für alle annehmbar erwiese, würde dies nicht ebenso bestimmte Antworten auf einzelne Probleme implizieren. Die Ansichten darüber können in einem solch bedeutenden Ausmaß auseinandergehen, daß größtenteils die gleichen Wirkungen entstehen wie bei »fundamentaler« Uneinigkeit über die Ziele selbst. Beispielsweise ständen Probleme, die mit der Schätzung gegenwärtiger gegenüber zukünftiger Bedürfnisbefriedigung im Zusammenhang stehen, ja sogar der Fall Sozialismus contra Kapitalismus, auch nach der Bekehrung eines jeden einzelnen Bürgers zum Utilitarismus immer noch offen. »Gesundheit« kann von allen gewünscht werden, und doch können die Menschen immer noch verschiedener Ansicht über Impfung und Vasektomie sein. Und dergleichen gibt es viel.

Die utilitaristischen Väter der demokratischen Lehre sahen nicht die volle Bedeutung dieses Problems, einfach weil keiner von ihnen irgendwelche wesentliche Veränderungen im wirtschaftlichen Rahmen und in den Gewohnheiten der bürgerlichen Gesellschaft ernsthaft in Betracht zog. Sie sahen wenig über die Welt eines Eisenhändlers des achtzehnten Jahrhunderts hinaus.

Drittens aber verflüchtigt sich als Folge der beiden vorausgegangenen Feststellungen immer mehr der besondere Begriff des Volkswillens oder der *volonté générale,* den sich die Utilitarier zu eigen machten. Denn dieser Begriff setzt die Existenz eines eindeutig bestimmten Gemeinwohles voraus, das von allen erkannt werden kann. Im Gegensatz zu den Romantikern hatten die Utilitarier keine Vorstellung dieses halb-mystischen, mit einem eigenen Willen begabten Wesens, – dieser »Volksseele«, von der die historische Schule der Jurisprudenz so viel Wesens machte. Sie leiteten ihren Volkswillen ganz einfach vom Willen der Individuen ab. Sofern es keinen Mittelpunkt – das Gemeinwohl – gibt, nach dem wenigstens auf die Dauer *alle* individuellen Willen gravitieren, werden wir nicht jenen besonderen Typ der »natürlichen« *volonté générale* erhalten. Das utilitaristische Gravitationszentrum vereinheitlicht einerseits die individuellen Willen und tendiert danach, sie vermittels rationaler Diskussion in den Willen des Volkes einzuschmelzen; anderseits verleiht es dem letzteren diese exklusive sittliche Würde, wie sie vom klassischen demokratischen Glaubensbekenntnis gefordert wird. *Dieses Glaubensbekenntnis besteht nicht einfach darin, den Willen des Volkes als solchen zu verehren,* sondern beruht auf gewissen Annahmen über das »natürliche« Ziel dieses Willens –, ein Ziel, das durch die utilitaristische Vernunft sanktioniert ist. Sowohl die Existenz wie auch die Würde dieser Art von *volonté générale* verschwinden, sobald uns die Vorstellung eines Gemeinwohles fehlt. Und beide Stützen der klassischen Lehren zerbröckeln unweigerlich zu Staub.

II. Der Volkswille und das individuelle Wollen

So beweiskräftig diese Argumente auch gegen diesen besonderen Begriff des Volkswillens sprechen, so wenig enthebt uns dies natürlich eines Versuches, einen andern, wirklichkeitsnäheren Begriff aufzubauen. Ich habe nicht die Absicht, die Realität oder die sozialpsychologischen Tatsachen in Frage zu stellen, an die wir denken, wenn wir vom Willen einer Nation sprechen. Ihre Analyse ist sicherlich die Vorbedingung, wenn man mit den Problemen der Demokratie vorwärts kommen will. Es wäre trotzdem besser, diesen Begriff nicht beizubehalten, weil dadurch leicht die Tatsache verdeckt wird, daß sobald wir den Volkswillen von seiner utilitaristischen Nebenbedeutung trennen, wir nicht nur eine verschiedene Theorie der gleichen Sache, sondern eine Theorie einer völlig verschiedenen Sache aufbauen. Wir haben guten Grund auf der Hut zu sein vor den Fallgruben, die auf dem Wege jener Verteidiger der Demokratie liegen, die zwar unter dem Druck des sich anhäufenden Beweismaterials mehr und mehr die Tatsachen des demokratischen Prozesses anerkennen, aber dennoch versuchen, die Resultate, zu denen dieser Prozeß führt, mit Öl aus Krügen des achtzehnten Jahrhunderts zu salben.

Doch obschon man immer noch behaupten kann, daß eine Art von gemeinsamem Willen oder öffentlicher Meinung aus dem unendlich komplexen Wirrwarr von individuellen und Gruppen-Situationen, -Willen, -Einflüssen, -Handlungen und -Gegenhandlungen des »demokratischen Prozesses« hervorgeht, mangelt es dennoch dem Resultat nicht nur an rationaler Einheit, sondern auch an rationaler Sanktion: ersteres bedeutet, daß obschon vom Standpunkt der Analyse aus der demokratische Prozeß nicht einfach chaotisch ist – für den Analytiker ist nichts chaotisch, das in den Bereich erklärender Prinzipien gebracht werden kann –, dennoch die Resultate – außer durch Zufall – nicht an sich sinnvoll sind, im Gegensatz zum Beispiel zur Verwirklichung jeden bestimmten Zieles oder Ideales. Letzteres bedeutet, daß weil sich *dieser* Wille nun nicht mehr mit »dem Guten« deckt, man notwendigerweise, um eine sittliche Würde für das Resultat beanspruchen zu können, auf ein unbedingtes Vertrauen auf die demokratischen Regierungsformen als solche zurückgreifen muß – auf einen Glauben, der im Prinzip von der Wünschbarkeit der Resultate unabhängig sein müßte. Wie wir gesehen haben, ist es nicht leicht, sich auf diesen Standpunkt zu stellen. Aber selbst wenn wir es tun, bleiben uns auch nach dem Ausscheiden des utilitaristischen Gemeinwohles noch eine Menge von Schwierigkeiten übrig.

Insbesondere stehen wir immer noch unter der praktischen Notwendigkeit, dem Willen des *Individuums* eine Unabhängigkeit und eine rationale Qualität beizulegen, die völlig wirklichkeitsfremd sind. Wenn wir argumentieren, daß der Wille des Bürgers *per se* ein politischer Faktor ist, der Anspruch auf Achtung hat, so muß er erst einmal existieren. Das heißt, daß er etwas mehr sein muß als nur eine unbestimmte Handvoll vager Triebe, die um vorhandene Schlagworte und falsch verstandene Eindrücke lose herumspielen. Jedermann müßte eindeutig wissen, wofür er sich einsetzen will. Dieser bestimmte Wille müßte mit der Fähigkeit ausgerüstet sein, die Tatsachen, die jedermann direkt zugänglich sind, richtig zu beobachten und zu interpretieren und die Informationen über Tatsachen, die nicht direkt zugänglich sind, kritisch zu sichten. Endlich müßte aus diesem bestimmten Willen und aus diesen gesicherten Tatsachen, gemäß den Regeln der logischen Folgerung, ein klarer *und rascher* Schluß in bezug auf besondere Probleme gezogen werden – und zwar mit einem so hohen Grade allgemeiner Effizienz, daß die Ansicht des einen als ebensogut wie die Meinung irgendeines andern gelten könnte, ohne daß dies ein offensichtlicher Unsinn wäre[3]. Und alles dies müßte der ideale Bürger aus sich selbst heraus und unabhängig vom Druck einzelner Gruppen und von irgendwelcher Propaganda[4] leisten; denn Willensäußerungen und Schlußfolgerungen, die der Wählerschaft aufgezwungen werden, können nicht als letzte Gegebenheiten des demokratischen Prozesses gelten. Die Frage, ob diese Bedingungen in dem Ausmaß erfüllt sind, das erforderlich ist, um die Demokratie funktionieren zu lassen, sollte nicht leichtsinnig bejaht oder ebenso leichtsinnig verneint werden. Sie kann nur beantwortet werden durch eine mühselige Bewertung eines ganzen Irrgartens von sich widersprechendem Beweismaterial.

Bevor wir uns jedoch an diese Aufgabe machen, möchte ich ganz sicherstellen, daß der Leser die Bedeutung eines anderen Punktes, den ich bereits hervorgehoben habe, völlig erkennt. Ich will daher wiederholen, daß selbst, wenn die Ansichten und Wünsche der einzelnen Bürger völlig bestimmte und unabhängige Daten für das Funktionieren des demokratischen Prozesses wären, und wenn jedermann mit idealer Rationalität und Raschheit seine Handlungen danach richtete, doch nicht unbedingt daraus folgen würde, daß die politischen Entscheidungen, die durch diesen Prozeß aus dem Rohmaterial dieser einzelnen Willen entstehen, irgend etwas darstellen, was in einem überzeugenden Sinn »der Wille des Volkes« genannt werden könnte. Es ist nicht nur denkbar, sondern, zumal wenn die einzelnen Willen stark auseinandergehen, sogar sehr wahrscheinlich, daß die entstehenden politischen Entscheide nicht mit dem übereinstimmen, »was das Volk wirklich wünscht«. Auch kann nicht entgegnet werden, daß wenn dies auch nicht genau das ist, was es wünscht, das Volk doch ein »faires Kompromiß« erhält. Das kann so sein. Die Aussichten, daß es sich so verhält, sind bei jenen Fragen am größten, die ihrem Wesen nach quantitativ sind oder eine Abstufung erlauben, – so zum Beispiel der Frage, wie viel für Arbeitslosenunterstützungen ausgegeben werden soll, vorausgesetzt, daß jedermann für einige Ausgaben zu diesem Zwecke eintritt. Bei qualitativen Fragen jedoch, wie zum Beispiel bei der Frage, ob man Ketzer verfolgen oder in einen Krieg eintreten soll, kann das erreichte Ergebnis – obschon aus verschiedenen Gründen – dem ganzen Volk gleich zuwider sein, wogegen die durch eine nichtdemokratische Stelle gefällte Entscheidung sich als für alle viel annehmbarer erweisen könnte.

Ein Beispiel mag dies illustrieren. Ich nehme an, daß die Herrschaft Napoleons zur Zeit, als er erster Konsul war, als eine militärische Diktatur bezeichnet werden darf. Eines der dringendsten politischen Bedürfnisse jenes Augenblickes war ein Religionsabkommen, das mit dem von der Revolution und dem Direktorium hinterlassenen Chaos aufräumte und Millionen von Herzen den Frieden brächte. Dies erreichte er durch eine Anzahl von meisterhaften Zügen, gipfelnd im Konkordat mit dem Papst (1801) und den »Organischen Artikeln« (1802), die das Unversöhnliche versöhnten, gerade das rechte Ausmaß von Freiheit für den Gottesdienst gewährten und gleichzeitig die Autorität des Staates stark untermauerten. Er reorganisierte auch die französische katholische Kirche, stattete sie mit neuen Geldmitteln aus, löste das heikle Problem des »konstitutionellen« Klerus und brachte die neue Einrichtung höchst erfolgreich mit einem Minimum an Reibungen in Gang. Wenn es überhaupt je eine Berechtigung für die Ansicht gab, daß das Volk tatsächlich etwas Bestimmtes will, so bildet diese Ordnung eines der besten geschichtlichen Beispiele. Das muß jedermann klarwerden, der den französischen Klassenaufbau jener Zeit betrachtet, und es wird völlig bestätigt durch die Tatsache, daß diese Kirchenpolitik stark zu der beinahe allgemeinen Popularität beitrug, die das Konsulat genoß. Doch es ist schwer zu sehen, wie dieses Resultat auf demokratischem Wege hätte erreicht werden können. Kirchenfeindliche Regungen waren nicht ausgestorben und beschränkten sich keineswegs auf die besiegten Jakobiner. Menschen mit solchen Überzeugungen oder deren Führer hätten unmöglich einen so weit gehenden Kompromiß abschließen können[5]. Am andern Ende der Leiter gewann dagegen eine starke Woge grimmiger katholischer Empfindungen immer mehr an Kraft. Menschen, die diese Empfindung teilten, oder ihre Führer, die von ihrem guten Willen abhängig waren, hätten unmöglich an der napoleonischen Grenze haltmachen können; namentlich hätten sie keine so starke Stellung gegenüber dem Heiligen Stuhl gehabt, für den zudem kein Grund bestanden hätte nachzugeben, da er sah, in welcher Richtung sich die Verhältnisse entwickelten. Und der Wille der Bauern, die vor allem wieder ihre Priester, ihre Kirchen und Prozessionen haben wollten, wäre durch die sehr natürliche Furcht gelähmt gewesen, daß die revolutionäre Regelung der Bodenfrage gefährdet werde, sobald der Klerus – besonders die Bischöfe – wieder im Sattel sei. Verfahrene Situationen oder endlose Kämpfe, die zu steigender Erbitterung geführt hätten, wären sehr wahrscheinlich das Ergebnis eines jeden Versuchs gewesen, die Frage demokratisch zu regeln. Napoleon hingegen war imstande, sie vernünftig zu regeln, gerade weil alle jene Gruppen, die ihren Standpunkt aus eigenem Willen nicht aufgeben konnten, gleichzeitig fähig und willens waren, eine Ordnung anzunehmen, wenn sie ihnen auferlegt wurde.

Dieses Beispiel steht selbstverständlich nicht vereinzelt da[6]. Wenn man aus den Resultaten, die sich auf die Dauer gesehen für das Volk im ganzen als zufriedenstellend erweisen, den Prüfstein einer Regierung *für* das Volk macht, dann würde die Regierung *durch* das Volk, wie sie von der klassischen Lehre der Demokratie aufgefaßt wurde, oft ihr nicht entsprechen.

III. Die menschliche Natur in der Politik

Wir haben noch unsere Frage zu beantworten über die Bestimmtheit und Unabhängigkeit des Willens des Wählers, über seine Fähigkeit, Fakten zu beobachten und zu interpretieren und rasch und klar rationale Schlußfolgerungen aus beidem zu ziehen. Dieses Thema gehört in ein Kapitel der Sozialpsychologie, das wir »Die menschliche Natur in der Politik« nennen können[7].

Während der zweiten Häfte des letzten Jahrhunderts ist die Vorstellung der menschlichen Persönlichkeit als homogener Einheit und die Vorstellung eines bestimmten Willens als Hauptantriebskraft des Handelns immer mehr verblaßt – sogar schon vor den Zeiten von Théodule Ribot und Sigmund Freud. Namentlich auf dem Gebiet der Sozialwissenschaften, wo die Bedeutung des außerrationalen und irrationalen Elements in unserem Verhalten mehr und mehr Aufmerksamkeit auf sich gezogen hat – man denke an Paretos *Traité de Sociologie* –, haben diese Vorstellungen mehr und mehr an Bedeutung verloren. Aus dem großen Beweismaterial, das gegen die Hypothese der Rationalität zusammengetragen wurde, will ich nur zwei Beispiele erwähnen.

Das eine mag – trotz späterer, sehr viel sorgfältigerer Arbeiten – noch mit dem Namen von Gustave Le Bon verknüpft werden, dem Begründer oder jedenfalls dem ersten wirksamen Exponenten der Psychologie der Mengen *(psychologie des foules)*[8]. Indem er, allerdings übertreibend, die Tatsachen des menschlichen Verhaltens unter dem Einfluß der Agglomeration zeigt – namentlich das plötzliche Verschwinden sittlicher Hemmungen und zivilisierter Denk- und Empfindungsweisen, den plötzlichen Ausbruch von primitiven Trieben, von Infantilismen und verbrecherischen Neigungen im Zustand der Aufregung –, hat er uns grauenhaften Fakten gegenübergestellt, von denen jedermann wußte, die aber niemand sehen wollte, und er hat hierdurch dem Bild der menschlichen Natur, das der klassischen Lehre der Demokratie und der demokratischen Sage von den

Revolutionen zugrunde liegt, einen gefährlichen Schlag versetzt. Zweifellos ist viel auszusagen über die Schmalheit der Tatsachenbasis von Le Bons Schlußfolgerungen, die zum Beispiel ganz und gar nicht auf das normale Verhalten einer englischen oder angloamerikanischen Menge passen. Die Kritiker, zumal jene, denen die Folgerungen dieses Zweiges der Sozialpsychologie unangenehm waren, bauschten natürlich diese Schwächen auf. Aber andererseits darf nicht vergessen werden, daß die Phänomene der Mengenpsychologie sich keineswegs auf einen Mob beschränken, der in den engen Straßen einer romanischen Stadt herumschwärmt. Jedes Parlament, jedes Komitee, jeder Kriegsrat, der aus einem Dutzend sechzigjähriger Generäle besteht, zeigt, wenn auch in milderen Formen, einige dieser Züge, die im Falle des Pöbels so auffällig zutage treten, – namentlich ein vermindertes Verantwortlichkeitsgefühl, ein tieferes Niveau der Denkenergie und eine größere Empfänglichkeit für nicht-logische Einflüsse. Diese Phänomene sind überdies nicht auf eine Menge im Sinne einer physischen Agglomeration vieler Menschen beschränkt. Zeitungsleser, Radiohörer, Parteimitglieder können, selbst wenn sie physisch nicht auf einem Punkt versammelt sind, schrecklich leicht in eine psychologische Menge verwandelt und in einen Zustand der Raserei versetzt werden, indem jeder Versuch eines rationalen Arguments die animalischen Geister nur noch mehr reizt.

Die andere Quelle desillusionierenden Beweismaterials, die ich erwähnen möchte, ist viel bescheidener, – ihr entfließt kein Blut, sondern nur Unsinn. Ökonomen, die die Tatsachen genauer zu beobachten lernen, entdecken nun allmählich, daß sogar im gewöhnlichsten Verlauf des täglichen Lebens ihre Konsumenten nicht ganz nach der Vorstellung leben, die die Lehrbücher meistens vermitteln. Einerseits sind ihre Bedürfnisse durchaus nicht so bestimmt und ihre Handlungen auf Grund dieser Bedürfnisse bei weitem nicht so rational und rasch. Andrerseits sind sie dem Einfluß der Reklame und anderer Überredungsmethoden so leicht zugänglich, daß oft die Produzenten ihnen zu diktieren scheinen, anstatt von ihnen dirigiert zu werden. Die Technik der erfolgreichen Reklame ist besonders instruktiv. Sie enthält zwar beinahe immer einen Appell an die Vernunft. Aber mehr als das rationale Argument zählt die bloße, oft wiederholte Behauptung und ebenso der direkte Angriff auf das Unterbewußtsein, der in der Form von Versuchen auftritt, angenehme Assoziationen völlig außerrationalen, sehr oft sexuellen Charakters hervorzurufen und zu kristallisieren.

Die Folgerung daraus muß, obschon sie naheliegend ist, vorsichtig gezogen werden. Im gewöhnlichen Verlauf oft sich wiederholender Entscheidungen ist das Individuum dem heilsamen und rationalisierenden Einfluß günstiger und ungünstiger Erfahrungen unterworfen. Es steht auch unter dem Einfluß relativ einfacher und unproblematischer Motive und Interessen, die nur gelegentlich durch irgendwelche Erregungen gestört werden. Historisch mag des Konsumenten Begehren nach Schuhen wenigstens teilweise durch die Aktion eines Produzenten gesteigert sein, der hübsches Schuhwerk anbot und dafür Reklame machte; und doch ist es jederzeit ein echtes Bedürfnis, dessen Bestimmtheit über »Schuhe im allgemeinen« hinausreicht und das ein langes Experimentieren von vielen der Irrationalitäten befreit, die ihm ursprünglich vielleicht angehaftet haben[9]. Unter dem Stimulus dieser einfachen Motive lernen überdies die Konsumenten, bei gewissen Dingen (Häusern, Autos) nach den Ratschlägen unparteiischer Experten zu handeln und werden in andern Dingen selbst zu Fachmännern. Es ist ganz einfach nicht wahr, daß die Hausfrauen in bezug auf Nahrungsmittel, *bekannte* Haushaltartikel und Bekleidungsgegenstände so leicht zum Narren gehalten werden können. Wie jeder Geschäftsmann, durch eigenen Schaden klug geworden, weiß, beharren die meisten von ihnen unerbittlich auf dem Artikel, den sie im Kopf haben.

Dies trifft natürlich noch offenkundiger für die Produzentenseite zu. Zweifellos kann ein Fabrikant träge, ein schlechter Beurteiler der geschäftlichen Möglichkeiten oder sonst unfähig sein; es besteht jedoch ein wirksamer Mechanismus, der ihn entweder umformen oder ausschalten wird. Der Taylorismus beruht zwar auf der Tatsache, daß der Mensch einfache Handgriffe während Jahrtausenden ausführen und sie trotzdem unwirtschaftlich ausführen kann. Dennoch können weder die Absicht, so rationell als möglich zu arbeiten, noch ein stetiger Druck in Richtung der Rationalität ernsthaft in Frage gestellt werden, gleichgültig welches Niveau der industriellen oder kommerziellen Aktivität wir gerade im Auge haben[10].

Und so verhält es sich mit den meisten Entscheidungen des täglichen Lebens, die innerhalb des engen Gebietes liegen, das das Denken des einzelnen Bürgers mit vollem Empfinden für seine Realität umschließt. Grob gesprochen besteht es aus den Dingen, die ihn unmittelbar berühren, – ihn selbst und seine Familie, seine Geschäfte, seine Liebhabereien, seine Freunde und Feinde, seine Stadtgemeinde oder sein Quartier, seine Klasse, Kirche, Gewerkschaft oder irgendeine andere soziale Gruppe, deren aktives Mitglied er ist, – den Dingen seiner persönlichen Beobachtung, den Dingen, die ihm vertraut sind, unabhängig davon, was ihm seine Zeitung sagt, den Dingen, die er unmittelbar beeinflussen oder arrangieren kann und denen gegenüber er jenes Verantwortlichkeitsgefühl entwickelt, das durch eine direkte Beziehung zum günstigen oder ungünstigen Ausgang einer Handlungsweise veranlaßt wird.

Noch einmal: Bestimmtheit und Rationalität im Denken und im Handeln[11] sind durch diese Vertrautheit mit Menschen und Dingen oder durch dieses Gefühl für Wirklichkeit und Verantwortlichkeit nicht garantiert. Eine ganze Reihe anderer Bedingungen, die sehr oft nicht erfüllt sind, wären dazu notwendig. Zum Beispiel können Generationen unter irgendeinem irrationalen Verhalten in Fragen der Hygiene leiden, ohne darum ihre Leiden mit ihren schädlichen Gewohnheiten in Verbindung zu bringen. Solange dies nicht geschieht, führen natürlich objektive Konsequenzen, auch wenn sie noch so regelmäßig eintreten, nicht zu subjektiver Erfahrung. So erwies es sich als unglaublich schwierig, daß sich die Menschheit des Zusammenhangs zwischen Infektion und Epidemien bewußt wurde: die Tatsachen wiesen mit einer, wie uns scheint, unmißverständlichen Deutlichkeit darauf hin; dennoch taten bis Ende des achtzehnten Jahrhunderts die Ärzte nahezu nichts, um Menschen, die von infektiösen Krankheiten, wie Masern oder Pocken, befallen waren, von der Berührung mit andern Menschen fernzuhalten. Und es ist zu erwarten, daß die Verhältnisse noch viel schlimmer liegen, wenn nicht nur Unfähigkeit, sondern auch eine Abneigung gegen die Erkenntnis kausaler Zusammenhänge vorhanden ist oder wenn irgendwelche Interessen gegen ihre Erkenntnis ankämpfen.

Trotz alledem und trotz aller Einschränkungen, die sich aufdrängen, gibt es, innerhalb eines viel weiteren Horizontes, für jedermann ein engeres Gebiet – von sehr verschiedenem Ausmaß, je nach den verschiedenen Gruppen und Individuen, und eher durch eine breite Zone als durch eine scharfe Linie umgrenzt –, das sich durch ein Gefühl der Wirklichkeit oder Vertrautheit oder Verantwortlichkeit heraushebt. Und dieses Gebiet beherbergt relativ bestimmte individuelle Entschlüsse. Diese mögen uns oft unintelligent, eng, egoistisch vorkommen; und es mag nicht für jedermann klar sein, warum wir, wenn es zu politischen Entscheidungen kommt, an ihrem Schreine niederknien, geschweige denn, warum wir uns verpflichtet fühlen sollen, jeden einzelnen von ihnen als einen – und keinen für mehr als einen – zu zählen. Wenn wir uns jedoch dazu entschließen niederzuknien, werden wir wenigstens den Schrein nicht leer finden[12].

Nun verschwinden aber diese verhältnismäßige Bestimmtheit der Entschlüsse und diese Rationalität des Verhaltens nicht plötzlich, sobald wir uns von diesen Belangen des täglichen Lebens in Haus und Geschäft entfernen, die uns erziehen und disziplinieren. Im Gebiet der öffentlichen Angelegenheiten gibt es Sektoren, die mehr innerhalb der Vorstellungskraft des Bürgers liegen als andere. Das gilt erstens für die lokalen Angelegenheiten. Aber selbst dort stoßen wir auf eine beschränkte Fähigkeit, die Tatsachen zu erkennen, eine beschränkte Bereitschaft, danach zu handeln, ein beschränktes Verantwortungsgefühl. Wir alle kennen den Mann – häufig ist er in seiner

Art ein Musterexemplar –, der erklärt, daß die lokale Verwaltung nicht seine Sache ist, und der nur die Achseln zuckt über Praktiken, derentwegen er auf seinem eigenen Büro lieber sterben als daß er sie dulden würde. Hochgesinnte Bürger, die gerne Mahnreden halten und über die Verantwortlichkeit des einzelnen Wählers oder Steuerzahlers predigen, entdecken immer wieder die Tatsache, daß sich dieser Wähler durchaus nicht verantwortlich dafür fühlt, was die Lokalpolitiker tun. Dennoch kann der Lokalpatriotismus, namentlich in Gemeinwesen, die nicht zu groß für persönlichen Kontakt sind, ein sehr wichtiger Faktor für das »Funktionieren der Demokratie« sein. Auch sind die Probleme einer Stadt in mancher Beziehung den Problemen eines Industriekonzerns verwandt. Der Mann, der diesen versteht, versteht bis zu einem gewissen Grad auch jene. Der Fabrikant, der Händler und der Arbeiter brauchen nicht aus ihrer Welt herauszutreten, um eine rational vertretbare Auffassung (die natürlich richtig oder falsch sein kann) über Straßenreinigung oder Rathäuser zu gewinnen.

Zweitens gibt es viele nationale Streitfragen, welche Individuen und Gruppen so unmittelbar und unmißverständlich angehen, daß sie Willensäußerungen hervorrufen, die durchaus echt und bestimmt sind. Das wichtigste Beispiel bieten jene Fragen, die einen unmittelbaren und persönlichen pekuniären Vorteil für einzelne Wähler und Wählergruppen bedeuten, wie direkte Zahlungen, Schutzzölle, die Silberpolitik und dergleichen mehr. Eine Erfahrung, die bis auf das Altertum zurückgeht, zeigt, daß im großen ganzen die Wähler rasch und rational auf jede solche Chance reagieren. Aber die klassische Lehre von der Demokratie hat offenkundig nur wenig aus der Entfaltung einer derartigen Rationalität zu gewinnen. Die Wähler erweisen sich durch sie als schlechte und sogar korrumpierte Richter über solche Fragen[13] – ja, sie erweisen sich oft sogar als schlechte Kenner ihrer eigenen langfristigen Interessen; denn es ist nur das kurzfristige Versprechen, das politisch zählt, und nur die kurzfristige Rationalität, die sich wirksam durchsetzt.

Wenn wir uns jedoch noch weiter von den privaten Belangen der Familie und des Büros entfernen und uns in jene Regionen nationaler und internationaler Angelegenheiten begeben, denen eine unmittelbare und unmißverständliche Verbindung mit jenen privaten Belangen fehlt, so entsprechen die private Willensäußerung, die Beherrschung der Tatsachen und die Methode der Schlußfolgerung sehr bald nicht mehr den Erfordernissen der klassischen Lehre. Was mir am meisten auffällt und mir der eigentliche Kern aller Schwierigkeiten zu sein scheint, ist die Tatsache, daß der Sinn für die Wirklichkeit[14] so völlig verlorengeht. Normalerweise teilen die großen politischen Fragen im Seelenhaushalt des typischen Bürgers den Platz mit jenen Mußestunden-Interessen, die nicht den Rang von Liebhabereien erreicht haben, und mit den Gegenständen der verantwortungslosen »Konversation«. Diese Dinge scheinen so weit weg zu sein; sie haben so gar nichts von einem Geschäftsunternehmen an sich; die Gefahren verwirklichen sich vielleicht überhaupt nicht, und wenn sie es doch tun sollten, so können sie sich immer noch als nicht so ernst erweisen; man hat das Gefühl, sich in einer fiktiven Welt zu bewegen.

Dieser reduzierte Wirklichkeitssinn erklärt nun nicht nur ein reduziertes Verantwortungsgefühl, sondern auch den Mangel an wirksamer Willensäußerung. Jedermann hat natürlich seine eigenen Phrasen, seine Begehren, seine Wunschträume und seine Beschwerden; namentlich besitzt jedermann seine Vorlieben und seine Abneigungen. Aber gewöhnlich entspricht dies nicht dem, was wir einen Willen nennen – das psychische Gegenstück zu ziel- und verantwortungsbewußtem Handeln. De facto gibt es für den privaten Bürger, der über nationale Angelegenheiten nachsinnt, keinen Spielraum für einen solchen Willen und keine Aufgabe, an der er sich entwickeln könnte. Er ist Mitglied eines handlungsunfähigen Komitees, des Komitees der ganzen Nation, und darum verwendet er auf die Meisterung eines politischen Problems weniger disziplinierte Anstrengung als auf ein Bridgespiel[15].

Das reduzierte Verantwortungsgefühl und das Fehlen wirksamer Willensäußerung erklären ihrerseits den Mangel an Urteilsvermögen und die Unwissenheit des gewöhnlichen Bürgers in Fragen der inneren und äußeren Politik, die im Fall gebildeter Leute und solcher Leute, die mit Erfolg in nichtpolitischen Lebensstellungen tätig sind, womöglich noch anstößiger sind als bei ungebildeten Leuten auf bescheidenen Posten. Informationsmöglichkeiten sind reichlich vorhanden und leicht zugänglich. Aber dies scheint überhaupt keinen Unterschied auszumachen. Und wir sollten uns drob nicht weiter verwundern. Wir brauchen nur die Haltung eines Advokaten gegenüber seinen Instruktionen und die Haltung des gleichen Advokaten gegenüber den Darstellungen politischer Tatsachen in seiner Zeitung zu vergleichen, um zu sehen, was los ist. Im einen Fall hat der Advokat durch jahrelange zielbewußte Arbeit, die unter dem eindeutigen Stimulus des Interesses an seiner beruflichen Tätigkeit stand, sich dazu befähigt, die Relevanz seiner Fakten richtig zu würdigen; und unter einem nicht weniger starken Stimulus richtet er nun seine Fertigkeiten, seinen Verstand, seinen Willen auf den Inhalt der Instruktionen. Im andern Fall hat er sich nicht die Mühe genommen, sich auszubilden: er gibt sich auch keine Mühe, die Informationen zu verarbeiten, oder die Regeln der Kritik, die er sonst so gut zu gebrauchen weiß, darauf anzuwenden; und lange oder komplizierte Argumentationen machen ihn ungeduldig. Dies läuft alles darauf hinaus, zu zeigen, daß ohne die Initiative, die aus unmittelbarer Verantwortlichkeit hervorgeht, die Unwissenheit angesichts zahlreicher und noch so vollständiger und richtiger Informationen weiterbesteht. Sie besteht weiter auch angesichts der verdienstvollen Bemühungen, die über das bloße Präsentieren von Informationen hinauszugelangen und ihre Verwendung mittels Vorträgen, Kursen und Diskussionsgruppen zu lehren suchen. Die Resultate sind nicht gleich Null. Aber sie sind gering. Man kann die Menschen nicht die Leiter hinauftragen.

So fällt der typische Bürger auf eine tiefere Stufe der gedanklichen Leistung, sobald er das politische Gebiet betritt. Er argumentiert und analysiert auf eine Art und Weise, die er innerhalb der Sphäre seiner wirklichen Interessen bereitwillig als infantil anerkennen würde. Er wird wieder zum Primitiven. Sein Denken wird assoziativ und affektmäßig[16]. Dies zieht nun zwei weitere Folgen von ominöser Bedeutung nach sich.

Erstens würde der typische Bürger – selbst wenn es keine politischen Gruppen gäbe, die ihn zu beeinflussen suchten – in politischen Fragen leicht den außerrationalen oder irrationalen Vorurteilen oder Trieben nachgeben. Die Schwäche der rationalen Verfahrensweisen, die er auf die Politik anwendet, und das Fehlen einer wirksamen logischen Kontrolle der Resultate, zu denen er gelangt, würden an sich schon zur Erklärung genügen. Überdies wird er, einfach weil er nicht »ganz dabei« ist, in seinen gewöhnlichen moralischen Anforderungen nachlassen und gelegentlich dunklen Impulsen nachgeben, die die Verhältnisse seines privaten Lebens ihm gewöhnlich zu unterdrücken helfen. Wenn er aber einem Ausbruch edler Entrüstung nachgibt, kann es in bezug auf die Weisheit oder Rationalität seiner Folgerungen und Schlüsse gerade so schlecht herauskommen. Dadurch wird es für ihn noch schwieriger, die Dinge in ihren richtigen Proportionen zu sehen oder gar gleichzeitig mehr als nur eine Seite einer Sache zu sehen. Wenn er einmal aus seiner gewöhnlichen Unbestimmtheit heraustritt und den bestimmten Willen entfaltet, den die klassische Lehre der Demokratie postuliert, ist es infolgedessen sehr wohl möglich, daß er noch unintelligenter und verantwortungsloser wird, als er gewöhnlich schon ist. An gewissen Wendepunkten kann sich das für seine Nation als verhängnisvoll erweisen[17].

Zweitens: je schwächer jedoch das logische Element in der öffentlichen Meinung ist und je vollständiger die rationale Kritik und der rationalisierende Einfluß persönlicher Erfahrung und Verantwortlichkeit fehlt, desto größer sind die Chancen für Gruppen, die Privatinteressen verfolgen. Diese Gruppen können aus berufsmäßigen Politikern bestehen oder aus Exponenten wirtschaftlicher Interessen oder aus Idealisten der einen oder andern Art oder aus Menschen, die einfach an der Inszenierung und Leitung politischer Schaustellungen ein Interesse finden. Die Soziologie solcher Gruppen ist für das vorliegende Argument unwesentlich. Hier ist einzig wichtig, daß sie angesichts der »Menschlichen Natur in der Politik«, wie sie nun einmal ist, fähig sind, den Volkswillen zu formen und innerhalb sehr weiter Grenzen sogar zu schaffen. Wir sehen uns bei der Analyse politischer Prozesse weithin nicht einem ursprünglichen, sondern einem fabrizierten Willen gegenüber. Und oft ist es einzig dieses Artefakt, das in Wirklichkeit der *volonté générale* der klassischen Lehre entspricht. Soweit dies so ist, ist der »Wille des Volks« das Erzeugnis und nicht die Triebkraft des politischen Prozesses.

Die Art und Weise, in der Probleme und der Volkswille in bezug auf diese Probleme fabriziert werden, ist völlig analog zur Art und Weise der kommerziellen Reklametechnik. Wir finden die gleichen Versuche, an das Unterbewußtsein heranzukommen. Wir finden die gleiche Technik der Schaffung günstiger oder ungünstiger Assoziationen, die um so wirksamer sind, je weniger rational sie sind. Wir sehen, daß das gleiche vermieden, das gleiche verschwiegen wird, und wir finden den gleichen Trick, durch wiederholte Behauptung eine Meinung zu schaffen – und dieser Trick ist genauso lange erfolgreich, als er rationale Argumente vermeidet und so auch die Gefahr, die kritischen Fähigkeiten des Volkes zu wecken. In diesem Stile gehen die Analogien weiter. Nur haben alle diese Künste unendlich mehr Spielraum in der Sphäre der öffentlichen Angelegenheiten als in der Sphäre des privaten und beruflichen Lebens. Das Bild des hübschesten Mädchens, das je gelebt hat, wird sich auf die Dauer als machtlos erweisen, um den Absatz einer schlechten Zigarette aufrechtzuerhalten. Eine entsprechend wirksame Sicherung im Fall politischer Entscheidungen gibt es nicht. Viele Entscheidungen von verhängnisvoller Bedeutung sind so beschaffen, daß es dem Publikum unmöglich ist, in Muße und zu mäßigen Kosten mit ihnen zu experimentieren. Selbst wenn dies jedoch möglich ist, ist das Urteil in der Regel nicht so leicht zu fällen wie im Fall der Zigarette, weil die Wirkungen weniger leicht zu interpretieren sind.

Aber solche Künste verderben auch, und zwar in einem Ausmaß, das auf dem Gebiet der kommerziellen Reklame völlig unbekannt ist, jene Formen der politischen Reklame, die sich an die Vernunft zu richten vorgeben. Für den Beobachter tritt der antirationale oder jedenfalls außerrationale Appell, wenn er in Tatsachen und Argumente gehüllt wird, und die Schutzlosigkeit des Opfers nicht weniger klar, sondern im Gegenteil klarer zutage. Wir haben oben gesehen, warum es so schwierig ist, dem Publikum unparteiische Informationen über politische Probleme und logisch richtige Schlußfolgerungen daraus zu vermitteln, und woher es kommt, daß Informationen und Argumente in politischen Fragen nur »vermerkt« 426 werden, wenn sie an schon vorhandene Vorstellungen des Bürgers anknüpfen können. In der Regel sind jedoch diese Vorstellungen nicht bestimmt genug, um besondere Schlußfolgerungen zu determinieren. Da sie ihrerseits fabriziert werden können, ist ein wirksames politisches Argument fast unvermeidlich gleichbedeutend mit dem Versuch, vorhandene willensmäßige Prämissen in eine besondere Form zu gießen, und nicht nur mit dem Versuch, sie zu ergänzen oder dem Bürger zu helfen, seine Entschlüsse zu fassen.

So sind denn Informationen und Argumente, für die schlagende Beweise vorgebracht werden, zumeist die Diener politischer Absichten. Da der Mensch immer als erstes für seine Ideale und Interessen zu lügen bereit sein wird, dürfen wir erwarten und finden wir auch tatsächlich, daß eine wirksame Information beinahe immer verfälscht oder ausgewählt[18] ist und daß eine wirksame Argumentation in der Politik hauptsächlich darin besteht, gewisse Behauptungen zu Axiomen zu erheben und andere von der Traktandenliste zu streichen; so kommt sie auf die oben erwähnte Psychotechnik heraus. Der Leser, der mich für ungebührlich pessimistisch hält, braucht sich nur selbst zu fragen, ob er niemals gehört – oder selber gesagt – hat, daß von dieser oder jener unbequemen Tatsache nicht öffentlich gesprochen werden darf oder daß eine gewisse Richtung der Argumentation trotz ihrer Gültigkeit unerwünscht ist. Wenn Menschen, die nach den üblichen Maßstäben höchst ehrenwert, ja sogar hochgesinnt sind, sich den Implikationen daraus fügen – zeigen sie nicht dadurch, was sie über die Verdienste oder sogar die Existenz des Volkswillens denken?

Dies alles hat natürlich seine Grenzen[19]. Es liegt viel Wahrheit in Jeffersons Ausspruch, daß letzten Endes die Leute klüger sind, als jedes einzelne Individuum sein kann, oder in Lincolns Ausspruch über die Unmöglichkeit, »ständig das ganze Volk zum Narren zu halten«. Aber beide Aussprüche betonen in höchst bezeichnender Weise den langfristigen Aspekt. Ohne Zweifel ist es möglich zu argumentieren, daß nach einer gewissen Zeit die kollektive Psyche Ansichten entwickeln wird, die uns nicht selten als höchst vernünftig und sogar scharfsinnig vorkommen. Die Geschichte besteht indessen aus einer Folge von kurzfristigen Situationen, die den Lauf der Dinge endgültig verändern können. Wenn das ganze Volk kurzfristig »zum Narren gehalten« und schrittweise zu etwas verführt werden kann, was es nicht eigentlich will, und wenn das kein Ausnahmefall ist, den wir übersehen dürfen, so wird noch so viel gesunder Menschenverstand rückschauend nichts an der Tatsache ändern können, daß in Wirklichkeit das Volk die Streitfragen weder stellt noch entscheidet, sondern daß diese Fragen, die sein Schicksal bestimmen, normalerweise für das Volk gestellt und entschieden werden. Gerade wer die Demokratie liebt, hat mehr Grund als irgend jemand sonst, diese Tatsache anzuerkennen und sein Glaubensbekenntnis von dem Vorwurf zu befreien, daß es auf Spiegelfechterei beruht.

IV. Gründe für das Weiterbestehen der klassischen Lehre

Wie ist es jedoch möglich, daß eine Lehre, die in so offenkundigem Gegensatz zu den Tatsachen steht, bis heute weiterlebt und weiter ihren Platz in den Herzen des Volkes und in der offiziellen Sprache der Regierungen behauptet hat? Die widersprechenden Fakten sind jedermann bekannt – jedermann gibt sie mit vollkommener, häufig mit zynischer Offenheit zu. Die theoretische Grundlage, der utilitaristische Rationalismus, ist tot – niemand anerkennt ihn noch als eine richtige Theorie der Politik. Trotzdem ist unsere Frage nicht schwierig zu beantworten.

Erstens einmal findet die klassische Lehre vom kollektiven Handeln, obschon sie durch die Resultate der empirischen Analyse nicht gestützt wird, in jener Assoziation mit der Religion, auf die ich bereits aufmerksam gemacht habe, eine sehr kräftige Unterstützung. Das mag auf den ersten Blick nicht sehr einleuchtend sein. Die führenden Utilitaristen waren alles andere als religiös im gewöhnlichen Sinne des Wortes. De facto glaubten sie sich antireligiös und wurden auch fast allgemein dafür gehalten. Sie waren stolz auf ihre Haltung, die sie gerade als unmetaphysisch ansahen, und sie hatten keinerlei Sympathie für die religiösen Einrichtungen und die religiösen Bewegungen ihrer Zeit. Wir brauchen jedoch nur noch einen Blick auf das Bild zu werfen, das sie vom sozialen Prozeß entwarfen, um zu entdecken, daß es wesentliche Züge des Glaubens des protestantischen Christentums enthielt und de facto aus diesem Glauben abgeleitet war. Den Intellektuellen, die ihre Religion abgeworfen hatten, bot das utilitaristische Bekenntnis einen Ersatz dafür. Den Vielen, die ihren religiösen Glauben behalten hatten, wurde die klassische Lehre zu einer politischen Ergänzung[20].

Indem diese Lehre – und in der Folge auch jene Art demokratischer Überzeugung, die auf ihr basiert – in die Kategorien der Religion transponiert wird, verändert sie ihr Wesen. Man braucht sich nun nicht mehr irgendwelche logische Skrupel über das »Allgemeinwohl« und »Die letzten Werte« zu machen. All das ist für uns bereits entschieden durch den Plan des Schöpfers, durch dessen Absicht alles bestimmt und sanktioniert wird. Was früher unbestimmt und unmotiviert schien, ist plötzlich völlig bestimmt und überzeugend. Beispielsweise ist die Stimme des Volkes nun Gottes Stimme. Oder nehmen wir die Gleichheit: ihre wirkliche Bedeutung ist ungewiß, und es besteht kaum irgendwelche rationale Berechtigung, sie zu einem Postulat zu erheben, solange wir uns in der Sphäre empirischer Analyse bewegen. Das Christentum birgt jedoch ein stark egalitäres Element. Der Erlöser ist für alle gestorben: er hat keinen Unterschied gemacht zwischen Individuen verschiedenen sozialen Standes. Dadurch hat er Zeugnis abgelegt für den inneren Wert der individuellen Seele, einen Wert, der keine Abstufungen zuläßt. Ist nicht dies eine Sanktionierung – und wie mir scheint, die einzig mögliche[21] –, um »jeden als einen, niemanden für mehr als einen zu zählen« – eine Sanktionierung, die Artikeln des demokratischen Glaubensbekenntnisses einen überirdischen Sinn einflößt, für die es nicht leicht ist, einen anderen zu finden? Diese Deutung überdeckt nicht alles, bestimmt nicht. Trotzdem scheint sie, soweit als sie reicht, manches zu erklären, das sonst unerklärlich, ja sinnlos wäre. Namentlich erklärt sie die Haltung des Gläubigen gegenüber der Kritik: wie im Falle des Sozialismus wird die grundsätzlich andere Meinung nicht bloß als ein Irrtum, sondern als Sünde betrachtet; sie ist Anlaß nicht bloß zu logischem Gegenargument, sondern auch zu moralischer Entrüstung.

Wir können unser Problem auch anders stellen und sagen, daß die Demokratie, wenn sie auf diese Weise motiviert wird, aufhört, eine bloße Methode zu sein, über die man rational wie über eine Dampfmaschine oder ein Desinfektionsmittel diskutieren kann. Sie wird nun tatsächlich zu etwas, wozu ich sie von einem andern Standpunkt aus für unfähig hielt, nämlich zu einem idealen oder richtiger zum Teil eines idealen Schemas der Dinge. Allein schon das Wort kann zu einer Fahne, zu einem Symbol all dessen werden, was dem Menschen teuer ist, was er an seinem Lande liebt, ob es nun rational dazu gehört oder nicht. Auf der einen Seite wird ihm dann die Frage, in welchem Verhältnis die verschiedenen, im demokratischen Glaubensbekenntnis enthaltenen Behauptungen zu den Tatsachen der Politik stehen, ebenso irrelevant werden, wie es für den gläubigen Katholiken die Frage ist, wie das Verhalten Alexanders VI. zu dem übernatürlichen Glorienschein paßt, der das Amt des Papstes umgibt. Auf der andern Seite wird ein Demokrat dieses Typs zwar Forderungen, die weitreichende Implikationen in bezug auf Gleichheit und Brüderlichkeit enthalten, akzeptieren, trotzdem aber in der Lage sein, in aller Aufrichtigkeit auch fast jegliche Abweichung zu akzeptieren, die seine eigene Haltung oder Stellung mit sich bringen mag. Das ist nicht einmal unlogisch. Bloße Distanz vom Faktum ist kein Argument gegen eine ethische Maxime oder eine mystische Hoffnung.

Zweitens besteht die Tatsache, daß die Formen und Phrasen der klassischen Demokratie für viele Nationen mit Ereignissen und Entwicklungen in ihrer Geschichte verbunden sind, von der die große Mehrheit begeistert ist und die sie billigt. Jede Opposition gegen ein bestehendes Regime wird wahrscheinlich diese Formen und Phrasen benützen, unabhängig von ihrer Bedeutung und ihren sozialen Wurzeln[22]. Wenn sie sich durchsetzt und wenn die darauf folgende Entwicklung sich als zufriedenstellend erweist, dann werden diese Formen in der nationalen Ideologie Wurzel schlagen.

Die Vereinigten Staaten sind in dieser Hinsicht das hervorragendste Beispiel. Ihre Existenz als souveräner Staat ist mit dem Kampf gegen ein monarchisches und aristokratisches England verknüpft. Mit Ausnahme einer Minderheit von Loyalisten erblickten wahrscheinlich die Amerikaner zur Zeit der Grenvilleschen Verwaltung im englischen Monarchen schon nicht mehr *ihren* König und in der englischen Aristokratie nicht mehr *ihre* Aristokratie. Im Unabhängigkeitskrieg fochten sie gegen einen Monarchen und eine Aristokratie, die ihnen sowohl tatsächlich wie ihrem Empfinden nach Fremde geworden waren, die sich in ihre politischen und wirtschaftlichen Interessen einmischten. Schon von einem frühen Stadium der Unruhen an stellten sie jedoch ihre Sache, die in Wirklichkeit eine nationale war, als einen Kampf des »Volkes« gegen seine »Herrscher« dar, in der Form von unveräußerlichen »Menschenrechten« und im Licht der allgemeinen Prinzipien der klassischen Demokratie. Der Wortlaut der Unabhängigkeitserklärung und der Verfassung übernahm diese Prinzipien. Es folgte eine erstaunliche Entwicklung, die die meisten Amerikaner vollauf beschäftigte und befriedigte und dadurch die in den geheiligten Dokumenten der Nation aufbewahrte Lehre zu verifizieren schien.

Oppositionen erringen selten den Sieg, solange die herrschenden Gruppen auf der Höhe ihrer Macht und ihres Erfolges stehen. In der ersten Hälfte des neunzehnten Jahrhunderts haben die Oppositionen, die sich zum klassischen Glauben der Demokratie bekannten, sich erhoben und sich letzten Endes durchgesetzt gegen Regierungen, von denen einige – namentlich in Italien – offenkundig im Zustande des Verfalls und sprichwörtlich für ihre Unfähigkeit, Brutalität und Korruption waren. Natürlicher-, wenn auch nicht ganz logischerweise gereichte auch dies jenem Glauben zur Ehre, der sich überdies vorteilhaft abhob gegen den dunklen Aberglauben, den diese Regierungen unterstützten. Unter diesen Umständen bedeutete die demokratische Revolution den Anbruch der Freiheit und Anständigkeit und der demokratische Glauben ein Evangelium der Vernunft und Verbesserung. Natürlich war es nicht anders möglich, als daß mit der Zeit dieser Vorteil verlorenging und der Abstand zwischen Lehre und Praxis der Demokratie entdeckt wurde. Aber der Glanz des Tagesanbruchs verblich nur langsam.

Drittens darf nicht vergessen werden, daß es soziale Systeme gibt, in denen die klassische Lehre tatsächlich den Fakten mit einem genügenden Näherungsgrad entspricht. Wie erwähnt, ist dies der Fall bei vielen kleinen und primitiven Gesellschaften, die denn auch den Urhebern dieser Lehre als Prototyp dienten. Es kann dies auch der Fall sein bei Gesellschaften, die nicht primitiv sind, vorausgesetzt, daß sie nicht allzu differenziert sind und keine allzu schwierigen Probleme aufweisen. Die Schweiz ist das beste Beispiel dafür. Es gibt so wenig Anlaß zum Streit in einer Welt von Bauern, die, mit Ausnahme von Hotels und Banken, keine große kapitalistische Industrie enthält, und die Probleme der öffentlichen Politik sind so einfach und stetig, daß von einer überwältigenden Mehrheit ein Verständnis für sie und eine Einigung über sie erwartet werden kann. Aber wenn wir zum Schluß kommen, daß sich in solchen Fällen die klassische Lehre der Wirklichkeit nähert, müssen wir sofort hinzufügen, daß sie es nicht darum tut, weil sie einen wirksamen Mechanismus politischer Entscheidung beschreibt, sondern nur weil hier keine großen Entscheidungen zu treffen sind. Endlich kann auch hier wieder an den Fall der Vereinigten Staaten erinnert werden, um zu zeigen, daß die klassische Lehre manchmal mit den tatsächlichen Verhältnissen übereinzustimmen scheint, auch in einer Gesellschaft, die groß und stark differenziert ist und in der große Probleme entschieden werden müssen, vorausgesetzt daß ihnen durch günstige Umstände der Stachel genommen ist. Bis zum Eintritt der Vereinigten Staaten in den Ersten Weltkrieg war die öffentliche Meinung hauptsächlich mit der Aufgabe beschäftigt, die wirtschaftlichen Möglichkeiten der eigenen Umwelt auszunützen. Solange diese Beschäftigung nicht ernstlich gestört wurde, war dem Durchschnittsbürger, der auf die Possen der Politiker mit gutmütiger Verachtung herabsah, alles andere grundsätzlich gleichgültig. Einzelne Gruppen mochten sich über die Zölle, über die Silberpolitik, über lokale Mißwirtschaft oder über einen gelegentlichen Zank mit England aufregen. Das Volk im großen und ganzen kümmerte sich nicht viel darum, außer in dem einen Fall ernster Meinungsverschiedenheit, die denn auch zu einem nationalen Unheil, dem Bürgerkrieg, führte.

Und viertens wird natürlich von den Politikern eine Ausdrucksweise hoch geschätzt, die den Massen schmeichelt und eine ausgezeichnete Gelegenheit bietet, um nicht nur der Verantwortung auszuweichen, sondern auch die Gegner zu zerschmettern – im Namen des Volkes.

Herrschaft, Organisation, Legitimität*

R. Bendix

Weber definierte Herrschaft zunächst in dem ganz allgemeinen Sinn von Macht als der »Möglichkeit, den eigenen Willen dem Verhalten anderer aufzuzwingen«[1], und er wies darauf hin, daß Herrschaft in diesem allgemeinen Sinn ein Aspekt der meisten, wenn nicht aller sozialen Beziehungen ist. Die Menschen können Macht auf dem Markt ausüben, vom Katheder eines Hörsaals herab, im Salon, beim Sport oder in wissenschaftlichen Diskussionen, in erotischen oder karitativen Beziehungen. Wird der Begriff in dieser Weise benutzt, so hat er keinen wissenschaftlichen Wert. Weber stellte jedoch fest, daß unter den vielen Quellen der Herrschaft zwei polar entgegengesetzte Typen für die Sozialwissenschaft von besonderem Interesse sind: Die aus einer *Interessenkonstellation* abgeleitete Herrschaft, die sich auf einem formal freien Markt entwickelt, und die aus bestehenden *Autoritätsverhältnissen* abgeleitete Herrschaft, die das Recht zu befehlen und die Pflicht zu gehorchen zuteilt.

Weber benutzte das Beispiel einer großen Zentralbank, die die potentiellen Gläubiger dadurch beherrscht, daß sie eine monopolistische Stellung auf dem Kapitalmarkt besitzt. Obgleich eine solche Bank die Bedingungen für die Kreditgewährung festlegen kann, übt sie keine Autorität aus, und die Gläubiger unterwerfen sich den Bedingungen in ihrem eigenen Interesse. Wenn die Bank jedoch Kreditinstitutionen aufgrund ihrer zentralen Stellung kontrolliert, so kann sie Währungsmanipulationen betreiben oder den Geschäftszyklus durch Regelungen und besondere Agenturen zu kontrollieren versuchen, was der autoritären Herrschaft des Staates ziemlich gleichkommt. Dieses Beispiel zeigt, daß die Interessenkonstellationen zwischen einer Zentralbank und ihren Kreditnehmern sich in die Autoritätsbeziehung zwischen dieser Bank und den »Mitgliedsbanken« eines staatlichen Banksystems verwandeln kann[2]. Weber schlug deshalb vor, den Begriff Herrschaft nur in dem engeren Sinne autoritärer Herrschaft zu verwenden, unter Ausschluß aller Situationen, in denen Herrschaft aus Interessenkonstellationen abgeleitet wird. Für Weber war Herrschaft gleichbedeutend mit »autoritärer Befehlsgewalt«[3], und er schloß diese einleitenden Betrachtungen mit folgenden Definitionen ab:

»Unter ›Herrschaft‹ soll hier also der Tatbestand verstanden werden: Daß ein bekundeter Wille (›Befehl‹) des oder der ›Herr-

* aus: R. Bendix, Max Weber – Das Werk, München 1964, S. 220–225. Mit freundlicher Genehmigung des Autors und des Piper Verlages.

schenden‹ das Handeln anderer (des oder der ›Beherrschten‹) beeinflussen will und tatsächlich in der Art beeinflußt, daß dies Handeln, in einem sozial relevanten Grade, so abläuft, als ob die Beherrschten den Inhalt des Befehls, um seiner selbst willen, zur Maxime ihres Handelns gemacht hätten (›Gehorsam‹)«[4].

Um diese komplexen Feststellungen zu verstehen, empfiehlt es sich, ihre analytischen Elemente auseinanderzunehmen. Herrschaft kann nur dann gegeben sein, wenn es erstens ein Individuum, das herrscht, oder eine Gruppe von Herrschern gibt; wenn zweitens ein Individuum oder eine Gruppe von Individuen existieren, die beherrscht werden; wenn drittens der Wille und ein Ausdruck dieses Willens (oder ein Befehl) der Herrscher besteht, das Handeln der Beherrschten zu beeinflussen; wenn viertens Beweise für den Einfluß des Herrschers im Sinne des objektiven Ausmaßes der Erfüllung des Befehls vorhanden sind, und wenn fünftens direkte oder indirekte Beweise dieses Einflusses vorliegen im Sinne der subjektiven Annahme, mit der die Beherrschten dem Befehl Folge leisten.

Herrschaft beinhaltet eine reziproke Beziehung zwischen Herrschern und Beherrschten, wobei die tatsächliche Häufigkeit der Erfüllung nur einen Aspekt der Tatsache darstellt, daß die Befehlsgewalt existiert[5]. Genauso bedeutsam ist der Sinn, den die Herrscher und die Beherrschten mit der Autoritätsbeziehung verbinden. Zusätzlich zu der Tatsache, daß sie Befehle ausgeben, nehmen die Herrscher für sich in Anspruch, daß sie dazu legitimiert sind, und so erwarten sie, daß ihren Befehlen Folge geleistet wird. Auf die gleiche Art und Weise wird der Gehorsam der Beherrschten bis zu einem gewissen Grade von dem Gedanken geleitet, daß die Herrscher und ihre Befehle eine legitime Herrschaftsordnung darstellen.

Die Herrschaft bedarf zur Durchsetzung von Befehlen der Verwaltung, umgekehrt bedarf alle Verwaltung der Herrschaft insofern, als die Befehlsgewalt über das Verwaltungspersonal einem Individuum oder einer Gruppe von Individuen übertragen werden muß. Diese Forderungen der Herrschaft und der Verwaltung sind nur dort minimal, wo es sich um lokale und ihrem Umfang nach beschränkte Organisationen handelt, wo die Verwaltungsaufgaben verhältnismäßig einfach und die Mitglieder mehr oder weniger gleichgestellt sind, und wo sie ein Mindestmaß an Befähigung zur Erledigung der Verwaltungsaufgaben besitzen, die im turnusmäßigen Wechsel an jeden herangetragen werden können. Diese Verhältnisse unmittelbarer demokratischer Verwaltung sind jedoch höchst labil. Wo immer die Gruppe eine bestimmte Größe überschreitet oder sich die Mitglieder voneinander zu differenzieren beginnen, oder wo die Verwaltungsaufgaben zu kompliziert werden, um von jedem, der turnusmäßig oder durch Wahl dazu ernannt wird, ausführbar zu sein, werden sich Herrschaft und Verwaltung zu dauerhafteren Strukturen entwickeln. Das Ergebnis ist die technische Überlegenheit derjenigen Beamten, die Schulung und Erfahrung besitzen, und die Wahrscheinlichkeit, daß sie ihr Amt aufgrund dieser Überlegenheit behalten. Auf diese Art und Weise entsteht ein Verwaltungsstab, um den Zwecken des Herrschers zu dienen, denn »jede Herrschaft äußert sich und funktioniert als Verwaltung«[6].

In »Massengebilden« kann ein gegebenes Herrschaftssystem mehr oder weniger auf Dauer gestellt werden. Alle herrschenden Minderheiten besitzen den »Vorteil der kleinen Zahl«[7], und alle Verwaltungsorganisationen bestehen aus Personen, die erstens gewohnt sind, Befehlen zu gehorchen, zweitens persönlich an der Erhaltung der bestehenden Herrschaft interessiert sind, weil sie daraus Vorteile ziehen, die drittens an der Herrschaft beteiligt sind in dem Sinne, daß die Ausübung von Befehls- und Zwangsgewalten unter ihnen aufgeteilt ist, und die sich viertens für die Ausübung dieser Aufgaben zur Verfügung halten[8].

Da der Vorteil der kleinen Zahl eine Eigenschaft aller Herrscher ist, unterscheiden sich die Herrschaftsstrukturen nach der Art, in der die Befehlsgewalt zwischen der herrschenden Minderheit und dem »Apparat« verteilt ist. Sie unterscheiden sich ferner in den allgemeinen Prinzipien der Legitimität, auf deren Grundlage die »Beamten« der herrschenden Minderheit und das Volk als Ganzes beiden gehorchen. Weber hob also sowohl die Organisation, die ein gegebenes System durchsetzt, als auch die Glaubensüberzeugungen, die es erhalten, hervor. Das entspricht seiner zweifachen Betonung der Statusgruppen und der ideellen Interessen in seiner Religionsanalyse. Seine Untersuchung der Herrschaft betont ebenfalls die Bedeutung der Gruppenbildung *und* der Glaubensüberzeugungen.

Nach Webers Ansicht ist der Glaube an die Legitimität eines Herrschaftssystems nicht nur eine philosophische Angelegenheit. Er kann zur Stabilität einer Herrschaftsbeziehung beitragen, und die unterschiedlichen Glaubensüberzeugungen bezeichnen sehr reale Unterschiede von Herrschaftssystemen. Die Mächtigen wollen ebenso wie alle anderen Menschen, die sich bestimmter Vorteile gegenüber anderen erfreuen, ihre Stellung als »legitim« und ihre Vorteile als »verdient« betrachten und die Unterordnung der Vielen als ein »gerechtes Schicksal« für jene, auf die es fällt, deuten. Aus diesem Grunde entwickeln alle Herrscher irgendeinen Mythos ihrer natürlichen Überlegenheit, der im allgemeinen unter stabilen Verhältnissen vom Volke akzeptiert wird, aber zum Gegenstand eines leidenschaftlichen Hasses werden kann, wenn die bestehende Ordnung durch irgendeine Krise in Frage gestellt wird. Weber sah nur drei Prinzipien der Legitimität – jede in Beziehung zu einem entsprechenden Typus des Verwaltungsstabes –, die zur Rechtfertigung der Befehlsgewalt herangezogen werden:

1. *Legale Herrschaft* besteht dort, wo eine Satzung, die recht- und verwaltungsmäßig in Übereinstimmung mit sachlichen Prinzipien angewendet wird, für alle Mitglieder des Herrschaftsverbandes gilt. Die Personen, welche die Befehlsgewalt ausüben, sind dem Typus nach *Vorgesetzte*, die aufgrund gesetzlich festgelegter Verfahren ernannt oder gewählt werden und die selbst für die Erhaltung der Rechtsordnung eintreten. Die dem Befehl Unterworfenen sind vor dem Gesetz gleich, sie gehorchen »dem Recht« und nicht den über die Einhaltung der Rechtsordnung wachenden Personen[9]. Diese Prinzipien gelten auch für den »Apparat«, der das System der legalen Herrschaft durchsetzt. Diese Organisation ist dauerhaft; ihre Beamten unterstehen Gesetzen, die ihre Herrschaft einschränken, ihre Ausübung kontrollieren, Privatpersonen von der Durchführung offizieller Aufgaben fernhalten und fordern, daß alle Verhandlungen, um Gültigkeit zu erlangen, schriftlich niedergelegt werden.

2. *Die traditionale Herrschaft* beruht auf dem Glauben an die Heiligkeit der von jeher vorhandenen Ordnungen und Herrengewalten. Die Personen, welche die Befehlsgewalt ausüben, sind im allgemeinen *Herren*, die kraft ihres erblichen Status eine persönliche Eigenwürde besitzen. Diese Befehle sind in dem Sinne legitim, daß sie mit der Tradition übereinstimmen; die Herren besitzen aber auch das Vorrecht freier persönlicher Entscheidung, so daß für eine solche Herrschaft sowohl Übereinstimmung mit der Tradition als auch persönliche Willkür charakteristisch sind. Die Personen, die den Befehlen des Herrn unterliegen, sind *Gefolgsleute* oder *Untertanen* im wörtlichen Sinne – sie gehorchen aufgrund persönlicher Loyalität gegenüber dem Herrn oder aus Pietät für seinen durch Herkunft geheiligten Status. Der diesem System angemessene Verwaltungsstab besteht entweder aus persönlich Abhängigen: Hausangehörigen, Hausbeamten, persönlichen Günstlingen – in einer typisch patrimonialen Herrschaft, oder aus durch persönliche Treue Verbundenen: Vasallen, Tributärfürsten – in einer feudalen Gesellschaft. In ihrer amtlichen Kompetenz sind die Abhängigen den herkömmlichen oder willkürlichen Befehlen ihrer Herren ausgesetzt, so daß ihr Tätigkeitsbereich und ihre Befehlsgewalt ein Spiegelbild dieser Herren auf der unteren Ebene darstellen. Im Gegensatz dazu sind die Beamten in einer feudalen Gesellschaft keine persönlich Abhängigen, sondern aufgrund ihrer eigenen Stellung sozial prominente Verbündete, die einen Treueid abgelegt haben und aufgrund von bestimmten Garantien oder eines Kontraktes regulierte Eigenrechte besitzen. Die Scheidung zwischen feudaler und patrimonialer Herrschaft und der Gegensatz von traditionsgebundenen

und willkürlichen Befehlen unter beiden Systemen durchläuft alle Formen der traditionellen Herrschaft.

3. *Charismatische Herrschaft.* Die persönliche Autorität kann ihre Quelle auch in dem unmittelbaren Gegensatz zur Tradition haben. Die Befehlsgewalt kann durch einen *Führer* – gleichgültig ob es sich um einen Propheten, einen Kriegshelden oder Demagogen handelt – ausgeübt werden, der beweisen kann, daß er kraft magischer Fähigkeiten, Offenbarungen, Heldentum oder anderer außerordentlicher Fähigkeiten *Charisma* besitzt. Die Personen, die einem solchen Führer gehorchen, sind *Jünger* oder *Anhänger*, die an die außergewöhnlichen Qualitäten und nicht an gesatzte Rechte oder die traditionale Würde der Stellung glauben. Die Beamten unter einem charismatischen Führer werden nach ihrem eigenen Charisma und ihrer persönlichen Hingabe und nicht aufgrund fachlicher Qualifikationen, gesellschaftlichen Standes oder persönlicher Abhängigkeit ausgewählt. Dieses »Beamten-Gefolge« stellt kaum eine Organisation dar, und ihr Tätigkeitsbereich und ihre Befehlsgewalt beruhen auf Offenbarung, exemplarischem Verhalten und Entscheidung von Fall zu Fall, ohne an Satzung oder Tradition, vielmehr nur an das Urteil des Führers gebunden zusein.

In der Geschichte finden sich diese »reinen Typen« *immer* in Kombinationen. Weber forderte jedoch die Bildung klarer Begriffe, um solche Kombinationen im Hinblick auf ihre legalen, traditionalen und charismatischen Elemente zu analysieren. Der erste Schritt besteht darin, zu zeigen, wie sich diese mehr oder weniger heterogenen Elemente in verschiedenen historischen Konfigurationen wie z. B. dem Feudalismus oder dem modernen Staat verbinden. Auf dieser Basis hielt Weber es für möglich, zu zeigen, daß gewisse Unvereinbarkeiten in einem Herrschaftssystem mit Modifikationen der institutionellen Struktur und mit Wandlungen des Legitimitätsglaubens zusammenhängen. So ist z. B. eine gänzlich charismatische Herrschaft Satzungen und Traditionen gegenüber feindlich eingestellt, die Jünger aber sind im allgemeinen bestrebt, die außerordentlichen Fähigkeiten ihres Führers für das Alltagsleben zu erhalten. Wenn sich das Bestreben der Jünger durchsetzt, entwickeln sich Satzungen und Traditionen, die das Charisma, dem sie eigentlich zu dienen beabsichtigen, denaturieren. Auf diese Art und Weise kann man die Tendenzen analysieren, durch die ein Herrschaftssystem sich in Richtung auf ein anderes wandeln kann[10].

Aber dieser Wandel muß nicht notwendig ein Wandel vom einen Herrschaftssystem zum anderen sein. Jedes Herrschaftssystem besitzt gewisse inhärente Sicherungen seiner eigenen Identität, die sich aus dem Glauben an die Legitimität der Beziehung zwischen Herrschern und Beherrschten ergeben[11]. Daraus folgt, daß jedes Herrschaftssystem seinen Charakter dann verändern wird, wenn es seinen Herrschern nicht gelingt, nach den Maßstäben zu leben, durch die sie ihre Herrschaft rechtfertigen, und damit den Glauben an diese Maßstäbe im Volk allgemein gefährden. Unter der legalen Herrschaft ist der »Vorgesetzte« selbst dem Gesetz unterworfen, und er kann das Vertrauen in die Rechtsordnung dadurch unterminieren, wenn er formale Zustimmung benutzt, um seine Herrschaft unbegrenzt auszudehnen. Unter traditionaler Herrschaft kann der »Herr« den Glauben an die heilige Tradition dadurch untergraben, daß er seine willkürlichen Befehlsgewalten benutzt, um sich über die Tradition hinwegzusetzen, die ihm diese Macht verliehen hat. In ähnlicher Weise geht der charismatische Führer seiner Herrschaft verlustig, wenn es ihm nicht gelingt, sich in den Augen seiner Jünger zu bewähren[12].

Nach Webers Auffassung enthält jede historische Beziehung zwischen Herrschern und Beherrschten heterogene Elemente, die auf der Grundlage seiner drei »reinen Typen« analysiert werden können. Die Vorherrschaft des einen oder anderen Elementes in der Organisation der Herrschaft und im Legitimitätsglauben hängt mit bestimmten mehr oder weniger dauerhaften historischen Konfigurationen zusammen. Die Herrscher sind aber ständig versucht, die inhärenten Beschränkungen ihrer Macht zu überschreiten, und so neigen die Menschen in jedem Herrschaftssystem dazu, bei der Verfolgung ihrer materiellen und ideellen Interessen das System zu verändern.

V. Bürokratie

Kommentar der Herausgeber (V)

Mit dem Einsetzen der »funktionellen Rationalisierung« (K. Mannheim) in allen Bereichen des sozialen, politischen und kulturellen Lebens kristallisierte sich Bürokratie als sozialer Ort dieses Rationalisierungsphänomens heraus, wobei nicht übersehen werden darf, daß die funktionalen Erfordernisse des modernen Verwaltungsstaates und die Sicherung seiner Existenzfähigkeit die technische Überlegenheit und die Unentbehrlichkeit der Bürokratie voraussetzen. Präzision, Stetigkeit, Disziplin und Verläßlichkeit, Berechenbarkeit, Intensität und Extensität der Leistung als Charakterisierungsmerkmale sowie ihre formal universelle Anwendbarkeit für alle Aufgabenbereiche läßt Bürokratie nach Max Weber zur formal rationalsten Form der Herrschaftsausübung werden, ja ihre Entstehung gilt als Keimzelle für die Entfaltung der modernen okzidentalen rationalen Staatsanstalt. »Der Bedarf nach tätiger, straffer, intensiver und kalkulierbarer Verwaltung, wie ihn der Kapitalismus – nicht: nur er, aber allerdings und unleugbar: er vor allem – historisch geschaffen hat (er kann ohne sie nicht bestehen) und jeder *rationale* Sozialismus einfach übernehmen müßte und steigern würde, bedingt diese Schicksalhaftigkeit der Bürokratie als des Kerns jeder Massenverwaltung« (M. Weber, Wirtschaft und Gesellschaft, Köln 1964, S. 165).

Die Skizzierung der Bürokratie als funktionales Erfordernis jeder Massenverwaltung macht auf ihre Nebenfolgen, die aus ihrem faktischen Vollzug resultieren, aufmerksam: die Gefahr der Einengung des menschlichen Zusammenlebens durch rationale, organisationsbedingte Sachentscheidungen. Daraus resultiert unter Umständen das Streben der Bürokratie nach Autonomie, nach einer Machtstellung, die ihr die Möglichkeit der Herrschaft über Menschen und Organisationen eröffnet. Denn mit der Definition eines Organisationszieles werden zur Erreichung eben dieses Zieles die erforderlichen Zweck-Mittel-Relationen in Form einer zunächst funktionalen Hierarchisierung und Kompetenzverteilung geschaffen, wobei das damit eng verbundene bürokratische Verhalten die Neigung zu formaler, routinemäßiger Erledigung sachlicher Ent-

scheidungen zeitigt. In dem Umfang, wie die Repräsentanten ihr Verhalten mehr am Funktionieren der Organisation ausrichten, das ihnen diese Macht gewährt und verleiht, besteht die Gefahr der Oligarchie in der Spitze der Hierarchie. Das von R. Michels skizzierte »eherne Gesetz der Oligarchie« thematisiert die Problematik des Umschlagens der an sachlichen Erfordernissen orientierten Bürokratie zu einem Herrschaftsverband, bei dem die Absicherung und Entfaltung des Machtpotentials immer mehr in den Vordergrund tritt. Die Thematik der Machtverlagerung wird von Th. Eschenburg im Zusammenspiel von Exekutive und Legislative analysiert, wobei die Gefahr bei der Delegation von Macht vom Parlament auf die Staatsbürokratie zur Gesetzesdurchführung zu einer Verschiebung des Machtgefälles führen kann, im extremsten Falle kann die Exekutive die Legislative in ihrem Vollzug behindern, indem die politische Führung eines parlamentarisch regierten Staates durch die Bürokratie verdrängt wird. Weber erhob daher die Forderung nach parlamentarischer Kontrolle der Bürokratie zu einem politischen Imperativ: ein »arbeitendes Parlament« zeichne sich dadurch aus, daß es »die Verwaltung fortlaufend mitregierend kontrolliert«.
Die Formulierungen Webers haben zu Kontroversen über die politische Kontrolle und die Funktion der Bürokratie Anlaß gegeben, wobei die Diskussionen mehr durch Mißverständnisse über seine idealtypische Methode ausgelöst wurden als durch Fragen einer möglichen Effizienz politischer Kontrollmechanismen. Renate Mayntz bemerkt dazu: »Man könnte also sagen, daß die einzelnen Merkmale des Weberschen Bürokratiebegriffs die Antwort auf die Fragen sind, wie der Herrschaftsstab im Falle legaler Herrschaft beschaffen sein müsse, um die wirksamste Herrschaftsausübung zu gewährleisten« (Bürokratische Organisation, S. 28).
Wenn Bürokratie eine funktionale Notwendigkeit effizienter Ausübung legaler Herrschaft ist, so mag dabei nicht übersehen werden, daß durch den Verwaltungsablauf Mechanismen der informellen Organisationsstruktur freigesetzt werden, die ihrerseits den durch die sachlichen Anforderungen an die Bürokratie ermöglichten Raum politischer Verhaltensbestimmung im Sinne eines Herrschaftsanspruches uminterpretieren, und das Leben in einer »verwalteten Welt« zu einer konkreten Utopie gerinnen lassen.
Bei kritischer Würdigung und Abwägung der Einwände für und gegen die Bürokratie sollte die Erkenntnis nicht unbeachtet bleiben, daß die zunehmende Rationalisierung aller Lebensbereiche in ihrer Funktionalität der Bürokratie bedarf, besonders dann, wenn legale Herrschaftsausübung maximal zweckrational sein soll.

Literaturhinweise

M. Weber, Wirtschaft und Gesellschaft, Tübingen 1973.
R. K. Merton et al., Reader in Bureaucracy, Glencoe 1960.
R. Mayntz (Hg.), Bürokratische Organisation, Köln/Berlin 1968.
P. M. Blau, Bureaucracy in Modern Society, New York 1956.
A. Etzioni, Complex Organizations, New York 1962.
R. Bendix, Herrschaft und Industriearbeit, Frankfurt 1960.
N. Luhmann, Funktion und Folgen formaler Organisation, Berlin 1964.
H. B. Bahrdt, Industriebürokratie, Stuttgart 1958.

Bürokratie und Staat bei Max Weber*

R. Bendix

Webers Behandlung der Bürokratie erfolgt auf verschiedenen Untersuchungsebenen. So beschrieb er:
1. Die historischen und technischen (verwaltungsmäßigen) Gründe für die Bürokratisierung, besonders in der abendländischen Kultur;
2. die Einwirkung der legalen Herrschaft auf das Funktionieren der bürokratischen Organisationen;
3. die berufliche Stellung und typische persönliche Einstellung der Beamten als Statusgruppe;
4. die wichtigsten Sachverhalte und Konsequenzen der Bürokratie in der modernen Welt, besonders unter bürokratischer Herrschaft[1].

Diese Themen sind nicht streng voneinander geschieden, was die gelegentliche Weitschweifigkeit und Diskrepanz in Webers verschiedenen Aufzählungen erklärt. Einige der Gründe für die Entstehung der Bürokratie beziehen sich notwendig auf Sachverhalte, die allgemeine Konsequenzen in der modernen Welt haben, und die Herrschaft des Rechts wirkt sich mit Notwendigkeit sowohl auf die Tätigkeit der bürokratischen Organisation als auch auf die berufliche Stellung der Beamten aus. Der folgende kurze Überblick trennt diese sich überschneidenden Perspektiven.

Wo sich die legale Herrschaft durchsetzt, wird eine bürokratische Verwaltung nach den folgenden Grundsätzen geregelt:
»1. Ein kontinuierlicher regelgebundener Betrieb von Amtsgeschäften, innerhalb:

* aus: R. Bendix, Max Weber – Das Werk, München 1964, S. 321–327; 332–347. Mit freundl. Genehmigung des Autors und des Piper Verlages.

2. einer *Kompetenz* (Zuständigkeit), welche bedeutet: a) einen kraft Leistungsverteilung sachlich abgegrenzten Bereich von Leistungspflichten, b) mit Zuordnung der *etwa* dafür erforderlichen Befehlsgewalt und c) mit fester Abgrenzung der eventuell zulässigen Zwangsmittel und der Voraussetzungen ihrer Anwendung. Dazu tritt

3. das Prinzip der *Amtshierarchie*, d. h. die Ordnung fester Kontroll- und Aufsichtsbehörden für jede Behörde mit dem Recht der Berufung oder Beschwerde von den nachgeordneten an die vorgesetzten. Verschieden ist dabei die Frage geregelt, ob und wann die Beschwerdeinstanz die abzuändernde Anordnung selbst durch eine ›richtige‹ ersetzt oder dies dem ihr untergeordneten Amt, über welches Beschwerde geführt wird, aufträgt.

4. Es gilt . . . das Prinzip der vollen Trennung des Verwaltungsstabs von den Verwaltungs- und Beschaffungsmitteln. Die Beamten, Angestellten, Arbeiter des Verwaltungsstabs sind nicht im Eigenbesitz der sachlichen Verwaltungs- und Beschaffungsmittel, sondern erhalten diese in Natural- oder Geldform geliefert und sind rechnungspflichtig.

5. Es fehlt im vollen Rationalitätsfall jede Appropriation der Amtsstelle an den Inhaber. Wo ein ›Recht‹ am ›Amt‹ konstituiert ist ... dient es normalerweise nicht dem Zweck einer Appropriation an den Beamten, sondern der Sicherung der rein sachlichen (›unabhängigen‹), nur normgebundenen, Arbeit in seinem Amt.

6. Es gilt das Prinzip der *Aktenmäßigkeit* der Verwaltung, auch da, wo mündliche Erörterung tatsächlich Regel oder geradezu Vorschrift ist«[2].

Ohne (1.) den kontinuierlichen Betrieb von Amtsgeschäften; (2.) die Abgrenzung der Befehlsgewalt; (3.) die Kontrolle über ihre Tätigkeit: (4., 5.) die vollkommene Trennung des Verwaltungsstabes von den Verwaltungs- und Beschaffungsmitteln; (6.) die Aktenmäßigkeit der Verwaltung, kann kein System der legalen Herrschaft bestehen, in dem sich die Ausübung der Macht in der Befolgung gesatzter Rechte vollzieht.

Diese Spezifizierung des »Apparates« unter legaler Herrschaft kann mit dem Verwaltungssystem unter patrimonialer Herrschaft kontrastiert werden. Erstens steht es meist im Belieben des Patrimonialherrn und seiner Beamten, Amtsgeschäfte auszuführen; zweitens, der Patrimonialherr wehrt sich gegen die Beschränkung seiner Macht durch Rechtsregeln. Er kann traditionelle oder gewohnheitsmäßige Beschränkungen beachten, aber diese sind nicht schriftlich festgelegt (tatsächlich bestätigt die Tradition die prinzipielle Willkür des Herrschers); drittens, die Verbindung von Tradition und Willkür schlägt sich in der Teilung seiner Gewalt und ihrer Kontrolle nieder. Innerhalb der durch die heilige Tradition gesetzten

Grenzen entscheidet der Herr, ob er Herrschaft delegiert oder nicht, und durch seine vollkommen persönlich getroffene Auswahl von »Beamten« wird die Kontrolle ihrer Arbeit zu einer Angelegenheit persönlicher Begünstigung und Treue. Viertens und fünftens sind alle Verwaltungsbeamten des Patrimonialherrn Teil seines persönlichen Haushalts und Besitzes, seine »Beamten« sind persönliche Diener, und die Verwaltungskosten werden aus seinem Schatz gedeckt. Sechstens werden die Amtsgeschäfte in persönlicher Begegnung und durch mündliche Vermittlung ausgeführt und nicht auf der Grundlage unpersönlicher Dokumente.

Unter legaler Herrschaft wird die berufliche und die persönliche Stellung der Beamten zwangsläufig durch die unterschiedliche Verwaltungsorganisation beeinflußt. Wo man die Erfüllung gesatzter Rechte fordert, wird die Einstellung des Beamten auch durch Rechte geregelt, und sobald er im Amt ist, gehorcht er unpersönlichen Anordnungen und nicht dem Willen seines Herrn und Meisters. Die Befolgung von Anordnungen und die Ausübung der Amtsgeschäfte durch schriftliche Dokumente fordern fachliche Qualifikationen, die bei Verwaltungsarbeiten, welche als persönlicher Dienst oder als Nebenbeschäftigung ausgeführt werden, größtenteils fehlen. Unter legaler Herrschaft muß die Durchsetzung der Rechtsordnung regelmäßig und geregelt sein, da sonst die Herrschaft des Rechts nur mit Unterbrechungen gewahrt würde; um sie dauernd in Funktion zu halten, wird die gesamte Arbeitskraft des Beamten beansprucht. Schließlich müssen, wenn jedes Amt bestimmte festgelegte Rechte und Pflichten umfaßt, diese von der Person des Amtsinhabers unabhängig sein. Sein Entgelt kann deshalb nicht aus den Einkünften seines Amtes gezogen, noch kann ihm erlaubt werden, entweder die Voraussetzungen des Amtes oder das Amt selbst zu appropriieren. Die typische Form der Entlohnung besteht in monatlichen Geld- oder Naturalzuweisungen, und um die Qualität und die Kontinuität seiner Dienste zu sichern, eröffnet man ihm die Gelegenheit einer lebenslänglichen Stellung, gewöhnlich mit Pensionsberechtigung nach dem Ausscheiden.

Unter legaler Herrschaft wird daher die Stellung des bürokratischen Beamten folgende Kennzeichen aufweisen:

1. Er ist persönlich frei und wird auf Grund eines Vertrages zu seinem Amt ernannt.
2. Er übt die ihm übertragene Amtsgewalt in Übereinstimmung mit unpersönlichen Anordnungen aus; durch die Übernahme einer spezifischen Amtstreuepflicht wird von ihm die gewissenhafte Erfüllung seiner Aufgaben erwartet.
3. Seine Ernennung und seine Amtszuweisung beruht auf seiner Fachqualifikation.
4. Die Verwaltungsarbeit ist sein Hauptberuf.

5. Seine Arbeit wird mit festem regelmäßigem Gehalt und mit der Aussicht auf regelmäßige Beförderung in einer lebenslänglichen Laufbahn belohnt[3].

Auf Grund dieser Kennzeichen der bürokratischen Organisation unter legaler Herrschaft können wir uns jetzt den wichtigsten Sachverhalten und Konsequenzen der Bürokratie in der modernen Welt zuwenden.

Nach Webers Ansicht ist eine solche Organisation allen anderen Verwaltungsformen überlegen, ebenso wie die maschinelle Produktion den nichtmechanischen Herstellungsweisen überlegen ist. »Präzision, Schnelligkeit, Eindeutigkeit, Aktenkundigkeit, Kontinuierlichkeit, Diskretion, Einheitlichkeit, straffe Unterordnung, Ersparnisse an Reibungen, sachlichen und persönlichen Kosten sind bei streng bürokratischer, speziell: monokratischer Verwaltung durch geschulte Einzelbeamte gegenüber allen kollegialen oder ehren- und nebenamtlichen Formen auf das Optimum gesteigert«[4]. Das ist eine lange Aufzählung von Vorteilen, doch sind diese relativ. Weber stellte fest, daß die Bürokratie auch Hemmnisse erzeugen könne, wo eine Entscheidung auf einen Einzelfall angewendet werden muß. Diese Einschränkung ist bemerkenswert als Ergänzung für den zentralen Sachverhalt der Bürokratie, der in ihrer Berechenbarkeit besteht. Es ist dies die logische Konsequenz der Herrschaft der generellen abstrakten Norm. In einer nach Rechtsnormen geregelten Verwaltung müssen die Entscheidungen im voraus berechenbar sein, wenn die Normen bekannt sind. Weber führte in diesem Zusammenhang den übertriebenen Vergleich des Richters mit dem Automaten an, »in welchen oben die Akten nebst den Kosten hineingeworfen werden, damit er unten das Urteil nebst den mechanisch aus Paragraphen abgelesenen Gründen ausspeie ...«[5].

»Die Eigenart der modernen Kultur, speziell ihres technisch-ökonomischen Unterbaues aber, verlangt gerade diese ›Berechenbarkeit‹ des Erfolges ... Ihre spezifische, dem Kapitalismus willkommene, Eigenart entwickelt sie um so vollkommener, je mehr sie sich ›entmenschlicht‹, je vollkommener, heißt das hier, ihr die spezifische Eigenschaft, welche ihr als Tugend nachgerühmt wird, die Ausschaltung von Liebe, Haß und allen rein persönlichen, überhaupt aller irrationalen, dem Kalkül sich entziehenden, Empfindungselementen aus der Erledigung der Amtsgeschäfte gelingt. Statt des durch persönliche Anteilnahme, Gunst, Gnade, Dankbarkeit, bewegten Herrn der älteren Ordnungen verlangt eben die moderne Kultur für den äußeren Apparat, der sie stützt, je komplizierter und spezialisierter sie wird, desto mehr den menschlich unbeteiligten, daher streng ›sachlichen‹ *Fachmann*«[6].

Weber hat also, im Gegensatz zu vielen Deutungen, nicht behauptet, daß bürokratische Organisationen ebenso effizient wie Automaten arbeiten. Er sagte vielmehr, daß derartige Organisationen besser arbeiten als andere Verwaltungssysteme, und daß ihre Wirksamkeit in dem Maße gesteigert wird, in dem sie die Erledigung der Amtsgeschäfte »entmenschlichen«.

Es ist in diesem Zusammenhang interessant, Webers Antwort an die Kritiker der preußischen Bürokratie zu betrachten, die das Ideal der bürokratischen Unpersönlichkeit in Frage stellten. Diese Kritiker machen geltend, daß die Normen, die die Verwaltungstätigkeit regeln, nur äußere Schranken für die »schöpferische« Betätigung des Beamten darstellen. Die Normen haben also vor allem eine negative Wirkung; sie bestimmen nicht die Tätigkeit des Beamten direkt und positiv. Weber sah in dieser Ansicht einen romantischen Deckschild für die harten Realitäten der preußischen Verwaltung. Die in das freie Belieben gestellte Tätigkeit des modernen bürokratischen Beamten unterschied sich von der freien Willkür und Gnade und der persönlich motivierten Gunst der vorbürokratischen Verwaltungsform. »Entscheidend ist für uns nur: daß prinzipiell hinter jeder Tat echt bürokratischer Verwaltung ein System rational diskutabler ›Gründe‹, d. h. entweder: Subsumtion unter Normen, oder: Abwägung von Zwecken und Mitteln steht«[7]. In einer modernen Bürokratie implizierten selbst die willkürlichsten Handlungen den Vorrang der unpersönlichen Ziele; persönliche Gunst und Willkür dürfen nicht gezeigt werden. Die »Kanonisierung dieser abstrakten und sachlichen Idee« verschmilzt allerdings mit dem Bestreben des einzelnen Beamten, seine Macht zu behaupten oder zu vergrößern. Aber in der modernen Bürokratie muß diese universale Zielsetzung unter Berufung auf unpersönliche Zwecke erfolgen. Die technische Überlegenheit der bürokratischen Verwaltung beruht also auf ihrer Orientierung an unpersönlichen Regeln, die die gleichbleibende Zuverlässigkeit und damit die Berechenbarkeit ihrer Geschäftsführung erhöht.

Ein zweites Merkmal der modernen Bürokratie ist ihre »Konzentration der sachlichen Betriebsmittel«. Durch die Verwendung von Marxens Terminologie wollte Weber unterstreichen, daß dieser Konzentrationsprozeß nicht nur in der Wirtschaft, sondern auch in der Staatsverwaltung, im Heer, in politischen Parteien, den Universitäten, ja in den meisten Großorganisationen eingetreten ist. Wenn der Umfang solcher Institutionen wächst, werden die für ihren Betrieb erforderlichen Mittel dem selbständigen Eigentümer oder der Eigentümergruppe aus der Hand genommen und der Kontrolle einer leitenden Minorität unterstellt, zum Teil weil dieser Mittelbedarf die Finanzkraft des einzelnen übersteigt. So wurde der Handwerker expropriiert, als die Verleger sich eigene Produktionsmittel anschafften; feudale Vasallen wurden als Staatsbeamte expropriiert, als die Staaten begannen, die öffentliche Verwaltung zu monopolisieren; der Privatgelehrte wurde expropriiert, als die Universitäten ihre eigenen Laboratorien und Bibliotheken aufbauten, von denen der Gelehrte abhängig wurde. Die Mittel der Produktion, der Verwaltung und des Wissenschaftsbetriebes waren früher insgesamt feste Bestandteile des Haushalts und wurden erst mit der voranschreitenden Konzentration davon gelöst. Daraus ergibt sich, daß die moderne bürokratische Verwaltung durch die Trennung des Betriebs vom Familienhaushalt, des Amtes von seinem Inhaber und der Forschungseinrichtung von dem Wissenschaftler gekennzeichnet ist.

Ein drittes Merkmal der modernen Bürokratie ist ihre Tendenz zur »Nivellierung der ökonomischen und sozialen Unterschiede«. Diese Wirkung erkennt man am besten, wenn man bürokratische und nichtbürokratische Formen gegenüberstellt:

»Jede nichtbürokratische Verwaltung eines quantitativ großen sozialen Gebildes beruht in irgendeiner Art darauf, daß ein bestehender sozialer, materieller oder Ehrenvorrang mit Verwaltungsfunktionen und -pflichten in Verbindung gebracht ist. Regelmäßig mit der Folge, daß die direkt oder indirekt ökonomische oder auch die ›soziale‹ Ausbeutung der Stellung, welche jede Art von verwaltender Tätigkeit ihren Trägern verleiht, den Entgelt für deren Übernahme darstellt«[8].

Die Bürokratisierung schafft derartige plutokratische Privilegien ab, indem sie die unbezahlte, nebenamtliche Honoratiorenverwaltung durch bezahlte hauptamtliche Berufsarbeit ersetzt, ohne Rücksicht auf die soziale und wirtschaftliche Stellung. Sie beseitigt ferner die Erledigung von Fall zu Fall, die für die nichtbürokratische Verwaltungsform typisch ist. Die Ausbildung der Amtsgewalt erfolgt nach festgelegten Regeln, und jeder dieser Gewalt Unterworfene ist vor dem Recht gleich. Mit diesen Nivellierungstendenzen ist ein wichtiger Wandel im Erziehungssystem verbunden. Die Honoratiorenverwaltung ist im allgemeinen gleichbedeutend mit Verwaltung durch Dilettanten, während die Bürokratie im allgemeinen als Verwaltung durch Fachleute gelten kann. Die gleiche Amtsfähigkeit für Verwaltungsstellen bedeutet Amtsfähigkeit für alle, die die festgesetzten Ausbildungsanforderungen erfüllen. Prüfungen haben die Privilegien als Grundlage der Auslese verdrängt, ebenso wie Wissenschaftlichkeit und Fachkunde die geistige Kultivierung durch klassische Literatur und die Kultivierung der Sitten durch Wettbewerbe unter sozial Gleichgestellten verdrängt haben. Der »Fachmensch« und nicht der »Kulturmensch« ist das Erziehungsideal des bürokratischen Zeitalters[9].

Viertens und letztens: Eine vollentwickelte Bürokratie setzt ein System der Herrschaftsbeziehungen durch, das praktisch unzerstörbar ist. Während die Honoratioren ihre Verwaltungsarbeit als

Nebenbeschäftigung und ehrenamtlich ausgeübt haben, ist die wirtschaftliche und die ganze soziale Existenz des Berufsbeamten mit dem »Apparat« unlösbar verknüpft. Er teilt das Interesse am dauerhaften Funktionieren dieses Mechanismus mit seinen Kollegen, die jeweils nur mit spezialisierten Aufgaben betrautes Glied sind. Das Volk kann andererseits den einmal bestehenden Herrschaftsapparat weder entbehren noch ersetzen. Fast immer am Rande des Chaos befindlich, hängt die öffentliche Verwaltung heute von der Fachschulung, der arbeitsteiligen Fachspezialisierung und Koordinierung einer bürokratischen Verwaltung und von der ununterbrochenen Erfüllung der vielfältigen Aufgaben ab, die dem modernen Staat regelmäßig übertragen werden. Weber betonte, daß die bürokratische Verwaltungsreform sowohl dauerhaft als auch unentbehrlich ist im Gegensatz zu den Auffassungen der Anarchisten und Sozialisten, die glauben, daß die Verwaltung im idealen Staat abgeschafft oder benutzt werden kann, um eine freiere und gerechtere Gesellschaftsordnung durchzusetzen. Nach Webers Ansicht ist die Bürokratie nicht auszuschalten, und jede zukünftige Gesellschaftsordnung verspricht nur noch drückender als die kapitalistische Gesellschaft der Gegenwart zu werden. Doch kommen wir mit diesen Urteilen zu seinen Arbeiten auf das Gebiet der politischen Analyse, die im folgenden Abschnitt dargestellt werden.

Bürokratisierung und politische Führung

Jedes Herrschaftssystem sieht sich jeweils bestimmten Problemen gegenüber, die durch den Kampf um die Macht gelöst werden können. Der einzelne oder die Gruppe, die diesen Kampf gewinnt, sieht sich dem weiteren Problem gegenüber, den »Apparat« der Jünger, Diener, Staatsbeamten, Vasallen und Bürokraten, die ihre Entscheidungen Tag für Tag ausführen müssen, zu leiten und zu kontrollieren. In dieser Beziehung besteht ein wesentlicher Unterschied zwischen charismatischer und traditionaler Herrschaft auf der einen und legaler Herrschaft auf der anderen Seite.

Unter charismatischer Herrschaft kämpft der Herr mit den »Mächten« der Entpersönlichung. Er muß seinen persönlichen »Zauber« mitten in den Auseinandersetzungen der Sippen um »Familieninteressen« oder im bürokratischen Nahkampf über korporative, institutionelle Interessen zur Geltung bringen. Etwas Ähnliches trifft auch auf die traditionale Herrschaft zu, wo der Herr mit den »Mächten« der Dezentralisation, d. h. mit dem Bestreben der patrimonialen Beamten und feudalen Vasallen, seine Privilegien in ihrem eigenen Namen zu usurpieren, kämpft. In jedem dieser Fälle führt der Sieg in diesen Kämpfen zu größerer *persönlicher* Macht, sei es kraft Charisma, sei es kraft Heiligkeit der Tradition, und der erfolgreiche Führer oder Herrscher kann direkten persönlichen Gehorsam verlangen.

Unter legaler Herrschaft sind der Machtkampf und das Problem der Führung völlig anders geartet. Da die Herrschaft in der Rechtsordnung verkörpert ist, zeigt sich der Erfolg im Machtkampf im entscheidenden Einfluß auf die Satzung verbindlicher Regeln. Um einen solchen entscheidenden Einfluß ausüben zu können, muß der Politiker mit seinesgleichen um Wählerstimmen, in politischen Organisationen und in der Legislative bei Gesetzesvorlagen sowie bei der Überwachung ihrer Durchführung kämpfen. Die Politiker kämpfen also nicht nur in Wahlen und im Parlament, sondern auch mit der Bürokratie um die Macht. Das letzte Problem schien in Webers Augen am größten zu sein, da unter legaler Herrschaft die tägliche Ausübung der Macht in den Händen der Bürokratie liegt. Der Erfolg im Wahlkampf, in der Parlamentsdebatte und in der gesetzgeberischen Körperschaft kann zunichte werden, wenn ihm nicht eine wirkungsvolle Kontrolle über die verwaltungsmäßige Durchführung folgt. Ein Versagen bei dieser Kontrolle kann dazu führen, daß die Bürokratie die politische Entscheidung usurpiert in Übereinstimmung mit ihrer grundlegenden Tendenz zur »... Umformung der Probleme der Politik in solche der Verwaltungslehre«[10].

Bedingungen der politischen Führung in der modernen Gesellschaft. Weber unterschied zwischen Führern mit Befehlsgewalt und den Beamten, die bereitstehen, die empfangenen Befehle auszuführen[11]. Unter legaler Herrschaft ist diese Unterscheidung von besonderer Bedeutung. Die Führer müssen sich im Wahlkampf und im Parlament bewähren, während sich der Beamte in der Durchführung seiner Verwaltungsarbeit bewährt. Der ideale Beamte ist unparteiisch, pflichtbewußt, besitzt die Fähigkeit, innerhalb des gesetzlichen Rahmens, der für ihn abgesteckt ist, mit Entschiedenheit zu handeln und die ihm zugewiesenen Aufgaben mit fachlicher Kompetenz zu erfüllen. Wenn er Befehle empfängt, mit denen er nicht einverstanden ist, ist er verpflichtet, diese Ansicht seinem Vorgesetzten mitzuteilen, wenn dieser jedoch auf der Ausführung des Befehls besteht, muß der Beamte sich durch seine Ehre verpflichtet fühlen, sie nach bestem Wissen auszuführen. Sein Pflichtgefühl muß über seiner Eigenwilligkeit stehen, und seine Fähigkeit, dies zu tun, gehört im Idealfall zu seinem Berufsethos. Unter der legalen Herrschaft ist das eine logische Folge. Sie schließt nach Webers Meinung nicht Führungsqualitäten aus, die in persönlicher Kompetenz, im Charakter und in der Fähigkeit bestehen, selbständige Urteile zu bilden und dort zum Ausdruck zu bringen, wo es angemessen erscheint, jede persönliche Meinung aber auszuschalten, wenn ihr

autoritative Befehle entgegenstehen.
Diese Qualitäten der bürokratischen Führung unterscheiden sich von denen der politischen Führung. Der politische Führer, ebenso wie der Unternehmer oder der militärische Befehlshaber, stehen in ständigem Kampf um die Macht. Der Politiker, der alle Fähigkeiten des besten Beamten besitzt, wäre immer nur ein sehr guter Parteibeamter, aber kein politischer Führer. Der Grund dafür liegt in einem *Unterschied in der Art der Verantwortung*, selbst zwischen Männern von vergleichbarer Stellung. Ein Beamter muß Urteil und Wissen besitzen, aber es ist seine Pflicht, diese in den Dienst der höheren Gewalt zu stellen; letztlich ist er nur für die Ausführung ihm aufgetragener Aufgaben verantwortlich. Ein Politiker muß andererseits seine Fähigkeit zu selbständigem Handeln zeigen, für das er allein verantwortlich ist. In seinem persönlichen Kampf um die Macht, in welchem er Gefolgstreue und Verbündete zu gewinnen sucht, wird er sicherlich, wenn es sich als notwendig erweist, Kompromisse schließen, aber als politischer Führer wird er sich einen Standpunkt in der Politik erkämpfen, auf den er seine Sache setzt und für den er selbst die persönliche Verantwortung übernimmt, sowohl in seinen Wahlreden als auch im Parlament und schließlich als Regierungschef. Parteigebundenheit, nicht Unparteilichkeit ist wesentlich für sein Denken und Handeln, und die Verantwortung für seine grundlegenden Entscheidungen ruht auf ihm persönlich, sie kann nicht an eine höhere Instanz »weitergeleitet« werden. Wo der Bürokrat seine persönliche Meinung zurückstecken muß, wenn sie seinen Amtspflichten widerspricht, muß der Politiker die Verantwortung ablehnen für politische Handlungen, die seinen grundlegenden Auffassungen widersprechen. Er muß erforderlichenfalls sein Amt niederlegen, um seinen Standpunkt öffentlich zu behaupten und seiner Verantwortung als Führer nachzukommen[12].
Diese logische Konstruktion des Gegensatzes zwischen dem »typischen« Beamten und dem »typischen« politischen Führer lieferte Weber den Rahmen für seine Analyse der politischen Führung in der modernen Gesellschaft. Zwei Merkmale sind für die Führung wesentlich: Selbständiges Urteil und politische Begabung im Kampf um die Macht. »Wirtschaftliche Abkömmlichkeit« sollte hinzutreten, da die bürokratische Regierungsform unter legaler Herrschaft aus der Arbeit des Politikers eine Hauptbeschäftigung gemacht hat. Man kann deshalb fragen, unter welchen sozialen Bedingungen und in welchen sozialen Schichten diese drei Merkmale am häufigsten anzutreffen sind.

Ein Berufspolitiker kann entweder »von« der Politik leben, in dem Sinne, daß er seinen Lebensunterhalt durch eine politische Tätigkeit als Journalist, besoldeter Parteibeamter oder Interessenvertreter auf der Grundlage von Honoraren oder Bestechungsgeldern verdient. Das ist die Stellung aller Menschen, die sich politisch betätigen, ohne ein von dieser Beschäftigung unabhängiges Vermögen zu besitzen. Denen stehen jene Berufspolitiker gegenüber, die »für« die Politik leben, weil sie sichere Einkünfte haben, die keinen regelmäßigen Arbeitseinsatz beanspruchen. Diese Unterscheidung gilt nicht qualitativ: Viele Politiker, die »von« der Politik leben müssen, können großen Idealismus aufbringen, während diejenigen, die »für« die Politik leben, politische Chancen für eigene wirtschaftliche Ziele nutzen. Aber im ganzen gesehen, ist es für einen Mann mit unabhängigem Vermögen einfacher, ein »politischer Charakter« zu sein, der seinen Anspruch auf die politische Führerschaft dadurch geltend macht, daß er öffentlich und unabhängig seinen Standpunkt vertritt. Im Gegensatz dazu kann ein Beamter sehr viel persönliche Charakterstärke besitzen, aber vollkommen ohne »politischen Charakter« sein. Nach Webers Ansicht war ein kräftiger Einschlag von Politikern, die es sich leisten konnten, »für« die Politik zu leben, einer der Faktoren, die die politische Führung förderten und ein System der legalen Herrschaft belebten[13]. Männer, die »für« die Politik leben, sind Honoratioren in Webers Sinne, gleichgültig, ob sie ihre ganze Zeit damit ausfüllen oder ob sie die Politik als Nebenbeschäftigung betreiben. In früheren Zeiten stellten diese Männer eine Aristokratie oder ein Patriziat dar, d. h. Stände, die politische Eliten bildeten, weil ihre wirtschaftliche Existenz gesichert war. Im modernen politischen Leben ist die Anzahl dieser Männer unzureichend, und zwar zum Teil deshalb, weil die wirtschaftliche Sicherheit nicht ohne weiteres zur Abkömmlichkeit und damit zur Übernahme politischer Aufgaben führt. Regelmäßige Einkünfte setzen den einzelnen heute nicht mehr automatisch für politische Tätigkeit frei, wie das früher der Fall war, als die soziale und wirtschaftliche Vorrangstellung gleichbedeutend mit Befreiung von der Arbeit war. Die Industrieunternehmer haben z. B. das erforderliche Einkommen, um »für« die Politik zu leben, aber es fehlt ihnen die Zeit, sie sind wirtschaftlich nicht »abkömmlich« wie das Handelspatriziat der mittelalterlichen Städte, das aus Männern bestand, die in erster Linie Rentiers waren und sich nur gelegentlich unternehmerisch betätigten. Darüber hinaus ist der moderne Industrielle so sehr mit wirtschaftlichen Interessenkämpfen verbunden, daß er kaum die persönliche Distanz und »innerliche Abkömmlichkeit« besitzen wird, die für eine erfolgreiche politische Führung erforderlich sind. Die Industriellen sind daher im modernen politischen Leben wenig vertreten.

In dieser Beziehung stellen die Advokaten das andere Extrem derjenigen Einkommensgruppen dar, die ihren Lebensunterhalt aus regelmäßiger Berufsausübung bestreiten. Weber sah in ihnen den Prototyp des modernen Berufspolitikers. Ihre wirtschaftliche Stellung macht sie abkömmlich für politische Tätigkeiten, durch Vereinbarungen mit ihren Teilhabern können sie sich Zeit für politische Aufgaben nehmen und weiter Einkommen beziehen oder wenigstens erwarten, in einen sicheren und lohnenden Beruf zurückzukehren, wenn sie ihre politische Tätigkeit aufgeben. Noch in einer weiteren Hinsicht sind sie für politische Tätigkeiten geeignet. Als Anwälten stehen ihnen ihre Büros mit ausgebildetem Personal zur Verfügung, was ein wesentlicher Vorteil bei Wahlen und in Parlamentsdebatten sein kann. Ihre juristische Ausbildung ist eine hervorragende Vorbereitung für legislatorische Arbeit, ihre Schulung im Schreiben und Verhandeln ein wichtiger Faktor bei Wahlkampagnen und ihre Erfahrung in dem friedlichen Kampf der Prozesse ein Übungsplatz für den Kampf um die Macht.

Diese Beobachtungen lieferten Weber den Maßstab für die Beurteilung des politischen Lebens. Er stellte fest, daß in einigen Ländern befähigte oder sogar hervorragende politische Führer der Aristokratie entstammen, deren Habitus von den Unterschichten nachgeahmt wird und deren Lebensführung und öffentliches Auftreten sich durch persönliche Würde, politische Distanz, die Gabe zu schweigendem Handeln und durch ein Gefühl für Anstand und Kultur auszeichnen. Im damaligen Deutschland sah Weber dagegen nur die Beweise politischer Unfähigkeit, die er auf die Vorherrschaft des »Parvenu« zurückführte, dessen aristokratische Prätentionen, aufdringliche Treue für den Kaiser und lauthalsiger Patriotismus sich wie ein Deckschild vor den Mangel an Vornehmheit, die bürgerliche Feigheit und das völlige Fehlen »politischen Charakters« schoben. Die Eigenschaften des »politischen Charakters« sind nicht nur ein Produkt persönlicher Begabung, sondern hängen auch von den für ihre Entfaltung günstigen historischen Umständen ab. Solche günstigen Umstände fehlten in Deutschland, und zwar als Konsequenz der Regierung Bismarcks. Aufs schärfste trat Weber der Ansicht entgegen, daß es im Reichstag an Führungspotenzen gemangelt habe, und er führte dagegen an, daß die politischen Führer zum Scheitern verurteilt waren, weil Bismarck Politiker mit unabhängigem Urteil und Verantwortung nicht ertragen konnte. Deutschland fehlten politische Führer, weil Bismarck absichtlich die Bildung einer echten parlamentarischen Regierung verhindert hatte. Die schöpferische Staatsführung eines Mannes hatte eine Nation hinterlassen, »*ohne allen und jeden politischen Willen*, gewohnt, daß der große Staatsmann an ihrer Spitze für sie die Politik schon besorgen werde. Und ferner, als Folge der mißbräuchlichen Benutzung des monarchischen Gefühls als Deckschild eigener Machtinteressen im politischen Parteikampf, eine Nation, daran gewöhnt, unter der Firma der ›monarchischen Regierung‹ fatalistisch *über sich ergehen zu lassen*, was man über sie beschloß«[14]. In Webers Augen war es eine Verdrehung der Tatsachen, die Machtlosigkeit des deutschen Parlaments auf das tiefe geistige Niveau der politischen Bildung zurückzuführen, da das Niveau einfach niedrig sein mußte, solange das Parlament »nur der widerwillig geduldete Bewilligungsapparat einer herrschenden Bureaukratie ist«[15]. Ein hohes Niveau politischer Reife kann nur erreicht werden, wenn die großen Probleme nicht nur besprochen, sondern auch auf der gesetzgebenden Ebene entschieden werden. Um die Bedingungen zu erörtern, die politische Führung fördern, wenden wir uns nun Webers Behandlung der Parteien und des Parlaments in einer funktionsfähigen Demokratie zu.

Parteien, Führung und Wahlen. Weber definierte Parteien als Vergesellschaftungen innerhalb eines Verbandes, deren Mitgliedschaft auf formal freier Werbung beruht. Er stellte die »formal voluntaristischen Grundlagen der Vergesellschaftung« einer Partei den »von seiten der Verbandsordnungen vorgeschriebenen und geordneten Vergesellschaftungen« des Staates gegenüber, ein Unterschied, der dem an früherer Stelle angeführten Gegensatz von »Interessen« und »Autorität« sowie von politischer Führung und Staatsbeamten entspricht[16].

»Gerade daß der Parteiführer auf die formal *freie* Werbung seiner Gefolgschaft angewiesen ist, ist das schlechthin Entscheidende gegenüber dem reglementierten Avancement des Beamten. Gerade, daß die Leiter von wirtschaftlichen Interessen zur formal *freien* Organisation ihrer Gefolgschaft genötigt sind, bedingt deren Eigenart und ist wiederum durch die Struktur der modernen Wirtschaft bedingt. Organisation und staatspolizeilich herbeigeführter Zusammenschluß sind auf diesem Gebiet unter den heutigen Bedingungen schlechthin unversöhnliche Gegensätze«[17].

Organisation unter der Kontrolle der Regierung bedeutete für Weber immer Verantwortung für die Durchführung zugewiesener Aufgaben und mithin Unfähigkeit zu politischem Handeln.

Die politischen Parteien haben jedoch einen Prozeß der Bürokratisierung durchlaufen, der mit der Bürokratisierung der Regierungen, der Gemeinden und Wirtschaftsunternehmen vergleichbar ist. Um den Umfang der modernen politischen Parteiarbeit zu bewältigen, sind Massenorganisationen mit einer ständigen Verwaltung durch Parteibeamte erforderlich, deren Disziplin und Fachkenntnis Vorbedingungen für den Wahlerfolg sind. Nach Webers Ansicht waren Parteien, die auf der lokalen Verwaltung der Honoratioren wie in Frankreich oder auf den »city machines« und auf dem System der »Parteibosse« wie in den Vereinigten Staaten beruhten, zum Untergang verurteilt, wenn sie sich nicht auf bürokratischer Grundlage organisierten. Rückblickend muß man dazu sagen, daß dies eine zu einfache Folgerung aus den vorherrschenden Tendenzen war. Weber unterstrich selbst die Bedeutung der Männer, die »für« die Politik lebten, wie Rentiers und Advokaten, und er hätte auf Grund dessen vielleicht doch berücksichtigen können, daß es in einem reichen Land wie in den Vereinigten Staaten möglich ist, sogar Massenparteien auf intermittierender Basis um einen kleinen Kern ständiger Angestellter, einen größeren Kreis ständig tätiger Honoratioren und einer großen Anzahl periodisch organisierter und wieder aufgelöster Freiwilliger zu organisieren. Aber auch wenn er den Grad der Bürokratisierung überschätzte, so hat er doch auf die wesentliche Tatsache hingewiesen, daß der Umfang und die Kosten der Parteiarbeit schnell zugenommen haben und daß infolgedessen die Entscheidungsgewalt zentralisiert worden ist, während die Parteibeamtenschaft zunehmend an Bedeutung gewonnen hat, unabhängig davon, ob es sich um ständig angestellte Beamte im Weberschen Sinne oder um ständig ehrenamtlich tätige Honoratioren handelte. Und eindeutig war die ad-hoc-Gründung von Parteien mit schwankender Mitgliederzahl und wechselnden Führern sowie die Beschränkung des politischen Lebens auf eine Elite von Honoratioren im Absterben begriffen. Es seien einige Erscheinungen der modernen Parteiorganisation hier kurz erwähnt. Häufig bemühen sich die Parteien, Jugendgruppen und andere Formen von Großunternehmen – Genossenschaften, Fachschulen, Verlage usw. – zu gründen, die mehr oder weniger unmittelbar den Parteizwecken dienen und bezahlte Anstellungen für ihre Funktionäre bieten. Um diese Unternehmen zu finanzieren und auch, um die ständig steigenden Kosten der Propaganda und der Wahlkampagnen zu decken, sind die Parteien auf die Einkünfte aus Mitgliederbeiträgen und aus den verschiedensten Formen der Spendenerhebung angewiesen. Obgleich die Tätigkeiten und die Einkommensquellen je nach sozialem Hintergrund und Organisationsstruktur der Partei unterschiedlich sind, zeigen sie doch alle einen allgemeinen Trend zur Bürokratisierung. Es vermehren sich die Wahlreden, die Reisen der Kandidaten, um selbst sehr kleine Ortschaften aufzusuchen, sowie die Einschaltung der Massenkommunikationsmittel, weil unter den Bedingungen des allgemeinen Wahlrechts der politische Kampf zwangsläufig Massendimensionen annimmt. Unter diesen Bedingungen stellt sich die problematische Beziehung zwischen Bürokratisierung und politischer Führung in einer neuen Form dar. Für Weber stellte sich die Frage, wie politische Führung in und durch die Partei bei zunehmender Bürokratisierung der Parteiorganisation und wachsender Demokratisierung des Wahlrechts möglich ist.

»Gestatten die Parteien in einer vollentwickelten Massendemokratie denn überhaupt Führernaturen den Aufstieg? Sind sie imstande, neue Ideen überhaupt zu rezipieren? Sie verfallen ja der Bureaukratisierung ganz ähnlich wie der staatliche Apparat. Ganz neue Parteien mit dem zugehörigen Apparat an Organisation und Presseunternehmungen zu schaffen, erfordert heute einen solchen pekuniären und Arbeitsaufwand, ist gegenüber der festen Machtstellung der bestehenden Presse so schwer, daß es praktisch fast nicht in Betracht kommt. Die bestehenden Parteien aber sind stereotypisiert. Ihre Beamtenposten bilden die »Nahrung« ihrer Inhaber. Ihr Ideenschatz ist weitgehend in Propagandaschriften und in der Parteipresse festgelegt. Materielle Interessen der beteiligten Verleger und Autoren stellen sich der Entwertung dieses Schriftwerks durch Umformung der Ideen in den Weg. Und vollends wünscht der Berufspolitiker, der von der Partei leben muß, den ›ideellen‹ Besitz an Gedanken und Schlagworten: sein geistiges Handwerkszeug, nicht entwertet zu sehen«[18].

Diese Beschreibung spiegelt die ambivalenten Beziehungen zwischen Bürokratisierung und Demokratie wider. Bei allgemeinem Wahlrecht vergrößert sich die Parteiorganisation, und die Rolle der politischen Honoratioren verliert an Bedeutung. Parteibeamte und andere Angestellte streben entweder selbst nach den öffentlichen Ämtern oder beeinflussen entscheidend die Ernennung der Kandidaten. Weber räumte ein, daß die Bürokratie für die Führung in politischen Parteien weniger abträglich ist als in der Regierung, solange sich die Parteiorganisation für die Wahlkampagnen »gefechtsbereit halten«. Er stellt aber auch fest, daß die Parteibeamten und einflußreichen Angestellten von Interessengruppen Politikern, deren Macht auf dem Vertrauen beruht, eher Mißtrauen entgegenbringen. Bei allgemeinem, gleichem Wahlrecht sind Spannungen zwischen charismatischer Herrschaft und den Forderungen der modernen Parteiorganisation ein spezifisches Kennzeichen der Wahlen. Das Charisma eines Kandidaten als Redner kann von überragender Bedeutung in einer Wahlkampagne sein, obwohl seine Nominierung weitgehend in der Hand der Parteibeamten liegt, welche die Kontrolle über die großen Geldmittel, die benötigt werden, ausüben. Die Zahl der Reden pflegt in den modernen Wahlkampagnen ständig zu steigen, wobei der Gewinn an Massenwirkung auf Kosten des inneren Gehalts geht. Die Wahlreden sollen in erster Linie emotional wirken, dem Volk eine Vorstellung von der Macht der Partei und ihrer Siegesgewißheit und ein Gefühl für die charismatische Führerqualifikation des Kandidaten vermitteln. Wenn im Wahlkampf das persönliche Charisma des Führers zum Vorschein kommt, kann er sich von der Parteiorganisation unabhängig machen und mit ihr in Konflikt geraten. Kraft seiner charismatischen

Gabe, die Wählerstimmen zugunsten der Partei zu vermehren, kann der charismatische Führer die etablierten Interessen zerstören, und zwar unabhängig von dem Bürokratisierungsgrad einer Parteiorganisation mit ihren Funktionären und ihrer Abhängigkeit von Mitgliedsbeiträgen und Parteiunternehmen (wie in Europa) oder von Geldgebern, persönlichen Verbindungen und Einfluß auf die Patronage (wie in den Vereinigten Staaten). Das charismatische Element ist in diesem Sinne ein integrierender Bestandteil des Parteisystems, weil die Auswahl der Repräsentanten von der Wahl der Beherrschten abhängt, ungeachtet des großen Einflusses der Parteiorganisation auf den Wahlvorgang.

Die Möglichkeit politischer Führung ergibt sich auch auf Grund verschiedener technischer Aspekte der repräsentativen Demokratie und trotz der Tatsache, daß die Bürokratie der politischen Führerschaft entgegenwirkt. Ein gewählter Volksvertreter kann nicht ohne weiteres als »Diener« seines Wahlbezirks, d. h. als Delegierter im wirklichen Sinne fungieren. Verschiedene Methoden sind angewandt worden, um die Repräsentanten enger an die Wünsche ihrer Wähler zu binden, aber diese Methoden wie Abberufung der Repräsentanten, Überprüfung der Parlamentsbeschlüsse durch das Referendum oder häufigere Wahlen haben in Webers Urteil ihren Zweck nicht erreicht. Wenn die Abhängigkeit des Repräsentanten von seinen Wählern erhöht wird, wächst die Macht der Parteiorganisation über ihn, da die Mobilisierung der Wähler in der Hand dieser Organisation liegt. Referenden beeinträchtigen die Elastizität des Parlaments, und häufige Wahlen sind zu kostspielig. Das führt dazu, daß die meisten Repräsentativsysteme den Volksvertreter als den gewählten Führer oder »gekürten Herrn« und nicht als Diener der Wähler behandeln. Die Verfassungen bringen das zum Ausdruck, wenn sie feststellen, daß der Repräsentant – ebenso wie der Monarch – nicht für seine Abstimmungen im Parlament verantwortlich ist, und daß er »die Interessen des ganzen Volkes vertrete«. Die faktische Macht der Repräsentation ist natürlich sehr verschieden, was von den historischen und technischen Unterschieden der Wahlsysteme abhängt. Diese Unterschiede sind jedoch weniger wichtig als Webers allgemeine Schlußfolgerung hinsichtlich der Rolle der Führung in einer Demokratie.

Bei allgemeinem, gleichem Wahlrecht muß das ganze Volk angesprochen werden, und wo die ganze Bevölkerung den höchsten Gewaltträger durch direkte Abstimmung in einem Plebiszit wählt, wird aus der Parteiorganisation eine moderne Gefolgschaft von Gefolgs- und Lehnsleuten, und die Wahl wird zu einem Bekenntnis des Glaubens und Vertrauens an den Führer durch »Akklamation«. Eine cäsaristische Wendung tritt ein, wenn die politische Stellung eines Führers »auf der Tatsache des Vertrauens der Massen, nicht der Parlamente, beruht ...«[19], und für Weber waren Massendemagogie und diktatorische Herrschaft integrierte Elemente selbst der lebensfähigsten Demokratien. Er argumentierte jedoch, daß diese unleugbaren Gefahren komparativ eingeschätzt werden müssen und nicht dazu benutzt werden dürfen, als Entschuldigung für die Opposition gegen die Demokratie zu dienen, wie dies zu seiner Zeit der Fall gewesen ist.

Weber stellte auch hier wieder bürokratische und politische Herrschaft einander gegenüber, um zu einer politischen Beurteilung des Wahlvorganges zu gelangen. Die Auslese von Beamten und die Wahl von Politikern sind Alternativmethoden der Führerauswahl. Jede bürokratische Personalauswahl ist dem Scheinwerferlicht der Öffentlichkeit entzogen. Bestenfalls empfehlen sich die Beamten ihren Vorgesetzten durch ihre Leistung, schlimmstenfalls durch ihre Unterwürfigkeit; in keinem dieser Fälle sind ihre Fähigkeiten mit denen eines politischen Führers vergleichbar. Der Parteiführer oder Politiker ist dagegen ständig der öffentlichen Kritik seiner Feinde und Konkurrenten ausgesetzt, und er kann sicher sein, daß alle Motive und Mittel seines Aufstiegs zur Macht eingehend betrachtet werden. Demagogische Massenbeeinflussung sind ein Teil dieses Kampfes, und der erfolgreiche politische Führer ist zweifellos ein Mann, der geprüft worden ist.

Weber gab ohne weiteres zu, daß die im Wahlkampf benutzten Mittel zu schlimmstem Mißbrauch führen können. Redner, denen jeder politische Charakter und jede politische Begabung abgeht, können an die Macht gelangen; Finanzmittel in der Verfügungsgewalt einer Niete können den Ausschlag geben; vor allem können aber durch demagogische Appelle an das Gefühl und die kurzsichtigsten Interessen die schlechtesten, statt die besten Führer an die Macht gelangen. Aber diese und andere unbestrittene Übel sind vollkommen unabhängig von der Regierungsform, und die Wahrscheinlichkeit ihres Auftretens ist unter monarchischem Absolutismus ebenso groß wie unter demokratischen Institutionen.

Webers positive Bewertung des Wahlvorgangs erfährt also in zweierlei Hinsicht eine Einschränkung. Die Auswahl der Führer bei gleichem Wahlrecht ist dem Ernennungsverfahren einer Bürokratie überlegen, aber die durch allgemeines Wahlrecht und demagogische Massenbeeinflussung gegebenen Gefahren müssen in Rechnung gestellt werden; sie können nicht vollständig beseitigt werden, genausowenig wie vergleichbare Gefahren in anderen Herrschaftssystemen. Eine große Gefahr der Massendemokratie verdient jedoch besondere Beachtung: die Vorherrschaft der emotionalen über die rationalen Elemente bei der politischen Entscheidung. Obgleich diese Gefahr sich in jedem Land entsprechend der kulturellen Tradition und der institutionellen Sicherungen unterschiedlich gestaltet, können ihre allgemeinen Aspekte als die Spannung zwischen bürokratischer Verwaltung und politischer Führung gekennzeichnet werden.

Beamtenherrschaft und Parlamentsherrschaft. Weber stellte die »Politik der Straße« und den »Syndikalismus der Unreife« als die äußersten Extreme der Massendemokratie hin. Seiner Ansicht nach ist die Gefahr der Herrschaft der Straße dort am größten, wo das Parlament machtlos oder in Mißkredit geraten ist, wo straff organisierte politische Parteien fehlen, wo der Appell an die Furcht erfolgreich sein kann, weil die Herrschenden leicht die Nerven verlieren und das Bürgertum feige ist, und schließlich wo in den Großstädten Tagediebe und Kaffeehausintellektuelle sich beim Fehlen eines organisierten Proletariats an der politischen Agitation beteiligen.

Die Bedeutung dieser verschiedenen Faktoren ist unterschiedlich. Im Hinblick auf Deutschland wich Weber in ihrer Bewertung von den meisten seiner Zeitgenossen ab. Er glaubte, daß die Sozialdemokratische Partei und die Gewerkschaften wesentliche, stabilisierende Faktoren waren. Eine freischwebende Intelligenz wie in Frankreich oder in Italien existierte in Deutschland nicht. Die Schwierigkeit des deutschen Problems lag nach Webers Ansicht darin, daß das Parlament keine positiven politischen Aufgaben hatte. Die Stärkung des Parlaments und damit der politischen Parteien war erfolgreich untergraben worden, indem man auf die Karte der »Angst vor der Demokratie« setzte, wie sie in monarchischen Kreisen, in der Verwaltung und in den Reihen des Mittelstandes grassierte. Webers Ziel war es deshalb zu zeigen, daß diese Furcht unberechtigt war, daß ein wirkungsvolles parlamentarisches Führertum ein Bollwerk gegen die Herrschaft der Straße ebenso wie eine Sicherheitskontrolle gegen die Mißbräuche der monarchischen und der in den Händen von Beamten liegenden bürokratischen Herrschaft bilden konnte.

Unter dem System der legalen Herrschaft liegt die Ausübung der Macht hinsichtlich Alltagsfragen in der Hand der Staatsverwaltung, und diese unterliegt der Herrschaft des Rechts nur, wenn die Verabschiedung von Gesetzen und ihre Durchführung von politischen Führern kontrolliert wird. Es müssen deshalb die Bedingungen untersucht werden, die sich ergeben, wenn die Verwaltung in die Politik eingreift – ein Vorgang, der als »Pathologie« der legalen Herrschaft bezeichnet werden kann. Zusätzlich untersuchte Weber die Bedingungen, die für die politische Willensbildung unter parlamentarischem Führertum förderlich sind, d. h. die Bedingungen, die eine politische Kontrolle der Verwaltung fördern.

Eine gut funktionierende Verwaltung ist das wirksamste Mittel, um weitreichende organisatorische Probleme zu lösen. Aber dieselben Bedingungen, die Weber für ihre optimale Wirksamkeit anführte, können auch zur Unterdrückung der Herrschaft des rationalen Rechts und zu einer Wandlung der Bürokratie von einem Instrument zur Durchsetzung der Macht zu einem Instrument der politischen Entscheidung führen. In diesem Zusammenhang ist das Wissen der Beamten von Bedeutung. Es handelt sich dabei um ein technisches Fachwissen, da die Ernennung von bestimmten anerkannten Qualifikationen abhängt, und zu diesem Fachwissen kommen außerdem organisatorische Kenntnisse, die durch die tägliche Erfahrung und den Umgang mit den Einzelfällen der Verwaltung erworben werden. Unter den gegenwärtigen Verhältnissen besteht die einzige Alternative zu einer Verwaltung durch Beamte, die dieses Wissen besitzen, in einer Verwaltung durch Dilettanten. Diese Alternative entfällt, wenn die sachverständige Durchführung der Funktionen für unentbehrlich zur Erhaltung und Förderung der Ordnung und Wohlfahrt gehalten wird. Das technische und organisatorische Wissen des Beamten ist also ein Zeichen seiner Unentbehrlichkeit, und darauf beruht seine Macht, wenn er nicht von Leuten kontrolliert wird, die nicht nur die Autorität, ihn zu kontrollieren, sondern auch das Wissen haben, um diese Kontrolle wirkungsvoll zu gestalten. Diese Bedingung war in Webers Augen besonders wichtig, da die Beamten ihre Überlegenheit als technische und organisatorische Sachverständige dadurch stützten, daß sie ihre Amtsgeschäfte für geheim erklärten und sich damit gegen äußere Kontrolle und Beaufsichtigung abschirmten. Diese Tendenz zur Geheimhaltung ist dort sinnvoll, wo die Machtinteressen einer Organisation im Kampf mit feindlichen Organisationen auf dem Spiel stehen. Privatunternehmen, politische Parteien, militärische Einrichtungen und Auslandsämter üben strikte Geheimhaltung, um ihre Erfolgschancen zu erhöhen. Aber diese Geheimniskrämerei existiert auch ohne vernünftige Berechtigung. Jede Verwaltung wird ihr Wissen und ihre Tätigkeit geheimhalten, sofern sie nicht gezwungen wird, sie aufzudecken, und sie wird im Bedarfsfalle die Existenz feindlicher Interessen vorschützen, um die Geheimhaltung zu rechtfertigen. Eindeutig untergraben derartige Praktiken die Herrschaft des Rechts, denn eine Verwaltung, die nicht beaufsichtigt und kontrolliert werden kann, hat die Tendenz, selbst eine Rechtsordnung zu werden.

Diese Erwägungen ergeben sich aus Webers Begriff der Bürokratie als einer Verwaltung in der Hand von Beamten, die das erforderliche Fachwissen besitzen. Der Definition nach sind diese Beamten kenntnisreicher und mithin mächtiger als diejenigen, die sie beaufsichtigen, zumindest dann, wenn keine Sonderregelungen für eine wirksame Kontrolle getroffen werden. Eine Verwaltungsbürokratie, die ihr Wissen und ihre Geheimhaltungspraktiken benutzt, um sich der Beaufsichtigung und der Kontrolle zu entziehen, gefährdet die legale Herrschaft, indem sie sich der gesetzgebenden oder der politischen Entscheidungsgewalt bemächtigt, die eigentlich aus dem politischen und legislativen Verfahren abgeleitet werden sollten.

Die Folge dieser Usurpation ist die Beamtenherrschaft, wie die im kaiserlichen Deutschland. Durch Bismarcks Manipulationen ist das Parlament von der Beteiligung an der politischen Führung der Nation ausgeschlossen worden. Das Ergebnis war eine Art »negative Politik«, die die Macht des Parlaments auf die Ablehnung von Haushaltsmitteln und Gesetzesvorschlägen, die aus der Verwaltung kamen, reduzierte. Unter diesen Umständen wurden aus Parlament und Bürokratie feindliche Mächte. Die Beamten erteilten der gesetzgebenden Gewalt nur ein Mindestmaß an Auskünften, weil sie in ihr eine Versammlung »impotenter Nörgler und Besserwisser« sahen, einen »Hemmschuh« für die schnelle Erledigung der Vorgänge. Auf der anderen Seite betrachteten die Parlamentarier und die Wähler allgemein die Bürokratie als »eine Kaste von Strebern und Bütteln, denen das Volk als Objekt ihrer lästigen und zum guten Teil überflüssigen Künste gegenüberstehe«[20].

In einer solchen Situation ging die politische Führung verloren; über Ernennungen, Beförderungen und Ämterpatronage bestimmte die Bürokratie, die keiner äußeren Gewalt gegenüber verantwortlich war, während die höchsten politischen Posten auf der Grundlage persönlicher Beziehungen von fähigen Beamten besetzt wurden, die nicht einmal ein Mindestmaß an politischer Begabung besaßen. Diese Leute blieben so lange im Amt, bis irgendeine Intrige dazu führte, daß sie durch gleichartige andere Leute ersetzt wurden. Weber stellte fest, daß unter der Beamtenschaft die Übel des persönlichen Einflusses und des persönlichen Machtkampfes, die unter allen Herrschaftssystemen anzutreffen sind, in gesteigerter Form auftreten, weil sie hinter verschlossenen Türen und ohne jede Möglichkeit einer Kontrolle ständig fortgesetzt werden.

Die Führung der Parlamentsgeschäfte hängt davon ab, daß sie Einfluß auf die politische Entscheidung hat; ist das nicht der Fall, bleiben die Reden und Ausschußtreffen rein rhetorische Übungen. Wenn ein Repräsentant im Parlament spricht, bringt er nicht seine persönliche Meinung zum Ausdruck oder versucht, seinen Gegner zu überzeugen, er gibt vielmehr eine offizielle Erklärung im Auftrage der Partei ab (wenn die Parteien unter Fraktionszwang stehen) oder für sich selbst und seine politischen Bundesgenossen innerhalb seiner Partei (wo Parteien Sammelbecken verschiedener politischer Gruppierungen wie in den Vereinigten Staaten darstellen). Solche Reden sind meist das Ergebnis vorheriger Fraktionsbesprechungen, in denen sich die Partei entweder als ganze für eine bestimmte politische Linie ausgesprochen hat oder in denen ein Kompromiß unter den Parteimeinungen erreicht worden ist. Der Einfluß innerhalb des Parlaments hängt weitgehend von der Arbeit ab, die ein Repräsentant hinter den Kulissen in den Ausschüssen leistet, und diese Arbeit hängt wiederum von seinem persönlichen Stab ab. Im kaiserlichen Deutschland war nach Webers Meinung diese ganze Tätigkeit ein fruchtloses Unterfangen, da weder die Tätigkeit im Parlament noch die Führung in der Partei eine verantwortliche Teilnahme an der Staatsführung ermöglichte. Es war in Webers Auffassung verderblich, daß die Reichsverfassung die Parteiführer zwang, ihre Position als Repräsentanten ihrer Partei im Parlament aufzugeben, wenn sie in leitende Staatsstellungen beordert wurden. Auf diese Art und Weise wurde die Führung der politischen Parteien »geköpft«, während die Regierung Staatsbeamte erhielt, die weder Politiker (da sie ihre Parteibindungen auflösen mußten) noch ausgebildete Verwaltungsfachkräfte (da ihre Parteitätigkeit ihnen die Erfahrungen einer Amtslaufbahn verschlossen hatte) waren. Darüber hinaus mußten Parlamentarier, die zu Ministern ernannt wurden, den früher von ihnen vertretenen politischen Anschauungen abschwören, um im führenden Kreis der Regierung und am Hof »hoffähig« zu sein. Der Deutsche Reichstag war auf diese Art und Weise ein Sprungbrett für talentierte Ministerialbeamte, aber keine Arena für Kandidaten der politischen Führung, da diese nicht an Amtsstellen mit Gehalt und Rang, sondern an der Macht mit politischer Verantwortung interessiert waren. Schließlich galt es als »würdelos« für einen Staatsmann, ein Parteiführer zu sein.

Welches sind im Gegensatz dazu die Bedingungen, unter denen ein Parlament positive politische Aufgaben erfüllt? Ein modernes Parlament ist in erster Linie eine Versammlung von Delegierten, die eine durch die Mittel der Bürokratie kraft gesatzten Rechts beherrschte Bevölkerung repräsentieren. Die Delegierten bringen durch ihre Tätigkeit das Mindestmaß an Zustimmung zum Ausdruck, das die legale Herrschaft erhält. Die entscheidende Waffe in ihrer Hand ist das Budgetrecht. Auf dieser Basis können sie noch andere Rechte besitzen, wie z. B. daß die wichtigsten Verwaltungsleiter der Regierung nur so lange im Amt bleiben, wie sie das Vertrauen der parlamentarischen Mehrheit besitzen, oder daß diese Beamten vor parlamentarischen Ausschüssen auskunftspflichtig sind.

Demgemäß unterliegt die Verwaltung der gesetzgeberischen Gewalt parlamentarischer Kontrolle.

Wenn diese Aufgaben erfüllt werden, ist das Parlament an der staatlichen Politik beteiligt, und diese Beteiligung hängt von dem Machtkampf der Parteien ab. Die politischen Parteien stehen untereinander im Wettkampf um die Ernennung ihrer Führer zu den höchsten politischen Stellungen, wo sie die Verantwortung für die politischen Entscheidungen des Staates übernehmen. In diesen politischen Auseinandersetzungen verbinden sich die unterschiedlichen Grundüberzeugungen und Urteile unlösbar mit starkem persönlichem Machtstreben. Männer mit echter politischer Begabung reizt auch der politische Kampf; sie streben danach, an der Macht teilzunehmen und im Staat die Verantwortung zu tragen. Für Weber war entscheidend, daß die Parteiführer Eigenschaften besitzen, die sie auch für die Ernennung oder Wahl zu führenden Staatsämtern qualifizieren, entweder so, wie es in England geschieht, wo sich das Kabinett aus den Führern der siegreichen Partei zusammensetzt, oder in der amerikanischen Weise, wo der Parteiführer in die höchste Amtsstellung gewählt wird. Wie alle menschlichen Einrichtungen hat auch dieses Verfahren seine eigenen Schwächen. Die Zahl der echten politischen Führer wird zwangsläufig immer gering sein, und zwar selbst in einem funktionsfähigen Parlament. Die Männer, die sich dort durchsetzen, werden im großen und ganzen gesehen nicht die hervorragendsten Persönlichkeiten, sondern diejenigen sein, in die das Volk Vertrauen setzt, und die ein Mindestmaß an politischem Scharfsinn besitzen; die Wähler müssen sich also jeweils zwischen den »kleineren Übeln« entscheiden. Auch die Mehrheit der Repräsentation im Parlament ist notwendigerweise nicht von überragender Bedeutung, und sie ordnen sich dem gewählten Parteiführer nur unter, wenn ihr eigener Erfolg oder der Erfolg der Partei davon abhängt. Mit diesen Aspekten der Parlamentsherrschaft verbindet sich der diktatorische Einschlag der Massendemagogie als unaustilgbares Element der Demokratie. Weber war jedoch der Ansicht, daß diese Nachteile gering sind im Vergleich mit den Schäden, die machtlose Parteien, nominelle Parlamente und autokratische Bürokratien anrichten konnten. Trotz ihrer Schwächen hat die Demokratie einen sehr großen Vorteil: Sie führt zu einer klaren Verteilung der Verantwortung für politische Entscheidung.

Sobald die politischen Führer gewählt sind, stehen sie in dieser Verantwortung, und sie können ihren Teil daran nur durch ihre Tätigkeit im Parlament erfüllen. In einem System der legalen Herrschaft stellen die Politiker ein unentbehrliches Gegengewicht zur Beamtenschaft dar. Wenn die Herrschaft durch Recht wirksam sein soll, müssen die Politiker parlamentarische Kontrolle über die Verwaltungsbürokratie ausüben, trotz der Tendenz der Beamten, ihre Amtsgeschäfte geheimzuhalten, und trotz der Tatsache, daß die Politiker im Vergleich mit der Sachkenntnis und dem »Dienstwissen« der Beamten unwissende Dilettanten sind. Vorbedingung für eine wirkungsvolle parlamentarische Kontrolle über die Verwaltung sind das Recht zu parlamentarischer Untersuchung und die Möglichkeit zu Kreuzverhören vor Ausschüssen. Weber glaubte, daß die gelegentliche Anwendung dieser Vollmachten ausreichen würde, die Beamten zur Berichterstattung zu zwingen. Er wies darauf hin, daß in England die kluge Anwendung dieser parlamentarischen Untersuchungen, die Berichterstattung darüber in der Presse und das Interesse der Öffentlichkeit daran zum guten Teil für die Integrität der Beamten und den hohen Grad der politischen Bildung verantwortlich sind. Der politische Reifegrad einer Nation hängt nicht von den spektakulären Ereignissen der Parlamentsherrschaft ab, sondern von der Tatsache, »daß eine Nation über die Art der Führung ihrer Geschäfte durch das Beamtentum orientiert ist, sie fortlaufend kontrolliert und beeinflußt«[21]. Nur unter dieser Voraussetzung kann die Öffentlichkeit Verständnis für die Regierungsverwaltung entwickeln und ihr gegenüber eine andere Haltung an den Tag legen als die der Verständnislosigkeit, die unverändert in sterilem Schimpfen über den Bürokratismus endet.

Leistungsfähige Untersuchungskommissionen sind auch die unentbehrliche Grundlage für die parlamentarische Auslese der politischen Führer. Unter den modernen Verhältnissen kann sich politische Führerschaft nur durch das Medium der Sprache, des gesprochenen und geschriebenen Wortes entwickeln. Es kommt deshalb darauf an, ob die Reden und schriftlichen Dokumente der Politiker Geist, einen starken Willen und besonnene Erfahrung zeigen. Unkenntnis, Demagogie und bloße Routine werden dagegen in einem Parlament vorherrschen, das nur Kritik üben kann, ohne sich die Kenntnis der Tatsachen verschaffen zu können, oder in denen Parteiführer nie in die Lage versetzt werden, sich selbst politisch zu bewähren. In einem Parlament mit positiven politischen Funktionen erwirbt der Politiker durch seine intensive Arbeit in den Parlamentskommissionen Einblicke in die Regierungsverwaltung. Diese Kommissionen sind die Übungsplätze nicht für Demagogen, sondern für Berufspolitiker. Das Zusammenwirken zwischen Berufspolitikern und Verwaltungsbeamten erfüllt also zwei Funktionen: die Kontrolle der Bürokratie durch erzwungene Veröffentlichung und die politische Erziehung und Schulung von Führern und Geführten.

Webers Ideal eines verantwortlichen politischen Führers enthält scharf divergierende Züge. Vom Führer muß charismatische Wirkung ausgehen, damit er unter den Bedingungen des allgemeinen Wahlrechts Wahlen gewinnen kann. Dieser »cäsaristische« Zug der Demokratie hat zwei Vorteile: einzelne Führer treffen häufig die großen politischen Entscheidungen, und auf Grund ihrer Herrschaft über die Massen können sie den Folgen der Bürokratisierung in den politischen Parteien und in der Regierungsverwaltung entgegenwirken. Aber diese Massenwirkung ist auch gefährlich, und nur ein funktionsfähiges Parlament kann sie in Schranken halten. Ein solches Parlament ist erforderlich, um eine ständige Verwaltung zu gewährleisten, die Herrschaft des Rechts über den plebiszitären Führer aufrechtzuerhalten und friedliche Mittel bereitzustellen, um sein Mandat zurückzunehmen, wenn er das Vertrauen der Massen verliert. Außerdem bietet das Parlament Politikern, die das Vertrauen der Wähler besitzen, ein geeignetes Mittel, um ihre politische Qualifikation zu beweisen. Die von dem Berufspolitiker geforderten Kenntnisse und Fähigkeiten können nur in parlamentarischen Kommissionen erworben werden, denn ohne Führungsqualitäten in diesem zweiten Sinne kann ein Sieg an den Wahlurnen nicht auf wirkungsvolle Gesetzgebung und parlamentarische Kontrolle der Bürokratie übertragen werden. Die plebiszitäre und die parlamentarische Grundlage der Führung sind deshalb beide unentbehrlich: Ohne allgemeines Wahlrecht *und* ohne Parlament werden Cliquen von politischen Honoratioren und Staatsbeamte sich nicht der Herrschaft des Rechts beugen, sondern es kontrollieren. Die Spannung zwischen Demagogie und Parlamentsherrschaft ist ein Begleitumstand der legalen Herrschaft.

Bürokratie, Bürokratisierung und Entbürokratisierung*

S. N. Eisenstadt

Entwicklungsbedingungen bürokratischer Organisationen

Wir werden mit einer Analyse der Entwicklungsbedingungen bürokratischer Organisationen beginnen und prüfen, inwieweit diese Bedingungen die Existenz verschiedener inhärenter Tendenzen in ihrer Entwicklung und ihren Tätigkeitsmustern erklären können ...
Das verfügbare Material legt nahe, daß bürokratische Organisationen dazu neigen, sich in Gesellschaften zu entwickeln, wenn

1. sich eine weitgehende Differenzierung zwischen wichtigen Rollentypen und institutionellen (ökonomischen, politischen, religiösen usw.) Bereichen entwickelt.
2. Die wichtigsten sozialen Rollen nicht nach Kriterien der Mitgliedschaft in grundsätzlich partikularistischen (Verwandtschafts- oder Territorial-) Gruppen verteilt werden, sondern eher entsprechend universalistischen und Erwerbskriterien oder entsprechend Kriterien der Mitgliedschaft in flexibler konstituierten Gruppen wie beruflichen, religiösen oder »nationalen« Gruppen.
3. Sich viele funktionell spezifische Gruppen (ökonomische, kulturelle, religiöse, sozial-integrative) entwickeln, die nicht in grundsätzlich partikularistische Gruppen eingebettet sind, wie z. B. ökonomische und berufliche Organisationen, verschiedene Typen freiwilliger Vereinigungen, Klubs usw.
4. Die Definition der ganzen Gemeinschaft nicht identisch und somit weiter ist als jede solche grundsätzlich partikularistische Gruppe, wie es z. B. in der Definition der hellenischen Kultur in Byzanz oder in der konfuzianischen kulturellen Ordnung gesehen werden kann.
5. Die wichtigeren Gruppen und Schichten in der Gesellschaft zahlreiche getrennte politische, ökonomische und sozial dienliche Ziele entwickeln, aufrechterhalten und zu erreichen versuchen, die nicht innerhalb des begrenzten Rahmens der grundsätzlich partikularistischen Gruppen zu erreichen sind.
6. Die wachsende Differenzierung in der Sozialstruktur Komplexität in zahlreichen Lebensbereichen nach sich zieht, so wie etwa zu-

* S. N. Eisenstadt, Bureaucracy, Bureaucratization, and Debureaucratication, in: Administrative Science Quarterly 1959, S. 302, 320. Mit freundlicher Genehmigung des Autors. Übersetzt von Claus Mühlfeld und Gisela Goetze.

nehmende Interdependenz zwischen abseits liegenden Gruppen und wachsenden Schwierigkeiten in der Sicherstellung der Versorgung mit Ressourcen und Dienstleistungen.

7. Diese Entwicklungen in gewissem Ausmaß in »freischwebende« Ressourcen münden, d. h. menschliche Arbeitskraft und ökonomische Ressourcen, wie auch Verpflichtungen zur politischen Unterstützung, die in keine primär askriptiv-partikularistischen Gruppen weder eingebettet sind noch ihnen zugesichert sind, wie z. B. finanzielle Ressourcen, eine relativ freie Arbeitskraft und eine freie politische Stimmabgabe. Folglich haben die verschiedenen institutionellen Einheiten in der Gesellschaft miteinander um Ressourcen, menschliche Arbeitskraft und Unterstützung für die Verwirklichung ihrer Ziele und Bereitstellung der Dienstleistungen zu wetteifern; und die größeren sozialen Einheiten stehen vor zahlreichen regulativen und administrativen Problemen.

Das vorhandene Material legt nahe, daß sich bürokratische Organisationen in Relation zu einer solchen Differenzierung im sozialen System entwickeln. Bürokratische Organisationen können bei der Bewältigung einiger Probleme helfen, die sich aus einer solchen Differenzierung ergeben, und sie üben wichtige Funktionen in der Organisation adäquater Dienstleistungen und der Koordination von Tätigkeiten im großen Maßstab aus, in der Verwirklichung verschiedener Ziele, in der Bereitstellung von Ressourcen für verschiedene Gruppen und in der Regulierung verschiedener Beziehungen und Konflikte zwischen Gruppen. Solche bürokratischen Organisationen werden gewöhnlich von bestimmten Eliten (Herrschern, Wirtschaftsunternehmern, usw.) geschaffen, um die dargestellten Probleme zu bewältigen, und für diese Eliten sowohl die Leistung solcher Dienste, als auch die strategischen Machtpositionen in der Gesellschaft sicherzustellen.

In vielen historischen Gesellschaften wurden daher bürokratische Verwaltungen durch Könige geschaffen, die ihre Herrschaft über feudal-aristokratische Kräfte etablierten, und durch ihre Verwaltungen die Kontrolle über die Ressourcen ausüben wollten, die von verschiedenen ökonomischen und sozialen Gruppen geschaffen worden waren, und diese Gruppen mit politischen, ökonomischen und Verwaltungsdiensten versehen wollten, die diese von den Herrschern abhängig machen würden.

In zahlreichen modernen Gesellschaften werden bürokratische Organisationen geschaffen, wenn die Inhaber politischer oder ökonomischer Macht vor Probleme gestellt werden, die aus externen (Krieg, usw.) oder internen (ökonomische Entwicklung, politische Forderungen, usw.) Entwicklungen entstehen. Für die Lösung solcher Probleme haben sie adäquate Ressourcen von verschiedenen Gruppen und aus verschiedenen Lebensbereichen zu mobilisieren.

Offensichtlich müssen diese Folgerungen überprüft und erweitert werden ...

Bürokratisierung und Entbürokratisierung

Eine bürokratische Organisation kann durch ständige Interaktion mit ihrer Umgebung sich erfolgreich diejenigen Charakteristika erhalten, die sie von anderen sozialen Gruppen unterscheidet. Die wichtigsten dieser Charakteristika, den meisten bürokratischen Organisationen gemeinsam und in der Literatur oft betont, ist die Spezialisierung von Rollen und Aufgaben; das Vorherrschen von autonomen, rationalen, nichtpersonalen Regeln in der Organisation; und die allgemeine Orientierung auf rationale, effiziente Verwirklichung spezifischer Ziele hin.[1]

Diese strukturellen Charakteristika entwickeln sich allerdings nicht in einem sozialen Vakuum, sondern stehen in engem Bezug zu den Funktionen und Aktivitäten der bürokratischen Organisation in ihrer Umgebung. Das Ausmaß, in dem sie sich in jeder bürokratischen Organisation entwickeln und bestehen bleiben können, ist abhängig von dem Typus des dynamischen Gleichgewichts, den die Organisation in bezug zu ihrer Umgebung entwickelt. Grundsätzlich können drei Hauptergebnisse solcher Interaktion oder Typen solchen dynamischen Gleichgewichts unterschieden werden, obwohl wahrscheinlich jeder von ihnen weiter unterteilt werden kann und eine gewisse Überschneidung zwischen ihnen auftritt.

Der erste Gleichgewichtstypus ist der, in dem jede gegebene bürokratische Organisation ihre Autonomie und Eigenheit aufrechterhält. Die strukturellen Grundeigenschaften, die sie von anderen sozialen Gruppen unterscheidet und innerhalb derselben sie ihr Ziel oder ihre Ziele (seien es nun ursprüngliche oder später hinzugefügte Ziele) verwirklicht, werden beibehalten, und sie wird überwacht von denen, die legitimerweise dazu befugt sind (Inhaber politischer Macht, »Eigentümer« oder Treuhänderausschuß).

Die zweite Hauptmöglichkeit ist die der Bürokratisierung. Das ist die Ausdehnung der Aktivitätsbereiche der Bürokratie und ihrer Macht entweder in ihrem eigenen Interesse oder bei einem Teil ihrer Elite. Sie neigt zu wachsender Reglementierung verschiedener Bereiche des sozialen Lebens und in gewissem Maß zur Verdrängung ihrer Dienstleistungsziele zugunsten verschiedener Machtinteressen und -orientierungen. Beispiele dafür sind militärische Organisationen, die dazu neigen, ihre Herrschaft dem zivilen Leben aufzuerlegen, oder politische Parteien, die Druck auf ihre potentiellen Anhänger ausüben, mit dem Versuch, ihr privates und ihr Berufsleben zu monopolisieren und sie vollständig von der politischen Partei abhängig zu machen.

Das dritte wichtige Ergebnis ist Entbürokratisierung. Hier findet Umkehrung der Ziele statt und Tätigkeiten der Bürokratie im Interesse verschiedener Gruppen, mit denen sie in enger Interaktion steht (Klienten, Patrone, interessierte Parteien). Bei der Entbürokratisierung werden die spezifischen Merkmale der Bürokratie sowohl in bezug auf ihre Autonomie, als auch ihre spezifische Regeln und Ziele auf ein Mindestmaß verringert, sogar bis zu dem Punkt, an dem ihre tatsächlichen Funktionen und Aktivitäten von anderen Gruppen oder Organisationen übernommen werden. Beispiele dafür können in Fällen gefunden werden, in denen eine Organisation (d. h. eine Elternvereinigung oder eine religiöse oder politische Gruppe) versucht, die Regeln und die Arbeitsweise einer bürokratischen Organisation (Schule, ökonomische Instanz, usw.) zum eigenen Nutzen oder entsprechend den eigenen Werten und Zielen zu verändern. Sie fordert von Mitgliedern bürokratischer Organisationen die Ausführung von Aufgaben, die offensichtlich außerhalb des spezifischen Bereiches dieser Organisationen liegen ...

Selbstverständlich können sich zahlreiche Überschneidungen zwischen diesen verschiedenen Tendenzen und Möglichkeiten entwikkeln. Die Tendenzen zur Bürokratisierung und Entbürokratisierung können sich tatsächlich Seite an Seite entwickeln. So könnte beispielsweise ein wachsender Gebrauch der bürokratischen Organisation und die Ausweitung ihres Tätigkeitsbereiches für Zwecke politischer Kontrolle begleitet sein von der Abweichung von ihren Regeln zum Zwecke der politischen Nützlichkeit. Die Möglichkeit, daß diese Tendenzen im selben Fall auftreten, kann durch die Tatsache erklärt werden, daß eine stabile, dienstleistungsorientierte Bürokratie (der Bürokratietypus, der im *Weberschen* Idealtypus der Bürokratie beschrieben wird) auf der Existenz eines gewissen Gleichgewichts oder eines modus vivendi zwischen professioneller Autonomie und gesellschaftlicher (oder politischer) Kontrolle basiert. Wenn dieses Gleichgewicht einmal ernstlich erschüttert wird, dann mag das Ergebnis in bezug auf die Organisation und die Tätigkeit der Bürokratie die gleichzeitige Entwicklung von Bürokratisierung und Entbürokratisierung in unterschiedlichen Tätigkeitsbereichen sein, obwohl üblicherweise eine dieser Tendenzen stärker betont ist ...

Einige Variablen im Studium der Bürokratie

Es ist bis jetzt noch ziemlich schwierig, irgendwelche endgültige und systematische Hypothesen über dieses Problem vorzuschlagen, da bisher sehr wenig Forschungen zur Verfügung stehen, die spezifisch auf diese bezogen sind[2].

Was auf dieser Stufe getan werden kann ist, erstens, einige Variablen aufzuzeigen, die auf der Basis des zur Verfügung stehenden Materials und der vorangegangenen Diskussion für dieses Problem zentral scheinen, und dann einige vorläufige Hypothesen vorzuschlagen, die Richtungen aufzeigen könnten, in die Forschungsarbeit über dieses Problem versucht werden kann.

Auf der Basis dieser Diskussionen möchten wir vorschlagen, daß (a) die Hauptziele der bürokratischen Organisation, (b) der Ort dieser Ziele in der Sozialstruktur der Gesellschaft, und (c) der Abhängigkeitstypus der Bürokratie von äußeren Kräften (Klienten, Inhabern politischer Macht, oder andere wichtige Gruppen), von großer Bedeutung für die Beeinflussung sowohl ihrer inneren Struktur, als auch ihrer Beziehungen zu ihrer Umwelt sind. Diese verschiedenen Variablen sind nicht identisch, wenn sie auch in gewissem Maß interdependent sind. Jede hebt die Interdependenz der bürokratischen Organisation mit ihrer sozialen Umgebung unter einem anderen Gesichtspunkt hervor. Die Ziele der Bürokratie, wie kürzlich mit großem Detail von Parsons[3] gezeigt worden ist, sind von strategischer Bedeutung, weil sie eines der wichtigsten Verbindungsstücke zwischen einer gegebenen Organisation und der gesamten Sozialstruktur, in die sie gesetzt ist, sind. Das, was vom Gesichtspunkt der Organisation das Hauptziel ist, ist in der Sicht der Gesamtgesellschaft die Funktion der Organisation. Deshalb werden die verschiedenen Zwischenbeziehungen zwischen einer bürokratischen Organisation, anderen Gruppen und der Gesamtgesellschaft weitgehend durch die Art ihrer Ziele vermittelt. Das gilt sowohl für die von der Organisation benötigten Ressourcen, als auch für die Produkte, die sie der Gesellschaft gibt[4].

Aber es ist nicht nur der Inhalt der Ziele, d. h. ob sie hauptsächlich politisch, ökonomisch, kulturell, usw. sind, der die Beziehung der Organisation mit der Umgebung beeinflußt, sondern ebenso der Platz der Ziele in der institutionellen Struktur der Gesellschaft. Mit dem relativen Platz der spezifischen Ziele irgendeiner gegebenen bürokratischen Organisation innerhalb der Gesellschaft meinen wir die Zentralität (oder Marginalität) dieser Ziele in bezug auf das Wert- und Machtsystem der Gesellschaft und das Ausmaß der Legitimation, das ihnen dieses verleiht. So würden offensichtlich zahlreiche Unterschiede zwischen einer großen Unternehmung mit wichtigen Produkten und einer kleinen ökonomischen Organisation mit Randprodukten bestehen; zwischen einer politischen Partei, die der bestehenden Regierung nahesteht und die Funktionen einer »loyalen Opposition« ausübt, und einer revolutionären Gruppe; zwischen etablierten Kirchen und Minderheiten oder militanten Sekten; zwischen voll etablierten Erziehungsinstitutionen und sektiererischen Studien- und Propagandagruppen.

Eine dritte Variable, die die strukturellen Merkmale einer Bürokratie zu beeinflussen scheint, ist das Ausmaß und die Natur ihrer Abhängigkeit von äußeren Ressourcen und Macht. Diese Abhängigkeit oder Beziehung kann in den Begriffen definiert werden:

1. Der Hauptfunktion der Organisation, d. h. ob sie eine Dienstleistungs-, Markt-, oder Instanz zur Rekrutierung von Mitgliedern ist. (Diese Definition ist eng verbunden mit ihren Zielen, aber nicht notwendigerweise identisch mit ihnen).
2. Das Ausmaß, in dem ihre Kundschaft völlig abhängig ist von ihren Produkten, oder umgekehrt, der Typ und das Ausmaß des Wettbewerbs zwischen ihr und parallelen Instanzen.
3. Die Natur und das Ausmaß der inneren (Besitztum) und äußeren Kontrolle.
4. Die Kriterien, die verwendet werden, um den Erfolg der Organisation als solcher und die Leistungen ihrer Mitglieder zu messen, insbesondere das Ausmaß der Veränderungen im Verhalten und der Mitgliedschaft ihrer Klienten (wie z. B. im Fall einer politischen Partei).
5. Die Lebenssphären ihres Personals, die von den Aktivitäten einer gegebenen bürokratischen Organisation umfaßt sind.

Hier wird nicht behauptet, daß diese Liste vollständig ist, aber sie scheint einige vorläufige Hinweise auf die mögliche Richtung weiterer Forschung über dieses Problem zu geben. Alle diese Variablen zeigen die große Interdependenz, die zwischen einer bürokratischen Organisation und ihrer sozialen Umgebung existiert. Jede Variable zeigt einige Wege auf, durch die eine bürokratische Organisation versucht, verschiedene Teile ihrer Umgebung zu kontrollieren, und ihre Ziele einer sich verändernden Umwelt anzupassen, oder einige Formen, in denen Gruppen außerhalb der Bürokratie sie kontrollieren und ihre Aktivitäten leiten. Das Ergebnis dieser andauernden Interaktion variiert fortwährend entsprechend der Konstellation der verschiedenen Variablen.

Bedingungen von Bürokratisierung und Entbürokratisierung

Auf der Basis der vorangegangenen Überlegungen und laufender Forschungstätigkeit, historischen Untersuchungen, wie der von Janowitz[4], über die wir bereits berichtet haben, und laufenden Untersuchungen über die Beziehungen zwischen bürokratischer Organisation und neuen Einwanderern in Israel[5], schlagen wir verschiedene allgemeine Hypothesen über die Bedingungen vor, die Autonomie bewirken oder, umgekehrt, Bürokratisierung oder Entbürokratisierung ...

Die erste dieser Hypothesen schlägt vor, daß die Entwicklung einer jeden gegebenen bürokratischen Organisation als einer relativ autonomen Dienstleistungsinstanz abhängig ist vom Vorhandensein der folgenden Bedingungen in ihrer sozialen Umgebung:

1. Relative Prädominanz universalistischer Elemente in den Orientierungen und Zielen der Gruppen, die am engsten mit der Bürokratie verbunden sind.
2. Relativ weite Streuung von Macht und Werten in den ökonomischen, kulturellen und politischen Bereichen unter vielen Gruppen und Vorliegen eines ständigen Kampfes und Wettbewerbs unter ihnen, oder – in anderen Worten – kein Monopol der wichtigeren Machtpositionen durch irgendeine Gruppe.
3. Eine große Differenzierungsbreite unter verschiedenen Typen von Zielen.
4. Die fortlaufende Spezialisierung und der Wettbewerb zwischen verschiedenen bürokratischen Organisationen und zwischen ihnen und anderen Arten von Gruppen über ihre relativen Standorte in bezug auf die Verwirklichung verschiedener Ziele.
5. Die Existenz stark artikulierter politischer Gruppen und die Aufrechterhaltung der Kontrolle über die Zielverwirklichung durch die legitimen Inhaber politischer, kommunaler oder ökonomischer Macht.

So neigt eine Dienstleistungsbürokratie, die sowohl ein gewisses Ausmaß an Autonomie als auch an Dienstleistungsorientierung beibehält, dazu, sich entweder in einer Gesellschaft wie dem »klassischen« Chinesischen Reich oder dem Byzantinischen Reich vom sechsten bis zum zehnten Jahrhundert zu entwickeln, in der starke politische Herrscher und einige politisch aktive Gruppen existieren, wie die städtischen Gruppen, die Aristokratie und die Kirche im Byzantinischen Reich oder die Literaten und der Landadel in China, deren Bestrebungen von den Herrschern berücksichtigt werden.

Sie neigt auch dazu, sich in einer demokratischen Gesellschaft zu entwickeln, in der effektive politische Macht in einer effizienten, starken, repräsentativen Exekutive fest gefügt ist. In beiden Fällen ist es die Kombination relativ starker politischer Führung mit einiger politischer Artikulation und Aktivität von verschiedenen Schichten und Gruppen (eine Artikulation, die notwendigerweise dazu neigt, in historischen Reichen einen vollkommen anderen Ausdruck zu finden als in modernen Demokratien), die die Erhaltung einer Dienstleistungsbürokratie erleichtert.

In einigen Gesellschaften kann eine Gruppe ein Machtmonopol über Teile ihrer Umgebung und über die Definition und Festsetzung der Gesellschaftsziele und die Aneignung ihrer Ressourcen etablieren. Diese Gruppe kann die Bürokratie als ein Macht- und Manipulationsinstrument benutzen, ihre autonome Funktion und Dienstleistungsorientierung verzerren und einige ihrer Dienstränge durch verschiedenartige Drohungen oder das Anbieten persönlichen Gewinns umdrehen. Das extremste Beispiel solcher Entwicklungen kann historisch in den Gesellschaften gefunden werden, in denen die Herrscher politische Ziele entwickelten, die die heftige Opposition verschiedener aktiver Gruppen, die sie zu unterdrücken trachteten, hervorrief; so wie in Preußen im siebzehnten und achtzehnten Jahrhundert, in zahlreichen Eroberungsreichen wie dem Ottomanischen, oder in den Aristokratisierungsperioden des Byzantinischen Reiches[6]. Moderne Beispiele für eine solche Tendenz sind in totalitären Gesellschaften oder Bewegungen zu finden. Weniger extreme Beispiele können auch in anderen Gesellschaften gefunden werden, und es sollte eine wichtige Aufgabe vergleichender Forschung sein, die verschiedenen möglichen Kombinationen von Bedingungen, die oben genannt wurden und Einfluß auf die mögliche Entwicklung bürokratischer Organisationen nehmen, zu spezifizieren.

Die Entwicklung einer bürokratischen Organisation in Richtung auf Entbürokratisierung scheint hauptsächlich mit dem Wachstum verschiedener Typen *direkter* Abhängigkeit der bürokratischen Organisation von Teilen ihrer Klientel verbunden zu sein. Zum jetzigen Zeitpunkt können wir die folgenden vorläufigen Hypothesen über den Einfluß, den der Abhängigkeitstypus der Bürokratie von ihren Klienten auf einige ihrer Aktivitätsmuster hat, vorschlagen. Erstens, je größer ihre Abhängigkeit von ihrer Klientel in Begriffen von deren Fähigkeit, zu einer konkurrierenden Instanz überzuwechseln, desto stärker wird sie Kommunikationstechniken und zusätzliche Dienste entwickeln müssen, um ihre Klientel zu halten, und desto mehr wird sie von unterschiedlichen Arten von Forderungen ihrer Klientel nach Diensten in Bereichen, die nicht direkt relevant sind für ihre Hauptziele, beeinflußt werden. Zweitens, insofern als ihre Abhängigkeit von ihren Klienten auf die Tatsache zurückzuführen ist, daß ihre Kriterien für eine erfolgreiche organisatorische Leistung auf der Anzahl und dem Verhaltensmuster der Organisationsmitglieder oder -klienten beruhen (wie es bei halbpolitischen Bewegungen, Ausbildungsinstitutionen usw. so oft der Fall ist), wird sie ein Interesse an zahlreichen Aktivitätsbereichen ihrer Klienten entwickeln müssen, und entweder eine Kontrolle über diese etablieren oder deren Einfluß und deren Richtung unterworfen sein. Schließlich wird, je größer ihre direkte Abhängigkeit von verschiedenen Teilnehmern in der politischen Arena ist, und je geringer die fundamentalen ökonomischen Hilfsmittel und die politische Sicherheit sind, die ihr von den Inhabern politischer Macht gewährt werden – wie es der Fall bei einigen öffentlichen Organisationen in den Vereinigten Staaten und in gewissem Ausmaß auch bei verschiedenen Organisationen in Israel[7] ist –, desto größer wird ihre Tendenz sein, den Forderungen verschiedener politischer und ökonomischer Interessengruppen nachzugeben und ihre Tätigkeiten entsprechend zu entwickeln und ihre eigenen Regeln abzuändern.

Wie bereits aufgezeigt wurde, kann in konkreten Fällen eine Überschneidung zwischen den Tendenzen zur Bürokratisierung und zur Entbürokratisierung stattfinden. So beispielsweise dann, wenn eine politisch monopolistische Gruppe Kontrolle über eine bürokratische Organisation gewinnt, kann sie die Regeln dieser Organisation verändern, um den Inhabern politischer Macht besondere Begünstigungen zu geben, oder um den Zugriff über verschiedene Teile der Bevölkerung aufrechtzuerhalten. Andererseits, wenn ein Prozeß der Debürokratisierung wegen des wachsenden Drucks verschiedener Gruppen auf eine Bürokratie einsetzt, dann kann sich innerhalb der bürokratischen Organisation, als eine Art von Verteidigung gegen diesen Druck, eine Tendenz zur Formalisierung und zur Bürokratisierung entwickeln. Das zeigt, daß die unterscheidenden Charakteristika einer spezifisch bürokratischen Organisation und Rolle in verschiedene Richtung gedrängt worden sind und man üblicherweise unterscheiden kann, welche dieser Tendenzen in verschiedenen Aktivitätsbereichen der Bürokratie prädominant ist. Es ist die Aufgabe weiterer Forschung, diese verschiedenen Konstellationen eingehender zu analysieren.

Bürokratische Struktur und Persönlichkeit*

R. K. Merton

Eine formale, rational organisierte Sozialstruktur enthält klar definierte Handlungsmuster, in denen im Idealfall jede Aktionsfolge funktionell auf die Ziele der Organisation bezogen ist[1]. In solch einer Organisation ist eine Reihe von Ämtern, von hierarchisch geordneten Status integriert, an die eine Anzahl von Verpflichtungen und Privilegien geknüpft sind, die jeweils durch eng begrenzte und spezifische Regeln genau definiert sind. Jedem dieser Ämter ist ein bestimmter Bereich von Kompetenz und Verantwortlichkeit zugemessen. Autorität, die Verfügungsgewalt, die sich von einem anerkannten Status herleitet, wohnt dem Amt inne und nicht der einzelnen Person, die die offizielle Rolle spielt. Offizielle Tätigkeit vollzieht sich normalerweise innerhalb des Rahmens schon bestehender Regeln der Organisation. Das System vorgegebener Beziehungen zwischen den verschiedenen Ämtern impliziert ein beträchtliches Maß an Formalität und klar definierte soziale Distanz zwischen den Inhabern dieser Positionen. Die Formalität manifestiert sich in einem mehr oder weniger komplizierten sozialen Ritual, das die »Hackordnung« der verschiedenen Ämter symbolisiert und erhält. Solche Formalität, die integriert ist mit der Autoritätsverteilung innerhalb des Systems, dient dazu, Reibungen auf ein Minimum zu reduzieren, indem sie die (offiziellen) Kontakte auf solche beschränkt, die bereits durch Regeln der Organisation definiert sind. So werden leichte Kalkulierbarkeit des Verhaltens anderer und ein fester Satz wechselseitiger Erwartungen geschaffen. Zudem erleichtert Formalität den Inhabern der Ämter die Interaktion trotz ihrer privaten (möglicherweise feindlichen) Einstellungen zueinander. Auf diese Weise wird der Untergeordnete vor Willkürhandlungen seines Vorgesetzten geschützt, da die Handlungen beider von gemeinsam akzeptierten Regeln bestimmt werden. Spezifische Verfahrensanweisungen festigen die Objektivität und verhindern eine »rasche Umsetzung von Impulsen in Aktion«[2].

* R. K. Merton, Bürokratische Struktur und Persönlichkeit, in: R. Mayntz (Hg.), Bürokratische Organisation, Köln/Berlin 1968, S. 265–276. Mit freundlicher Genehmigung des Autors und des Verlags Kiepenheuer & Witsch.

Die Struktur der Bürokratie

Der Idealtypus einer solchen formalen Organisation ist die Bürokratie, und in vieler Hinsicht ist die klassische Analyse von Bürokratie jene von *Max Weber*[3]. Wie Weber aufzeigt, impliziert Bürokratie die klar umrissene Teilung von integrierten Aktivitäten, die als dem Amt immanente Pflichten angesehen werden. Ein System differenzierter Kontrollen und Sanktionen ist in der Satzung festgelegt. Die Rollenzuweisung geschieht auf der Basis technischer Qualifikationen, die durch formalisierte, unpersönliche Verfahren (z. B. Examina) ermittelt sind. Innerhalb der Struktur von hierarchisch angeordneter Autorität werden die Aktivitäten von »geschulten und festbesoldeten Fachleuten« durch allgemeine, abstrakte und genau definierte Regeln gelenkt, die die Notwendigkeit erübrigen, in jedem einzelnen Falle spezifische Anweisungen zu geben. Damit die Regeln wirklich allgemein sind, bedarf es ständiger *Kategorisierung*, wodurch einzelne Probleme und Fälle nach festgelegten Kriterien klassifiziert und entsprechend behandelt werden. Der reine Typ des Beamten einer Bürokratie wird entweder von einem Vorgesetzten oder aufgrund unpersönlichen Wettbewerbs eingestellt; er wird nicht gewählt. Ein gewisses Maß an Flexibilität in der Bürokratie wird erreicht, indem höhere Beamte gewählt werden, von denen angenommen wird, daß sie den Willen der Wählerschaft ausdrücken (z. B. einer Körperschaft von Bürgern oder einem Direktorenkollegium). Die Wahl höherer Beamter soll sich auf die Ziele der Organisation auswirken, die technischen Verfahren zur Erreichung dieser Ziele jedoch werden von einem ständigen bürokratischen Personal ausgeführt[4].

Die meisten bürokratischen Ämter sind darauf angelegt, auf Lebensdauer eingenommen zu werden, wenn nicht störende Faktoren eintreten, die den Umfang der Organisation verringern könnten. Bürokratie garantiert ein Höchstmaß an beruflicher Sicherheit[5]. Die Funktion beruflicher Sicherheit, der Pensionsberechtigung, regelmäßig steigender Gehälter und geregelter Beförderung ist es, die loyale Erledigung offizieller Pflichten ohne Rücksichtnahme auf äußeren Druck zu sichern[6]. Hauptvorzug der Bürokratie ist ihre technische Effizienz, vor allem ihre Präzision, Schnelligkeit, fachgerechte Ausführung, Kontinuität, Diskretion und das optimale Verhältnis von Aufwand und Ertrag. Die Struktur ist so beschaffen, daß personalisierte Beziehungen und nichtrationale Überlegungen (Feindseligkeit, Angst, affektive Verstrickungen etc.) fast völlig ausgeschaltet sind.

Mit zunehmender Bürokratisierung wird für alle klar, die die Augen offen haben, daß der Mensch in erheblichem Maße durch seine sozialen Beziehungen zu den Produktionsmitteln bestimmt wird. Dies darf heute nicht mehr nur als ein Lehrsatz des Marxismus gelten, sondern muß als schlichte Tatsache von allen anerkannt werden, gleich welcher ideologischen Überzeugung sie sind. Die Bürokratisierung macht deutlich sichtbar, was vorher dunkel und verschwommen war. Immer mehr Menschen entdecken, daß sie angestellt sein müssen, um arbeiten zu können. Denn um arbeiten zu können, braucht man Werkzeug und Ausrüstung. Und Werkzeug und Ausrüstung stehen zunehmend nur in Bürokratien, öffentlichen wie privaten, zur Verfügung. Man muß folglich von den Bürokratien angestellt sein, um Zugang zu den Mitteln zu haben, damit man arbeiten kann, um leben zu können. In diesem Sinne bringt die Bürokratisierung die Trennung der Arbeitenden von ihren Produktionsmitteln mit sich, wie in modernen kapitalistischen Unternehmen oder im kommunistischen Staatsbetrieb (der Spielart um 1951), genau wie in der postfeudalen Armee die Bürokratisierung die völlige Trennung von den Vernichtungsmitteln zur Folge hatte. Der Arbeiter besitzt normalerweise kein eigenes Werkzeug mehr und der Soldat keine eigenen Waffen. Und in diesem speziellen Sinne werden immer mehr Menschen zu Arbeitern, entweder »blue collar« oder »white collar« oder mit steifem Hemd. So entwickelt sich zum Beispiel der neue Typ des wissenschaftlichen Arbeiters, da der Wissenschaftler von seiner technischen Ausrüstung »getrennt« ist – der Physiker etwa ist gewöhnlich nicht Besitzer eines eigenen Zyklotrons. Um an seiner Forschung arbeiten zu können, muß er in einer Bürokratie beschäftigt sein, die über Laboratorien verfügt.

Bürokratie ist Verwaltung, die die öffentliche Diskussion ihrer Techniken fast völlig ausschließt, wenn es auch zur öffentlichen Erörterung ihrer Zielsetzung kommen kann[7]. Diese Geheimhaltung ist weder auf öffentliche noch auf private Bürokratien beschränkt. Sie gilt als notwendig, um wertvolle Informationen privaten wirtschaftlichen Konkurrenten oder fremden und möglicherweise gegnerischen politischen Gruppen vorzuenthalten. Und wenn man es oft auch nicht so nennt, ist Spionage unter Konkurrenten vielleicht ebenso verbreitet, wenn auch nicht ebenso verzweigt organisiert im Bereich privater Wirtschaftsunternehmen wie im Bereich der Nationalstaaten. Kostenrechnungen, Kundenlisten, neue technische Verfahren, Produktionspläne, sie alle werden als wichtige Geheimnisse privater Wirtschaftsbürokratien betrachtet, die offengelegt werden könnten, wenn die Grundlagen aller Entscheidungen und Zielsetzungen öffentlich verteidigt werden müßten.

Dysfunktionen der Bürokratie

Mit diesen groben Umrissen werden die Vorteile und positiven Funktionen von bürokratischer Organisation hervorgehoben, während die inneren Spannungen solcher Strukturen fast völlig außer acht gelassen sind. Die Allgemeinheit jedoch weist offensichtlich mit Nachdruck auf die Unvollkommenheiten der Bürokratie hin, was etwa daran deutlich wird, daß das »häßliche Bastardwort« Bürokrat zu einem Schimpfwort wurde. Die Untersuchung der negativen Aspekte von Bürokratie wird erleichtert durch die Anwendung des Veblenschen Begriffs der »geschulten Unfähigkeit«, Deweys »Berufspsychose« oder Warnottes »beruflicher Deformation«. Geschulte Unfähigkeit bezieht sich auf einen Zustand, in dem die Fähigkeiten des Einzelnen sich als Unangemessenheit oder blinder Fleck auswirken. Handlungen, die auf Schulung und auf Fähigkeiten beruhen, welche in der Vergangenheit durchaus zum Erfolg führten, können *unter veränderten Umständen* zu unangemessenen Reaktionen führen. Unzureichende Flexibilität in der Anwendung von Fähigkeiten führt in einem sich wandelnden Milieu zu mehr oder weniger ernsten Fehlanpassungen[8]. So können etwa, um zur Illustration ein Beispiel vom Bauernhof zu nehmen, das Burke in diesem Zusammenhang bringt, Hühner leicht dazu konditioniert werden, den Ton einer Glocke als Signal für ihre Fütterung zu deuten. Dieselbe Glocke kann dann dazu benutzt werden, die »geschulten Hühner« zu ihrem eigenen Untergang herbeizurufen, wenn man sie nämlich schlachten will. Im allgemeinen hält man an Maßnahmen fest, die mit der früheren Schulung im Einklang stehen, und unter neuen Bedingungen, die man nicht für *signifikant* andersartig hält, kann gerade die Gründlichkeit dieser Schulung zur Anwendung der falschen Verfahren führen. Noch einmal, in der fast echohaften Wendung von Burke: »Menschen können ungeeignet sein dadurch, daß sie geeignet sind in einer ungeeigneten Geeignetheit«; ihre Ausbildung kann sie unfähig machen.

Deweys Begriff der Berufspsychose beruht weitgehend auf denselben Beobachtungen. Als Folge der täglichen Routine entwickeln die Einzelnen besondere Präferenzen, Antipathien, Diskriminierungen und Begünstigungen[9]. (Die Bezeichnung Psychose soll bei Dewey einen »prononcierten seelisch-geistigen Zustand« benennen.) Diese Psychosen entstehen aus Forderungen, die an den Einzelnen durch die besondere Struktur seiner beruflichen Rolle gestellt werden.

Die Begriffe von Veblen wie von Dewey beziehen sich auf eine fundamentale Ambivalenz. Jede Handlung kann danach beurteilt werden, was sie erreicht oder was sie nicht zu erreichen imstande ist. »Eine bestimmte Art, zu sehen, ist immer auch schon eine Art, nicht zu sehen – die Konzentration auf Objekt A bedeutet zugleich die Vernachlässigung von Objekt B[10].« Weber ist in seinen Erörterungen fast ausschließlich mit dem beschäftigt, was bürokratische Struktur leistet: Präzision, Verläßlichkeit, Effizienz. Dieselbe Struktur kann aus einer anderen Perspektive gesehen werden, die durch die Ambivalenz gegeben ist. Welches sind die Grenzen der Organisation, die die genannten Ziele erreichen soll?

Aus Gründen, die wir bereits genannt haben, übt die bürokratische Struktur auf den Beamten einen dauernden Druck aus, sich »methodisch, klug und diszipliniert« zu verhalten. Wenn die Bürokratie erfolgreich arbeiten soll, muß sie ein hohes Maß an Verläßlichkeit des Verhaltens und ein ungewöhnliches Maß an Konformität mit vorgegebenen Aktionsmustern erzielen. Daher die grundlegende Bedeutung der Disziplin, die in einer Religions- oder Wirtschaftsbürokratie ebenso stark entwickelt sein kann wie in der Armee. Disziplin ist nur effektiv, wenn die Idealmuster gestützt werden durch starke Gefühle, welche Hingabe an die eigene Aufgabe, einen wachen Sinn für die Grenzen der eigenen Autorität und Kompetenz und die methodische Ausführung von Routinehandlungen zur Folge haben. Die Wirksamkeit einer Sozialstruktur hängt letztlich davon ab, den Beteiligten die angemessenen Einstellungen und Gefühle zu vermitteln. Wir werden sehen, daß es in der Bürokratie bestimmte Mechanismen gibt, um diese Gefühle einzuprägen und zu verstärken.

Im Augenblick genügt es, zu bemerken, daß diese Gefühle, um Disziplin (die notwendige Verläßlichkeit der Reaktion) zu gewährleisten, häufig viel intensiver sind, als technisch notwendig wäre. Es ist sozusagen ein Sicherheitsspielraum vorhanden im Maß des Drucks, der durch diese Gefühle auf den Bürokraten ausgeübt wird, um seinen vorgegebenen Pflichten zu genügen, etwa im gleichen Sinne, wie ein Ingenieur bei der Konstruktion von Stützpfeilern für eine Brücke einen Spielraum (vorsorgliche Überschätzungen) einkalkuliert. Aber gerade dieser Nachdruck führt zu einer Verschiebung der Gefühle von den *Zielen* der Organisation weg auf die besonderen Details des von den Normen geforderten Verhaltens. Die Befolgung der Regeln, ursprünglich ein Mittel, wird zum Selbstzweck; es kommt zu dem wohlbekannten Prozeß der *Verschiebung von Zielen,* wodurch ein »instrumenteller Wert zum Endwert« wird[11]. Die Disziplin, leicht als Regeltreue in jedweder Situation verstanden, wird vom Bürokraten nicht als Maßnahme zur Erfüllung bestimmter Zwecke gesehen, sondern wird zu einem unmittelbaren Wert in seiner Lebensführung. Diese aus der Verschiebung der ursprünglichen Ziele herrührende Betonung von Disziplin führt zu Starrheiten und zur Unfähigkeit, sich leicht anzupassen. Formalismus und sogar

Ritualismus sind die Folgen des unbeirrten Beharrens auf der peinlich genauen Einhaltung formalisierter Verfahrensweisen[12]. Dies kann bis zu dem Punkt übertrieben werden, wo die primäre Bemühung um Übereinstimmung mit den Regeln die Erfüllung der Organisationsziele beeinträchtigt; das ist das bekannte Phänomen des Technizismus oder Bürokratismus von Beamten (Amtsschimmel). Ein extremes Produkt dieses Prozesses der Zielverschiebung ist der bürokratische Virtuose, der niemals auch nur eine einzige Regel für seine Amtshandlungen außer acht läßt und dadurch vielen seiner Klienten gar nicht helfen kann[13]. Ein Fall, wo die strikte Beachtung der Zuständigkeit und die buchstabengetreue Befolgung der Vorschriften dieses Ergebnis hatte, ist die ergreifende Zwangslage von Bernt Balchen, dem Piloten von Admiral Byrd bei dessen Flug über den Südpol.

Strukturelle Gründe für Überkonformität

Solche Unangemessenheiten der Orientierung, die geschulte Unfähigkeit nach sich ziehen, haben eindeutig strukturelle Ursachen. Der Zusammenhang soll kurz rekapituliert werden. 1. Eine effektive Bürokratie erfordert Verläßlichkeit in der Reaktion und strikte Befolgung des Reglements. 2. Solche Treue den Regeln gegenüber führt zu ihrer Umformung in absolute Werte; sie werden nicht mehr bezogen auf vorgegebene Zielsetzungen. 3. Dies stört eine rasche Anpassung unter besonderen Bedingungen, die zur Zeit der Formulierung der allgemeinen Regeln nicht klar vorausgesehen wurden. 4. So erzeugen gerade jene Elemente, die im allgemeinen zur Effektivität führen, in spezifischen Fällen Ineffektivität. Selten kommt den Mitgliedern der Gruppe, die sich nicht von der »Bedeutung« lösen, die die Regeln für sie haben, die Unangemessenheit voll zum Bewußtsein. Diese Regeln werden mit der Zeit eher zu Symbolen, als daß sie noch strengen Nützlichkeitscharakter hätten.
Bisher haben wir die tief verwurzelten Gefühle, die die rigorose Disziplin bedingen, einfach als Daten, als gegeben behandelt. Indessen können bestimmte Züge in der Bürokratiestruktur benannt werden, die diese Gefühle hervorbringen. Das amtliche Leben des Bürokraten ist für ihn in Form einer abgestuften Karriere geplant, und die entsprechenden organisationellen Mittel, wie Beförderung nach dem Senioritätsprinzip, Pensionen, regelmäßig steigende Gehälter etc., sind als Anreiz für diszipliniertes Verhalten und Konformität mit dem offiziellen Reglement gedacht[15]. Vom Beamten wird stillschweigend erwartet, daß er seine Gedanken, Gefühle und Handlungen auf diese seine Karriere ausrichtet, und weitgehend tut er das auch. Aber *gerade diese Mittel*, die die Wahrscheinlichkeit der

Konformität erhöhen, führen auch zu einer übermäßig strengen Einhaltung des Reglements, was dann Ängstlichkeit, Konservatismus und Technizismus mit sich bringt. Die Verschiebung der Gefühle von den Zielen auf die Mittel wird begünstigt durch die enorme symbolische Bedeutung der Mittel (Regeln).

Ein anderes Moment der bürokratischen Struktur führt zu einem sehr ähnlichen Resultat. Beamte haben die Vorstellung von einer Art gemeinsamen Schicksals all derer, die miteinander arbeiten. Sie haben die gleichen Interessen, besonders da es wegen des Senioritätsprinzips bei Beförderungen relativ wenig Konkurrenz zwischen ihnen gibt. Aggressivität innerhalb der Gruppe ist so auf ein Minimum beschränkt, weshalb dieser Zusammenhang als positiv funktional für die Bürokratie begriffen wird. Indes, Korpsgeist und informelle soziale Organisation, die sich typischerweise in solchen Situationen entfalten, motivieren häufig das Personal dazu, eher ihre angestammten Interessen zu verteidigen, als ihrem Publikum und den übergeordneten Wahlbeamten zu Diensten zu stehen. Präsident Lowell etwa schreibt, wenn Bürokraten der Meinung seien, ihr Status werde von einem neuen gewählten Beamten nicht ausreichend respektiert, so würde ihm präzise Information vorenthalten; das lasse ihn Fehler begehen, für die er dann verantwortlich gemacht werde. Versuche er vollständig zu dominieren und verletze er damit das Gefühl der Selbstintegrität der Bürokraten, so könne es ihm passieren, daß er so viele Akten vorgelegt bekomme, daß er mit dem Unterzeichnen nicht fertig werde, geschweige mit dem Lesen[16]. Das illustriert die defensive informelle Organisation, die immer dann entsteht, wenn die Gruppenintegrität anscheinend bedroht ist[17].

Es wäre viel zu einfach und zum Teil auch falsch, wollte man diesen Widerstand der Bürokraten nur ihren angestammten Interessen zuschreiben. Angestammte Interessen laufen jeder neuen Ordnung zuwider, die ihre aus den bestehenden Einrichtungen sich ergebenden Vorteile entweder außer Kraft setzen oder zumindest gefährden. Das steckt zweifellos zum Teil im bürokratischen Widerstand gegen Änderung. Ein anderer Prozeß jedoch ist vielleicht noch bedeutsamer. Wie wir gesehen haben, identifizieren sich bürokratische Beamte affektiv mit ihrer Lebensweise. Sie sind sozusagen stolz auf ihr Handwerk und widersetzen sich deshalb jedem Wandel der eingeschliffenen Routine; zumindest jenen Veränderungen, die von Mitarbeitern auszugehen scheinen. Dieser unlogische Zunftstolz ist ein häufig anzutreffendes Phänomen; nach Sutherlands *Professional Thief* kommt es sogar unter den Taschendieben vor, die trotz des Risikos sich daran entzücken, jenes prestigebringende Kunststück des »beating a left breech« auszuführen (d. h. aus der linken vorde-

ren Hosentasche zu klauen).
In einem anregenden Aufsatz hat Hughes die Begriffe »weltlich« (secular) und »heilig« (sacred) auf verschiedene Typen von Arbeitsteilung angewandt; »die Heiligkeit« bei Kasten- und Ständevorrechten steht in krassem Widerspruch zur wachsenden Weltlichkeit der beruflichen Differenzierung in unserer mobilen Gesellschaft[18]. Aber wie unsere Erörterungen zeigen, kann es in besonderen Berufen und bestimmten Organisationstypen zum *Prozeß der Sanktifikation* kommen (als Gegenstück verstanden zum Prozeß der Säkularisierung). Das heißt, daß durch Gefühlsbildung, durch emotionale Abhängigkeit von bürokratischen Symbolen und Status und durch affektives Beteiligtsein an Bereichen der Kompetenz und Autorität sich Prärogativen entwickeln, gestützt auf eine Haltung moralischer Legitimität, welche als verselbständigter Wert und nicht mehr als technisches Mittel zur Durchführung der administrativen Aufgaben betrachtet wird. Man kann feststellen, daß bestimmte bürokratische Normen, die ursprünglich aus technischen Gründen eingeführt wurden, mit der Zeit starr und heilig werden, obwohl sie, wie Durkheim sagen würde, *»laïque en apparence«* sind[19]. Durkheim hat diesen allgemeinen Prozeß in seiner Beschreibung der Attitüden und Werte berührt, die in der organischen Solidarität einer hochdifferenzierten Gesellschaft erhalten bleiben.

Primäre und sekundäre Beziehungen

Ein weiteres Moment der bürokratischen Struktur, die Betonung der Entpersönlichung von Beziehungen, spielt ebenfalls eine Rolle bei der geschulten Unfähigkeit des Bürokraten. Der Persönlichkeitstyp des Bürokraten hat seinen Kern in dieser Norm der Unpersönlichkeit. Dies und die Tendenz zur Kategorisierung, die sich aus der beherrschenden Rolle allgemeiner, abstrakter Regeln ergibt, führen leicht zu Konflikten bei Kontakten zwischen dem Bürokraten und seinem Publikum. Da Beamte persönliche Beziehungen auf ein Minimum beschränken und zur Kategorisierung Zuflucht nehmen, werden die Besonderheiten des einzelnen Falles oft nicht beachtet. Der Behördenbesucher jedoch, der verständlicherweise vom »besonderen Charakter« *seines* eigenen Problems überzeugt ist, widersetzt sich häufig einer solchen kategorialen Behandlung. Stereotypes Verhalten ist den Erfordernissen individueller Probleme nicht angemessen. Die unpersönliche Behandlung von Angelegenheiten, die zuweilen von großer persönlicher Bedeutung für den Klienten sind, läßt den Vorwurf der »Arroganz« und »Hochnäsigkeit« des Bürokraten laut werden. So nimmt der Arbeitslose, der bei der Greenwich Employment Exchange seine Arbeitslosenunterstützung abholt, das übel, was er als »Unpersönlichkeit und zuweilen offene Unfreundlichkeit und Grobheit der Bürokraten ihm gegenüber« empfindet. »... Manche beklagen sich über das überlegene Gehabe der Beamten[20].«

Noch eine weitere Quelle für Konflikt mit dem Publikum liegt in der bürokratischen Struktur. Der Bürokrat handelt, zum Teil unabhängig von seiner Position *innerhalb* der Bürokratie, als Repräsentant der Macht und des Prestiges der ganzen Organisation. In seiner offiziellen Rolle ist er mit deutlicher Autorität ausgestattet. Das erzeugt häufig eine tatsächlich oder scheinbar despotische Attitüde, die durch eine Diskrepanz zwischen seiner Position innerhalb der Hierarchie und seiner Position gegenüber dem Publikum nur noch verstärkt werden kann[21]. Protest und Beschwerde bei anderen Beamten von seiten des Klienten sind häufig unwirksam oder weitgehend ausgeschlossen durch den bereits erwähnten Esprit de Corps, der die Beamten in einer mehr oder weniger solidarischen Gruppe zusammenhält. Diese Quelle von Konflikt *kann* in Privatunternehmen auf ein Minimum reduziert werden, da der Kunde wirksamen Protest anmelden kann, indem er seine Geschäfte mit einer anderen Organisation innerhalb des Konkurrenzsystems abschließt. Aber bei der monopolistischen Natur der öffentlichen Behörde ist eine solche Alternative nicht gegeben. Überdies wird in diesem Fall die Spannung noch erhöht, weil eine Diskrepanz zwischen Ideologie und Realität besteht: das Behördenpersonal wird als »Diener des Volkes« ausgegeben, während es normalerweise übergeordnet ist, und eine Verminderung der Spannung dadurch, daß man sich wegen der nötigen Dienstleistung an andere Agenturen wenden könnte, selten möglich ist[22]. Diese Spannung ist zum Teil der Verwirrung zwischen dem Status des Bürokraten und dem des Klienten zuzuschreiben; der Klient betrachtet sich als sozial höher gestellt als der Beamte, der im Moment jedoch dominiert[23].

Hinsichtlich der Beziehungen zwischen Beamten und Publikum besteht also eine der strukturellen Ursachen für Konflikt in der Notwendigkeit formeller und unpersönlicher Behandlung, während der Petent individuelle, persönliche Beachtung wünscht. Der Konflikt kann somit aus der Einführung unangemessener Haltungen und Beziehungen verstanden werden. Konflikt *innerhalb* der bürokratischen Struktur entsteht aus der umgekehrten Situation, wenn nämlich persönliche Beziehungen an die Stelle von strukturell erforderlichen unpersönlichen Beziehungen treten. Diese Art Konflikt kann etwa wie folgt charakterisiert werden.

Die Bürokratie ist, so haben wir gesehen, als eine sekundäre, formelle Gruppe organisiert. Die üblichen Reaktionen in diesem organisierten Netz von sozialen Erwartungen werden durch affektive Haltungen der Gruppenmitglieder unterstützt. Da die Gruppe an den sekundären Normen der Unpersönlichkeit orientiert ist, entsteht aus jedem Fehlschlag, diesen Normen zu entsprechen, heftiger Widerstand bei jenen, die sich mit der Rechtmäßigkeit dieser Normen identifiziert haben. So stößt persönliche anstelle von unpersönlicher Behandlung innerhalb der Struktur auf allgemeine Mißbilligung und wird mit Epitheta belegt wie Liebedienerei, Günstlingswirtschaft, Nepotismus, Schöntuerei etc. Diese Epitheta sind deutliche Manifestationen verletzter Gefühle[24]. Die Funktion solcher »automatischen Ressentiments« ist deutlich an den Erfordernissen der bürokratischen Struktur abzulesen.

Die Bürokratie ist eine Sekundärgruppenstruktur, die bestimmte Tätigkeiten ausführen soll, welche auf der Basis von Primärgruppenkriterien nicht zufriedenstellend geleistet werden können[25]. Deshalb wird jedes Verhalten, das diesen formalisierten Regeln zuwiderläuft, zum Gegenstand emotionaler Mißbilligung. So entsteht eine funktionell bedeutsame Verteidigung gegen Tendenzen, die die Durchführung von sozial notwendigen Aktivitäten aufs Spiel setzen. Zweifellos sind diese Reaktionen nicht rational bestimmte Praktiken, die ausdrücklich dazu ausersehen wären, diese Funktion zu erfüllen. Eher ist ein solches Ressentiment, von der Interpretation der Situation durch den Einzelnen her gesehen, nur die unmittelbare Reaktion auf die »Unredlichkeit« jener, die die Spielregeln verletzen. Trotz dieses subjektiven Bezugsrahmens erfüllen diese Reaktionen die latente Funktion, die wesentlichen strukturellen Elemente von Bürokratie zu erhalten, indem sie die Notwendigkeit formalisierter Sekundärbeziehungen bestätigen und indem sie die Desintegration der bürokratischen Struktur verhindern helfen, zu der es käme, würden diese formalisierten Beziehungen durch personalisierte ersetzt. Diese Art Konflikt kann gattungsmäßig beschrieben werden als das Eindringen von Primärgruppenattitüden dort, wo Sekundärgruppenattitüden institutionell gefordert sind, gerade so wie der Konflikt zwischen Bürokrat und Klient häufig aus der unpersönlichen Art der Interaktion herrührt, wo persönliche Behandlung vom Einzelnen erwartet wird[26].

Forschungsprobleme

Der Trend zunehmender Bürokratisierung in der westlichen Gesellschaft, den Weber lange vorausgesehen hatte, ist für die Soziologen nicht der einzige Grund, ihre Aufmerksamkeit diesem Gebiet zuzuwenden. Empirische Studien über die Interaktion von Bürokratie und Persönlichkeit sollten besonders zur Erweiterung unseres Verständnisses der Sozialstruktur beitragen. Eine große Anzahl von spezifischen Fragen verlangt unsere Aufmerksamkeit. In welchem Maße werden ganz bestimmte Persönlichkeitstypen durch die verschiedenen Bürokratien (Privatunternehmen, öffentlicher Dienst, die quasilegale politische Maschinerie, religiöse Orden) ausgewählt und modifiziert? Wenn Überlegenheit und Unterordnung als Persönlichkeitszüge gelten, trotz ihrer Variabilität in verschiedenen Reizsituationen, wählen dann Bürokratien Charaktere mit besonderer Neigung zur Unterwürfigkeit oder zur Überlegenheit aus? Und tendiert Mitarbeit in bürokratischen Ämtern dazu, die Neigung zur Überlegenheit zu steigern, wo doch verschiedene Untersuchungen gezeigt haben, daß Charakterzüge modifiziert werden können? Wählen verschiedene Rekrutierungssysteme (z. B. Patronage, offener Wettbewerb mit den Kriterien des Spezialwissens oder der »generellen geistigen Fähigkeit«, praktische Erfahrung) jeweils verschiedene Persönlichkeitstypen aus? Verringert Beförderung nach dem Senioritätsprinzip die Konkurrenzangst und erhöht so die Effizienz der Verwaltung? Eine eingehende Untersuchung der Mechanismen, die die bürokratischen Codes sozusagen affektiv anreichern sollen, wäre sowohl soziologisch wie psychologisch lehrreich. Schränkt die generelle Anonymität der Entscheidungen staatlicher Behörden den Bereich von Prestigesymbolen auf einen eng begrenzten inneren Kreis ein? Gibt es eine unter den Bürokraten besonders starke Tendenz, vor allem untereinander zu verkehren?

Die Skala theoretisch bedeutsamer und praktisch wichtiger Fragen erscheint nur durch die Zugänglichkeit konkreter Daten begrenzt. Untersuchungen religiöser, schulischer, militärischer, wirtschaftlicher und politischer Bürokratien, die sich mit der Interdependenz von sozialer Organisation und Persönlichkeitsbildung beschäftigen, dürften einen Zugang zu fruchtbarer Forschung darstellen. Auf diesem Wege kann die funktionalistische Analyse konkreter Strukturen immer noch ein Haus des Salomon für Soziologen bauen.

VI. Soziale Schichtung

Kommentar der Herausgeber (VI)

Der Versuch, eine makrosoziologische Theorie zu entwickeln, wird an der Tatsache sozialer Ungleichheit und dem kollektiven Schicksal ganzer Gesellschaftsgruppen nicht vorbeigehen können, wobei Gesellschaft nicht als »ärgerliche« Tatsache thematisiert werden sollte. Die Verwendung des Schichtungsbegriffs war dabei Anlaß zur marxistischen Kritik, die auf dem Klassenbegriff bestehen will und von hier einen Zugang zu den wesentlichen Strukturmerkmalen kapitalistischer Gesellschaften zu finden versucht. Das Klassenmodell versteht sich dabei als ein realistischer Ansatz, was eine ideologiekritische Verurteilung des Schichtungsbegriffs als eine Art der Herrschaftsverschleierung impliziert. Dabei bleibt allerdings fraglich, ob bei aller Wichtigkeit ökonomischer Differenzierungen nicht auch außerhalb dieses Bereiches liegende Unterscheidungen wesentlich sind für die Beurteilung des Phänomens der Ungleichheit. Der Ansatz von Dahrendorf, der in diesem Zusammenhang einige Anregungen geben kann, geht zunächst von den Formulierungen Rousseaus aus, um terminologisch das Phänomen sozialer Ungleichheit von einem wie auch immer gearteten Alltagsverständnis abgeben zu können. Dahrendorf führt als Kriterium für soziale Ungleichheit generell den Begriff der Herrschaft ein, den er im Anschluß an Th. Geiger für alle Lebensbereiche thematisiert, um so die Grundlage für eine allgemeine Theorie der Schichtung zu legen.
Ein Schichtungsmodell ist nicht logisch gezwungen, auf die Klassenspaltung der Gesellschaft nicht einzugehen und fand in den Arbeiten jener, die sich um die Ausarbeitung einer Schichtungstheorie bemühten, immer eine gebührende Beachtung. Das trifft zweifellos auch auf die funktionalen Schichtungstheoretiker zu. Man sollte sich davor hüten, allein die frühsten Versionen dieser Theorie zur Kenntnis zu nehmen, die noch zu sehr einem impliziten Konsensusmodell der Gesellschaft verpflichtet waren und die in ihrem Inhalt aus spezifischen historischen Daten der amerikanischen Gesellschaft der vierziger Jahre verständlich sein mögen. Die Arbeit von Huaco mag in diesem Zusammenhang die Perspektive wieder zurechtrücken, indem deutlich auf die faktischen Geltungsbedingungen

einer solchen Theorie verwiesen und ihre weitere Ausarbeitung diskutiert wird, an der natürlich auch die Kritiker dieses Ansatzes maßgeblichen Anteil hatten.

Neben diesem Versuch, dem Schichtungsphänomen für alle gesellschaftlichen Bereiche Rechnung zu tragen, entstand – unabhängig davon – eine Diskussion über die Funktion von Eliten für gesellschaftliche Teilbereiche wie das politische System, Gemeinden, Organisationen etc. Dabei stand im besonderen der Konflikt zwischen der faktischen Existenz von Herrschaftseliten und dem demokratischen Legitimationsverständnis im Zentrum der Diskussion, die ihrerseits nachdrücklich auf die Irrelevanz der akademischen Trennung von Soziologie und politischer Wissenschaft aufmerksam machte. Die referierende Arbeit von W. Kornhauser widmet sich der ursprünglichen Kontroverse zwischen C. W. Mills und D. Riesman zu diesem Thema, die in weiterer Folge ihren Niederschlag auch in der Gemeindesoziologie fand, wo die Auffassungen von F. Hunter und R. A. Dahl aufeinanderprallten. Wenn sich eine thematische Integration der Sozialwissenschaften aus methodologischen Erwägungen heraus vertreten läßt, dann hier im Bereich der Diskussion über Herrschaftsphänomene. Welchen Stellenwert eine solche Thematik auch für das historische Verständnis von Gesellschaft gewinnen kann, mag paradigmatisch der Aufsatz von R. Aron zeigen.

Literaturhinweise

R. Bendix – S. M. Lipset (eds), Class, Status, and Power, London 1967.

A. Ammon, Eliten und Entscheidungen in Stadtgemeinden, Berlin 1967.

T. B. Bottomore, Elite und Gesellschaft, München 1966.

T. B. Bottomore, Die sozialen Klassen in der modernen Gesellschaft, München 1967.

S. Ossowski, Klassenstruktur im sozialen Bewußtsein, Neuwied und Berlin 1962.

M. M. Tumin, Schichtung und Mobilität, München 1968.

E. Wiehn, Theorien der sozialen Schichtung, München 1968.

D. W. Glass – R. König (Hrsg.), Soziale Schichtung und Mobilität, Kölner Zeitschrift für Soziologie und Sozialpsychologie, Sonderheft 5, 1961.

K. Marx, Das Kapital, Bd. 1, Bd. 3, Berlin 1965.

R. Dahrendorf, Class and Class Conflict in Industrial Society, Stanford 1959.

K. M. Bolte, Typen sozialer Schichtung in der BRD, Hamburger Jahrbuch für Wirtschafts- und Gesellschaftspolitik, Bd. 8, 1963, S. 150–168.

U. Jaeggi, Die gesellschaftliche Elite, Bern/Stuttgart 1967.

B. Barber, Social Stratification, New York 1957.

M. M. Tumin (ed.), Readings on Social Stratification, Englewood Cliffs 1970.

Über den Ursprung der Ungleichheit unter den Menschen*

R. Dahrendorf

Die erste soziologische Antwort auf die Frage nach dem Ursprung der Ungleichheit blieb allerdings enttäuschend, wenngleich sie ein Jahrhundert lang in immer neuen Variationen wiederkehrte. Sie bestand in einer Figur des Denkens, die sich am Beispiel von Rousseaus Preisschrift aufzeigen läßt.

Rousseau geht von der natürlichen Gleichheit der Menschen aus. Dem Stil seiner Zeit gemäß projiziert er diese Annahme in die Geschichte und konstruiert einen vorgesellschaftlichen Urzustand, in dem noch vollkommene Gleichheit aller herrschte, keiner dem anderen an Rang und Besitz überlegen war. Die Entstehung der Ungleichheit bedeutet demnach ein Verlassen des Naturzustandes, und zwar eine Art Sündenfall – und diesen sieht Rousseau in der Entstehung des Privateigentums. Wie es zum Ursprung des Privateigentums kam, begründet Rousseau nicht weiter; er beschränkt sich vielmehr auf die ebenso konkrete wie dunkle Aussage: »Der erste Mensch, der ein Gebiet einzäunte und sagte: ›Das ist meins‹, und der Leute fand, die so simpel waren, ihm zu glauben, war der eigentliche Gründer der bürgerlichen Gesellschaft«[1].

Auch von jenen Zeitgenossen Rousseaus, die von gleichen Voraussetzungen ausgingen, sind ihm nicht alle in der Einseitigkeit seiner Erklärung und in der Bewertung des geschilderten Prozesses gefolgt. So kommen Adam Fergusons ›Geschichte der bürgerlichen Gesellschaft‹ (1767) und John Millars ›Ursprung der Rangunterschiede‹ (1771) Rousseau zwar nahe, indem auch sie einen Naturzustand der Gleichheit annehmen und dem Eigentum die entscheidende (Millar) oder doch eine wichtige Rolle (Ferguson) bei dem Aufbrechen dieses Naturzustandes zuschreiben; beide sehen aber darin, daß die Menschen gelernt haben, »Reichtümer zu erstreben und Auszeichnungen zu bewundern«, also nach Einkommen und Prestige zu differenzieren, keineswegs ein Unglück, sondern einen Schritt zur Zivilisation der »bürgerlichen Gesellschaft«[2]. Noch ferner steht Schiller dem romantischen Utopier Rousseau, wenn er in seinen Jenenser Vorlesungen von 1789 ›Über die erste Menschengesellschaft‹ (im deutlichen, aber unausgesprochenen Anschluß an Kants Aufsatz über den ›Mutmaßlichen Anfang der Menschenge-

* aus: R. Dahrendorf, Pfade aus Utopia, München 1967, S. 359–379. Mit freundlicher Genehmigung des Autors und des Piper Verlags.

schichte‹, der wiederum[3] ausdrücklich an Rousseaus Schrift anknüpft), neben anderen Werken der Geschichte auch die »Aufhebung der Standesgleichheit« als Ausgang des Menschen aus der »trägen Ruhe seines Paradieses« begrüßt[4]. Bis zu Lorenz von Stein und Marx und weiter aber erhielt sich die Annahme eines ursprünglichen Zustandes der Gleichheit und die Erklärung des Ursprungs der Ungleichheit aus dem Privateigentum.*

Die Erklärung der Ungleichheit aus dem Privateigentum hatte für viele der Autoren zwischen 1750 und 1850 und für ihre Leser stets auch einen politischen Reiz. Eine Gesellschaft ohne Privateigentum kann man sich immerhin vorstellen; und wenn sich mit dieser Vorstellung die andere der Gleichheit verbindet, kann die Abschaffung des Privateigentums zum obersten Programmpunkt des politischen Handelns werden. Man mag meinen, daß zwei große Revolutionen sich nicht zuletzt aus dem hier begründeten Traum Rousseaus nach Wiederherstellung der ursprünglichen, natürlichen Gleichheit und der Erwartung der kommunistischen Gesellschaft durch Marx gespeist haben. So attraktiv diese Vorstellung allerdings für manche sein mag und so sehr in der historisch-soziologischen Erklärung der Ungleichheit ein methodischer Fortschritt gegenüber der aristotelischen Argumentation lag, sowenig hält die Eigentumsannahme historischen Erfahrungen stand.

* Es liegt auf der Hand, daß die erwähnten Denker sämtlich nicht ganz so einfach argumentiert haben, wie es aus den vorstehenden Bemerkungen scheinen könnte. Die Betonung des Eigentums als Ursache der Ungleichheit ist relativ am eindeutigsten bei Rousseau, Millar, von Stein u. Marx. Auch Millar ist dabei von schöner historischer Konkretheit: »... the invention of taming and pasturing cattle gives rise to a more remarkable and permanent distinction of ranks. Some persons, by being more industrious or more fortunate than others, are led in a short time to acquire more numerous herds and flocks ...« Dabei hat das Eigentum hier auch einen ganz bestimmten soziologischen Sinn, der bei Stein noch deutlicher wird (S. 275): »Die Klassenbildung ist nun derjenige Prozeß, durch welchen vermöge der Verteilung des Besitzes eine Verteilung der geistigen Rechte, Güter und Funktionen unter den einzelnen Mitgliedern der Gesellschaft entsteht, welche dadurch den *Charakter der Dauer und Festigkeit von dem Besitze auf die gesellschaftliche Stellung und Aufgabe überträgt.*« D. h., daß das Eigentum Ungleichheit zugleich begündet und sozial stabilisiert – wie Ferguson zu Recht sagt: »Possessions descend, and the lustre of family grows brighter with age« –, womit das früher erörterte Problem gelöst wäre.

Bei den übrigen erwähnten Denkern steht das Eigentum nicht ganz so im Vordergrund. Die Arbeitsteilung, das Motiv der Eroberung und vor allem die natürliche Verschiedenwertigkeit der Menschen spielen hier stets eine gewisse Rolle. Im Hinblick auf die Zurückweisung der letzteren als Ursache der sozialen Ungleichheit sind Rousseau und Marx an Radikalität unerreicht.

Zwar war zu keiner Zeit in der Sowjetunion alles Privateigentum abgeschafft; dennoch kommt der Enttäuschung etwa der Webbs oder anderer sozialistischer Besucher Rußlands in den 30er Jahren über die Ungleichheit der Einkommen und des Ranges in der Sowjetunion der Rang einer experimentellen Widerlegung der These von Rousseau und Millar, Ferguson und Schiller, von Stein und Marx und vielen anderen zu[5]. *In Sowjetrußland, in Jugoslawien, in Israel und überall dort, wo das Privateigentum bis zur Bedeutungslosigkeit zurücktritt, bleibt eine soziale Schichtung bestehen. Selbst wenn diese (wie in den israelischen Kibbuzim) zeitweilig nicht in Unterschieden von Besitz und Einkommen ihren Ausdruck finden kann, erhält sich doch zumindest die Rangordnung nach dem ebenso schwer greifbaren wie durchdringenden Gesichtspunkt des Prestiges.* Wenn der Ursprung der Ungleichheit im Privateigentum läge, dann müßte die Aufhebung des Privateigentums die Beseitigung der Ungleichheit zur Folge haben. Die Erfahrung in eigentumslosen oder quasi-eigentumslosen Gesellschaften bestätigt diese Annahme nicht; die Annahme kann als falsifiziert gelten.*

Zeitlich, aber auch sachlich stehen Lorenz von Stein und Karl Marx an der Grenze jener Gruppe von Autoren, die mit der These vom Ursprung der Schichtung aus dem Eigentum die Soziologie begründete. Sowohl bei Stein als auch bei Marx (aber in Andeutungen auch schon bei Ferguson und natürlich bei den politischen Ökonomen des ausgehenden 18. Jahrhunderts) findet sich neben dem Eigentum ein

* Die wissenschaftliche Bedeutung des Kommunismus läßt sich unter diesem Gesichtspunkt schwer überschätzen – wennschon sie einen weiteren Beleg für die menschlichen Kosten historischer Experimente liefert. Fast zwei Jahrhunderte lang beherrschte das Eigentum das soziale und politische Denken: als Quelle alles Guten oder Bösen, als zu erhaltendes oder abzuschaffendes Prinzip der Sozialorganisation. Heute wissen wir (leider ohne daß der Nachweis bereits in aller Strenge geführt worden wäre), daß die Abschaffung des Eigentums nur neue an die Stelle alter Klassen setzt, daß die soziale und politische Bedeutung des Eigentums also von Locke bis zu Lenin weit überschätzt worden ist.

Logisch allerdings hätte es vielleicht des historischen Experiments gar nicht bedurft, um die Erklärung der Schichtung aus dem Eigentum zu widerlegen. Es fällt ja auf, daß alle erwähnten Autoren nicht nur das Eigentum einigermaßen unverhofft erscheinen lassen, sondern auch annehmen, daß es von vornherein (zumindest nach dem »Sündenfall«) ungleich verteilt war. Nun haben wir die Eigentumsverteilung als solche vom Phänomen der sozialen Schichtung unterschieden; aber als Datum gesetzt, verschiebt sie nur das Problem: Warum haben die einen mehr, die anderen weniger Land (Rousseau) oder Vieh (Millar) oder sonstiges Eigentum? Bei den dargestellten Argumenten liegt also zumindest der Verdacht einer petito principii nahe.

zweiter Faktor erwähnt, der in der zweiten Hälfte des 19. Jahrhunderts und bis in unser Jahrhundert hinein die wissenschaftliche Diskussion um – wie unser Problem nunmehr hieß – die Klassenbildung beherrschte: die Arbeitsteilung. Friedrich Engels entwickelte die Theorie der Klassenbildung aufgrund der Arbeitsteilung schon in den 70er Jahren in seinem ›Anti-Dühring‹[6]. Die folgende Diskussion war jedoch vor allem mit einem Namen verknüpft, dem von Gustav Schmoller. Sie begann mit der berühmten Kontroverse zwischen Schmoller und Treitschke um Schmollers Aufsatz über »die soziale Frage und den Preußischen Staat« – eine Kontroverse, die uns hier interessiert, weil in ihr die Möglichkeit der Soziologie erneut in Frage stand[7]. Gegen Schmoller vertrat Treitschke (man ist versucht zu sagen: ein Jahrhundert zu spät – wenn nicht gerade in dieser Tatsache das Merkmal unserer eigenen Geschichte läge) die Auffassung von der Kongruenz der natürlichen Wertunterschiede und der sozialen Ungleichheit, während Schmoller, mit allerdings zum Teil nicht weniger kuriosen Argumenten, die Klassenbildung aus der Arbeitsteilung zu erklären versuchte. Schmollers Aufsätze über ›Die Tatsachen der Arbeitsteilung‹ und ›Das Wesen der Arbeitsteilung und der sozialen Klassenbildung‹ aus den Jahren 1889 und 1890 veranlaßten Karl Bücher zu der später weiter ausgearbeiteten Polemik seiner Leipziger Antrittsvorlesung von 1892 über ›Arbeitsteilung und soziale Klassenbildung‹. Diese wiederum fand nicht nur Schmollers Kritik, sondern wurde auch von Durkheim in seinem großen Werk ›De la division du travail social‹ erörtert. Durkheim beschäftigte sich ebenfalls mit Simmels in Schmollers ›Staatswissenschaftlichen Forschungen‹ 1890 erschienenem Werk ›Über soziale Differenzierung‹. Schmoller, der Durkheim aufgrund seines Werkes in einer Rezension »freudig als einen Mitstrebenden [begrüßte], obwohl er uns nicht überall überzeugt hat«[8], nahm auch später das Thema und seine These immer wieder auf, die allerdings nach seinem Tode (1917) allenfalls in Fahlbeck, zum Teil auch in Oppenheimer und Schumpeter noch Freunde fand, um dann – ohne zu Ende diskutiert zu sein – in Vergessenheit zu geraten.

Im Verlauf dieser jahrzehntelangen Diskussion sind viele Dinge zur Sprache gekommen, die hier unberührt bleiben müssen, weil sie entweder von unserem Thema abführen oder heute nur mehr als Kuriositäten von Interesse sind. Das erstere gilt vor allem für Sim-

* Zumindest für Simmel und Durkheim, z. T. aber auch für Bücher und selbst Schmoller, war die Arbeitsteilung sogar das Zentralthema, die Klassenbildung nur einer seiner Aspekte. Es wäre zweifellos sinnvoll, auch die Frage nach dem Ursprung der Ungleichheit von der Form der Differenzierung einmal aufs neue zu prüfen. Insbesondere ist hier zu

mels und Durkheims Erörterung der Zusammenhänge von Arbeitsteilung und sozialer Integration*, das letztere etwa für Schmollers Theorie der Vererbung der durch fortschreitende Arbeitsteilung erworbenen Spezialfähigkeiten, die Bücher (mit Recht) so heftig bekämpfte, ohne Schmoller mehr als geringfügige Zugeständnisse abzunötigen. Doch enthält Schmollers Position, insbesondere in den ersten Aufsätzen von 1889 und 1890, Elemente einer durchaus ernst zu nehmenden Theorie der Klassenbildung, die in neuer, aber nicht wesentlich anderer Formulierung auch in der jüngsten Soziologie noch eine gewisse Rolle spielt. Nach dieser Theorie beruht die Klassenbildung, also die Ungleichheit des Ranges, auf der Tatsache der Differenzierung von Berufen. Wie immer man die Arbeitsteilung selbst erklären mag – Schmoller erklärt sie aus dem Tauschprinzip, Bücher aus dem Eigentum (und beide halten sie nicht für universell) –, jedenfalls geht diese Differenzierung der Verschiedenwertigkeit sozialer Positionen voraus: »Stets handelt es sich bei der Entstehung sozialer Klassen in erster Linie um einen Fortschritt der Arbeitsteilung innerhalb der Stämme und Völker«[9]. Oder noch deutlicher: »Die Verschiedenheit des sozialen Ranges und Besitzes, der Ehre und des Einkommens ist nur eine sekundäre Folge der sozialen Differenzierung«[10].

Schmoller hat seine eigene Position später korrigiert und ergänzt, ohne sie grundsätzlich aufzugeben[11]. Die entscheidenden Argumente gegen seinen Versuch sind allerdings in der Literatur der Zeit auch nicht zur Sprache gekommen. Um sie zu formulieren, ist an die Unterscheidung von sozialer Differenzierung und sozialer Schichtung zu erinnern. Da wir Ungleichheiten des gesellschaftlichen Ranges zumal in der modernen Gesellschaft gewöhnlich mit der beruflichen Position von Menschen verbinden, liegt es nahe, in der Differenzierung von Berufen den Grund der Rangunterschiede zu vermuten. Demgegenüber ist jedoch zu betonen, daß der Gedanke der Differenzierung an sich noch keinerlei wertende Unterscheidung

fragen, ob die Arbeitsteilung auf der natürlichen Verschiedenartigkeit von Menschen (Mann und Frau, Erwachsener und Kinder etc.) beruht oder sich ebenfalls aus rein sozialen Faktoren (technische Entwicklung) erklären läßt. Wie bei der Schichtung ist auch bei der Arbeitsteilung zu ermitteln, ob es sich um ein universelles oder ein historisch gewachsenes und damit, zumindest der Möglichkeit nach, wieder vergehendes Phänomen handelt (was Marx ebenso wie Schmoller und Bücher glaubt). Auch die Konsequenzen der Arbeitsteilung bedürfen einer neuerlichen, Durkheim vielfach kritisch überwindenden Prüfung.

Diese Problematik soll und kann hier jedoch nur angedeutet werden, um klarzumachen, daß die im Text geübte Beschränkung auf Versuche der Erklärung der Klassenbildung durch die Arbeitsteilung nur einen kleinen Ausschnitt der soziologischen Diskussion um die Jahrhundertwende erfaßt.

der differenzierten Elemente impliziert. Unter dem Aspekt der Arbeitsteilung (der »funktionalen Organisation« der Industriesoziologie) besteht keinerlei Rangunterschied zwischen dem Generaldirektor, der Sekretärin, dem Werkmeister, dem Schlosser und dem Hilfsarbeiter eines Werkes: sie sind sämtlich für die Erstellung der jeweiligen Leistung gleich unentbehrliche Teiltätigkeiten.* Daß wir tatsächlich mit diesen Teiltätigkeiten doch eine Rangordnung (eine »skalare Organisation«) verbinden, beruht auf einem zusätzlichen Moment, das zur unterschiedlichen Bewertung der notwendigen Teiltätigkeiten führt. *Das Resultat ist eine Rangordnung von funktional nur der Art nach unterschiedenen Tätigkeiten, nämlich deren soziale Schichtung; über die Ursache des Bewertungsprozesses aber läßt sich zumindest dies sagen, daß sie nicht aus der Verschiedenartigkeit von Tätigkeiten ableitbar ist.***

Schmoller scheint diese Lücke seiner Argumentation gespürt zu haben, als er zwischen Arbeitsteilung und Klassenbildung in späteren Veröffentlichungen plötzlich noch eine »psychologische Tatsache« einschob: »die Notwendigkeit für das menschliche Denken und Fühlen, alle zusammengehörigen Erscheinungen irgendeiner Art in eine Reihe zu bringen und nach ihrem Werte zu schätzen und zu ordnen«[12]. Wie immer es um diese Tatsache bestellt sein mag – daß Schmoller es überhaupt für nötig hielt, sie einzuführen, mag als weiterer Beleg dafür dienen, daß soziale Differenzierung und soziale Schichtung einander unvermittelt nicht zu erklären vermögen.

Dieser Schluß ist schon eines der Ergebnisse der dritten kontinuierlichen Erörterung des Problems des Ursprunges der Ungleichheit in der Geschichte der Soziologie: der amerikanischen Diskussion um die Theorie der sozialen Schichtung. Seit Talcott Parsons im Jahre 1940 zuerst seinen ›Analytischen Ansatz zu einer Theorie der sozialen Schichtung‹ veröffentlichte, ist die Debatte um die sogenannte »funktionale Erklärung der Schichtung« nicht abgerissen. Nahezu alle bedeutenden amerikanischen Soziologen haben sich an ihr beteiligt, und ich würde in dieser Diskussion – zu der inzwischen

* Diese Tatsache wird verwirrt, aber nicht veränderlich dadurch, daß es in modernen Wirtschaftsbetrieben häufig auch »entbehrliche« Tätigkeiten gibt, deren Träger also ohne spürbare Einbuße für die Leistung des Betriebes entlassen werden können. Es bleibt die funktionale Grundstruktur notwendiger Teiltätigkeiten.

** Es bleibt hier eine schwierige Frage nicht ganz geklärt: ob es nämlich zwei verschiedene Arten der Koordination der Teiltätigkeiten gibt – eine funktionale, die nur »Sachgesetzlichkeiten« folgt und die Arbeitsteilung komplettiert, und eine »skalare«, die aus anderen Gesetzlichkeiten begründete Über- und Unterordnung herstellt. Auch von hier aus ließe sich wahrscheinlich die unten, S. 502 ff., entwickelte Argumentation begründen.

auch europäische Soziologen in Ost und West beigetragen haben – einen der bedeutenderen Beiträge der amerikanischen Soziologie zu unserem Verständnis sozialer Strukturen sehen.

Die unmittelbare Wirkung von Parsons' Aufsatz aus dem Jahre 1940 lag wohl vor allem darin, das Thema einer Theorie der sozialen Schichtung ins Bewußtsein der amerikanischen Soziologen zu rücken. Auch der 1942 von Parsons' Schüler K. Davis publizierte, vorwiegend begriffliche Aufsatz hatte noch eher vorbereitenden Charakter. Die eigentliche Diskussion des Themas wurde erst 1945 mit einem Aufsatz von Davis und W. E. Moore unter dem Titel ›Einige Prinzipien der Schichtung‹ eröffnet. Sowohl Rousseau und seine Nachfolger als auch Schmoller und seine Anhänger hatten die Ungleichheit als ein historisches Phänomen verstanden. Für beide gab es eine Zeit der Gleichheit; für beide gab es auch die Denkmöglichkeit einer Aufhebung der Ungleichheit. Davis und Moore versuchen demgegenüber, die Universalität der Ungleichheit aus ihrer funktionalen Notwendigkeit für alle menschlichen Gesellschaften, d. h. aus ihrer Unentbehrlichkeit für den Bestand beliebiger sozialer Strukturen nachzuweisen.

Dabei entwickeln sie allerdings eine Argumentation, die der von Schmoller (zumindest in ihren Schwächen) nicht ganz unähnlich ist: Es gibt in jeder Gesellschaft verschiedene Positionen. Diese Positionen – z. B. Berufe – sind verschieden angenehm, verschieden wichtig und verschieden schwierig. Um nun die reibungslose und vollständige Besetzung aller Positionen zu garantieren, müssen mit ihnen gewisse Entschädigungen verbunden werden – eben jene Entschädigungen (»rewards«), die die Kriterien der sozialen Schichtung ausmachen. Die Bedeutung der Positionen für die Gesellschaft und die Marktlage der erforderlichen Qualifikationen bestimmen in allen Gesellschaften die ungleiche Verteilung von Einkommen, Prestige und Macht. Ungleichheit ist notwendig, weil ohne diese die differenzierten (Berufs-)Positionen von Gesellschaften nicht adäquat besetzt werden können.

In ganz ähnlicher Form wurde diese Theorie von einigen anderen Autoren, insbesondere von M. J. Levy und B. Barber aufgenommen. Sie fand indes auch von mehreren Seiten Kritik, deren wesentliche Argumente sich trotz wiederholter Repliken von Davis und Moore allmählich durchzusetzen scheinen. Der schärfste Kritiker, M. Tumin, hielt in 1953 und 1955 veröffentlichten Aufsätzen Davis und Moore vor allem zweierlei entgegen: erstens sei der Begriff der »funktionalen Bedeutung« von Positionen höchst unklar, ja er impliziere wahrscheinlich eben jene wertende Differenzierung, die er zu erklären vorgebe; zweitens lägen in den Annahmen einer Harmonie von Schichtung und Talentverteilung sowie einer Motivation durch ungleiche Anreize theoretisch problematische und empirisch ungesicherte Vermutungen[13]. Der letztere Einwand wurde von R. Schwartz 1955 durch eine empirische Untersuchung bestärkt, die an Hand zweier israelischer Gemeinden nachwies, daß die adäquate Besetzung von Positionen auch mit anderen Mitteln als der Ungleichheit sozialer Entschädigungen möglich ist. Den Vorwurf einer Verwechslung von Differenzierung und Schichtung durch Davis und Moore erhob W. Buckley[14], wobei er allerdings die berechtigte Kritik am wertenden Beigeschmack des Begriffes der »funktionalen Bedeutung« in einen wenig ergiebigen terminologischen Streit versickern ließ. Seither hat die Kritik der funktionalistischen Schichtungstheorie vor allem zwei Richtungen genommen. Die eine wird etwa durch D. Wrong bezeichnet, der 1959 das schon von Tumin angedeutete Argument wieder aufnahm, Davis und Moore unterschätzten die »Dysfunktionen« der sozialen Schichtung, also die disruptiven Konsequenzen der Ungleichheit unter den Menschen. Deutlicher noch betonte G. Lenski den konservativen Charakter der funktionalen Theorie[15]. Die andere Richtung der Kritik ist methodischer Natur und beruht auf einer gewissen Ungeduld mit der Diskussion soziologischer Universalien, die an allen Variationen realer Gesellschaften vorbeigeht.*

Das eigentlich Beachtliche an der amerikanischen Schichtungsdebatte liegt indes nur bedingt in ihrem manifesten Gegenstand. Hier dürfte ihr Ergebnis in erster Linie darin zu suchen sein: *daß die Ungleichheit unter den Menschen zwar mancherlei Funktionen und Dysfunktionen, also mancherlei Konsequenzen für die Struktur von Gesellschaften hat, daß es aber eine befriedigende funktionale Erklärung des Ursprunges der Ungleichheit nicht geben kann, weil jede solche Erklärung gezwungen ist, entweder auf zweifelhafte Annahmen über die menschliche Natur zu rekurrieren oder die petitio principii der Erklärung durch das zu Erklärende zu begehen.* Doch hat diese Diskussion – wie auch ihre Vorgänger – an mehreren Punkten Thesen, zuweilen auch nur Bemerkungen und Andeutungen hervorgebracht, an die wir anknüpfen können bei dem Versuch, eine Theorie der sozialen Schichtung zu formulieren,

* Auch in der amerikanischen Schichtungsdiskussion war das Problem des Ursprunges der Ungleichheit nur eines von mehreren Streitobjekten. Nach den ersten zweieinhalb Seiten kommen z. B. Davis und Moore auf empirische Probleme der Wirkung und Variabilität der Schichtung zu sprechen. Ähnliches gilt für ihre Kritiker. Doch entzündete sich die Diskussion an der »funktionalen Erklärung der Ungleichheit«, ihrer sachlichen Berechtigung, wissenschaftlichen Fruchtbarkeit und politischen Bedeutung. Die noch unabgeschlossene Diskussion ist wie ein Kommentar zu den untergründigen Konflikten der amerikanischen Soziologie.

die theoretisch befriedigt und sich vor allem empirisch als fruchtbar erweist.*

Schon der erste Beitrag zur amerikanischen Schichtungsdiskussion, der Aufsatz von Parsons, enthielt einen in dieser Form zwar nicht haltbaren, aber doch weiterführenden Gedanken. Parsons versucht, aus dem Vorhandensein des Begriffes der Bewertung (»evaluation«) und seiner Bedeutung für soziale Systeme die Notwendigkeit einer differenzierten Rangordnung von Elementen nachzuweisen. Das ist eine Art ontologischer Schichtungsbeweis, der eher frappiert als überzeugt – wie Parsons selbst gespürt zu haben scheint, da er in der 1953 verfaßten revidierten Version seines Aufsatzes nur mehr von der Wahrscheinlichkeit und nicht der Notwendigkeit der Ungleichheit aufgrund des Bestehens eines Prozesses der Bewertung spricht.** Hinter Parsons' These steckt im Grunde kaum mehr als die von Barber sehr viel schlichter formulierte Vermutung, daß Menschen eben sich und die Dinge ihrer Welt unterschiedlich bewerten[16]. Diese Vermutung weist ihrerseits zurück auf Schmollers

* Die Konzentration der historischen Darstellung der Erörterung der Ungleichheit auf drei Epochen und Positionen – das Eigentum im 18., die Arbeitsteilung im 19. und die Funktion im 20. Jahrhundert – beruht auf meiner Überzeugung, daß es sich hier um die wichtigsten Etappen der Diskussion unseres Themas handelt. Doch liegt in dieser Darstellung eine historisch unzulängliche Vereinfachung. Fahlbeck unterschied bereits 1922 vier Erklärungen der Ungleichheit: (1.) »das Standeswesen sei ein Werk ausschließlich von Krieg und Eroberung im Großen, Gewalt und List im Kleinen«, (2.) »in dem Eigentum und seiner verschiedenen Verteilung« läge »der eigentliche Grund aller sozialen Unterschiede«, (3.) »Ursprung und Grund des Klassenwesens« ließen sich ermitteln durch »Zusammenstellung der Klassen mit den allgemeinen wirtschaftlichen Faktoren: Natur, Kapital und Arbeit«, (4.) »die Klassen sind eine Frucht der Arbeitsteilung«. (Fahlbeck selbst schließt sich der letztgenannten Auffassung an.) Mindestens die Erklärungen aus natürlichen Unterschieden und aus Funktionsbedingungen menschlicher Gesellschaften wären diesen noch hinzuzufügen. Alle sechs Auffassungen finden sich, zum Teil nebeneinander bei denselben Autoren, vertreten und wären bei einer historisch einigermaßen vollständigen Exposition des Problems zu berücksichtigen. Allerdings führt die Diskussion dieser Auffassungen sachlich nicht unbedingt weiter.

** Vgl. Parsons 1940: »If both human individuals as units and moral evaluation are essential to social systems, it follows that these individuals *will be* evaluated as units ...« Und 1953: »Given the process of evaluation, *the probability is* that it will serve to differentiate entities in a rank order of some kind.« (Hervorhebungen von mir.) In beiden Fällen ist das Parsonssche Argument übrigens – wie so oft an jenen Punkten des Werkes von Parsons, an denen es weniger um Klassifizierung und begriffliche Phantasie als um strenge und erfüllte Aussagen geht – bemerkenswert schwach.

»psychologische Annahme« einer menschlichen Neigung, wertende Rangordnungen herzustellen, aber auch – und erst hier beginnt der Zusammenhang von Wertung und Schichtung soziologisch relevant zu werden – auf Durkheims wichtigen Gedanken, daß menschliche Gesellschaften stets moralische Gemeinwesen sind. *Wo immer Menschen Gesellschaft bilden, bedeutet dieser Prozeß, daß sie gewisse Werte auswählen und in geltende Normen übersetzen.* Zu Recht bemerkt Durkheim, daß »der Naturzustand der Philosophen des 18. Jahrhunderts wenn nicht unmoralisch, dann zumindest amoralisch ist«[17]. Der Gedanke des Gesellschaftsvertrages ist nichts anderes als der Gedanke der Entstehung von Gesellschaft durch die Setzung von verbindlichen, d. h. mit Sanktionen ausgestatteten Normen. An diesem Punkt nun bietet sich die Möglichkeit an, eine Brücke vom Begriff der menschlichen Gesellschaft zum Problem des Ursprungs der Ungleichheit zu schlagen, deren Möglichkeit in der Literatur zwar gelegentlich anklingt, die jedoch bisher noch nicht hergestellt worden ist.*

*Menschliche Gesellschaft heißt immer, daß das Verhalten von Menschen der Willkür des Zufalls entrückt und durch unüberhörbare, d. h. verfestigte Erwartungen geregelt wird. Die Verbindlichkeit dieser Erwartungen oder Normen** beruht auf der Wirkung von Sanktionen, d. h. von Belohnungen oder Bestrafungen für konformes oder abweichendes Verhalten.* Wenn aber jede Gesellschaft in diesem Sinne eine moralische Gesellschaft ist, dann folgt daraus, *daß es stets mindestens jene Ungleichheit des Ranges geben muß, die sich aus der Notwendigkeit der Sanktionierung von normgemäßem und nicht-normgemäßem Verhalten ergibt.* Unter welchen Gesichtspunkten auch immer bestimmte historische Gesellschaften ihre Mitglieder zusätzlich unterscheiden mögen, welche Symbole auch immer Gesellschaften zu Merkmalen der Ungleichheit erklären mögen und was auch immer der konkrete Inhalt sozialer Normen sein mag – *der harte Kern der sozialen Ungleichheit liegt stets in der Tatsache, daß Menschen als Träger sozialer Rollen, je nach der Lage der Rollen zu den herrschenden Erwartungsprinzipien von Gesellschaf-*

* Seit die vorliegende Arbeit erschienen ist, hat G. Lenski einen Versuch in ähnlicher Richtung gemacht, dessen para-theoretische und methodologische Voraussetzungen sich jedoch von den hier zugrundegelegten in bezeichnender Weise unterscheiden (s. dazu auch unten S. 503 f.).

** Insoweit Erwartungen stets als Bestandteile von Rollen auf konkrete soziale Positionen bezogen, Normen dagegen allgemein in Formulierung und Geltungsanspruch sind, ist das »oder« in dem Ausdruck »Erwartungen oder Normen« eine möglicherweise irreführende Abkürzung des Gedankens: daß Rollenerwartungen nichts anderes sind als konkretisierte soziale Normen (»Institutionen«).

*ten, Sanktionen unterliegen, durch die die Geltung dieser Prinzipien garantiert wird.**

Der hier gemeinte Zusammenhang läßt sich vorläufig durch einige trotz ihrer Verschiedenartigkeit gleich einschlägige Beispiele illustrieren. Wenn in einem Stadtviertel von Frauen erwartet wird, daß sie bereit sind, mit ihren nahen und entfernten Nachbarinnen mehr oder minder interessante Geheimnisse und Skandale auszutausen, dann führt diese Norm mindestens zur Unterscheidung der besonders Angesehenen (die gerne und viel »schwätzen« und dazu noch Kaffee und Kuchen reichen), der Damen mit durchschnittlichem Prestige und der Außenseiterinnen (die sich, aus welchen Gründen auch immer, am Klatsch nicht beteiligen). Wenn in einem Betrieb von den Arbeitern eine möglichst hohe Arbeitsleistung erwartet und diese nach Akkordsätzen honoriert wird, dann gibt es solche, die relativ viel, und solche, die relativ wenig Geld nach Hause tragen. Wenn von den Bürgern (oder vielleicht besser: Untertanen) eines Staates die möglichst lautstarke und überzeugte Vertretung der offiziellen Ideologie erwartet wird, dann führt diese Norm zur Unterscheidung derer, die es zu etwas bringen, also etwa Staatsbeamte oder Parteisekretäre werden, von den »Mitläufern«, von denen, die nur still und etwas ängstlich ihr bürgerliches Dasein fristen, und denen, die ihr abweichendes Verhalten mit ihrer Freiheit oder ihrem Leben bezahlen.

Nun mag man meinen, daß die Unterscheidung derer, die aus (wie zunächst doch wohl anzunehmen ist und wie in den Beispielen offenbar angenommen wird) persönlichen Gründen zur Konformität nicht bereit oder in der Lage sind, von denen, die die Norm stets pünktlich erfüllen, im Grunde keine soziale, d. h. strukturierte, sondern nur eine individuelle, d. h. zufällige Ungleichheit begründet. Soziale Schichtung ist ja stets eine Rangordnung – um im Beispiel zu sprechen – aufgrund von Einkommen und nicht Lotteriege-

* An einer Stelle der amerikanischen Schichtungsdiskussion findet sich ein ähnlicher Gedanke – wenn ich von O. Spanns biologistischer Argumentation: »Das Schichtungsgesetz der Gesellschaft ist die Ordnung nach Wertschichten«, die oberflächlich ähnlich scheinen mag, absehen darf –, nämlich in einer Randbemerkung bei M. M. Tumin: »What does seem to be unavoidable is that differential prestige shall be given to those in any society who conform to the normative order as against those who deviate from that order in a way judged immoral and detrimental. On the assumption that the continuity of a society depends on the continuity and stability of its normative order, some such distinction between conformists and deviants seems inescapable.« Allerdings halte ich die Voraussetzung der »Kontinuität und Stabilität der normativen Ordnung« für durchaus überflüssig; sie zeigt, wie stark Tumin doch dem funktionalen Ansatz verhaftet bleibt.

winnen, Prestige und nicht Schätzung. Sie hängt also an Stellungen, die sich wenigstens gedanklich von ihren Trägern ablösen lassen (»Arbeiter«, »Frau«, »Villenbewohner« usw.). Das sanktionierte Verhalten zu Normen dagegen scheint zunächst ein rein individuelles Verhalten. Wäre dies so, dann fehlte in unserer Argumentation, ähnlich wie bei Schmoller, das Kernstück, nämlich das Bindeglied zwischen der Sanktionierung individuellen Verhaltens und der Ungleichheit sozialer Positionen. Tatsächlich liegt dieses Bindeglied jedoch im bisher verwendeten Begriff der sozialen Norm bereits beschlossen[18].

Es scheint plausibel, davon auszugehen, daß die Zahl der Werte, durch die menschliches Verhalten der Möglichkeit nach geregelt werden könnte, prinzipiell unbegrenzt ist. Unsere Phantasie erlaubt uns die Konstruktion unendlich vieler Sitten und Gesetze. *Normen, also wirklich geltende Werte, sind daher stets eine Auswahl aus dem Universum möglich geltender Werte.* Die Frage, unter welchen Gesichtspunkten und durch welche Instanzen diese Auswahl erfolgt, welches insbesondere die Rolle der Herrschaft bei der Auswahl und Übersetzung von Werten ist, wird gleich noch aufzunehmen sein. Hier ist zunächst die weitere Überlegung von Belang, daß in der Auswahl von Werten zum Zweck der Übersetzung in Normen stets und notwendig ein Moment der Diskriminierung nicht nur gegen Individuen, die soziologisch zufällig bestimmte moralische Überzeugungen haben, sondern auch gegen soziale Positionen liegt, die auf diese Weise ihren Trägern die Konformität mit den geltenden Werten geradezu verbieten. Wenn also der Klatsch unter Nachbarinnen zur Norm wird, dann gerät die berufstätige Frau notwendig in die Lage einer Außenseiterin, deren Prestige mit dem der anderen nicht Schritt halten kann; wenn in einem Betrieb nach dem Akkordsystem entlohnt wird, dann ist (bei bestimmten Tätigkeiten) der alte Mann gegenüber dem jungen Mann, die Frau gegenüber dem Mann unweigerlich benachteiligt; wenn die Vertretung der Staatsideologie zur Pflicht des Bürgers wird, dann kann derjenige, der vor der Errichtung dieses Staates zur Schule ging, nicht mit denen konkurrieren, die die Sprache der geltenden Ideologie von Kindesbeinen an beherrschten. Berufstätigkeit, Frau, alter Mann, junger Mann, Kind einer gegebenen Staatsform sind aber soziale Positionen, die sich unabhängig von bestimmten menschlichen Trägern denken lassen. *Da jede Gesellschaft, indem sie ein moralisches Gemeinwesen ist, in diesem Sinne gegen bestimmte Positionen (und damit alle ihre Träger) diskriminiert, da jede Gesellschaft überdies solcher Diskriminierung durch Sanktionen Wirksamkeit verschafft, begründen soziale Normen und Sanktionen nicht nur soziologisch amorphe Rangabstufungen zwischen einzelnen Menschen, sondern auch bleibende Strukturen sozialer Positionen.*

Der Ursprung der Ungleichheit unter den Menschen liegt also in der Existenz von mit Sanktionen versehenen Normen des Verhaltens in allen menschlichen Gesellschaften. Das, was wir normalerweise als Recht bezeichnen, also das System von Gesetz und Strafe, umfaßt im Sprachgebrauch nicht den gesamten Bereich der soziologischen Begriffe Norm und Sanktion. Wenn wir jedoch das Recht einmal in seiner weitesten Bedeutung nehmen und als Inbegriff sämtlicher, auch der nicht kodifizierten Normen und Sanktionen fassen*, dann könnte man sagen, daß das Recht die notwendige und die zureichende Bedingung der Ungleichheit in der Gesellschaft ist. Weil es Recht gibt, gibt es Ungleichheit, wenn es Recht gibt, muß es auch Ungleichheit unter den Menschen geben. Das gilt natürlich ebenso in Gesellschaften, die die Gleichheit vor dem Gesetz als Verfassungsprinzip kennen. Wenn hier eine etwas leichte, obschon durchaus ernst gemeinte Formulierung gestattet ist, so besagt die von mir hier vorgeschlagene Erklärung der Ungleichheit im Hinblick auf unsere eigene Gesellschaft: Alle Menschen sind *vor* dem Gesetz gleich, aber sie sind es nicht mehr *nach* dem Gesetz, nachdem sie nämlich – wie wir sagen – »mit dem Gesetz in Berührung gekommen« sind. Solange Normen noch nicht bestehen bzw. insoweit sie noch nicht für die Menschen als Träger sozialer Rollen bestehen und auf diese wirken (»vor dem Gesetz«), gibt es keine soziale Schichtung; gibt es aber Normen als unausweichliche Verhaltenszumutungen für die Menschen und wird damit das Rollenverhalten an diesen Normen gemessen (»nach dem Gesetz«), dann entsteht auch eine Rangordnung des sozialen Status.

So wichtig es allerdings ist zu betonen, daß mit Normen und Sanktionen stets auch Gesetz und Strafe im Sinne des positiven Rechtes gemeint sind, so sehr vermag die Heranziehung des Rechtes als illustratives pars pro toto irrezuführen. Mit rechtlichen Normen verbinden wir in der Regel nur den Gedanken der Strafe als Garantie ihrer Verbindlichkeit.** Die sanktionierende Kraft des Rechtes führt

* Diese Annahme stößt bei deutschen Juristen regelmäßig auf Widerspruch. Dabei zeigt sich eine gewisse Befangenheit in den Vorstellungen kodifizierten Rechtes; denn für das *common law* ist ein allgemeinerer Begriff der Norm der hier angedeuteten Art gleichsam dogmatische Notwendigkeit.

** Möglicherweise liegt hierin bereits ein Vulgärverständnis des Rechtes. Sicher gilt auch für rechtliche Normen, die ja nur ein Sonderfall sozialer Normen sind, daß ihre Geltung sowohl durch positive als auch durch negative Sanktionen garantiert wird. Allerdings steht zu vermuten, daß negative Sanktionen in dem Maße überwiegen, in dem Normen verpflichtend sind – und da die meisten Rechtsnormen (fast per definitionem) in besonders hohem Maße verpflichten, zieht konformes Verhalten im Hinblick auf diese Regel keine Belohnungen nach sich.

zur Unterscheidung der Gesetzesübertreter von jenen, denen es gelingt, mit keiner gesetzlichen Regel je in Konflikt zu geraten. Konformes Verhalten wird hier allenfalls durch die Abwesenheit von Strafe belohnt. Sicher liegt nun auch in dieser groben Trennung in »Konformisten« und »Abweicher« schon ein Moment sozialer Ungleichheit, und es wäre prinzipiell möglich, von rechtlichen Normen ausgehend den Nachweis des Zusammenhanges von Sanktion und Schichtung zu führen. Doch würde ein solcher Nachweis beide Begriffe – Sanktion und Schichtung – auf einen etwas kümmerlichen Restinhalt reduzieren. Es ist keineswegs nötig (wennschon in der Umgangssprache üblich), den Begriff der Sanktion auf Strafen zu beschränken. Zumindest für die gegenwärtige Beweisführung liegt mir vielmehr daran, positive Sanktionen (Belohnungen) und negative Sanktionen (Bestrafungen) als prinzipiell gleichartige und in gleicher Weise funktionierende Mechanismen der Erzwingung rollenkonformen Verhaltens zu unterscheiden. *Erst wenn in dieser Weise Lohn und Strafe, Anreiz und Drohung als zusammengehörige Instrumente der Erhaltung sozialer Normen verstanden werden, gewinnt die These Gesicht: daß die Sanktionierung menschlichen Verhaltens im Hinblick auf soziale Normen notwendig ein System der Ungleichheit des Ranges schafft, daß also die soziale Schichtung ein unmittelbares Resultat der Kontrolle sozialen Verhaltens durch positive und negative Sanktionen ist.* Neben ihrer Aufgabe, normgemäßes Verhalten zu garantieren, erzeugen Sanktionen gleichsam unbeabsichtigt und nebenher stets eine Rangordnung des distributiven Status, sei dieser nun in Begriffen der Ehre oder des Reichtums oder in beiden gemessen.

Die Voraussetzungen einer solchen Erklärung liegen auf der Hand. In den Begriffen des 18. Jahrhunderts könnte man sie durch den Gesellschaftsvertrag (»pacte d'association«) und den Herrschaftsvertrag (»pacte du gouvernement«) beschreiben: Die hier entworfene Erklärung setzt voraus, daß (1.) jede Gesellschaft eine moralische Gesellschaft ist, also Normen kennt, die das Verhalten ihrer Mitglieder regeln, sowie daß (2.) mit solchen Normen stets bestimmte Sanktionen verknüpft sein müssen, die die Verbindlichkeit der Normen garantieren, indem sie als Belohnung für konformes und als Strafe für abweichendes Verhalten fungieren. Nun mag man meinen, daß die Verknüpfung der sozialen Schichtung mit diesen Voraussetzungen unser Problem eher verlagert als erklärt. In der Tat wäre sowohl in philosophischer als auch in soziologischer Absicht weiter zu fragen: woher denn die Normen kommen, die das gesellschaftliche Verhalten regeln? unter welchen Bedingungen diese Normen sich in historischen Gesellschaften wandeln? warum denn ihre Verbindlichkeit durch Sanktionen erzwungen werden muß? ob dies überhaupt in allen historischen Gesellschaften der Fall ist? Doch scheint mir, daß auch unabhängig von der Beantwortung dieser Fragen in der Reduktion der sozialen Schichtung auf die Existenz von mit Sanktionen ausgestatteten sozialen Normen darum schon ein Gewinn liegt, weil auf diese Weise der abgeleitete Charakter des Problems der distributiven Ungleichheit enthüllt wird. Die hier vorgeschlagene Ableitung hat darüber hinaus den Vorzug, daß die Voraussetzungen, auf die sie zurückführt, nämlich die Existenz von Normen und die Notwendigkeit von Sanktionen, zumindest im Rahmen der soziologischen Theorie als axiomatisch angesehen werden können und daher selbst zunächst keiner weiteren Reduktion bedürfen (wenngleich sie zumindest weitere Reflexion offenkundig herausfordern).

Der Ursprung der Ungleichheit unter den Menschen liegt weder in der menschlichen Natur noch in Faktoren von historisch möglicherweise begrenzter Wirklichkeit wie dem Eigentum. Er liegt vielmehr in gewissen notwendigen oder doch als notwendig angenommenen Merkmalen aller menschlichen Gesellschaften. Obwohl die Differenzierung sozialer Positionen, als Teilung der Arbeit oder allgemeiner als Vielfalt der Rollen, ein solches universelles Merkmal von Gesellschaften sein mag, fehlt ihr das zur Erklärung der Rangunterschiede nötige Element der Wertung. *Wertende Differenzierung, also die Anordnung sozialer Positionen und ihrer Träger auf den Skalen des Prestiges und des Einkommens, wird erst bewirkt durch die Sanktionierung sozialen Verhaltens am Maßstab normativer Erwartungen.* Weil es Normen gibt und Sanktionen nötig sind, um ihre Einhaltung zu erzwingen, muß es Ungleichheit des Ranges unter den Menschen geben.

Die Entwicklung dieser Überlegungen zur Theorie der Schichtung könnte ein Bild der Soziologie hervorrufen, das weder der Wirklichkeit des Faches noch meiner Absicht entspricht. Nach allem Gesagten mag man meinen, die Soziologie (oder meine Soziologie) sei doch ein sehr abstraktes und spekulatives Unternehmen. Man mag den Bezug auf empirische Forschungen, vielleicht auf Fragebogen-Untersuchungen und Enqueten vermissen. Was die letzteren angeht, so entspricht die Enttäuschung durchaus meiner Absicht. Das allgemeinere Verlangen jedoch, ich möchte die empirische Bedeutung meiner Überlegungen andeuten oder doch klarlegen, was aus diesen Überlegungen für unsere Erkenntnis der sozialen Wirklichkeit folgt, halte ich schon darum für legitim, weil auch ich die Soziologie als eine Erfahrungswissenschaft verstehe, die sich bemüht, die soziale Welt unserem Verständnis mit Sätzen zu erschließen, über deren Richtigkeit oder Falschheit systematische Beobachtungen verbindlich zu entscheiden vermögen. Auch der letzte Teil dieser Darstellung wird diesem Anspruch nur auf einer ziemlich hohen Allgemeinheitsstufe gerecht; immerhin aber möchte ich ihn dazu verwenden, einige der Konsequenzen der hier vorgetragenen Überlegungen für die soziologische Analyse anzudeuten.

Die Erklärung der Ungleichheit aus der Notwendigkeit, normgemäßes Sozialverhalten durch Sanktionen zu erzwingen, hat zunächst gewisse begriffliche Konsequenzen für den Apparat der soziologischen Analyse. Die soziale Schichtung, von der bisher die Rede war, ist ja als ein System der Ungleichheit des distributiven Status von Menschen, d. h. ein System unterschiedlicher Verteilung von begehrten und knappen Dingen definiert worden. Ehre und Reichtum oder, wie wir heute sagen, Prestige und Einkommen, sind allgemeine Instrumente oder Medien solcher Rangdifferenzierung; aber es besteht kein Grund zu der Annahme, daß diese nicht auch unter ganz anderen Gesichtspunkten erfolgen könnte.* Herrschaft jedoch gehört zu den Differenzierungsmerkmalen der sozialen Schichtung allenfalls unter dem besonderen Gesichtspunkt der Ämterpatronage, d. h. der Verteilung von Herrschaft als Entschädigung für bestimmte Qualitäten oder Leistungen. Die Erklärung der Unterschiede des Ranges aus der Notwendigkeit von Sanktionen ist also keine Erklärung der Herrschaftsstruktur von Gesellschaften**; sie ist vielmehr eine Erklärung der Schichtung aus der Sozialstruktur von Macht und Herrschaft. Herrschaft und Herrschaftsstrukturen gehen logisch – wenn die hier vorgelegte Erklärung der

* Allerdings würde ich meinen, daß Ehre und Reichtum wirklich hinreichend allgemeine Kriterien sind, um für alle Gesellschaften gelten zu können: sie sind gewissermaßen Inbegriff jeder ideellen (Ehre, Prestige) und materiellen (Reichtum, Einkommen) Rangdifferenzierung zwischen Menschen in der Gesellschaft. In der wiederholten Betonung dieser beiden Gesichtspunkte liegt daher auch die terminologische Absicht, den Begriff der Schichtung auf Ungleichheiten von Ehre und Reichtum zu konzentrieren. Zur Frage der gegenseitigen Konvertierbarkeit von Prestige und Einkommen s. o. S. 489.

** Damit erklärt die hier vorgelegte Theorie natürlich auch den Ursprung der Herrschaft und der durch Herrschaft begründeten Ungleichheit unter den Menschen nicht. Daß auch der Ursprung der Herrschaft der Erklärung bedarf, geht schon aus dem Streit über die Frage hervor, ob Herrschaft ein universelles oder historisches Phänomen sei. Wie eine Erklärung der Herrschaft aussieht, läßt sich vorerst nur vermuten, wobei mir vor allem die Annahme von H. Popitz plausibel scheint, daß die Verteilung der Herrschaft aus den sozialen Korollaren der Generationenfolge hervorgegangen ist.

Ungleichheit richtig ist – den Strukturen sozialer Schichtung voraus.*

Es ist eine offene und schwierige Frage, ob Gesellschaften vorstellbar sind, deren System von Normen und Sanktionen ohne eine dahinterstehende Herrschaftsstruktur funktioniert. Immer wieder haben Ethnologen von »Stämmen ohne Herrscher« berichtet und Soziologen die herrschaftslose Selbstregulierung von Gesellschaften ausgemalt. Ich würde demgegenüber dazu neigen, mit Max Weber »jede nicht durch persönliche freie Vereinbarung aller Beteiligten zustandegekommene Ordnung«, also jede Ordnung, die nicht auf dem freien Consensus sämtlicher Betroffenen beruht, als »oktroyiert«, d. h. auf Herrschaft und Unterordnung beruhend zu bezeichnen[19]. Da nun eine solche »volonté de tous« allenfalls als Spiel des Gedankens möglich scheint, müssen wir annehmen, daß zu den beiden Kategorien der Norm und der Sanktion noch eine dritte fundamentale Kategorie der soziologischen Analyse gehört: die der Herrschaft. *Gesellschaft heißt, daß Normen das Verhalten der Menschen regeln; diese Regelung wird durch den Anreiz oder die Drohung von Sanktionen garantiert; die Möglichkeit, Sanktionen zu verhängen, ist der abstrakte Kern aller Herrschaft.* Aus dem – zwar ungleichen, aber zusammengehörigen – Dreigespann Norm–Sanktion–Herrschaft lassen sich, so möchte ich meinen,

* Dieser Schluß impliziert eine wesentliche Korrektur meiner eigenen Position in früheren Veröffentlichungen. Lange Zeit war ich davon überzeugt, daß es eine strikte logische Gleichrangigkeit der Analyse einerseits sozialer Klassen, andererseits sozialer Schichtung, einerseits mit Mitteln der Herrschaftstheorie, andererseits mit denen der Integrationstheorie gibt. Nunmehr – und auf Grund der in der vorliegenden Arbeit entwickelten Überlegungen – bin ich jedoch zu der Überzeugung gekommen, daß Schichtung nur eine Konsequenz der Herrschaftsstruktur, Integration ein Spezialfall des Zwanges (»constraint«), damit der strukturell-funktionale Ansatz ein Versuch ist, der sich im hier angedeuteten Sinne in einem allgemeineren Ansatz aufheben läßt. Die Annahme, daß es sich hier um gleichrangige Ansätze, nämlich zwei Perspektiven auf demselben Gegenstand, handelt, ist nicht falsch, sondern überflüssig: Es führt zu demselben Resultat anzunehmen, daß Schichtung aus Herrschaft, Integration aus Zwang, Stabilität aus Wandel folgt. Da die letztere Annahme einfacher ist, ist ihr der Vorzug zu geben.

Das ist auch eine Stellungnahme gegen die von Lenski vorgeschlagene »Synthese« von »konservativen« und »radikalen« Theorien der Schichtung. Diese Synthese scheint mir tatsächlich nur ein vorläufiger Erkenntnis-Kompromiß, der an wichtigen Punkten von Lenski selbst schon überholt wird: »The distribution of rewards in a society is a function of the distribution of power, not of system needs.«

alle übrigen Kategorien der soziologischen Analyse ableiten.* Jedenfalls gilt dies für die Kategorie der sozialen Schichtung, die daher auf einer niedrigeren Allgemeinheitsstufe steht als die der Herrschaft. Um diese begriffliche Analyse empirisch zu wenden und ihre Explosivität damit offenzulegen: *Das System der Ungleichheit, das wir soziale Schichtung nennen, ist nur eine sekundäre Konsequenz der Herrschaftsstruktur von Gesellschaften.*

Daß Normen in einer Gesellschaft gelten, heißt, daß ihre Einhaltung belohnt und ihre Nichteinhaltung bestraft wird. Daß die Einhaltung bzw. Nichteinhaltung von Normen in diesem Sinne sanktioniert wird, heißt, daß die herrschenden Gruppen der Gesellschaft ihre Macht in die Waagschale der Erhaltung der Normen werfen. *Geltende Normen sind also letzten Endes nichts anderes als herrschende, d. h. von den Sanktionsinstanzen der Gesellschaft verteidigte Normen.*

Für das System der Ungleichheit bedeutet dies, daß derjenige die günstigste Stellung in einer Gesellschaft erringen wird, dem es kraft sozialer Position am besten gelingt, sich den herrschenden Normen anzupassen – und umgekehrt, daß die geltenden oder herrschenden Werte einer Gesellschaft an ihrer Oberschicht ablesbar sind. Wer nicht fähig, d. h. aufgrund seiner Stellung im Koordinatensystem sozialer Positionen und Rollen in der Lage ist, den Erwartungen seiner Gesellschaft stets pünktlich nachzukommen, darf sich nicht wundern, wenn ihm die höheren Ränge der Skalen von Prestige und Einkommen versperrt bleiben, und wenn andere, denen es leichter fällt, sich konform zu verhalten, ihn überflügeln. In diesem Sinne honoriert jede Gesellschaft den Konformismus, der sie, d. h. die in ihr herrschenden Gruppen, erhält – womit jede Gesellschaft zugleich in sich den Widerstand erzeugt, der zu ihrer eigenen Aufhebung führt.

Die prinzipielle Parallelität von konformistischem bzw. abweichendem Verhalten und hoher bzw. niedriger Schichtposition wird in historischen Gesellschaften natürlich durch vielfältige sekundäre

* Das ist ein großes Wort, dessen Begründung zumindest eines eigenen Aufsatzes bedürfte. Nur zweierlei sei hier angemerkt: Erstens liegt die Ungleichartigkeit der drei Kategorien auf der Hand. Vor allem »Sanktion« ist eine Art Vermittlungsbegriff (zwischen Norm und Herrschaft), als solcher allerdings ganz entscheidend. Norm und Herrschaft selbst sind in derselben Weise sukzessiv zu verstehen wie der Gesellschafts- und Herrschaftsvertrag (an dem man sich hier überhaupt orientieren kann). – Zweitens liegt die Frage nahe, ob sich auch die »Elementarkategorie« der sozialen Rolle aus dem Dreigespann Norm–Sanktion–Herrschaft ableiten läßt. Ich möchte meinen, daß dies zumindest insofern der Fall ist, als Rollen Komplexe von zu Erwartungen konkretisierten Normen sind. Im übrigen aber liegt hier ein offenes Problem.

Momente abgebogen und überlagert (wie überhaupt zu betonen ist, daß in der hier vorgeschlagenen Erklärung der Ungleichheit keine geschichtsphilosophische oder unmittelbar historische Absicht liegt). So kann die Erblichkeit schichtbestimmender Merkmale einer Epoche – etwa des Adels oder des Eigentums – dazu führen, daß eine Art »stratification lag«, ein Nachhinken der Schichtstrukturen hinter den Wandlungen der Normen und Herrschaftsverhältnisse eintritt, so daß Oberschichten einer vergangenen Epoche ihre günstige Schichtposition auch unter neuen Bedingungen noch eine Zeitlang erhalten. Doch bleiben in der Regel jene Prozesse, die wir als »Deklassierung des Adels« oder »Funktionsverlust des Eigentums« kennen, nicht aus. Wenn es richtig ist – und manches spricht dafür –, daß unsere eigene Gesellschaft auf die in M. Youngs soziologischer Utopie ›Es lebe die Ungleichheit‹ ausgemalte Periode der »Meritokratie«, d. h. der Herrschaft der Eigentümer von Berechtigungsscheinen zusteuert[20], dann folgt aus der Theorie der nachhinkenden Schichtung, daß allmählich auch die Mitglieder der herkömmlichen Oberschichten – die Adligen, die Erben – sich um Diplome und Titel bemühen müssen, um ihre Stellung zu bewahren; denn die herrschenden Gruppen jeder Gesellschaft haben die Tendenz, das je bestehende System sozialer Ungleichheit in Einklang zu bringen mit den geltenden, d. h. ihren eigenen Normen. Eine volle Übereinstimmung der Skalen der Schichtung mit den Strukturen der Herrschaft indes können wir trotz dieser prinzipiellen Tendenz in historischen Gesellschaften zu keinem Zeitpunkt erwarten.

Die funktionalistische Schichtungstheorie*

G. A. Huaco

Obgleich man sich heute darüber einig ist, daß der Funktionalismus allenfalls Pseudo-Erklärungen bieten dürfte, wird man sich aber dennoch an den glänzenden Versuch von Kingsley Davis und Wilbert E. Moore erinnern, Schichtung innerhalb eines funktionalistischen Ansatzes zu erklären. Was allgemein als die Davis-Mooresche Schichtungstheorie bezeichnet wird, wurde erstmals im April

* G. A. Huaco, The Functional Theory of Stratification: Two Decades of Controversy, in: Inquiry (9) 1966, S. 215–240. Mit freundlicher Genehmigung des Autors und des Universitetsforlaget Oslo, übersetzt von Michael Schmid.

1945 vorgelegt. Die Autoren plädierten dafür, daß es »eine universelle Notwendigkeit gäbe, die Schichtung innerhalb eines sozialen System hervorrufe«. Einerseits seien verschiedene Positionen von unterschiedlicher funktionaler Bedeutung für die Erhaltung oder das Überleben der Gesellschaft. Auf der anderen Seite aber sei die verfügbare Menge an Talenten und Ausbildung in einer bestimmten Bevölkerung rar. Und somit weise das System den funktional wichtigeren Positionen höhere Belohnungen zu, um sicherzustellen, daß Individuen mit größeren Fähigkeiten und der entsprechenden Ausbildung diese Positionen auch einnähmen. Obwohl die Autoren davor warnten, sie hätten aus reinen Raumgründen die universellen Aspekte der Schichtung überbetont (und hätten entsprechend nicht auf die unterschiedlichen Eigenschaften in unterschiedlichen Systemen eingehen können), so scheint man aus ihrer Analyse dennoch einige spezifische Konsequenzen ziehen zu können. Einmal scheinen Davis und Moore alle Schichtungssysteme als reine Erwerbssysteme zu beschreiben (d. h., Individuen erwerben ihre Position aufgrund erworbener Eigenschaften und nicht etwa aufgrund ihrer Herkunft z. B.). Zum anderen scheinen unsere Autoren anzunehmen, daß die Reichen, Mächtigen und Prestigeträchtigen nicht nur die Talentierteren und besser Ausgebildeten seien, sondern gleichzeitig auch die Rollenträger, die einen größeren Beitrag leisten zum Erhalt und zum Überleben einer Gesellschaft. Diese philisterhaften Implikationen zogen viel Opposition auf sich und stellten, wie man sehen wird, den Hintergrund bereit, auf dem sich die nachfolgende Schichtungskontroverse vollzog. In seinem Lehrbuch ›Human Society‹ von 1948 modifizierte Kingsley Davis die ursprüngliche Theorie erheblich:

»Man kann gegen die vorgeschlagene Schichtungstheorie einwenden, daß sie innerhalb einer Wettbewerbsordnung zutreffe, in einer Nicht-Wettbewerbsordnung indessen versage. So erhalten beispielsweise innerhalb eines Kastensystems die Menschen ihre Position nicht aufgrund ihrer Fähigkeiten und ihrer Ausbildung, sondern eher aufgrund ihrer Herkunft und Geburt. Diese Kritik verweist auf ein zentrales Problem und erfordert eine Erweiterung der Schichtungstheorie ... Die Notwendigkeit einer sozialen Organisation für die Reproduktion und Sozialisation der Kinder – die Familie – macht erforderlich, daß sich die Schichtung in irgendeiner Weise dieser Organisation anpaßt. Eine solche Anpassung vollzieht sich in Form einer Statuszuweisung (status ascription)«[1].

In einer neuen Version seines Lehrbuchs faßt Davis Schichtung in Form einer Polarität von Extremtypen:

»An einem theoretischen Pol steht der Typus, den man als absolut geschlossen bezeichnen kann, am anderen Pol findet sich der Typus, den man als absolut offen kennzeichnen könnte. Im ersten Fall ist die Vererbung des elterlichen Status (und entsprechend der Einfluß der Familie) vollständig; im zweiten Fall gibt es keinerlei Weitergabe des elterlichen Status und entsprechend keinen Familieneinfluß. Offensichtlich ist in der Realität keiner der beiden Typen je vollständig realisiert. Es ist unmöglich, jede Form des Wettbewerbs um einen bestimmten Status auszuschließen, weil es unmöglich ist, jede Art von Statuszuschreibung zu eliminieren. Mit anderen Worten: die Rolle der Familie ist in diesem Zusammenhang weder jemals absolut, noch existiert überhaupt kein familiärer Einfluß. Und entsprechend stellen die Schichtungssysteme, die wir tatsächlich in menschlichen Gesellschaften finden, einen Mischtypus dar«[2].

Die Berücksichtigung des Faktors ›Zuschreibung‹ führt zu einer greifbaren Modifikation. Man kann nunmehr die logische Struktur der gesamten Theorie kurz darstellen.

Die Version von 1945

a) Verschiedenartige Positionen besitzen unterschiedliche Grade funktionaler Wichtigkeit (d.h., sie tragen in unterschiedlicher Weise dazu bei, die Gesellschaft zu erhalten oder deren Überleben zu sichern).

b) Ein adäquates Ausfüllen der verschiedenen Positionen erfordert unterschiedliche Mengen an Talent und Ausbildung.

c) Das Personal, das über adäquate Mengen an Talenten und Ausbildung verfügt, ist rar.

d) Gesellschaften besitzen ›Schichtung‹; was hierbei definiert ist als ›ungleiche Belohnungen, die verschiedenen Positionen zugewiesen ist‹.

Der kausale Zusammenhang: a) auf der einen Seite und b) und c) auf der anderen determinieren d) in folgender Weise: größere Belohnungen werden jenen Positionen zugewiesen, die von größerer funktionaler Bedeutung sind und die mehr Talente und Ausbildung erfordern, d) seinerseits determiniert e) oder stellt e) sicher; nämlich:

e) Die Mobilität der talentierteren und besser ausgebildeten Individuen in die höher belohnten Positionen.

Die grundsätzliche Annahme d) besteht darin, daß die Erfüllung der Bedingung e) die Erhaltung oder das Überleben der Gesellschaft sichere (mit der Implikation, daß die Ursache für e), die ›Schichtung‹ nämlich, in gleicher Weise für den Erhalt und das Überleben von Gesellschaften bestimmend sei).

(A) Die Bedingung e) gilt nur bei reinen Erwerbsordnungen.
(B) In allen Gesellschaften wird die Erfüllung von Bedingung e) teilweise oder gänzlich verhindert durch Statuszuschreibung.
(C) die Ursache der Statuszuschreibung ist die Familie.
Bevor wir zur Kontroverse selbst übergehen, sind einige einleitende Bemerkungen angebracht:

I. Punkte b), c) und d) sind rein empirische Verallgemeinerungen.

II. Der Status von Punkt a) ist unklar. Er müßte entweder eine direkter verifizierbare empirische Verallgemeinerung sein oder aber ein indirekt prüfbares Erklärungspostulat. Aber er scheint keines von beiden zu sein. Es liegt keine empirische Verallgemeinerung vor, weil Grade verschiedenartiger funktionaler Bedeutung nicht zum beobachtbaren sozialen Universum gehören. Und es liegt kein gültiges Erklärungspostulat vor, weil es an logischen Abteilungen oder Deduktionen mangelt, die alleine seine indirekte Prüfbarkeit garantieren könnten.

III. Der kausale Zusammenhang impliziert zwei weitere Annahmen: (1) daß jene Positionen mit der größten funktionalen Bedeutung tendenziell die größte Menge an Talent und Ausbildung erfordern, und (2) daß jene Positionen mit der größten funktionalen Bedeutung tendenziell die höchsten Belohnungen erhalten. Die Gültigkeit dieser beiden Annahmen ist ebenso fragwürdig wie die Gültigkeit von a). Darüber hinaus wird dadurch ausgeschlossen, Talent, Ausbildung und Belohnung als Indikatoren für unterschiedliche funktionale Bedeutung anzusehen oder diese durch solche Faktoren zu messen.

IV. Im Lichte historischer Evidenz betrachtet, ist die Grundannahme d) wahrscheinlich falsch: Gesellschaften, die die Bedingung e) annähernd realisiert haben, mögen rationaler und gerechter sein, aber es gibt bislang keinen Hinweis dafür, daß sie stärker seien oder länger überlebten als mehr traditionale Gesellschaften mit Statuszuschreibung.

V. Da der funktionalistische Aspekt der Theorie genau auf der Richtigkeit von Punkt a) und der Grundannahme d) beruht, muß gefolgert werden, daß gerade der funktionalistische Charakter der Theorie am fragwürdigsten ist.

Die eigentliche kritische Kontroverse begann im August 1953 mit Melvin M. Tumins ›Some Principles of Stratification: A Critical Analysis‹[3]. Tumin stellte den logischen Status des Begriffs der unterschiedlichen funktionalen Bedeutung in Frage, indem er ihn als nicht-quantifizierbar und als rein intuitiv ausweist. Er wies darüber hinaus darauf hin, daß die Ableitung verschiedenartiger funktionaler Bedeutungen aus sogenannten gesellschaftlichen Funktionen eine nutzlose Tautologie darstellt, denn »jeder Status quo zu jedem beliebigen Augenblick ist nicht mehr und nicht weniger als all das, was in einem solchen Status quo vorhanden ist«. In weiterer Folge stellte Tumin den angeblich abgestuften Mangel an Personal in Frage. Dieser Faktor stellt keine adäquate Determinante von Schichtung dar. Er argumentierte, daß in der Praxis die meisten Schichtungssysteme die Entwicklung von Talent und Fähigkeiten in einer bestimmten Population restringierten, »und je rigider eine Gesellschaft geschichtet ist, desto geringer ist ihre Chance, irgendwelche neuen Tatbestände über die Fähigkeiten ihrer Mitglieder zu entdecken«. Daneben schnitt Tumin das Problem an, ob es denkbarerweise ›funktionale Äquivalente‹ oder Alternativen für ungleiche Belohnungen geben könne. Er schlug zwei mögliche Alternativen vor: ›intrinsische Befriedigung mit der ausgeübten Tätigkeit‹ und ›Betätigung in Sozialberufen‹. Beide stellen eine adäquate Motivation dar, »eine angemessene Position zu suchen und diese gewissenhaft auszufüllen«. Auf der rein sprachlichen Ebene kritisierte Tumin die Angemessenheit des Begriffs ›Opfer‹ im Zusammenhang mit solchen Individuen, die ihren Eintritt ins Berufsleben verzögern und aufschieben, um sich einer längeren spezialisierten Ausbildung zu unterziehen. In seinem zweiten linguistischen Einwand schlägt er vor, den Begriff ›ungleiche Belohnung‹ durch ›ungleiche Ressourcen‹ zu ersetzen. Er weist darauf hin, daß sich verschiedene Positionen »bestimmte moralisch eingefärbte Bewertungen ihrer Bedeutung für die Gesellschaft zugelegt haben«, wobei er impliziert, daß diese Bewertungen eher aus der mangelhaften und ungleichen Verteilung von Gütern und Dienstleistungen entstammen, als aus der unterschiedlichen gesellschaftlichen funktionalen Bedeutung solcher Positionen. Tumin meint darüber hinaus, daß manche der Ausdrücke, die in der Analyse von Davis und Moore Verwendung finden, »die Rationalisierungen jener Glücklichen in einer Gesellschaft widerspiegeln, die damit versuchen, die Rechtmäßigkeit ihrer privilegierten Positionen zu rechtfertigen«[4].

Kingsley Davis erwiderte darauf, daß Tumin nur die Originalversion der Schichtungstheorie berücksichtigt habe, ohne auf die modifizierte Version von 1948 einzugehen. Er stimmte zu, daß ›unterschiedliche funktionale Bedeutung‹ schwierig zu messen sei, protestierte aber dagegen, daß es Tumin nicht für nötig befunden habe, zwei Hinweisen zu diesem Problem nachzugehen, die schon in der Version von 1945 enthalten seien. Und er fügt hinzu, daß:

»in der Praxis de facto funktionale Bedeutung, wenn auch nur ungefähr, gemessen wird. So wird z. B. in Kriegszeiten darüber entschieden, welche Industrien und Gewerbe bei der Vergabe von

Kapitalausstattungen, Arbeitskräften, Rohstoffen etc., vorgezogen werden sollen. In totalitaristischen Ländern geschieht derartiges auch in Friedenszeiten; und auf gleiche Weise versuchen unterentwickelte Gebiete ihre soziale und ökonomische Modernisierung voranzutreiben. Jede einzelne Firma muß ständig darüber entscheiden, welche Positionen wesentlich sind und welche nicht«[5]. Davis gibt als nächstes zu, daß faktische Stratifikationssysteme oftmals die Entwicklung von Fähigkeiten und Ausbildung verhindern, meint aber, diesem Einwand bereits durch seine Version von 1948 Rechnung getragen zu haben, wo er die Statuszuschreibung durch die Rolle der Familie erklärt. Völlig korrekt weist er auch darauf hin, daß Tumin den Begriff ›Schichtung‹ in einer Weise verwendet, die sich mit seiner Bedeutung bei Davis und Moore (1945) und Davis (1948) in keiner Weise deckt. Tumins Verwendungsweise umgriff den Aspekt ›Vererbung von Klassenstatus‹, während der Gebrauch bei Davis und Moore begrenzt war, auf ›ungleiche Belohnung, die verschiedenen Positionen zugewiesen wird‹. Zur Frage möglicher ›funktionaler Äquivalente‹ zum Faktor ungleicher Belohnung meint Davis, daß ›intrinsische Befriedigung mit der ausgeübten Tätigkeit‹ und ›Betätigung in Sozialberufen‹ den Mechanismus positionaler Belohnung eher ergänzten, als daß hier eine Alternative vorläge. Davis wies den Vorwurf zurück, die Theorie stelle eine reine Bewertung oder eine Rechtfertigung dar, und warf Tumin seinerseits vor, er hänge utopischen Gedanken an. Er sei weniger daran interessiert, institutionalisierte Ungleichheit zu verstehen, als sie loszuwerden. Dagegen stellt er fest, daß die vorgeschlagene Theorie von Davis und Moore erkläre, wie die individuelle Verfolgung des Eigeninteresses mit dem sozialen Gemeininteresse faktisch übereinstimme[6].

In seiner kurzen ›Reply to Kingsley Davis‹[7] nahm Tumin einen weiteren Aspekt der Davis-Moore-Theorie auf. Er kritisierte die Annahmen, die Universalität von Schichtung sei in irgendeinem Sinne ein Beweis für deren angebliche Notwendigkeit. Im Zusammenhang mit möglichen ›funktionalen Äquivalenten‹ für ungleiche Belohnungen wies er völlig korrekt darauf hin, daß deren Vorhandensein nicht auf der Basis von aprioristischen Überlegungen ausgeschlossen werden könne. Wenn Davis und Moore solche Alternativen für unmöglich halten, dann müssen sie dafür Belege bieten. Faßt man diesen ersten Austausch von Kritikern und Verteidigern zusammen, so wird man festhalten können, daß es der Kritik gelang, zwei Hauptaspekte der Davis-Mooreschen Theorie in Zweifel zu ziehen: einmal konnte Tumin die wissenschaftliche Gültigkeit des Begriffs ›differential functional importance‹ durch den Hinweis in Frage stellen, daß damit nichts gewonnen sei als eine Anzahl von

Tautologien. Zum anderen gelang es Tumin, die Notwendigkeit ›ungleicher Belohnungen‹ in ein fragwürdiges Licht zu setzen, indem er auf die Verfügbarkeit ›funktionaler Äquivalente‹ aufmerksam machte. Die nachhaltige Bedeutung dieser zweiten Kritik liegt darin, daß die Zulassung von Äquivalenten oder Alternativen die Vorhersagekraft der Theorie faktisch zerstört.

Im August 1955 kritisierte Richard D. Schwartz den Erklärungs- und Vorhersagecharakter der Davis-Mooreschen Theorie in seinem Aufsatz ›Functional Alternatives to Inequality‹. Er stützte sich dabei auf eine einjährige Studie über Schichtungsphänomene in zwei israelitischen Dörfern: einem bürokratischen und kollektivistischen Kibbuzim mit dem Namen Orah und einer individualistischen Moshav-Kooperative mit dem Namen Tamin. Schwartz beschreibt, wie sich in dem kollektivistischen und bürokratischen Kibbuzim eine Art von kompensatorischem informellem Positionsmuster und eine Art Positionsaustausch entwickelte. Diese informellen Regelungen trugen dazu bei, die Zufriedenheit mit bestimmten Tätigkeiten zu erhöhen, indem sie ein Gegengewicht zu den dominanten Gruppenmustern bildeten. In ähnlicher Weise bildete die individualistische Kooperation kleiner Landbesitzer informelle kollektivistische Muster aus, wobei z. B. landwirtschaftliches Know-how ausgetauscht wurde, oder man entwickelte Prozesse kollektiver Entscheidungen. Auch hier dienten solche Maßnahmen dazu, die Zufriedenheit bei der Ausübung bestimmter Tätigkeiten zu erhöhen, indem sie den dominanten Gruppenmustern entgegenwirkten. Schwartz beschreibt, daß die Bevölkerung dieser beiden Siedlungen dadurch zustande kam, daß jeder einzelne sich seiner eigenen kollektiven oder individualistischen Orientierung nach für eine der beiden Gruppen entschieden hatte. Und er wies darüber hinaus darauf hin, daß diese Anpassung der Bevölkerung an die gegebenen Positionsmuster durch die Erziehung der Kinder stark unterstützt wurde: Die Kibbuz-Kinder wurden kollektivistisch erzogen, die Kinder der Kooperative individualistisch. Beide Siedlungen belohnten unterschiedliche Positionen in ungleicher Weise.

Auf der Basis dieser Studie argumentiert Schwartz, daß ›Ungleichheit, wie sie von Davis und Moore analysiert wurde, funktionale Äquivalente besitzt‹[9], oder spezifischer, daß Veränderungen in der positionalen Struktur wie in den Charakteristika der Bevölkerung als funktionale Äquivalente oder Alternativen zu ungleichen Belohnungen betrachtet werden können. Leider haben Davis und Moore gemeint, daß ungleiche Belohnungen dafür Sorge tragen, daß qualifizierte Individuen die Positionen einnehmen, für die unterschiedliche Fähigkeiten und Ausbildung erforderlich sind, während Schwartz argumentiert, daß Veränderungen der positionalen

Struktur und der Bevölkerungseigenschaften einen adäquaten Weg darstellen würden, die Zufriedenheit mit der Ausübung bestimmter Tätigkeiten zu erhöhen und die Rollenerfüllung der Positionsinhaber zu sichern. Aber die Mobilität in bestimmte Positionen hinein ist nicht dasselbe wie Zufriedenheit mit bestimmten Tätigkeiten oder die Angemessenheit von Rollenhandeln in bestimmten Positionen, womit es Schwartz nicht gelingen will, zu beweisen, was zu beweisen er sich vorgenommen hatte. Indessen verweist Schwartz' Kritik neuerlich mit Nachdruck auf die Berechtigung der Tuminschen Einwände, daß Davis und Moore nicht in der Lage gewesen seien, die Möglichkeit funktionaler Alternativen in angemessener Weise in Rechnung zu stellen.

Im Dezember 1956 führte Richard L. Simpsons ›A Modification of the Functional Theory of Social Stratification‹ eine erneute Attacke gegen einige Aspekte der 1945-Version von Davis und Moore:

»Die Geltung dieser Theorie und ihrer Annahmen kann in verschiedener Weise in Frage gestellt werden: (1) Es ist schwierig, wenn nicht unmöglich, zu einer Bewertung der Bedeutung einer Position zu gelangen. (2) Es gibt einige Positionen, denen Belohnungen zugewiesen werden, die dennoch in keiner erkennbaren Weise zum Erhalt der Gesamtgesellschaft beitragen. (3) Es gibt Positionen, denen größere Belohnungen zukommen, als durch ihre Bedeutung für die Gesellschaft oder die Schwierigkeiten ihre Ausbildung rechtfertigen können; z. B. Filmstars. (4) Die Theorie impliziert, daß jedes beliebige Stratifikationsschema das bestmögliche sei, und daß die vorherrschende Verteilung von Belohnungen existiere, weil sie ›funktional notwendig‹ sei«[10].

Die Einwände (2) und (3) sind irrelevant, weil der Nachweis von hoch dotierten und dennoch parasitärer Rollen Davis und Moores Theorie in keiner Weise berührt: ›ökonomische Distribution‹ und ›Grad funktionaler Bedeutung‹ sind keine identischen Begriffe. Der Einwand (4) ist technisch inkorrekt, trotz Davis' Bemerkung, daß der Effekt von Schichtungssystemen darauf hinausliefe, daß die Verfolgung individueller Interessen mit den sozialen Interessen übereinstimme. Allein der Einwand (1) ist relevant, und hier hat Simpson versucht, die beiden Hinweise von Davis und Moore zu prüfen, nämlich die ›Einzigartigkeit‹ (uniqueness) einer Position und ›den Grad, in dem andere Positionen von der betreffenden Position abhängen‹.

»Nun, man kann zugeben, daß eine Position, die in einzigartiger Weise in der Lage ist, eine wesentliche Funktion zu erfüllen, wichtig ist. Aber diese Feststellung läßt immer noch die Frage offen, wie wesentlich eine gegebene Funktion ist. Ist der Unterhaltungssektor eine wesentliche Funktion? Und wenn dies der Fall ist, ist dann nur ein Filmstar in der Lage, diese Funktion zu erfüllen, oder könnte dies auch ein Jongleur tun oder der Besitzer einer Bowling-Bahn? Das wichtige Kriterium, um solche Arten von Einzigartigkeit festzulegen, scheint doch zu sein, ob das Publikum *glaubt,* daß eine gegebene Position oder deren Inhaber einzigartig oder wichtig ist, nicht ob ein Soziologe meint, eine Gesellschaft könne auch ohne eine solche Position oder einen bestimmten Inhaber einer solchen Position auskommen«[11].

Das ist nun reichlich konfus. Der Begriff der ›differential functional importance‹ bezieht sich doch angenommenerweise auf einen objektiven Zustand, nämlich auf das Ausmaß, in dem eine gegebene Position dazu beiträgt, den Erhalt oder das Überleben einer Gesellschaft zu garantieren. Das ist nicht identisch mit der Meinung eines bestimmten Soziologen oder der öffentlichen Meinung. Darüber hinaus hat Davis ausdrücklich verworfen, daß man den Begriff ›Positionsprestige‹ als einen Indikator für funktionale Bedeutung verwenden könne, weil ›dies allein zu zirkulärem Denken‹ führen könne. Simpson fährt fort:

»Wir möchten einmal die Positionen eines Hausmeisters und eines Müllarbeiters betrachten. Diese Positionen gleichen sich wahrscheinlich in ihrer funktionalen Bedeutung und in dem Ausmaß, in dem weitere Positionen von ihnen abhängen. Dennoch mögen wir annehmen, daß der Müllarbeiter wichtiger ist, da umherliegender Abfall für eine Gesellschaft ein ernsthafteres Problem darstellen dürfte als ungefegte Hauseingänge. Aber selbst wenn man dies voraussetzt, so ist es doch wahrscheinlich, daß das Prestige des Müllarbeiters wie seine Zufriedenheit mit seiner Arbeit geringer sein dürfte als im Falle des Hausmeisters, während ihre Bezahlung in etwa gleich sein dürfte. Somit sind die Belohnungen einer Position umgekehrt proportional zu deren Bedeutung und ihre Bedeutung kann mit den Hinweisen von Davis und Moore nicht erklärt werden«[12].

Leider geht diese Übung in unkontrollierter Spekulation zu weit und verliert damit den Kontakt zu den Behauptungen von Davis und Moore. Diese Theoretiker waren der Meinung, daß bestimmte Positionen *tendenziell* in Übereinstimmung mit ihrer funktionalen Bedeutung entlohnt werden, *nicht* daß eine Eins-zu-eins-Entsprechung zwischen funktionaler Bedeutung und ungleicher Entlohnung vorhanden sei. Darüber hinaus ist die differentielle funktionale Bedeutung nur eine der angenommenen Determinanten ungleicher Belohnungen verschiedenartiger Positionen. Als weitere Determinante wurde ja auf den relativen Mangel an Personal verwiesen. Mit Hilfe dieses flexiblen Apparats an Annahmen könnten Davis und

Moore Simpson erwidern, daß die offensichtliche Nichtentsprechung von funktionaler Bedeutung und den entsprechenden Belohnungen (im obigen Beispiel) etwas mit dem differentiellen Mangel an Personal zu tun habe. Simpson vervollständigt seine Kritik, indem er den Versuch unter die Lupe nimmt, differentiale funktionale Bedeutung aus sogenannten ›funktionalen Erfordernissen‹ (functional prerequisites) abzuleiten.

»Man mag annehmen, man könne die Bedeutung einer Position dadurch beurteilen, daß man untersucht, ob sie zur Erfüllung eines ›functional prerequisite‹ oder eines ›universellen Bedürfnisses‹ einer Gesellschaft beitrage ... Jedem Forscher steht es aber völlig frei, seine eigene Liste (von universellen Bedürfnissen) zu erfinden, und keiner kann ihm widersprechen, denn bislang hat niemand einen Weg gewiesen, auf dem man die Geltung einer solchen Liste prüfen könnte ... Im übrigen bewegen sich die Annahmen bezüglich solcher universeller sozialer Bedürfnisse oftmals im Kreise. Man hält Positionen für wichtig, weil sie eines dieser Bedürfnisse befriedigen, aber man muß eher vermuten, daß einige solcher Bedürfnisse erfunden wurden, um der Existenz bestimmter Positionen Rechnung tragen zu können«[13].

Hier wiederholt Simpson Tumins früheren Vorwurf, daß die Behauptung, unterschiedliche Positionen besäßen unterschiedliche Grade funktionaler Bedeutung, auf nichts anderem beruhe als auf einer Anzahl versteckter Tautologien.

Zwei Jahre später, im August 1958, griff Walter Buckleys ›Social Stratification and the Functional Theory of Social Differentiation‹ die Davis-Mooresche Theorie auf der Ebene ideologischer und linguistischer Einwände an. Nachdem er sich mit den Einwänden von Tumin, Schwartz und Simpson beschäftigt hat, argumentiert Buckley gegen Davis und Moore, ihre Theorie »akzeptiert veraltete Begriffe und Annahmen der klassischen Ökonomie, wie ›inhärenter Mangel‹ an sozialen Zielen und die Unangreifbarkeit des Wettbewerbs, die sich zu einem Bild theoretischer Notwendigkeit zusammenfügen und mit bemerkenswerter Gutgläubigkeit eine kulturell definierte Ideologie wiedergibt ... Die Art und Weise wie die Funktionalisten die tatsächliche Funktionsweise des Schichtungssystems darstellen, entspricht eher dem Wunschtraum vieler Personen, wie dieses System in der gegenwärtigen Gesellschaft wirken würde, wenn nur nicht die existierende Klassenstruktur dabei nicht so hinderlich wäre«[14].

Die Kritik an den ideologischen Implikationen der Davis-Mooreschen Theorie zentriert sich in dem verständlichen Gefühl des Abscheus, das bei einigen Kritikern gegenüber einer Theorie aufkam, deren ursprüngliche Version in der Tat vorgab, jene Mitglieder einer Gesellschaft, die sich im Besitz eines größeren Anteils an Macht, Reichtum und Prestige befinden, seien gleichzeitig jene, die (dank ihrer Position) den größten Beitrag zum Erhalt und zum Überleben der Gesellschaft leisteten. Es ist aber auch deutlich, daß diese Kritik zwar auf die 1945er Version der Davis-Mooreschen Theorie zutreffen mag (die ja gar nicht veruchte, die Statuszuschreibung zu erklären), kaum aber die Version von 1948 berührt (die die Statuszuschreibung mit Hinweis auf die Rolle der Familie zu erklären suchte). Die Davissche Version von 1948 legt in der Tat nahe, daß wenn es keine Familie geben würde, und die Gesellschaft als reine Erwerbsgesellschaft organisiert wäre, die Positionen mit der höheren Belohnung jenen entsprächen, die einen größeren Beitrag zum Überleben der Gesellschaft leisten würden. Da aber die Familie existiert und alle Gesellschaften verschiedene Zusammensetzungen von Erwerbspositionen und zugeschriebenen Positionen aufweise, kann auch eine Entsprechung von hoher Belohnung und funktionaler Bedeutung nicht länger bestehen.

Buckleys zweiter Kritikpunkt richtet sich gegen den Davis-Mooreschen Gebrauch des Begriffs ›Schichtung‹.

»Die Davis-Mooresche Theorie spezifiziert das zentrale Definitionskriterium des Schichtungsbegriffs folgendermaßen: ›Wenn die Rechte und Voraussetzungen verschiedenartiger Positionen in einer Gesellschaft ungleich sein müssen, dann muß eine Gesellschaft geschichtet sein, denn genau dies meint ›Schichtung‹. Freilich ist das von den meisten Forschern unter ›Schichtung‹ nicht verstanden worden. Deren Gebrauch ist (oder war) eher eingebettet in einem Schichtungsbegriff, der das Vorhandensein von ›Strata‹, d. h. Schichten betont. Von diesen Schichten nimmt man generell an, daß sie aus spezifizierbaren Kollektiven oder Subgruppen bestehen, die über *verschiedene Generationen hinweg dieselben* relativen Positionen einnehmen und *denselben* relativen Betrag an materiellen Gütern, Prestige und Macht erhalten. Die oben zitierte Annahme aber bezieht sich nur auf die Differenzierung sozialer Positionen zu einem bestimmten Zeitpunkt und impliziert nichts über die Existenz von Schichten, was unserer Definition gemäß auf das Vorhandensein von Gruppierungen von Individuen mit einer bestimmten biologischen und sozialen Kontinuität verweist, wobei man mit einiger Sicherheit vorhersagen kann (wenn auch nur statistisch), welche Personen welche Positionen einnehmen werden«[15].

Buckleys Kritik geht in zwei Richtungen: (a) er wirft Davis und Moore vor, ihre Verwendung des Begriffs »Schichtung« sei zu *abstrakt* (dadurch, daß er sich auf die ungleichen Belohnungen bezieht, die mit bestimmten Positionen verbunden sind und nicht auf bestimmte ›Schichten‹), (b) er bemängelt, daß der Davis-Mooresche

Schichtungsbegriff den Begriff ›Zuschreibung‹ nicht mitumfasse (dadurch, daß er sich nicht auf die ›Gruppierung von Individuen mit einer bestimmten biologischen und sozialen Kontinuität‹ bezieht). Beide Gesichtspunkte scheinen auf einem Irrtum zu beruhen. Es ist ein Gemeinplatz, daß wissenschaftliche Theorien ein ziemlich abstraktes Niveau erfordern, und wenn diese Abstraktion die mögliche analytische Präzision erhöht, dann kann man die Wünschbarkeit von Abstraktion kaum in Zweifel ziehen. Die zweite Kritik läßt sich wohl gegenüber der ersten Version der funktionalistischen Schichtungstheorie von 1945 vertreten, kaum jedoch im Zusammenhang mit der erweiterten Fassung von 1948.

Kingsley Davis' ›The Abominable Heresy: a Reply to Dr. Buckley‹ war eine emotionsgeladene und sarkastische Gegenattacke. Davis bestand darauf, ›Schichtung‹ in einer von Buckleys Verwendung unterschiedenen Weise zu definieren, und fügte hinzu:

»Das wichtigste an Dr. Buckleys Papier ist die Tatsache, daß er keine alternative Theorie positionaler Ungleichheit oder für das, was er ›Schichtung‹ nennt, vorlegt. Wenn er nur das geringste Interesse an diesem Untersuchungsgegenstand hätte, könnte man von ihm erwarten, daß er nicht nur eine vorliegende Theorie zurückweist, sondern eine andere Theorie statt dessen zur Verfügung stellt. Statt dessen zieht er sich hinter marxistische Lehrsätze zurück. Er schreibt: ›Wenn wir die Allgegenwärtigkeit von Schichtung erklären wollen, müssen wir uns der soziokulturellen Dynamik der verschiedenen Zeiten und Orte zuwenden ...‹ Die wahre Häresie des Davis-Mooreschen Artikels ... liegt eher in der Sünde zu glauben, daß es überhaupt möglich sei, eine wissenschaftliche Erklärung sozialer Ungleichheit zu finden.

Die Davis-Mooresche Theorie sozialer Ungleichheit kann sicherlich verbessert werden. Mit anderen zusammen habe ich dies in Schriften versucht, die meine Kritiker geflissentlich übersehen haben. Eine Verbesserung der Theorie wird sich aber eher durch Modifikation und Erweiterung einstellen als durch Attacken, die die Theorie zunichte machen, ohne eine andere an deren Stelle zu setzen. Die Tatsache bleibt, daß jede Verbesserung der Theorie als wissenschaftliche Erklärung ihr nur noch kompromißloser vorgeworfen wird, sie sei eigentlich eine Häresie«[16]. Der wissenschaftliche Wert dieser Erwiderung freilich ist fragwürdig, und es scheint ein wenig absurd, einem Kritiker vorzuwerfen, er beschränke sich auf negative Beiträge.

Im Dezember 1959 versuchte Denis H. Wrong mit seinem Artikel ›The Functional Theory of Stratification: Some Neglected Considerations‹ zwischen Vertretern und Kritikern der Theorie zu vermitteln.

»Die funktionalistische Schichtungstheorie, wie sie von Davis und Moore vorangetrieben wurde, versucht die Universalität und die Notwendigkeit von Ungleichheit in Gesellschaften mit einer komplexen Arbeitsteilung zu erklären. Das ist eine Aufgabe, die unabhängig ist von den Bemühungen, diese Arbeitsteilung selber oder die intergenerationelle Fortdauer von Ungleichheit durch familiäre Zugehörigkeit zu erklären. Die Theorie ist jedoch derart allgemein, daß sie keines der utopischen Modelle einer ›klassenlosen Gesellschaft‹ ausschließt, wie sie von westlichen Denkern vorgeschlagen wurde, und sie sagt gar nichts über den Bereich an Ungleichheit und über die Bedingungen dieses Bereichs in konkreten Gesellschaften. Die Theorie scheint den Grad zu unterschätzen, in dem Positionen vererbt werden, weil sie es unterläßt, Gesellschaften in historischer Perspektive zu betrachten. Und sie übersieht in Übereinstimmung mit den Argumenten ihrer Kritiker die möglichen disruptiven Konsequenzen von Mobilität und Chancengleichheit, eine Thematik, die in besonderem Maße von amerikanischen Soziologen vernachlässigt wurde«[17].

Die einleitende Formulierung ist indessen inkorrekt. Davis und Moore versuchen nicht ›Universalität und Notwendigkeit von Ungleichheit zu erklären‹, sondern versuchen, die Universalität von Ungleichheit durch deren angebliche Notwendigkeit zu erklären. Gerade dieser Aspekt kennzeichnet doch das typische funktionalistische Manöver, eine überall verbreitete kulturelle Eigenschaft eines Systems mit Hinweis auf deren Notwendigkeit für die Systemerhaltung zu erklären. Die Beobachtung indessen, daß die Davis-Mooresche Theorie ›Machtaspekte der Schichtung‹ und eine ›echte historische Perspektive‹ überhaupt nicht berücksichtige[18], ist mit Sicherheit richtig.

1960 wiederholte Tumins ›Competing Status Systems‹ ein Beitrag zu Arnold S. Feldman und Wilbert E. Moores ›Labor Committment and Social Change in Developing Areas‹ seine frühere Behauptung, daß ›ungleiche Belohnung für ungleiche Arbeit in keiner Weise unabänderlich‹[19] sei. »Wir müssen folgern, daß die faktische Form eines jeden Belohnungssystems oder jedes Anreiz- und Rekrutierungssystems für bestimmte Aufgaben eine Funktion der relevanten Mächte sein wird, die über die jeweilige Wichtigkeit der Aufgaben entscheiden. Demnach ist Schichtung in dem Maße, in dem sie, wie manche vorschlugen, als ein System ungleicher Zuordnung von raren, hochbewerteten Gütern und Dienstleistungen definiert werden kann, etwas völlig anderes als ein unbewußt erzeugter Plan, vermittels dessen Gesellschaften absichern, daß die kompetentesten Personen dazu angehalten werden, die Aufgaben zu übernehmen, die für die funktional bedeutsamsten in einer Gesellschaft gehalten werden. Schichtung ist eher das nur teilweise durch die Verteilung sozialer Belohnungen spezifizierte Ergebnis einer Auseinandersetzung verschiedener Definitionen dessen, was für eine Gesellschaft von funktionaler Bedeutung sei, und zwischen der jeweiligen Macht, die den einander bekämpfenden Sektoren in ihrem Bemühen, ihre Entscheidungen durchzusetzen, zur Verfügung steht. (Diese Passage ist im Original gesperrt gedruckt)«[20].

Da der Ausdruck ›faktische Form eines jeden Belohnungssystems‹ sich auf das Ausmaß an Ungleichheit bezieht, legt Tumin hier nahe, daß die aktuelle Machtkonstellation eine wesentliche Determinante des Bereichs ungleicher Belohnung darstellt. Und er legt nahe, daß die effektive Macht der relevanten Sektoren ihrer Bewertung darüber, welche Positionen wichtiger als die übrigen seien, dadurch Geltung verschafft, daß sie diesen Positionen einen größeren Anteil an Belohnungen zuweist.

»Es ist sehr wohl möglich, der universellen Verbreitung von Rangordnungs- und Bewertungssystemen und dem Vorhandensein von Ungleichheiten durch einen Verweis auf rare, hochbewertete Güter und Dienstleistungen gerecht zu werden, ohne sich auf den nur begrenzt fruchtbaren Begriff der Bedingungen zu versteifen, unter denen Handelnde dazu angehalten werden, bestimmte Rollen zu übernehmen und gewissenhaft zu erfüllen. Es ist genauso vernünftig, sich vorzustellen, daß in vergangenen historischen Zeiten Bedingungen bestanden, unter denen Unterschiede in Alter und Stärke es einigen Mitgliedern erlaubten, sich in den Besitz dessen zu setzen, was sie wollten und wann sie es wollten, um danach dazu überzugehen, ihre Macht über andere zu institutionalisieren, indem sie Güter und Dienstleistungen ihren Wünschen entsprechend verteilten. Wenn es ihnen dann noch über die Sozialisation der Kinder gelang, bestimmte Legitimationsmuster zu verbreiten, konnten sie darauf verzichten, ihre Macht durch den Einsatz rein physischer Stärke zu sichern«[21].

Diese Formulierung scheint einige Schwierigkeiten zu implizieren. Tumin hat sicherlich recht, wenn er ›Macht‹ für einen bestimmenden Faktor für die ›Rollen*zuschreibung*‹ hält, und unter Verweis auf Macht kann man mit Sicherheit weitgehend erklären, warum gerade die derzeitigen Inhaber hochdotierte Positionen einnehmen. Aber kann ›Macht‹ in gleicher Weise erklären, warum bestimmten Positionen im Unterschied zu anderen höhere Belohnungen zugewiesen werden? Der Unterschied kann vielleicht durch ein bekanntes historisches Beispiel erhellt werden. Man sagt, das hinduistische Kastensystem habe seinen Ursprung in der arischen Invasion. Dieser Gewaltakt kann erklären, warum gerade die Eroberer ausschließlich die Positionen von Priestern und Kriegern einnahmen. Damit wird aber *nicht* erklärt, warum Eroberer und Eroberte in gleicher Weise (und in Übereinstimmung mit zahllosen ähnlichen traditionalen Gesellschaften) die Positionen von Priestern und Kriegern als solche angesehen haben, denen eine hohe Belohnung zusteht.

Im Februar 1963 antwortet Wilbert E. Moore auf Tumins Vorschläge in seinem Aufsatz ›But Some are More Equal Than Others‹, wobei er eine Neufassung der ursprünglichen Davis-Mooreschen Version von 1945 vorlegte. »Ich bin heute der Meinung, daß die Position von Davis und Moore unvollständig war, was, wie Simpson bemerkte, zu einigen Übertreibungen und zur Vernachlässigung von Dysfunktionen führte. Diese Kritik ist schon von Davis berücksichtigt worden. Darüber hinaus möchte ich besonders jede Art einer Gleichgewichtsversion des Funktionalismus zurückweisen. Eine solche Auffassung ist falsch und hat mit der Frage, ob soziale Ungleichheit für ein beliebiges soziales System notwendig ist, gar nichts zu tun ... Die ›funktionalistische Schichtungstheorie‹ behauptet nur, daß Positionen von unterschiedlicher funktionaler Bedeutung in ungleicher Weise belohnt würden, und hat sich, bedauerlicherweise aber ohne hinterhältige Absicht, über das Problem des Systemwandels gar nicht geäußert ... Obgleich Davis und Moore in ziemlich eindeutiger Weise von einer Gleichsetzung von ›sozialer Schichtung‹ und ›ungleichen Belohnungen‹ ausgingen, so erscheint dieser Ansatz heute als unglücklich. Ich sympathisiere mit Buckleys Einwänden gegen einen solchen Zusammenhang«[22].

Nach diesen Einschränkungen geht Moore dazu über, die ursprüngliche These von 1945 neuerlich zu bestätigen:

»Der einzige Punkt, der hier behandelt werden soll, ist die Frage, ob soziale Ungleichheit eine notwendige Eigenschaft eines Sozialsystems darstellt ... Die hier vorgelegte Erklärung verweist nochmals auf die These, daß ›funktionale Differenzierung‹ von Positionen notwendigerweise ungleiche Belohnungen nach sich zieht – und fügt die These hinzu, daß Unterschiede in der Rollenausfüllung erwartungsgemäß unterschiedlich bewertet werden«[23].

Hier behandelt Moore in unterschiedlicher Weise die Frage, wie sich ›Ungleichheit‹ aus der sozialen Bewertung von ›Rollenerfüllung, personalen Qualitäten‹ etc. ergeben mag. Aber das steht gar nicht zur Diskussion. Weder Tumin noch andere haben behauptet, eine gänzlich egalitäre Ordnung sei möglich. Die Diskussion ging nur um die Möglichkeit von ›Äquivalenzen‹ und ›Alternativen‹ für ungleiche Belohnungen, genauer: es ging um die Frage, ob etwas anderes als ungleiche Belohnungen Individuen dazu motivieren kann, verschiedene Positionen einzunehmen. Moore glaubt das nicht.

»Solange nicht die inhärente Gleichheit verschiedener Aufgabenbereiche garantiert ist, scheint es extrem unwahrscheinlich, daß gleiche

Belohnungen durch irgendein vorstellbares Sozialisationssystem institutionalisiert werden. Das würde ein größeres Martyrium erfordern, als jedes religiöse System je erreichte – und religiöse Märtyrer erwarteten ja gerade zukünftige Belohnungen. Ich glaube, Tumin hat sich in eine ideologische Position drängen lassen, für deren Akzeptierung ich keinen Grund sehen kann: daß nämlich Gleichheit ihrem inneren Wesen nach gerechter sei als Ungleichheit«[24].

Bei der Frage der Ursachen von ›Schichtung‹ (der ungleichen Belohnungen, die verschiedenen Positionen zugewiesen werden) wiederholt Moore die Formulierungen von 1945 und verwirft Tumins Modifikationen:

»Davis' und Moores ›funktionale‹ Interpretation der Ungleichheit beruht auf der unterschiedlichen funktionalen Bedeutung von Positionen und der Tatsache, daß nicht genügend Talente zur Verfügung stehen, diese Positionen auszufüllen. Diese Interpretation war im Gegensatz zu den meisten funktionalen Analysen evolutionär und besaß wie viele einen rationalistischen Oberton. Tumin vernachlässigt die Fragen funktionaler Bedeutung und der Knappheit an Talenten im wesentlichen, verwirft aber die evolutionäre Erklärung, die er durch den Hinweis ersetzen will, daß Schichtung ein anachronistisches Überbleibsel sei, das nur durch eine sich selbst stützende Macht am Leben erhalten werde; (daß revolutionäre Politik nur neue Arten sozialer Schichtung etabliert, entgeht seiner Aufmerksamkeit)«[25].

Diese Wiedergabe der Tuminschen Ansichten ist sicherlich nicht ganz richtig. Tumin diskutiert die Frage revolutionärer Politik überhaupt nicht. Und selbst wenn es sie gäbe, so stellt dieser Sachverhalt kein Gegenargument dar. Tumin hat nur darauf hingewiesen, daß die Bewertungen relevanter Machtsektoren eine entscheidende Determinante der ›faktischen Form eines jeden Belohnungssystems‹ sei. Wie wir sahen, ist dies im Falle positionaler Zuschreibung mit Sicherheit der Fall, aber es ist fraglich, ob Macht erklären kann, warum in einem gegebenen sozio-kulturellen Zusammenhang nur bestimmte Positionen hoch belohnt werden, nicht aber andere.

Moore argumentiert, daß im Klassensystem industrieller Gesellschaften ›nominell vereinzelte Statuslagen willkürlich in unvergleichbaren Subsystemen fragmentiert‹ würden, und fährt fort:

»Tumins Position setzt sich aus verschiedenen empirischen Irrtümern zusammen, daß (a) ein Klassensystem ›wirklich existiere‹, daß (b) dieses Klassensystem auf nur einem dominanten Lebensbereich beruhe, dem ökonomischen, der eng verbunden sei (die Ursache?) mit Macht und Prestige, (c) daß andere Bereiche menschlicher Tätigkeiten nicht berücksichtigt werden müßten, weil sie durch ökonomische Zusammenhänge bestimmt seien. Eine solche Position enthält nicht nur Übertreibungen bezüglich der Vergleichbarkeit von Statuslagen in industriellen Gesellschaften, sondern weist darüber hinaus Statusängsten eine dringlichere Rolle zu, als sich dies durch vorhandene Belege rechtfertigen ließe«[26].

Nun beruhen Moores Ausführungen ihrerseits auf einer Übertreibung. Wenn in industrialisierten Gesellschaften gar kein Klassensystem ›wirklich existiert‹, weil die ›analytischen Subsysteme‹ miteinander ›unvergleichbar‹ sind, so müßte daraus gefolgert werden, daß die allermeisten Schichtungstheorien, inklusive jener von Davis und Moore, entweder irrelevant oder unanwendbar sein müßten.

In ›On Inequality‹, der Antwort auf Moore, meint Melvin Tumin, daß der Bereich sozialer Ungleichheit viel umfassender sei als der Bereich institutionalisierter ungleicher Belohnung.

»Jede der in einer Gesellschaft auffindbaren Ungleichheiten kann zum Kriterium von Schichtung werden. Solche Ungleichheiten entstehen aus: (1) Rollenspezifikationen, (2) Rangordnungen, die auf Rolleneigenschaften aufbauen, (3) Rangordnungen, die sich nach Graden moralischer Konformität staffeln, (4) Rangordnungen, die sich aus dem Beitrag ergeben, den bestimmte Positionen (a) für die Realisation von Werten und moralischen Ideen und (b) für funktional bedeutsame Aufgaben leisten, (5) aus Diffusion und Transfer. Die Typen (1), (2) und (4) werden mit größter Wahrscheinlichkeit einem Schichtungssystem zugrunde gelegt, aber sie unterliegen einem solchen System nicht mit *Notwendigkeit*. Entsprechend kann beträchtliche Ungleichheit bei wenig oder gar keiner Schichtung vorhanden sein«[27].

Tumins Hauptpunkt stellt sicherlich eine harmonische Ergänzung der Davis-Mooreschen Theorie dar. Tumins zweite Behauptung, daß einige Typen von Ungleichheit »unvermeidbar zu sein scheinen für das Überleben einer Gesellschaft über zwei Generationen«, ist komplexer und scheint disparate Elemente zu enthalten. Zum einen bezieht sich Tumin auf das Eltern-Kind-Verhältnis und die Rollendifferenzierung zwischen Mann und Frau, was von Davis ausdrücklich als denkbare Basis für ein Schichtungssystem ausgeschieden wurde. Zum weiteren bezieht sich Tumin auf die Universalität gegenseitiger Einschätzung. »Jeder neigt dazu, Vergleiche anzustellen, wer größer, hübscher oder schneller sei.« Aber muß Tumin damit dem willkürlichen Manöver der Funktionalisten folgen, aus der Tatsache kultureller Universalität eine funktionale Notwendigkeit zu machen? Drittens bezieht sich Tumin auf ›Rangordnungen auf der Basis funktionaler Beiträge‹, wobei er zwei Typen unterscheidet: (a) ›Rangordnungen durch Beiträge zur Realisation von oder durch

Exemplifizierung von Idealen‹, und (b) ›Rangordnungen auf der Basis des funktionalen Beitrags zur Erreichung sozialer erwünschter Ziele‹. Im Zusammenhang mit diesem letzten Punkt meint er:

»Derzeitige Theorien legen zu großen Wert auf die Bedeutung der ›differential functional importance‹ als einer Basis sozialer Schichtung. Und man argumentiert dabei, daß jede Gesellschaft sich ein Urteil darüber verschaffen müsse, welche Unterschiede funktionaler Bedeutung vorlägen, um ihre raren und hochbewerteten Güter wenigstens teilweise in Übereinstimmung mit solchen Urteilen zu verteilen«[28].

Wenn dies eine Wiedergabe der Behauptungen von Davis und Moore sein sollte, dann ist sie mit Sicherheit unrichtig. Man muß noch einmal nachdrücklich darauf hinweisen, daß ›differentielle funktionale Bedeutung‹ nichts zu tun hat mit Beurteilungen und Bewertungen in einer Gesellschaft. ›Funktionale Bedeutung‹ bezieht sich nachweislich nur auf den Grad und das Ausmaß, in dem eine Position dazu beiträgt, eine gegebene Gesellschaft zu erhalten.

In seinem ›Rejoinder‹ auf Tumin gibt Wilbert E. Moore zu, daß ›soziale Ungleichheit‹ und ›ungleiche Belohnung‹ definitorisch verschieden seien, aber doch empirisch näher beieinander lägen, als Tumin bereit ist, zuzugestehen. Er stellt Tumins ›extrem relativistischen Standpunkt gegenüber kulturellen Werten und sozialen Institutionen‹ in Frage und vertritt die Ansicht, es gebe ein allen Gesellschaften zugrundeliegendes Muster ›notwendiger Funktionen‹:

»In meiner Lesart kann man belegen, daß die Bewertung unterschiedlicher Positionen keinesfalls willkürlich variiert, wie die Diskussion zu implizieren scheint. Ich vermute vielmehr, daß jene Verhaltensweisen, die für die Aufrechterhaltung der gesellschaftlichen Ordnung, für die Bereitstellung der ökonomischen Grundlage, für den Schutz der Gesellschaft nach außen, für die Exemplifizierung religiöser und ästhetischer Werte von Bedeutung sind, *immer* die Differenzierung von Positionen impliziert. Natürlich auch Unterschiede der rein persönlichen Wertungen«[29].

Die Behauptung, daß diese allgemeinen Gesellschaftsbereiche unterschiedliche Bewertungen implizieren, ist sicher nicht sehr erhellend, da wahrscheinlich alle Positionen in einer gegebenen Gesellschaft in bestimmtem Maße mit negativen oder positiven Bewertungen belegt werden. Darüber hinaus addiert sich die Liste solcher Gesellschaftsbereiche, wie sie Moore vorlegt, wie im Fall der sogenannten ›functional prerequisites‹, allenfalls zu einer hübschen Standarddefinition des Begriffs ›Gesellschaft‹. Woraus für die Behauptung, solche Positionen implizierten ›immer‹ Bewertun- 522 gen, allenfalls gefolgert werden kann, daß es sich hierbei um eine reine Tautologie handelt.

Im Oktober 1963 versuchte Arthur L. Stinchcombes ›Some Empirical Consequences of the Davis-Moore Theory of Stratification‹ nachzuweisen, daß unterschiedliche funktionale Bedeutungen tatsächlich vorhanden und meßbar seien. In ausdrücklichem Bezug auf die Version von 1945 schreibt Stinchcombe:

»Das Hauptargument von Davis und Moore besteht darin, daß ungleiche Belohnung tendenziell Positionen großer gesellschaftlicher Bedeutung zukämen, vorausgesetzt, daß die für solche Positionen nötigen Talente knapp seien. Die ›Gesellschaft‹ sichert nun, daß diese Funktionen in angemessener Weise erfüllt werden, indem sie jene Personen belohnt, die solche Aufgaben auf sich nehmen. Dies impliziert: je größer die Bedeutung der Position, desto weniger wahrscheinlich ist es, daß das benötigte Personal durch reine Zuschreibung gewonnen werden kann. (Fußnote: Die Theorie behauptet, daß die meisten wichtigen Positionen, wenn die erforderlichen Talente knapp sind, sich mit Personen rekrutieren werden, denen hohe Belohnungen angeboten werden, weil sie sonst diese Positionen nicht einnehmen würden. Das wäre dann der Fall, wenn man ein perfektes Schichtungssystem voraussetzen wollte, das allein auf dem Erwerb von Positionen aufgebaut ist. Einige haben behauptet, Davis und Moores Ansichten setzten ein solches perfektes offenes System voraus, weshalb ihre Theorie den Fakten nicht entspräche. Da aber das betreffende Ergebnis auch dann erreicht wird, wenn ein System eher talentierte Personen für seine bedeutsamen Positionen rekrutiert, weniger wichtige Positionen aber zuschreibt, und da eine solche Annahme nicht so offensichtlich falsch ist wie die Behauptung eines ›freien Marktes‹, der dafür Sorge trägt, daß die verschieden talentierten Personen ihre Positionen finden, werden wir hier diese schwächere Position akzeptieren. Es scheint unwahrscheinlich, daß Davis und Moore jemals die stärkere, aber doch offensichtlich falsche Behauptung vertraten)«[30].

Hier geht alles durcheinander. Einmal haben Davis und Moore (1945) behauptet, daß hohe Belohnungen (nicht ›ungleiche Belohnungen‹) Positionen von hoher funktionaler Bedeutung zugewiesen werden, für die Talent in hohem Ausmaß erforderlich, aber nur in geringem Ausmaß vorhanden ist. Zum zweiten ist niemand berechtigt, aus der 1945-Version den Schluß zu ziehen, es gebe eine ›Rekrutierung durch Zuschreibung‹. Denn diese frühe Version diskutiert diesen Zusammenhang nicht, und die spätere von 1948 versucht dieses Leck durch den Hinweis auf die Rolle der Familie zu schließen. Darüber hinaus sucht die 1948-Version konkrete Schichtungssysteme als zwischen zwei theoretischen Extremen liegend zu erfassen: einem System, das alle Positionen dem freien Erwerb aussetzt, und einem System, das alle Positionen zuschreibt. Diese Formulierung erlaubt Stinchcombe kaum eine inverse Relation abzuleiten zwischen funktionaler Bedeutung einer Position und deren Zuschreibung. Schließlich impliziert die Behauptung, daß ein System alle wichtigen Positionen eher mit talentierten Personen besetzte, alle übrigen aber zuschreibe, eine Dichotomie zwischen wichtigen und unwichtigen Positionen. Und dies steht sicher in Widerspruch zum Sprachgebrauch von Davis und Moore, die eine ordinale Relation funktionaler Bedeutung zwischen allen Positionen annehmen.

Stinchcombe gibt dann sein erstes Beispiel dafür, was er als funktionale Bedeutung einer Position betrachtet:

»Es ist sehr schwierig, Aufgaben und Rollen entsprechend ihrer relativen Bedeutung einzuordnen. Aber bestimmte Aufgaben sind ganz sicher zu bestimmten Zeiten wichtiger als in anderen oder wichtiger in einer Gruppe als in einer anderen. So sind Generale in Kriegszeiten wichtiger als in Friedenszeiten«[31].

Hier aber liegt ein Mißverständnis vor. Die Position ›General‹ wird nämlich mit sich selbst verglichen zu unterschiedlichen Zeitpunkten (Kriegszeit und Friedenszeit), aber der Begriff ›differentieller funktionaler Bedeutung‹ bei Davis und Moore bezieht sich auf den Vergleich verschiedener Positionen innerhalb desselben Zeitraums. Aber könnte man dann nicht sagen, daß in Kriegszeiten ein General einen größeren Beitrag zum Überleben einer Gesellschaft leistet als beispielsweise die Position ›Hausfrau‹? In einem bestimmten Sinne ist dies sicher richtig. Aber diese Bedeutung des Begriffs ist bei Davis und Moore nicht impliziert. Eine Nation, die sich in einem Krieg befindet, wird sich bemühen, die verschiedenen sozialen Ressourcen zur Erreichung eines Systemziels zu koordinieren. Diese Koordination impliziert eine zeitweilige dichotomische Klassifikation aller Positionen in zwei Kategorien: (a) jene Positionen, die für die Kriegführung wichtig sind (Generale, Waffenproduzenten, Kernwissenschaftler etc.), und (b) solche, die für die Kriegführung nicht wichtig sind (Hausfrauen, Hersteller von Luxusgütern, Künstler etc.). Aber selbst diese verbesserte Version von Stinchcombes Beispiel wird aus mindestens drei Gründen nicht funktionieren: (1) ›unterschiedliche funktionale Bedeutung‹ impliziert vermutlich ›verschiedene Grade‹ des Beitrags zur Systemerhaltung (eine Dichotomie ist in einem solchen Zusammenhang nutzlos), (2) das Beispiel befaßt sich mit einer Gesellschaft im Krieg, wo alle Positionen instrumental für die Erreichung eines gemeinsamen Systemziels eingesetzt werden. Das aber ist nicht der Normalzustand von Gesellschaften, selbst wenn man die Gültigkeit des Beispiels für den Kriegsfall akzeptieren könnte, so stünde seine Übertragbarkeit auf Friedenszeiten noch zur Diskussion. (3) Die Behauptung, Generale, Infanteristen, Waffenhersteller (und andere Kriegsspezialisten) seien zur Kriegführung ›notwendig‹, stellt nichts als eine Tautologie dar.

Stinchcombes zweites Beispiel unterschiedlicher funktionaler Bedeutung befaßt sich mit Änderungen der Position ›König‹.

»Das Königtum in den westlichen europäischen Monarchien hat ständig in dem Maße an politischer Bedeutung verloren, wie die Macht des Parlaments zunahm ... In gleicher Weise haben sich die Belohnungen geändert. Monarchien haben heute eher Anspruch auf zeremonielle Verehrung und den Ausdruck von Gefühlen als auf Reichtum und Macht ... Die Veränderungen in den Rollenerfordernissen und Belohnungen verweist auf eine Verschiebung der Funktionen. Zumindest diese Änderungen zeigen, daß die zeremoniellen Funktionen des Königtums weniger an Bedeutung verloren haben als seine politischen Funktionen. Aber es bedeutet in den Augen des Volkes wahrscheinlich weniger, in einer politischen Struktur eine nicht-politische Funktion einzunehmen«[32].

Zunächst kann man hier dieselbe Kritik anbringen wie beim ersten Beispiel: ein und dieselbe Position, die des Königs, wird nur zu unterschiedlichen Zeitpunkten verglichen, die Bedeutung des Begriffs ›differential functional importance‹ erfordert jedoch den Vergleich unterschiedlicher Positionen innerhalb derselben Zeitspanne. Zum anderen muß man fragen, was wohl der Ausdruck bedeuten soll, ›in den Augen des Volkes eine geringere Bedeutung zu haben‹, wenn man die Bedeutung des Begriffs der funktionalen Bedeutung zugrunde legt. Welchen Beitrag zum gesellschaftlichen Überleben leistete die Position ›König‹ vor oder nach dem Aufkommen der Parlamente?

Stinchcombes drittes Beispiel ist ein wenig verwirrend, weil unklar ist, ob es die Unterschiedlichkeit funktionaler Bedeutung dokumentieren soll oder unterschiedliche Talente von Personen oder beides.

»In einigen Industrien stellt individuelles Talent ganz offensichtlich einen *komplementären* Produktionsfaktor dar, in dem Sinne, daß durch sein Vorhandensein andere Faktoren produktiver sind, in anderen aber spielt Talent nur eine rein *additive* Rolle. Um einen extremen Fall von Komplementarität anzuführen, wenn man Alec Guinness mit einem dummen Drehbuch zusammenbringt, mit einer Anzahl routinierter Mitspieler, ausreichenden Produktionsmitteln etc., so wird dabei als Resultat ein kommerziell recht erfolgreicher Film entstehen ... Aber wenn man einen talentierten Anstreicher
 mit einer Gruppe 100 durchschnittlicher Menschen zusammenbringt,

wird dabei kaum mehr herauskommen. Die individuelle Rolle ist im ersten Fall viel ›wichtiger‹ als im zweiten«[33].

›Viel wichtiger‹ meint hier wohl ›trägt in größerem Umfang zum ökonomischen oder kommerziellen Erfolg eines Produkts bei‹. Wenn man die Spekulationen einmal beiseite läßt, so ist das Filmbeispiel einfach deshalb unglücklich, weil im Fall von Alec Guinness dessen kommerzieller Wert in seiner Rolle als Filmstar liegt, nicht in seiner Rolle als dramatischer Darsteller, und beide sind nicht notwendig identisch (gerade in Hollywood kann man manchmal eher einen inversen Zusammenhang vermuten). Aber läßt man das alles beiseite, welchen Sinn soll es haben, spezielle kreative Fähigkeiten mit normalem Können zu vergleichen? Und wenn der Sinn eines solchen Vergleichs im Nachweis liegen soll, daß kreative Talente in aller Regel besser entlohnt werden, wußte man dies nicht bereits?

Stinchcombe stellt dann eine Liste von ›Unternehmungen‹ auf, die danach unterschieden werden, ob Talent hier komplementär oder eher additiv eingesetzt wird. Er unterscheidet:

Forschungsuniversitäten, Unterhaltung, Management, Sportmannschaften und andere Teams, die sich mit Beschäftigungen abgeben, bei denen der Gewinner alles, die Verlierer nichts erhalten, Violinkonzerte. Hier spielt Talent eine komplementäre Rolle. Im Fall von reinem Lehrunterricht, bei Fabrikarbeit, Handarbeit, bei Gruppen, unter denen die Gewinne entsprechend der relativen Verdienste aufgeteilt werden, Symphonien, ist Talent fast nur additiv[34].

Nun wird man schon beim ersten Hinsehen bemerken, daß die in der ersten Gruppe aufgeführten Tätigkeiten einen beträchtlich größeren Anteil an solchen Tätigkeiten enthält, die hoch belohnt werden und in gleicher Weise hohe kreative Fähigkeiten verlangen. Stinchcombe ›sagt voraus‹, daß dies der Fall sein würde. Und er ›sagt voraus‹, daß Tätigkeiten der zweiten Gruppe in höherem Maße zugeschrieben sind durch Altersklassen, Seniorität etc. Es ist einigermaßen schwierig zu erkennen, was mit einer solchen (im übrigen rein kulturspezifischen) Aufzählung anderes belegt werden soll als die sattsam bekannte Tatsache, daß die Rollenträger mit kreativen Talenten höher belohnt werden als jene, die nur über alltäglichere Fähigkeiten verfügen.

Im Oktober 1963 antwortete Walter Buckley in seiner Arbeit ›On Equitable Inequality‹ auf einige der von Moore in seinem Artikel vom Februar 1963 angesprochene Punkte. Buckley war der Meinung, die Davis-Mooresche Theorie impliziere eine Art ›competetive fallacy‹, da sie die Schichtung aller Gesellschaften in Bezugnahme auf einen atypischen Fall interpretiere: nämlich als das Ergebnis eines Wettbewerbs zur Erreichung bestimmter Positionen, was allenfalls die neuzeitlichen Industriegesellschaften auszeichne. Er wiederholte Tumins Argument (das Moore bereits konzediert hatte), daß Schichtung die Entwicklung möglicher Fähigkeiten begrenze und restringiere. Er warf Moore vor, Ungleichheit (inequality) mit Ungerechtigkeit (inequity) zu verwechseln, und trug die Meinung vor, Schichtungsuntersuchungen sollten sich der Aufgabe widmen, den Minimalbereich ungleicher Belohnungen zu bestimmen, der mit einer industriellen Organisation der Gesellschaft vereinbar sei. Zuletzt wies Buckley darauf hin, daß Moores Behauptung, es gäbe keine Klassensysteme, auf einer willkürlichen Beschränkung der Definition von ›Schicht‹ (stratum) beruhe. Die Akzeptierung des Mooreschen Sprachgebrauchs läuft nur auf die Behauptung hinaus, daß keine der bekannten Gesellschaften jemals geschichtet war[35].

Im Oktober 1963 versuchte George A. Huacos ›A Logical Analysis of the Davis-Moore Theory of Stratification‹ eine detaillierte Analyse des Begriffs der ›differential functional importance‹.

»Das Postulat der verschiedenartigen funktionalen Bedeutung meint, daß es in jeder gegebenen Gesellschaft Rollen gibt, die einen größeren Beitrag zum Erhalt und Überleben dieser Gesellschaft leisten als andere Rollen. Um einen solchen Zusammenhang prüfen zu können, benötigen wir eine unabhängige Definition des Begriffs ›Überleben‹. Und wir brauchen Meßkriterien dafür, wieviel eine bestimmte Rolle im Vergleich zu anderen zum Überleben beiträgt. Davis erwähnt folgende Beispiele für ein solches Kriterium.

›In der Praxis wird de facto ‚funktionale Bedeutung‘ wenn auch nur ungefähr gemessen. So wird z. B. in Kriegszeiten darüber entschieden, welche Industrien und Gewerbe bei der Vergabe von Kapitalausstattungen, Arbeitskräften, Rohstoffen etc. vorgezogen werden sollen. In totalitaristischen Ländern geschieht derartiges auch in Friedenszeiten. Und auf gleiche Weise versuchen unterentwickelte Gebiete, ihre soziale und ökonomische Modernisierung voranzutreiben. Jede einzelne Firma muß ständig darüber entscheiden, welche Positionen wesentlich sind und welche nicht‹ (K. Davis, ›Reply‹, American Sociological Review, 18 [1953], S. 395). Mit diesen Beispielen gibt es zwei Schwierigkeiten:

(a) Es werden nur dichotomische Kriterien genannt (wesentlich/nicht-wesentlich), die tautologisch aus der Tatsache eines umgreifenden Systemziels abgeleitet zu sein scheinen. Man benötigt aber ein Kriterium, das in der Lage ist, den Grad des Beitrags einer Rolle für das Überleben einer Gesellschaft im Vergleich zu anderen Rollen zu erfassen. Wir brauchen kurz gesagt: ein Rangkriterium.

(b) Jedes dieser Beispiele bezieht sich teilweise oder gänzlich auf Systeme mit ökonomischer Gesamtplanung, weshalb von hierher keine Schlüsse für Systeme gezogen werden können, die eine solche Planung nicht kennen (und die meisten Gesellschaften der bisherigen Geschichte sind nicht geplant in diesem Sinne)«[36].

Huaco prüfte auch die ›Hinweise‹ von Davis und Moore in deren 1945-Version, wo von der Einzigartigkeit einer Rolle und dem Grad die Rede ist, in dem andere Positionen von einer solchen Position abhängen. Huaco wies darauf hin, daß es absolut keine empirische Basis für die Annahme geben könne, ›Einzigartigkeit‹ und ›Abhängigkeit‹ verwiesen als Indikatoren auf etwas anderes als sich selbst.

Danach wurde eine Behauptung Davis' untersucht, die sich sowohl in seiner 1945-Version wie auch 1948 findet. Davis schreibt:

»Dank der universellen Notwendigkeit bestimmter Funktionen in einer Gesellschaft existiert eine unterschwellige Ähnlichkeit der Art der Positionen an der Spitze, in der Mitte und an der Basis der Skala ... Für diesen Zweck werden wir die Religion, die Administration, Ökonomie und Technologie auswählen.« (K. Davis: Human Society, S. 371)

Diese Auswahl ›notwendiger gesellschaftlicher Funktionen‹ ist nun nicht nur sehr vertraut, sondern auch in der Rechtsordnung verankert. Huaco schreibt weiter:

»Diese von Davis beschriebenen vier Bereiche ›funktionaler Notwendigkeiten‹ entsprechen den vier analytischen Ebenen eines wohlbekannten Gesellschaftsmodells:

Davis	Marx
Religion	oberer Bereich des Überbaus
Regierung	unterer Bereich des Überbaus
Ökonomie	Produktionsverhältnisse
Technologie	Produktivkräfte

Der einzige Zweck dieser Gegenüberstellung ist der Nachweis, daß Davis' und Moores ›universellen‹ und ›notwendigen‹ gesellschaftlichen ›Funktionen‹ den verschiedenen Ebenen entsprechen, die sie der Analyse ihres Gesellschaftsmodells zugrunde legen. Und sie sind entsprechend tautologisch aus diesem Modell abgeleitet. Die implizierte ›Notwendigkeit‹ ist ganz offensichtlich eine analytische oder logische Notwendigkeit. Und daraus folgt, daß Davis' Behauptung, er habe damit die vier ›universellen‹ und ›notwendigen‹ gesellschaftlichen ›Funktionen‹ vorgelegt, eine reine Tautologie darstellt«[37].

Huaco schloß daraus, daß die Bedeutung des Begriffs ›unterschiedlicher funktionaler Bedeutung‹ völlig unklar sei und ›entsprechend nicht zur legitimen Erklärung ungleicher Belohnungen‹ herangezogen werden kann.

Ein Rückblick

Wir wollen zu unseren anfänglichen Bemühungen um die Freilegung der logischen Struktur der Davis-Mooreschen Theorie zurückkehren und versuchen, jene Teile der Theorie, die von der Kritik als fragwürdig ausgewiesen wurden, von jenen zu trennen, die auf einer soliden Grundlage zu stehen scheinen. Zunächst ist es klar, daß *der* Grundbegriff dieser Theorie, das Postulat ›unterschiedlicher funktionaler Bedeutung‹, irreführend ist. Es gibt auch nicht den geringsten Hinweis dafür, daß verschiedenartige Positionen unterschiedliche Beiträge zum Überleben einer Gesellschaft liefern. Zum zweiten ist die Annahme nicht nur unbestätigt, sondern offensichtlich falsch, daß solche Gesellschaften eher überleben oder überdauern, die ihre Positionen in Wettbewerbsform verteilen, als jene, die Positionen zuschreiben. Die übrigen Teile der Theorie aber scheinen einigen Versprechungen gerecht zu werden.

(I) Die verschiedenen Positionen zugewiesenen ungleichen Belohnungen stellen eine Ursache dafür dar, daß Individuen solche Positionen einnehmen. Wenn man die Frage nach möglichen Alternativen beiseite läßt, dann scheint dies einer der solidesten Teile der Theorie zu sein. Es gibt zwar nur indirekte, dafür aber beeindruckende Belege aus dem Bereich der psychologischen Lerntheorie. Davis' und Moores Definition des ›Belohnungsbegriffs‹ entspricht dem psychologischen Begriff der ›Verstärkung‹. Der Begriff ›hohe Belohnung‹ entspricht dem Begriff ›positive Verstärkung‹, der Begriff ›geringe Belohnung‹ dem Begriff ›negative Verstärkung‹. Lerntheoretiker verfügen über beträchtliche experimentelle Belege dafür, daß sowohl Tier wie Mensch in Reaktion auf die Manipulation positiver und negativer Verstärkungen lernen und handeln.

(II) Die Existenz und das Funktionieren der Institution Familie ist eine Ursache der Statuszuschreibung. Daß der partikularistische Charakter von Familienbindungen zu Statuszuschreibung neigt, ist evident. Ebenso klar ist indessen auch, daß die Existenz der Familie Statuszuschreibung nur unzureichend und unvollständig erklärt. Man kann sich ein Modell ausdenken, wo die Neigung der Familie, Status zuzuschreiben, gar nicht vorhanden ist, wo aber doch Statuszuschreibung entsteht. Nehmen wir die Normannische Eroberung Englands als Ausgangsbeispiel: Man weiß, daß die normannischen Eroberer die hohen Positionen für sich vereinnahmten und die geschlagenen Sachsen in niedrigere Positionen verdrängten. Man weiß, daß beide Gesellschaften über eine ausgesprochene Statuszuschreibung verfügten. Worauf es hier ankommt, ist die Tatsache, daß eine solche Verteilung der Positionen auch dann eingetreten wäre, wenn beide Gesellschaften über reine Erwerbssysteme zur Besetzung von Positionen verfügt hätten. Die Erklärung, warum die siegreichen Normannen sich in Besitz der hohen Positionen setzten, kann nicht in der normannischen Familie gesucht werden, sondern muß auf die Eroberung selbst zurückgeführt werden, d. h. man muß hier die Erklärungsvariable ›Macht‹ einführen.

(III) Die unterschiedliche Verfügbarkeit qualifizierter Personen ist eine Ursache für Schichtung (verstanden als ungleiche Belohnung verschiedener Positionen). Man sollte diese Behauptung modifizieren: Die unterschiedliche Verfügbarkeit qualifizierter Personen ist eine Ursache der *Rangfolge* ungleicher Belohnungen, die unterschiedlichen Positionen zugewiesen ist. Dieser interessante Zusammenhang verdient, weiter verfolgt zu werden, als Davis und Moore es in ihrer kurzen Formulierung taten. Offensichtlich kann man Variationen über zwei Dimensionen hin feststellen. Auf der einen Seite erfordert die positionale Struktur einer Gesellschaft Talent und Ausbildung in hohem oder niedrigem Ausmaß, auf der anderen Seite mag eine Bevölkerung einer gegebenen Gesellschaft über Fähigkeiten und Ausbildung nur in unterschiedlichem Maße verfügen. Entsprechend kann man sagen, daß immer dann ein Zustand relativer differentieller Knappheit an Personal besteht, wenn zwischen dem Betrag an Talent und Ausbildung, der einer gegebenen Bevölkerung zur Disposition steht, und dem Betrag an Talent und Ausbildung, der aufgrund der positionalen Struktur einer Gesellschaft nötig ist, ein greifbarer Unterschied besteht.

Eine Matrix kann hier einige Zusammenhänge verdeutlichen:

1. *Die traditionale Gesellschaft.* Hier ist der Betrag an Talent und Ausbildung, der durch die positionale Struktur der Gesellschaft erforderlich wird, gering. Gering ist auch der Betrag an Talent und Ausbildung, der der betreffenden Bevölkerung zur Verfügung steht. In diesem Fall ergibt sich nur wenig Sinn, wollte man hier von einer ›differentiellen Knappheit an Personal‹ sprechen. Wie groß der Bereich ungleicher Belohnung auch sein mag, das Ausmaß dieses Bereichs wird man durch andere Faktoren erklären müssen (die durch die bisherigen Theorien nicht identifiziert wurden).

2. *Industrialisierende Gesellschaften.* Hier ist der durch die positionale Struktur der Gesellschaft erforderte Betrag an Talent und Ausbildung hoch, aber das Ausmaß an faktisch vorhandenem Talent gering. Hier gibt es eine differentielle Knappheit an Personal, und man würde vorhersagen, daß die Bandbreite ungleicher Belohnungen sich tendenziell verbreitert.

3. *Vollindustrialisierte Gesellschaften.* Hier ist der durch die Position als Struktur der Gesellschaft erforderliche Betrag an Talent

und Ausbildung hoch, und der Betrag an Talent und Ausbildung, der in einer Bevölkerung vorhanden ist, steigt tendenziell an. Durch die allmähliche Verminderung der differentiellen Knappheit an Personal sollte man vorhersagen können, daß entwickelte Industriegesellschaften einen Trend zur graduellen Einschränkung des Bereichs ungleicher Belohnungen zeigen werden. Historische Belege scheinen dies zu bestätigen.

4. *Vorrevolutionäre Gesellschaften.* In diesem Fall ist der Betrag an Talenten und Ausbildung, der durch die gegebene positionale Struktur einer Gesellschaft erfordert wird, relativ gering, das vorhandene Talent und die verfügbare Ausbildung innerhalb einer Bevölkerung indessen relativ hoch. Statt einer differentiellen Knappheit an Personal liegt hier ein differentieller Surplus an Personal vor. Dies entsprach der Situation von Rußland vor 1917 mit seiner geschulten, aber unbeschäftigten Intelligenzia, und wir finden diese Situation auch in kolonialen Gesellschaften, wo die kolonialen Verwaltungen eine einheimische Intelligenzia heranzieht, ohne sie dann gleichzeitig ihren Fähigkeiten entsprechend einsetzen zu können.

Was bleibt am Ende von der funktionalistischen Schichtungstheorie von Davis und Moore übrig? Zwei Jahrzehnte der Auseinandersetzung scheinen die metaphysischen Postulate und zweifelhaften Thesen ausgeschieden zu haben. Der verbleibende Rest enthält zwar eine Reihe wertvoller Einsichten, aber das fügt sich nicht zusammen zu einer vollständigen Theorie sozialer Ungleichheit, zu einer Theorie der Mobilität, der Zuschreibung und noch weniger zu einer Theorie der Schichtung.

»Machtelite« oder »Veto Groups«*

W. Kornhauser

I

In den fünfziger Jahren erschienen zwei Bücher, die die Beschreibung der Machtstruktur im heutigen Amerika zum Inhalt hatten. In ihren Endergebnissen kamen sie zu zwei grundverschiedenen Erkenntnissen: wo C. Wright Mills eine »Machtelite« fand, sah David Riesman »Veto Groups«. Beide Bücher riefen Reaktionen hervor, die tendenziell die vorhandenen ideologischen Fronten verdeutlichten. Es scheint, daß die Skizzierung *der Machtelite* von den radikalen Intellektuellen am meisten begrüßt wurde, während *die Einsame Masse* ihren größten Widerhall unter Liberalen gefunden hat. Mills und Riesman waren sich ihrer unterschiedlichen Auffassungen sehr wohl bewußt. Mills expliziert diesen Sachverhalt sehr deutlich: Riesman ist ein »romantischer Pluralist«, der es ablehnt, den Wald amerikanischer Ungleichheiten als Bäume zeitlich begrenzten und getrennten politischen Gleichgewichtes innerhalb verschiedener Gruppen zu sehen[1]. Riesman polemisierte zwar weniger prononciert, aber er mag an Mills gedacht haben, wenn er von jenen Intellektuellen sprach, »die sich selbst sehr weit außerhalb der Macht glauben und sich vor jenen fürchten, von denen sie denken, daß sie Macht haben« und die »es vorziehen, sich von den Machtstrukturen, die sie heraufbeschwören, erschrecken zu lassen, als vielmehr der Möglichkeit ins Gesicht zu sehen, daß die Machtstruktur, an deren Existenz sie glauben, weitgehend verschwunden ist«[2].

Ich möchte bei dieser Kontroverse gerade so lange intervenieren, um zwei Dinge verdeutlichen zu können: (1) die Positionen, in denen Riesman und Mills nicht übereinstimmen, so präzise als möglich zu lokalisieren und (2) bestimmte der Machtanalyse zugrunde liegende Ergebnisse, die beachtet werden müssen, genauer zu lokalisieren, bevor die spezifischen Meinungsverschiedenheiten zwischen Riesman und Mills in nützlicher Weise behoben werden können.

* W. Kornhauser, Power Elite or Veto-Groups, in: S. M. Lipset – L. Lowenthal (eds), Culture and Social Character, New York 1961, S. 252–267. Mit freundlicher Genehmigung des Autors und des Verlages The Free Press. Übersetzt von Heide und Claus Mühlfeld.

Der Ausdruck »Veto-Group« wurde nicht übersetzt, da den Übersetzern die übliche Wiedergabe als »Interessengruppe« nicht adäquat erschien, zum anderen hat sich der Terminus »Veto-Group« mittlerweile eingebürgert.

Wir können Mills und Riesman im Hinblick auf die Rolle der Macht in Amerika in fünf Dimensionen vergleichen:

1. Machtstruktur: wie die Macht unter den größeren Segmenten der gegenwärtigen amerikanischen Gesellschaft verteilt wird;
2. Veränderungen in der Machtstruktur: wie sich die Machtverteilung im Laufe der amerikanischen Geschichte gewandelt hat;
3. Wirksamkeit der Machtstruktur: die Mittel, mit denen Macht in der amerikanischen Gesellschaft ausgeübt wird;
4. Grundlagen der Machtstruktur: wie soziale und psychische Faktoren die existierende Machtverteilung ordnen und aufrechterhalten;
5. Konsequenzen der Machtstruktur: wie die existierende Machtverteilung die amerikanische Gesellschaft beeinflußt.

1. Machtstruktur

Für die ihr zugrundeliegenden Differenzen ist es bezeichnend, daß Mills seine Abhandlung über die Macht einfach mit »die Machtelite« betitelt, während Riesman einen Abschnitt seiner Analyse mit »Wer hat die Macht?« überschreibt. Mills ist sich der Machtabgrenzung recht sicher, worauf die sehr bestimmte Form seines Titels hinweist. Riesman sieht eine wesentlich amorphere und unbestimmtere Machtsituation und drückt seine Ansicht in der interrogativen Form seines Titels aus. Diese kontrastierenden Vorstellungen über die Rolle der Macht in Amerika können graphisch als zwei verschiedene Machtpyramiden dargestellt werden. Mills' Pyramide enthält drei Stufen:

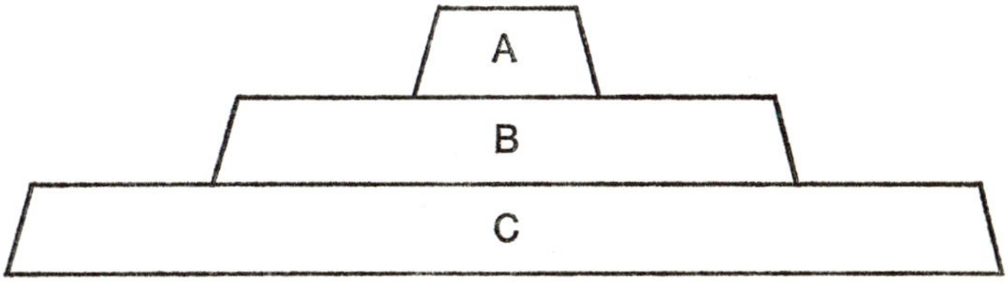

Die Spitze der Pyramide (A) bildet die »Machtelite«: eine zur Einheit zusammengeschlossene Machtgruppe, die sich aus höchsten Regierungsexekutiven, Militärbeamten und Direktoren von Aktiengesellschaften zusammensetzt. Die zweite Stufe (B) umfaßt die »mittleren Machtpositionen«: eine mannigfaltige und ausgeglichene Pluralität von Interessengruppen, die vielleicht am deutlichsten bei der Arbeit im Kongreß zutage treten. Die dritte Stufe (C) ist die

»Massengesellschaft«: die machtlose Masse unorganisierter und atomisierter Menschen, die von oben kontrolliert werden.
Riesmans Machtpyramide enthält nur zwei Hauptstufen:

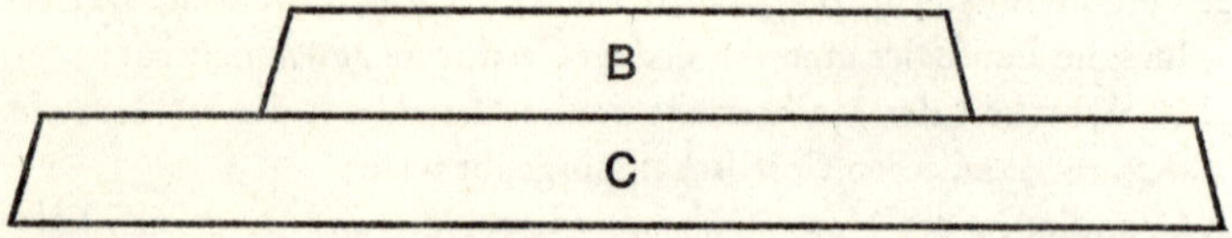

Die beiden Stufen korrespondieren in etwa mit Mills' zweiter und dritter Stufe und sind entsprechend gekennzeichnet worden. Der augenscheinliche Unterschied zwischen den beiden Pyramiden ist das Vorhandensein einer Spitze in einem und ihr Nicht-Vorhandensein im anderen Fall. Riesman sieht keine »Machtelite« im Sinne einer einzigen zur Einheit zusammengeschlossenen Machtgruppe auf dem Gipfel des Gefüges, und dies unterscheidet seine Machtvorstellung in Amerika, einfach ausgedrückt, von der von Mills. Die obere Stufe von Riesmans Pyramide (B) besteht aus »Veto Groups«: eine mannigfaltige und ausgeglichene Pluralität von Interessengruppen, von denen jede sich vorwiegend damit beschäftigt, ihren Einflußbereich zu schützen, indem sie Bestrebungen anderer Gruppen blockiert, die jenen Bereich zu bedrohen scheinen. Es gibt hier keine maßgeblich herrschende Gruppe, sondern vielmehr eine amorphe Machtstruktur, die sich auf die Wechselwirkungen innerhalb dieser Interessengruppen konzentriert. Die untere Stufe der Pyramide (C) schließt die mehr oder weniger unorganisierte Öffentlichkeit ein, die von den Interessengruppen bei ihren Manövern gegen tatsächliche oder drohende Eingriffe in ihren Einflußbereich, den jede Gruppe für sich selbst beansprucht, als Spielball benutzt wird.

2. Veränderungen in der Machtstruktur

Riesman und Mills stimmen darin überein, daß die amerikanische Machtstruktur vier Hauptepochen durchlaufen hat. Über die gegenwärtige und voraussichtliche Zukunft sind sie divergierender Ansicht. Mills sieht die Gegenwart als fünfte Epoche an, während Riesman sie als Fortsetzung der vierten betrachtet.
Nach Mills und Riesman reichte die erste Periode ungefähr von der Gründung der Republik bis zur Jackson-Ära. Amerika besaß, so glaubt Riesman, während dieser Periode eine klar abgegrenzte herrschende Gruppe, die sich aus einer »Führungsspitze von Landadligen und Merkantilisten (S. 239)« zusammensetzte. Nach Mills

»ist der wesentliche Aspekt dieser Frühzeit dadurch gekennzeichnet, daß sich soziales Leben, ökonomische Institutionen, militärisches Establishment und politische Ordnung deckten und hohe Politiker gleichzeitig Schlüsselrollen in der Wirtschaft spielten und jenen dominanten Familien zuzurechnen waren, die die lokale Gesellschaft konstituierten (S. 270)«.

Die zweite Periode reichte ungefähr vom Niedergang der Föderalistenführung bis zum Bürgerkrieg. Während dieser Periode breitete sich die Macht weiter aus, und es war nicht mehr möglich, eine streng definierte Führungsgruppe zu identifizieren. »In dieser Gesellschaft«, schreibt Mills, »wurde die ›Elite‹ zu einer Pluralität von Spitzengruppen, die ihrerseits wieder ziemlich locker untereinander verbunden waren (S. 270).« Riesman bemerkt dazu, daß zu dieser Zeit Farmer- und Handwerkergruppen einflußreich wurden und »dann und wann, wie es bei Jackson war, in eine gesicherte Position einmündeten (S. 240)«.

Die dritte Periode begann nach dem Bürgerkrieg und dauerte nach Riesman während McKinleys Regierungsära an, nach Mills Meinung reichte sie bis zum New Deal (Roosevelts neue Wirtschaftspolitik seit 1933). Weiterhin stimmen sie darin überein, daß die McKinley-Ära den Höhepunkt der unilateralen Herrschaft darstellte, die durch korporative ökonomische Macht gekennzeichnet war. Während dieser Periode wurde die Macht noch einmal konzentriert, aber im Gegensatz zu den sich anschließenden Perioden waren die führenden Kreise der ökonomischen Institutionen dominant.

Die vierte Periode erhielt in den 30er Jahren ihre feste Gestalt. Nach Riesman war diese Periode eher durch das Übergewicht der »Veto Groups« und durch Regierungskoalitionen als durch eine monolithische Machtgruppe gekennzeichnet. Mills akzeptiert dies nur für die frühe und mittlere Regierungszeit Roosevelts: »In diesen Jahren war das New Deal als ein Machtsystem im wesentlichen ein Gleichgewicht von Zweckverbänden und Interessengruppen (S. 273).«

So sahen Mills und Riesman bis zum 2. Weltkrieg die historische Entwicklung von Machtrelationen in auffallend ähnlicher Weise. Ihre scharf kontrastierende Darstellung der gegenwärtigen amerikanischen Machtrelationen beginnt mit ihren divergierenden Festsetzungen der um 1940 einsetzenden Periode. Für Mills gilt der 2. Weltkrieg und seine Auswirkungen als Kennzeichen für eine neue Ära amerikanischer Machtrelationen. Durch das Hauptproblem »Krieg« entsteht eine neue Machtgruppe, die sich aus Repräsentanten der Korporationen, der Administration und des Militärs zusammensetzt.

Die Bildung der Machtelite, wie wir sie heute erkennen können, trat während des 2. Weltkrieges und seiner Auswirkungen auf. Im Laufe der Mobilisierung des Volkes für jenen Krieg und der konsequenten Stabilisierung der kriegsähnlichen Lage sind bestimmte Menschentypen ausgewählt und ausgebildet worden, und während dieser institutionellen und psychischen Entwicklungen bildeten sich bei ihnen neue Möglichkeiten und Intentionen heraus.[3]

Wo Mills das Übergewicht einer Machtelite sieht, findet Riesman bei der Pluralität von organisierten Interessen die entgegengesetzte Tendenz zur Machtzersplitterung:

In den letzten 50 Jahren hat sich in der Machtkonfiguration in Amerika eine Veränderung vollzogen, in der eine einzige Hierarchie mit einer herrschenden Klasse an ihrer Spitze durch eine Anzahl von »Veto Groups« ersetzt worden ist, auf die sich die Macht verteilt.
Die veränderte Natur der Lobby liefert uns nun ein wesentliches Unterscheidungsmerkmal für die gegenwärtige amerikanische Politikszenerie und die zu Zeiten von McKinley. Die herrschende Klasse der Geschäftsleute konnte relativ leicht (obwohl vielleicht irrtümlich) entscheiden, wo ihre Interessen lagen und welche Verleger, Richter und Gesetzgeber bezahlt werden mußten, um sie für die eigenen Interessen zu gewinnen. Die Lobby diente eindeutig der Führung, dem Privileg und dem Imperativ der herrschenden Businessklasse. Heute dagegen ist jene Führung durch eine Reihe von Gruppen ersetzt worden, von denen jede für einen bestimmten Machtbereich gekämpft und diesen schließlich erlangt hat, um Maßnahmen, die für ihre Interessen erkanntermaßen schädlich sind, zu stoppen und innerhalb weit engerer Grenzen für ihre Angelegenheit zu intervenieren (S. 246 f.).

Kurz gesagt: Sowohl Mills als auch Riesman betrachten die augenblickliche Szene aus einer historischen Perspektive; aber immer dort, wo der eine eine bisher unbekannte Konzentration der Macht sieht, findet der andere eine sichtbar werdende Undeterminiertheit der Macht.

3. Wirksamkeit der Machtstruktur

Mills glaubt, daß die Machtelite alle wichtigen öffentlichen Angelegenheiten, insbesondere die Außenpolitik, bestimmt. Riesman andererseits glaubt nicht, daß dieselbe Gruppe oder Koalition alle wichtigen Angelegenheiten bestimmt, sondern vielmehr, daß die Frage, wer Macht ausübt, mit der Streitfrage variiert, die zur Debatte steht; die meisten Gruppen haben keinen Einfluß auf die meisten Streitfragen, und alle Gruppen werden vorwiegend bei jenen Streitfragen tätig, die in hohem Maße ihre zentralen Inter-

essen betreffen. Hierin kommt zum Ausdruck, daß es so viele Machtstrukturen gibt wie differente Bereiche in der Politik.
Im Hinblick auf die Art und Weise der Wirksamkeit verweisen sowohl Mills als auch Riesman mehr auf die *steigende Manipulation* als auf Befehl oder Überzeugung als bevorzugte Form im Machtspiel. Mills betont die Verschwiegenheit, hinter der die wichtigen politischen Entscheidungen zum Vorschein kommen. Riesman verweist nicht so sehr auf die Manipulation hinter der Maske der Verschwiegenheit, sondern vielmehr auf die Manipulation hinter der Maske wechselseitiger Toleranz für die Interessen und Meinungen anderer. Für ihn tritt Manipulation deshalb auf, weil jede Gruppe versucht, ihre Beziehung zur Macht zu verheimlichen, um sich andere Gruppen nicht zum Gegner zu machen. Die Machtrelationen tendieren zur Form »monopolitischer Konkurrenz«: »Regeln der Fairness und der gegenseitigen Verbundenheit (mehr als die unpersönlichen Zwänge der Konkurrenz) diktieren, wie weit man gehen kann (S. 247).« So glauben Mills und Riesman, daß das Spiel der Macht in einem beträchtlichen Ausmaß hinter den Kulissen stattfindet; aber Mills konstatiert, daß dieses Machtspiel nur unter der Leitung von einer Gruppe vollzogen wird, während Riesman es als kontrolliert durch eine strukturelle Annäherungstendenz der Gruppen betrachtet.
Mills behauptet, daß die Massenkommunikationsmittel wichtige Instrumente der Manipulation sind. Die Medien schläfern die Leute durch die Ausklammerung politischer Themen und durch die Bevorzugung von »Unterhaltung« ein, um es einmal so auszudrücken. Riesman nimmt an, daß die Massenmedien politischen und »öffentlichen« Problemen mehr Aufmerksamkeit widmen, als dies die Rezipienten wünschen, und vermitteln dadurch den falschen Eindruck, daß größeres Interesse an öffentlichen Angelegenheiten besteht, als dies im gegenwärtigen Amerika tatsächlich der Fall ist. Wo Mills die Massenkommunikationsmittel als politisch mächtige Instrumente in der amerikanischen Gesellschaft betrachtet, argumentiert Riesman, daß ihnen in dieser Hinsicht nur relative Bedeutung zukommt.

4. Grundlagen der Machtstruktur

Macht hat die Tendenz, analog zur Interessenstruktur der Gesellschaft geformt zu werden. Macht teilt sich unter jene auf, deren Interessen übereinstimmen, und sie trennt sich entlang der Linien, wo die Interessen divergieren. Für Mills ist die Machtelite eine Widerspiegelung und Verdichtung der *Übereinstimmung von Inter-*

essen analog der Hierarchie in der institutionalisierten Rangordnung. Die Machtelite stützt sich auf die »vielen gegenseitigen Verbindungen und die Punkte übereinstimmender Interessen« der Körperschaften, der politischen Institutionen und der Militärdienste. Für Riesman andererseits gibt es eine amorphe Machtstruktur, die eine *Mannigfaltigkeit von Interessen* innerhalb der größten organisierten Gruppen widerspiegelt. Die Machtstruktur der Veto Groups stützt sich auf die divergierenden Interessen von politischen Parteien, Wirtschaftsverbänden, Gewerkschaften, Bauernverbänden und auf eine Myriade von anderen organisierten Gruppen.

Aber Macht ist nicht ausschließlich eine Widerspiegelung von Interessen. Sie stützt sich auch auf die Bedingungen und Möglichkeiten für eine Zusammenarbeit jener, die ähnliche Interessen haben, als auch auf die Bedingungen und Möglichkeiten für die Konfrontation jener, die divergierende Interessen haben. Mills beschreibt ziemlich ausführlich, daß die Machtelite sich nicht nur auf die Übereinstimmung von Interessen innerhalb wichtiger Institutionen stützt, sondern ebenso auch auf die »psychische Ähnlichkeit und die soziale Verflechtung (S. 19)« ihrer übergeordneten Kreise. Kraft ähnlicher sozialer Herkunft (alteingesessene Familie, Oberschichtzugehörigkeit), religiöser Identifizierung (Episkopalisten und Presbyterianer), Erziehung (Ivy League College oder Militärakademie) u. a. teilen jene, die die wichtigen Institutionen anstreben, sowohl Ansichten und Werte als auch materielle Interessen. Dies erleichtert die Kommunikation, besonders dann, wenn viele dieser Menschen sich schon kennen, oder zumindest einen gemeinsamen Bekanntenkreis haben. Sie partizipieren an einem allgemein akzeptierten Lebensstil und besitzen daher sowohl den Willen als auch das Vermögen, ihre Handlungsweise in die Rollenanforderungen der Repräsentanten von Schlüsselinstitutionen zu integrieren. Zu gewissen Zeiten schließt diese Integration auch eine »explizite Koordinationsform« ein, so z. B. während des Krieges. So viel zu den Grundlagen der Macht in der Spitze der Strukturpyramide.

In den mittleren und unteren Machtstufen betont Mills den Mangel an Unabhängigkeit und das Fehlen eines verbindlichen Zieles bei jenen, denen eine ähnliche soziale Position gemeinsam ist. In seiner Abhandlung über die Mittelschichten[4] macht es sich Mills zur Aufgabe, die Schwäche der »white-collar people« aufzuzeigen, die aus ihrem Mangel an ökonomischer Unabhängigkeit und an politischer Richtung resultiert. Der »white-collar worker« folgt einfach der mächtigeren Gruppe des Augenblicks. In seiner Studie über Gewerkschaftsführer[5] lokalisiert Mills das angebliche politische Unvermögen organisierter Arbeit in ihrer Abhängigkeit zur Regierung. Schließlich wird die Öffentlichkeit als Zusammensetzung von atomisierten und submissiven Individuen begriffen, die nicht imstande sind, sich in effektiver Kommunikation und politischer Aktion zu engagieren.

Riesman glaubt, daß die Macht »in hohem Maße auf interpersonellen Erwartungen und Haltungen beruht (S. 253)«. Er behauptet, daß außer der Interessenmannigfaltigkeit, die dem Machtmuster in Amerika zugrunde liegt, weitverbreitete Empfindungen von Schwäche und Abhängigkeit sowohl in der Spitze als auch am untersten Ende der Machtstruktur als eine psycho-kulturelle Tatsache vorhanden ist: »Wenn sich Geschäftsleute schwach und abhängig fühlen, so werden sie tatsächlich schwächer und abhängiger, einerlei, welche materiellen Ressourcen ihnen zugeschrieben werden mögen (S. 253).« Mit anderen Worten: Der Amorphismus der Macht in Amerika stützt sich teilweise auf weitverbreitete Empfindungen von Schwäche und Abhängigkeit. Diese Empfindungen werden sowohl bei jenen gefunden, deren Position innerhalb der Sozialstruktur Ressourcen bereitstellt, die sie erfolgreich ausnützen können, als auch bei jenen, deren Position einen beschränkteren Zugang zu den Machtmitteln eröffnet. In der Tat versucht Riesman nachzuweisen, daß Menschen auf allen Ebenen der Sozialstruktur dazu neigen, sich schwächer zu fühlen, als dies ihre objektive Position rechtfertigt.

Die Theorie von Konformitätstypen, die die Grundlage für so viele Arbeiten von Riesman liefert, ist auch zu diesem Zeitpunkt ein Bestandteil seiner Machtanalyse. Die »außengeleitete« Orientierung in Kultur und Charakter unterstützt weitgehend den Amorphismus der Macht. Der außen geleitete Mensch in der Politik ist der »Informationssammler« (inside-dopester), eine Person, die zwar politische Kompetenz besitzt, aber politische Verpflichtung vermeidet. Dies ist der dominante Typus in den Veto Groups, weil die Außenleitung in der Schicht, aus der sich ihre Führer rekurrieren, vorherrscht. »Sowohl in den (Veto) Groups als auch in der Situation, die durch ihre Präsenz geschaffen wird, neigt die politische Stimmungslage zur außengeleiteten Toleranz (S. 248).« Jedoch stellt Riesman die Grundlage der Macht nicht nur ausschließlich in ihrer psychischen Dimension dar:

Dies bedeutet jedoch nicht, daß die Veto Groups sich nach den Grundsätzen der Charakterstruktur formieren. Ebenso wie in einer Geschäftskorporation ist hier Raum für extrem innen- und außengeleitete Typen und alle dazwischenliegenden Variationen; so können in einer Veto Group komplexe »symbiotische« Verbindungen zwischen Menschen mit verschiedenen politischen Verhaltensstilen existieren ... Trotz dieser Komplikationen sollte festgehalten werden, daß die Veto Groups im allgemeinen dazu gezwungen werden – selbst wenn sie sich die Wahrung eines klar umrissenen moralischen Interesses zum Ziel setzen – die politischen Verhaltensweisen des Außengeleiteten anzunehmen (S. 249).

Riesman und Mills stimmen weiter darin überein, daß es in der amerikanischen Gesellschaft eine weitverbreitete Apathie gibt, aber sie gehen in der sozialen Distribution politischer Apathie nicht konform. Mills lokalisiert die Apathie vorwiegend in den unteren sozialen Schichten, während Riesman ausgedehnte Apathie sowohl in höheren als auch in unteren sozialen Schichten findet. Ein Teil der Differenz läßt sich auf die unterschiedliche Verwendungsweise der Kriterien für Apathie zurückführen. Mills stellt sich Apathie als Mangel an politischer Überzeugung im Leben eines Menschen vor, das Unvermögen, an persönliche Interessen in politischen Begriffen zu denken, so daß das politische Geschehen losgelöst von persönlichen Sorgen in Erscheinung tritt[6]. Riesman erweitert die Kriterien für Apathie insoweit, daß sie sowohl den politischen Nichtinformierten als auch den politisch Ungebundenen einschließen[7]. So ist der politische Unwille, durch mangelndes politisches Verständnis bedingt, keine genuin politische Orientierung. Riesman beurteilt die politische Apathie als eine bedeutende *Grundlage* für amorphe Machtrelationen. Im Gegensatz dazu ist politische Apathie bei Mills in erster Linie ein *Ergebnis* der Machtkonzentration.

5. Konsequenzen der Machtstruktur

Aus den Arbeiten von Mills und Riesman können vier parallele Konsequenzen für die Machtstruktur in der amerikanischen Gesellschaft abgeleitet werden. Die erste betrifft das Ausmaß des Einflusses der Machtstruktur auf die Interessen bestimmter Gruppen oder Klassen in der amerikanischen Gesellschaft. Mills behauptet, daß die bestehenden Machtarrangements die Interessen der wichtigen Institutionen zur Geltung bringen, deren Repräsentanten die Machtelite konstituieren. Riesman behauptet das Gegenteil: nicht eine Gruppe oder Klasse wird in entscheidender Weise gegenüber anderen durch kulminierende Entscheidungen über öffentliche Angelegenheiten bevorzugt.
Die zweite Konsequenz bezieht sich auf die Auswirkungen der Machtstruktur im Hinblick auf die Qualität der Politik in der amerikanischen Gesellschaft. Hier stimmen Mills und Riesman näherungsweise überein. Mills stellt die Behauptung auf, daß die Machtkonzentration im kleinen Kreis und der Gebrauch der Manipulation als bevorzugtem Mittel zur Ausübung der Macht zum Verfall der Idee von Politik als Angelegenheit öffentlicher Dispu-

tation führen. Denn die Menschen sind mehr und mehr in der Lage, politische Angelegenheiten zu erfassen und sie mit persönlichen Interessen in Verbindung zu bringen[8]. Riesman glaubt ebenfalls, daß die Politik in ihrer Bedeutung für eine große Anzahl von Menschen abgenommen hat. Dies ist nicht einfach auf das Übergewicht der »Veto Groups« zurückzuführen, obgleich sie »die tolerante Tendenz der Außenleitung« fördern und den Rückgang der innengeleiteten Oppositionellen beschleunigen. Bedeutender ist, daß die wachsende Komplexität und Separierungstendenz der Politik das politische Selbstinteresse obskur erscheinen läßt und Empfindungen des Unvermögens verstärkt, sogar dann, wenn das Selbstinteresse klar zum Ausdruck kommt[9].

Die dritte Konsequenz der amerikanischen Machtstruktur bezieht sich auf deren Einfluß im Hinblick auf die Qualität der Machtrelationen selbst. Mills behauptet, daß die Machtkonzentration ohne eine korrespondierende Verschiebung in den Grundlagen der Machtlegitimität stattgefunden hat: von der Macht wird immer noch angenommen, daß sie auf der Öffentlichkeit und ihrer gewählten Vertreter beruhe, während sie in der Realität in den Händen jener liegt, die die Schlüsselbürokraten befehligen. Daraus ergibt sich die Konsequenz, daß Menschen der Macht gegenüber weder verantwortlich sind noch für ihre Macht haftbar gemacht werden können. Riesman gibt allenfalls zu verstehen, daß es eine wachsende Diskrepanz zwischen den Machttatsachen und den Machtvorstellungen gibt, aber in gegensätzlicher Auffassung zu Mills: die Macht ist weit verstreuter, als es im allgemeinen angenommen wird.

Die vierte Konsequenz thematisiert abschließend den Einfluß der Machtstruktur auf die demokratische Führung. Wenn der Macht die Tendenz innewohnt, sich auf eine kleine Gruppe zu konzentrieren, die für ihre Macht nicht haftbar ist, und wenn die Politik nicht länger eine genuin öffentliche Disputation einschließt, so wird sich daraus eine *ernste Schwächung demokratischer Institutionen* entwickeln, die auf die Führung übergreift (die Machtelite übt Führung in dem Sinne aus, daß sie Entscheidungen auf der Basis der grundlegenden Politik der Nation fällt). Mills behauptet, daß die Macht sich in Amerika so konzentriert hat, daß sie mehr und mehr dem sowjetischen Machtsystem gleicht:

Offizielle Kommentatoren bringen das Übergewicht einer straff organisierten Clique in totalitären Ländern gern in Gegensatz zum amerikanischen Machtsystem. Solche Kommentare sind jedoch leichter aufrechtzuerhalten, wenn man die Mitte des 20. Jahrhunderts in Rußland mit der Mitte des 19. Jahrhunderts in Amerika vergleicht, was oft von Tocqueville-Anhängern getan wird, die den Kontrast aufzeigen wollen. Aber das war ein Amerika des vorigen Jahrhunderts, und in dem Jahrhundert, das vergangen ist, ist die amerikanische Elite nicht so geblieben, wie sie uns von patriotischen Essayisten beschrieben worden ist. Die »lockeren Cliquen« streben nun Institutionen solcher Größenordnung und Macht an, die damals nicht existierten, und besonders seit dem 1. Weltkrieg haben sich die lockeren Cliquen gefestigt (S. 271).

Wenn auf der anderen Seite die Macht dahin tendiert, auf Gruppen zerstreut zu werden, die in erster Linie damit beschäftigt sind, mehr ihre Interessen zu schützen und zu verteidigen als die generelle Politik und deren Führung zu fördern, und wenn gleichzeitig die Politik in Sphären von Pflicht und Selbstinteresse zerfällt, dann wird daraus eine *ernste Schwäche der Führung* hervorgehen. So glaubt Riesman, daß »die Macht in Amerika situationsbedingt und wandelbar zu sein scheint; sie widersetzt sich den Versuchen, sie zu lokalisieren (S. 257)«. Diese »Undeterminiertheit und der Amorphismus« der Macht hemmt die Entwicklung der Führung: »Wo die Entscheidung das ganze Land einschließt, wird wahrscheinlich die Führung eines einzelnen oder einer Gruppe nicht sehr effektiv sein, weil die verschanzten Veto Groups nicht aus ihren Stellungen gedrängt werden können (S. 257).« »Veto Groups existieren als Schutzverbände, nicht als Herrschaftsgruppen.« Riesman behauptet jedoch nicht, daß der Verfall der Führung direkt die amerikanische Demokratie gefährdet, zumindest nicht für den Augenblick: die Zerstreuung der Macht unter eine Mannigfaltigkeit von gleichgewichtigen »Veto Groups« bewirkt die Aufrechterhaltung demokratischer Institutionen, sogar wenn diese die effektive Führung hemmt. Auf die Dauer sind die Aussichten auf eine führungslose Demokratie natürlich weniger vielversprechend.

Zwei Beschreibungen der amerikanischen Machtstruktur

Mills	Riesman
Stufen:	
a) zur Einheit zusammengeschlossene Machtelite;	a) keine dominante Machtelite;
b) mannigfaltige und gleichgewichtige Pluralität von Interessengruppen;	b) mannigfaltige und gleichgewichtige Pluralität von Interessengruppen;
c) Masse der unorganisierten Menschen, die praktisch keine Macht über die Elite haben.	c) Masse der unorganisierten Menschen, die einige Macht über die Interessengruppen haben.
Veränderungen:	
a) wachsende Konzentration der Macht.	a) wachsende Zerstreuung der Macht.
Wirksamkeit:	
a) eine Gruppe determiniert alle wichtigen politischen Angelegenheiten;	a) wer die Politik determiniert, verschiebt sich mit der entsprechenden Angelegenheit;

b) Manipulation des überwiegenden Bevölkerungsteils durch die dominante Gruppe.	b) Monopolitischer Wettbewerb innerhalb organisierter Gruppen.
Grundlagen:	
a) Übereinstimmung von Interessen innerhalb der wichtigen Institutionen.	a) Mannigfaltigkeit von Interessen innerhalb der wichtigen organisierten Gruppen; b) Gefühl der Schwäche und Abhängigkeit bei jenen mit höherem als auch mit niedrigerem Status.
Konsequenzen:	
a) Vergrößerung der Interessen von Korporationen, Streitkräften und der Regierungsexekutive;	a) nicht eine einzelne Gruppe oder Schicht wird signifikant vor anderen begünstigt.
b) Verfall der Politik als öffentlicher Debatte;	b) Verfall der Politik als Pflicht und Selbstinteresse;
c) Verfall der verantwortlichen und haftbaren Macht – Verlust der Demokratie.	c) Verfall der Fähigkeit zur effektiven Führung.

II

Im zweiten Teil dieser Abhandlung möchte ich einige kritische Fragen zu den Machtvorstellungen von Riesman und Mills aufwerfen. Ein Teilbereich des Fragenkomplexes sucht den grundlegenden Aspekt, der zur Meinungsverschiedenheit in ihren Ansichten führt, genauer zu überprüfen. Der zweite Fragenkomplex zielt auf die wichtigen Bereiche ihrer Übereinstimmung ab.

Macht wird für gewöhnlich nach ihrer Verteilung in den einzelnen Systemeinheiten analysiert. Die meisten Machtanalytiker konstruieren die Machtstruktur als eine *Hierarchie* – eine Rangordnungseinheit nach dem Ausmaß der Machtverteilung. Oft wird die Annahme vertreten, daß es nur eine einzige Struktur gibt und alle Einheiten sich vis-à-vis zueinander einordnen lassen. Einheiten, die in der Hierarchie höher liegen, haben Macht über Einheiten, die in der Struktur tiefer angeordnet sind, es besteht also ein einseitiger Machtfluß. Mills tendiert zur Übernahme dieser Machtstruktur.

Riesman lehnt die Machtstruktur als bloße Hierarchie ab: Die Entscheidung, wer (mehr Macht hat) muß für unsere Zeit grundsätzlich neu definiert werden: wir dürfen mit den Antworten, die Marx, Mosca, Michels, Pareto, Weber, Veblen oder Burnham gaben, nicht zufrieden sein.

Die Machtvorstellung im zeitgenössischen Amerika (thematisiert in

»The Lonely Crowd«) unterscheidet sich von den üblichen Machtdiskusssionen, die größtenteils auf der Suche nach einer herrschenden Klasse basieren.

Riesman verleugnete nicht direkt die Existenz einer Machtelite im zeitgenössischen Amerika; er bestätigt vielmehr die Notwendigkeit, andere Aspekte der Macht als nur ihre ungleiche Verteilung zu betrachten. Er konzentriert sich in analysierender Absicht auf die Antworten der bisherigen Machtkonzepte:

> Wenn die Führer die Macht verloren haben, weshalb haben die Geführten sie nicht in die Hand bekommen? Was ist über den außengeleiteten Menschen und seine Lebenssituation zu sagen, die den Transfer verhindert? Im Hinblick auf die Situation scheint es so zu sein, daß das Muster monopolitischen Wettbewerbs der Veto Groups den Versuchen des Individuums, seine Macht zu vergrößern, Widerstand leistet. Was den Charakter anbetrifft, so strebt der außengeleitete Mensch einfach nicht nach Macht; vielmehr meidet er sie und entzieht sich ihr (S. 275).

Während Mills die *Unterschiede* zwischen den Gruppierungen analog ihrer Macht betont, verweist Riesman auf ihre *Ähnlichkeiten.* Bei der ersten Ansicht werden einige Einheiten als von anderen beherrscht betrachtet, während die zweite alle Einheiten als Gegenstand von Zwängen sieht, die ihre Machtausübung in *ähnliche Richtungen* formen und begrenzen.

Das Machtproblem ist nicht einfach die differente Fähigkeit, Entscheidungen zu treffen, so daß jene, die Macht besitzen, jene verpflichten, die keine haben. Zwänge wirken ebenso auf jene, die entscheidungsrelevante Positionen innehaben, denn wenn dies die Instanzen sind, die Beschlüsse mit weitreichender Konsequenz fassen, so sind sie auch Ziele sozialen Drucks. Dieser Druck manifestiert sich in der Einengung von Alternativen, innerhalb derer die Entscheidungsgewaltigen wählen können. Macht kann nur durch die Ermittlung der Reichweite von Alternativen, die die Entscheidungsgewaltigen realistisch betrachten können, sinnvoll erfaßt werden. Die Identifizierung der Individuen, die Entscheidungen treffen, besagt nichts über die Anzahl der Aktionsbereiche, die ihnen offenstehen, oder über den Entscheidungsspielraum, den sie besitzen.

Will man über eine formale Konzeption der Macht hinausgelangen, so besteht ein wesentlicher Fortschritt bei der Analyse der Macht darin, daß von den Individuen, die die Autorität der Entscheidungsbefugnis haben, angenommen wird, daß sie auch über die effektiven Machtmittel verfügen und den Willen haben, diese einzusetzen. Noch kann angenommen werden, daß Individuen ohne Autorität die Macht fehlt, über öffentliche Angelegenheiten zu entscheiden. Die Identifikation effektiver Machtquellen macht eine weitergehende Analyse darüber notwendig, inwieweit die *Entschei-*

dungsgewaltigen ihrerseits verschiedenen Arten von Zwang ausgesetzt sind. Wichtige Quellen des Zwanges sind (1) opponierende Eliten und eine aktive Öffentlichkeit; und (2) kulturelle Werte und assoziierte psychische Rezeptivitäten und Widerstände bezüglich der Macht. Ein Vergleich von Mills und Riesman im Hinblick auf diese Kategorien zeigt den grundlegenden Bereich ihrer Meinungsverschiedenheiten.

Mills deutet an, daß beide Quellen des Zwanges im großen und ganzen auf den höchsten Machtebenen unwirksam sind. (1) Es besteht nur eine geringe Opposition innerhalb der Machthaber an der Spitze. Da sie sich nicht in gegenseitiger Opposition befinden, üben sie auch keinen gegenseitigen Zwang aus. Statt dessen sind sie zur Einheit zusammengeschlossen und fördern sich gegenseitig. Außerdem gibt es nur wenige Bevölkerungsgruppen, die auf die Elite Zwang ausüben können. Gruppen, die in der Lage waren, an breiten politischen Entscheidungen zu partizipieren, sind durch atomisierte Massen ersetzt worden, die im Hinblick auf eine Beeinflussung der Politik machtlos sind, da ihnen die sozialen Grundlagen für Assoziation und Kommunikation fehlen. Statt dessen wird eine große Zahl von Menschen durch Organisationen und Medien manipuliert, die von der Elite kontrolliert werden. (2) Ältere Werte und Sitten sind für die Eliten nicht länger ausschlaggebend, noch sind sie durch neue Werte und Sitten ersetzt worden, die die Machtausübung regulieren könnten. Spitzenmachthabern wird weder von einem inneren Moralgefühl noch von Empfindungen der Abhängigkeit von anderen Zwang auferlegt. Die weitverbreitete Akzeptierung der Anwendung zweckdienlicher Mittel, um Erfolg zu erlangen, bewirkt »die höhere Unsittlichkeit«, d.h., es werden Eliten begünstigt, die im Gebrauch der Macht verantwortungslos sind.

In scharfem Kontrast zu Mills mißt Riesman beiden Formen des Zwanges auf die Entscheidungsgewaltigen große Bedeutung bei. (1) Es gibt eine Überfülle organisierter Gruppen, »von denen jede um die Macht gekämpft und sie soweit erlangt hat, daß sie die für sie offensichtlich schädlichen Maßnahmen unterbinden kann (S. 247)«. Außerdem besteht für eine große Anzahl von Menschen die Möglichkeit, Entscheidungsgewaltige zu beeinflussen, da den letzteren durch ihre gegenseitigen konkurrierenden Verbindungen Zwang auferlegt wird, weil sie in den Wahlkreisen und, wenn auch diffuser, im Bereich öffentlicher Beziehungen, auf Unterstützung angewiesen sind. (2) Die kulturelle Emphase der »gegenseitigen Toleranz« und der sozialen Konformität belohnt das »Auskommen« mit anderen zu Lasten der Entstehung starker Positionen. Die Menschen sind psychisch vielmehr so disponiert, daß sie dauerhafte Bindungen als Resultat ihrer starken Abhängigkeitsempfindungen gegenüber ihren derzeit sozial Gleichgestellten vermeiden. »Außengeleitete Perso-

nen« suchen eher Bestätigung als Macht.
Im allgemeinen bedarf die entscheidende Betrachtung im Hinblick auf den Machtzwang der Präsenz multipler Machtzentren. Wo es viele Machtgruppen gibt, legen sie sich nicht nur gegenseitig Zwang auf, sie sind auch auf die Unterstützung durch die Öffentlichkeit angewiesen und daher öffentlichen Forderungen gegenüber zugänglich. Nun gibt es innerhalb der Machtgruppen der amerikanischen Gesellschaft viele leicht zu erkennende Fälle institutionalisierter Opposition. Im ökonomischen Bereich bildet die Tarifverhandlung zwischen Management und Gewerkschaft einen Konflikt dieser Art; in dem Umfang, wie die »Ausgleichsmacht« innerhalb weniger großer Betriebe den Wettbewerb unter vielen kleinen Betrieben in der Marktwirtschaft ersetzt hat, liegt de facto eine Oppositionslage unter ökonomischen Eliten vor. Im politischen Bereich besteht ein starkes Zweiparteiensystem und ein mehr oder weniger stabiler Parteigeist innerhalb der beiden Parteien; Opposition innerhalb der Interessenblöcke von Regierung und nationalen gesetzgebenden Körperschaften; Rivalität innerhalb exekutiver Behörden der Regierung und den Militärdiensten usw.
Mills weist diese Konfliktgruppen den mittleren Machtebenen zu. Politische Parteien und Interessengruppen sowohl innerhalb als auch außerhalb der Regierung sind nach Mills keine bedeutenden Einheiten der Machtstruktur. Es scheint so, als ob er diese Position in erster Linie mit Blick auf den außenpolitischen Bereich bezöge, wo nur wenige Menschen schließlich große Entscheidungen treffen. Aber er unterläßt es, sein Argument einer entscheidenden Prüfung zu unterziehen: er untersucht sein Entscheidungsmuster nicht unter dem Aspekt, daß die Außenpolitik nicht nur *von* wenigen Leuten vollzogen wird (dies ist schließlich eine konstitutionelle Tatsache), sondern daß sie an *deren partikularen Interessen* ausgerichtet wird. Es scheint eine Hauptprämisse von Mills zu sein, daß alle Entscheidungen durch oder für spezielle Interessen getroffen werden; es gibt quasi keine Tätigkeit, die sich an den allgemeinen Interessen der Gesamtgesellschaft orientiert. Mills versucht dahingehend zu argumentieren, daß nur sehr wenige Menschen wichtige entscheidungsrelevante *Positionen* innehaben und sich ihnen daraus ein Entscheidungsspielraum eröffnet, der es ihnen ermöglicht, ihre partikularen Interessen politisch angemessen umzusetzen. Aber der Grad der *Autonomie* der Entscheidungsgewaltigen kann weder numerisch aus der *Anzahl* der Entscheidungsgewaltigen selbst abgeleitet werden noch von dem *Ausmaß* ihrer Entscheidungen. Er wird von dem Charakter der Entscheidungsgewalt determiniert, insbesondere von der Abhängigkeit der Entscheidungsgewaltigen von bestimmten Arten der *Arbeitsverfahren* und der *gewählten Rückendeckung.*
So, wie Mills ein entstelltes Bild der Macht in Amerika skizziert,

wenn er den sozialen Druck auf Individuen in höheren Positionen zu wenig beachtet, so präsentiert Riesman ein schiefes Bild, wenn er den *Machtdifferentialen* in den verschiedenen Gesellschaftsgruppen in ungenügender Weise Aufmerksamkeit widmet. Wenn Riesman davon ausgeht, daß durch die Streuung von Macht diese auch ohne Kristallisationspunkte relativ gleichmäßig unter die Gruppen und Interessen verteilt sein muß, dann zieht er aus dieser Annahme eine unberechtigte Folgerung. Das folgende Statement evoziert eine Vorstellung von Macht in Amerika, die bei Riesmans Position ebenso in die Irre führt wie alles, was Mills zur Verteidigung seines Theorems der Machtelite geschrieben hat.

Man könnte nun fragen, ob sich nicht über einen größeren Zeitraum hinweg eruieren ließe, ob die Entscheidungen in Amerika eine Gruppe oder Schicht ... den anderen gegenüber begünstigt. Sitzt nicht am Ende doch der Reichtum am längeren Hebel? In der Vergangenheit war dies der Fall; für die Zukunft möchte ich es bezweifeln. Die Zukunft scheint in den Händen kleiner Geschäftsleute und Akademiker zu liegen, die den Kongreß kontrollieren, so z. B. Grundstücksmakler, Rechtsanwälte, Autoverkäufer, Unternehmer usw.; bei den Militärs, die über die Verteidigung und teilweise über die Außenpolitik bestimmen; bei den großen Geschäftsmanagern und ihren Rechtsanwälten, Aufsichtsratsmitgliedern und anderen Beratern, die über die Investitionen entscheiden und den Kurs des technischen Wandels beeinflussen; bei den Gewerkschaftsführern, die die Produktivität und die Wahlentscheidungen der Arbeiter kontrollieren; bei den Weißen, die in den Südstaaten politisch tonangebend sind; bei den Polen, Italienern, Juden und Iren, die in der Außenpolitik, in der städtischen Administration und in ethnischen, religiösen und kulturellen Organisationen eine Rolle spielen; bei den Verlegern und Märchenerzählern, die die Jugend zu sozialisieren helfen, ebenso wie die Erwachsenen anzuregen und zu erziehen und die Alten zu amüsieren und zu langweilen; bei den Landwirten – die untereinander als Viehzüchter, Maisbauern, Molkereibesitzer, Baumwollzüchter konkurrieren usw. – die die Schlüsselpositionen von Dienststellen und Ausschüssen kontrollieren und die als lebende Repräsentanten unserer innengeleiteten Vergangenheit viele unserer Erinnerungen beherrschen; bei den Russen und, in geringerem Umfang, bei anderen ausländischen Mächten, die einen großen Teil unserer politischen Aufmerksamkeit kontrollieren, usw. (S. 257).

Es hat den Anschein, als ob uns Riesman davon überzeugen möchte, daß die Machtdifferentiale überhaupt nicht existieren, sondern nur Unterschiede in den einzelnen Bereichen vorhanden sind, innerhalb derer die Gruppen Kontrolle ausüben.

Wenn Riesman auch das Ausmaß, in dem organisierte Interessenverbände gleiche Macht besitzen, überzeichnet, so wirft er doch nichtsdestoweniger ein wichtiges Problem auf, das Mills einfach zur Seite schiebt. So akzentuiert Riesman nicht nur die Existenz einer

Opposition innerhalb von »Veto Groups«, sondern weist besonders darauf hin, daß diese Gruppen bestrebt sind, sich gegenseitig in ihren Initiativen und Führungsansprüchen zu behindern. Es ist eine Angelegenheit der Interessengruppen, sich gegenseitig Zwang aufzuerlegen; aber es ist wieder eine andere Sache, wenn sie sich in eine Sackgasse hineinmanövrieren. Riesman hat auf ein kritisches Problem für jede pluralistische Gesellschaft hingewiesen: die Gefahr, daß die Macht unter so viele konkurrierende Gruppen zersplittert werden kann, daß sich eine effektive allgemeine Führung nicht herauskristallisieren kann.

Nach Mills' Ansicht ist es unbestreitbar, daß die politischen Institutionen in Amerika eine extensive Zentralisierung und Bürokratisierung durchgemacht haben. Dies ist vor allem eine *institutionelle* Veränderung, die durch eine weitgesteckte Skala von Ereignissen und Entscheidungen in der gegenwärtigen Weltlage bewirkt wurde. Aber die Zentralisierung kann nicht mit der Machtelite auf die gleiche Stufe gestellt werden, denn es kann gleichzeitig stark zentralisierte Institutionen geben, und trotzdem kann eine Machtzersplitterung auf eine Vielzahl von relativ unabhängigen öffentlichen und privaten Dienststellen stattfinden. So käme Riesmans Annahme eine gewisse Plausibilität zu, wenn er feststellt, daß die Machtsubstanz in den Händen vieler großer Organisationen liegt und diese Organisationen nicht in einer spezifischen Art und Weise zur Einheit zusammengeschlossen oder koordiniert sind. Wenn sie es tatsächlich wären, so wäre es Mills sicherlich gelungen, jene wichtigen Mechanismen zu identifizieren, die dieses Resultat erzeugen können. In der Tatsache, daß ihm dies nicht gelingt, kommt der überzeugende Beweis für ihr Nicht-Vorhandensein zum Ausdruck.

Um diese Analyse zu vervollständigen, brauchen wir uns nur an den fundamentalen Bereich der Übereinstimmung zwischen den beiden Kritikern der amerikanischen Machtrelationen zu erinnern. Beide betonen *das Nicht-Vorhandensein effektiver politischer Tätigkeit* auf allen Ebenen der politischen Ordnung, insbesondere innerhalb der Bürgerschaft. Trotz all ihrer Differenzen stimmen Mills und Riesman darin überein, daß ein Rückgang in der effektiven politischen Partizipation stattgefunden hat, oder zumindest ein Versäumnis politischer Partizipation, um an die Anforderungen zeitgenössischer Ereignisse und Entscheidungen heranzureichen. Dieses Versäumnis ist nicht durch einen Zuwachs an effektiver politischer Tätigkeit im Zentrum ausgeglichen worden; sicherlich sind Riesmans »Veto Groups« nicht in der Lage, die generellen Aspirationen der Gemeinschaft zu definieren und zu realisieren; noch ist Mills' »Machtelite« eine solche politische Dienststelle. Beide machen die Unzulänglichkeit politischer Bündnisse geltend, die die öffentliche Meinung, die Parteiführung, den Kongreß und das Präsidentenamt einschließen, auch wenn sie die Verschiebung der Macht in verschiedene Richtungen sehr genau erkennen. Folglich neigt keiner von ihnen angesichts der vorhandenen Möglichkeiten im amerikanischen politischen System zu einer optimistischen Betrachtung, wenn es sich auch um das Problem der Herausbildung einer verantwortlichen Führung, besonders im Bereich der internationalen Beziehungen, handelt.

Wenn sich in dieser Anklage Wahrheit artikuliert, so mag ihr Ursprung in den Machtvorstellungen liegen, die die Gedanken von Mills und Riesman durchdringen. Beide neigen zu einer negativen Antwort auf Macht; keiner von ihnen ist bereit, die Ideen eines politischen Systems und die Machtziele in ihm miteinander zu konfrontieren. Riesman reflektiert ein liberales Verständnis der Macht, wenn er schreibt: »Wir haben erkannt, daß Menschen, die in erster Linie für Reichtum kämpfen, im Vergleich zu jenen relativ harmlos sind, die in erster Linie um die Macht kämpfen.« Daß solche Behauptungen wie diese sehr gut wahr sein können, ist nicht einmal abwegig, denn es können neben sicherlich negativen Machtkonsequenzen durchaus auch positive existieren. Manchmal scheint Riesman die Notwendigkeit zu akzeptieren, daß Menschen Macht suchen und sie dazu gebrauchen, um sich als Individuen und damit die Gesellschaft als Ganzes analog ihren Möglichkeiten optimal entfalten zu können. Aber Riesmans dominante Machtorientierung verbleibt im Bereich des Individualistischen und Negativen.

Mills argumentiert in diesem Zusammenhang weitaus extremer als Riesman, da er nie danach fragt, was in bezug auf die Ressourcen der Macht und ihre Handhabung sozial gefordert wird, sondern statt dessen in seinem Denken zu sehr von der Wichtigkeit jener Ressourcen und der (angeblich) destruktiven Enteignung von ihnen durch und für die dominanten Gruppen in den entscheidungsrelevanten Institutionen in Anspruch genommen ist. Es ist eine durchaus einseitige Vorstellung von Macht, wenn diese nur in Begriffen von Zwang und Konflikt im Rahmen partikularer Interessen erklärt werden kann. Gesellschaften verlangen Kompromisse, die durch die Ressourcen der Macht effektiver umgesetzt und für öffentliche Ziele ergänzt werden können. Dies ist eine Anforderung gegenüber jeder Regierung, aber die Anwendung dieses Begriffes sollte die Tatsache nicht verdrängen, daß die Regierung entweder über Macht verfügt oder ineffizient ist. Mills beschäftigt sich weder mit den *Zielen* der Macht, noch mit den Bedingungen ihrer Erlangung. Er verfügt über keine Konzeption für die Basis politischer Ordnung und über keine Theorie der Funktionalität von Regierung und Politik. Er weist auf nichts hin, daß seine »Machtelite« daran hindern könnte, sich zu einem voll ausgereiften Totalitarismus zu entwickeln. Die Logik in

Mills' Position reduziert sich schließlich auf einen Kampf zwischen Anarchie und Tyrannei.

Das Machtproblem scheint in jedem von uns eine Idiosynkrasieproblematik zu beleuchten. Wir klammern uns schnell an die Pathologie der Macht, ob wir nun die Symptome als »Informationsraffen« (Riesman) oder als »die höhere Unsittlichkeit« (Mills) bewerten. Aus diesem Umstand resultiert ein Wahrnehmungshandikap für die Ziele der Macht in unserem politischen System. Es muß beachtet werden, daß zentrale Entscheidungen mehr und mehr auf nationaler Ebene getroffen werden und daß dies genuine Schwierigkeiten für die Aufrechterhaltung demokratischer Kontrolle aufwirft. Weiterhin darf nicht übersehen werden, daß eine Vielzahl öffentlicher und privater Dienststellen die Entscheidungsgewaltigen mehr und mehr unter Druck setzen und daß dies genuine Schwierigkeiten für die Aufrechterhaltung effektiver politischer Führung mit sich bringt. Aber die Tatsache bleibt, daß es Perioden zentralisierter Entscheidungsgewalt *und* demokratischer Kontrolle gegeben hat, multiple Zwangsausübung auf Macht *und* effektive Führung. Es besteht keine eindeutige Verbindung zwischen dem Umfang der gleichgewichteten Machtverteilung und der Stabilität demokratischer Ordnung. Denn die demokratische Ordnung bedarf sowohl der starken Regierung als auch der öffentlichen Zustimmung durch die uniformierten Bürger. ... Schließlich wird uns in Ermangelung einer ausgewogenen historischen und komparativen Analyse weiterhin eine Grundlage zur Beurteilung divergierender Diagnosen der vorhandenen politischen Malaise, wie sie Mills und Riesman anbieten, fehlen.

Soziale Klasse, politische Klasse, herrschende Klasse*

R. Aron

Die Soziologen sind sich über die Definition des Begriffs »Klasse« nicht einig, sei es weil sie ihn nicht alle zur Bezeichnung der gleichen Realität benutzen oder weil sie die Realität, für die er steht, unterschiedlich begreifen. Zumindest besteht jedoch Einigkeit darüber,

* R. Aron, Classe sociale, classe politique, classe dirigeante, Europäisches Archiv für Soziologie, 1960, S. 260–281. Mit freundlicher Genehmigung des Autors. Übersetzt von Michael Schmid und Christiane Giesen.

daß der Klassenbegriff seine Berechtigung hat und daß soziale Gruppen als Klassen zu bezeichnen sind. Die Berechtigung von Begriffen wie »politische Klasse«, »herrschende Klasse« oder »Elite« ist hingegen bei einem Teil der Soziologen umstritten. Gibt es diese »herrschende Klasse« oder »ruling class«, oder ist sie nur ein Mythos? Ist die »power elite« oder Machtelite ein Produkt der fehlgeleiteten Phantasie der Soziologen, oder beherrscht sie tatsächlich die amerikanische Gesellschaft?

Die meisten amerikanischen Soziologen gebrauchen den Begriff »herrschende Klasse« nur mit Vorbehalten, scheint doch die bloße Existenz einer herrschenden Klasse im Widerspruch zur Ideologie der »Regierung des Volkes durch das Volk für das Volk« zu stehen. Marxistische Soziologen schätzen den Begriff noch weniger, da nach der sowjetischen Ideologie in den Vereinigten Staaten die Monopolisten und in der Sowjetunion die Proletarier die Regierungsgewalt in Händen halten. Das Vorhandensein einer herrschenden Klasse ist mit dem antithetischen Begriffspaar: Bürgerliches Regime – in dem die Monopolisten die Macht haben – vs sozialistisches Regime – in dem das Proletariat regiert – unverträglich: Gibt es eine dem Begriff »herrschende Klasse« entsprechende gesellschaftliche Realität, so bedeutet dies, daß in den Vereinigten Staaten nicht die Monopolisten und in der Sowjetunion nicht die Proletarier die gewichtigeren Funktionen in Verwaltung und Staat wahrnehmen.

Mit diesem Bezug auf die herrschenden Lehren sollte jedoch nicht der Eindruck einer polemischen Intention entstehen, sondern lediglich an die unleugbare Tatsache erinnert werden, daß das Problem der »herrschenden Klasse« mit ideologischen Implikationen belastet ist. Ziel der soziologischen Analyse sollte es deshalb sein, die Möglichkeiten und Grenzen einer objektiven Untersuchung aufzuzeigen.

Wenden wir uns zunächst den ersten soziologischen Theoretikern vom Beginn des 19. Jahrhunderts wie Saint-Simon, Auguste Comte, Alexis de Tocqueville und Karl Marx zu. Sie alle betonen den Gegensatz zwischen dem Ancien régime und der modernen, postrevolutionären Gesellschaft. Vor der Französischen Revolution setzte sich die Gesellschaft aus Ständen zusammen. Vor 1789 wurden die Franzosen nicht gleich und frei geboren und hatten keine gleichen Rechte und Pflichten. Die gesellschaftliche Ungleichheit, das heißt die Heterogenität nicht nur in Beruf, Einkommen und Lebensweise, sondern auch die Ungleichheit des rechtlichen Status, wurde als normal hingenommen. Die Klassenzugehörigkeit galt ungeachtet der sozialen Mobilität als erblich; so stand der rechtliche Status des Adeligen ebenso wie des Nichtadeligen von Geburt an fest. Durch die Französische Revolution entstand nun eine Gesellschaft mit völlig anderen Grundsätzen, in der alle Mitglieder der Gemeinschaft theoretisch derselben Gesetzgebung unterliegen. Überlebte auch in Westeuropa die Einschränkung des Wahlrechtes und die Unterscheidung in aktive und passive Bürger bis weit ins letzte Jahrhundert hinein, so hatten doch die politischen Theoretiker das Prinzip des allgemeinen Staatsbürgerrechts anerkannt und verkündet.

Die moderne, juristisch homogene Gesellschaft von gleichberechtigten Bürgern zerfiel jedoch trotzdem in verschiedene Gruppen (es soll hier bewußt der am wenigsten präzise Ausdruck gebraucht werden), die eine mehr oder weniger klar erkennbare Hierarchie bildeten, wobei die gemeinsamen Merkmale der Mitglieder jeder Gruppe ausreichten, um eine Unterscheidung von den Mitgliedern anderer Gruppen zu ermöglichen. Es ging jetzt darum, den Unterschied zwischen der Gesellschaft im Ancien régime und der modernen Gesellschaft zu interpretieren und die Beziehungen zwischen den Ständen von gestern und den sozialen Gruppen von heute zu bestimmen.

Eine erste Interpretation gibt die berühmte Parabel von Saint-Simon: nimmt man an, es würde durch eine Katastrophe jäh die Elite[1] der Diplomaten, Staatsräte, Minister, Parlamentarier und Generäle ausfallen, so wäre dies keineswegs der Todesstreich für die Gesellschaft, denn es würde eine unveränderte Menge an gesellschaftlichen Reichtümern produziert, und die Lebensbedingungen der Bevölkerungsmehrheit würden nicht spürbar davon berührt. Geht man jedoch davon aus, die Elite der Bankiers, Industriellen, Ingenieure und Techniker schiede aus, so wäre die Gesellschaft paralysiert, weil die Produktion von gesellschaftlichen Reichtümern eingestellt oder reduziert würde. Zentrales Thema dieses berühmten Textes ist die Gegenüberstellung der industriellen und der politisch-militärischen Gesellschaft, wobei diese nur die Suprastruktur, jene aber die Infrastruktur gewährleistet (um die Saint-Simonsche Unterscheidung in marxistische Termini umzusetzen). Der Gegensatz zwischen der Saint-Simonschen und positivistischen Schule auf der einen und der marxistischen auf der anderen Seite liegt in der jeweiligen Interpretation der Widersprüche in der Industriegesellschaft. Saint-Simon und Auguste Comte leugnen zwar die Interessenkonflikte von Arbeitnehmern und Arbeitgebern nicht, betrachten sie jedoch als nebensächlich; für sie stehen deren Interessen in letztendlicher Übereinstimmung und gemeinsam im Gegensatz zu denen der Überbleibsel des theologischen und militärischen Zeitalters. Für Karl Marx hingegen ist der Widerspruch zwischen Lohnabhängigen und Kapitalisten, zwischen Arbeitern und Eigentümern an Produktionsmitteln entscheidend. Sie stellen jeweils eine Klasse dar, und der Kampf zwischen diesen beiden Klassen ist die treibende Kraft der geschichtlichen Entwicklung und schließlich der sozialistischen Revolution.

Der Marxismus ist gewissermaßen eine Interpretation der Gesellschaft des Ancien régime im Lichte der modernen Gesellschaft und der modernen Gesellschaft im Lichte der Gesellschaft des Ancien régime. Nicht die rechtliche Gleichheit, ja nicht einmal die politische Gleichheit hat die Lebensbedingungen des Volkes wesentlich verbessert; die Arbeiter sind durch ihre vierjährliche Stimmabgabe nicht »befreit« worden. Die »sozialen Gruppen« sind nicht weniger klar abgegrenzt, ihre Hierarchisierung nicht weniger eindeutig als die Stände in der Gesellschaft vor der Revolution. Aber gerade da sie trotz der rechtlichen Gleichheit der Individuen den Ständen vergleichbar sind, scheinen sie a posteriori den tatsächlichen Ursprung, die Grundlage der Struktur des Ancien régime zu erhellen. Die Oberklasse (es soll von jetzt an dieser Terminus an Stelle der Bezeichnung als soziale Gruppen gebraucht werden) ist noch immer im Besitz der Produktionsmittel, früher des Bodens, heute des Bodens oder der Fabriken. Heute nehmen die Kapitalisten die Stellung ein, die früher den Feudalherren eigen war, ebenso wie die Feudalherren einst das waren, was heute die Kapitalisten sind. Marx bestreitet die von den Schülern Saint-Simons herausgestellte Originalität der modernen Gesellschaft keineswegs, leugnet jedoch die von Ökonomisten, Saint-Simonisten und Positivisten behauptete Solidarität der Produzenten. Erst nach der Sozialistischen Revolution würden die sozialen Klassen, sowohl des Ancien régime als auch der modernen Gesellschaft, sich auflösen und die Verheißungen der schwunghaften Entwicklung der Produktivkräfte sich erfüllen.

Diese Interpretation der vor- und der nachrevolutionären Gesellschaft nach demselben Schema verlangt unter anderem nach einem Vergleich zwischen dem Aufstieg der Bourgeoisie und dem des Proletariats. Ebenso wie die kapitalistischen Produktionsverhältnisse von der Feudalherrschaft geprägt wurden, werden die sozialistischen Produktionsverhältnisse von der kapitalistischen Gesellschaft geprägt werden, und die sozialistische Revolution wird das Proletariat an die Macht bringen ebenso, wie die bürgerliche Revolution die politische Macht in die Hände des Bürgertums gelegt hat, das die gesellschaftliche Macht faktisch bereits innehatte. Durch diesen Vergleich aber offenbart sich sofort das Paradoxon oder vielmehr der innere Widerspruch der marxistischen Interpretation.

Betrachten wir zunächst die Arbeitswelt: In allen komplexen Gesellschaften unterscheidet man an Hand der Berufe verschiedene soziale Gruppen (Bauern, Händler, Handwerker), und innerhalb dieser Gruppen entsteht eine dem Besitz, dem Erfolg, dem Reichtum und dem Einkommen entsprechende Hierarchie. Den Feudalherren und den Industriekapitalisten ist das Eigentum an einem Produktionsmittel gemein. Die eigentliche Funktion der Feudalherren war jedoch militärischer Natur; ist also die Sicherheit der Bauern einmal gewährleistet, brauchen sie den Herrn nicht mehr. Sie benötigen etwas dem Bodeneigentümer Entsprechendes nur in großen Betrieben, in denen die gemeinsame Arbeit nach Organisations- und Rechtsexperten verlangt. In Werken oder Fabriken sind diese Verwaltungs- oder Organisationsexperten offensichtlich unentbehrlich, wobei sie nicht unbedingt deren Eigentümer zu sein brauchen. Anders ausgedrückt kann die Ausschaltung der Eigentümer nicht automatisch die Ausschaltung der Geschäfts- und Verwaltungsexperten bedeuten; sie bedeutet lediglich Ausschaltung der Eigentümer, während die Organisations- und Verwaltungsaufgaben von Nichteigentümern erfüllt werden.

Damit wird der Vergleich zwischen der Machtübernahme des Dritten und der des Vierten Standes in zweifacher Hinsicht problematisch. Sowohl für Karl Marx als auch für Saint-Simon war die Bourgeoisie die arbeitende Klasse, die Aristokratie, feudalen Ursprungs, hingegen die militärische Klasse. Der Widerspruch zwischen Bourgeoisie und Proletariat aber entsteht in der modernen Gesellschaft. Auf die Aristokratie konnte in dem Moment verzichtet werden, in dem sie keine militärische Funktion mehr erfüllte oder in dem diese von anderen übernommen wurde. Ebenso kann das Bürgertum genau dann abtreten, wenn sein einziger funktionaler Beitrag im Besitz an Produktionsmitteln besteht und Privateigentümer nicht mehr benötigt werden. Aber die von der Bourgeoisie wahrgenommenen Funktionen, Organisation und Verwaltung der gemeinsamen Arbeit, müßten dann an andere weitergegeben werden. Worin unterscheiden sich nun die Führungskräfte in einer Industriegesellschaft ohne Privateigentum an den Produktionsmitteln von denen einer Gesellschaft, die das individuelle Eigentum an Produktionsmitteln vorsieht? Dies scheint die erste Frage im Zusammenhang mit der Machtübernahme des Proletariats zu sein.

Darüber hinaus war die Bourgeoisie in der vorrevolutionären Gesellschaft eine privilegierte Minderheit. Sie hatte vor der Revolution die einflußreichen und prestigegeladenen Stellungen inne. Infolge der Revolution ging nun die politische Macht, die vorher dem König und teilweise dem Adel vorbehalten war, an Bürger über, wodurch sich das Wesen des Bourgeois jedoch in keiner Weise änderte. Das Proletariat hingegen kann die politische Macht an »Vertreter« delegieren, die jedoch in dem Moment aufhören, wie Proletarier zu leben, indem sie die Leitung einer Fabrik, eines Trusts oder eines Ministeriums übernehmen. Ein Bourgeois mit Machtbefugnissen bleibt also weiter ein Bourgeois, aber ein Proletarier mit Machtbefugnissen ist kein Proletarier mehr.

Auch Alexis de Tocqueville, der sich nicht weniger intensiv als Auguste Comte mit dem Vergleich des Ancien régime und der modernen Gesellschaft befaßt, betrachtet die sozialen Klassen ebenfalls als die wichtigsten Agenten der Geschichte. In »L'Ancien Régime et la Révolution« kann man folgenden aufschlußreichen Satz lesen: »Je parle des classes. Elles seules doivent occuper de l'histoire.« (Livre III, chap. XII, éd. Mayer, p. 179)*

Eine systematische Aufzählung der widerstreitenden Klassen findet man bei ihm ebensowenig wie in den »Klassenkämpfen in Frankreich« oder dem »18. Brumaire des Louis Bonaparte« bei Marx. Aber sowohl der Sproß des alten Adels als auch der Prophet des Sozialismus, beide gleich gute Beobachter, erwähnen im Verlaufe ihrer Analyse oder ihrer Darlegungen die Aristokratie (Marx unterscheidet hier zwei Flügel, den der legitimistischen Grundeigentümer einerseits und den der orleanistischen Bankiers andererseits), die Großbourgeoisie aus Geschäftsleuten und Juristen, ferner die Bauern (häufig Grundeigentümer), die städtischen Kleinbürger (Händler oder Handwerker) und die Arbeiter; Marx nennt darüber hinaus den Pöbel oder das Subproletariat. Alle diese Gruppen, die einen Überbleibsel des Ancien Regime, die anderen Elemente der modernen Gesellschaft, erscheinen unmittelbar auf der geschichtlichen Szene. Im Juni 1848 sind es die Arbeiter selbst, die allein, von ihren Führern verlassen, kämpfen. Auch die Nationalgarde besteht aus Kleinbürgern, die überzeugt sind, für sich selbst, für ihre Klasseninteressen zu streiten.

Allein die Existenz eines Staates des zivilen und militärischen Staatsapparates erschwert dennoch die Interpretation der politischen und Sozialgeschichte an Hand des Klassenbegriffs. Louis Napoléon und seine Gefolgschaft aus der Pariser Bohème bemächtigen sich des französischen Staates. Welche Klasse ist nun wirklich an die Macht gelangt? Ist es die Gruppe der Bauern mit eigenem Grundbesitz, die massenhaft für den Neffen des großen Kaisers gestimmt hat? Ist es die kapitalistische Großbourgeoisie, deren Interessen durch das Kaiserreich gewahrt und geschützt werden? Kommen in diesem Regime die Klassenverhältnisse zum Ausdruck? Hätten diese Verhältnisse ein anderes Regime zugelassen und welche Folgen hätte eine bürgerliche Republik nach sich gezogen?

All diese Fragen hätte Tocqueville mühelos beantwortet. Obwohl in seinen Augen die Klassen die Hauptpersonen der Geschichte waren, werden Staat und Regierung nicht völlig mit Hilfe der Klassen und ihrer Kämpfe erklärt. Die Regierenden sind gleichsam die Vertreter, aber weder die Art der Vertretung noch die Regeln der Verfassung werden ausschließlich durch die soziale Struktur bestimmt.

* Deutsch etwa: »Ich spreche von den Klassen. Sie allein sollen die Geschichte beschäftigen.«

Wohl tendieren die modernen Gesellschaften zur Gleichheit, aber sie können dabei liberal oder despotisch sein.

Marx untersucht den gewaltigen Staatsapparat und seine Eroberung durch eine Clique von Abenteurern, aber er weigert sich, aus den Tatsachen die notwendige Lehre zu ziehen, daß es keine vollständige Entsprechung von politischen Konflikten und sozialen Kämpfen gibt und daß der Staatsapparat, der zwar niemals von den sozialen Klassen unabhängig ist, jedoch auch nie hinreichend durch die Macht einer einzigen Klasse bestimmt wird, seine Effizienz keinesfalls verliert.

Nachdem er dogmatisch verkündet hat, der Staat sei ein Instrument der Ausbeutung im Dienste der herrschenden Klasse, konstatiert Marx als Historiker die relative Autonomie der politischen Ordnung, weigert sich aber, sie ausdrücklich anzuerkennen. So sucht er bei seinem Entwurf der proletarischen Revolution Zuflucht in der Utopie. Die wirkliche Revolution wird darin bestehen, den Staatsapparat zu »zerschlagen«, nicht aber ihn zu erobern, wie das bei den Revolutionen der Fall war, die die Klassengesellschaft sowie die Beherrschung und Ausbeutung der Massen durch die Bourgeoisie aufrechterhielten.

Die Utopie einer Revolution, die den Staatsapparat zerschlägt, war freilich eine willkommene Zielscheibe für die Kritik der realistischen Theoretiker der herrschenden Klasse.

Die modernen Theoretiker der »Eliten« oder »Oligarchien«, G. Mosca, V. Pareto, R. Michels, sind in gewisser Hinsicht die legitimen Nachkommen der klassischen politischen Philosophie. Gleichzeitig aber sind sie Kritiker der parlamentarischen Demokratie und der sozialistischen Utopie. Die politischen Philosophen haben nie die Ungleichheit der Menschen in bezug auf ihre intellektuellen Fähigkeiten oder die Ungleichheit der Bürger in bezug auf Reichtum und Macht bezweifelt. In ihren Augen bestand das Problem weniger in der Abschaffung dieser sozialen oder natürlichen Ungleichheiten als vielmehr darin, den Geeignetsten den Zugang zu den verantwortlichen Stellungen zu ermöglichen und gleichzeitig eine von Autorität und Gehorsam, Wohlwollen und Vertrauen gekennzeichnete Wechselbeziehung zwischen Regierenden und Regieten herzustellen. Machiavelli hatte festgestellt, daß diese Beziehungen den Forderungen der Moralisten keineswegs immer entsprechen und daß die von den Regierenden ständig benutzten Mittel, Gewalt und List (Löwe und Fuchs), verachtenswert, jedoch notwendig seien. Aber auch vom Pessimismus Machiavellis abgesehen, mußte die klassische Konzeption als zynisch gelten, sobald sie gegen die demokratische oder sozialistische Ideologie eingesetzt wurde. Behauptet man, alle Parteien, auch diejenigen, die die Demokratie für sich beanspruchen und sich einer demokratischen Verfassung verpflichtet fühlen, würden eigentlich von einem kleinen Personenkreis, von einem mehr oder weniger dauerhaften Generalstab geführt, so erscheint hier wieder das eherne Gesetz der Oligarchie, das lediglich denjenigen Demokraten als skandalös oder ernüchternd erscheinen mag, die der Meinung anhängen, die Macht des Volkes werde auch durch das Volk ausgeübt.

Was nun für eine Partei zutrifft, trifft um so stärker für ein Regime zu, ungeachtet der Weise, in der die Regierenden rekrutiert werden, und der theoretischen oder praktischen Funktionsweise des Staates nach liegt doch ein Regime immer in den Händen einiger weniger. Hierin unterscheiden sich die sogenannten demokratischen Regimes in keiner Weise von den sogenannten autoritären oder despotischen Regimes. Die Modalitäten, das heißt die Vorstellungen oder Prinzipien, in deren Namen die Minderheiten regieren, mögen sich ändern; die Tatsache der Oligarchie bleibt bestehen. In der ersten Hälfte seines Lebens hat G. Mosca unermüdlich die liberalen, bürgerlichen Demokratien »entlarvt«, indem er hinter dem Buchstaben des Gesetzes und den Reden an das Volk die Macht der Politiker und, mehr noch, die Intrigen und Druckmittel der Finanziers und Industriellen offenlegte. V. Pareto hat in noch polemischerer Weise dies Unterfangen fortgesetzt und von vornherein trotz seines vorgeblichen Einverständnisses mit Marx über den Klassenkampf die sogenannte proletarische Revolution als ein weiteres Beispiel einer Revolution durch eine Minderheit für eine Minderheit eingestuft. Marx seinerseits akzeptierte das oligarchische Prinzip für alle Revolutionen außer der sozialistischen Revolution. Es war nun ebenso einfach wie verlockend, diese Ausnahme nicht gelten zu lassen und die angebliche Revolution der Massen zugunsten aller nach den Erfahrungen der Vergangenheit zu beurteilen.

Zur Benennung dieser Oligarchien, die Mosca vor allem nach ihren jeweiligen Modalitäten unterschied, und die Pareto durch ihre psychisch-soziale Haltung charakterisierte (Gewalttätige, Listenreiche, revolutionäre Gewerkschaftler und Plutokraten), wurden drei Begriffe bemüht: Elite, politische Klasse, herrschende Klasse. Die Wahl zwischen diesen Termini kann als willkürlich angesehen werden, benutzen doch die Soziologen völlig zu Recht die Bezeichnungen ihrer Wahl, solange sie nur exakt definiert sind. Aber in dem Zögern bei der Wahl dieser Begriffe offenbart sich eine Unsicherheit über die Eigenschaften der Realität.

Pareto bemüht sich anfänglich um eine objektive Definition der Elite durch Verweis auf äußerlich feststellbare Merkmale. Betrachten wir einige, die, ungeachtet ihres Berufs – Freudenmädchen oder Wissenschaftler – erfolgreich waren und bei ihresgleichen oder bei der öffentlichen Meinung als die Besten gelten: insgesamt stellen die Erfolgreichen das dar, was wir als die gesellschaftliche Elite bezeichnen würden, das heißt die »Besten« (οἱ ἄριστοι), wohl weniger in moralischer als vielmehr in sozialer und sozusagen neutraler Hinsicht. Spricht aber Pareto von Eliten, so meint er damit meistens nicht etwa die Gesamtheit der Erfolgreichen, sondern die kleine Anzahl derer, die politische Verwaltungs- oder Regierungsfunktionen ausüben, sowie diejenigen, die, ohne deshalb Beamte, Abgeordnete oder Minister zu sein, die Einstellung der regierenden Minderheit beeinflussen oder bestimmen. Deshalb messe ich persönlich jedem der drei Begriffe: Elite, herrschende Klasse und politische Klasse, drei verschiedene Bedeutungen bei. Ich bezeichne mit jedem der Begriffe eine andere Realität, formuliere, um es anders auszudrücken, mit jedem ein anderes Problem.

Ich gebrauche den Begriff Elite im weitesten Sinne und bezeichne damit die Gesamtheit derer, die in verschiedenen Tätigkeitsbereichen in der Hierarchie aufgestiegen sind und privilegierte Positionen mit entsprechendem Einkommen und Prestige bekleiden. Der Begriff politische Klasse sollte der sehr viel begrenzteren Minderheit vorbehalten bleiben, die tatsächlich politische Regierungsfunktionen innehat. Die herrschende Klasse wäre dann zwischen Elite und politischer Klasse anzusiedeln: Dieser Begriff würde diejenigen erfassen, die, ohne eigentlich politischen Tätigkeiten nachzugehen, unweigerlich die Regierenden und die Regierten – sei es aufgrund ihrer moralischen Autorität oder aufgrund ihrer wirtschaftlichen oder finanziellen Macht – beeinflussen.

Von diesen drei Begriffen habe ich gegenüber dem Gebrauch des Begriffs Elite[2] die meisten Vorbehalte, weil er häufig allzu unterschiedliche Reaktionen hervorruft. Ist es möglich und sinnvoll, ein alle Erfolgreichen umfassendes Gesamtsystem aufzustellen, zu dem auch die Könige der Unterwelt gehören? In einigen, etwa den handwerklichen Berufen, die abseits von der Öffentlichkeit ausgeübt werden, ist der Erfolg schwer außerhalb einer kleinen Gruppe zu beurteilen und verhilft weder zu Berühmtheit noch zu Autorität.

Es scheint sowohl schwierig wie wenig sinnvoll, einen Kreis festlegen zu wollen, in dem jegliche Art von Erfolg auch zugleich den Zugang zur Elite bedeutet; denn letztlich dient dieses Wort doch zu nichts anderem als zum Verweis auf das eherne Gesetez der Oligarchie, auf die ungleichen Begabungen und Erfolge (wobei die Erfolge keineswegs den Begabungen entsprechen müssen).

Die beiden Bezeichnungen politische Klasse und herrschende Klasse dagegen verweisen auf ein gewichtiges Problem, das Problem nämlich der Beziehungen zwischen der Minderheit, die tatsächlich die politische Macht kontrolliert, und der weniger begrenzten Minderheit, die führende und angesehene Stellungen in der Gesellschaft und nicht im Staat bekleidet. In jedem Regime, sei es demokratisch oder sowjetisch, gibt es eine politische Klasse. Eine einheitliche herrschende Klasse gibt es jedoch in einer Gesellschaft dann nicht, wenn die Führenden in Industrie, Gewerkschaften und Parteien einander so feindlich gegenüberstehen, daß das Bewußtsein einer Solidarität zwischen ihnen nicht aufkommt.

Auf das Bestehen oder das eherne Gesetz der Oligarchie kann in aggressiver, gegen die Ideologien gerichteter Absicht verwiesen werden. Die naiven Demokraten geben sich der Illusion hin, in der westlichen Welt regiere das Volk, während tatsächlich die Wähler von »listenreichen« Politikern »manipuliert« werden. Die Kommunisten – überzeugte sowohl als auch zynische – behaupten, in der Sowjetunion herrsche das Proletariat, während in Wirklichkeit Partei, Zentralkomitee, Präsidium und oft sogar der Generalsekretär der Partei die Massen im Namen des Proletariats »manipulieren« und damit eine absolutere Herrschaft ausüben als einst Könige und Kaiser. Diese polemische und politische Argumentation ist allzu billig. Sie ist, obwohl berechtigt, nicht von Interesse, denn sie enthält eine Stellungnahme, nicht aber eine Lösung des Problems. Es steht nun fest, daß immer und überall ein begrenzter Kreis von Personen regiert; wie aber sieht dieser Kreis aus? Wie stellt sich seine Zusammensetzung, seine Organisation und seine Funktionsweise dar? Wie wird die Autorität ausgeübt? Wie gestalten sich die Beziehungen der politischen Klasse zu den anderen Privilegierten, Mächtigen und Angesehenen?
Diese Fragen sind um so unausweichlicher, als im Laufe des Jahrhunderts seit der Verbreitung der ersten soziologischen Lehren die soziale Differenzierung vorangeschritten ist, während gleichzeitig die Forderung nach Gleichheit laut wurde. Heute steht die Gleichheit vor dem Gesetz theoretisch ebensowenig mehr in Frage wie die allgemeine Beteiligung aller am politischen Leben durch das Wahlrecht. Alle Mitglieder der Gemeinschaft sind Staatsbürger. Innerhalb dessen aber, was Hegel als »bürgerliche Gesellschaft«[3] bezeichnet, nämlich auf der Ebene der ökonomischen Aktivitäten, übt jeder Bürger einen Beruf aus. Die Funktionen in der Verwaltung von Stadt, Region oder Staat ebenso wie die häufig durch Wahl besetzten politischen Funktionen auf diesen Stufen werden von Personen wahrgenommen, für die diese Funktionen Beruf sind oder werden. Die Zugehörigkeit zur politischen Klasse ist weder im Osten noch im Westen erblich. Gleichwohl haben in Ost und West die Inhaber der staatlichen Autorität »Beziehungen« (deren Art noch festzulegen ist) zu den wirtschaftlichen oder geistigen und intellektuellen Einflußgruppen. Es müssen die verschiedenen sozialen Gruppen, die der herrschenden Klasse oder – wie ich es an anderer Stelle genannt habe – den verschiedenen Arten von Eliten angehören, analysiert werden, wenn wir die Gesellschaften im

Hinblick auf ihre politische oder herrschende Klasse untersuchen wollen.

An Hand von vier Gegensatzpaaren – weltliche vs geistliche Macht, zivile vs militärische Macht, politische vs administrative Macht, politische vs wirtschaftliche Macht – läßt sich meiner Meinung nach die moderne Differenzierung der Entscheidungsfunktionen und die wachsende Vielfalt der zu ihrer Ausübung oder zur entscheidenden Beeinflussung ihrer Inhaber befähigten sozialen Gruppen veranschaulichen.

In allen Gesellschaften stellen diejenigen, die die Werthierarchie aufstellen, die Denkformen gestalten und die Glaubensinhalte bestimmen, das, was Comte als die ›geistige Macht‹ bezeichnete. Heutzutage teilen oder beanspruchen drei Gruppen die geistige Macht: die Priester, Überbleibsel der geistigen Macht, die bei dem Gründer des Positivismus theologische genannt wird; die Intellektuellen – Schriftsteller oder Gelehrte – und die Parteiideologen. Schon auf den ersten Blick wird man im westlichen und im sowjetischen Regime einen entscheidenden Unterschied zwischen den strukturellen Beziehungen unter den Führungsgruppen[4] feststellen: Im sowjetischen System sind die Ideologen Verkünder der höchsten Wahrheit und Sachwalter des Heiligen. Die Priester genießen offiziell geringes Ansehen, und die Intellektuellen müssen sich der nach Augenblick und Person mehr oder weniger weitgespannten Wahrheit anschließen.

In modernen Gesellschaften versteht sich Macht ihrem Ursprung und ihrer Legitimität nach als zivile, da sie demokratische Legitimität beansprucht. Effizient ist die Macht jedoch nur, wenn sie der Loyalität von Armee und Polizei sicher sein kann, wie denn auch in unserer Zeit zahlreiche Regimes ihr Entstehen dem Einschreiten der Armee verdanken und zahlreiche Politiker früher die Uniform trugen und ihre moralische Autorität oder ihr Ansehen ganz oder teilweise auf ihre militärische Vergangenheit stützen.

Der moderne Staat ist zunächst ein administrativer Staat. Bürger und Wirtschaftssubjekte unterliegen konstant den Anweisungen von Beamten, die die Wettbewerbsregeln zwischen Individuen festlegen und unter allen Umständen das Gesetz zur Anwendung bringen. Diese administrative Macht ist in gewisser Hinsicht »entpersonalisiert« und »entpolitisiert«: Die Beamten erteilen in ihrer Eigenschaft als Beamte Befehle; die Bürger gehorchen den Gesetzen und den anonymen Vertretern des Staates. Die hohen Beamten aber gehören dennoch zur regierenden Minderheit, da sie auf die Entscheidungen der Politiker einwirken und andererseits die Verwaltung die Verteilung des Sozialprodukts beeinflußt, die ja einer der Gegenstände des Kampfes zwischen den sozialen Gruppen ist.

Im Westen besteht eine Unterscheidung zwischen Politikern und

Verwaltungsbeamten, obwohl in einigen Systemen die Minister aus dem Kreis der Beamten hervorgehen. Sie sind mehr oder weniger »Berufspolitiker«, je nachdem, ob die Politik ihre einzige Karriere und Einkommensquelle darstellt oder nicht; »differenziert« aber sind sie immer in dem Sinne, daß ihre Tätigkeit als Vertreter oder Minister an eine Reihe von spezifischen Pflichten, Rechten und Handlungen gebunden ist.

Die Gesamtheit dieser politischen Verhaltensformen hängt mit der Gesamtheit der übrigen sozialen Verhaltensformen, und hier ganz besonders mit dem sogenannten wirtschaftlichen Komplex, zusammen. Aus dem wirtschaftlichen Komplex ragen zwei privilegierte Gruppen hervor, die gleichzeitig zwei Arten von Macht repräsentieren: Die Führungskräfte im kollektiven Arbeitsprozeß, die Eigentümer an Produktionsmitteln, Manager und Ingenieure einerseits und andererseits die Führungskräfte in Massenorganisationen, Gewerkschaften und eventuell Parteien, die die beruflichen Gruppen (Industriearbeiter) auf der Basis einer Klassenzugehörigkeit organisieren wollen.

Alle diese Führungsgruppen trifft man in jeder modernen Gesellschaft, ob westlicher oder sowjetischer Prägung, an. Ich verstehe unter der Struktur der herrschenden Klasse oder der Führungsgruppen die durch den sozialen Prozeß, das Gesetz oder die Gewohnheit bestimmten Beziehungen zwischen den verschiedenen Arten von Privilegierten, wobei diese im Besitze moralischer Autorität, legaler oder faktischer, wirtschaftlicher oder sozialer Macht sein können. Charakteristisch für die westlichen Systeme ist nun einerseits die Differenzierung dieser Gruppen, andererseits aber auch der offene Dialog zwischen ihnen. In den Systemen sowjetischer Prägung trifft man hingegen auf eine weniger starke Differenzierung, vor allem aber auf eine geringere Möglichkeit zu Dialog oder Konfrontation zwischen Priestern und Intellektuellen, Intellektuellen und Ideologen, Ideologen und Parteichefs, Parteichefs und Regierenden. Die die kollektive Arbeit leitenden Funktionäre stellen hier keine von den Staatsfunktionären getrennte Gruppe dar. Die Führer der Massenorganisationen, die Gewerkschaftssekretäre, haben auf der Ebene der Unternehmen weit eher eine Kaderfunktion, als daß sie Forderungen formulieren, und werden entsprechend rekrutiert.

Ein System sowjetischen Typs unterscheidet sich von einem System westlicher Prägung in zwei wesentlichen Punkten: Es tendiert dazu, die Verschmelzung von Gesellschaft und Staat wieder einzuführen, während die Modernität durch Differenzierung der politischen Funktionen, durch Zulassung voneinander unabhängiger und völlig legitim rivalisierender politischer und beruflicher Organisationen diese Unterscheidung ermöglichte oder doch vertiefte. Im Osten sind die Führungskräfte im Arbeitsprozeß vom Unternehmen bis hin zum zentralen Planungsbüro Beamte, während im Westen diese Verantwortlichen mehreren Gruppen zugeordnet werden können (Eigentümer, Manager ohne Eigentum an Produktionsmitteln, Staatsbeamte). Im Osten sind die Parteichefs immer gleichzeitig Spitze der Exekutive, Massenführer und offizielle Ideologen, während im Westen den Regierenden eine Opposition, mehr oder weniger unabhängige Gewerkschaftssekretäre, Schriftsteller, Wissenschaftler gegenüberstehen, die unablässig über Falsch und Richtig, Heiliges und Skandalöses diskutieren, ohne daß die augenblicklich Regierenden in der Lage wären, den Tumult der Debatten oder der Propaganda unter Kontrolle zu bringen.

Diese Anmerkungen zielen nicht auf eine Theorie der herrschenden Klasse in Ost und West ab; sie sollen lediglich den besonderen Charakter der Probleme aufzeigen, denen eine Untersuchung der »modernen Oligarchien« oder des »Bestehens von Oligarchien in modernen Gesellschaften« begegnet. Die soziale Differenzierung hat die Oligarchen nicht verschont, vielmehr hat sie zu zwei extremen Erscheinungsformen geführt: Zur Unterordnung der Führungsgruppen unter die weltliche und geistliche Macht der Führer der Einheitspartei und zur Desintegration der herrschenden Klasse durch einen permanenten kalten Krieg zwischen den Führungsgruppen. Die meisten westlichen Systeme können zwischen diesen beiden Extremen angesiedelt werden. Großbritannien scheint das charakteristischste Beispiel für ein Land mit westlichem Regime, aber auch einer herrschenden Klasse zu sein: Die Oberschicht in Geschäftswelt, Universität, Presse, Kirche und Politik trifft sich in denselben Clubs, ist häufig durch verwandtschaftliche Beziehungen verbunden, hat das Bewußtsein, einer Gemeinschaft anzugehören; sie verfügt über eine relativ klar definierte Vorstellung vom höheren Interesse Englands. Diese Klasse ist Begabungen gegenüber aufgeschlossen, nimmt Menschen auch bescheidener Herkunft auf und läßt ihre Mitglieder, die sich an die Spitze von Protestbewegungen des Volkes gestellt haben, nicht fallen. Die Führungsgruppen stellen in ähnlicher Weise eine soziale Klasse dar, wie die politische Klasse und die gesellschaftliche Elite einander durchdringen.

Die empirische Untersuchung einer Führungsgruppe muß unter vier wesentlichen Gesichtspunkten durchgeführt werden: Welches ist die soziale Herkunft der Politiker (oder Intellektuellen oder hohen Beamten), wie werden sie rekrutiert? Welche Qualitäten scheinen ihren Erfolg zu gewährleisten, wie vollzieht sich diese Karriere? Welche Denkweise, welche Lebensauffassung ist für diese Gruppe charakteristisch? Welcher Zusammenhalt, welches Bewußtsein von Solidarität herrscht unter den Mitgliedern dieser Gruppe?

Geht es um die politische Klasse, um die Beziehungen zwischen führenden Industriellen und führenden Politikern, so sind offensichtlich die letzten Fragen entscheidend, und andere kommen hinzu. Die schwerwiegendsten Entscheidungen werden von einer oder mehreren Personen getroffen; eine einzige Person muß oft die Entscheidung über Krieg und Frieden fällen. In diesem Sinne ist die Machtkonzentration keine Hypothese, sondern eine Tatsache. Die Frage ist, inwieweit die Entscheidungen des Präsidenten der Vereinigten Staaten oder von Kabinettsmitgliedern Interessen, Willen oder Ideale einer kleinen Gruppe widerspiegeln, die als »Machtelite«, »Monopolisten« oder »Kapitalisten« bezeichnet werden soll.

Wir möchten zunächst darauf hinweisen, daß diese Frage eher empirischer als theoretischer Natur ist; sie fällt in den Bereich der Untersuchung und nicht in den der zentralen Lehrsätze oder der Begriffsanalyse. Die folgenden Bemerkungen sollen also das Thema abgrenzen, nicht aber abhandeln.

Es dürfte klar sein, daß in einer auf Privateigentum an Produktionsmitteln beruhenden Gesellschaft die gesetzgeberischen und ministeriellen Maßnahmen den Interessen der Eigentümer nicht grundsätzlich zuwiderlaufen werden; die Regierenden sind den wirtschaftlich Erfolgreichen nicht völlig feindlich gesonnen. Die führenden Politiker der westlichen Demokratien können und werden ein System nicht ablehnen, das die Sowjets als kapitalistisch bezeichnen, weil es Privateigentum an Produktionsmitteln toleriert und allumfassende Planung nicht verbindlich vorsieht. Diese Feststellung ist jedoch zu banal, als daß sie informativ sein könnte.

Wir müssen, um die wirklichen Fragestellungen zu formulieren, über diese Banalitäten hinausgehen. Ein kapitalistisches System läßt, wenn es nicht genauer definiert ist, eine Vielheit von Erscheinungsformen zu: Kollektives Eigentum und Planung können mehr oder weniger verbreitet, die Besteuerung mehr oder weniger progressiv sein, usw. Wollte man also mit Fug behaupten, die Macht in den westlichen Systemen liege bei den Kapitalisten oder Monopolisten, so müßte man davon ausgehen, daß diese Kapitalisten oder Monopolisten ein Bewußtsein ihrer Solidarität und gemeinsame Vorstellungen von ihrer Klasse und ihren Klasseninteressen hätten. Die Tatsachen lassen nun zunächst kaum darauf schließen, daß dieses Bewußtsein existiert oder daß dieses Klasseninteresse bei denjenigen, die es vereinen sollte, bekannt oder gar anerkannt ist.

Eine Intervention der Unternehmensleitung von Standard Oil oder General Motors beim State Department, um Aufträge oder Schutz vor einer drohenden Verstaatlichung zu erlangen, ist etwas durchaus Gewöhnliches und Wahrscheinliches. Wird das State Department dem Druck nachgeben? Das bleibt abzuwarten. Interessant wäre die Feststellung, daß die führenden Politiker die jeweiligen Entscheidungen deshalb treffen, weil sie den Interessen eines bestimmten, einflußreichen Verbandes oder denen der großen wirtschaftlichen Zusammenschlüsse oder »Monopole« selbst konform sind. Aber genau das ist nicht erwiesen und wahrscheinlich sogar nicht nachweisbar.

Die republikanischen Geschäftsleute, die in der Eisenhower-Administration mitwirkten, vertraten und praktizierten die Doktrin der gesunden Währung und des finanziellen Rigorismus, weil sie ihrem Wertsystem entsprach, und obwohl sie in vielerlei Hinsicht für eine Profitsteigerung weniger vorteilhaft war als die entgegengesetzte Lehre. Sie bemühten sich um eine Senkung der Militärausgaben, um den Haushalt auszugleichen, hatten jedoch keine gemeinsame Interpretation der internationalen Situation und wären wohl kaum in der Lage gewesen zu erkennen, welche Diplomatie dem Interesse des Großkapitals am ehesten entgegenkäme.

Es bestreitet niemand, daß Armee- und Industrieführung heute in den Vereinigten Staaten – wegen der Rüstungsaufträge und auch wegen der Positionen, die die Industrie pensionierten Generälen anbietet – in engem Kontakt stehen. Würde aber die Außenpolitik anders gesteuert, wenn diese Kontakte weniger eng wären? Sprechen sich Generäle nur mit dem Hintergedanken an ihre späteren Bezüge für ein bestimmtes Programm aus? In der Industriegesellschaft, gleich in welchem System, wird Industrie- und Armeespitze immer eng zusammenarbeiten. Wird die amerikanische Diplomatie, wird der Rüstungsumfang an solchen persönlichen oder sozialen Bindungen ausgerichtet? Meiner Meinung nach ist es noch niemandem gelungen, diese Behauptung plausibel zu begründen.

Zu bestimmen bleiben jetzt noch die Beziehungen zwischen diesen Führungsgruppen und den sozialen Klassen. Diese Beziehungen gestalten sich offensichtlich je nach Art der Gesellschaft und des Systems unterschiedlich. Wir werden sie hier nur in den modernen Industriegesellschaften, wie sie sich im 20. Jahrhundert in den Vereinigten Staaten, in Westeuropa und in der Sowjetunion darstellen, untersuchen.

Die Masse der Bevölkerung verteilt sich auf verschiedene Berufssparten – Landwirtschaft, Industrie und Dienstleistungssektor –, die sich im Zuge der wirtschaftlichen Entwicklung vervielfältigt und differenziert haben. Das Einkommen des einzelnen hängt von seiner Stellung im Produktionsprozeß ab. Dieser wiederum wird durch das Eigentum an Produktionsmitteln, durch die Qualifikation der geleisteten Arbeit oder durch beide Kriterien gleichzeitig bestimmt. In einer Gesellschaft sowjetischer Prägung bleibt nur das zweite Kriterium, da das Eigentum an den Produktionsmitteln abgeschafft wurde. Die für die Individuen wesentliche gesellschaftliche Organisation ist das Produktions- und Austauschsystem, denn die familiäre Gemeinschaft ist keine Produktionseinheit mehr, und die religiösen und weltanschaulichen Gemeinschaften können zumeist den Lebensunterhalt nicht mehr gewährleisten. Die bürgerliche Gesellschaft, wie Hegel sie verstand, umfaßt die Gemeinschaft in ihrer Gesamtheit und stellt sozusagen ihre Infrastruktur dar. Führt sie nun zu einer Klassenfeindschaft, wobei es Aufgabe der einen, der ausgebeuteten Klasse wäre, das bestehende System zu stürzen? Doch weder in der Sowjetunion noch in den Vereinigten Staaten scheint die Arbeiterklasse revolutionär zu sein, das heißt, in Denken und Handeln auf einen Umsturz des bestehenden politischen oder wirtschaftlichen Systems abzuzielen. Auch an die Macht ist sie nicht gelangt; sie ist weder in Ost noch West zur einzigen und allumfassenden Klasse geworden. Revolutionär scheint sie in Frankreich und Italien insofern, als innerhalb einer westlichen Gesellschaft die Arbeiter ihre Stimme für eine Partei abgeben, die ein sowjetisches System vertritt.

Die amerikanischen und sowjetischen Industrie-Arbeiter sind in eine bestimmte technische und administrative Organisation integriert. In einer empirischen Untersuchung wird der Umfang der Einkommensunterschiede innerhalb der Arbeiterklasse konstatiert. Wie fächert sich die Einkommensskala vom Hilfsarbeiter bis zum hochqualifizierten Arbeiter auf? Haben die Arbeiter insgesamt die gleiche Lebensweise, die gleichen Überzeugungen, haben sie das Bewußtsein einer historischen Einheit mit einer eigenen Sendung? Anders ausgedrückt: im Zusammenhang mit Klassen – und wir haben die Arbeiterklasse als Beispiel gewählt, weil nach Meinung aller Autoren sie die Charakteristika einer Klasse am deutlichsten aufweist – stellen sich zunächst zwei Arten von Fragen: Wieweit existiert sie »objektiv«? Inwieweit ist sie sich ihrer selbst bewußt, und welches ist der – konservative, reformistische oder revolutionäre – Inhalt dieses Bewußtseins?

Die erste Frage stellt sich in gleicher Weise für die sowjetische und für die amerikanische Arbeiterklasse. Die zweite hingegen stellt sich für die sowjetische Arbeiterklasse nicht, bzw. läßt keine überprüfbare Antwort zu, da die Struktur der Führungsgruppen sowohl die Frage als auch die Antwort unterbindet. Versetzen wir uns in ein modernes Industrieunternehmen: Die Arbeiter unterstehen einer Autorität, die weder in ihrer Entstehung (Ernennung statt Wahl) noch in ihrer Ausübung (Anweisung statt Diskussion) demokratisch ist. Sind nun die Arbeitnehmergewerkschaften frei, so werden sie mit mehr oder weniger Nachdruck bestimmte wirtschaftliche (Löhne, Gewinnbeteiligung) oder politische (Mitbestimmung bei der Ausübung der Autorität) Forderungen erheben. Werden die Arbeitnehmergewerkschaften von Sekretären geleitet, die von einer Partei ernannt oder kontrolliert werden, so werden bestimmte Forderungen nicht erhoben, ja das bloße Vorhandensein eines spezifischen, womöglich der Unternehmensleitung entgegengesetzten Klasseninteresses in Abrede gestellt.

Versetzen wir uns jetzt auf eine höhere Ebene, die der Industriearbeiterschaft allgemein. Der gleiche Widerspruch tritt noch deutlicher zutage. Klassenbewußtsein, die Vorstellung einer gemeinsamen Sendung, hängt eher von Propaganda und Organisation ab als vom Grad objektiver Gemeinsamkeit (wieweit sind die Arbeiter untereinander gleich und von den Mitgliedern der Gesamtgesellschaft abgehoben?). Die Arbeiter können sich ihrer selbst als Klasse nicht bewußt werden, wenn das wirtschaftliche oder politische System autonome Organisationen nicht zuläßt oder, um mich einer anderen Sprache zu bedienen, wenn die Struktur der Führungsgruppen den Dialog zwischen Intellektuellen, Führern der Massenorganisationen und Politikern verbietet.

Die Klassenverhältnisse werden nicht einseitig durch die Beziehungen unter den Führungsgruppen festgelegt. Bei einem Vergleich der verschiedenen westlichen Gesellschaften untereinander wäre es abwegig, die revolutionäre Einstellung[5] der französischen und italienischen Arbeiter ausschließlich auf den Einfluß ihrer Führer zurückzuführen. Bestimmen sie die Haltung der Massen, oder werden die Massen von ihnen mitgerissen? In unterschiedlichen Situationen wird die Antwort jeweils unterschiedlich lauten, selten aber in dem einen oder dem anderen Sinne kategorisch sein. Wir wollten lediglich zeigen, daß in einer Industriegesellschaft die »Klassenverhältnisse« nur dann offenbar werden können, wenn außerhalb des Apparats der Einheitspartei und des Staates wirtschaftliche und soziale Organisationen möglich sind. Aus dem Vergleich zwischen der sowjetischen und der westlichen Welt ergibt sich die Feststellung, daß die Struktur der Führungsgruppen, nicht aber die Klassenverhältnisse für die Gestaltung des politisch-ökonomischen Systems bestimmend ist.

Die Existenz von Privateigentum, an Produktionsmitteln, Boden und Maschinen, bestimmt die Gestalt der sozialen Gruppen. Einkommensverteilung, Lebensstandard und -stil werden von den Eigentumsverhältnissen und in weit stärkerem Maße noch vom Regulierungsmodus (Markt- oder Planwirtschaft) beeinflußt. Die wesentlichen Unterschiede jedoch rühren von der Struktur der Führungsgruppen und von den systemimmanenten Beziehungen zwischen Staat und Gesellschaft her. Für die Errichtung eines Systems sowjetischer Prägung genügt es, daß eine kommunistische Partei allein oder mit Hilfe der roten Armee die Macht an sich reißt. Nicht die Verhältnisse auf dem Gebiet der Produktivkräfte, sondern die politischen, ja militärischen Kräfteverhältnisse sind also der wesentliche Bestimmungsfaktor der jeweiligen Gesellschaftstypen, die Ursache für Aufstieg oder Untergang des einen oder des anderen Gesellschaftstyps.

Vergleichen wir jetzt die Ergebnisse dieser Analysen mit andernorts erwähnten soziologischen Lehren und den mehr oder weniger polemischen oder apologetischen Interpretationen, die die Systeme von sich selbst und von anderen geben.

Die Realität des sowjetischen Systems hat wenig mit dem Mythos von der »einzigen und allumfassenden Klasse« und von der Macht des Proletariats gemein. Die Macht liegt in den Händen der Partei, die das Proletariat zwar vertritt, aber ganz offenkundig nicht mehr von Proletariern geführt wird, wenn auch eine Revolution kommunistischen Typs die Überlebenden der ehemaligen privilegierten Klassen (Adel und Besitzbourgeoisie) radikal ausschaltet, so daß die Führungsgruppen sich aus der neuen Gesellschaft rekrutieren; theoretisch kann sie auch den Aufstieg der Begabtesten in allen Jahrgängen fördern, wobei die Weitergabe von Privilegien nicht ausgeschlossen, jedoch durch die Abschaffung des Privateigentums und der Anhäufung von Familienreichtümern weitgehend erschwert wird[6].

Die Vorzüge eines solchen Systems entsprechen teilweise seinem Anspruch, stehen teilweise jedoch auch in krassem Gegensatz zu den Forderungen der offiziellen Ideologie. So sind die Spannungen zwischen den sozialen Gruppen, der Kampf zwischen Arbeitern und Eigentümern, um die Verteilung des Sozialprodukts, wie in der Doktrin gefordert, behoben worden; die Gesellschaft ist nicht länger Schauplatz eines unaufhörlichen kalten Krieges. Aber der Frieden wird nicht dadurch wiederhergestellt, daß die Anlässe der Konflikte oder ihre Streitobjekte beseitigt werden, sondern dadurch, daß die Aufstellung von Armeen oder Kriegspropaganda unterbunden wird. Saint-Simonisten und Marxisten hielten gleichermaßen die Zusammenarbeit zwischen allen am Produktionsprozeß Beteiligten für unabdingbar, da Führende und Arbeitnehmer letztlich die gleichen Interessen hätten. Aber die Saint-Simonisten glaubten nicht, daß die Abschaffung des Privateigentums zur Erkenntnis der Solidarität aller am Produktionsprozeß Beteiligten notwendig sei. Die Marxisten hingegen gingen davon aus, daß der Klassenkampf so lange andauern müsse, wie es eine Unterscheidung von Kapitalisten und Proletariern gebe. Sie haben das Privateigentum an den Produktionsmitteln und die Kapitalisten selbst abgeschafft und, gemäß ihrer Doktrin, verkündet, es gebe keine Klassen mehr oder sie lägen nicht mehr im Widerstreit. Schließlich haben sie, um nicht von der Realität widerlegt zu werden, der Partei und ihrer Ideologie ein Monopol vorbehalten: Über die Parteien und mit ihrem Vokabular stellten denn auch die Vertreter aller sozialen

Gruppen beliebig das Verschwinden der Klassen und ihrer Kämpfe fest.

Das sowjetische System ist eine Reaktion gegen die für die westlichen Gesellschaften charakteristische Tendenz zur Differenzierung der Funktionen und zur Zersplitterung der Führungsgruppen. Hier wird die Einheit der herrschenden Klasse und die geistige und politische Einheit der Führungsgruppen wiederhergestellt, die im Westen durch den Dialog zwischen Politikern, Intellektuellen und Führern der Massenorganisationen aufgelöst wird. In diesem Sinne ist das sowjetische System genau das Gegenteil dessen, wofür es sich ausgibt; die Macht der Oligarchie, die es in Abrede stellt, wird verstärkt, der Zynismus Paretos bestätigt; es bedeutet den Sieg einer Minderheit, die sich auf die Stimme der Geschichte oder des Proletariats beruft, so wie andere die Stimme Gottes oder des Volkes für sich in Anspruch genommen haben. Die Paretosche Elitentheorie eignet sich besser zur Interpretation der Revolutionen, die sich auf Marx berufen, als der Marxismus selbst. Die kreative revolutionäre Effizienz des Staates wurde glänzend gerade von jenen veranschaulicht, die in ihm nur ein Instrument der wirtschaftlich privilegierten Klassen sahen. Wer im Besitze der militärischen Macht ist, kann sich leicht die wirtschaftliche Macht und die Macht schlechthin aneignen.

Jedoch sollte der Vertreter der westlichen Systeme, wenn er die sowjetische Realität mit den Auffassungen eines Pareto »entlarvt«, sich davor hüten, die Leistungen des anderen Systems zu verkennen. Tatsächlich hat es den Klassenkampf beendet, wenn auch nicht durch Realisierung der erträumten Harmonie der Klasseninteressen, sondern durch deren Verkündung und Verbot jeglicher Zweifel an ihr. Die Monopolstellung einer Partei und einer Ideologie sowie die Unterordnung der Intellektuellen und der Führer der Massenorganisationen unter die Anweisungen der Parteispitze tragen zur Restauration einer herrschenden Klasse bei. Die Bedrohungen für die westlichen Systeme hingegen bestehen weniger in der Allmacht der Monopolisten als vielmehr in sozialen Desintegrationserscheinungen und in der Rivalität der Führungsgruppen.

Sowjetische Polemiker und westliche Kritiker, die sich als Marxisten bezeichnen, »entlarven« die Systeme westlicher Prägung durch Aufdeckung der unheilvollen Rolle von Monopolisten und Machteliten. Es sei noch einmal darauf verwiesen, daß die Existenz einer Oligarchie außer Zweifel steht. Das Charakteristikum einer Oligarchie in einer westlichen Gesellschaft ist jedoch nicht der geheime Despotismus einer Personengruppe (Industrie- oder Armeespitze), sondern das Fehlen eines einheitlichen Willens und einer einheitlichen Auffassung bei allen Herrschaftsgruppen, die auf der Grundlage des Gesetzes der Demokratie miteinander wettstreiten. Die

Gefahr ist um so größer, als der Wettstreit der herrschenden Gruppen dem einfachen Bürger nicht unbedingt ein Gefühl der Freiheit vermittelt. Selbst wenn in den Vereinigten Staaten Wirtschaft und Diplomatie nicht von einer einzigen Person oder einem seiner Macht bewußten Stab beherrscht, gelenkt oder geplant werden, so ist doch der einzelne Bürger nicht überzeugt, den Gang der Ereignisse oder den Lauf der unerfaßbaren Mechanismen von Industrie und Armee beeinflussen zu können. Die Mythologie der souveränen und geheimen Elite wird Gehör finden, weil sie das Gefühl der Ohnmacht der Masse der Bevölkerung ausdrückt und Verantwortliche nennt. Diese Ohnmacht ist nicht weniger echt, wenn diese Verantwortlichen nicht existieren oder nicht eindeutig fixierbar sind.

Die Elitentheoretiker »entlarven« die Demokratie nicht zu Unrecht. Die Regierung des Volkes durch das Volk gibt es nicht. Aber es ist auch nicht erwiesen, daß die Wünsche und Erwartungen der Masse keine Auswirkungen auf die Politik der Regierenden haben. Die Frage – inwieweit manipulieren die Regierenden die Massen, oder setzen sie lediglich die Wünsche der Wähler in Taten um? – ist weitgehend falsch gestellt. In allen Systemen gibt es einen Dialog zwischen Regierenden und Regierten. Die Pluralität der Parteien, die regelmäßig stattfindenden Wahlen und die freie Meinungsäußerung verstärken den Einfluß der öffentlichen Meinung und reduzieren den Handlungs- und Manipulationsspielraum der Führungsgruppen. Die Konkurrenz zwischen diesen bedeutet wohl gewisse Garantien für die Regierten, verleiht ihnen jedoch keine tatsächliche Macht, noch auch nur die Illusion, sie zu besitzen.

Auch wenn die Führungsgruppen einander wie Feinde bekämpfen, wenn der Staat nicht mehr in den Händen einer entschlossenen und von einer Aufgabe durchdrungenen Minderheit liegt, werden die Massen wohl kaum in einen Freiheitstaumel geraten. Sie werden im Gegenteil eine mysteriöse Elite ersinnen, die versteckt die Fäden ihres Schicksals spinnt, müssen doch, da so viele Millionen Menschen machtlos sind, einige im Besitze der Allmacht sein.

Die politische und wissenschaftliche Kontroverse über die Begriffe ›soziale Klasse‹ und ›herrschende Klasse‹ gehen auf ein Charakteristikum moderner Gesellschaften, die Trennung zwischen politischer Autorität und wirtschaftlicher Macht, und die Differenzierung der Funktionen, hier vor allem der politischen Funktionen, zurück. Die Theoretiker der Soziologie haben im letzten Jahrhundert die Trennung von Staat und Gesellschaft erkannt und angenommen, daß in der Entwicklung der Industriegesellschaft, durch Tilgung der Überbleibsel des Feudalsystems und des Ancien régime, der Staat zur Verkörperung der Gesellschaft würde und so die Einheit wiederhergestellt würde. Aber in Westeuropa hatte keiner der Theoretiker der Soziologie eine klare Vorstellung von diesem modernen, getreu die Gesellschaft verkörpernden Staat. Einige meinten, die Produzenten würden ihn in ihre Hände nehmen, andere prophezeiten seinen Untergang nach dem Sieg des Proletariats, wieder andere schwankten zwischen der Vorstellung eines repräsentativen Systems und der des Despotismus.

Einer der wesentlichen Gründe für diese Unsicherheit lag in der Unklarheit des Klassenbegriffs selbst, der gleichzeitig auf privilegierte Minderheiten, Adel und Bourgeoisie, und auf die Massen, Bauern und Arbeiter angewandt wurde. Die privilegierten Klassen im Ancien régime waren Minderheiten, die gleichzeitig gesellschaftliche Macht (Besitz an Grund und Boden), militärische (Ausbildung und Kontrolle des Militärs) und politische Macht (Ausübung judikativer und administrativer Funktionen) hatten. Vor der Revolution hatte die Klasse des Adels einen Großteil ihrer wirtschaftlichen Macht und fast alle judikativen und administrativen Funktionen eingebüßt. Andere übten diese Funktionen aus und gerieten mehr und mehr in die Abhängigkeit vom Staatsapparat. Aber der Adel erweckte weiterhin den Eindruck einer »herrschenden Klasse«, einer sozial privilegierten Minderheit, die tatsächlich in Staat und Gesellschaft die Macht innehätte. Diese Darstellungsweise ist der modernen Gesellschaft nicht adäquat, da diese durch die Differenzierung der Funktionen gekennzeichnet ist, auf Grund deren Eigentümer an Produktionsmitteln und Manager nicht selbst auch an der Spitze von Armee oder Exekutive stehen können. Da diese Vermengung von gesellschaftlicher und staatlicher Macht* in unserer Zeit nicht möglich ist, haben die Ideologen den Mythos der heimlichen Eliten erfunden, in deren Händen über Mittelspersonen die Fäden aller Macht zusammenliefen.

Die Realität ist gleichzeitig einfacher und komplexer. Die Herrschaftsstrukturen sind in modernen Gesellschaften ihrem Wesen nach vielgestaltig, da der Arbeiter, Staatsbürger, der Steuerzahler oder der Autofahrer jeweils einer eigenen technischen, gesetzlichen, administrativen und politischen Disziplin unterliegen. Die Personen in den Leitungsfunktionen dieser Apparate können nicht identisch sein. In der Realität ist die Pluralität der Herrschaftsgruppen die grundlegende Tatsache, nur die Beziehungen zwischen ihnen gestalten sich in den verschiedenen Systemen unterschiedlich.

In den westlichen Systemen wird der Dialog zwischen ihnen toleriert, in den sowjetischen Systemen wird hingegen einer Partei oder einer Herrschaftsgruppe eine Monopolstellung eingeräumt; hier wird in Händen der politischen Führung die Einheit von weltlicher und geistlicher Macht wiederhergestellt; die Trennung zwi-

* Französisch: confusion des puissances et des pouvoirs. Anm. d. Übers.

schen Staat und Gesellschaft wird abgeschwächt und die Konkurrenz zwischen den Eliten entschärft.
Grundlage aller modernen Gesellschaften ist die politische und rechtliche Gleichheit der Menschen und ein demokratisches Legitimitätsprinzip. An ihrer Spitze trifft man entweder auf eine Einheitspartei und eine Staatsideologie oder auf zahlreiche Parteien und endlose Auseinandersetzungen. Zwischen Basis und Spitze liegen zunächst die sozialen Gruppen, die durch ihre Mitwirkung am Produktionsprozeß, ihren Lebensstandard und ihren Lebensstil sowie ihre Denkweise und ihre Werthierarchie gekennzeichnet sind, ferner die Beziehungen zwischen diesen Gruppen, die sich nach der Einstellung der Massen und der Führenden innerhalb dieser Gruppen zur jeweils anderen Gruppe richten. Die Beziehungen zwischen Gewerkschaftsführern und Unternehmern werden im Westen sowohl vom System (das Verhandlungsfreiheit gewährt), als auch von der Stimmung der Massen und den Auffassungen ihrer Führer und der Unternehmensspitze (Eigentümer oder Manager) bestimmt. Im Osten hängen diese Beziehungen vor allem vom System ab, das den offenen Konflikt oder die Äußerung entgegengesetzter Interessen nicht zuläßt, wenn auch unter bestimmten Bedingungen die Stimmung der Massen die Gewerkschaftsführer trotz ihres Status als Staatsfunktionäre beeinflußt. Mit anderen Worten: Der Zwischenbereich der Beziehungen zwischen Gruppen kann nur in seiner Relation zu den wirtschaftlichen und sozialen Gegebenheiten und zum politischen Regime begriffen werden, weil es die Struktur der Herrschaftsgruppen und das Selbstverständnis bestimmt, das die sozialen Gruppen von sich gewinnen oder nicht gewinnen.
Die Pluralität der Herrschaftsgruppen ist mit dem Wesen der modernen Gesellschaften untrennbar verbunden, diese Gruppen können erst eine herrschende Klasse bilden, wenn sie entweder von einer Einheitspartei gleichgeschaltet werden oder wenn sie ihrem Wettstreit zum Trotze ein Gefühl für das dem Regime und dem Staat gemeinsame Interesse entwickelt, oder wenn sie sich weiterhin überwiegend aus einer begrenzten, gleichsam aristokratischen Schicht rekrutieren. Die beiden Begriffe: Herrschaftsgruppe und herrschende Klasse, können und müssen im Hinblick auf eine wissenschaftliche Analyse ohne wertende Stellungnahme verwandt werden; zu Unrecht werden sie von einigen als mit politischen Implikationen belastet betrachtet. Wohl »entlarven« beide Begriffe die mythische Auffassung von der Verschmelzung von Proletariat und herrschender Klasse in den sowjetischen Gesellschaften und die angebliche Verschmelzung von wirtschaftlicher und politischer Macht in den demokratischen Gesellschaften, ebenso entlarven sie jedoch die Naivität der Lincolnschen Demokratie-Ideologie des »durch das Volk für das Volk«. Im übrigen lösen diese Begriffe die tatsächlich

in Ost und West bestehenden Probleme der Übereinstimmung bzw. Nichtübereinstimmung zwischen den Interessen und Empfindungen der Massen auf der einen und dem Handeln der herrschenden Minderheiten auf der anderen Seite nicht. Es wäre durchaus die Argumentation möglich, daß eine durch Parteidisziplin geeinte herrschende Klasse für das Wohl der Gesellschaft effizienter sei als der Wettstreit zwischen den Minderheiten.
Ist es schließlich Schuld des Soziologen, daß einige Systeme sich unrealistischer interpretieren als andere?

Anmerkungen

A. Ryan, Die Rolle der wissenschaftlichen Theorien

1 C. G. Hempel, Philosophy of Natural Science, New York 1966, S. 73.
2 R. Brown, Explanation in Social Science, London 1963, Kap. 7.
3 W. Dray, Laws and Explanation in History, Oxford 1957, S. 79–82.
4 S. E. Toulmin, The Philosophy of Science, London 1967, S. 17 ff.
5 S. E. Toulmin, a. a. O., Kap. 3.
6 T. Kuhn, The Structure of Scientific Revolutions, Chicago 1962, S. 10 ff.
7 S. S. Wolin, Paradigms and Political Theories, in: P. King und J. Parekh (Hrsg.), Politics and Experience: Essays Presented to Michael Oakeshott, London 1968, S. 125–152.
8 D. Easton, Political System, New York 1963, S. 52–63.
9 T. Parsons, Essays in Sociological Theory, revid. Ausg., Chicago 1954, S. 212–219.
10 S. S. Wolin, a. a. O., S. 128.
11 S. S. Wollin, a. a. O., S. 149–152.
12 A. Downs, Economic Theory of Democracy, New York 1965, Kap. 3.
13 E. Durkheim, Die Regeln der soziologischen Methode, Neuwied und Berlin 1970, S. 94.
14 S. F. Nadel, The Theory of Social Structure, London 1957, Kap. 1.
15 N. Chomsky, John Locke Lectures, gehalten an der Universität Oxford, Juni 1969.
16 E. Nagel, Structure of Science, London 1961, Kap. 6.
17 J. A. Coleman, Relativity for the Layman, Harmondsworth 1959, Kap. 2 und 3.
18 A. C. Mac Intyre, The Unconscious, London 1958, S. 2–4.
19 E. Nagel, a. a. O., S. 129–152.
20 E. Durkheim, a. a. O., S. 94.
21 S. F. Nadel, a. a. O., S. 4–7.
22 R. Harre, Theories and Things, London 1965, S. 22–26.
23 J. L. Austin, Sense and Sensibilia, London 1962, S. 14–19.
24 G. Ryle, The Concept of Mind, London 1967, S. 222 f.
25 A. Eddington, The Nature of the Physical World, London 1935, S. 5–8.
26 L. S. Stebbing, Philosophy and the Physicists, London 1937, S. 47 ff.
27 C. G. Hempel, a. a. O., S. 82.
28 N. Chomsky, Language and Mind, New York 1968, S. 7.
29 Chomsky, a. a. O., S. 75–78.

30 M. Weber, Gesammelte Aufsätze zur Wissenschaftslehre, Tübingen 1922, S. 506.

31 C. G. Hempel, a. a. O., S. 80–83.

32 A. C. Mac Intyre, a. a. O., S. 80–83.

33 K. W. Deutsch, The Nerves of Government, Chicago 1963, Kap. 5.

34 R. Harre, a. a. O., S. 26.

35 R. Harre, a. a. O., S. 26–28.

36 M. Polanyi, Science and Reality, in: Brit. J. Phil. Sci. (1967–1968), S.177–196.

37 D. Easton, A Systems Analysis of Political Life, New York 1965, S. 10–25.

38 G. A. Almond und J. S. Coleman, Politics of Developing Areas, Princeton 1960, S. 9–16.

M. Schmid, System, Handlung, Reduktion

1 Es ist möglicherweise überflüssig, zu betonen, daß diese Arbeit in der Tradition von Popper, Albert, Feyerabend und anderen liegt. Vgl. K. R. Popper, Conjectures and Refutations, The Growth of Scientific Knowledge, New York und Evanston 1965; ders., The Poverty of Historicism, Lodon 1961; ders., Objective Knowledge – An Evolutionary Approach, Oxford 1972; H. Albert, Traktat über kritische Vernunft, Tübingen 1968; P. K. Feyerabend, Against Method, Outline of an Anarchistic Theory of Knowledge, Minnesota 1970; W. W. Bartley, Flucht ins Engagement, München 1962; etc.

2 Vgl. T. W. Adorno, H. Albert u. a., Der Positivismusstreit in der deutschen Soziologie, Neuwied und Berlin 1969; H. Albert – H. Keuth (eds), Kritik der kritischen Psychologie, Hamburg 1973; K. Holzkamp, Kritische Psychologie, Frankfurt 1972; ders., Wissenschaft als Handlung, Berlin 1968; F. Dick, Wenn p, dann q. Die Widersprüche des nomothetischen Gesetzesbegriffs der empirisch-analytischen Sozialwissenschaften und dessen doppelt ideologische Funktion, Gießen 1972; J. Habermas – N. Luhmann, Theorie der Gesellschaft oder Sozialtechnologie, Frankfurt 1971; F. Maciejewski (ed.), Theorie der Gesellschaft oder Sozialtechnologie – Theorie Diskussion Supplement 1, Frankfurt 1973. Ob die derzeitige Diskussion um das Reduktionsproblem zwischen Spinner und Opp et al. zu den wichtigen methodologischen Auseinandersetzungen gehören wird, bleibt abzuwarten, vgl. H. Spinner, Science Without Reduction – A Criticism of Reductionism with Special Reference to Hummel and Opp's »Sociology without Sociology« –, Inquiry, 1973; K. D. Opp – H. J. Hummel, Probleme der Erklärung sozialer Prozesse, 2 Bde., Frankfurt 1973; demnächst G. Eberlein (ed.), Integration oder Reduktion in der Sozialwissenschaft, 1974.

3 vgl. J. Habermas – N. Luhmann, a. a. O., 1971; F. Maciejewski (ed.), a. a. O., 1973, vor allem K. O. Hondrich, Systemtheorie als Instrument der Gesellschaftsanalyse, 1973 b; S. 88–114.

4 vgl. etwa K. D. Opp, Verhaltenstheoretische Soziologie, Reinbek 1972; G. C. Homans, Grundfragen soziologischer Theorie, Köln und

Opladen 1972; P. Filmer – M. Phillipson – D. Silverman – D. Walsh, New Directions in Sociological Theory, London 1972; A. Schütz, Collected Papers I – The Problem of Social Reality –, The Hague 1971; T. Parsons, The Structure of Social Action, 1937; Arbeitsgruppe Bielefelder Soziologen (ed.), Alltagswissen, Interaktion und gesellschaftliche Wirklichkeit, 2 Bde. Reinbek 1973; u. a.

5 F. Barbano, Social Structures and Social Functions: The Emancipation of Structural Analysis in Sociology, Inquiry, 1968, S. 40–84.

6 H. Lehmann, R. K. Merton's Concepts of Function and Functionalism, Inquiry, 1966, S. 274–283.

7 Vgl. F. Barbano, a. a. O., 1968, S. 46 ff.

8 A. R. Radcliffe-Brown, Structure and Function in Primitive Society, London 1952, S. 178 ff.; B. Malinowski, Anthropology, in: L. A. Coser – B. Rosenberg (eds), Sociological Theory, New York 1964, S. 637 ff.

9 B. F. Skinner, Are Theories of Learning Necessary?, Psychological Review, 1950, S. 193 ff.

10 Vgl. M. Weber, Gesammelte Aufsätze zur Wissenschaftslehre, Tübingen 1968, S. 190 ff.

11 Vgl. J. W. N. Watkins, Idealtypen und historische Erklärung, in: H. Albert (Hrg.), Theorie und Realität, Tübingen, 1972^{2}, S. 335; auch D. Martindale, Theory and Ideal Type, in: L. Gross (ed.), Symposium on Sociological Theory, New York und Evanston 1959, S. 83 f.

12 Vgl. zum folgenden R. K. Merton, Social Theory and Social Structure, London 1964, S. 19 ff.; J. Rex, Key Problems of Sociological Theory, London 1961, S. 60 ff.; C. G. Hempel, Aspects of Scientific Explanation, New York 1965, S. 297 ff.; E. Nagel, The Structure of Science, London 1961, S. 520 ff.; ders., A Formalization of Functionalism, in: N. J. Demerath – R. A. Peterson (eds), System, Change, and Conflict, New York, London 1967, S. 77 ff.; P. S. Cohen, Modern Social Theory, London 1968, S. 34 ff.; M. H. Lessnoff, Functionalism and Explanation in Social Science, Sociological Review, 1968, S. 323 bis 340; W. Stegmüller, Probleme und Resultate der Wissenschaftstheorie und Analytischen Philosophie, Bd. 1, Berlin, Heidelberg, New York 1969, S. 555 ff.; K. Davis, The Myth of Functional Analysis as a Special Method in Sociology and Anthropology, American Sociological Review, 1959, S. 757–772, in diesem Band S. 175 ff.; E. Nagel, Probleme der Begriffs- und Theorienbildung in den Sozialwissenschaften, in: H. Albert (Hrsg.), a. a. O., 1972^{2}, S. 67–85.

13 Vgl. N. Chomsky, Review of B. K. Skinner: Verbal Behavior, Language, 1959; W. S. Verplanck, Burrhus F. Skinner, in: W. K. Estes et al., Modern Learning Theory, New York 1954, S. 283 ff.; H. Schmid, Soziologie oder Psychologie – Bemerkungen zum Reduktionsproblem, in: G. Eberlein, a. a. O., 1974.

14 Vgl. Barbano, a. a. O., 1968, S. 48 ff.

15 Vgl. R. K. Merton, a. a. O., 1964, S. 51.

16 Vgl. R. K. Merton, a. a. O., 1964, S. 32 ff.

17 Vgl. C. G. Hempel, a. a. O., 1965, S. 321.

18 Vgl. R. K. Merton, a. a. O., 1964, S. 52.

19 H. G. Schütte, Der empirische Gehalt des Funktionalismus, Meisenheim am Glan 1971.

20 A. W. Gouldner, Reciprocity and Autonomy in Functional Theory, in: L. Gross (ed.), Symposium on Sociological Theory, New York, Evanston, London 1959, S. 241–270; ders., The Norm of Reciprocity: A Preliminary Statement, American Sociological Review, 1960, S. 161–178.

21 Vgl. T. Parsons, The Social System, New York 1951; T. Parsons – E. A. Shils (ed.), Towards a General Theory of Action, New York 1951.

22 Insbesondere K. O. Hondrich hat sich in letzter Zeit um eine theoretische Durchdringung des Machtphänomens bemüht, vgl. seine Arbeiten: Demokratisierung und Leistungsgesellschaft, Stuttgart 1972; Theorie der Herrschaft, Frankfurt 1973 a. Ob freilich seine Rückkehr zu einer wenn auch modifizierten Version des Bedürfnisfunktionalismus (vgl. auch K. O. Hondrich, Systemtheorie als Instrument der Gesellschaftsanalyse, a. a. O., 1973 b) in allen Fällen ohne zirkuläre Bestimmung eben über Systemeigenschaften möglich sein wird, steht einer näheren Prüfung offen.

23 Vgl. C. G. Hempel, a. a. O., 1965, S. 308 ff.; auch Stegmüller, a. a. O., 1969, Bd. 1, S. 555 ff.

24 Vgl. C. G. Hempel, a. a. O., 1965; P. S. Cohen, a. a. O., 1968; M. H. Lessnoff, a. a. O., 1968.

25 Vgl. C. G. Hempel, Wissenschaftliche und historische Erklärungen, in: H. Albert (Hrsg.), Theorie und Realität, Tübingen 1972², S. 244 ff.; ders., a. a. O., 1965, S. 415 ff.

26 Vgl. C. G. Hempel, a. a. O., 1965, S. 322 ff.

27 Ob das Hempel mit gebotener Klarheit sieht, bleibt fraglich, auch seine Rekonstruktion der Handlungstheorie von Dray nimmt auf den Faktor der Möglichkeit für Handeln keine Rücksicht, vgl. C. G. Hempel, a. a. O., 1972², S. 254 ff. Auf diesen Sachverhalt haben besonders hingewiesen M. Martin, Situational Logic and Covering Law Explanations in History, Inquiry, 1968, S. 391 ff., auch J. J. Leach, The Logic of the Situation, Philosophy of Science, 1968, S. 272. Dray selbst hat dieses Manko desgleichen eingesehen, vgl. W. Dray, Singular Hypotheticals and Historical Explanation, in: L. Gross (ed.), Sociological Theory, New York 1967, S. 195 ff.

28 Vgl. G. Eberlein, Theoretische Soziologie heute, Stuttgart 1971, S. 68 ff.

29 Vgl. T. Parsons – E. A. Shils, a. a. O., 1951, S. 53 ff.; T. Parsons, Soziologische Theorie, Neuwied und Berlin 1964, S. 31 ff.

30 In diesem Zusammenhang wird in aller Regel auf den konservativ-ideologischen Charakter dieses Ansatzes verwiesen, da er Wandlungsprozessen nicht gerecht wurde, vgl. etwa R. Dahrendorf, Pfade aus Utopia, München 1967, S. 213 ff. und S. 244 ff.; D. Lockwood, Some Remarks on »The Social System«, The British Journal of Sociology, 1956/57, S. 134 ff.; J. E. Bergmann, Die Theorie des sozialen Systems bei Talcott Parsons – Eine kritische Analyse, Frankfurt 1967, u. a. Ich halte diese Vorwürfe schlechthin für unbegründet. Man muß rein analytisch die Bedingungen für Stabilität schon kennen, um Wandlungserscheinungen gerecht werden zu können. Wer die Bedingungen für Stabilität und Gleichgewicht kennt, kennt auch die Bedingungen

für Wandel, vgl. Parsons und Shils, a. a. O., 1951, S. 230 ff.; P. S. Cohen, a. a. O., 1968, S. 129 ff. Im übrigen sollte man solche ideologischen Vorwürfe nicht allzuernst nehmen. Sie können gegen jede Art von Systemtheorie erhoben werden, bzw. jede solche Theorie kann in Zusammenhang mit allen möglichen ideologischen Verdächtigungen gebracht werden (vgl. R. K. Merton, a. a. O., 1964, S. 39). Was soll man von einer solchen Strategie auch halten, wenn heutzutage schon die Tatsache, daß eine Theorie bestimmte Sachverhaltsbereiche und nicht irgendwelche anderen behandelt, an denen dem Kritiker aus bestimmten Gründen gelegen ist, ausreicht, um einen Ideologievorwurf zu rechtfertigen, vgl. F. Haug, Kritik der Rollentheorie, Frankfurt 1972.

31 K. D. Opp, Kybernetik und Soziologie, Neuwied und Berlin 1970, S. 14 ff.; vgl. auch C. G. Hempel, General System Theory: A New Approach to the Unity of Science, Human Biology, 1951, S. 314 f.

31a Vgl. u. a. N. J. Smelser, Theorie des kollektiven Verhaltens, Köln 1972; F. Heider, The Psychology of Interpersonal Relations, New York 1967; L. Festinger, A Theory of Cognitive Dissonance, New York 1957; B J. Biddle – E. J. Thomas (eds), Role Theory-Concepts and Research, 1966, S. 273 ff.; R. P. Abelson et al. (eds), Theories of Cognitive Consistency, Chicago 1968 u. a.

32 Vgl. T. Parsons – E. A. Shils, a. a. O., 1951, in diesem Band T. Parsons.

33 Vgl. etwa K. W. Deutsch, The Nerves of Government, New York 1966; D. Easton, A Systems Analysis of Political Life, New York, London, Sydney 1965; für einen allgemeinen Überblick vgl. W. D. Narr, Theoriebegriffe und Systemtheorie, Stuttgart 1969.

34 Vgl. etwa G. C. Homans, Grundfragen soziologischer Theorie, Köln und Opladen 1972 passim.

35 Vgl. u. a. N. Luhmann, Soziologische Aufklärung, Köln und Opladen 1970.

36 So z. B. K. D. Opp, Verhaltenstheoretische Soziologie, Reinbek 1972, S. 126 ff.

37 Vgl. J. Habermas – N. Luhmann, Theorie der Gesellschaft oder Sozialtechnologie, Frankfurt 1971, S. 162 f., S. 146 ff.

38 Vgl. N. Luhmann, a. a. O., 1970, S. 15 ff.

39 Vgl. etwa H. Marcuse, Der eindimensionale Mensch, Neuwied und Berlin 1967; M. Horkheimer, Kritische Theorie, Frankfurt 1968, Bd. 2, S. 137 ff.

40 Solche Einwände sind besonders im Bereich der Metahistorie und der phänomenologischen Soziologie zu Hause, was insofern kaum verwundern kann, als in beiden Bereichen eine Handlungstheorie vertreten wird, die sich als voluntaristische Handlungstheorie versteht. Vgl. stellvertretend für viele: W. Dray, Laws and Explanation in History, Oxford 1957; und G. H. Mead, Geist, Identität und Gesellschaft, Frankfurt 1968; ders., Philosophie der Sozialität, Neuwied und Berlin 1969.

41 Vgl. zum folgenden u. a. K. D. Opp, a. a. O., 1972; G. C. Homans, Social Behavior. Its Elementary Forms, New York 1961; ders., A Theory of Social Interaction, 1964, S. 113 ff.; ders., The Nature of

Social Science, New York 1967; ders., a.a.O., 1972; H. J. Hummell, Psychologische Ansätze zu einer Theorie sozialen Verhaltens; in: R. König (Hrsg.), Handbuch der empirischen Sozialforschung, 2. Band, Stuttgart 1969; B. F. Skinner, Science and Human Behavior, New York 1965; K. Foppa, Lernen, Gedächtnis, Verhalten, Ergebnisse und Probleme der Lernpsychologie, Köln 1965; E. R. Hilgard – G. H. Bower, Theories of Learning, New York 1966; A. Malewski, Verhalten und Interaktion, Tübingen 1967; A. W. Staats – C. K. Staats, Complex Human Behavior, New York 1963.

42 Das trifft in besonderem Maße auf die Arbeit von J. B. Watson zu, vgl. J. B. Watson, Behaviorismus, Köln 1968, vgl. auch D. E. Broadbent, Behaviour, London 1964.

43 Vgl. D. E. Broadbent, a. a. O., 1964; auch J. W. Atkinson, An Introduction to Motivation, 1964, S. 139 ff. und S. 189 f.; auch N. Chomsky, Review of B. F. Skinner, Verbal Behavior, Language, 1959, S. 39 f.

44 Vgl. N. Chomsky, a. a. O., 1959; M. Schmid, a. a. O., 1974; Ch. Taylor, Explanation of Behaviour, London 1964.

45 Vgl. dazu G. H. Mead, a. a. O., 1968; H. Blumer, Sociological Implications of the Thought of George Herbert Mead, American Journal of Sociology, 1966, S. 535–548; ders., Der methodologische Standort des symbolischen Interaktionismus, in: Arbeitsgruppe Bielefelder Soziologen (ed.), a. a. O., 1973, S. 80 ff.; P. Filmer – M. Phillipson – D. Silverman – D. Walsh, a. a. O., 1972; T. E. Wilson, Normative and Interpretative Paradigms in Sociology, in: Douglas (ed.), Understanding Everyday Life, London 1971, S. 62 ff. u. a.

46 Vgl. G. H. Mead, a. a. O., 1968; Blumer, a. a. O., 1966.

47 Vgl. für viele J. D. Douglas, Understanding Everyday Life, London 1971, S. 11 f.; H. Blumer, a. a. O., S. 1966; P. Berger – Th. Luckmann, Die gesellschaftliche Konstruktion der Wirklichkeit, Frankfurt 1966; G. Falk – H. Steinert, Über den Soziologen als Konstrukteur von Wirklichkeit, das Wesen der sozialen Realität, die Definition sozialer Situationen und die Strategie ihrer Bewältigung, in: H. Steinert (ed.), Symbolische Interaktion, Stuttgart 1973, S. 13 ff.

48 Vgl. den paradigmatischen Aufsatz von A. M. Rose, Systematische Zusammenfassung der Theorie der symbolischen Interaktion, in: H. Hartmann (Hrsg.), Moderne Amerikanische Soziologie, Stuttgart 1967, S. 219 ff.; auch H. Steinert (ed.), a. a. O., 1973 passim.

49 Vgl. H. Blumer, a. a. O., 1966; ders., Society as Symbolic Interaction, in: A. M. Rose (ed.), Human Behaviour and Social Process, London 1962, S. 179 ff.

50 Vgl. T. Parsons – E. Shils, a. a. O., 1951; T. Parsons, in diesem Band.

51 Vgl. G. C. Homans, a. a. O., 1964; ders., a. a. O., 1967, S. 173; auch P. M. Blau, Power and Exchange in Social Life, New York 1964.

52 Vgl. H. Blumer, a. a. O., 1966; ders., a. a. O., 1962, S. 179 ff.

53 Vgl. E. Husserl, Phänomenologische Psychologie, Den Haag 1968.

54 Vgl. P. Berger – Th. Luckmann, a. a. O., 1966 passim; F. Schütze – W. Meinefeld – W. Springer – A. Weymann, Grundlagentheoretische Voraussetzungen methodisch kontrollierten Fremdverstehens, Arbeitsgruppe Bielefelder Soziologen (ed.), in: Alltagswissen, Interaktion

und gesellschaftliche Wirklichkeit, Reinbek 1973, Bd. 2, S. 433–495; u. a.

55 Vgl. W. Dray, a. a. O., 1957; ders., a. a. O., 1967, S. 181 ff.; ders., 1963.

56 Diesem Problem werden auch die Kritiker Drays nicht gerecht, vgl. C. G. Hempel, a. a. O., [2]1972, S. 237 ff.; ders., Reasons and Covering Laws in Historical Explanation, S. Hook (ed.), Philosophy and History, New York 1963, S. 143–163; auch W. Stegmüller, a. a. O., 1969, Bd. 1, S. 379 ff.

57 Vgl. H. Blumer, a. a. O., 1966; ders., a. a. O., 1962.

58 Vgl. T. Parsons, a. a. O., 1937; auch J. F. Scott, The Changing Foundations of the Parsonian Action Scheme, American Sociological Review 1963, S. 716–735; oder E. C. Devereux jr., Parsons Sociological Theory, M. Black (ed.), The Social Theories of Talcott Parsons, Englewood Cliffs 1961, S. 1–63.

59 Vgl. H. Reimann, Kommunikationssysteme, Tübingen 1968, S. 48 ff.

60 Vgl. H. Blumer, a. a. O., 1966; ders., a. a. O., 1973, Bd. 1, S. 100 ff.

61 Vgl. A. C. Danto, Narrative Sentences, History and Theory, 1962, S. 146–179.

62 E. Hahn, der als gründlicher marxistischer Kritiker der sog. »bürgerlichen« Soziologie gelten kann, hat sich diesem Themenbereich noch nicht mit genügendem Nachdruck gewidmet. Möglicherweise hält er seine Kritik an den Theorien von Homans und Parsons auch hier für verbindlich, vgl. E. Hahn, Soziale Wirklichkeit und soziologische Erkenntnis, Berlin 1965; ders., Historischer Materialismus und marxistische Soziologie, Berlin 1968.

63 Vgl. etwa F. Schütze – W. Meinefeld – W. Springer – Weymann, a. a. O., 1973, Bd. 2, S. 469 ff. Die generellen Schwierigkeiten beim Übergang zu makrosoziologischen Theorien für die phänomenologische Soziologie diskutiert H. Haferkamp, Soziologie als Handlungstheorie, Düsseldorf 1972; ders., Die Struktur elementarer sozialer Prozesse, Stuttgart 1973.

64 Auch Haferkamp spricht eher Ermutigungen aus oder entwirft Programme für einen solchen Schritt, vgl. H. Haferkamp, 1972, a. a. O., S. 127; ders., a. a. O., 1973 passim.

65 Vgl. M. Black, Some Questions about Parson's Theories, in: M. Black (ed.), The Social Theories of Talcott Parsons, Englewood Cliffs 1961, S. 268–288.

66 Vgl. neben der in Anm. 45 genannten Literatur P. Winch, Die Idee der Sozialwissenschaft und ihr Verhältnis zur Philosophie, Frankfurt 1966; und ders., Ethics and Action, London 1972, darin besonders sein Aufsatz »Understanding a Primitive Society«, S. 8 ff.

67 Einen solchen Zusammenhang vermutet D. R. Bell, The Idea of a Social Science, Aristotelian Society, Supplementary Vol. XLI 1967, S. 115–132.

68 Vgl. P. Winch, a. a. O., 1972; H. Mead, a. a. O., 1968; H. Blumer, a. a. O., 1966; ders., in: Arbeitsgruppe Bielefelder Soziologen (ed.), 1973, Bd. 1, S. 133; A. Schütz, a. a. O., 1971, S. 3 ff. u. v. a.

69 Vgl. G. H. Mead, a. a. O., 1968, S. 177 ff.; u. a., H. Blumer, a. a. O., 1966.

70 Vgl. M. Weber, Wirtschaft und Gesellschaft, 2 Bde., Bd. 1, Köln 1964, S. 4 ff.

71 Vgl. T. P. Wilson, a. a. O., 1971, S. 57 ff.; ders., Theorien der Interaktion und Modelle soziologischer Erklärung, in: Arbeitsgruppe Bielefelder Soziologen (ed.), Alltagswissen, Interaktion und gesellschaftliche Wirklichkeit, Reinbek 1973, Bd. 2, S. 54–79.

72 T. P. Wilson, a. a. O., 1971, S. 71.

73 Vgl. P. Winch, a. a. O., 1966 passim.

74 Darauf ist ausgiebig E. Gellner eingegangen, vgl. E. Gellner, Der neue Idealismus – Ursache und Sinn in den Sozialwissenschaften, H. Albert (ed.), Theorie und Realität, Tübingen 1972², S. 87–112.

75 Vgl. P. Winch, a. a. O., 1966 passim.

76 Vgl. L. Wittgenstein, Philosophische Untersuchungen, Frankfurt 1967, S. 20, 24.

77 Hier liegt die Identifizierung von »Lebensform« und »Sprachspiel« zugrunde, vgl. L. Wittgenstein, a. a. O., 1967, S. 17, 24.

78 Das läuft auf eine relativ restringierte Verwendung der »Verstehensbegriffe« hinaus. Die Verstehensproblematik hat eine lange Geschichte innerhalb der soziologischen Tradition. Freilich sind schon frühzeitig gängige psychologische Verstehenskonzeptionen einer nachhaltigen Kritik unterzogen worden, die klar sah, daß Verstehensprozesse keine Validierung der so entstehenden Behauptungen implizieren kann, vgl. M. Weber, a. a. O., 1964, Bd. 1, S. 4 ff.; auch W. L. Bühl, Einleitung: Die alte und die neue verstehende Soziologie, in: W. L. Bühl (ed.), Verstehende Soziologie, München 1972, S. 7 ff. und die dort abgedruckten Texte, besonders von G. Simmel, S. 77 ff. u. a.

79 H. Haferkamp, a. a. O., 1973, S. 159. Wie alle Wittgensteinianer und phänomenologischen Soziologen neigt auch dieser Autor zu einer offenkundigen epistemischen Dogmatisierung von alltäglicher Erfahrung, vgl. zur Kritik H. Albert, a. a. O., 1968, S. 144 ff. Ist es denn wirklich einzusehen, daß Alltagserfahrung die letzte Basis soziologischen Denkens ist? Man denke etwa an die Anwendung kybernetischer Modelle. Schon die Austauschtheorie geht über unmittelbare Alltagserfahrung hinaus. A. Schütz versucht wenigstens über die relative Abstraktheit wissenschaftlicher Typenbildung ein Mindestmaß an wissenschaftlicher Eigenständigkeit zu retten, vgl. A. Schütz, a. a. O., 1971, S. 59 u. a.

80 Vgl. E. Gellner, a. a. O., 1972², passim; I. C. Jarvie, Understanding and Explanation in Sociology and Social Anthropology, in: R. Borger – F. Cioffi (eds), Explanation in the Behavioural Sciences, Cambridge 1970, S. 231–248; mit einigen Änderungen auch in: I. C. Jarvie, Concepts and Society, London 1972, S. 37 ff.

81 Vgl. besonders P. Winch, a. a. O., 1972, S. 8 ff.

82 Vgl. E. Gellner, a. a. O., 1972, S. 92 ff.

83 Vgl. L. Wittgenstein, a. a. O., 1967, S. 48 f.

84 Vgl. E. Gellner, a. a. O., 1972², S. 99, ähnlich auch I. C. Jarvie, a. a. O., 1972, S. 65.

85 Vgl. E. Gellner, Words and Things, Harmondsworth 1968; ders., Concepts and Society, in: D. Emmet – A. Mac Intyre (eds), Sociological

Theory and Philosophical Analysis, London, Basingstocke 1970, S. 115 ff.

86 Vgl. auch E. Gellner, a. a. O., 1972², S. 95 ff.; auch I. C. Jarvie, a. a. O., 1972, S. 57 ff.

87 Darauf hat insbesondere M. Brodbeck verwiesen, vgl. M. Brodbeck, Meaning and Action, in: M. Brodbeck (ed.): Readings in the Philosophy of the Social Sciences, London 1968 a), S. 58–78.

88 Vgl. hierzu u. a. R. S. Peters, The Concept of Motivation, London 1963; A. I. Melden, Free Action, London 1961; S. Hampshire, Thought and Action, New York 1967; G. Ryle, Der Begriff des Geistes, Stuttgart 1969; für einen guten Überblick vgl. G. Madell, Action and Causal Explanation, Mind (76), 1967, S. 34–48.

89 Zum Regelbegriff vgl. J. Rawls, The Concept of Rules, in: P. Foot (ed.), Theories of Ethics, Oxford 1967, S. 144–170; auch J. R. Searle, Sprechakte, Frankfurt 1971, S. 54 ff.

90 Vgl. P. Cohen, The very Idea of a Social Science, in: I. Lakatos – A. Muscrave (eds), Problems in the Philosophy of Science, Amsterdam 1968, S. 417 ff.

91 Vgl. dazu M. Brodbeck, Explanation, Prediction, and »Imperfect« Knowledge, M. Brodbeck (ed.): Readings in the Philosophy of the Social Sciences, London 1968 b, S. 363–398.

92 Vgl. M. Brodbeck, a. a. O., 1968 a, S. 74 ff.

93 Vgl. S. Toulmin, Reasons and Causes, in: R. Borger – F. Cioffi (eds), Explanation in the Behavioural Sciences, Cambridge 1970, S. 1 ff.

94 Vgl. D. Davidson, Actions, Reasons, and Causes, in: M. Brodbeck (ed.), Readings in the Philosophy of the Social Sciences, London 1968, S. 44 ff.

95 Vgl. M. Schmid, a. a. O., 1974.

96 Vgl. P. L. Berger, Auf dem Wege zu einem soziologischen Verständnis der Psychoanalyse, in: U. Wehler (ed.), Soziologie und Psychoanalyse, Stuttgart 1972, S. 155 ff. Viele methodologische Artikel aus diesem Lager schweigen sich in aller Regel über die Bedeutung der Psychoanalyse aus.

97 Das gilt besonders für E. Hahn, Soziale Wirklichkeit und soziologische Erkenntnis, Berlin 1965, S. 103, 128 f., 146 ff.

98 F. A. Hayek, The Counter-Revolution of Science, Glencoe 1952. Vgl. K. R. Popper, Die offene Gesellschaft und ihre Feinde, 2 Bde., Bern 1958; ders., The Poverty of Historicism, London 1961. Diese Lehre war Anlaß zu einer umfangreichen Diskussion zwischen J. W. N. Watkins und L. J. Goldstein, M. Mandelbaum u. a. Wesentliche Texte sind abgedruckt in: L. I. Krimerman (ed.), Nature and Scope of Social Science, New York 1969, S. 603 ff., vgl. auch I. C. Jarvie, Concepts and Society, London 1972, S. 3 ff.

99 K. R. Popper, 1958, Bd. 2, S. 114.

100 Vgl. R. Lichtman, Popper's Defense of the Autonomy of Sociology, Social Research, Vol. XXXII, 1965, S. 1–25.

101 K. R. Popper, a. a. O., 1961, S. 136.

102 Vgl. M. Schmid, a. a. O., 1974.

 103 Vgl. A. C. Danto, The Historical Individual, in: W. H. Dray (ed.),

Philosophical Analysis and History, New York und London 1966, S. 294.

104 Vgl. J. F. Scott, The Changing Foundations of the Parsonian Action Scheme, American Sociological Review, 1963, S. 716–735.

105 P. M. Blau, Comment on Homans: The Relevance of Psychology to the Explanation of Social Phenomena, in: R. Borger – F. Cioffi (eds), Explanation in the Behavioural Sciences, Cambridge 1970, S. 329–339.

106 Vgl. G. Eberlein, a. a. O., 1971, S. 142 ff.

107 Vgl. A. Edel, The Concept of Levels in Social Theory, in: L. Gross (ed.), Symposium on Sociological Theory, New York, Evanston, and London 1959, S. 167–195.

108 Vgl. J. W. N. Watkins, Idealtypen und historische Erklärung, in: H. Albert (ed.), Theorie und Realität, Tübingen 1972², S. 331–356; ders., Historical Explanation in the Social Sciences, in: P. Gardiner (ed.), Theories of History, New York 1965, S. 504.

109 Vgl. J. W. N. Watkins, a. a. O., 1972², S. 338 ff.

110 Vgl. J. Agassi, Methodological Individualism, The British Journal of Sociology, Vol. 11, 1960, S. 244–270, passim.

110a Wenn man »sui generis« wie Mandelbaum auf das »Ganze« einer Gesellschaft bezieht, erhält dieser Ausdruck nur Sinn aus der falschen Alternative zwischen Holismus und Individualismus, wenn man wie Brodbeck darunter das Nichtvorhandensein von ›Composition rules‹ zur Ableitung soziologischer Gesetze aus individuellen Verhaltensgesetzen verstehen will, dann unterstellt man einen engen technischen Gebrauch, den Watkins nie im Sinn hatte. Vgl. M. Mandelbaum, Societal Laws, in: L. J. Krimerman (ed.), a. a. O., 1969, S. 643, M. Brodbeck, Methodological Individualism: Definition and Reduction, in: M. Brodbeck (ed.), a. a. O., 1968, S. 301.

110b Vgl. J. W. N. Watkins, Third Reply to Mr. Goldstein, British Journal for the Philosophy of Science, Vol. 10, 1959, S. 242 ff.

111 Das ist die Position behavioristischer Reduktionisten, vgl. H. J. Hummell – K. D. Opp, Die Reduzierbarkeit von Soziologie auf Psychologie, Braunschweig 1971; K. D. Opp – H. J. Hummell, Probleme der Erklärung sozialer Prozesse, 2 Bde., Frankfurt 1973.

112 Vgl. Anmerkungen 45, 47 und 79.

113 Vgl. Anmerkung 111.

114 Zum folgenden vgl. H. Spinner, Science Without Reduction – A Criticism of Reductionism with Special Reference to Hummell and Opp's »Sociology without Sociology« –, Inquiry, Vol. 16, 1973, S. 16–94; M. Schmid, a. a. O., 1974.

115 Vgl. M. Schmid, a. a. O., 1974.

116 Vgl. M. Brodbeck, a. a. O., 1959, S. 396 f., vgl. analog C. G. Hempel, a. a. O., 1951, S. 320 ff.

117 Vgl. K. D. Opp – J. H. Hummell, a. a. O., 1973, Bd. 2, S. 40 ff.; K. D. Opp, a. a. O., 1972, S. 17 ff.

118 Vgl. P. K. Feyerabend, a. a. O., 1970, S. 81 ff.; B. Giesen – M. Schmid, Rationalität und Erkenntnisfortschritt, Zeitschrift für allgemeine Wissenschaftstheorie, 1974, erscheint demnächst.

119 Vgl. etwa J. Giedymin, Consolations for the Irrationalist?, British Journal for the Philosophy of Science, Vol. 21, 1971, S. 39 ff.

120 Vgl. B. Giesen – M. Schmid, Kritische Bemerkungen zu einer Theorie des Erkenntnisfortschritts, Zeitschrift für Soziologie, Vol. 2, 1973, S. 204 f.

121 Vgl. K. D. Opp – H. J. Hummell, a. a. O., 1971, S. 7.

122 Vgl. H. R. Wagner, Displacement of Scope: A Problem of the Relationship Between Small-Scale and Large-Scale Sociological Theories, American Journal of Sociology, Vol. LXIX, 1964, S. 571 ff.

G. C. Homans, Soziologische Theorie und Verhaltenstheorie

1 vgl. R. B. Braithwaite, Scientific Explanation, Cambridge 1953; E. Nagel, The Structure of Science, New York 1961, bes. Kapitel 3, C. G. Hempel: Aspects of Scientific Explanation, Glencoe, Ill., 1965, S. 331–489.

2 G. C. Homans, Contemporary Theory in Sociology, in: R. L. Faris (ed.), Handbook of Modern Sociology, Chicago 1964, S. 951–977.

3 T. K. Hopkins, The Exercise of Influence in Small Groups, Totwa, N. J. 1964, S. 51.

4 vgl. G. C. Homans, Social Behavior: Its Elementary Forms, New York 1961, Kap. 4.

5 E. Durkheim, Die Regeln der soziologischen Methode, Neuwied und Berlin 1965, S. 114.

6 E. Durkheim, a. a. O., S. 113.

7 E. Durkheim, a. a. O., S. 185 f.

8 E. Durkheim, a. a. O., S. 187 f.

9 E. Durkheim, a. a. O., S. 193.

10 E. Durkheim, a. a. O., S. 185.

11 G. C. Homans, Contemporary Theory in Sociology, a. a. O., S. 971.

12 B. F. Skinner, Science and Human Behavior, New York 1953.

13 Zur »Gleichgewichtstheorie« vgl. F. Heider, The Psychology of Interpersonal Relations, New York 1958, Kap. 7.

14 J. W. Thibaut and H. H. Kelley, The Social Psychology of Groups, New York 1959, p. 19.

T. Parsons, Einige grundlegende Kategorien einer Handlungstheorie

1 Der Begriff »Klasse« (»set«) wird hier benutzt, um eine Mehrzahl von Entitäten zu bezeichnen, die in Anzahl und Variation begrenzt sind, aber nicht derart untereinander zusammenhängen, daß sie ein System bilden.

2 Zu den Zielen eines Aktors mag auch der Aufbau einer spezifischen Beziehung zu bestimmten Objekten gehören (z. B. deren Besitz oder deren Veränderung), ebenso die Schaffung neuer Objekte. Solche geschaffenen Objekte können ihrerseits zu Orientierungsobjekten der folgenden Handlungen werden.

3 Das Wort »System« wird dann verwendet, wenn innerhalb eines Komplexes empirischer Phänomene Interdependenzrelationen beste-

hen. Der Gegenbegriff würde »Zufallsverteilung« bedeuten. »Unbeweglichkeit« oder »Starrheit« gehören indessen nicht zu den Konnotationen des Systembegriffs.

4 Unter »Trieb« (»drive«) soll die Komponente *organischer Energie* innerhalb der Motivation verstanden werden, ohne Berücksichtigung der Elemente der Organisation und der Richtung, die dem Organismus durch seine genetische Konstitution mitgegeben sind.

5 Menschen tun vieles, das in seinen Konsequenzen deren Interessen zuwiderläuft, entsprechend ist der naive Hedonismus unhaltbar, der annimmt, daß die Gratifikation eines Wunsches das Auftauchen jeglicher Handlung erklärt. Freilich ergibt es kaum einen Sinn, zu leugnen, daß auch selbstzerstörerische Handlungen motiviert sind. Die Annahme, daß der Verlauf des Verhaltens, wenigstens an den Stellen, an denen eine Alternative zur Diskussion steht, für den Handelnden motivationale Bedeutung besitzt, daß er in irgendeinem Sinne sein Verhalten »wollen« muß, ist freilich für jede logische Verhaltenstheorie wesentlich.

6 Physiologische Aspekte des menschlichen Organismus sind für die Handlungstheorie nur insofern von Interesse, als sie das Orientierungssystem berühren. Phantasien jedoch und Einbildungen sind Teile der Orientierung einer Persönlichkeit als einem Handlungssystem, wenngleich sie sich nicht auf die Realität beziehen müssen.

7 Eine besondere Position nehmen physische Artefakte ein, die als Resultate von Handlungen entstanden. Wie die anderen Objekte in der natürlichen Umwelt *interagieren* sie nicht mit dem Aktor. Sie sind situationale Objekte, die nicht in das Orientierungssystem eines Handelnden internalisiert werden können. Sie mögen als instrumentelle Objekte in Handlungssystemen dienen, oder aber es wird ihnen durch das Wertorientierungssystem »Bedeutung« zugewiesen, wie das auch bei Objekten der natürlichen Umwelt geschehen kann.

8 Deprivation soll dabei umfassen: (1) der Entzug von Gratifikationsobjekten, die der Aktor schon besaß, (2) die Verhinderung des Zugangs zu gratifizierenden Objekten, die der Aktor nicht besitzt, aber anstrebt, (3) die erzwungene Beziehung zu Objekten, die keinen Gratifikationscharakter besitzen, etwa physische oder psychische Verletzungen, Schmerzen usw, (4) die Drohung mit (1), (2) und (3). Die Reaktionen auf solche Deprivationstypen kann beträchtlich variieren.

9 Der Begriff »Bedürfnisdisposition« (need-disposition) wurde gewählt, um einen zweifachen Aspekt herauszustellen. Einmal verweist diese Motivationseinheit auf das Gleichgewicht, das der Aktor als Persönlichkeit (und als Organismus) anstrebt, zum anderen impliziert eine Disposition, auf ein oder mehrere Objekte hin zu handeln. Beide Bezüge sind wesentlich. Der Begriff ist vom Begriff »Bedürfnis« (»need«) durch seinen höheren Organisationsgrad unterschieden und dadurch, daß er motivationale und evaluative Elemente miteinschließt, die den Grundbedürfnissen nicht gegeben sind.

10 Der Inhalt von Gratifikationen braucht hier nicht spezifiziert zu werden. Gratifikationen können natürlich Erfahrungen und Zustände umfassen, die normalerweise als angenehm angesehen werden, wie Liebe, körperliches Wohlbefinden. Unter bestimmten Bedingungen

können sie indessen auch Erfahrungen erfassen, die man in aller Regel als deprivierend ansehen wird, die aber für die spezifische Organisation einer bestimmten Persönlichkeit belohnende Konsequenzen haben.

11 Die kognitiv-kathektischen und evaluativen Orientierungen sind durch die Bemühungen oder Anstrengungen (»effort«) des Aktors miteinander verbunden. In Übereinstimmung mit einem Wertstandard und/oder Erwartungen manipuliert der Aktor unter Aufbietung von »effort« seine Ressourcen, um sich den Zugang zu einem bestimmten kathektisch beurteilten Objekt zu erleichtern.

12 Lernen ist der Erwerb veränderter Orientierungsweisen gegenüber der Objektwelt, die die Persönlichkeit des Aktors ebenso umfaßt wie Ideen, Kultur, soziale Objekte usw.

13 Der Begriff »Generalisation« hat zwei gängige Bedeutungen: (1) die Unterscheidung von Objekten in zwei oder mehr Klassen mit gemeinsamen Eigenschaften, wo vorher nur eine einzige Kategorie vorhanden war, (2) die Wahrnehmung gemeinsamer Eigenschaften bei Ereignisgruppen, von denen man bislang glaubte, sie seien voneinander in allen Beziehungen unterschieden. Das gemeinsame Bedeutungselement beider Verwendungsweisen besteht darin, daß die Welt in Form von Kategorien erfaßt wird.

14 Die Fähigkeit, Wut zu erfahren, mag von der Disposition, sich zur Wehr zu setzen, unterschieden sein. Beide können natürlich erlernt sein, besitzen aber anscheinend eine angeborene Basis.

15 Dies ist ein rein technischer Gebrauch des Begriffs »Interaktion«, der sich auf die Tatsache bezieht, daß die Elemente, zwischen denen eine Beziehung besteht, Aktoren darstellen. Von dieser Verwendung muß eine andere unterschieden werden, die »Interaktion« mit »Interdependenz« gleichsetzt.

16 Die Verwendungsweise des Ich-Begriffs (Ego) unterscheidet sich vom gängigen Gebrauch in der Psychologie. Hier wird er nur benutzt, um einen Aktor in seiner spezifischen Beziehung zu einem anderen Aktor (Alter) zu bezeichnen. Parallele terminologische Festlegungen finden sich in der Verwandtschaftsterminologie der Sozialanthropologie.

17 Der Gebrauch dieses Begriffs ist mit Sicherheit nicht konsistent. Man unterscheidet sinnvollerweise: (1) die Internalisation der Werte, nicht der Rolle und (2) Internalisation einer spezifischen Rolle.

18 Unter »Allokation« (hier zuweilen mit »Zuordnung« übersetzt) versteht man die Verteilung wichtiger Komponenten *innerhalb* eines Systems derart, daß die Funktionsfähigkeit des Systems in einem bestimmten Zustand erhalten bleibt. Der Begriff entstammt der Nationalökonomie.

19 Unter »Verteidigungsmechanismus« versteht man die motivationalen Prozesse, mit deren Hilfe Konflikte innerhalb des Systems von Bedürfnisdispositionen einer Persönlichkeit gelöst oder in ihren Konsequenzen gemildert werden. »Anpassungsmechanismus« (mechanism of adjustment) bezieht sich auf die Prozesse, die sich mit den Spannungen (strain) zwischen Aktor und Handlungsobjekten beschäftigen.

20 Unter »Institutionalisierung« soll hier verstanden werden: die Integration von Erwartungen handelnder Aktoren in ein relevantes Rol-

lensystem, dem ein gemeinsames normatives Wertmuster zugrunde liegt. Die Integration erfolgt derart, daß jeder prädisponiert ist, die Konformität des andern mit den Wertmustern zu belohnen und umgekehrt Abweichungen zu mißbilligen und zu bestrafen. Institutionalisierung ist eine Sache des Grades, nicht des Entweder-Oder.

21 Dieser Sachverhalt der Internalisation von Werten wurde unabhängig voneinander und unter unterschiedlichen Gesichtspunkten durch Freud in seiner Theorie des Über-Ich und durch Durkheim in seiner Theorie der Institutionalisierung moralischer Normen entdeckt. Die Tatsache, daß zwei Männer von solch unterschiedlichen Prämissen ausgehend zu denselben Schlußfolgerungen gelangten, stellt ein bedeutendes Ereignis in der Entwicklung der modernen Sozialwissenschaften dar.

22 Eine weitere Unterscheidung zwischen sozialem und personalem System liegt in der Tatsache, daß ein soziales System nicht an irgendeine *besondere* Zusammensetzung von Organismen gebunden ist. Darüber hinaus gibt es keinen Grund zur Annahme, daß die neuen Aktoren, die die ausgeschiedenen ersetzten, mit ihren Vorgängern in allen Details ihrer Persönlichkeit übereinstimmen müssen, obgleich das soziale System, wenn auch ein personeller Wechsel vonstatten ging, dasselbe bleibt.

P. S. Cohen, Der handlungstheoretische Ansatz

1 I. L. von Mises, Human Action, Chicago 1966.

2 Talcott Parsons, The Structure of Social Action, 1949.

3 Max Weber, The Theory of Social and Economic Organization (übersetzt von A. R. Henderson und Talcott Parsons), 1947, S. 79–112, 145–156, 170–171.

4 Vgl. Karl Marx und Friedrich Engels, Selected Works in Two Volumes, Moscow 1951.

5 Raymond Aron, Main Currents in Sociological Thought, London 1965, S 109–180.

6 Raymond Aron, a. a. O., S. 175.

7 Max Weber, a. a. O., S. 104–107.

8 Vgl. auch I. C. Jarvie und Joseph Agassi, The Problem of the Rationality of Magic, in: British Journal of Sociology, Bd. XVIII, Nr. 1, März 1967, S. 55–74.

9 Siehe auch J. Agassi, Methodological Individualism, in: British Journal of Sociology, Bd. IX, 3, September 1960, S. 244–268.

10 Max Weber, a. a. O.

11 Von Mises, a. a. O., S. 12.

12 Vilfredo Pareto, Sociological Writings, 1966, S. 13–87 und 183–250.

13 John Rex, Key Problems of Sociological Theory, London 1961, S. 87–88.

14 Ely Devons und Max Gluckman, Conclusion: Modes and Consequences of Limiting a Field of Study, in: Max Gluckman (Hrsg.), Closed Systems and Open Minds: The Limits of Naivety in Social Anthropology, Edinburgh 1964, bes. S. 158–168 und 213–218, 222–261.

15 Talcott Parsons, Edward Shils (Hrsg.), Toward a General Theory of Social Action, Harvard 1951, bes. S. 3–30, 47–158.
16 Alain Touraine, Sociologie de l'action, Paris 1965, S. 9.

W. Buckley, Systemtheoretische Ansätze bei Talcott Parsons und George C. Homans

1 T. Parsons – E. A. Shils (eds), Toward a General Theory of Action, 1951, S. 107.
2 T. Parsons – E. A. Shils, o. a., S. 180.
3 ebd.
4 T. Parsons, The Social System, 1951, S. 206.
5 T. Parsons, o. a., S. 204 f.
6 T. Parsons – N. J. Smelser, Economy and Society, New York 1956, S. 16 f.
7 T. Parsons, The Social System, 1951, S. 204.
8 T. Newcombe, Discussion, American Sociological Review (13), 1948, S. 168 f.
9 T. Parsons, The Social System, 1951, S. 205.
10 G. C. Homans, The Human Group, New York 1950.
11 G. C. Homans, o. a., S. 282.
12 G. C. Homans, o. a., Kapitel 4 und 5.
13 G. C. Homans, o. a., S. 91.
14 G. C. Homans, o. a., S. 109.
15 G. C. Homans, o. a., S. 272 ff.
16 G. C. Homans, o. a., S. 94.
17 G. C. Homans, Social Behavior. Its Elementary Forms, New York 1961, S. 113 f.
18 S. Toulmin – J. Goodfield, The Architecture of Matter, New York 1962, S. 315.
19 S. Toulmin – J. Goodfield, o. a., S. 317.
20 S. Toulmin – J. Goodfield, o. a., S. 318.
21 ebd.
22 S. Toulmin – J. Goodfield, o. a., S. 334.
23 Vgl. L. von Bertalanffy, Modern Theories of Development, New York 1962; ders., The Problem of Life, New York 1960; M. Becker, The Biological Way of Thought, New York 1960; und G. Sommerhoff, Analytical Biology, London 1950.
24 A. Rapport –W. J. Horvath, Thoughts on Organization Theory, General Systems (4), 1959, S. 87–91.
25 A. Rapoport – W. J. Horvath, o. a., S. 90.
26 W. R. Ashby, The Effect of Experience on a Determinate Dynamic System, Behavioral Science (1), 1956, S. 35–42.

Kingsley Davis, Der Mythos der funktionalen Analyse als einer speziellen Methode im Bereich der Soziologie der Anthropologie

1 W. Hield, The study of change in social science, British Journal of Sociology, 5, 1954, S. 1.

2 D. Gregg – E. Williams, The dismal science of functionalism, American Anthropologist, 50, 1958, S. 597.

3 A. Lesser, Functionalism in social anthropology, American Anthropologist, 37, 1935.

4 S. Morgenbesser, Role and status of anthropological theories, Science 128, 1958, S. 285.

5 H. C. Bredemeier, The methodology of functionalism, American Sociological Review, 20, 1955, S. 173–179.

6 R. Firth, Function, in: Current anthropology, Chicago 1955, S. 247–51.

7 A. R. Radcliffe-Brown: »Ich für meine Person lehne ihn gänzlich ab und betrachte ihn als nutzlos und irreführend.« »Functionalism: A protest«, American Anthropologist, 51, 1949, S. 321; A. L. Kroeber, An authoritarian Panacea, ebd., S. 318.

8 R. K. Merton, Social theory and social structure, Glencoe, Ill., 1957, S. 19.

9 vgl. Bredemeier, op. cit.

10 Manchesmal gelangen Kommentatoren gefährlich in die Nähe der Behauptung, funktionale Analyse sei eine Art der Analyse, in der das Wort »Funktion« auftauche. »›Die Funktion der Religion ist die Angstreduktion in einer Gruppe‹. Diese Aussage behauptet nichts mehr als ›Die Angst in einer Gruppe wird reduziert, wenn (vielleicht nur wenn) sie Religion praktiziert‹, oder ›Eine (hinreichende, notwendige oder hinreichende und notwendige) Bedingung für Angstreduktion in einer Gruppe besteht in religiösen Praktiken‹.« W. Buckley (Nagel paraphrasierend), »Structural-functional analysis in modern sociology«, in: H. Becker – A. Boskoff, Modern sociological theory, New York 1957, S. 247.

11 Der gelegentliche Vorwurf, daß der Funktionalismus psychologisch sei, entstammt offensichtlich einer Zweideutigkeit. Insofern, als das Wort »psychologisch« sich auf *mentale* Phänomene bezieht, wie Gedanken, Gefühle und Einstellungen, solange werden Soziologie und Sozialanthropologie nicht umhin können, psychologische Phänomene zu behandeln. Die Verwendung von »psychologisch« in bezug auf eine Person als ein System freilich liegt auf einer anderen Ebene. Es ist interessant, daß die Wissenschaft, die die Person oder die Psyche als ein System behandelt, oft »funktionale Psychologie« genannt wird.

12 E. Durkheim, Rules of sociological Method, Glencoe, Ill., 1950, S. 110–111.

13 vgl. W. J. Goode, Religion among the primitives, Glencone, Ill., 1951, S. 243–244; K. Davis, Human society, New York 1949, S. 518; J. M. Yinger, Religion, society, and the individual, New York 1957, Kap. 3. Psychoanalytische Theorien der Religion und der Familie sind aus den verschiedensten Gründen kritisiert worden, vgl. Goode, op. cit.; E. E. Evans-Pritchard, Social Anthropology, Glencoe, Ill., 1954, S. 44–45. Schon 1927 beklagte Malinowski, daß Ernest Jones »den Ödipus-

Komplex als die *Ursache* betrachtet, und die gesamte soziologische Struktur als die *Wirkung*«. Sex and repression in savage society, London 1927, S. 139–140.

14 Ganz offensichtlich ist der biologische Charakter der menschlichen Spezies relevant für die Frage nach der Variationsgrenze menschlicher Gesellschaft, vgl. M. L. Levy jr., The structure of society, Princeton 1952, S. 16–17. Aber die Anerkennung dieses Faktums verpflichtet den Funktionalisten nicht zu einer genetischen Interpretation der sozialen Variation selbst. Zugegebenermaßen steht der theoretische Status der Malinowskischen »needs« einer Diskussion offen. Obwohl er oft des Biologismus angeklagt wurde, enthalten seine Schriften Hinweise darauf, daß er biologische Bedürfnisse zwar als notwendige, nicht aber als hinreichende Bedingungen auffaßte.

15 Buckley, op. cit., S. 239–240.

16 R. Hofstadter, Social Darwinism in American thougth, Boston 1955 [2], enthält keinen Bezug auf den Funktionalismus oder auf Robertson, Smith, Durkheim, Malinowski, Radcliffe-Brown. Hofstadter glaubt in der Tat, daß der Sozialdarwinismus gegen Ende des Ersten Weltkriegs verschwand, zu einer Zeit also, in der der Funktionalismus sich erst als eine selbstbewußte Schule unter diesem Namen entwickelte.

17 vgl. R. Dahrendorf, Out of Utopia: Towards an reorientation of sociological analysis, American Journal of Sociology, 64, 1958, Hield, op. cit.; D. Lockwood, Some remarks on »The Social System«, British Journal of Sociology, 7, 1956, S. 134–146, erwähnt als einer der wenigen Kritiker, daß die Funktionalisten in ihrer Beschäftigung mit den Faktoren, die das Überleben einer Gesellschaft determinieren, eine Verbindung zur biologischen Theorie herstellen.

18 H. Kallen, Functionalism, Encyclopedia of the Social Science, New York 1931, Vol. 6, S. 523–526.

19 vgl. Merton, loc. cit., S. 19.

20 Buckley, op. cit., S. 258, spricht besonders vom Funktionalismus Parsons. Merton, op. cit., äußert eine ähnliche Kritik bezüglich des Funktionalismus generell.

21 Ein theoretisches System umfaßt ein begriffliches Gerüst, das der Verifikation nicht unterworfen werden kann, da es gar keine überprüfbaren Aussagen impliziert. Daneben braucht die Ablehnung spezifischer Aussagen die logisch damit verbundenen Teile der Theorie nicht notwendig zu Fall zu bringen, da letztere derart modifizierbar sind, daß die wesentlichen Behauptungen erhalten bleiben. Je umfassender und loser ein theoretisches System ist, desto mehr Aussagen können daraus entnommen werden und desto weniger ist das theoretische Gesamtsystem von der Widerlegung einzelner seiner Aussagen berührt. Fantastische Gedankensysteme haben sich über Jahrzehnte erhalten und sind am Ende eher wegen des ihnen entgegengebrachten Desinteresses verschwunden als wegen ihrer Widerlegung. Über Verifikation und theoretische Systeme vgl. E. Nagel, Logic without metaphysics, Glencoe, Ill., 1956, Kap. 7.

22 Weil kein Funktionalist seine Theorie wirklich streng axiomatisch vorgelegt hat, kann ein Beweis, ob die drei Abstraktionen wirklich reifiziert oder nur postuliert werden, kaum gegeben werden. Merton

basiert natürlich nur auf Zitaten. Die meisten entstammen Malinowski, dessen Aussagen unterschiedlich und sorglos genug sind, um als Belege für eine ganze Reihe von Irrtümern zu dienen. Im Falle Radcliffe-Brown scheint eine Aussage, die nur »einen Grad an Harmonie oder Konsistenz« annimmt, als Beweis für die Ausführungen Mertons zu dienen, in denen er eine »vollständige funktionale Einheit« unterstellt. In gleicher Weise wird C. Kluckhohn zitiert, als ob er für alle Kulturformen einen funktionalen Überlebenswert postuliere (Merton, op. cit., S. 30–31). Merton aber bezieht sich nicht auf bestimmte Passagen desselben Buchs (Navajo witchcraft, Cambridge 1944, S. 68), wo Kluckhohn die Kosten und disruptiven Konsequenzen von Hexerei diskutiert.

23 Merton, op. cit., p. 33.

24 Wenn Gesellschaften gefunden werden könnten, die dieses Element nicht besitzen, gäbe es keinen Grund für die Annahme, daß es für Gesellschaften generell unabdingbar sein müßte.

25 Wenn Merton die Idee der »funktionalen Äquivalente« einführt, nennt er sie nicht »postulat«, sondern nur einfach »concept«, op. cit., S. 34, 36. Kann man die Ideen der »funktionalen Einheit« und »funktionalen Notwendigkeit« auch »concept« nennen?

26 Merton, op. cit., S. 25.

27 vgl. Durkheim, Rules of sociological method, loc. cit., S. 95.

28 V. Pareto, Mind and Society, New York 1935, Vol. 1, Kap. 2; Vol. 4, Kap. 12.

29 vgl. The Structure of Social Action, New York 1937, Kap. 2–3.

30 Bredemeier, op. cit., S. 173, 175. Das ist die utilitaristische Position.

31 Gregg und Williams, op. cit., lehnen den Funktionalismus ab, weil er keine klare Trennung zwischen Gut und Böse vornehme. Sie meinen: »die kulturelle Dichotomie, die der Funktionalismus erfordert, müßte schon zu Beginn unterscheiden zwischen guten und schlechten Zielen, zwischen wirkungslosen und wirkungsvollen Institutionen«. (S. 608) Vgl. A. L. Kroebers interessanten Kommentar zu dem Artikel »An Authoritarian Panacea«, op. cit., S. 318–320.

32 Merton, op. cit., S. 38–46.

33 Merton, op. cit., S. 44 (Hervorhebungen im Original).

34 Einige Beispiele: M. Levys Analyse institutioneller Faktoren in der ökonomischen Entwicklung Chinas und Japans; Mertons Studien über die Entstehung der Naturwissenschaften; W. E. Moores Untersuchung über Arbeit und Industrialisierung; Bellahs Untersuchung über Religion und Wandel in Japan; B. Rayans historische Kapitel über das Kastensystem auf Ceylon; G. und M. Wilsons Theorie des sozialen Wandels in Zentralafrika usw.

35 Ich sehe keine grundsätzliche Unterscheidung in Theorie und Methode in der Analyse der Ideologie und Industrialisierung von R. Bendix, der den Funktionalismus ablehnt, und der Untersuchung von Puritanismus und Naturwissenschaft von Merton oder der Familien- und Industrialisierungsstudie von Levy. Noch könnte ich sagen, ob man die Arbeiten über sozialen Wandel von Linton, Spicer, Redfield, Mead, Bales, Becker, Cottrel, Loomis und Selznick nun als »funktionalistisch« bezeichnen sollte oder nicht.

36 Evans-Pritchard, op. cit., S. 49.
37 The social System, Glencoe, Ill., 1951, S. 19–20.
38 Nagel, op. cit., S. 247.
39 In dem Buch The Andaman Islanders, Cambridge 1922, versucht Radcliffe-Brown als erster »eine neue Methode der Interpretation von Institutionen eines primitiven Volkes zu entwickeln«. Obwohl das Buch erst 1922 erschien, hatte er es doch schon 1910 geschrieben, und er meint nun, daß diese neue Methode »nunmehr nicht mehr so neuartig erscheinen wird, wie sie damals erschien« (S. xi). In diesem Buch beschäftigte er sich nicht mit psychologischen Fragen, vielmehr begründet er seine methodologische Annahmen derart, daß physiologische Ansätze keinen Platz mehr haben – indem er auf der Wichtigkeit von »Bedeutung« (Meaning) bei der Analyse von Institutionen besteht (S. 229–235). Sein Artikel »On the concept of function in social life« erschien erst 1935, in dem er von der »Analogie zwischen sozialem und organischem Leben« sprach. American Anthropologist, 37, 1935, S. 395–402.
40 Comtes Gesellschaftsbegriff umfaßt beinahe alles, Spencers Soziologiebegriff umschloß die restlichen Sozialwissenschaften, und für Ward umfaßte er alle Wahrheiten.
41 Soziale Phänomene sind mit Hilfe aller denkbaren Begriffe ›erklärt‹ worden, nur nicht mit soziologischen. Es gibt organische, psychologische, klimatische, Rassen-, ökologische und demographische Theorien im Überfluß. Nach zwei Dritteln seines Artikels über ›Soziologie‹ für die Encyclopedia of the Social Sciences, meint McIver: »Die bisher diskutierten Schulen zeichnen sich dadurch aus, daß sie für soziale Phänomene die spezifischen Begriffe oder Methoden anderer Wissenschaften anwenden«, Vol. 14, S. 232–247.
42 Berichte über die ›Theorien‹ von Soziologen des 19. Jahrhunderts sind zumeist Berichte darüber, was sie ›verteidigten‹. »Spencer war sein ganzes Leben darauf aus, eine Doktrin darüber zu formulieren, was der Staat nicht tun sollte, daß er es versäumte, irgendeine halbwegs kohärente Theorie des Staats zu entwickeln«, H. E. Barnes: Introduction to the history of sociology, Chicago 1948, S. 128. Comtes Religion des Positivismus geriet seiner wissenschaftlichen Soziologie fortwährend in den Weg. Le Play war in der Hauptsache ein Reformer, der »die Prinzipien der christlichen Moral, der Pflicht und des Gehorsams gegenüber der Autorität als Basis einer gesunden Wirtschaft und sozialen Organisation vertrat«, G. Salomon: Le Play, Encyclopedia of the Social Sciences, Vol. 9, S. 412.
43 F. Boas Artikel ›Anthropology‹, Encyclopedia of the Social Sciences, Vol. 2, S. 73–110, vereinnahmt für dieses Feld in der Tat das gesamte menschliche Wissen.
44 1931 bemerkte der Philosoph H. Kallen, op. cit., einen Trend zum Funktionalismus in der Architektur, im Recht, in der Psychologie usw. und fügt hinzu, daß »Malinowski in gleicher Weise einen vollkommenen Funktionalismus in der Anthropologie anstrebt«. Allerdings sind einige der Mittel, mit denen es Malinowski gelang, zum Führer der funktionalistischen Bewegung zu werden, sehr fragwürdig. In seinen Schriften, die viele ihrer Ideen Durkheim und dessen Schülern ver-

danken, werden diese Vorläufer ignoriert oder falsch interpretiert. Sein langer Artikel über ›Kultur‹ in der Encyclopedia of the Social Sciences, wo er am zusammenhängendsten für den Funktionalismus argumentierte, enthält nur eine Karikatur von Durkheim und übergeht Radcliffe-Brown völlig. Malinowskis Äußerungen sind oft derart extrem und sorglos, daß seine Kritiker ihn dankbar als den Hauptvertreter des Funktionalismus akzeptierten. Immer wenn sie ein Zitat benötigten, um einen der Fehler des Funktionalismus zu belegen, konnten sie gewöhnlich eines in Malinowskis Schriften finden.

45 Die fundamentale Neuerung des Funktionalismus, sagt Meyer Fortes, »war das Prinzip der ›intensiven Untersuchung begrenzter Gebiete‹ ..., die Untersuchung und Analyse einer lebenden Gemeinschaft in ihrem ursprünglichen Habitat, mit Bezug auf das gesamte soziale Leben«. Social Anthropology at Cambridge Since 1900: An Inaugural Lecture, Cambridge 1953, S. 16–17.

46 Diese Interpretation des Mangels an kritischem Interesse gegenüber der eigenen Methode unterscheidet sich von der, die durch Firth gegeben wird. Er schreibt das mangelnde Interesse an methodologischer Kritik der Tatsache zu, »daß vieles, was das ›funktionalistische Denken‹ auszeichnet, unter der Hand in den allgemeinen Sprachgebrauch übergegangen ist, ohne daß man es bemerkt hat«, op. cit., S. 245–247. Jedoch zeigt sein Hinweis darauf, wie inkonsistent und locker der Gebrauch des Funktionsbegriffs in der zeitgenössischen Anthropologie ist, daß noch weitere Faktoren im Spiel sein müssen. Einer dieser Zusatzfaktoren liegt in meinen Augen in der Konzentration anthropologischer Forschung auf unsystematische Fallstudien in einfachen Gemeinden oder lokalen Gesellschaften. Auf dieser oberflächlichen Ebene ist es leicht, Funktionalismus »anzuwenden«, aber wenn das alles ist, was getan werden kann, dann wird dies kaum eine theoretische oder methodologische Herausforderung darstellen. Seine Popularität verdankt der Funktionalismus zu großen Teilen der leichten Verwendbarkeit soziologischer Analyse auf der Ebene einfacher lokaler Gesellschaften. Diese Gesellschaften sind klein und oftmals isoliert und können entsprechend leicht als Totalitäten ›gesehen‹ werden. Da sie nur wenig Spezialisierung besitzen, kann die gegenseitige Verwobenheit der Gesellschaftsteile leicht untersucht werden. Da primitive Gesellschaften darüber hinaus in enger Verbundenheit und Abhängigkeit mit der Natur leben, ist man leicht geneigt, sie vom Standpunkt gesellschaftlichen Überlebens zu betrachten. Da sie klein, isoliert und relativ undifferenziert sind, weisen sie entsprechend traditionellere Muster auf als fortgeschrittene Gesellschaften und manifestieren deshalb in erstaunlicher Weise die Abhängigkeit individuellen Verhaltens von der Gruppe, der Realität der Gesellschaft. Und endlich, da solche Ursprungsgesellschaften sich von der unsrigen erheblich unterscheiden, können die Werte und Ziele der Mitglieder dieser Gesellschaften als Teil dessen betrachtet werden, was es zu erklären gilt, und nicht als Basis jeder Erklärung. Und entsprechend kann die Unterscheidung zwischen manifesten und latenten Funktionen deutlicher gezogen werden. Dadurch auch kann sich der Ethnograph einer Widerlegung seiner Interpretationen leichter entziehen. Andere

Wissenschaftler, die die untersuchte Gesellschaft nicht kennen, können ihn kaum kontrollieren.

47 Zu behaupten, daß der Funktionalismus falsch sei, weil er Integration annehme, wohingegen der Marxismus recht habe, weil er Konflikt annehme, übersieht, daß beide als wissenschaftliche Theorien falsch sind, insofern, als beide den Fehler einer ›misplaced concreteness‹ begehen.

48 Er fährt fort: »Als er seine Doktrin ›Funktionalismus‹ nannte, schien Malinowski betonen zu wollen, daß sie das Produkt eines Geistes war wie eine philosophische Doktrin, nicht wie wissenschaftliche Theorien das Ergebnis kooperativen Nachdenkens von unterschiedlichen Generationen von Wissenschaftlern. Könnte man einer Konfusion nicht dadurch begegnen, daß man sie in ›Malinowskianismus‹ umtaufte?« Functionalism: A Protest, American Anthropologist, 51, 1949, S. 320 bis 323.

R. K. Merton, Funktionale Analyse

1 Max Weber, Wirtschaft und Gesellschaft, Tübingen 1956, 4. Aufl., S. 80.

2 P. Sargent Florence, Statistical Method in Economics, New York 1929, S. 357–358.

3 So Alexander Lesser: »Was ist der logische Kern einer funktionalen Beziehung? Ist sie von funktionalen Beziehungen in anderen Wissenschaftsbereichen irgendwie verschieden? Ich meine nicht. Eine echte funktionale Beziehung besteht zwischen zwei oder mehr Termini oder Variablen dann, wenn ausgesagt werden kann, daß unter genau bestimmten Bedingungen (die einen Term in der Beziehung bilden) bestimmte festgelegte Auswirkungen dieser Bedingungen (die den anderen Term der Beziehung bilden) beobachtet werden. Die einem abgegrenzten Aspekt der Kultur zugeschriebene funktionale Beziehung (oder Beziehungen) muß Wesen und Eigenart des abgegrenzten Aspektes unter bestimmten Bedingungen erklären können.« »Functionalism in Social Anthropology«, American Anthropologist, XXXVII, 1935, S. 392.

4 Vgl. beispielsweise Ludwig von Bertalanffy, Modern Theories of Development, New York 1933, S. 9 ff., S. 184 ff.; W. M. Bayliss, Principles of General Physiology, London 1915, S. 706, wo er über seine Untersuchungen über die Funktionen der von Starling und ihm entdeckten Hormone berichtet; W. B. Cannon, Bodily Changes in Pain, Hunger, Fear, and Rage, New York 1929, S. 222, der die »Notstandsfunktionen des sympathiekotonen Nervensystems« beschreibt.

5 Lowie unterscheidet zwischen dem »reinen Funktionalismus« eines Malinowski und dem »gemäßigten Funktionalismus« eines Thurnwald. So vernünftig diese Unterscheidung sein mag, wird sie sich bald als für unseren Zweck irrelevant herausstellen. R. H. Lowie, The History of Ethnological Theory, New York 1937, 13. Kapitel.

6 A. R. Radcliffe-Brown, »On the Concept of Function in Social Science«, American Anthropologist, XXXVII, 1935, S. 395–396. Man ver-

gleiche auch seine Ansprache anläßlich seiner Wahl zum Präsidenten des Royal Anthropological Institute, in der er sagt: »... Ich würde die soziale Funktion einer sozial standardisierten Tätigkeits- oder Denkweise in ihrer Beziehung zu der Sozialstruktur sehen, zu deren Existenz und Fortbestand sie etwas beiträgt. Analog dazu liegt in einem Organismus die physiologische Funktion des Herzschlags oder der Sekretion der Magensäfte in deren Beziehung zur organischen Struktur ...« »On Social Structure«, The Journal of the Royal Anthropological Institute of Great Britain and Ireland, LXX, 1940, Teil I, S. 9–10.

7 B. Malinowski, »Anthropology«, Encyclopaedia Britannica, Erster Ergänzungsband, London und New York 1926, S. 132–133 (Hervorhebung durch Merton).

8 Clyde Kluckhohn, Navaho Witchcraft (»Papers of the Peabody Museum of American Archaeology and Ethnology, Harvard University«, XXII, Nr. 2, 47 a), Cambridge, Mass., 1944.

9 Edwin H. Sutherland, Principles of Criminology, 3. Aufl., Philadelphia 1939, S. 349–350.

10 Willard Waller, The Family, New York 1938, S. 26.

11 Diese zwei Beispiele für die Verwechslung von Motiv und Funktion entstammen einem leicht zugänglichen Speicher vielfältigen ähnlichen Materials. Selbt Radcliffe-Brown, der gewöhnlich diesen Fehler vermeidet, unterläßt gelegentlich diese Unterscheidung. Zum Beispiel: »... der Austausch von Geschenken diente nicht dem gleichen Zweck wie Handel und Tausch in höher entwickelten Gemeinschaften. Sein Zweck war moralischer Natur. Das Ziel des Austausches bestand darin, zwischen zwei in Beziehung stehenden Personen ein Gefühl der Freundschaft zu erzeugen; leistete er dies nicht, so verfehlte er seinen Zweck.« Wird das »Ziel« der Transaktion hier vom Standpunkt des Beobachters, des Beteiligten oder beider gesehen? Vergleiche A. R. Radcliffe-Brown, The Andaman Islanders, Glencoe, Ill., 1948, S. 84 (Hervorhebung durch Merton).

12 Radcliffe-Brown, »On the Concept of Function«, o. a., S. 397 (kursiv von Merton).

13 Siehe Malinowski, »Anthropology«, o. a., S. 132, und »The Group and the Individual in Functional Analysis«, American Journal of Sociology, XLIV (1939), S. 938–964, insbes. S. 939.

14 Malinowski, »Anthropology«, o. a., S. 135. Wir sehen, daß jede Institution einerseits zum integrierenden Wirken der *Gemeinschaft als Ganzer* beiträgt, aber auch die fundamentalen und abgeleiteten Bedürfnisse des Individuums befriedigt ... *Jedes einzelne Mitglied* kommt in den Genuß jeder der soeben aufgezählten Vergünstigungen.« (Hervorhebung durch Merton.)

15 Kluckhohn, Navaho Witchcraft, 46 b (Hervorhebung durch Merton).

16 Es ist das Verdienst von Sorokins früher Übersicht über Theorien der sozialen Integration, daß er diese wichtige Tatsache nicht aus dem Auge verlor. Siehe P. A. Sorokin, »Forms and Problems of Culture-Integration«, Rural Sociology, I (1936), S. 121–141; S. 344–374.

17 G. H. Parker, The Elementary Nervous System, zitiert bei W. C. Allee, Animal Aggregation, Chicago 1931, S. 81–82.

18 Gregory Bateson, Naven, Cambridge (England) 1936, S. 31–32.

19 Kingsley Davis und Wilbert E. Moore, »Some Principles of Stratification«, American Sociological Review, X (1945), S. 242–249, insbes. S. 244 und 246 (kursiv von Merton).

20 Malinowski, »Anthropology«, o. a., S. 132 (Die Kursivschreibung, die in unserem Zitat erfolgt, ist angesichts der kraftvollen Sprache des Originals vielleicht überflüssig; R. K. Merton.)

21 Kluckhohn, Navaho Witchcraft, S. 46 (kursiv von Merton).

22 o. a., S. 47.

23 W. H. R. Rivers, »Survival in Sociology«, The Sociological Review, VI (1913), S. 293–305. Siehe auch E. B. Tylor, Primitive Culture, New York 1874, bes. Bd. I, S. 70–159; ein neuerer Überblick über dieses Thema findet sich bei Lowie, The History of Ethnological Theory, S. 44 ff., S. 81 f. Für eine verständnisvolle und maßvolle Darstellung des Problems vergleiche Emile Durkheim, Die Regeln der soziologischen Methode, Neuwied 1961, 5. Kapitel, bes. S. 176 ff.

24 Malinowski, »Anthropology«, o. a., S. 132 (kursiv von Merton).

25 Kingsley Davis und Wilbert E. Moore, o. a., S. 244, S. 246. Vergleiche die neuere, zusammenfassende Darstellung des Themas von Davis in seiner Einleitung zu W. J. Goode, Religion Among the Primitives, Glencoe, Ill., 1951, sowie die instruktive funktionale Deutung der Religion in dieser Veröffentlichung.

26 o. a., S. 244 f. (kursiv von Merton).

27 Talcott Parsons, Essays in Sociological Theory, Pure and Applied, Glencoe, Ill., 1949, S. 58.

28 Malinowski, »Anthropology«, o. a., S. 136 (kursiv von Merton).

29 Horace B. English, »Symbolic versus Functional Equivalents in the Neuroses of Deprivation«, Journal of Abnormal and Social Psychology, XXXII, 1937, S. 392–394.

30 K. S. Lashley, »Basic Neural Mechanisms in Behavior«, Psychological Review, XXXVII (1930), S. 1–24.

31 F. L. Wells, »Social Maladjustments: Adaptive Regression«, in: Handbook of Social Psychology, Hg. Carl A. Murchison, Clark University Press, 1935, S. 880. Wells' Beobachtung ist keineswegs überholt. Noch in den dreißiger Jahren wurden die Pocken in Bundesländern wie Idaho, Wyoming und Montana keineswegs »aus dem Haus gehalten«; diese Staaten kannten keine Gesetze über Pflichtimpfung und konnten in einem Zeitraum von fünf Jahren mit 4300 Pockenfällen aufwarten, während gleichzeitig die stärker bevölkerten Bundesländer Massachusetts, Pennsylvania und Rhode Island, die die gesetzliche Pflichtimpfung eingeführt hatten, keinen einzigen Pockenfall melden konnten. Über die Unzulänglichkeiten des »gesunden Menschenverstandes« in solchen Fällen siehe Hugh Cabot, The Patients' Dilemma, New York, Reynal & Hitchcock, 1940, S. 166–167.

32 Es sollte vielleicht festgehalten werden, daß diese Aussage in voller Würdigung von Malinowskis Beobachtung erfolgt, daß die Trobriander ihre magischen Glaubensweisen und Praktiken keineswegs als Ersatz für die Anwendung rationaler Techniken verwendeten. Nun muß allerdings noch festgestellt werden, inwieweit die technische Entwicklung dadurch gehemmt oder verlangsamt wird, daß dieser Fortschritt in der Bewältigung eines gewissen »Ungewißheitsraumes« teilweise von

Magie abhängig ist. Dieser Unsicherheitsbereich ist wahrscheinlich nicht fest begrenzt, sondern ist davon abhängig, welche Techniken verfügbar sind. Rituale beispielsweise, die das Wetter beeinflussen sollen, können leicht die Energien von Menschen an sich fesseln, die sonst womöglich diesen »Ungewißheitsbereich« durch Bemühungen um den Fortschritt meteorologischer Kenntnisse reduzieren könnten. Jeder Fall muß gesondert beurteilt werden. Wir denken hier nur an die wachsende Tendenz unter Sozialanthropologen und Soziologen, sich auf die beobachteten Auswirkungen rational und empirisch unbegründeter Praktiken, auf die »Stimmung« zu beschränken und der Analyse von Alternativen vorzugreifen, die in einer bestimmten Situation greifbar wären, wenn nicht die Orientierung auf »das Transzendente« und »das Symbolische« die Aufmerksamkeit auf andere Dinge konzentrieren würde. Wir hoffen schließlich, daß unsere bisherigen Ausführungen nicht mit einer neuerlichen Verteidigung des zuweilen naiven Rationalismus der Aufklärung gleichgesetzt werden.

33 Auf die allgemeine Verbreitung einer funktionalistischen Betrachtungsweise wurde wiederholt hingewiesen. So schreibt Niemeyer: »Die Tatsache, daß in allen Denkbereichen die gleiche Tendenz festzustellen ist, beweist, daß heute eine allgemeine Neigung dahin besteht, die Welt eher in Vorstellungen und Begriffen des wechselseitigen Funktionierens zu begreifen als im Hinblick auf getrennte substanzhafte Einheiten. Albert Einstein in der Physik, Claude Bernard in der Physiologie, Alexis Carrel in der Biologie, Frank Lloyd Wright in der Architektur, A. N. Whitehead in der Philosophie, W. Koehler in der Psychologie, Theodor Litt in der Soziologie, Hermann Heller in den politischen Wissenschaften, B. Cardozo in der Jurisprudenz: diese Männer vertreten verschiedene Kulturen, verschiedene Länder, verschiedene Aspekte des menschlichen Lebens und Geistes – und doch gehen sie alle ihr Problem mit einer Vorstellung von ›Realität‹ an, die ein Verständnis der Erscheinungen nicht in materieller Substanz, sondern in funktionaler Interaktion sucht.« G. Niemeyer, Law Without Force, Princeton, N. J., 1941, S. 300. Diese buntgemischte Gesellschaft deutet wieder einmal darauf hin, daß Übereinstimmung in der funktionalen Betrachtungsweise keineswegs mit Identität der politischen oder sozialen Philosophie gleichgesetzt werden muß.

34 Die Literatur über die Tendenz zum Funktionalismus ist fast ebenso reichhaltig und beträchtlich weiter gestreut als die Literatur in den verschiedenen wissenschaftlichen Disziplinen, die diese Tendenz unter Beweis stellt. Räumliche Beschränkung und die Konzentration auf das unmittelbar Wesentliche erlauben uns nur Hinweise auf eine begrenzte Zahl von Beispielen, die hier als Ersatz für eine ausgedehnte Übersicht und Diskussion dieser parallelen Entwicklungen des wissenschaftlichen Denkens dienen müssen.

In der Biologie stammt ein allgemeines, heute schon klassisches Quellenwerk von J. H. Woodger, Biological Principles: A Critical Study, New York 1929, bes. S. 327 ff. Als ergänzende Unterlagen seien zumindest folgende Titel genannt: L. Bertalanffy, Modern Theories of Development, o. a., besonders S. 1–46, S. 64 ff., S. 179 ff.; E. S. Russel, The Interpretation of Development and Heredity: A Study in Bio-

logical Method, Oxford 1930, besonders S. 166–280. Vorläufer dieser Diskussionen finden sich in den sonst weniger informativen Schriften von W. E. Ritter, E. B. Wilson, E. Ungerer, J. Schaxel, J. von Uexküll u. a. Auch die Artikel von J. Needham – z. B. »Thought on the Problem of Biological Organization«, Scientia, August 1932, S. 84–92 – können mit Nutzen herangezogen werden.
In der Physiologie wären die Schriften von C. S. Sherrington, W. B. Cannon, G. E. Coghill, Joseph Barcroft, besonders die folgenden zu berücksichtigen: C. S. Sherrington, The Integrative Action of the Nervous System, New Haven 1923; W. B. Cannon, Bodily Changes in Pain, Hunger, Fear, and Rage, 12. Kapitel, sowie The Wisdom of the Body, New York 1932, von dem unglücklichen Epilog über »Soziale Homöostase« abgesehen; G. E. Coghill, Anatomy and the Problem of Behavior, Cambridge 1929; Joseph Barcroft, Features in the Architecture of Physiological Function, Cambridge 1934.
In der Psychologie kommen praktisch sämtliche grundlegenden Beiträge zur dynamischen Psychologie in Frage. Von Freuds Konzeptionen darf man sagen, daß sie voller Funktionalismus sind, da die hauptsächlichen Begriffe ständig auf einen funktionalen (oder dysfunktionalen) Referenzrahmen bezogen sind. Eine abweichende Konzeption findet sich bei Harvey Carr, »Functionalism« in Psychologies of 1930, Hrsg. Carl Murchison, Clark University Press, 1930; als einen Artikel unter vielen, die im wesentlichen derartige Konzeptionen behandeln, siehe J. M. Fletcher, »Homeostasis as an Explanatory Principle in Psychology«, Psychological Review, XLIX (1942), S. 80–87. Eine Darstellung der Anwendung der funktionalen Betrachtungsweise auf die Persönlichkeit findet sich im 1. Kapitel, Personality in Nature, Society and Culture, Hrsg. Clyde Kluckhohn und Henry A. Murray, New York 1948, S. 3–32. Es ist weithin bekannt, in welchen wesentlichen Hinsichten die Lewinsche Schule funktionalistisch orientiert ist.
Zur Rechtswissenschaft vergleiche die kritische Untersuchung von Felix S. Cohen, »Transcendental Nonsense and the Functional Approach«, Columbia Law Review, XXXV (1935), S. 809–849, sowie die zahlreichen Hinweise mit Anmerkungen ebenda.
Zu Soziologie und Anthropologie vergleiche die kleine Stichprobe von Hinweisen in Social Theory . . ., o. a., 1. Kapitel. Der von Robert Redfield herausgegebene Band schlägt eine nützliche Brücke über die Kluft, die allzuhäufig die Biologie von den Sozialwissenschaften trennt: Levels of Integration in Biological and Social Systems, Biological Symposia, VIII (1943). Ein wichtiger Versuch, den begrifflichen Bezugsrahmen der funktionalen Analyse herauszuarbeiten, findet sich bei Talcott Parsons, The Social System, Glencoe, Ill., 1951.

35 Wie schon zuvor angedeutet, bleibt Cannons Epilog zu seinem »Wisdom of the Body« ein unerreichtes Beispiel für die unfruchtbaren Extreme, denen selbst ein hervorragender Kopf verfällt, sobald er auf inhaltliche Analogien und Homologien zwischen biologischen Organismen und sozialen Systemen aus ist. Man überlege beispielsweise seinen Vergleich zwischen der flüssigen Matrix des Körpers und den Kanälen, Flüssen und Schienenwegen, auf denen »die Erzeugnisse von Farm und Fabrik, von Bergwerk und Wald hin und her transportiert

werden«. In dieser Art von Analogien, wie sie früher schon in umfangreichen Bänden von Réne Worms, Schaeffle, Vincent, Small, Spencer u.a. entwickelt wurde, liegt nicht der eigentliche Wert von Cannons Schriften für den Soziologen.

36 Eine kurze Darstellung des Zweckes analytischer Paradigmata findet sich in dem Abschnitt über Paradigmata an anderer Stelle in Social Theory and Social Structure, o. a., S. 13–16.

37 Die Beziehungen zwischen »unvorhergesehenen Folgen« des Handelns und »latenten Funktionen« lassen sich eindeutig bestimmen, da sie im vorausgehenden Abschnitt des Paradigmas enthalten sind. Die unbeabsichtigten Folgen einer Handlung sind von dreifacher Art:
(1) Folgen, die für ein ausgewähltes System funktional sind; diese umfassen die latenten Funktionen;
(2) Folgen, die für ein ausgewähltes System dysfunktional sind; diese umfassen die latenten Dysfunktionen; und
(3) Folgen, die für das System, das sie weder funktional noch dysfunktional berühren, irrelevant sind, d. h. die pragmatisch unwichtige Klasse nichtfunktionaler Folgen.
Für eine vorläufige Darstellung siehe R. K. Merton, »The Unanticipated Consequences of Purposive Social Action«, American Sociological Review, I (1936), S. 894–904; eine tabellarisierte Zusammenstellung dieser Typen von Folgen findet sich bei Goode, Religion Among the Primitives, o. a., S. 32–33.

38 R. K. Merton, »Discussion of Parsons' ›Position of Sociological Theory‹«, American Sociological Review, XIII (1949), S. 164–168.

39 Früher angeführte Zitate von Marx belegen diese Behauptung, doch handelt es sich dabei natürlich nur um einige wenige Stellen von vielen, an denen Marx praktisch die Bedeutung einer Berücksichtigung des strukturellen Kontextes hervorhebt. In Zur Kritik der Politischen Ökonomie (erstmals erschienen 1859, wieder abgedruckt in: Karl Marx – Friedrich Engels Werke, Hrsg. Institut für Marxismus–Leninismus beim ZK der SED Berlin: Dietz Verlag, 1961, Bd. XIII, S. 3–160), bemerkt er zum Beispiel: »Eine Gesellschaftsformation geht nie unter, bevor alle Produktivkräfte entwickelt sind, für die sie weit genug ist, und neue höhere Produktionsverhältnisse treten nie an die Stelle, bevor die materiellen Existenzbedingungen derselben im Schoß der alten Gesellschaft selbst ausgebrütet worden sind. Daher stellt sich die Menschheit immer nur Aufgaben, die sie lösen kann, denn genauer betrachtet wird sie stets finden, daß die Aufgabe selbst nur entspringt, wo die materiellen Bedingungen ihrer Lösung schon vorhanden oder wenigstens im Prozeß ihres Werdens begriffen sind« (Seite 9). Vielleicht der berühmteste seiner vielen Hinweise auf den zwingenden Einfluß einer gegebenen Sozialstruktur findet sich im zweiten Paragraphen [nach Merton; im deutschen Original im ersten Paragraphen. Hrsg.] von Der Achtzehnte Brumaire des Louis Napoleon: »Die Menschen machen ihre eigene Geschichte, aber sie machen sie nicht aus freien Stücken, nicht unter selbstgewählten, sondern unter unmittelbar vorgefundenen, gegebenen und überlieferten Umständen.« (Aus der Paraphrase des Originals, bei Marx, o. a., Bd. VIII, S. 115.) Soweit ich sehe, hat niemand die theoretischen Implikationen derartiger Aus-

sagen so klar gesehen wie A. D. Lindsay. Vgl. sein kleines Buch, Karl Marx's Capital: An Introductory Essay, Oxford 1931, bes. S. 27–52. Eine ganz andere Formulierung mit völlig verschiedenem ideologischem Gewicht, jedoch wesentlich gleichen theoretischen Implikationen findet man bei B. Malinowski: »Die Mittel zur Befriedigung eines bestimmten kulturellen Bedürfnisses sind gering, und die kulturelle Vorrichtung, die sich als Antwort auf das Bedürfnis ergibt, ist in engen Grenzen determiniert.« »Culture«, Encyclopaedia of Social Sciences, o. a., S. 126.

40 Inzwischen ist offensichtlich, daß wir die funktionale Analyse als Methode zur Interpretation soziologischer Daten ansehen. Das bedeutet nicht, daß wir die große Bedeutung der funktionalen Orientierung in einer anderen Hinsicht unterschätzen: daß sie den Soziologen zur Sammlung von Angaben anregt, die sonst vernachlässigt werden könnten. Vielleicht erübrigt sich die Wiederholung des Axioms, daß die Begriffe eines Forschers die Erhebung oder Vernachlässigung von Daten tatsächlich determinieren, daß trotz der ursprünglichen Wortbedeutung Daten nichts »Gegebenes«, sondern etwas mit der unvermeidlichen Hilfe von Begriffen »Gemachtes« sind. Beim Prozeß der Entwicklung einer funktionalen Interpretation wird der soziologische Analytiker sich stets noch nach anderen als den zu Beginn in Betracht gezogenen Daten umsehen müssen. Interpretation und Sammlung von Daten sind daher im Zusammenhang der Begriffe und der diese Begriffe verbindenden Sätze unauflöslich miteinander verbunden. Weiteres dazu findet sich im 2. Kapitel.

41 George P. Murdocks Arbeit über »Social Structure«, New York 1949, ist hinreichender Beweis dafür, daß Verfahrensweisen wie die in interkulturellen Erhebungen uns vielversprechende Aussichten für die Bewältigung bestimmter methodologischer Probleme der funktionalen Analyse bieten. Vgl. auch die Verfahrensweisen der funktionalen Analyse von George C. Homans und David M. Schneider in ihrer Studie »Marriage, Authority, and Final Causes«, Glencoe 1955.

42 Morris E. Opler, »An Outline of Chiricahua Apache Social Organization«, in: Social Anthropology of North American Tribes, Hrsg. Fred Eggan. Chicago, University of Chicago Press 1937, S. 173–239, bes. S. 226–230 (kursiv von Merton).

43 W. L. Warner, A Black Civilization – A Social Study of an Australian Tribe, New York 1937, S. 112–113.

44 Verschiedene Ansätze zu einer funktionalen Analyse des »Syndroms romantischer Liebe« finden sich bei Ralph Linton, Study of Man, New York 1936, S. 174–175; T. Parsons, »Age and Sex in the Social Structure of the United States«, American Sociological Review, VII (1942), S. 604–616, besonders S. 614–615; T. Parsons, »The Kinship System of the Contemporary United States«, American Anthropologist, XLV (1943), S. 22–48, besonders S. 31–32, S. 36–37, beide wiederabgedruckt in seinen Essays in Sociological Theory, o. a.; T. Parsons, »The Social Structure of the Family«, in: The Family: Its Functions and Destiny, Hrsg. Ruth N. Anshen, New York 1949, S. 173–201; R. K. Merton, »Intermarriage and the Social Structure«, Psychiatry, IV (1941), S. 361–374, besonders S. 367–368; und Isidor Thorner, »Sociological

Aspects of Affectional Frustration«, Psychiatry, VI (1943), S. 157–173, besonders S. 169–172.

45 Thorstein Veblen, The Theory of the Leisure Class, New York 1928, besonders 2. bis 4. Kapitel.

46 Romanzo Adams, Interracial Marriage in Hawaii, besonders S. 197 bis 204; Merton, »Intermarriage ...«, besonders S. 368–369; K. Davis, »Intermarriage in Caste Societies«, American Anthropologist, XLIII (1941), S. 376–395.

47 Vgl. Merton, »Intermarriage ...«, o. a.; Characteristics of the American Negro, Hrsg. Otto Klineberg, New York 1943.

48 Die Wiederentdeckung der Primärgruppe durch die in soziologischen Industrieuntersuchungen tätigen Forscher lieferte einen Hauptanreiz für das funktionale Verfahren der jüngsten soziologischen Forschung. Wir beziehen uns hier u. a. auf die Arbeiten von Elton Mayo, Roethlisberger und Dickson, William Whyte und Burleigh Gardner. Es verbleiben natürlich die interessanten Differenzen der Interpretation, der diese Angaben unterworfen werden können.

T. B. Bottomore, Soziologische Theorie und sozialer Konflikt

1 L. A. Coser, The Funtions of Social Conflict, Glencoe 1956.

2 A. Buchan, War in Modern Society: An Introduction, London 1966, S. XII.

3 Vgl. G. Simmel, Der Streit, Kapitel 4 seiner »Soziologie«, Leipzig 1908. Rückübersetzt aus K. H. Wolff (ed.), Conflict, Glencoe 1955.

4 Man kann das auf alle Arten sozialer Gruppen generalisieren und dann von internem und externem, Intra- und Intergruppenkonflikt sprechen. Das letztere Begriffspaar stammt von L. A. Coser.

5 G. Simmel nach K. H. Wolff, o. a., S. 29.

6 P. Sorokin, Social and Cultural Dynamics, Cincinnati 1937.

7 Q. Wright, A Study of War, Chicago 1942, ^{2}1965.

8 L. F. Richardson, Statistics of Deadly Quarrals, Pittsburgh 1960.

9 K. G. J. C. Knowles, Strikes: A Study of Industrial Conflict, New York 1952.

10 C. Kerr – A. Siegel, The Interindustry Propensity to Strike: An International Comparison, in: A. Kornhauser – R. Dubin – A. M. Ross, Industrial Conflict, New York 1954, S. 189–212.

11 A. M. Ross – P. T. Hartman, Changing Patterns of Industrial Conflict, New York 1960.

12 Freuds Brief wurde ursprünglich 1933 durch The League of Nations International Institute of Intellectual Cooperation veröffentlicht. Er ist abgedruckt in S. Freud, Collected Papers, Vol. 5, New York 1959, auch in L. Bramson – G. W. Goethals (eds), War: Studies from Psychology, Sociology, Anthropology, New York 1964. Dieses Buch vereint sehr nützlich die wichtigsten Schriften von Tocqueville, W. James, Summer, Park, Spencer, Malinowski, Freud, Aron u. a. über den Krieg.

13 S. L. Washburn, Conflict in Primate Society, in: A. de Reuck – J. Knight (eds), Conflict in Society, London 1966, S. 11 f.

14 K. Lorenz, On Aggression, New York 1966, dt. Das sogenannte Böse, Wien 1963.

15 T. B. Bottomore, Classes in Modern Society, New York 1966, London 1965. Das Argument selbst folgt Simmels Analyse über die Effekte externer Konflikte aus die interne Kohäsion einer sozialen Gruppe.

16 R. Dahrendorf, Class and Class Conflict in Industrial Societies, Stanford 1959, S. 268.

17 Das hat schon Simmel beobachtet und wurde von Coser ausgearbeitet: Daß Konflikte über Kreuz ein Auseinanderfallen sozialer Gruppen entlang einer Konfliktlinie verhindern.

18 »... die Verteilung von Herrschaft in Organisationen stellt die wichtigste Ursache der Ausbildung von Gruppenkonflikten dar«, Dahrendorf, o. a., S. 172.

19 L. A. Coser, o. a., J. A. A. van Doorn, Conflict in Formal Organizations, in: A. de Reuck – J. Knight (eds), o. a., S. 111–132.

20 L. A. Coser, o. a., S. 151.

21 R. Dahrendorf, Über einige Probleme der soziologischen Theorie der Revolution, European Journal of Sociology, Vol. 2, 1961; H. Arendt, On Revolution, New York 1963; C. J. Friedrich (ed.), Revolution, Nomos, Vol. 8, 1967.

22 G. Simmel nach K. H. Wolff (ed.), o. a., S. 33.

23 G. Simmel, o. a., S. 63 f.

24 Vgl. dazu M. Gluckman, Custom and Conflict in Africa, Oxford 1955, New York 1964, und darauf aufbauend ders.: Politics, Law and Ritual in Tribal Societies, Chicago 1965.

25 R. Aron, Peace and War. A Theory of International Relations, New York 1966, fr. Paix et Guerre entre les nations, Paris 1962.

26 L. F. Richardson, Arms and Insecurity, Pittsburgh 1960.

27 Die Zweifel betreffen die Folgen schnellen technologischen Wandels und der Verbreitung nuklearer Waffen.

28 H. Kahn, On Thermonuclear War, Princeton 1960.

29 R. Aron, o. a., Schlußbetrachtung.

30 A. Rapoport, Fights, Games, and Debates, Ann Arbor 1960.

31 A. Rapoport, Models of Conflict: Cataclysmic and Strategic, in: A. de Reuck – J. Knight, o. a., S. 259–287.

32 A. Rapoport, o. a., S. 277.

33 Es gibt allerdings einige Ausnahmen. Der satirische Report from Iron Mountain, hrg. von L. Lewin, New York 1967, meint, daß in einigen »think-tanks« und anderen Zirkeln in den Vereinigten Staaten eher Sorgen vorhanden seien über die Schrecken des Friedens, d. h. über die Schwierigkeiten, für das, was man für die vitalen Funktionen des Kriegs im ökonomischen, politischen, sozialen, demographischen und kulturellen Bereich hält, adäquate Alternativen zu finden.

34 Das mißlungene »Projekt Camalot« zeigt einige dieser Punkte sehr deutlich, und seine Implikationen sind klar gesehen worden von I. L. Horovitz: The Life and Death of Project Camalot, Trans-actions, Vol. 3, 1965, und R. Dahrendorf, Essays in the Theory of Society, Stanford 1968, Kapitel 10. Es würde vielleicht einen kritischen Aspekt dieses Projekts erhellen, wenn es ein anderes gäbe, das angenommenerweise von der kubanischen Regierung unterstützt und finanziert

würde, und das mit Sympathie und der Intention, ihre Bemühungen zu unterstützen, die Negerrevolten in den amerikanischen Städten untersuchen würde.

E. *Goffmann, Rollenkonzepte und Rollendistanz*

1 In erster Linie Ralph Linton, The Study of Man, New York 1936, bes. Kap. 8.

2. R. K. Merton, The Role Set: Problems in Sociological Theory, British Journal of Sociolgy 8 (1957), S. 106–120. Vermutlich wird man einen Begriff finden müssen, um sich auf das Komplement von Individuen innerhalb *eines* Elements im Rollensatz beziehen zu können, so daß wir die Tatsache diskutieren können, daß es für einige Rollenpartner – wie z. B. die Ehefrau – nur einen Rollenträger, für andere Rollenpartner – wie z. B. die Patienten – viele Rollenträger gibt.

3 Neal Gross, Ward Mason, Alexander McEachern, Explorations in Role Analysis, New York 1958, bes. S. 62. In diesem Buch findet sich eine sehr brauchbare Abhandlung über die Rolle. Siehe auch den Aufsatz von F. L. Bates, Position, Role and Status – A Reformulation of Concepts, Social Forces 34 (1956), S. 313–321.

4 Linton, o. a., S. 113.

5 Siehe Orville Brim, Socialization as Role Learning (unveröffentl. Ms.).

6 E. C. Hughes, Dilemmas and Contradictions of Status, American Journal of Sociology 50 (1945), S. 353–359.

7 M. Levy jr., The Structure of Society, Princeton 1952, S. 76–79. Manchmal scheint es die Hoffnung der sogenannten funktionalen Analyse zu sein, die gesamte Rollenanalyse in eine Rollen-Funktionsanalyse umzuwandeln.

8 R. K. Merton, Social Theory and Social Structure, Glencoe 1957, S. 19–84, bes. S. 51.

9 Dieser letzte Punkt beruht auf einer Feststellung in Philip Selznick, TVA and the Grass Roots, Berkeley 1953, S. 255–259. Allgemeines zu dem Begriff ›Verpflichtung‹ findet man bei Howard S. Becker, Notes on the Concept of Committment, American Journal of Sociology 66 (1960), S. 32–40.

10 Während es, strenggenommen, möglich ist, daß ein Individuum an eine Position gebunden wird (wie etwa, wenn eine Königin von dem allgemeinen Wert der Monarchie überzeugt wird), bedeutet, einer Position verhaftet zu sein, gewöhnlich das Verhaftetsein mit der persönlichen Inhaberschaft der Position.

11 Siehe zum Beispiel Werner Sombart, The Jews and Modern Capitalism, Glencoe 1951, Kap. 7: »Das Wachstum eines kapitalistischen Standpunkts im Wirtschaftsleben.«

12 K. T. Erikson schlägt in einer interessanten Arbeit, Patient Role and Social Incertainty – A Dilemma of the Mental Ill, Psychiatry 10 (1957), S. 263–274, ein anderes Begriffspaar vor, »Verpflichtung soll sich auf den Vorgang beziehen, durch den sich ein Individuum eine Rolle zu Herzen nimmt, während »Gültigkeitserklärung« (validation) sich auf den Vorgang bezieht, durch den die Gemeinschaft einem

Individuum eine gegebene Rolle zubilligt und sein Recht bestätigt, diese Rolle auszuüben.

13 Siehe z. B. S. R. Perry – L. C. Wynne, Role Conflict, Role-Redefinition and Social Change in a Clinic Research Organization, Social Forces 38 (1959), S. 62–65.

14 Eine sehr brauchbare Behandlung dieser Problematik ist bei Gross, o. a., S. 56 f., zu finden.

15 Hier wie auch an anderen Stellen bin ich Gregory Stone zu Dank verpflichtet.

16 Eine etwas andere und differenziertere Analyse ist bei G. P. Stone, Clothing and Social Relations. A Study of Appearance in the Kontext of Community Life, 1959 (unveröffentl. Arbeit).

17 J. P. Spiegel, The Social Role of Doctor and Patient. Psychoanalysis and Psychotherapy, Pschiatry 17 (1954), S. 372 f.

18 Ebda., S. 373.

19 Isaac Rosenfeld, Coney Island Revisited, in: Modern Writing, Hrsg. v. William Phillips und Philip Rahv, New York 1953, S. 219.

20 Einige ausgezeichnete Beispiele dazu sind enthalten in: Tom Burns, Friends, Enemies, and the Polite Fiction, American Sociological Review 18 (1953), S. 654–662, eine Arbeit, der ich viel zu verdanken habe. Ein gutes Beispiel aus dem Leben in der Armee in Verbindung mit den unbedeutenden Einsprüchen eines Captains gegen die Befehle seines Colonels ist in William Styrons Geschichte, The Long March, New York 1952, zu finden.

D. Wrong, Das Theorem der Übersozialisation in der modernen Soziologie

1 T. Parsons, The Structure of Social Action, New York 1937, S. 89 ff.

2 L. A. Coser, The Functions of Social Conflict, Glencoe 1956, S. 21; C. W. Mills, The Sociological Imagination, New York 1959, S. 44.

3 R. G. Collingwood, The New Leviathan, Oxford 1942, S. 183.

4 R. G. Collingwood, o. a., S. 181 f.

5 Mills, o. a., S. 32 f., 42

6 Parsons, o. a., S. 378–390.

7 Parsons, o. a., S. 382.

8 A. Cardiner, The Individual and His Society, New York 1939, S. 72 bis 75.

9 Mills, o. a., S. 39–41; R. Dahrendorf, Class and Class Conflict in Industrial Society, Berkeley 1961, S. 157–165.

10 S. Freud, Das Unbehagen in der Kultur, Frankfurt 1965, S. 112.

11 R. Linton, The Cultural Background of Personality, New York 1945, S. 91.

12 H. L. Zetterberg, Compliant Action, Acta Sociologica 1957, S. 189.

13 H. L. Zetterberg, o. a., S. 188.

14 H. L. Zetterberg, o. a., S. 189.

15 R. Dahrendorf, o. a., S. 158.

16 R. K. Merton, Social Theory and Social Structure, Glencoe 1957, S. 131.

17 J. Dollard, Criteria for the Life History, New Haven 1935, S. 120.
18 W. La Berre, The Human Animal, Chicago 1954, bes. die Kap. 4–6.
19 H. Marcuse, Eros and Civilization, Boston 1955; N. O. Brown, Life against Death, New York 1960.
20 N. O. Brown, o. a., S. 3–19.
21 A. Inkeles, Personality and Social Structure, in: R. K. Merton et al., Sociology Today, New York 1959, S. 250.

F. Neidhardt, Strukturbedingungen und Probleme familialer Sozialisation

1 Dieser Sachverhalt ist nicht als zuverlässiger Indikator für die häufig überzogene These von der sozialen Isolierung der modernen Familie nutzbar. Im Hinblick auf Verwandtschaftszusammenhalt spricht Leopold Rosenmayr mit Recht von einer »sozialfunktionellen Aufrechterhaltung der Beziehungen in der Dreigenerationenfamilie trotz Aufgabe der lokalen Identität« (Leopold Rosenmayr, Hauptprobleme der Alterssoziologie, in: Ferdinand Oeter [Hrsg.], Familie und Gesellschaft, Tübingen 1966, S. 231), René König, von dem in den letzten Jahren häufig belegten »räumlich nahen Beieinanderwohnen in verschiedenen Haushalten, aber mit intensiven Interaktionen« (René König, Soziologie der Familie, in: René König [Hrsg.], Handbuch der empirischen Sozialforschung, Bd. II, Stuttgart 1969, S. 225).
2 Dieter Claessens, Familie und Wertsystem, Berlin 1962, S. 68.
3 Vgl. Jacob L. Gewirtz, Mechanisms of Social Learning: Some Roles of Stimulation and Behavior in Early Human Development, in: David A. Goslin (Hrsg.), Handbook of Socialization Theory and Research, Chicago 1969, bes. S. 119 ff.; Wesley C. Becker, Consequences of Different Kinds of Parental Discipline, in: Martin L. Hoffman und Lois W. Hoffman (Hrsg.), Review of Child Development Research, Bd. I, New York 1964, S. 199 f. Den Konsistenzgesichtspunkt betont auch Edward Z. Dager, Socialization and Personality Development in the Child, in: Harold T. Christensen (Hrsg.), Handbook of Marriage and the Family, Chicago 1964, S. 740–781.
4 Margaret Mead, A Cultural Anthropologist's Approach to Maternal Deprivation, in: World Health Organization (Hrsg.), Deprivation of Maternal Care, Geneva 1962, S. 45 ff.
5 Vgl. Leon J. Yarrow, Separation from Parents During Early Childhood, in: Martin L. Hoffman und Lois W. Hoffman (Hrsg.), Review of Child Development Research, Bd. I, New York 1964, S. 111.
6 Dieter Claessens, o. a., S. 77 ff., 88 ff.
7 Über Dankbarkeit als ein »subjektives Residuum« unausgeglichener Tauschbeziehungen Georg Simmel, Soziologie. Unteruchungen über die Formen der Vergesellschaftung, Leipzig 1908, S. 590 ff.
8 Über Herrschaftsübertragung als Ausgleichsmechanismus bei Leistungsschuld vgl. George C. Homans, Elementarformen sozialen Verhaltens, Köln und Opladen 1968, S. 240 ff.; Peter M. Blau, Exchange and Power in Social Life, New York, London, Sidney 1964, S. 115 ff.
9 Vgl. Peter M. Blau, o. a., S. 255 ff.

10 Funktionale Alternativen zur Lösung von Stabilitätsproblemen bei Polygynie behandelt unter Berufung auf George P. Murdock Harry M. Johnson, Sociology: A Systematic Introduction, London 1961, S. 151.

11 »In general, mutual choice heavily favors similarities in background and personality ...« (John A. Clausen, Family Structure, Socialization, and Personality, in: Martin L. Hoffman und Lois W. Hoffman [Hrsg.], o. a., Bd. II, S. 4). Vgl. hierzu auch die Überlegungen von William J. Goode, Die Struktur der Familie, 2. Aufl., Köln und Opladen 1966, S. 39.

12 Statistisches Bundesamt (Hrsg.), Wiederverheiratung Verwitweter und Geschiedener, in: Wirtschaft und Statistik, 1968, S. 19 ff.

13 Über Stiefkindprobleme C. E. Bowerman und D. P. Irish, Some Relationships of Stepchildren to Their Parents, in: Journal of Marriage and Family Living 24 (1964), S. 551–567.

14 Bericht der Bundesregierung über die Lage der Familie in der Bundesrepublik Deutschland, Bad Godesberg 1968, S. 53. Vgl. internationale Angaben bei René König, Soziologie der Familie, o. a., S. 280 f.

15 Empirische Angaben bei René König, Soziologie der Familie, o. a., S. 279 ff.

16 Siehe eine neuere Zusammenfassung der Ergebnisse in Emil Schmalohr, Frühe Mutterentbehrung bei Mensch und Tier, München und Basel 1968; vgl. auch Leon J. Yarrow, o. a., S. 89 ff.

17 Leon J. Yarrow, Maternal Deprivation: Toward an Empirical and Conceptual Re-evaluation, in: Psychological Bulletin 58 (1961), S. 459 ff.

18 Eine Zusammenfassung bei Emil Schmalohr, o. a., bes. S. 60 ff.; im übrigen René Spitz, Vom Säugling zum Kleinkind, Stuttgart 1967; sowie M. Meierhofer und W. Keller, Frustration im frühen Kindesalter, Bern 1966.

19 Claessens, o. a., S. 69.

20 Morris Zelditch, jr., Role differentiation in the Nuclear Family. A Comparative Study, in: Talcott Parsons und Robert F. Bales, Family, Socialization and Interaction Process, Glencoe, Ill., 1955, S. 307 ff.

21 Lois W. Hoffman, Research Findings on the Effects of Maternal Employment on the Child, in: Ivan Nye und Lois W. Hoffman (Hrsg.), The Employed Mother in America, Chicago 1963, S. 190 ff.

22 Siehe Eduard Z. Dager, o. a., S. 760 ff.

23 Bundesministerium für Familie und Jugend (Hrsg.), Mütter und Kinder in der Bundesrepublik Deutschland, Bd. II, Bad Godesberg 1969, S. 79.

24 Elisabeth Pfeil, Die Frau in Beruf, Familie und Haushalt, in: Ferdinand Oeter (Hrsg.), o. a., S. 149.

25 Siehe zu diesen Angaben die aus einer im Jahre 1962 durchgeführten Befragung stammenden Ergebnisse in Bundesministerium für Familie und Jugend (Hrsg.), o. a., bes. S. 12, 22, 79, 82 f., 87, 184 ff., 195.

26 John A. Clausen in bezug auf die empirischen Ergebnisse von Leon J. Yarrow u. a. (1962): »Those mothers adjusted most deficient in the performance of maternal duties and in relations with their children were not working mothers but rather nonworking mothers who

aspired to employment outside the home« (John A. Clausen, Family Structure, Socialization, and Personality, in: Martin L. Hoffman und Lois W. Hoffman [Hrsg.], o. a., Bd. 2, S. 39).

27 Horst-Eberhard Richter, Eltern, Kind und Neurose, 2. Aufl., Stuttgart 1957, S. 185.

28 Arnold W. Green, The Middle-class Male Child and Neurosis, in: Norman W. Bell und Ezra F. Vogel (Hrsg.), A Modern Introduction to the Family, London 1960, S. 569.

29 Gerhard Wurzbacher, Die Analyse der erzieherischen Situation der Familie, in: Die Erziehungskraft der Familie, hrsg. vom Kulturbeirat beim Zentralkomitee der deutschen Katholiken, Köln 1967, S. 32.

30 Horst-Eberhard Richter, o. a., S. 86. Vgl. auch Horst-Eberhard Richter, Patient Familie. Entstehung, Struktur und Therapie von Konflikten in Ehe und Familie, Reinbek bei Hamburg 1970, bes. S. 64 ff.; Ezra F. Vogel und Norman W. Bell, The Emotionally Disturbed Child as the Family Scapegoat, in: Norman W. Bell und Ezra F. Vogel (Hrsg.), o. a., S. 382–397.

31 »Warmth« ist eine der wesentlichen Variablen in Beckers Analyse von Erziehungsstilen; vgl. Wesley C. Becker, o. a., S. 174 ff.

32 Jean Piaget, The Relation of Affectivity to Intelligence in the Mental Development of the Child, in: The Bulletin of the Menninger Clinic 26 (1962), S. 192 ff.

33 Dieter Claessens, Familie und Wertsystem, o. a., S. 144.

34 Empirische Daten bei Elisabeth Pfeil, Die Familie im Gefüge der Großstadt, Hamburg 1965, S. 47 ff.; Rainer Mackensen – Johannes C. Papalekas – Elisabeth Pfeil – Wolfgang Schütte – Lucius Burckhardt, Daseinsformen der Großstadt, Tübingen 1959, S. 200 ff.; Renate Mayntz, Soziale Schichtung und sozialer Wandel in einer Industriegemeinde, Stuttgart 1958, S. 224 f.

35 Daten bei Gerhard Wurzbacher und Hilde Kipp, Das Verhältnis von Familie und öffentlichem Raum, in: Gerhard Wurzbacher (Hrsg.), Die Familie als Sozialisationsfaktor, Stuttgart 1968, S. 1–62.

36 Erwin K. Scheuch, Family Cohesion in Leisure-time, in: The Sociological Review 8 (1960), S. 37 ff.

37 Gerhard Wurzbacher, Sozialisation – Enkulturation – Personalisation, in: Gerhard Wurzbacher (Hrsg.), Der Mensch als soziales und personales Wesen, Stuttgart 1963, S. 23 ff.

38 Melvin L. Kohn, Class and Conformity. A Study in Values, Homewood, Ill., 1969; Susanne Grimm, Die Bildungsabstinenz der Arbeiter, München 1966. – Siehe Zusammenfassungen und Verarbeitungen der zahlreichen empirischen Ergebnisse über Unterschichtenfamilismus, in: Friedhelm Neidhardt, Schichtspezifische Elterneinflüsse im Sozialisationsfaktor, o. a., S. 174–200; und in größerem Kontext in: Friedhelm Neidhardt, Zwischen Apathie und Anpassung. Unterschichtenverhalten in der Bundesrepublik, in: Hamburger Jahrbuch für Wirtschafts- und Gesellschaftspolitik 15 (1970), bes. Kap. 2 und 5.

39 Urie Bronfenbrenner, Socialization and Social Class Through Time and Space, in: Eleanor E. Maccoby u. a., Readings in Social Psychology, New York 1958, S. 400–425.

40 Siehe dazu die Gutachten von Horst Ritter, Wolfgang Engel, Kurt

Gottschaldt, Hans Aebli und Rudolf Bergius, in: Heinrich Roth (Hrsg.), Begabung und Lernen. Ergebnisse und Folgerungen neuer Forschungen, Stuttgart 1968.

41 Robert L. Thorndike, Intelligence and Intelligence Testing, in: International Encyclopedia of the Social Sciences, Bd. 7, S. 426 f.

42 Empirische Belege zitiert Rolf Oerter, Moderne Entwicklungspsychologie, 6. Aufl., Donauwörth 1970, S. 336 f.

43 Eine informative Zusammenfassung bietet Ulrich Oevermann, Schichtenspezifische Formen des Sprachverhaltens und ihr Einfluß auf die kognitiven Prozesse, in: Heinrich Roth (Hrsg.), Begabung und Lernen, o. a., S. 297–356.

44 Benjamin S. Bloom, Stability and Change in Human Characteristics, New York 1964.

45 Nancy Bayley, Comparisons of Mental and Motor Test Scores for Ages 1–15 Months by Sex, Birth Order, Race, Geographical Locations, and Education of Parents, in: Child Development 36 (1965), S. 379–411; vgl. Rolf Oerter, o. a., S. 338 f.

46 Vgl. Helmut Skowronek, Psychologische Grundlagen einer Didaktik der Denkerziehung, 2. Aufl., Hannover 1970, S. 10 ff.

47 Heinz Heckhausen, Förderung der Lernmotivierung und der intellektuellen Tüchtigkeiten, in: Heinrich Roth (Hrsg.), Begabung und Lernen, o. a., S. 197.

48 Siehe Helmut Skowronek, Psychologische Grundlagen, o. a., S. 120 f.; ders., Lernen und Lernfähigkeit, o. a., S. 85 ff.; Gerhard Portele, Lernen und Sozialisation, in: Franz Ronneberger (Hrsg.), Sozialisation durch Massenkommunikation, Stuttgart 1971. Vgl. auch Joseph McV. Hunt, Intrinsic Motivation and Its Role in Psychological Development, in: David Levine (Hrsg.), Nebraska Symposium on Motivation, Lincoln 1965, S. 189–282; und Daniel E. Berlyne, Structure and Direction of Thinking, New York 1965.

49 William T. Heron – B. K. Doane – T. H. Scott, Visual Disturbances After Prolonged Perceptual Isolation, in: Canadian Journal of Psychology 10 (1956), S. 13–18.

50 Robert W. White, Motivation Reconsidered: The Concept of Competence, in: Psychological Review 66 (1959), S. 314 f.; zit. in: Helmut Skowronek, Psychologische Grundlagen, o. a., S. 121.

51 Jerome Kagan, Individual Differences in the Resolution of Response Uncertainty, in: Journal of Personality and Social Psychology 2 (1959), S. 154–160; Herman A. Witkin – Ruth B. Dyk – Hanna F. Faterson – Donald R. Goodenough – Stephan A. Karp, Psychological Differentiation, New York 1962. Vgl. auch Ferdinand Oeter, o. a., S. 426 ff., und Heinz Heckhausen, o. a., S. 203.

52 Joy P. Guilford, Creativity, in: American Psychologist 5 (1950), S. 444–454; ders., The Structure of Intellect, in: Psychological Bulletin 53 (1956), S. 267–293; ders., Traits of Creativity, in: Harald H. Anderson (Hrsg.), Creativity and Its Cultivation, New York 1959, S. 124 ff.

53 Donald W. McKinnon, Creativity: Psychological Aspects, in: International Encyclopedia of the Social Sciences, Bd. 3, S. 438.

54 Vgl. auch James J. Gallagher, Productive Thinking, in: Martin L. Hoffman und Lois W. Hoffman (Hrsg.), o. a., Bd. 1, S. 349–382.

55 Heinz Heckhausen, o. a., S. 209.

56 Vgl. Helmut Skowronek, Lernen und Lernfähigkeit, o. a., S. 102 und 109 f.; Heinz Heckhausen, o. a., S. 201; Rolf Oerter, o. a., S. 153 ff.

57 Heinz Heckhausen, o. a., S. 209.

58 Ebd.; vgl. auch Helmut Skowronek, Psychologische Grundlagen, o. a., S. 179.

59 Heinz Heckhausen, o. a., S. 195 – mit Hinweisen auf John W. Atkinson und Norman T. Feather, A Theory of Achievement Motivation, New York 1966; und Heinz Heckhausen, The Anatomy of Achievement, New York 1967.

60 Vgl. zum folgenden Wesley C. Becker, Consequences of Different Kinds of Parental Discipline, o. a., S. 176 ff.

61 Siehe die Zusammenfassung bei Norman E. Freeberg und Donald T. Payne, Parental Influence on Cognitive Development in Early Childhood, in: Child Development 38 (1967), S. 65–87.

62 Wesley C. Becker, o. a., S. 193 ff.

63 Urie Bronfenbrenner, Some Familial Antecedents of Responsibility and Leadership in Adolescents, in: Luigi Petrullo und Bernard M. Bass (Hrsg.), Leadership and Interpersonal Behavior, New York 1961.

64 Talcott Parsons – Robert F. Bales, Family, Socialization, and Interaction Process, Glencoe, Ill., 1955, bes. S. 187 ff. und 243 ff.

65 Vgl. Wesley C. Becker, o. a., S. 203 f.

66 Robert K. Merton, Social Theory and Social Structure, Glencoe, Ill., 1957, S. 311.

67 Vgl. Georg Simmel, Die quantitative Bestimmtheit der Gruppe, in: ders., Soziologie, o. a., S. 47 ff.

68 Vgl. Georg Simmel, Der Raum und die räumlichen Ordnungen der Gesellschaft, in: ders., Soziologie, o. a., S. 614 ff.

69 Bericht der Bundesregierung über die Lage der Familien in der Bundesrepublik Deutschland, o. a., Tab. 46, S. 212.

70 Siehe Angaben bei Tilman Moser, Jugendkriminalität und Gesellschaftsstruktur, Frankfurt/Main 1970, S. 310 ff.

71 Siehe z. B. Robert A. Dahl, Modern Political Analysis, Englewood Cliffs, N. J., 1963, S. 39 ff.

72 Gerhard Baumert, Deutsche Familien nach dem Kriege, Darmstadt 1954, S. 162; Hilde Kipp, Autoritätsbeziehungen in der Ehe, in: Sociologia Internationalis 8 (1970), S. 37–54; René König, Family and Authority: The German Father in 1955, in: The Sociological Review 5 (1957), S. 124 f.; Eugen Lupri, Industrialisierung und Strukturwandlungen in der Familie, in: Sociologia Ruralis 5 (1965), S. 64; Annette Lamousé, Family Roles of Women: A German Example, in: Journal of Marriage and the Family 31 (1969), S. 150–152.

73 Emnid-Informationen, 1970, Heft 1, S. 7.

74 Gerhard Baumert, Jugend der Nachkriegszeit, Darmstadt 1952, S. 89; D. W. Rapp, Childrearing Attitudes of Mothers in Germany and the United States, in: Child Development 32 (1961), S. 677; T. S. Cohen und H. Carsh, Administration of the F-scale to a Sample of Germans, in: Journal of Abnormal and Social Psychology 49 (1949), S. 477.

75 Melvin L. Kohn, Class and Conformity, o. a. Zum allgemein nachweisbaren Verhaltenstyp des »Ritualismus« besonders in der oberen

Unterschicht und unteren Mittelschicht vgl. Friedhelm Neidhardt, Zwischen Apathie und Anpassung, o. a.

76 Robert O. Blood – Donald M. Wolfe, Husbands and Wives, Glencoe, Ill., 1960; Robert O. Blood, The Measurement and Bases of Family Power, in: Marriage and Family Living 25 (1963), S. 475–478.

77 Siehe zuletzt Eugen Lupri, Contemporary Authority Patterns in the West German Family, in: Journal of Marriage and the Family 31 (1969), S. 134–144.

78 Donald G. McKinley, Social Class and Family Life, Glencoe, Ill., 1963, z. B. S. 54 und 61; Melvin L. Kohn, Social Class and Parent-Child Relationships, in: American Journal of Sociology 68 (1963), S. 471 ff.

79 Emnid-Informationen, 1970/71, S. 7.

80 Edward C. Devereux – Urie Bronfenbrenner – George Suci, Zum Verhalten der Eltern in den Vereinigten Staaten und in der Bundesrepublik, in: Ludwig v. Friedeburg (Hrsg.), Jugend in der modernen Gesellschaft, Köln und Berlin 1965, S. 354; Friedrich Heckmann, Familienbindung in den USA und in Westdeutschland, in: Gerhard Wurzbacher (Hrsg.), Die Familie als Sozialisationsfaktor, o. a., S. 382 ff.; E. C. Devereux, Socialization in Cross-cultural Perspective. Comparative Study of England, Germany and the U.S., in: Reuben Hill und René König (Hrsg.), Families in East and West, Paris–Den Haag 1970.

81 Wesley C. Becker, o. a., Bes. S. 197 f.

82 Heinz Heckhausen, Förderung der Lernmotivierung, o. a., S. 203 f.

83 Ebd., S. 203.

84 René König, Materialien zur Soziologie der Familie, Bern 1946, S. 53.

85 René König, Soziologie der Familie, o. a., S. 267 ff.

86 Talcott Parsons, Das Vatersymbol: Eine Bewertung im Lichte der psychoanalytischen und soziologischen Theorie, in: ders., Sozialstruktur und Persönlichkeit, Frankfurt 1968, S. 46–72.

87 Friedhelm Neidhardt, Schichtspezifische Vater- und Mutterfunktionen, in: Soziale Welt 16 (1965), bes. S. 339–348.

88 Alexander Mitscherlich, Auf dem Wege zur vaterlosen Gesellschaft, München 1963.

A. L. Baldwin, Eine kognitive Theorie der Sozialisation

A. L. Baldwin, Theories of Child Development, New York 1967.

A. L. Baldwin – Clara P. Baldwin, The Development of Children's Concept of Kindness, nichtveröffentlichtes Manuskript, New York 1967.

A. Bandura – R. H. Walters, Social Learning and Personality Development, New York 1963.

D. E. Berlyne, Structure and Direction in Thinking, New York 1965.

J. S. Bruner, Course of Cognitive Growth, in: American Psychologist 1964, S. 1–15.

P. M. Greenfield, On Culture and Conservation, in: J. S. Bruner et al., Studies in Cognitive Growth, New York 1966, S. 225–256.

F. Heider, The Psychology of Interpersonal Relations, New York 1958.

B. Inhelder – J. Piaget, Growth of Logical Thinking from Childhood to Adolescence, New York 1958.

K. Lewin, Principles of Topological Psychology, New York 1936.

N. E. Miller, Liberalization of Basic S-R-Concepts: Extension to Conflict Behaviour, Motivation, and Social Learning, in: S. Koch (ed.), Psychology: A Study of Science, Vol. 2, New York 1959, S. 196–292.

J. Piaget, The Origins of Intelligence in Children, New York 1952.

N. Tinbergen – A. C. Perdeck, On the Stimulus Situation Releasing the Begging Response in the Newly Hatches Herring-Gull-Chick, in: Behaviour 1950, S. 1–38.

E. C. Tolman, Purposive Behavior in Men and Animals, New York 1932.

J. P. Van de Geer – J. F. M. Jaspars, Cognitive Functions, in: P. R. Farnsworth (ed.), Annual Review of Psychology 1966, S. 145–176.

H. Werner, Comparative Psychology of Mental Development, enlarged edition, Chicago 1948.

H. Werner, The Concept of Development from a Comparative and Organismic Point of View, in: D. Harris (ed.), The Concepts of Development: An Issue in the Study of Human Behavior, Minneapolis 1957.

M. Wertheimer, Untersuchungen zur Lehre von der Gestalt, II. Psychologische Forschung, 1923, S. 301–350.

C. Mühlfeld, Die leistungssymbiotische Beziehung von Sprache und Denken im Sozialisationsprozeß

1 Vgl. H. Fend, Sozialisierung und Erziehung, Weinheim 1969; H. G. Rolff, Sozialisation und Auslese durch die Schule, Heidelberg 1969; B. Bernstein, Class, Codes and Control. Theoretical Studies towards a Sociology of Language, London 1971; U. Oevermann, Sprache und soziale Herkunft, Frankfurt 1969.

2 C. Mühlfeld, Einige kritische Bemerkungen zum Verhältnis von Sprache und Sozialisation, in: Politische Studien 1973, S. 267 ff.

3 Vgl. C. Mühlfeld, Sprache und Sozialisation. Eine Studie zur Familiensoziologie (unveröffentlichte Habilschrift, Augsburg 1973).

4 W. Niepold, Sprache und soziale Schicht, Berlin 1971; D. Lawton, Soziale Klasse, Sprache und Erziehung, Düsseldorf 1970; G. König, Strukturen kindlicher Sprache, Düsseldorf 1972.

5 Vgl. F. Kainz, Psychologie der Sprache, Bd. 2, Stuttgart 1960; M. M. Lewis, Sprache, Denken und Persönlichkeit im Kindesalter, Düsseldorf 1970; L. Wygotski, Denken und Sprechen, Frankfurt 1971.

6 Vgl. J. Piaget, Sprechen und Denken des Kindes, Düsseldorf 1972; ders., Urteil und Denkprozeß des Kindes, Düsseldorf 1972.

7 A. Schaff, Sprache und Erkenntnis, Wien 1964, S. 101.

8 E. Topitsch, Phylogenetische und emotionale Grundlagen menschlicher Weltauffassung, in: W. E. Mühlmann – E. W. Müller (Hrsg.), Kulturanthropologie, Köln/Berlin 1965, S. 61 ff.

9 E. Topitsch, Sprachlogische Probleme der sozialwissenschaftlichen Theoriebildung, in: Topitsch (Hrsg.), Logik der Sozialwissenschaften, Köln/Berlin 1965, S. 18 f.

10 Vgl. J. L. Austin, Zur Theorie der Sprechakte, Stuttgart 1972; A. J. Ayer, Sprache, Wahrheit und Logik, Stuttgart 1970; E. Cassirer, Philosophie der symbolischen Formen, Leipzig 1929; R. M. Hare, The Language of Morals, Oxford 1961; L. Wittgenstein, Philosophische Untersuchungen, Frankfurt 1967.

11 Vgl. H. S. Eaton, An English-French-German-Spanish-Word-Frequency Dictionary, New York 1961.

12 Vgl. G. Révész (ed.), Thinking and Speaking, Amsterdam 1954.

13 Vgl. J. B. Watson, Psychology from the Standpoint of a Behaviorist, dt. 1968, Köln; B. F. Skinner, Verbal Behavior, New York 1957.

14 Vgl. E. Sapir, Language, New York 1920; B. L. Whorf, Sprache, Denken, Wirklichkeit, Hamburg 1963; J. B. Carroll, Language and Thought, London 1964.

15 L. Rougier, La métaphysique et le langage, Paris 1960, S. 42.

16 Vgl. B. L. v. d. Waerden, Denken ohne Sprache, in: Révész 1954, o. a., S. 165 ff.

17 Vgl. A. R. Luria, The Role of Speach in the Regulation of Normal and Abnormal Behavior, New York 1961; F. Kainz, Zur Frage der kortikalen Sprachregionen, in: Erkenntnis und Erziehung, Wien 1961, S. 44 ff.; L. Wygotski, o. a.; A. Schaff, o. a.; H. Gipper, Gibt es ein sprachliches Relativitätsprinzip?, Frankfurt 1972.

18 Vgl. A. Schaff, o. a., S. 87.

19 G. H. Mead, Geist, Identität, Gesellschaft, Frankfurt 1968, S. 114.

20 L. Wygotski, o. a., S. 12.

21 Vgl. F. de Saussure, Grundfragen der allgemeinen Sprachwissenschaft, Berlin 1967.

22 F. Kainz, Das Denken und die Sprache, in: R. Bergius (Hrsg.), Allgemeine Psychologie, Göttingen 1964, S. 570.

23 Vgl. G. Révész, Ursprung und Vorgeschichte der Sprache, Bern 1946, S. 67.

24 F. Kainz (1964), o. a., S. 572.

25 A. Schaff, o. a., S. 126.

26 Vgl. H. Gipper, Denken ohne Sprache?, in: Wirkendes Wort, 1964, S. 147.

27 Vgl. M. Schmid, Ad-Hoc-Strategien und Falsifikationismus im Forschungsprozeß, in: Zeitschrift für Soziologie 1972, S. 263 ff.

28 Vgl. K. R. Popper, Logik der Forschung, Tübingen 1965, S. 238 ff.; I. Lakatos, Falsification and the Methodology of Scientific Research Programmes, in: I. Lakatos – Musgrave (ed.), Criticism and the Growth of Knowledge, Cambridge 1970, S. 91 ff.

29 A. Schaff, o. a., S. 131.

30 A. Potebnjas, 1922 zitiert nach Schaff, o. a., S. 129.

31 J. Church, Sprache und die Entdeckung der Wirklichkeit, Frankfurt 1971, S. 151.

32 O. H. Mowrer, Learning Theory and the Symbolic Processes, New York 1960.

33 Vgl. O. H. Mowrer, o. a., S. 85 f.

34 E. A. Miller, Some Preliminaries to Psycholinguistics, in: American Psychologist 1965, S. 20.

35 Vgl. E. Topitsch, Über Leerformeln, in: Topitsch (Hrsg.), Probleme

der Wissenschaftstheorie, Wien 1960, S. 233 ff.; ders., Sozialphilosophie zwischen Ideologie und Wissenschaft, 2. Aufl., Neuwied 1966; M. Schmid, Leerformeln und Ideologiekritik, Tübingen 1972; C. Mühlfeld, Aspekte der Ideologiekritik, in: Archiv für Rechts- und Sozialphilosophie 1973, S. 347 ff.

36 H. Hörmann, Psychologie der Sprache, Heidelberg/Wien 1970, S. 284.

37 Vgl. A. R. Luria, The Directive Function of Speach in Development and Dissolution, in: Word 1959, S. 341 ff., 453 ff.; A. R. Luria – J. Judowitsch, Die Funktion der Sprache in der geistigen Entwicklung des Kindes, Düsseldorf 1970

38 Vgl. K. Foppa, Lernen, Gedächtnis, Verhalten, 4. Aufl., Köln/Berlin 1968. Foppa gibt in diesem Buch eine ausgezeichnete Zusammenfassung der bisher entwickelten Lerntheorien und macht auf ihre Schwächen aufmerksam.

39 K. Foppa, Das Dilemma der Lerntheorien, in: Bericht 25. Kongreß der Deutschen Gesellschaft für Psychologie, Göttingen 1966. S. 188.

40 Vgl. R. Münch – M. Schmid, Konventionalismus und empirische Forschungspraxis, in: Zeitschrift für Sozialpsychologie 1970, S. 299 ff.

41 K. Foppa (1964), o. a., S. 190.

42 A. Schaff, o. a., S. 105.

43 A. Schaff, o. a., S. 101.

44 L. Wygotski, o. a., S. 43.

45 Vgl. J. Piaget, Comments on Vygotzky's Critical Remarks, in: Vygotzky, Thought and Language, New York 1962, S. 7.

46 Vgl. L. Wygotski, o. a., S. 94.

47 L. Wygotski, o. a., S. 88.

48 L. Wygotski, o. a., S. 89.

49 J. Piaget, Urteil . . ., o. a., S. 103.

50 Vgl. J. Piaget, Urteil . . ., o. a., S. 183 ff.

51 L. Wygotski, o. a., S. 40.

52 J. Piaget, Urteil . . ., o. a., S. 206.

53 L. Wygotski, o. a., S. 94.

54 H. Hörmann, o. a., S. 319.

55 M. M. Lewis, o. a., S. 131.

56 Luria/Judowitsch, o. a., S. 64.

57 Luria, o. a., S. 70.

58 Luria/Judowitsch, o. a., S. 74.

59 Luria/Judowitsch, o. a., S. 93.

60 Luria/Judowitsch, o. a., S. 147 f.

61 F. Kainz (1964), o. a., S. 575.

62 Vgl. U. Oevermann, o. a.; Th. Luckmann, Vorwort zu Wygotski, o. a.; Kurz/Hartwig, Sprache als soziales System, in: Kölner Zeitschrift für Soziologie und Sozialpsychologie 1972, S. 474 ff.; Hartwig/Kurz, Sprache als soziale Kontrolle, Frankfurt 1971.

63 Vgl. N. Chomsky, Aspekte der Syntaxtheorie, Frankfurt 1969.

64 N. Chomsky, o. a., S. 189.

65 Vgl. K. D. Bünting, Einführung in die Linguistik, Frankfurt 1972.

66 Th. Luckmann, o. a., S. 10.

67 H. Gipper (1972), o. a., S. 72.

68 E. Topitsch, Phylogenetische ..., o. a., S. 74.
69 L. Wygotski, o. a., S. 95.

R. A. Dahl, Macht und Einfluß

1 F. Hunter, Community Power Structure, Chapell Hill 1953.
2 Viele andere Begriffe, die verwendet werden, um diese Art der Situation zu beschreiben, können mit den Begriffen »Gewinn« und »Verlust« austauschbar benutzt werden. Gewinne sind gleichbedeutend mit Belohnung, Nutzen, Vorteil, Anreiz, positive Leistung, Begünstigung. Verluste sind gleichbedeutend mit Strafe, Nachteil, negative Leistung, Deprivation, Sanktion etc.
3 R. A. Dahl, Who governs?, New Heaven 1961.

R. Bierstedt, Eine Analyse sozialer Macht

1 R. M. Mac Iver, The Web of Government, New York 1947, S. 458.
2 Vgl. R. M. Mac Iver, The Modern State, London 1926, S. 221–231, The Web of Government, o. a., S. 82–113.
3 E. A. Ross, Social Control, New York 1916, S. 78.
4 Vgl. M. Weber, Wirtschaft und Gesellschaft, Köln/Berlin 1964, S. 157ff.
5 Vgl. R. Bierstedt, The Sociology of Majorities, in: American Sociological Review 1948, S. 700–710.
6 R. M. Mac Iver, The Web of Government, o. a., S. 13.
7 Vgl. E. T. Hiller, Social Relations and Structures, New York 1947, bes. die Kapitel 13, 14, 38.
8 Vgl. R. Bierstedt, The Sociology of Majorities, o. a.

K. Holm, Zum Begriff der Macht

1 Die Sätze dieses ersten Abschnitts wirken natürlich wie ein Glaubensbekenntnis, dem jede Begründung fehlt. Der Verfasser kann hier nur darauf hinweisen, daß hinter diesen Sätzen die Konzeption der neopositivistischen Wissenschaftslehre steht, der er sich anschließt, die er aus Raumgründen hier selbstverständlich nicht darstellen kann. So mögen diese Sätze zwar noch immer ein Glaubensbekenntnis sein – immerhin jedoch ein sehr gut begründetes.
2 Siehe hierzu E. Nagel, The Structure of Science, London 1961, S. 79–90.
3 Eine kurze und prägnante Zusammenfassung dieser Carnapschen Auffassung findet sich in W. Stegmüller, Hauptströmungen der Gegenwartsphilosophie, Stuttgart 1960, S. 452–457.
4 G. Karlsson, Some Aspects of Power in Small Groups, in: J. H. Criswell u. a. (Hrsg.), Mathematical Methods in Small Group Processes, Stanford, Cal., 1962, S. 193.
5 Max Weber, Wirtschaft und Gesellschaft, Tübingen 1956, § 16.
6 W. Fucks, Formeln zur Macht, Stuttgart 1965.

7 Max Weber, Wirtschaft und Gesellschaft, o. a., S. 16.
8 R. A. Dahl, The Concept of Power, in: Behavioral Science 2 (1957), S. 106–119.
9 Daß undefinierte Grundbegriffe expliziert werden müssen, ist eine Carnapsche Forderung. Siehe hierzu R. Carnap, Induktive Logik und Wahrscheinlichkeit, Wien 1959, S. 12 ff.
10 R. A. Dahl, The Concept of Power, o. a.
11 R. M. Emerson, Power-Dependence Relations, in: Am. Sociol. Rev. 27 (1962), S. 31–40.
12 J. R. P. French, jr. – B. H. Raven, The Bases of Social Power, in: D. Cartwright (Hrsg.), Studies in Social Power, Ann Arbor, Mich., 1959.
13 J. Harsanyi, Measurement of Social Power, in: Behavioral Science 7 (1962), S. 81–91.
14 G. Karlsson, Some Aspects of Power in Small Groups, o. a.
15 Otto Stammer, Macht (politische), in: Wilhelm Bernsdorf – Heinrich Bülow (Hrsg.), Wörterbuch der Soziologie, Stuttgart 1957.
16 J. W. Thibaut – H. H. Kelley, The Social Psychology of Groups, New York 1959, Kap. 7.
17 Die bekannte Definition für das quantitative Messen von S. Stevens (in: S. Stevens, Handbook of Experimental Psychology, New York 1951, S. 1) lautet: »In its broadest sense, measurement is the assignment of numerals to objects or events according to rules.«
18 R. M. Emerson, Power-Dependence Relations, o. a.
19 K. E. Boulding, Conflict and Defense, New York 1962, S. 5.
20 R. Dahrendorf, Elemente einer Theorie des sozialen Konflikts, in: ders., Gesellschaft und Freiheit, München 1962, S. 201.
21 »Nutzen« ist der metrische Grundbegriff der Nationalökonomie, der Entscheidungstheorie und der Spieltheorie. »Valenz« ist ein zentraler Begriff in der Feldtheorie von Kurt Lewin und dem »Psychological Model« E. C. Tolmans (in: Talcott Parsons – Edward Shils, Toward a General Theory of Action, Cambridge, Mass., 1951). »Kathexis« und »expressive Orientierung« sind innerhalb der Parsonsschen Handlungstheorie unentbehrliche Begriffe. »Reinforcement« (= Verstärkung) ist der zentrale Begriff verschiedener behavioristischer Lerntheorien.
22 Vgl. Anmerkung 9.
23 C. L. Hull, A Behavioral System, New Haven 1952, Kap.: Value, Valuation, and Behavior Theory.
24 G. C. Homans, Social Behavior. Its Elementary Forms, New York 1961, Kap.: Value, the Measurement of Value. The Two Components of Value, S. 39–49.
25 Siehe etwa bei Erwin K. Scheuch, Skalierungsverfahren in der Sozialforschung, in: R. König (Hrsg.), Handbuch der empirischen Sozialforschung, Stuttgart 1962, 2. erweit. Aufl. 1967.
26 Darstellungen dieser Methode bei: L. L. Thurstone, The Measurement of Values, Chicago 1959; W. S. Torgerson, Theory and Methods of Scaling, New York 1958, Kapitel 9, 10.
27 Ein derartiges Zusatzverfahren wurde von Thurstone und Jones entwickelt (dargestellt in Thurstone, The Measurement of Values, o. a.), ein anderes von P. Horst (A Method for Determining the Absolute

Affective Value of a Series of Stimulus Situations, in: The Journal of Educational Psychology 23 (1932), S. 418–440.
28 B. Külp, Theorie der Drohung, Köln 1965, S. 40.
29 K. E. Boulding, Conflict and Defense, New York 1962, S. 253.
30 Ebd., S. 225.
31 G. H. Snyder, Deterrence and Power, in: The Journal of Conflict Resolution 4 (1960), S. 163–178.
32 Max Weber, Wirtschaft und Gesellschaft, o. a., § 16.

J. A. Schumpeter, Die klassische Lehre der Demokratie

1 Die offizielle Theorie der Funktionen eines Kabinettministers vertritt tatsächlich die Auffassung, daß dieser ernannt wird, um in seinem Departement darauf zu achten, daß der Wille des Volkes sich durchsetzt.

2 Die Bedeutung der »höchsten Glückseligkeit« ist an sich schon ernstem Zweifel ausgesetzt. Selbst wenn jedoch dieser Zweifel behoben und der Gesamtsumme der ökonomischen Bedürfnisbefriedigung einer Gruppe von Menschen eine bestimmte Bedeutung beigelegt werden könnte, dann würde dieses Maximum immer noch durch gegebene Situationen und Wertungen bedingt sein, die vielleicht unmöglich auf demokratischem Wege geändert oder durch Kompromiß verbunden werden können.

3 Dies erklärt den stark egalitären Charakter sowohl der klassischen Lehre der Demokratie wie auch der populären demokratischen Glaubenssätze. Wir werden später noch zeigen, wie die Gleichheit den Status eines ethischen Postulats erringen kann. Als tatsächliche Aussage über die menschliche Natur kann sie in keinem denkbaren Sinne richtig sein. In Anbetracht dessen ist das Postulat selbst oft neu gefaßt worden, so daß es den Sinn »Gleichheit der Möglichkeiten« erhielt. Aber, auch abgesehen von den dem Worte »Möglichkeit« inhärenten Schwierigkeiten, hilft uns diese Neuformulierung nicht viel, weil eine tatsächliche und nicht eine potentielle Gleichheit der Leistung in Fragen des politischen Verhaltens erforderlich ist, wenn die Stimme eines jeden das gleiche Gewicht bei der Entscheidung strittiger Punkte haben soll.

Es sollte im Vorbeigehen beachtet werden, daß die demokratische Ausdrucksweise dazu gedient hat, die Assoziation von Ungleichheit jeglicher Art mit »Ungerechtigkeit« zu fördern, die ein so wichtiges Element im psychischen Schema des Erfolglosen ist und im Arsenal des Politikers, der ihn benutzt. Eines der merkwürdigsten Symptome war in dieser Beziehung die athenische Einrichtung des Ostrazismus oder vielmehr der Gebrauch, der manchmal davon gemacht wurde. Der Ostrazismus bestand in der Verbannung eines einzelnen durch öffentliche Abstimmung – nicht unbedingt aus irgendeinem besonderen Grund: er diente manchmal als Methode, einen unbequemen hervorragenden Bürger zu entfernen, bei dem man das Gefühl hatte, daß er »für mehr als einen zählte«.

4 Dieser Ausdruck wird hier in seinem ursprünglichen Sinn verwendet

und nicht in dem Sinn, den er zur Zeit immer mehr annimmt und der zur Definition führt: Propaganda ist jegliche Aussage, die aus einer Quelle stammt, die wir nicht lieben. Ich nehme an, daß sich der Ausdruck vom Namen des Kardinalskomitees herleitet, das sich mit den die Verbreitung des katholischen Glaubens berührenden Angelegenheiten befaßt, der *congregatio de propaganda fide*. An und für sich besitzt er daher keine herabsetzende Bedeutung und impliziert namentlich auch keine Verdrehung von Tatsachen. Man kann zum Beispiel Propaganda für eine wissenschaftliche Methode machen. Propaganda bedeutet einfach die Darstellung von Tatsachen und Argumenten im Hinblick auf eine Beeinflussung der Handlungen und Ansichten der Menschen in einer bestimmten Richtung.

5 Die gesetzgebenden Körperschaften verweigerten Napoleon in der Tat jegliche Unterstützung dieser Politik, trotz aller Einschüchterungen; und einige seiner vertrautesten Paladine leisteten ihm Widerstand.

6 Es könnten andere Beispiele aus Napoleons Handlungsweise angeführt werden. Er war ein Autokrat, der da, wo seine dynastischen Interessen oder seine Außenpolitik nicht im Spiele standen, einfach das zu tun trachtete, was er als Wunsch oder Bedürfnis des Volkes erkannte. Das ist auch der Sinn des Ratschlages, den er Eugène Beauharnais für seine Verwaltung Norditaliens gab.

7 Dies ist der Titel eines aufrichtigen und entzückenden Buches von einem der liebenswürdigsten englischen Radikalen, der je gelebt hat, Graham Wallas. Trotz allem, was bisher über diesen Gegenstand geschrieben worden ist, und namentlich trotz aller Detailstudien, die nun eine viel klarere Einsicht ermöglichen, kann dieses Buch immer noch als beste Einführung in die politische Psychologie empfohlen werden. Und doch zieht auch dieser Autor, nachdem er mit bewunderungswürdiger Offenheit den Prozeß gegen die unkritische Annahme der klassischen Lehre geführt hat, nicht den naheliegenden Schluß. Dies ist um so bemerkenswerter, als er mit Recht auf der Notwendigkeit einer wissenschaftlichen Haltung besteht und Lord Bryce zur Rede stellt, weil dieser in seinem Buche über »Das amerikanische Gemeinwesen« sich als »grimmig« entschlossen erklärte, inmitten der Wolken enttäuschender Tatsachen ein Stück blauen Himmels zu sehen. Was, so scheint Graham Wallas auszurufen, würden wir von einem Meteorologen sagen, der von Anbeginn an darauf bestünde, ein Stück blauen Himmels zu sehen? Trotzdem vertritt er im konstruktiven Teil seines Buches ungefähr den gleichen Standpunkt.

8 Der deutsche Ausdruck »Massenpsychologie« ruft einer Warnung: die Psychologie der Mengen darf nicht mit der Psychologie der Massen verwechselt werden. Erstere enthält nicht unbedingt eine Klassenbedeutung und hat an sich nichts mit der Erforschung der Art des Denkens und Fühlens zum Beispiel der arbeitenden Klasse zu tun.

9 An der obigen Stelle bedeutet »Irrationalität« die Unfähigkeit, auf Grund eines gegebenen Wunsches rational zu handeln. Sie bezieht sich nicht auf die Vernünftigkeit des Wunsches selber nach der Ansicht des Beobachters. Das ist wichtig zu beachten: denn Ökonomen, die das Ausmaß der Irrationalität des Konsumenten würdigen, übertreiben dies manchmal, weil sie die beiden Dinge verwechseln. So mag der

Putz eines Fabrikmädchens einem Professor als Zeichen eines irrationalen Verhaltens erscheinen, für das es keine andere Erklärung als die Künste der Reklame gibt. In Wirklichkeit ist er vielleicht das höchste Ziel ihrer Wünsche. In diesem Fall können ihre Ausgaben dafür von idealer Rationalität im obigen Sinne sein.

10 Dieses Niveau ist natürlich nicht nur in bezug auf Epochen und Orte verschieden, sondern auch – bei gegebenem Ort und gegebener Zeit – in bezug auf verschiedene industrielle Sektoren und Klassen. So etwas wie ein allgemeines Schema der Rationalität gibt es nicht.

11 Rationalität des Denkens und Rationalität des Handelns sind zwei verschiedene Dinge. Rationalität des Denkens garantiert nicht immer Rationalität des Handelns. Und die letztere kann vorhanden sein ohne klare Überlegung und unabhängig von jeglicher Fähigkeit, das Rationale des eigenen Handelns richtig zu formulieren. Der Beobachter, zumal wenn er Interview- und Fragebogen-Methoden anwendet, übersieht dies oft und erhält infolgedessen eine übertriebene Vorstellung von der Bedeutung der Irrationalität im Verhalten. Dies ist eine andere Ursache jener Übersteigerungen, denen wir so oft begegnen.

12 Es sollte beachtet werden, daß, wenn ich von bestimmten und ursprünglichen Willensäußerungen spreche, ich damit nicht beabsichtige, sie zu letzten Gegebenheiten für alle Arten der sozialen Analyse zu erheben. Natürlich sind sie selbst das Produkt des sozialen Prozesses und des sozialen Milieus. Ich meine nur, daß sie als Gegebenheiten für die Art von zweckbestimmter Analyse dienen können, die der Ökonom vornimmt, wenn er zum Beispiel die Preise aus Neigungen oder Bedürfnissen ableitet, die jederzeit »gegeben« sind und nicht jedesmal weiter analysiert zu werden brauchen. Gleicherweise können wir für unseren Zweck von ursprünglichen und bestimmten Willensäußerungen reden, die jederzeit unabhängig von irgendwelchen Versuchen, sie zu fabrizieren, gegeben sind, obschon wir anerkennen, daß diese ursprünglichen Willensäußerungen selbst das Ergebnis von Umwelteinflüssen der Vergangenheit sind, einschließlich propagandistischer Einflüsse. Diese Unterscheidung zwischen ursprünglichem (oder echtem) und fabriziertem Willen (siehe unten) ist schwierig und kann nicht in allen Fällen und für alle Zwecke angewandt werden. Für unsern Zweck genügt es jedoch, auf den im Bereich des gesunden Menschenverstandes liegenden Fall hinzuweisen, der vertreten werden kann.

13 Der Grund, warum die Anhänger Benthams dies so vollständig übersahen, ist der, daß sie die Möglichkeiten der Massenkorruption im modernen Kapitalismus nicht in Betracht zogen. Da sie in ihrer politischen Theorie den gleichen Fehler begingen wie in ihrer Wirtschaftstheorie, empfanden sie keine Reue über ihr Postulat, daß »das Volk« der beste Kenner seiner eigenen individuellen Interessen sei und daß diese notwendig mit den Interessen aller Volksangehörigen zusammenfallen müßten. Natürlich fiel ihnen dies deshalb leichter, weil sie tatsächlich, wenn auch nicht absichtlich, in den Begriffen der Bourgeois-Interessen philosophierten, die mehr von einem sparsamen Staate als von irgendwelchen Bestechungen zu gewinnen hatten.

14 William James' »prickelnder Wirklichkeitssinn«. Die Bedeutung dieses Punktes ist besonders von Graham Wallas betont worden.

15 Es dürfte eine Hilfe zur Klärung dieses Punktes sein, wenn wir uns fragen, warum an einem Bridgetisch so viel mehr Intelligenz und klares Denken als beispielsweise in einer politischen Diskussion zwischen Nichtpolitikern sichtbar wird. Am Bridgetisch ist eine bestimmte Aufgabe gestellt; wir unterstehen der Disziplin von Spielregeln; Erfolg und Mißerfolg sind klar bestimmt, und wir sind an verantwortungslosem Verhalten gehindert dadurch, daß nicht nur jeder Fehler, den wir machen, sofort zählt, sondern er uns auch unmittelbar zugeschrieben wird. Diese Bedingungen zeigen gerade dadurch, daß sie für das politische Verhalten des gewöhnlichen Bürgers nicht erfüllt sind, warum diesem in der Politik all die Umsicht und Urteilskraft fehlen, die er in seinem Beruf vielleicht an den Tag legt.

16 Siehe Kapitel 12.

17 Über die Bedeutung solcher Ausbrüche kann kein Zweifel bestehen. Aber es ist möglich, ihre Echtheit zu bezweifeln. Die Analyse wird in vielen Fällen zeigen, daß sie durch die Aktion einer Gruppe veranlaßt wurden und nicht spontan aus dem Volk entstanden. In diesem Fall gehören sie zu einer (zweiten) Klasse von Erscheinungen, mit der wir uns gleich noch befassen werden. Persönlich glaube ich, daß es echte Fälle gibt. Aber ich bin nicht sicher, ob nicht eine sorgfältigere Analyse auch auf ihrem Grund gewisse psychotechnische Anstrengungen entdecken würde.

18 Eine ausgewählte Information, selbst wenn sie an sich richtig ist, ist ein Versuch zu lügen, indem man die Wahrheit spricht.

19 Wahrscheinlich würden diese Grenzen deutlicher sichtbar, wenn Streitfragen häufiger durch ein Referendum entschieden würden. Vermutlich wissen die Politiker, weshalb sie gegenüber dieser Einrichtung eine fast immer feindliche Haltung einnehmen.

20 Man beachte die Analogie zum sozialistischen Glauben; auch dieser ist für einige Menschen ein Ersatz des christlichen Glaubens, für andere eine Ergänzung.

21 Es könnte eingewendet werden, daß, so schwierig es sein mag, dem Wort »Gleichheit« eine *allgemeine* Bedeutung beizulegen, doch in den meisten, wenn nicht in allen Fällen, eine solche Bedeutung aus dem Zusammenhang herausgelesen werden kann. Man könnte zum Beispiel aus den Umständen, unter denen die Ansprache von Gettysburg gehalten wurde, wohl ableiten, daß mit der »Behauptung, daß alle Menschen frei und gleich geschaffen sind«, Lincoln einfach die Gleichheit des gesetzlichen Status meinte, im Gegensatz zur Ungleichheit, die in der Anerkennung der Sklaverei enthalten ist. Diese Bedeutung wäre hinreichend bestimmt. Wenn wir aber fragen, warum diese Behauptung moralisch und politisch bindend sein soll, und wenn wir nicht antworten wollen, »weil jeder Mensch von Natur aus genau gleich wie jeder andere ist«, dann können wir nur auf die durch den christlichen Glauben gegebene Sanktionierung zurückgreifen. Diese Lösung ist möglicherweise im Wort »geschaffen« enthalten.

22 Es könnte scheinen, als ob eine Ausnahme für Oppositionen zu machen wäre, die sich zu offenkundig autokratischen Regimes entwickeln. Aber selbst diese entstanden historisch gesehen meistens auf demokratischem Wege und gründeten ihre Herrschaft auf die Zustimmung des Volkes.

Cäsar wurde nicht von Plebejern umgebracht. Doch die aristokratischen Oligarchen, die ihn ermordeten, gebrauchten ebenfalls demokratische Phrasen.

R. Bendix, Herrschaft, Organisation, Legitimität

1 M. Weber, Wirtschaft und Gesellschaft, 2 Bde., Tübingen 1956, S. 542.
2 Vgl. M. Weber, o. a., S. 542 f.
3 Diese willkürliche terminologische Abgrenzung bedeutet nicht, daß deshalb die Herrschaft, die sich aus einem »formal freien Zusammenspiel von Interessenparteien ergibt«, vernachlässigt wurde.
4 Weber, o. a., S. 544.
5 Der Unterschied zwischen der Häufigkeit der Befolgung und der juristischen Frage der normativen Gültigkeit (von Rechtssätzen) sowie Fragen des tatsächlichen Verhaltens wird in Weber, o. a., Bd. 1, S. 184 ff., behandelt.
6 Weber, o. a., Bd. 2, S. 545.
7 Vgl. dazu vor allem Webers Abhandlung über den »Vorteil der kleinen Zahl« bei der Geheimhaltung von Absichten, o. a., S. 548.
8 Vgl. Weber, o. a., S. 548–549. Webers Definition ist hier wieder in ihre verschiedenen Teile »auseinandergenommen« worden.
9 Vgl. Weber, o. a., Bd. 1, S. 124–125.
10 Weber war an derartigen Wandlungen unter dem Gesichtspunkt der »Rationalisierung« besonders interessiert, es darf deshalb aber nicht der Eindruck entstehen, daß er eine eindimensionale Theorie des sozialen Wandels entwickelt hätte.
11 Vgl. Weber, o. a., Bd. 1, S. 7 und 13.
12 Vgl. J. Winckelmann, Legitimität und Legalität, Tübingen 1952, S. 39–43.

R. Bendix, Bürokratie und Staat bei Max Weber

1 Vgl. M. Weber, Wirtschaft und Gesellschaft, Tübingen 1956, S. 559–587.
2 M. Weber, o. a., S. 125–126.
3 M. Weber, o. a., S. 126–127, und Bd. 2, S. 560–564.
4 M. Weber, o. a., S. 569 f.
5 M. Weber, o. a., S. 573.
6 M. Weber, o. a., S. 571.
7 M. Weber, o. a., S. 573.
8 M. Weber, o. a., S. 575.
9 Vgl. Weber, o. a., S. 586.
10 K. Mannheim, Ideologie und Utopie, Frankfurt 1952, S. 102.
11 M. Weber, o. a., S. 549.
12 Vgl. M. Weber, Gesammelte politische Schriften, München 1921, S. 154 ff.; 195 ff.; 414 ff., vgl. dazu auch die interessante Studie von G. Ritter, Staatskunst und Kriegshandwerk, München 1954, S. 247 ff.
13 Vgl. M. Weber, Gesammelte . . ., o. a., S. 182 ff.; 207 ff.; 306 f. 404 f.

14 M. Weber, Gesammelte ..., o. a., S. 138 f.
15 M. Weber, Gesammelte ..., o. a., S. 139.
16 Vgl. M. Weber, Wirtschaft und Gesellschaft, o. a., S. 167 f.
17 M. Weber, Gesammelte ..., o. a., S. 294.
18 M. Weber, Gesammelte ..., o. a., S. 219 f.
19 M. Weber, Gesammelte ..., o. a., S. 212.
20 M. Weber, Gesammelte ..., o. a., S. 159.
21 M. Weber, Gesammelte ..., o. a., S. 172.

S. N. Eisenstadt, Bürokratie, Bürokratisierung und Entbürokratisierung

1 Vgl. P. M. Blau, Bureaucracy in Modern Society (New York 1956). Blau faßt einen großen Teil der zu diesem Problem verfügbaren Literatur zusammen.
2 So wird beispielsweise in der vorhandenen Literatur nur eine geringfügige Unterscheidung zwischen Bedingungen, die zum Wachstum der Bürokratie führen, und solchen, die zu steigender Bürokratisierung führen, getroffen. Gouldners Polemik gegen jene, die die Unvermeidbarkeit der Bürokratie vorhersehen, ist zu einem gewissen Teil Folge des Fehlens dieser Unterscheidung in der verfügbaren Literatur. Siehe sein »Methaphysical Pathos and the Theory of Bureaucracy«.
3 Vgl. T. Parsons, »Suggestions for a Sociological Approach to the Theory of Organization«, I und II, Administrative Science Quarterly, 1 (Juni und Sept. 1956), 63–85, 225–239.
4 Vgl. M. Janowitz – D. Wright – W. Delany, Public Administration and the Public-Perspectives towards Government in a Metropolitan Community, Ann Arbor 1958, das eines der wenigen verfügbaren für dieses Problem relevanten Werke ist.
5 Vgl. E. Katz – S. N. Eisenstadt, »Some Sociological Observations on the Response of Israeli Organizations to New Immigrants«, Administrative Science Quarterly, Vol. 5 (1960), S. 113–133.
6 Hans Rosenberg, Bureaucracy, Aristocracy, and Autocracy: The Prussian Experience, 1660–1815, Cambridge, Mass., 1958; A. Lybyer, The Government of the Ottoman Empire in the Time of Suleiman the Magnificent, Cambridge, Mass., 1913; und Eisenstadt, Internal Contradictions.
7 Vgl. Janowitz et al., o. a., S. 107–114, und Katz und Eisenstadt, o. a.

R. K. Merton, Bürokratische Struktur und Persönlichkeit

1 Zur Entwicklung des Begriffs der »rationalen Organisation« siehe Karl Mannheim, *Man and Society in an Age of Reconstruction*, New York 1949, besonders S. 51 ff; deutsch: *Mensch und Gesellschaft im Zeitalter des Umbaus* (Transl. by Edward Shils), London 1960.
2 H. D. Lasswell, *Politics*, New York 1936, S. 120–121.
3 H. H. Gerth – C. Wright Mills (Übersetzer und Hrsg.), *From Max*

Weber: Essays in Sociology, New York 1946, S. 196–244. (Vgl. Max Weber, *Wirtschaft und Gesellschaft,* Köln, Berlin 1964, S. 160–166 u. 703–738. Anm. d. Hrsg.) Eine kurze Zusammenfassung der Weberschen Erörterung bringt Talcott Parsons, *The Structure of Social Action,* Glencoe, Ill., 1949, besonders S. 506 ff. Eine Beschreibung des Bürokraten als eines Persönlichkeitstypus, die keine Karikatur ist, gibt C. Rabany, Les types sociaux: le fonctionnaire, *Revue générale d'administration,* 88 (1907), S. 5–28.

4 Karl Mannheim, *Ideology and Utopia,* New York 1936, S. 18, 105 ff. Siehe auch Ramsay Muir, *Peers and Bureaucrats,* London 1910, S. 12–13.

5 E. G. Cahen-Salvador meint, das Personal von Bürokratien bestehe weitgehend aus Menschen, denen Sicherheit über alles geht. Siehe dazu seinen Aufsatz: La situation matérielle et morale des fonctionnaires, *Revue politique et parlamentaire* (1926), S. 319.

6 H. J. Laski, Bureaucracy, *Encyclopedia of the Social Sciences.* Dieser Artikel ist vorwiegend aus der Sicht des politischen Wissenschaftlers geschrieben, weniger aus der des Soziologen.

7 Weber, o. a.

8 Eine sehr anregende Diskussion und Anwendung dieser Begriffe findet sich bei Kenneth Burke, *Permanence and Change,* New York 1935, S. 50 ff.; Daniel Warnotte, Bureaucratie et Fonctionnarisme, *Revue de l'Institut de Sociologie,* 17 (1937), S. 245.

9 Ibid., S. 58–59.

10 Ibid., S. 70.

11 Dieser Prozeß wurde häufig in den verschiedensten Zusammenhängen beobachtet. Wundts *Heterogenie der Zwecke* ist ein solcher Fall; Max Webers *Paradoxie der Folgen* ein anderer. Auch MacIvers Beobachtung über die Umformung von Zivilisation in Kultur und Lasswells Bemerkung, daß »das menschliche Tier sich auszeichnet durch seine unbegrenzte Fähigkeit, aus seinen Mitteln Ziele zu machen«, gehören hierher. Siehe R. K. Merton, The Unanticipated Consequences of Purposive Social Action, *American Sociological Review,* 1 (1936), S. 894–904. Im Hinblick auf die beteiligten psychologischen Mechanismen ist dieser Prozeß am vollständigsten von Gordon W. Allport in seiner Erörterung dessen analysiert worden, was er »die funktionelle Autonomie der Motive« nennt. Allport berichtigt die früheren Formulierungen von Woodworth, Tolman und William Stern und sieht den Prozeß schließlich vom Standpunkt der individuellen Motivation her. Er betrachtet nicht jene Phasen der Sozialstruktur, die zur »Transformation der Motive« führen. Die Formulierung im vorliegenden Aufsatz ist also komplementär zu Allports Analyse; die eine betont die beteiligten psychologischen Mechanismen, die andere die Zwänge, die in der Sozialstruktur liegen. Das Zusammenkommen von Psychologie und Soziologie in dem zentralen Begriff zeigt, daß er sehr wohl eine der begrifflichen Brücken zwischen den beiden Disziplinen bilden könnte. Siehe Gordon W. Allport, *Personality,* New York 1937, Kap. 7.

12 Siehe E. C. Hughes, Institutional Office and the Person, *American Journal of Sociology* (1937), S. 404–413. R. K. Merton, Social Struc-

ture and Anomie, in: *Social Theory and Social Structure*, Glencoe, Ill., 1949; E. T. Hiller, Social Structure in Relation to the Person, *Social Forces*, 16 (1937), S. 34–44.

13 Karl Mannheim, *Ideology and Utopia*, S. 106; deutsch: *Ideologie und Utopie* (Übers. von Heinz Maus), Frankfurt 1952, XXVII.

14 Zitiert aus *Chicago Tribune* (24. 6. 1931, S. 10) von Thurman Arnold, *The Symbols of Government*, New Haven 1935, S. 201 f. (Hervorhebung von R. K. M.)

15 Mannheim betont die Bedeutung des »Lebensplans« und der »Amtskarriere«. Siehe die Kommentare von Hughes, o. a., S. 413.

16 A. L. Lowell, *The Government of England*, New York 1908, I, S. 189 ff.

17 Eine informative Beschreibung der Entwicklung einer solchen defensiven Organisation innerhalb einer Gruppe von Arbeitern findet sich bei F. J. Roethlisberger und W. J. Dickson, *Management and the Worker*, Boston 1934.

18 E. C. Hughes, Personality Types and the Division of Labor, *American Journal of Sociology*, 33 (1928), S. 754–768. Weitgehend dieselbe Unterscheidung machen Leopold von Wiese und Howard Becker, *Systematic Sociology*, New York 1932, S. 222–225 et passim.

19 Hughes sieht eine Seite dieses Prozesses der Sanktifizierung, wenn er schreibt, die Berufsausbildung »trage als Nebenprodukt die Assimilierung des Kandidaten an eine Reihe professioneller Attitüden und Kontrollen, *professionellen Bewußtseins und Solidarität*, mit sich. *Der Beruf beansprucht und zielt darauf ab, eine moralische Einheit zu werden.«* Hughes, op. cit., S. 762 (Hervorhebungen durch R. K. M.). In demselben Zusammenhang ist Sumners Begriff des *Pathos*, als Heiligenschein des Gefühls, der einen sozialen Wert vor Kritik bewahrt, besonders relevant, weil er einen Schlüssel darstellt für die Mechanismen, die in dem Prozeß der Sanktifizierung eine Rolle spielen. Siehe seine *Folkways*, Boston 1906, S. 180 f.

20 »Sie behandeln einen wie ein Stück Dreck. Da hab' ich neulich einen Matrosen gesehen, der faßte über den Schalter hinüber und schüttelte einen von ihnen am Kragen. Wir waren alle begeistert. Er verlor natürlich dadurch seine Unterstützung ... Aber der Beamte hatte das verdient für seine freche Art.« (E. W. Bakke, *The Unemployed Man*, New York 1934, S. 79 f.) Zu beachten ist, daß die despotisch herrschende Art *unterstellt* wurde von dem arbeitslosen Klienten, der sich in einem Zustand der Spannung befindet, hervorgerufen durch den Verlust von Status und Selbstachtung in einer Gesellschaft, in der immer noch die Ideologie gilt, daß, wer ein »tüchtiger Mensch« ist, auch einen Job findet. Daß die Unterstellung der Arroganz weitgehend vom Gemütszustand des Klienten herrührt, zeigt Bakkes eigene Beobachtung, daß die »Angestellten in Eile waren und keine Zeit für Späße hatten, jedoch kaum etwas von Grobheit oder Überlegenheitsgefühl in der Behandlung der Leute zu spüren war«.

21 In diesem Zusammenhang interessieren Koffkas Kommentare über gewisse Charakteristika in der Hackordnung von Vögeln. »Wenn man das Verhalten des Vogels an der Spitze der Hackordnung, des Despoten, mit dem eines Vogels vergleicht, der ganz weit unten rangiert,

etwa dem zweit- oder drittletzten, dann wird man den letzteren viel grausamer den wenigen anderen gegenüber finden, über die er herrscht, als den ersten in seiner Behandlung aller Mitglieder. Sobald man aus der Gruppe alle Mitglieder über dem vorletzten entfernt, wird sein Verhalten sanfter und vielleicht sogar recht freundlich ... Es ist nicht schwierig, Analogien dazu in den menschlichen Gesellschaften zu finden, und deshalb muß eine Seite solchen Verhaltens primär das Ergebnis der sozialen Gruppierungen sein und nicht der individuellen Merkmale.« K. Koffka, *Principles of Gestalt Psychology*, New York 1835, S. 668 f.

22 An diesem Punkt wird der politische (Parteien-)Apparat häufig funktionell bedeutsam. Wie Steffens und andere gezeigt haben, genügen stark personalisierte Beziehungen und die Aufhebung formeller Regeln (Bürokratismus) durch die »politische Maschine« den Bedürfnissen der einzelnen »Klienten« häufig weit besser als die formalisierten Mechanismen der Regierungsbürokratie.

23 Wie einer der Arbeitslosen über die Beamten beim Greenwich Employment Exchange bemerkte: »Und diese lausigen Kerle haben ihre Jobs ja nur, weil wir arbeitslos sind. Deshalb ärgert es mich so, wenn sie ihre Nasen so hoch tragen.« Bakke, o. a., S. 80.

24 Die diagnostische Bedeutung solcher sprachlicher Indizes, wie eben der schmückenden Beiwörter, wurde von Soziologen noch kaum untersucht. Sumner beobachtet völlig richtig, daß Epitheta »summarische Kritik« und Definition von sozialen Situationen darstellen. Auch Dollard sagt, daß »Epitheta häufig die Nervenpunkte in einer Gesellschaft treffen«, und Sapir hat nachdrücklich und zu Recht auf die Wichtigkeit des Situationskontextes bei der Deutung von Epitheta hingewiesen. Gleichermaßen wichtig ist Lintons Bemerkung, daß bei »Einzelfallchroniken die Art, in der die Allgemeinheit über eine bestimmte Episode dachte, bedeutsamer für unsere Untersuchung ist als das aktuelle Verhalten ...« Eine soziologische Untersuchung der »Vokabularia von Lobpreisung und Schmähung« müßte zu wertvollen Ergebnissen führen.

25 Vgl. Ellsworth Faris, *The Nature of Human Nature*, New York 1937, S. 41 ff.

26 Mißbilligung vieler Verhaltensweisen durch die Allgemeinheit kann nach dem einen oder anderen dieser Muster der Substitution von kulturell unangemessenen Arten von Beziehungen analysiert werden. So stellt die Prostitution einen typischen Fall dar, wo der Koitus, eine Form der Intimität, die institutionell als Symbol der »geheiligsten« Primärgruppenbeziehung definiert ist, in einem vertraglichen Zusammenhang steht, der durch den Tausch des unpersönlichsten aller Symbole, des Geldes, symbolisiert wird. Siehe Kingsley Davis, The Sociology of Prostitution, *American Sociological Review*, 2 (1937), S. 744–755.

R. Dahrendorf, Über den Ursprung der Ungleichheit unter den Menschen

1 J. J. Rousseau, Discours sur l'origin de l'inégalité parmis les hommes, Paris o. J., S. 66.

2 A. Ferguson, An Essay on the History of Civil Society, London 1767, besonders Kapitel 2 und 3.

3 Vgl. I. Kant, Mutmaßlicher Anfang der Menschengeschichte, Bd. 4 der Sämtlichen Werke, Leipzig 1967, besonders S. 322 ff.

4 Vgl. F. Schiller, Etwas über die erste Menschengesellschaft nach dem Leitfaden der mosaischen Urkunde. 1790, nach Jenenser Vorlesungen von 1789. Schiller, Sämtliche Werke, Bd. 5, Stuttgart 1872, besonders S. 600 ff.

5 Vgl. S. und B. Webb, Soviet Communism – A New Civilisation, London, sec. ed., 1937, besonders S. 1206 ff.

6 F. Engels, Herrn Eugen Dührings Umwälzung der Wissenschaft, Berlin 1948, besonders 213 ff.

7 Vgl. A. Small, The Origins of Sociology, Chicago 1924, besonders die Kapitel 15 und 16.

8 G. Schmoller, Rezension von E. Durkheim: De la division du travail social, in: Jahrbuch für Gesetzgebung, Verwaltung und Volkswirtschaft, 1894, S. 289.

9 G. Schmoller, Das Wesen der Arbeitsteilung und der sozialen Klassenbildung, Jahrbuch für Gesetzgebung, Verwaltung und Volkswirtschaft, 1890, S. 74.

10 K. Bücher, Arbeitsteilung und soziale Klassenbildung, Frankfurt o. J., S. 29.

11 Vgl. G. Schmoller, Grundriß der Allgemeinen Volkswirtschaftslehre, München/Leipzig 1900, besonders S. 428 ff.

12 G. Schmoller, Das Wesen der Arbeitsteilung, o. a., S. 78.

13 Vgl. M. M. Tumin, Some Principles of Stratification: A Critical Analysis, in: American Sociological Review, 1953.

14 Vgl. W. Buckley, Social Stratification and the Functional Theory of Social Differentiation, in: American Sociological Review, 1958.

15 Vgl. G. Lenski, Power and Privilege. A Theory of Social Stratification, New York 1966.

16 Vgl. B. Barber, Social Stratification, New York 1957, besonders Kapitel 1.

17 E. Durkheim, De la division du travail social, 7. Aufl., Paris 1960, S. 394.

18 Vgl. H. Popitz, Soziale Normen, in: Europäisches Archiv für Soziologie 1961.

19 Vgl. M. Weber, Wirtschaft und Gesellschaft, 4. Aufl., Tübingen 1956, S. 27.

20 Vgl. M. Young, The Rise of Mediocracy, London 1958.

W. Kornhauser, »Machtelite« oder »Veto Groups«

1 Die Zitate von Mills sind seinem Buch »The Power Elite«, New York 1956, direkt entnommen.
2 Die Zitate von Riesman sind seinem Buch »The Lonely Crowd«, New York 1953, direkt entnommen.
3 C. W. Mills, The Power Elite, in: A. Kornhauser (ed.), Problems of Power in American Society, Detroit 1957, S. 161.
4 Vgl. Mills, White Collar, New York 1951.
5 Vgl. Mills, The New Men of Power, New York 1948.
6 Vgl. Mills, White Collar, o. a., S. 327.
7 D. Riesman – N. Glatzer, Criteria for Political Apathy, in: A. W. Gouldner (ed.), Studies in Leadership, New York 1950.
8 Vgl. Mills, White Collar, o. a., S. 342–350.
9 Riesman, Criteria, o. a., S. 520.

G. A. Huaco, Die funktionalistische Schichtungstheorie

1 K. Davis, Human Society, New York 1948, S. 369 f.
2 K. Davis, o. a., S. 388 f.
3 M. M. Tumin, Some Principles of Stratification: A Critical Analysis, American Sociological Review, 1953, S. 387–394.
4 M. M. Tumin, o. a., S. 389.
5 K. Davis, Reply, American Sociological Review, 1953, S. 395.
6 K. Davis, o. a., S. 396.
7 M. M. Tumin, Reply to Kingsley Davis, American Sociological Review, 1953, S. 672.
8 R. D. Schwartz, Functional Alternatives to Inequality, American Sociological Review, 1955, S. 424–430.
9 R. D. Schwartz, o. a., S. 424.
10 R. L. Simpson, A Modification of the Functional Theory of Stratification, Social Forces, 1956, S. 132.
11 R. L. Simpson, o. a., S. 132.
12 R. L. Simpson, o. a., S. 133.
13 R. L. Simpson, o. a., S. 133.
14 W. Buckley, Social Stratification and the Functional Theory of Differentiation, American Sociological Review, 1958, S. 369–373.
15 W. Buckley, o. a., S. 370.
16 K. Davis, The Abominable Heresy. A Reply to Dr. Buckley, American Sociological Review, 1959, S. 83.
17 D. H. Wrong, The Functional Theory of Stratification. Some Neglected Considerations, American Sociological Review, 1959, S. 772.
18 D. H. Wrong, o. a., S. 774–778.
19 M. M. Tumin, Competing Status Systems, in: A. S. Feldman – W. E. Moore (eds), Labor Committment and Social Change in Developing Areas, New York 1960, S. 279.
20 M. M. Tumin – A. S. Feldman, Social Class and Social Change in Puerto Rico, Princeton 1961, S. 491.

21 M. M. Tumin – A. S. Feldman, o. a., S. 508.
22 W. E. Moore, But Some are More Equal then Others, American Sociological Review, 1963, S. 14 f.
23 W. E. Moore, o. a., S. 15.
24 W. E. Moore, o. a., S. 16.
25 W. E. Moore, o. a., S. 16.
26 W. E. Moore, o. a., S. 17.
27 M. M. Tumin, On Inequality, American Sociological Review, 1963, S. 18.
28 M. M. Tumin, o. a., S. 23.
29 W. E. Moore, Rejoinder, American Sociological Review, S. 27.
30 A. L. Stinchcombe, Some Empirical Consequences of the Davis-Moore Theory, American Sociological Review, 1963, S. 805.
31 A. L. Stinchcombe, o. a., S. 805.
32 A. L. Stinchcombe, o. a., S. 806.
33 A. L. Stinchcombe, o. a., S. 806.
34 A. L. Stinchcombe, o. a., S. 806.
35 W. Buckley, On Equitable Inequality, American Sociological Review, 1963, S. 800.
36 G. A. Huaco, A Logical Analysis of the Davis-Moore Theory of Stratification, American Sociological Review, 1963, S. 803.
37 G. A. Huaco, o. a., S. 804.

R. Aron, Soziale Klasse, politische Klasse, herrschende Klasse

1 Ich bezeichne hier als Elite die Minderheit, die in jeder der genannten Berufssparten die größten Erfolge hat und die höchsten Posten bekleidet.
2 Ich habe jedoch nichts gegen den Gebrauch des Wortes im Plural einzuwenden, wobei es dem entspricht, was ich später als Führungsgruppen* bezeichnen werde.
3 »Bürgerliche Gesellschaft« entspricht dem französischen »Société Civile«.
4 Oder der Eliten.
5 Diese Formel ist allzu einfach, denn die revolutionäre Haltung umfaßt zahlreiche Nuancen. Aber es handelt sich hier um eine theoretische Analyse und nicht um eine Beschreibung.
6 Dessenungeachtet haben die Kinder eines Politbüromitglieds schon bei der Geburt gewisse Vorteile.

* Das frz. »catégorie dirigeante« ließe sich auch als »herrschende Gruppen« übersetzen. Anm. d. Übers.